本书是中国社会科学院重大课题的研究成果
是中国历史研究院重大学术项目研究成果

耿云志 主编

中国近代思想通史

第八卷

左玉河 著

社会科学文献出版社

SOCIAL SCIENCES ACADEMIC PRESS (CHINA)

目　　录

第一章　抗日统一战线思想的形成及发展 ……………（1）

一　从"反蒋抗日"转向"逼蒋抗日" …………………（3）

二　从"逼蒋抗日"转向"联蒋抗日" …………………（22）

三　国民党政策调整及其和平统一思想 …………………（28）

四　统一战线中的独立自主原则 …………………………（46）

五　以斗争求团结的基本原则 ……………………………（57）

六　抗日民族统一战线中的策略思想 ……………………（64）

第二章　国民党的抗战建国思想 …………………………（68）

一　战时政治理念的调整 …………………………………（68）

二　对三民主义的新阐释 …………………………………（83）

三　国民党的抗战建国纲领 ……………………………（101）

四　持久消耗的战略思想 ………………………………（108）

五　战时外交方针及国际政略 …………………………（130）

六　"战时须作平时看"的教育思想 …………………（145）

第三章　中共全面抗战思想 ……………………………（156）

一　抗日救国十大纲领 …………………………………（156）

二 抗日持久战思想 …………………………………………（170）

三 独立自主的游击战思想 …………………………………（183）

四 动员与武装民众思想 ……………………………………（194）

五 政治理念转变中的理论调整 ……………………………（210）

第四章 中间党派的民主宪政思想 ………………………………（221）

一 中间党派的拥蒋抗日主张 ………………………………（221）

二 动员民众抗日的思想 ……………………………………（234）

三 实施宪政的政治诉求 ……………………………………（240）

四 第一次宪政运动中的民主构想 …………………………（251）

五 第二次宪政运动中的民主宪政思想 ……………………（261）

六 中国式民主的理论探索 …………………………………（270）

第五章 国民党独裁思想的演变 …………………………………（276）

一 限共与防共政策 …………………………………………（276）

二 一党专政的政治理念 ……………………………………（287）

三 "一个主义"的理论误区 ………………………………（291）

四 服从领袖的个人独裁理论 ………………………………（301）

五 唯生论与力行哲学 ………………………………………（307）

六 《中国之命运》及其思想论争 …………………………（313）

七 三民主义建国方案 ………………………………………（333）

第六章 中共新民主主义革命思想 ………………………………（342）

一 三民主义问题的争论 ……………………………………（342）

二 新民主主义革命理论 ……………………………………（354）

三 新民主主义的宪政思想 …………………………………（372）

四　对发展资本主义的新认识 ……………………………… （377）

五　民主联合政府的建国思想 ……………………………… （392）

第七章　学术中国化与文化形态史观 …………………………… （402）

一　从新启蒙到中国化的转变 ……………………………… （402）

二　"学术中国化"问题的讨论 ……………………………… （419）

三　哲学中国化与"民族形式"讨论 ……………………… （430）

四　"中华民族是一个"问题讨论 ………………………… （440）

五　历史研究中的爱国主义情怀 …………………………… （448）

六　战时历史教育的民族化趋向 …………………………… （462）

七　战国策派的文化形态史观 ……………………………… （489）

第八章　文化民族主义与儒家思想的新开展 ………………… （506）

一　文化民族主义的高涨 …………………………………… （506）

二　现代新儒家的兴起 ……………………………………… （518）

三　儒家思想的新开展 ……………………………………… （535）

四　中西文化问题的讨论 …………………………………… （554）

五　儒家忠孝观念的现代解读 ……………………………… （565）

第九章　战后民主党派的政治思想 …………………………… （577）

一　"十足道地的民主国家"思想 ………………………… （577）

二　政协决议及其思想实质 ………………………………… （598）

三　中间路线的政治主张 …………………………………… （614）

四　中国出路与自由主义的讨论 …………………………… （628）

第十章　战后国民党宪政理念及独裁思想 …………………… （649）

一　以和谈方式解决中共问题的政治方略 ……………… （649）

二　以宪政之名行独裁之实的政治理念 ……………………（664）

三　以国家资本之名行官僚资本之实的经济政策 ………（687）

第十一章　中共政治思想的调整及建国路线的确定 ………（696）

一　和平民主新阶段的方略 …………………………………（696）

二　平分土地思想及对农业社会主义的批判 ………………（708）

三　工作重心转移及主要矛盾转化的思想 …………………（726）

四　新民主主义经济成分的构想 ……………………………（738）

五　新民主主义建国路线的确立 ……………………………（749）

主要参考文献 ………………………………………………（769）

人名索引 ……………………………………………………（779）

第 一 章
抗日统一战线思想的形成及发展

中华民族与帝国主义的矛盾、人民大众与封建主义的矛盾，是近代中国社会的两个主要矛盾，帝国主义和封建主义成为中国人民的两大敌人，而前者在一定历史时期又成为最主要的矛盾。九一八事变后，中日两国民族矛盾开始转化为主要矛盾，中国的政治形势发生了重大变化，使近代中国两大革命任务趋向集中化、确定化和明朗化。这主要体现在以下几个方面。第一，反对帝国主义和封建主义这两大任务，一个是属于国际的，一个是属于国内的。随着民族危机的加深，反帝任务更为突出，并很快成为中国革命的首要任务。第二，由过去反对"一切帝国主义"，变成首先反对日本帝国主义，反帝目标集中于日本帝国主义。中华民族与帝国主义之间的矛盾，集中体现为中日民族矛盾。第三，民族革命与民主革命的关系，即抗日与民主、抗日与反蒋的关系，成为中国共产党必须正视的重大现实问题。抗日与民主是密切相连的。要抗日救国，就要求国民党开放政权，给予民众一定的民主自由权利，放松对民众的压制。正是由于国民党拒绝开放政权，在九一八事变后，全国出现了抗日民主浪潮，抗日救亡与反对国民党统治密切联系在一起。但随着中日民族矛盾的上升，反帝任务日益突出，又将人民大众与封建主义的矛盾，即国内阶级矛盾降至次要地位，降低和减缓了反封建斗争的程度。

　　九一八事变后，随着中国社会主要矛盾的逐渐转变，中国革命的中心任务必然发生巨大变化，中国革命的历史任务更趋于明朗化、集中化，即由过去侧重于反封建（土地革命）转向反帝（民族革命），由过去反对一切帝国主义转变为首先打倒日本帝国主义。中国历史主要发展趋势和中国革命所要完成的主要任务是：建立抗日民族统一战线，集中国内各民族、各阶级力量抗击和打败日本帝国主义；在抗击和打败日本帝国主义的过程中，为建立独立、自由、民主、富强的新中国创造条件。

　　抗日民族统一战线的核心问题，是国共两党关系问题，是两党在抗日救国的根本问题上达成一致抵抗的协议，并缓和及改善两党之间的矛盾关系。1927年大革命失败后，左右中国政局发展的国共两党展开了激烈的武装对抗，国民党以彻底"消灭"共产党为主要任务，共产党则以推翻国民党政权为革命的主要目标。九一八事变后，在中日民族矛盾逐渐上升为主要矛盾的新形势下，如何及时调整各自的政治思路，改变各自既定的方针政策，从停止内战走向一致抗日，建立抗日民族统一战线，是摆在国共两党面前的重大问题。历史和现实客观上要求当时中国的各种政派（中共、国民党及中间政派等）面向这个历史大趋势，顺应历史发展的潮流。但在九一八事变后较长时期内，中国各政派反应不一，认识各异，采取了不同的方针政策，出现了错综复杂的政治局面。国共两党政治思想及其方针政策的调整，经历了一个较长时期的曲折演变过程。

　　作为执政者的国民党，积极推行所谓"攘外必先安内"政策，显然违背了中国历史的中心任务。作为中国革命主要领导者和组织者的中国共产党，则坚持"倒蒋是抗日的前提"，也在某种程度上偏离了历史发展的主流和革命的中心任务。中间政派尽管坚决主张抗日、民主和团结，顺应了历史发展的趋势，但由于其自身的分散性及软弱性，很难产生太大的实际影响。随着日本帝国主义侵略的加紧，民族危机的日益加深，抗日救亡的中心任务更加迫切和艰巨。1935 年下半年，中国共产党和国民党开始转变各自的方针政策，这种状况才发生根本转变。中国共产党逐步克服"左"倾关门主义错误，将驱逐日本帝国主义作为自己的首要目标，国民党的内外政策也有所调整并逐步改变。这样，中国各派政治力量逐渐汇入抗日救国的时代大潮之中。

一　从"反蒋抗日"转向"逼蒋抗日"

九一八事变后，中国历史发展的主流是抗日、团结和民主。但国民党拒绝开放自己把持的国民政府，加紧强化专制统治，并接连发动"剿共"内战，对日本帝国主义一味妥协退让，背离了中国历史发展的主流。对于中国革命领导者的中国共产党来说，历史赋予其抗日救国的重任，要求它将抗日救国列为中国革命的首要任务，团结国内外一切抗日力量，组成广泛的抗日民族统一战线，驱逐日本帝国主义出中国。九一八事变爆发，中共中央就提出，"只有依靠工农兵，学生，以及一切劳苦群众自己的力量，才能打倒帝国主义，打倒国民"[①]，驱逐日寇出中国。然而，此时的中共临时中央处于王明、博古为代表的"左"倾教条主义者的领导之下。中国共产党在抗日与反蒋问题上面临着三种选择：先反蒋后抗日、先抗日后反蒋、反蒋抗日双管齐下。由于国民党对中央革命根据地及红军采取严密封锁和加紧"进剿"的策略，处于绝对弱势的中国共产党不可能选择先抗日后反蒋或反蒋抗日双管齐下。因此，受"左"倾路线控制的中共临时中央自然选择先反蒋后抗日，提出"反蒋抗日"的口号，客观上偏离了九一八事变后中国历史发展的主流和中国革命的中心任务，具体表现如下。

---

① 中央档案馆编：《中共中央文件选集》第 7 册，中共中央党校出版社 1983 年版，第 428 页。

其一，对日本帝国主义武装占领中国东北的错误认识。

1931年9月22日，中共临时中央作出《中共中央关于日本帝国主义强占满洲事变的决议》（以下简称《决议》），对九一八事变作了完全错误的估计。它认为日本武装占领东北的原因是：第一，摆脱经济危机，"企图在新的帝国主义战争之中来找得经济危机的出路"；第二，加紧进行反苏战争的一个主要步骤，是反苏联战争的序幕；第三，更能便利地调动大量军队镇压中国的土地革命、苏维埃运动和游击战争，准备直接武装干涉中国革命。

正是基于这种错误估计，中共临时中央指出："加紧的组织领导发展群众的反帝国主义运动，大胆地警醒群众的民族自觉，而引导他们到坚决的无情的革命斗争上来。抓住广大群众对于国民党的失望与愤怒，而组织他们引导他们走向消灭国民党统治的争斗，抓住一切灾民、工人、兵士的具体的切身要求，发动他们的争斗走到直接的革命争斗。领导群众为反对日本帝国主义的暴力政策，反对帝国主义的奴役和侵略，反对进攻苏联和苏区，拥护苏维埃，武装保卫苏联，反帝国主义的强盗战争而争斗。"① 中国无产阶级及劳苦群众的伟大的历史任务是：第一，武装保卫苏联；第二，反对帝国主义的强盗战争（打倒一切帝国主义）；第三，消灭国民党政府（包括在野的"反动派"）；第四，实行反帝国主义的土地革命；第五，求得"民族的与无产阶级劳动群众的彻底解放"。这些政治主张，偏离了真正的革命目标（日本帝国主义），而把非主要目标和可以联合的政治力量作为主要的打倒对象。这就偏离了当时的政治形势和历史发展主流，偏离了中国革命的中心任务。《决议》认为，日本帝国主义强占满洲是"加倍的积极准备反苏战争"，"是武装干涉中国的土地革命和苏维埃运动"，并提出了"武装保卫苏联及变帝国主义战争为国内战争"的口号，这样的判断及所提出

---

① 中共中央文献研究室、中央档案馆编：《建党以来重要文献选编（1921—1949）》第8册，中央文献出版社2011年版，第567页。

的口号显然是错误的。

其二，把"民众自动武装起来驱逐日本帝国主义"同"对日宣战"对立起来，用前者反对后者。

《红旗周报》刊发的题为《是对日宣战？还是民众自动武装起来驱逐日本帝国主义》指出："在此次反日运动一开展时，明显地便有两个根本不同的中心口号。一个口号，是由南京国民党中央提出，而被一切反革命派别——从国家主义到托陈取消派、罗章龙右派——拥护的；另一个是由中国共产党中央提出，而得到全国工农兵贫民及革命学生所拥护的。前一个是对日宣战，后一个是民众自动武装起来驱逐日本帝国主义。"① 把这两个口号对立起来，并认定"对日宣战"是反革命口号，是极端错误的判断，也是不符合事实的，因为当时国民党政府也是反对宣战的，并没有主张对日宣战。

其三，把国防政府与苏维埃政府对立起来。

中共认为国防政府是从买办地主到小资产阶级共同主张的反革命政权。张闻天在《红旗周报》发表文章说，各反革命派别都把"'宣战'与'国防政府'当做了他们的中心口号"，反革命势力"要镇压革命，必须要有一个新的政府的形式，来团结反革命力量，这一新的政府形式，就是各反革命派别所宣传的国防政府"。② 他强调中国的政权只能是工农民主专政，即苏维埃政权。

其四，所谓"中国革命是反帝国主义的民族革命与土地革命两巨潮的汇合"问题。

博古在《红旗周报》发表文章说："中国革命目前阶段的特点，是在两个伟大的革命潮流的汇合，反对帝国主义的民族解放运动与推翻地主资产阶级统治的土地革命。因之反对帝国主义的土地

---

① 《是对日宣战？还是民众自动武装起来驱逐日本帝国主义》，《红旗周报》第21期，1931年10月25日。

② 思美（张闻天）：《满洲事变中各个反动派别怎样拥护着国民党的统治》，《红旗周报》第23期，1931年11月20日。

革命是中国革命现阶段的主要内容。这一反帝国主义的土地革命正在苏维埃的旗帜之下开展着。"① 这段话包含许多错误观点，具体表现在以下几个方面。第一，民族革命与土地革命的汇合（结合）问题，从革命整体上说两者是不能分离、互相促进的，但在具体阶段上，则可以有先后、轻重、主次之别。为了抗日可以暂缓土地革命，可以把反帝与土地革命分开解决。但"左"倾教条主义者机械地认为两者只能同时进行。第二，"反对帝国主义的土地革命"问题。土地革命的直接目标是反封建，是反对国内的反动阶级、反动制度，它只是间接地反对帝国主义，并没有直接反帝的性质。"左"倾理论把土地革命说成是反帝的，强调了中国革命的反世界资本主义性质。第三，土地革命是"推翻地主资产阶级的土地革命"问题。土地革命是反对封建地主阶级的，不是反对资产阶级的。"左"倾理论将地主阶级与资产阶级同等看待，混淆了土地革命的对象和性质。

其五，所谓"民众革命推翻国民党是反帝国主义的民族革命战争的先决条件"问题。

中共临时中央在《中央为反对帝国主义进攻苏联瓜分中国给各苏区党部的信》中，对此有明确的表述："号召、组织与领导无产阶级与农民来消灭出卖中国污辱中国的反革命的国民党政权，消灭这个反革命的投降帝国主义的政权，建立民众的苏维埃政权，是民族革命战争胜利的先决条件。"② 打倒国民党（包括其中的各个派别）是民族解放的前提。"倒蒋"是抗日的前提。革命逻辑的发展正好相反，反帝（集中为抗日）是"倒蒋"的前提。1931 年 11 月，以博古为首的中共临时中央作出《关于争取革命在一省数省首先胜利的决议》。这个决议既是王明"左"倾教条主义的代表性

---

① 博古：《论民众革命与民众政权的口号》，《红旗周报》第 29 期，1932 年 1 月 25 日。

② 中央档案馆编：《中共中央文件选集》第 8 册，中共中央党校出版社 1985 年版，第 197 页。

文件，又是在反蒋与抗日问题上把反蒋置于抗日之上的集中体现。上海一·二八事变后，中共临时中央制定的《关于上海事变的斗争纲领》虽然表明了中共临时中央既反对国民党统治又反对日本侵略的政治态度，但明确将推翻国民党统治当作全国一致抗日的前提条件。1932 年 4 月 15 日，中华苏维埃共和国临时中央政府发布对日战争宣言，强调"要真正实行民族革命战争，直接与日本帝国主义作战，必须首先推翻帮助帝国主义压迫民族革命运动、阻碍民族革命战争发展的国民党反动统治，才能直接的毫无障碍的与日帝国主义作战。才能使民族革命战争在全国大大地发展起来"①，仍然坚持"反蒋高于抗日"思想。

其六，实行"下层统一战线"，打倒一切中间派别。

1931 年 5 月 1 日，中共临时中央在《全国组织报告的决议案》中指出："对于国民党，改组派，取消派和右派等组织影响下的群众，必须运用下层统一战线的策略，分化和夺取它们到我们的领导下面。"② 9 月 20 日，中共临时中央发出由王明起草的名为《由于工农红军冲破第三次"围剿"及革命危机逐渐成熟而产生的党的紧急任务》的决议案。该决议指出："尽量同下层小资产阶级群众，如象一部分革命学生，小商人，以至城市贫民成立反帝的统一战线，并且成立这种反帝的公开组织，而取得其领导。"③ 9 月 22 日，中共临时中央在《中共中央关于日本帝国主义强占满洲事变的决议》中正式提出了建立"下层统一战线"口号，指示全党"实行反帝运动中的下层统一战线，和吸收广大的小资产阶级的阶层参加争斗"。④ 1933 年 7 月 24 日，《中共中央关于帝国主义国民党五次"围剿"与我们党的任务的决议》强调："集中党的注意力，在最受资本进攻威胁的企业中去进行坚苦的群众工作，组织工

---

① 中央档案馆编：《中共中央文件选集》第 8 册，第 178 页。
② 中央档案馆编：《中共中央文件选集》第 7 册，第 232 页。
③ 中央档案馆编：《中共中央文件选集》第 7 册，第 412 页。
④ 中央档案馆编：《中共中央文件选集》第 7 册，第 422 页。

人阶级的反抗，采取下层统一战线的策略，以孤立反革命派，与增强我们与群众的联系。必须具体的开始建立群众的赤色工会与争取国民党工会工人的工作。"① 中共临时中央强调的"下层统一战线"之运用，主要体现在三个方面：一是争取黄色工会及落后的工人群众，去消灭黄色工会，反对黄色工会的首领；二是争取中间派影响下的群众，把这些派别打倒；三是在军队中组织士兵反对军官，把指挥权夺取过来。

1933 年 11 月，蔡廷锴等人以十九路军为主力发动福建事变，成立福建人民政府，提出"反蒋抗日"口号，并寻求与中共及红军联合反蒋。中共临时中央不仅拒绝与其合作，而且对其进行了揭露与批判。中共临时中央明确指出，"它不会同任何国民党的反革命政府有什么区别，那它的一切行动，将不过是一些过去反革命的国民党领袖们与政客们企图利用新的方法来欺骗民众的把戏。他们的目的不是为了要推翻帝国主义与中国地主资产阶级的统治，而正是为了要维持这一统治"。正是基于这种错误判断，故它强调："中间的道路是没有的，一切想在革命与反革命中间找取第三条出路的分子，必然遭到惨酷的失败，而变为反革命进攻革命的辅助工具！"②

由此可知，九一八事变后的较长时间内，受"左"倾路线控制的中共临时中央不是正面应对真正存在的革命任务，集中力量去抗击日本帝国主义，而是把从小资产阶级到帝国主义者一律打倒，集中力量去推翻国民党统治，夺取中心城市，实现一省数省的首先胜利。这就偏离了九一八事变后中国历史发展的主流，偏离了现实的革命中心任务。由于中共是共产国际的一个支部，受共产国际领导，故中共临时中央"反蒋抗日"思想主要来源于共产国际的相

---

① 中共中央文献研究室、中央档案馆编：《建党以来重要文献选编（1921—1949）》第 10 册，中央文献出版社 2011 年版，第 363—364 页。

② 中央档案馆编：《中共中央文件选集》第 9 册，中共中央党校出版社 1991 年版，第 451、453 页。

关指示。随着共产国际反法西斯统一战线思想的形成，中共开始相应改变"反蒋抗日"方针。

抗日民族统一战线策略思想，是在共产国际直接影响下由中共驻共产国际代表团最早提出，并逐步为中共全党所接受的。1933年1月17日，中共驻共产国际代表团在共产国际指导下以中华苏维埃临时中央政府、中国工农红军革命军事委员会的名义发表宣言指出：为反对日本帝国主义侵入华北，愿在三项原则下与全国各军队共同抗日，进行联合一致的民族革命战争。这三项原则的具体内容：立即停止进攻苏维埃区域；立即保证民众的民主权利；立即武装民众，创立武装的义勇军，以保卫中国及争取中国的独立统一与领土的完整。① 红军愿与任何武装部队订立作战协定，共同反对日本的侵略。这种提法，明显突破了"下层统一战线"思想的束缚，拓展了抗日民族统一战线的范围。

同年1月26日，经共产国际批准，中共临时中央给中共满洲省委发出《中共中央给满洲各级党部及全体党员的信》，明确指出中共的总策略方针是："一方面尽可能的造成全民族的（计算到特殊的环境）反帝统一战线来聚集和联合一切可能的，虽然是不可靠的动摇的力量，共同的与共同敌人——日本帝国主义及其走狗斗争，另一方面准备进一步的阶级分化及统一战线内部阶级斗争的基础，准备满洲苏维埃革命胜利的前途。"② 这封指示信冲破了"下层统一战线"的樊篱，扩大了抗日民族统一战线的范围。10月27日，中共代表团在征得共产国际执委会同意后，给中共中央政治局发出关于《六条抗日纲领》的指示：全体海陆空军总动员对日作战，全体人民总动员，全体人民总武装，立刻设法解决抗日军费，成立工农兵学商代表选举出来的全中国民族武装自卫委员会，联合

---

① 《毛泽东文集》第1卷，人民出版社1993年版，第429页。

② 中共中央文献研究室、中央档案馆编：《建党以来重要文献选编（1921—1949）》第10册，第43页。

日本帝国主义的一切敌人。1934年4月20日，这个指示以《中国人民对日作战的基本纲领》为名正式发出。这样，中共的统战对象已经扩大到除国民党以外的所有愿意抗日的中间势力及其上层人物。

1934年夏，共产国际开始确立世界反法西斯统一战线的策略。1935年7月25日共产国际召开第七次代表大会，总书记季米特洛夫在会上作了题为《关于法西斯主义的进攻以及共产国际在争取工人阶级团结起来反对法西斯的斗争中的任务》的报告，提出了建立世界反法西斯统一战线的任务。该报告指出，在殖民地、半殖民地国家，共产党和工人阶级的首要任务，在于建立广大的反对帝国主义的民族统一战线，为驱逐帝国主义和争取国家独立而斗争。[①] 共产国际七大终结了中共党内"左"倾关门主义性质的"下层统一战线"提法，并确立了建立世界反法西斯统一战线的方针。

随着共产国际关于统一战线策略的根本转变，中共中央开始调整统一战线思想。1934年8月3日和9月16日，王明和康生接连致信中共中央政治局，开始把一些国民党实力派、地方势力纳入抗日民族统一战线对象的范围。1935年6月3日，中共代表团致函中共满洲吉东地区负责人，明确指出要使"上层与下层统一战线联结起来"。

1935年8月1日，中共驻共产国际代表团根据共产国际七大关于建立反法西斯人民统一战线的精神，起草了《中国苏维埃政府、中国共产党中央为抗日救国告全体同胞书》（简称《八一宣言》），10月1日正式以中华苏维埃共和国中央政府和中共中央的名义在法国巴黎出版的《救国报》上发表。《八一宣言》从三个方面阐明了建立抗日民族统一战线的基本方针。

第一，提出了建立抗日民族统一战线方针的紧迫性。它指出：

---

① 黄修荣、黄黎：《共产国际与中国共产党关系探源》下卷，人民出版社2016年版，第855—858页。

日本帝国主义加紧对我进攻，南京卖国政府步步投降，北方各省继东北四省之后实际沦亡了，国家民族处在千钧一发的生死关头，抗日则生，不抗日则死，抗日救国，已成为每个同胞的神圣天职。国民党政府的"不抵抗"政策导致祖国大好河山被占领，这种严峻的形势急需不甘做亡国奴的人们团结起来，建立抗日民族统一战线。

第二，阐明了抗日民族统一战线方针的内涵。宣言指出，无论各党派间在过去和现在有任何政见和利害的不同，无论各界同胞间有任何意见上或利益上的差异，无论各军队间过去和现在有任何敌对行动，"只要国民党军队停止进攻苏区行动，只要任何部队实行对日抗战，不管过去和现在他们与红军之间有任何旧仇宿怨，不管他们与红军之间在对内问题上有任何分歧，红军不仅立刻对之停止敌对行为，而且愿意与之亲密携手共同救国"。这种提法，表明中共代表团突破"下层统一战线"方针，冲破了关门主义的小圈子，不再限于与部分抗日军队联合，开始号召一切抗日的党派、团体、阶级和阶层（除蒋介石等少数人之外）实行抗日大联合。

第三，提出了建立抗日民族统一战线方针的途径。宣言指出，为了冲破日寇蒋贼的万重压迫，有必要成立全中国统一的国防政府和全中国统一的抗日联军；苏维埃政府和共产党愿意做这种国防政府的发起人，苏维埃政府和共产党愿意立刻与中国一切愿意参加抗日救国事业的各党派、各团体、各名流学者、政治家以及一切地方军政机构，进行谈判共同成立国防政府问题，谈判结果所成立的国防政府，应该作为救亡图存的临时领导机关；苏维埃政府将绝对尽力赞助这一全民代表机关的召集，并绝对执行这一机关的决议。宣言表示：抗日联军应由一切愿意抗日的部队合组而成，在国防政府领导之下，组成统一的抗日联军总司令部，红军首先加入联军尽抗日救国天职。①

---

① 中共中央文献研究室、中央档案馆编：《建党以来重要文献选编（1921—1949）》第12册，中央文献出版社2011年版，第262—267页。

《八一宣言》不仅抛弃了下层统一战线策略，把地主、资产阶级、各种军队都作为统战对象，而且突出强调了中日民族矛盾，提出了"抗日救国"口号，抛弃了打倒一切帝国主义、"武装保卫苏联"等不切实际的口号。其所主张的联合，也不再限于订立协定、停止冲突、互相支援，而是要建立统一的国防政府、统一的抗日联军、统一的抗日联军总司令部等更高级联合。这个宣言虽尚未把蒋介石及国民党上层包括在抗日统一战线之内，但号召各党派抛弃过去的政治成见，为抗日救国事业而奋斗，奠定了国共第二次合作的思想基础。《八一宣言》的发表，标志着在共产国际政策发生转变的影响下，中共抗日民族统一战线政策开始发生急剧转变。

1935 年 11 月，中共代表团先后以中共中央和中国革命军事委员会名义发表了《中国共产党第二次宣言》和《中国工农红军的呼吁书》。《中国共产党第二次宣言》建议在一切政党和集体之间、所有军队之间和各社会团体与群众组织之间，立即就联合反对共同敌人的条件和途径问题进行谈判，召开由中国所有愿意参加反对日本帝国主义的神圣斗争的各政党和集团、各军队、各群众组织及社会团体民众选出的代表参加的全民救国大会，以便讨论动员和联合全体人民及所有军队进行民族保卫战的具体措施。《中国工农红军的呼吁书》向包括蒋介石在内的所有国民党军队高级将领表明：中国红军愿与一切真正抗日的武装力量建立密切协作关系，而不管他们过去是否反对过我们。可见，共产国际执委会试图弄清蒋介石是否愿意停止与红军的对抗，以便考虑将来能否将他和南京政府列入抗日民族统一战线之中。

《八一宣言》首先在海外华人中产生很大反响，随后在国内的上海、北平等大城市知识分子中秘密传播，不仅使广大失去组织联系和领导关系的白区党员了解到中共的新政策，而且在广大爱国群众和军队党派中产生了积极影响，甚至关于成立国防政府、抗日联军的主张也引起蒋介石及国民党当局的注意。

1935 年 11 月中旬，中共驻共产国际代表团派回传达共产国际七大精神的张浩抵达陕北瓦窑堡。张浩向中共中央负责人张闻天传达了共产国际七大关于改变对社会民主党的策略、不再将中间力量看作危险敌人、建立反法西斯统一战线和人民阵线等主要精神，以及《八一宣言》关于抗日联军、国防政府等重要内容。张闻天接连致电在前线的毛泽东，告知张浩传达的共产国际指示要点及准备进行的策略转变与拟定的相应文件，征求毛泽东和前方领导意见。11 月 29 日，中共中央政治局会议专门讨论"统一战线"问题。张闻天就"反对日本帝国主义侵略"策略问题作了报告和结论。会议发布了《抗日救国宣言》，并为此撰写《拥护苏维埃政府与工农红军的抗日宣言》，对广泛的统一战线作了新阐述。第一，提出共同组织抗日联军与国防政府，作为建立统一战线"一个主要环子"。这个"新的步骤"，扩展了统一战线的范围，提高了统一战线的组织形式。第二，提出抗日救国的"十大纲领"，作为统一战线的共同纲领和行动方针。第三，强调"反对目前最主要的敌人"。提出对于敌对的军阀、政治派别可以不念旧恶；同英、美帝国主义可以建立友谊；要争取各种机会、利用各种方式反对日本帝国主义，即使"只反日不反蒋"也可以。第四，分析了关门主义的特点、表现及危害，提出"同党内'左'的关门主义开展最坚决的斗争"。①

1935 年 12 月 17 日，中共中央在瓦窑堡召开政治局扩大会议，共产国际代表张浩口头传达了共产国际执委会指示：实行反蒋抗日统一战线的策略方针；以建立国防政府和抗日联军为统一战线的最高表现形式；改工农苏维埃为人民苏维埃；富农政策及相关政策亦加以改变，还传达了《八一宣言》的基本内容。会议接受了共产国际确定的建立抗日民族统一战线的策略方针，分析讨论了国内外政治形势，指出了阶级关系的新变化，着重分析了党内长期存在的"左"倾关门主义错误，通过了《中央关于目前政治形势与党的任

① 洛甫：《拥护苏维埃政府与工农红军的抗日宣言》，《斗争》1935 年第 76 期。

务决议》，提出建立抗日民族统一战线的新方针。

《中央关于目前政治形势与党的任务决议》全面分析了当时国内外的形势和阶级关系的变化后指出："日本帝国主义并吞东北四省之后，现在又并吞了整个华北，而且正准备并吞全中国，把全中国从各帝国主义的半殖民地，变为日本的殖民地。"① 日本的侵略使全中国人民懂得了亡国灭种的危急局势，掀起了新的民族革命高潮，因而必然变动着国内的阶级关系，一部分民族资产阶级、乡村中的富农和小地主，甚至一部分军阀，对于目前开始的新的民族运动，有采取同情中立以至参加的可能性，它使中国民族革命战线进一步扩大了。"因此，党的策略路线，是在发动，团聚与组织全中国全民族一切革命力量去反对当前主要的敌人：日本帝国主义与卖国贼头子蒋介石。……只要是反对日本帝国主义与卖国贼蒋介石的，都应该联合起来，开展神圣的民族革命战争，驱逐日本帝国主义出中国，打倒日本帝国主义的走狗在中国的统治，取得中华民族的彻底解放，保持中国的独立与领土的完整。只有最广泛的反日民族统一战线（下层的与上层的），才能战胜日本帝国主义及其走狗蒋介石。"②

瓦窑堡会议通过的《中央关于目前政治形势与党的任务决议》，接受了《八一宣言》提出的建立国防政府和抗日联军的思想，主张以国防政府与抗日联军作为抗日民族统一战线的最广泛、最高的组织形式，执行抗日救国十大纲领，并要求共产党员直接推动一切爱国分子发起各种各样反日反汉奸卖国贼的团体，组织各种各样反日反卖国贼的军队和政权。该决议决定将苏维埃工农共和国改变为苏维埃人民共和国，同时改变自己的各项政策：给一切革命的小资产阶级分子及知识分子以选举权和被选举权，给一切被国民

---

① 中央档案馆编：《中共中央文件选集》第 10 册，中共中央党校出版社 1991 年版，第 598 页。

② 中央档案馆编：《中共中央文件选集》第 10 册，第 604 页。

党卖国政府所排斥裁遣的失业军人以工作，停止没收富农的土地及财产，切实保护工商业的发展等。

1935 年 12 月 27 日，毛泽东根据瓦窑堡会议精神在党的活动分子会议上作了《论反对日本帝国主义的策略》报告，进一步阐明中共抗日民族统一战线的策略方针。报告首先阐明建立民族统一战线的可能性。他指出，目前形势的基本特征是，日本帝国主义要变中国为它的殖民地，由此导致了中国社会各阶级关系的变化，工人、农民、小资产阶级是坚决要求抗日的，他们是抗日救国的基本力量；民族资产阶级具有革命与妥协的两面性，但在民族危机严重的局面下，其政治态度有发生变化的可能性，左翼可能参加抗日斗争，另部分可能由动摇而持中立态度；地主买办阶级在民族危亡之秋的政治态度也可能发生变化。他根据当时的形势、中国革命与反革命力量的对比，论证了建立抗日民族统一战线的必要性。他指出，目前中国的和世界的反革命力量暂时还是大于革命力量的，打倒日本帝国主义和中国反革命势力的事业不是短期可以成功的，必须做好花费长久时间并聚积雄厚力量的准备。因此，"党的任务就是把红军的活动和全国的工人、农民、学生、小资产阶级、民族资产阶级的一切活动汇合起来，成为一个统一的民族革命战线"。[①]

毛泽东深刻批判了关门主义错误，指出它是当前党内的主要危险，并认为它是一种"左"倾幼稚病，是孤家寡人的孤立策略。只有统一战线才是马列主义策略。他根据中共中央的决议，阐明了将"工农共和国"改变为"人民共和国"的问题。他指出：我们的政府不仅是代表工农的，而且是代表民族的。将工农民主共和国改变为人民共和国，是因为日本侵略的情况变动了中国的阶级关系，不但小资产阶级，就连民族资产阶级，都有了参加抗日斗争的可能性。他强调："在目前，这个政府的基本任务是反对日本帝国

---

① 《毛泽东选集》第 1 卷，人民出版社 1991 年版，第 151 页。

主义吞并中国。这个政府的成分将扩大到广泛的范围，不但那些只对民族革命有兴趣而对土地革命没有兴趣的人，可以参加，就是那些同欧美帝国主义有关系，不能反对欧美帝国主义，却可以反对日本帝国主义及其走狗的人们，只要他们愿意，也可以参加。"① 中共中央将"工农共和国"改为"人民共和国"，旨在建立由广大人民群众参加的抗日民族统一战线政权。

瓦窑堡会议将中共中央提出的正确方针，具体化为建立抗日民族统一战线的组织形式、行动口号及相关策略；而毛泽东会后所作的报告则对瓦窑堡会议确定的政策路线、组织形式、行动口号及相关策略的科学性、正确性进行了系统的理论阐释。至此，中国共产党关于建立抗日民族统一战线的理论正式形成。

瓦窑堡会议后，中共中央为建立民族统一战线而逐步调整方针政策，这主要表现在：第一，由"倒蒋"这一抗日的前提，转变为"联蒋"以实现抗日；第二，由打倒一切帝国主义、武装保卫苏联，转变为打败日本帝国主义以实现中华民族的解放；第三，由打倒革命群众（工农和部分小资产阶级）以外的一切人，转变为集中一切抗日力量打倒日本帝国主义；第四，由民族革命战争与土地革命绝对不可分离地进行，转变到为打败日本帝国主义而调整国内阶级关系；第五，由苏维埃工农共和国改为苏维埃人民共和国，再改为民主共和国；第六，由下层统一战线，转变为抗日民族统一战线。这种方针政策的转变，是根本性的革命重心的转变。当然，中共政策方针的转变，牵涉深层的思想认识问题和中国革命基本理论问题，故不是一蹴而就的，而是随着客观形势的发展而逐步实现的。以蒋介石为代表的大地主、大资产阶级把持着中央政权，掌握绝大多数的军队，对外代表国家。故与他们建立统战关系，是实现全民族统一战线的关键。但瓦窑堡会议并没有放弃"反蒋"口号，仍然将抗日与反蒋并提。1936 年 1 月 27 日，中共中央发布的《中

---

① 《毛泽东选集》第 1 卷，第 156 页。

共中央关于转变目前宣传工作给各级党部的信》指出："党的策略路线，是发展团结和组织中国全民族一切革命力量去反对当前的主要敌人日本帝国主义和卖国贼头子蒋介石及其统治。"① 将日本帝国主义作为首要打倒对象是正确的，但仍将"卖国贼头子蒋介石及其统治"作为敌人来反对，则表明中共此时并没有放弃"反蒋抗日"口号。信中还说："不管什么人、什么派别、什么武装队伍、什么阶级，只要是反对日本帝国主义和蒋介石的都应该联合起来，开展神圣的民族革命战争。只有最广泛的下层的、各阶层的统一战线，才能战胜日本帝国主义及其走狗蒋介石的统治（中央一月二十五日决议）。"② 说不管什么人、派别、武装队伍、阶级都应该联合起来，是正确的，但强调建立"最广泛的下层的"统一战线，表明中共没有完全放弃此前的"下层统一战线"政策。

正因如此，中共中央发布的《中共中央关于转变目前宣传工作给各级党部的信》中还指出："因此目前宣传工作最中心最紧急的任务，就在于用一切的力量去暴露日本强盗的凶暴侵略行动与蒋介石无耻的卖国政策及欺骗，去说明日本强盗与蒋介石是灭亡中国的当前最主要最凶恶的敌人，去煽动一切不愿当亡国奴的中国人联合起来去开展民族革命战争，汇合土地革命与民族革命的两大巨潮，结合民族革命战争与国内阶级战争，去战胜日本强盗及汉奸卖国贼蒋介石，争取中国的独立与解放。"③ 它再次明确地阐述了两个基本观点，即中国革命是土地革命与民族革命的结合和民族革命战争与国内阶级战争的结合。由此可见，瓦窑堡会议后突出了"民族革命战争"，却是"两个结合"的民族革命战争，这表明中

---

① 中共中央文献研究室、中央档案馆编：《建党以来重要文献选编（1921—1949）》第 13 册，中央文献出版社 2011 年版，第 15 页。

② 中共中央文献研究室、中央档案馆编：《建党以来重要文献选编（1921—1949）》第 13 册，第 15 页。

③ 中共中央文献研究室、中央档案馆编：《建党以来重要文献选编（1921—1949）》第 13 册，第 15—16 页。

共中央仍然坚持此前形成的"汇合土地革命与民族革命两大巨潮，结合民族革命战争与国内阶级战争"的理论观点。此外，它尽管没有再强调中间派是"最危险的敌人"，但仍然说"在民族革命统一战线中丝毫也不能一刻放松去揭穿那些动摇妥协以至叛变投降的倾向。我们一定要大大的以党的主张去和一切改良主义倾向对立，要鲜明的去揭发一切其他派别的民族改良主义的欺骗宣传与代表敌对阶级利益的主张，去夺取广大群众，去孤立那些改良主义者"①，表明中共中央在对待中间派问题上并未完全放弃关门主义的"孤立"政策。这些情况表明，瓦窑堡会议仅仅是中共改变自己方针政策之开端。中共对"左"倾思想的纠正及各项方针政策的调整，是需要不断发展的。

瓦窑堡会议确定的抗日民族统一战线政策，将"反蒋抗日"作为基本方针。广泛的统一战线的基点在于抗日，它是否包括蒋介石在内，并不取决于中共的主观愿望，而取决于蒋氏之是否赞成抗日。华北事变后日本独占中国的侵略野心，直接危害英美等国和蒋介石统治集团的利益。蒋介石在 1935 年 11 月召开的国民党五大上表示要改变其妥协退让政策：对外，争取苏联的支持和帮助；对内，在军事"围剿"的同时寻求与中共进行联合抗日的谈判。既然蒋氏处于向抗日方向转变过程中，中共中央便自然会适时地调整策略，把"反蒋抗日"和"人民共和国"方针逐渐变为"逼蒋抗日"和"民主共和国"方针。

中共改变"反蒋抗日"方针，从 1936 年初就开始酝酿。共产国际七大和《八一宣言》发表后，国共两党先后通过四个渠道探讨合作抗日的可能性。1936 年 2 月，受宋庆龄、宋子文委托前往陕北的董健吾与受上海地下党委派来汇报与国民党代表曾养甫等谈判情况的张子华抵达瓦窑堡，带来了蒋介石有与红军妥协共同抗日

---

① 　中共中央文献研究室、中央档案馆编：《建党以来重要文献选编（1921—1949）》第 13 册，第 18 页。

倾向的信息。这印证了毛泽东关于中国社会主要矛盾的判断。他事后指出："中国最大敌人是日本帝国主义，抗日反蒋并提是错误的，我们从二月起开始改变此口号。"[①] 3 月 4 日，毛泽东转告董健吾，"弟等十分欢迎南京当局觉悟和与明智的表示，为联合全国力量抗日救国，弟等愿与南京当局开始具体实际之谈判"，并提出"停止一切内战，全国武装不分红白，一致抗日"等五项具体意见。[②] 1936 年 5 月 5 日，中华苏维埃人民共和国中央政府、中国人民红军革命军事委员会发出《停战议和一致抗日通电》，不提"讨蒋""反蒋"口号，呼吁"停止内战，双方互派代表，磋商抗日救亡具体办法"，甚至有"促进蒋介石氏最后觉悟"的期望。这样，中共正式放弃"反蒋"口号，开始由"反蒋抗日"向"联蒋抗日"转变。

1936 年 6 月两广事变发生以后，蒋介石继续调整内外政策。对外政策方面，他表示不再继续其对日妥协退让政策；对内政策方面，他表示愿与中共商谈联合以至建立统一战线的意向。国民政府随即提出国共谈判的四个条件。其要点为：军队统一编制，统一指挥，取消工农红军名义；政权统一，取消苏维埃政府名义；容纳各派，集中全国人才；共产党停止没收地主土地等政策。[③] 其中心思想是"先统一后抗日"，即在国民党、南京政府和蒋介石的"集中统一"之下，实际解决军事政治问题，然后进行抗日行动。

1936 年 8 月 8 日，受中共驻共产国际代表团委派与国民党代表会晤的潘汉年到达陕北保安，向中共中央汇报 1936 年春在莫斯科及香港、南京与国民党联络的情况，还汇报了共产国际执委会书记处关于中国问题会议的精神（放弃"反蒋抗日"口号，以南京

---

① 《毛泽东文集》第 1 卷，人民出版社 1993 年版，第 438 页。

② 中共中央文献研究室编：《毛泽东年谱（1893—1949）》上卷，中央文献出版社 2013 年版，第 519 页。

③ 中共中央党史研究室：《中国共产党历史》第 1 卷上，中共党史出版社 2002 年版，第 552 页。

政府为首要谈判对手等）。8 月 10 日，中央政治局会议研究决定与南京政府进行和平谈判，实行对国民党及蒋介石方针政策的重大转变：从"反蒋抗日"转向"逼蒋抗日"。会议认为，抗日必须反蒋的提法现在不适合了，要与蒋联合，与南京合作；南京政府真正抗日，给抗日的民主，共产党人就同他讲统一，承认统一指挥，统一编制，同意取消红军名义、取消苏维埃名称，但要保证红军部队和根据地是在共产党领导之下；提出停止内战、抗日民主、发动抗战等实际问题作为双方谈判的条件。8 月 15 日，共产国际执委会书记处致电中共中央书记处："必须采取停止红军同蒋介石军队之间的军事行动，并同蒋介石军队协同抗日的方针"；"最好由中国共产党发表声明，建立统一的中华民主共和国"；"争取同国民党及其军队达成协议和建立抗日民族统一战线"。① 共产国际电报对中共最后确定"逼蒋抗日"方针产生了重要影响。8 月 25 日，中共中央致书国民党，一方面批评国民党对内压迫人民、对外妥协投降的反动政策，另一方面对国民党政策变化表示欢迎，提出在抗日的大目标下国共两党"重新合作""共同救国"建议。它指出："只有国共重新合作以及同全国各党各派各界的总合作，才能真正的救亡图存。"② 它表示：我们赞助建立全中国统一的民主共和国和召集由普选权选举出来的国会，拥护全国人民和抗日军队的抗日救国代表大会，拥护全国统一的国防政府，苏维埃区域即可成为全中国统一的民主共和国的一个组成部分。这标志着中共对蒋介石及国民党的态度发生了重大改变。

　　1936 年 9 月 1 日，中共中央向全党发出的《中央关于逼蒋抗日问题的指示》（以下简称《指示》）指出，中国人民的主要敌人是日本帝国主义，所以把日本帝国主义与蒋介石同等看待是错误的，"反蒋抗日"的口号也是不适当的。中共的总方针应是"逼蒋

---

① 程中原：《张闻天传》，当代中国出版社 1993 年版，第 338 页。
② 《中共党史参考资料（三）》，人民出版社 1979 年版，第 227 页。

抗日"：一方面继续揭破其对日退让的言论与行动；另一方面向他们要求建立抗日的统一战线，订立抗日协定。1936 年中心口号依然是"停止内战、一致抗日"，中共宣布赞助建立全中国统一的民主共和国，赞助召集由普选权选出的全国的国会，拥护全中国统一的国防政府与抗日联军。在全中国民主共和国建立时，苏区可成为统一民主国家的组成部分，苏区代表将参加全中国的国会，红军将服从统一的军事指挥。在"逼蒋抗日"方针下，并不放弃同各派反蒋地方实力派进行抗日联合，愈能组织南京以外各地方实力派走向抗日，愈能实现该方针。《指示》强调，在全国人民面前，应表现出我们是"停止内战、一致抗日"的坚决主张者，是全国各党各派（蒋介石国民党也在内）抗日民族统一战线的组织者与领导者。① 将"反蒋抗日"转变为"逼蒋抗日"，是中共统战方针极为重要的转变。

9 月中旬，中共中央政治局扩大会议进一步讨论统一战线问题，并通过了《中央关于抗日救亡运动的新形势与民主共和国的决议》（以下简称《决议》）。《决议》认为，以蒋介石为代表的国民党政府及其军队有转向抗日运动的可能，改苏维埃人民共和国为民主共和国；同时强调了保障中共政治上组织上的完全独立性和内部团结一致的重要性。决议指出："各党派联合，主要是国共联合。"现在的策略是"实现联合国民党抗日"；统一战线的口号是"建立民主共和国"；采取的方针是"逼蒋抗日"。《决议》对"停止内战、一致抗日"作出新解释：应反对反蒋战争，不应同情反蒋战争，主要的战争目标要放在抗日上面。《决议》强调党要在统一战线中取得领导权，"保持我党的独立、纯洁"。《决议》在即将进入国共合作抗日新阶段的关键时刻，及时提出了中共必须坚持的统一战线的基本原则。

---

① 中央档案馆编：《中共中央文件选集》第 11 册，中共中央党校出版社 1991 年版，第 89—90 页。

从"反蒋抗日"到"逼蒋抗日"、从"人民共和国"到"民主共和国"的策略转变，是建立抗日民族统一战线的关键。1936年12月12日，张学良、杨虎城发动西安事变，囚禁了蒋介石及随行国民党军政要员。中共中央否定了审蒋、杀蒋的意见，确立了和平解决事变的正确方针。12月19日，中共在《中央关于西安事变及我们的任务的指示》中确定的基本方针是：第一，反对新的内战，主张南京与西安间在团结抗日基础上和平解决；第二，用一切方法联合南京左派，争取中派，反对亲日派，以达到推动南京走向进一步抗日的立场；第三，同情西安的行动，给张、杨以积极的实际援助，使之彻底实现抗日主张；第四，切实准备"讨伐军"进攻时的防御战，促其反省，促成全国性抗日统一战线的建立与全国性抗日战争的发动。[①]　12月21日，中共中央致电周恩来，提出与蒋介石"开诚谈判"的六项条件，并要求在这六项条件下"恢复蒋介石之自由"，以转变整个局势，达到"中国统一，一致抗日"。12月25日，蒋介石在作出"停止内战、一致抗日"口头承诺后被释放。西安事变的和平解决，成为时局转换的枢纽，中共确立的"逼蒋抗日"目标初步实现，为重新建立国共合作提供了必要前提。

二　从"逼蒋抗日"转向"联蒋抗日"

如果说中共中央在西安事变前的主要任务是争取和平的话，那么西安事变和平解决之后的主要任务，就是巩固和平。故中共随即提出"联蒋抗日"口号，促成国共合作为基础的抗日民族统一战线正式形成。尽管蒋介石在西安事变中允诺停止内战、联共抗日，但因其长期坚持"攘外必先安内"政策，如果不对其进行必要斗争，很难实现"联蒋抗日"。蒋介石发表《对张杨的训词》后，毛

---

① 中央档案馆编：《中共中央文件选集》第11册，第128页。

泽东针锋相对地发表《关于蒋介石声明的声明》，指出："蒋氏应当记忆，他之所以能够安然离开西安，除西安事变的领导者张杨二将军之外，共产党的调停，实与有力。共产党在西安事变中主张和平解决，并为此而作了种种努力，全系由民族生存的观点出发。"①

1937年2月10日，中共中央致电国民党五届三中全会，提出了五项要求和四项保证，对自己的方针政策作了更大改变。中共力图在作出重大让步的条件下，尽快促成第二次国共合作的实现，推动抗日民族统一战线的形成。中共提出的五项要求是：第一，"停止一切内战，集中国力，一致对外"；第二，保障"言论集会结社之自由，释放一切政治犯"；第三，"召集各党各派各界各军的代表会议，集中全国人材共同救国"；第四，"迅速完成对日抗战之一切准备工作"；第五，"改善人民的生活"。如果国民党能够实行这五项要求，中共为表示团结御侮之诚意，愿意向国民党三中全会作出四项保证：第一，"在全国范围内停止推翻国民政府之武装暴动方针"；第二，"苏维埃政府改名为中华民国特区政府，红军改名为国民革命军，直接受南京中央政府与军事委员会之指导"；第三，"在特区政府区域内实施普选的澈底的民主制度"；第四，"停止没收地主土地之政策，坚决执行抗日民族统一战线之共同纲领"。②

中共对国民党五届三中全会所作的四项保证，是它为建立以国共合作为基础的抗日民族统一战线而对国民党作出的重大让步，其目的在于尽快解决国内两个政权对立的困局，尽快组成抗日民族统一战线共同反对日本帝国主义。1937年9月29日，毛泽东在《国共合作成立后的迫切任务》中认为，这样的政治让步是必要的："这也是一个重要的政治步骤，因为如果没有这一步骤，则两党合

---

① 《毛泽东选集》第1卷，第247页。
② 中央档案馆编：《中共中央文件选集》第11册，第157—158页。

作的建立势将推迟，而这对于迅速准备抗日是完全不利的。"① 国民党五届三中全会实际上接受了中共提出的国共两党合作抗日的建议，但以蒋介石为代表的国民党仍然没有放弃限制、削弱以至消灭中共的企图。国民党五届三中全会通过的决议被称为《根绝赤祸案》，其通过的会议宣言仍然宣称"无论用任何方式，必以自力使赤祸根绝于中国"。② 这就决定了从国共重开谈判到国共合作正式形成，两党之间仍存在尖锐复杂的对撞。

中国共产党方针政策的转变及对国民党的重大让步，是促成抗日民族统一战线形成的重要保障。中共把中华民族的根本利益放在第一位，强调阶级利益服从民族利益。为了推动国民党政府抗日，中共不惜抛弃前仇，放弃红军、苏区名义，接受国民政府改编，承认蒋介石的统一指挥。当然，这样的转变，是中共适应历史发展潮流而作的政策和策略调整，并没有改变中国革命的根本性质和革命的基本任务。因此，在中共看来，抗日统一战线中的领导权必须保持，中共要在抗日民族统一战线中起中坚作用；革命的武装力量（红军）虽然改变了名称，苏区政府也改称边区政府，并接受国民政府指导，但中共并没有放弃对它们的绝对领导，而是保持了独立自主的权利，保持了共产党在思想上、组织上的独立性和统一性。对此，刘少奇撰写题为《民族统一战线的基本原则》的党内教材，对中共抗日民族统一战线策略作了精辟阐述，强调了抗日民族统一战线中的领导权问题。他认为，抗日民族统一战线策略的提出，是1927 年以来中共在策略上的最大转变，反对和怀疑这个转变的思想是错误的；但这种转变，并没有改变革命的性质和革命的基本任务。在统一战线中，中共在政治上和组织上都是独立的，一方面联合各党派为民族独立而斗争，但同时也不忘记自己的最终目的。他强调："领导权问题是民族统一战线的中心问题"，"当现在民族统

---

① 《毛泽东选集》第 2 卷，人民出版社 1991 年版，第 363 页。
② 《中共党史参考资料（三）》，第 236 页。

一战线还没有正式形成以前，拒绝统一战线的左倾思想是主要危险。但是民族统一战线形成以后，右倾思想就将逐渐地成为主要危险"。所以，在抗日民族统一战线实现后，一定要注意建立和加强无产阶级的领导："无产阶级在目前阶段中，不应充当资产阶级的帮手，而要建立自己的独立领导。"①

1937 年 4 月 15 日，为了统一全党在这个重大历史转折时期的思想认识，中共中央发布了《告全党同志书》，对中共采取的统战思想及对国民党让步问题作了统一解释。它指出，由于国内外形势的变动，全国人民与中国共产党"停止内战"的目的已经实现，今后阶段的任务是巩固国内和平，争取民主权利，实现对日抗战。将抗日作为首要的任务，将民族解放作为目前阶段最主要目标，在中共历史上是有转折意义的。为什么要进行这种转变？中共中央的解释是：这证明中国共产党确是把争取中华民族的彻底解放当作目前唯一任务。中华民族的彻底解放，是每个中国人的责任，也是中国无产阶级及其政党的责任，中共从诞生之日起，就把彻底解放中华民族当作资产阶级民主革命阶段最主要任务，并且从没有放弃在这个民族解放运动中力争自己政治领导的责任。因为半殖民地中国的资产阶级存在严重的软弱性与不彻底性，民族解放运动只有得到无产阶级的政治领导才有彻底胜利之可能。

中共中央正面回答了为什么要对国民党进行重大让步问题。它解释说：中共给国民党三中全会的四项保证，决不能解释为"共产党的投降"。这些保证在某种意义上来说是一种让步，但这种让步是必要的并在许可范围的。它从三方面解释了这种让步的原因：首先，这是为实现抗日民族统一战线新政策而采取的必要步骤。为了团结全国一致抗日，取得中华民族的彻底解放，需要全国各党各派间的互相让步与妥协，需要取消国内两个政权的对立。其次，这种让步与妥协，决不等于取消或降低共产党组织的独立性与批评的

① 《刘少奇选集》上卷，人民出版社 1981 年版，第 46、47、49 页。

自由，也不等于对于中共在长期革命斗争中所创造的有组织的与有高度觉悟的革命力量放弃领导。保持中共组织的独立性与批评的自由，对于中共所创造的革命力量保持领导，是中共对国民党让步与妥协的最后限度，超过这种限度，则是不能容许的。最后，这些让步与妥协，不但不会束缚与削弱中共的发展，反而正是为了要使中共取得全国范围公开活动的机会，千百倍地去扩大中共的政治影响与组织力量，以增强中共在民族革命运动中的领导作用，没有这个条件，民族革命是不能胜利的。

中共中央肯定了国民党内外政策的转变，说明了中国共产党与国民党建立抗日民族统一战线的现实可能性。它指出，西安事变的和平解决，国民党三中全会及其最近的实际行动，表示国民党当局对于恢复孙中山三民主义的革命精神，有了一些善意的愿望，对于日寇的侵略有了比较强硬的表示，对于国际和平阵线有了进一步的接近，对于中国共产党"国共合作"的提议，也并不表示拒绝，这表明国民党的政策已经开始转变。这种转变证明中共过去对于蒋介石、国民党和南京政府的估计，及其所采取的"联蒋抗日"方针是正确的。中共对国民党的转变是表示欢迎的。为表示诚意，中共公开声明愿意坚决为革命的三民主义的胜利，即对外独立解放的民族主义、给人民以民主权利的民权主义、改善人民生活的民生主义的胜利，同国民党共同奋斗。实行国共两党的重新合作，团结全国人民共同为民族解放、民权自由、民生幸福三大目标而奋斗，乃是完全适合中国革命客观历史行程的光荣使命。

1937 年 5 月，毛泽东在中共苏区代表会议上作了《中国共产党在抗日时期的任务》的报告，强调了坚持无产阶级领导权的重要性："使无产阶级跟随资产阶级呢，还是使资产阶级跟随无产阶级呢？这个中国革命领导责任的问题，乃是革命成败的关键。"[1] 中共必须通过各种途径来实现对抗日民族统一战线的政治领导。

---

[1]　《毛泽东选集》第 1 卷，第 262 页。

　　从 1937 年 2 月起恢复的国共谈判，持续了半年之久：周恩来、叶剑英与国民党代表在西安进行了持续一个月的谈判；3 月下旬，周恩来与蒋介石在杭州进行首次会谈；6 月中上旬，周恩来同蒋介石在庐山再度进行会谈；7 月 15 日，周恩来、博古、林伯渠再次上庐山同蒋介石进行第三次会谈；8 月上旬，周恩来、朱德、叶剑英飞抵南京出席国防会议并同蒋介石进行会谈。八一三事变后，抗战局面更加危急，蒋介石被迫顺应国共合作抗日的历史潮流，对中共作出一定让步。国共谈判结果，不仅达成陕北红军改编为国民革命军第八路军、三个师之上设总指挥部的协议，还达成将长江以南的红军改编为新四军，在南京出版中共机关报《新华日报》，在南京、武汉等城市设立中共代表团和八路军办事处，释放政治犯等重要协议。1937 年 7 月 15 日，周恩来向蒋介石提交《中共中央为公布国共合作宣言》并于 9 月 22 日由国民党通讯社正式发表，蒋介石次日发表谈话，公开承认中共的合法地位，标志着抗日民族统一战线正式建立。

　　《中共中央为公布国共合作宣言》代表了中共对抗战大局的基本认识。它指出，当此国难极端严重、民族生命存亡绝续之时，中共与中国国民党获得谅解，共赴国难。中共愿当此时机提出奋斗之总目标。第一，争取中华民族之独立自由与解放。首先须切实地迅速地准备与发动民族革命抗战，以收复失地和恢复领土主权之完整。第二，实现民权政治，召开国民大会，以制定宪法与规定救国方针。第三，实现中国人民之幸福与愉快的生活。它表示："凡此诸项，均为中国的急需，以此悬为奋斗之鹄的，我们相信必能获得全国同胞之热烈的赞助。中共愿在这个总纲领的目标下，与全国同胞手携手的一致努力。"[①]

　　为解除一切善意怀疑者之误会，中共中央重申了四项保证。第一，孙中山先生的三民主义为中国今日之必需，中共愿为其彻底的

---

①　《西安事变资料》第 1 辑，人民出版社 1980 年版，第 256 页。

实现而奋斗。第二，取消一切推翻国民党政权的暴动政策及赤化运动，停止以暴力没收地主土地的政策。第三，取消现在的苏维埃政府，实行民权政治，以期全国政权之统一。第四，取消红军名义及番号，改编为国民革命军，受国民政府军事委员会之统辖，并待命出动，担任抗日前线之职责。该宣言再次强调："现在为求得与国民党的精诚团结，巩固全国的和平统一，实行抗日的民族革命战争，我们准备把这些诺言中在形式上尚未实行的部分，如苏区取消，红军改编等，立即实行，以便用统一团结的全国力量，抵抗外敌的侵略。"①

中共在西安事变后由"逼蒋抗日"转变为"联蒋抗日"，促成抗日民族统一战线的形成，随即面临党内萌发右倾机会主义倾向的新问题。因此，坚持和加强无产阶级及其政党在抗日民族统一战线中的领导权及"独立自主"方针，便成为此后中共对付国民党"和平统一"策略的原则立场。这样，一方面，以国共两党为主体包括各中间政派在内的国内各种政治力量在抗日旗帜下汇合起来，向着实现武装抗战的方向发展，这是历史发展的主流；另一方面，由于中国革命的根本问题并未解决，国共两党的性质没有根本改变，尤其是国民党并没有放弃消灭共产党的根本方针，致使抗日民族统一战线内部国共两党的斗争以特殊方式表现出来。这种特殊政治斗争方式，便是国民党的"和平统一"策略与中共"独立自主"方针的斗争。

三　国民党政策调整及其和平统一思想

抗日民族统一战线能否建立的关键，集中于国共两党方针政策的调整。中共中央接受共产国际的意见，在对蒋介石及南京政府作

---

①　中共中央书记处编：《六大以来》（上），人民出版社1980年版，第844—845页。

出正确分析基础上，判断其是中国抗日战争的重要力量。故国民党、南京政府及其总代表蒋介石是抗日民族统一战线联合的主要对象，对其政策应该是揭穿其骗局，迫使其向积极的抗日方面转变。这样，中国共产党的统战方针，就确定由"抗日反蒋"转为"逼蒋抗日"。国共合作的形成是双方互动博弈的结果，在客观形势的变化直接威胁蒋氏所代表的英美帝国主义及江浙财团根本利益的情况下，在全国人民抗日救亡运动及地方实力派抗日要求的压力下，蒋介石、国民党和南京政府不得不转变其内外政策，接受中共"停止内战、共同抗日"主张，开始与中共进行和平谈判。蒋介石及国民党在某种情势下还采取主动姿态与中共谈判，并对中共作出一定程度让步。因此，第二次国共合作是建立在维护民族根本利益、抗击日本帝国主义基础上，国共双方同时转变政策并相互作出让步而实现的。

九一八事变激起了中国人民的抗日救亡怒潮。以蒋介石为代表的国民党集团之最初表示是"不抵抗"，要民众保持"镇静"，压制风起云涌的抗日救亡运动。这无疑激起了全国人民更大的愤怒和更强烈的反抗。在各种反蒋力量施压之下，国民党各派处于分裂状态。严重的民族危机和统治阶层的内部矛盾，使国民党政府陷入极大困难之中。它面临的最大问题就是：如何摆脱困境，维持乃至强化自己的独裁统治。蒋介石及国民党政府的对日政策及与之密不可分的对内政策（即"攘外必先安内"政策），就是立足于这个基点之上而制定出来的。

蒋介石确定"攘外必先安内"作为基本政策是逐步发展变化的。早在 1929 年，蒋介石就提到治理国家无非"攘外安内"，安内对象主要指反蒋的冯阎桂等国民党新军阀。蒋介石取得中原大战胜利后，能与之对抗的各派新军阀势力基本被解决。但中国共产党在国民党新军阀混战之际迅速发展，成为国民党独裁统治的最大障碍。1931 年 7 月 23 日，蒋介石在南昌行营发表通电称："赤匪军阀叛徒，与帝国主义者联合进攻，生死存亡，间不容发之秋，自应以卧薪尝胆之精神，作安内攘外之奋斗。"他认为："此次若无粤中叛变，则朝鲜惨案，必无由而生，法权收回问题，亦早已解决，不平等条约，取消自无疑义。故不先消灭赤匪，恢复民族之元气，则不能御侮，不先削平逆粤，完成国家之统一，则不能攘外。"①这是"攘外必先安内"见诸文字之始。蒋介石所谓"安内"对象此时发生了变化，主要针对中共及国民党内部反对派。他所谓"攘外"针对的是日本、苏俄及对华有各种侵略行为的国家。

　　九一八事变后东北迅速沦陷，导致外敌压迫的空前严重。面对既要解决中日民族矛盾，又要解决国内矛盾的双重问题，主导当时国内政治斗争格局的国共两党均面临孰先孰后的两难抉择。国民党当时有三种选择：一是先"剿共"后抗日；二是先抗日后"剿共"；三是"剿共"与抗日两面出击。蒋介石为首的国民党政府选择了先"剿共"后抗日，其原因有四：一是国民党认定中共是国民政府内政不能统一之"祸源"；二是国内不能统一，国家即不能建设，而建设是对日长期抗战之先决条件；三是蒋介石接连三次对中央革命根据地的"围剿"均遭惨败，作为报复的唯一选择就是发动新的"围剿"；四是宁粤依然对峙，但仅限于唇枪舌剑而军事上未有行动。故蒋介石重申"剿共"和统一是御侮之先决条件。

　　面对骤然迫切的中日民族矛盾，蒋介石确定"攘外必先安内"方针。在1931年11月召开的国民党四全大会期间，他表示要抵御外侮"先要国家统一，力量集中"。同月30日，他在顾维钧就任外交部长的仪式上说："攘外必先安内，统一方能御侮，未有国不统一而能取胜于外者。故今日之对外，无论用军事方式解决，或用外交方式解决，皆非先求国内统一，不能为功。"② 1932年1月11日，蒋介石发表《东北问题与对日方针》讲话要点包括以下几个方面。第一，不可"轻言绝交宣战"，如果对日开战，"三天就要

① 《先总统蒋公全集》第3册，台北，中国文化大学出版部1984年版，第3125页。
② 《先总统蒋公全集》第1册，台北，中国文化大学出版部1984年版，第626页。

亡国"。第二，中国只能作"外交之抗争""经济之抗争"，但"不订丧权割地之条约"。第三，防止"不逞之徒"乘机"倾覆政府"。第四，国民要"信任政府"。蒋介石虽未明说"攘外必先安内"，但基本确立了对日外交方针和处理内政外交的原则。

1932年《淞沪停战协定》签订后，5月5日，国民党政府正式宣布将"攘外必先安内"作为处理内外关系的基本国策。6月，蒋介石在赣鄂豫皖闽五省"剿共"会议上申明："剿匪会议的目的在安内攘外，决无他意。"12月，他在全国内政会议上再次强调，"攘外必先安内，是古来立国的一个信条，如果内部不能安定，不但不能抵御外侮，而且是诱致外侮之媒"，强调"攘外一定要先安内"。① 这样，"攘外必先安内"成为国民政府的基本政策，进而得到国民党中央之认同。

"攘外必先安内"重心在于安内，其主要理由有二。一是认为中日间的未来战争形势极为严峻，是关系到民族存亡之战。中国由于久经战乱，国力困乏，军事上也毫无准备，尚不具备抵御日本大规模进攻的能力，在国内没有安定统一时来谋攘外，将使自身"处于腹背受敌内外夹攻的境地"，"在战略上理论上说，都是居于必败之地"。② 故大规模的攘外有待国力的充实和内部的安定。这是"攘外必先安内"最基本的思路。二是认为大规模的攘外须待最后关头之来临。1932年底，蒋介石在日记中写道："非至最后关头，乃确有把握可以得到相当价值，且必可保存党国之时，则不作无益之牺牲。"蒋介石始终对日本的侵华野心有较明确的认识和较清醒的判断，认为"彼之处心积虑，乃企图亡我整个之中华民族"。③

---

① 《总统蒋公思想言论总集》卷10，台北，中国国民党中央委员会党史委员会1984年编印本，第482页。

② 《总统蒋公思想言论总集》卷11，台北，中国国民党中央委员会党史委员会1984年编印本，第67页。

③ 〔日〕古屋奎二：《蒋总统秘录》第9册，台北，中央日报社1977年版，第20—21页。

　　从总体看，九一八事变后蒋介石确定了"攘外必先安内"政策，安内是中心，妥协是主基调；但妥协又有限度，力图在妥协与抵抗、战与和之间保持艰难的平衡。"攘外必先安内"有妥协的成分，也有抵抗的因素。蒋介石对"安内攘外"关系解释说："日寇敢来侵略我们的土地……所以我们由内乱而招致外侮，是必然的；反转来说，只要能正本清源，先将这个心腹之患彻底消除，那么外面的皮肤小病，一定不成问题。"因此，他强调："第一个乃是剿匪来安内，第二个才是抗日来攘外，要晓得剿匪的工作，实是抗日的前提，要抗日就先要剿匪，能剿匪就一定能够抗日。"①

　　蒋介石所谓的"安内"，首先是以武力"镇压"中共武装，"消灭"中共的内在威胁，确立国民党一党专政；其次是驯服党内反对派，尽力削弱地方实力派，扩展中央统一力量，必要时不惜动用武力；最后是安定社会，充实国力，增强抵御外侮能力。汪精卫将之归纳为三条："一从政治上经济上致力统一，以形成整个的对外体系。二对于赤匪之骚扰后方，牵制兵力，予以扫除，裨无后顾之忧。三尽可能的努力谋物质上之建设，以期抗战力量之增强加大。"②

　　安内政策之最大症结是，如何根本解决中共问题。蒋介石多次强调，"日本是癣疥之疾，共匪才是心腹之患"，安内"第一是赤匪""我们要抗日，必先消灭赤匪，安定国本"。③ 中共的武装反抗，代表了国民党专制统治下被压迫者之正义力量，有着深厚的群众基础和充足的合理性。在中共成立苏维埃政权与其分庭抗礼情况下，蒋介石及国民党政府视军事"剿共"为理所当然之事。但在急迫的民族危机面前，如何尽力化解国内冲突，形成统一对外的力

---

　　① 秦孝仪主编：《中华民国重要史料初编——对日抗战时期·绪编三》，台北，中国国民党中央委员会党史委员会1981年版，第36—38页。

　　② 沈云龙主编：《近代中国史料丛刊》第3辑，台北，文海出版社1984年版，第169页。

　　③ 《庐山训练集》，新中国出版社1947年版，第186页。

量，是国民党政府应予以认真权衡的。国民党政府作为国家最高权力代表，有义务、有责任将国内局面向这个方向引导。正是从团结抗日的认识出发，时人对国民党武力反共政策颇感不满："'国内问题取决于政治而不取决于武力'是'救亡图存'的基础。"要求通过政治方式解决中共问题。尽管当时中共临时中央实行的"左"倾政策使一些人深感困惑，但他们还是相信，"以民族作为出发点，无论如何利害错综，然总可以寻得一个一致点"①，要求国民党政府"立刻与共产党商量休战"。中共问题的成功解决与否，是关系到国家能否安定的至关重要之事。

1934 年 4 月，日本外务省情报部部长天羽英二发表谈话，表示日本要排挤英美等国的在华势力而独占中国，中日关系面临陷入僵局之虞。为此，蒋介石授意陈布雷执笔撰写《敌乎？友乎？——中日关系的检讨》（以下简称《敌乎？友乎？》）长文，用徐道邻的名字在《外交评论》上公开发表。该文阐述了蒋介石对中日关系的基本态度及处理内外关系的基本原则。在酝酿该文之时，蒋介石于 1934 年 7 月在庐山军官训练团发表《抵御外侮与复兴民族》的长篇讲话，阐述了"攘外必先安内"政策下对日作战之战略设想。这两篇文章，是考察以蒋介石为代表的国民党政府在九一八事变后对日政策及处理内政外交关系的重要思想资料。

第一，对日政策的"和""合"原则与"四不"方针。蒋介石说："所谓革命外交之不同于通常外交者，即在不被动而能自动，不固执而能因应，应刚则刚，应柔则柔，能伸则伸，当屈则屈，完全以变动不居的方略来实现不可变易的目的。史例俱在，岂不闻列宁力排众议与德国言和的往事。"《外交评论》特在编后说明，"此文就中日两国互存共荣之旨，反复申论，精辟绝伦"，采用画龙点睛的笔法，将文章主旨"和"清楚地告诉人们。蒋介石对日政策的另一个基点是"合"，即"中日合作"。蒋介石说，中

_____

① 《我们要说的话》，《再生》创刊号，1932 年 5 月 20 日。

日两国"本为兄弟，无不可合作之理"；又说，日本"为彻底更新中日关系，应抛弃武力而注重文化的合作，应舍弃土地侵略而代以互利的经济提携，应吐弃政治控制的企图，而以道义感情与中国相结合"。这个"合"字，作为对日外交的又一主旨，是"和"合乎逻辑的引申。"和"与"合"是一般外交原则，当时更现实的是如何处理九一八事变后日本侵华造成的系列具体问题。为此，蒋介石提出了"四不"方针，即"不绝交，不宣战，不讲和，不订约"。"和""合"原则和"四不"方针是蒋介石《敌乎？友乎？》一文的主旨，也是他对日外交的基本政策，更是他力图解决中日问题的根本着力点。

第二，"四不"方针与"节节抵抗的消耗战术"的"革命战略"是"完全相应一贯"的。《敌乎？友乎？》说："但知国民党之所谓对外的革命方略，是有其特殊一贯的策略的。当济南事件以后，曾闻国民政府主席谭延闿责问当时的军事统帅蒋介石'既要死守济南，何以撤退北伐主力之兵？若要放弃济南，何以又留一团兵力来死守济南城，而最后又命其退出？'蒋氏答称：'这就是我们革命军的战略。第一当然要表示不屈服的革命精神，并且表示济南城是日本兵力强占的而不是中国自己放弃的。第二是要顾到革命的全局，不能牵制北伐的进行。第三是要保全中国军队不做无意义的牺牲，只是济南抵抗三天之后，日本强占行为已暴露于世界，则目的已达，所以到后来仍命死守的一团冒险撤退，且使外间知我们要以一团人的力量，来对抗福田整个的一师团的兵力。'吾人观察蒋氏对日本用兵，自上海、长城战役，以至最后退出密云之抗战，可说都是济南事件以来之一贯精神，这至少可以表示革命军力量所在之地，不能无代价的放弃，日本欲以垂手而得沈阳的先例，应用到全中国，到底为不可能。我们一再研究蒋氏对日本外交方针，回想到他民国二十一年一月间所发表的意见书，就可以看出他的主张对日本外交是'不绝交，不宣战，不讲和，不订约'。他这个外交政策是与他对日战略之所谓节节抵抗的消耗战术，与坚强不屈变动不居的革命战略，是完全相应一贯，始终不变的。"①

　　蒋介石所谓"革命战略"概括起来是：以军事上的有限抵抗，求得"四不"方针的贯彻，达到对日妥协对内镇压的目的。这应当就是《敌乎？友乎？》所说蒋介石的外交政策"与他对日战略之所谓节节抵抗的消耗战术，与坚强不屈变动不居的革命战略，是完全相应一贯"问题。这个"革命战略"主要是出于对内的考虑，同时也是对当时日本逐步推进的侵华方针之"因应"措施。

　　第三，关于对日妥协让步的限度。"四不"方针包含两个方面：一是"不绝交，不宣战"，意在妥协；二是"不讲和，不订约"，是让步的限度。蒋介石认为，打开中日间僵局的决定权在日本，"只要日本有诚意谋解决，中国只须要求放弃土地侵略，归还东北四省，其他方式，不必拘泥，过去悬案，应以诚意谋互利的解决，一扫国交上的障碍"。蒋介石让步的限度是"归还东北四省""保持国家独立与完整"。尽管蒋介石没有签订承认"满洲国"的条约，但他并没有坚持"归还东北四省"，实际上承认了日本对东北四省的占领，并对日本进一步侵略扩张采取退让态度，以订立地方协定的方式承认日本对中国土地的占领和对中国权益的侵犯。从根本上说，蒋介石所谓有限度的让步，成为以后国民党政府转向抗日的政策基础。

　　第四，"三天亡国"论和"复兴民族"。蒋介石不止一次地讲到"三天亡国"论。他在《抵御外侮与复兴民族》中说："依现在的情形来看，他只要发一个号令，真是只要三天之内，就完全可以把我们中国要害之区都占领下来，灭亡我们中国！"其用意是警告部下，不要"侈言抗日"，不要"轻言绝交和宣战"，只有采取对日妥协退让才是正确的选择。但蒋介石在大讲"三天亡国"之时，又高谈"复兴民族"。他认为"复兴民族"应把握两条基本原则。

――――――――――

　　①　秦孝仪主编：《中华民国重要史料初编——对日抗战时期·绪编三》，第628—629页。

一是"统一意志"，"集中力量"，"攘外必先安内"。他说："我们现在一定要求内部真正统一和安定，然后才能抵御外侮。只要国内真能统一安定，集中力量，攘外就有绝对的把握，一定可以消灭侵略我们的任何强敌。""所以外能否攘，就看内能否安，民族能否复兴，就看国家能否统一。"这是"御侮图强唯一重要之原则"。二是"步步为营，处处设防，随时随地，准备抵抗，乃为御侮图强基本之要务"。我们把蒋的这个说法叫"营防取胜"论。他具体阐述道："我们每一营、一连所驻扎的地方，一定将工事做好，我们的军队每到一个地方，必须步步为营，处处严防，我们的营防，就是我们的国防。"这样的"营防"怎么能"取胜"呢？他解释道："我们每营讲营防，每团讲团防，每师讲师防，拿我们的血肉来代替我们的国防，拿我们的血肉来抵挡敌人的枪炮。如此，虽然绪战失败，我相信到最后必能得到一战成功。因为用这种革命战术，他要占领我们一省，至少时间就是一个月，如其统计起来，他们要占领我们十八省，至少要费十八月时间，那国际形势的变化还了得？何况他一个月，必不能迅速占领我们一个省呢？所以我们各个人如果有觉悟，随时随地作防御工作，随时随地准备牺牲抵抗"，日本是"不能灭亡中国"的，最后的胜利终归中国。① 实际上，蒋介石"营防取胜"论，是"以空间换时间"战略的具体说法。

"三天亡国"论与"复兴民族"的说法，表面上互相抵触，实际上是相互为用的，二者都是为蒋介石的政略和战略服务的。"三天亡国"论是为"攘外必先安内"政策寻找理由根据的，也是为了说明"四不"方针是"唯一"正确方针。中国虽存在"三天亡国"危险，但只要遵行"攘外必先安内"政策，采用"营防取胜"论战术，仍可以达到战胜日本、"复兴民族"的最后目标。

第五，所谓"同归于尽"问题。蒋介石在阐述对日政策与内

---

① 《先总统蒋公全集》第1册，第881页。

外政策关系时，多处讲到国民党政权与日本帝国主义"同归于尽"问题。他说："吾人认为'同归于尽'的办法，决不是办法。"还说："中日两国在历史上地理上民族的关系上，无论哪一方面说起来，其关系应在唇齿辅车以上，实在是生则俱生，死则同死，共存共亡的民族。"两者所以会"合则两利，敌则两败"，相互为敌就会"同归于尽"。蒋介石的理由归纳起来为：如果日本无休止地用武力进攻中国，中国政府由于抗日浪潮的高昂，就不能不抵抗。而由于种种原因，日本灭亡不了中国，势必长此相持下去。这便给"窥伺于中国国民党之后"的势力以可乘之机。长此相持下去，日本会被拖垮，国民党政府也会因"内外交侵"而倾覆，结局是双方"同归于尽"。

蒋介石苦口婆心以"和""合"相劝，指出"同归于尽"危险性，但日本军国主义分子毫不理会，仍然进攻不止，日蒋矛盾日益加剧，这迫使蒋介石不得不调整内外政策。从总体上看，蒋介石的"攘外必先安内"政策，违背了九一八事变后中国历史的中心任务，抗拒了抗日、团结、民主的历史潮流，故受到包括中共在内的全国各界民众的反对。

全国民众民族意识的日益觉醒，广大民众抗日救亡运动的不断掀起，各界联合抗日呼声的不断高涨，构成了国民党统治的巨大威胁。蒋介石采取的对日妥协政策，并没有得到日本帝国主义的谅解，也没有换来日本侵略气焰之收敛。相反，日本帝国主义不断扩大侵略，继占领中国东北、热河后，又向察北、绥东和河北扩张，并企图占领整个华北地区。这就激化了日本帝国主义与以蒋介石为首的国民党政权的矛盾。加上国际上英美势力与日本帝国主义的矛盾，国民党政府开始转变其内外政策。随着福建事变的平定及对"剿共"战争初见成效，蒋介石开始认真考虑对日抵抗问题。1934年2月，蒋介石发表演说："现在我们的国家和整个民族，已经到了存亡危急的时候，我们全国的同胞……必须个个人要效法越王勾践的'卧薪尝胆'的精神和'生聚教训'的方法来救国，然后国家才能救转，民族才得复兴。"① 同月，蒋介石指示有关军事部门立即将"东南国防计划，北至海州、徐州、归德，南至温州、漳州之计划制成"。3月，他对陆军大学学员强调："我们弱国要抵抗强国，不能靠武力而要靠我们的国民尤其是军人的精神和人格。"②蒋介石的系列表态，表现出明显的对日抵抗色彩。

蒋介石"围剿"红军过程中，得到了一箭双雕的结果：虽未达到彻底消灭红军之目的，却使中共中央及红军主力离开江西苏区而退往西北；国民党中央军趁机一举解决了黔滇川三省的半独立状态问题，推进了"中央一体化"进程。在"围剿"红军主力战略目标基本实现、"中央一体化"政策有所推进以后，国民党政府开始集中力量加速开展各项建设，充实国防力量。1935年4月，国防设计委员会改组为军事委员会资源委员会，在继续从事调查研究拟订各种建议及动员计划的同时，着手创办经营有关国防的重工企业。这种情况表明，国民党政府的施政措施由将国力主要倾注于内战，转向主要倾注于对日备战。

1935年11月，国民党第五次全国代表大会通过的政治、军事报告，尽管仍顽固坚持"铲除残余之赤匪"方针，但其政策开始发生某些微妙变化，这在蒋介石发表的对外关系演说中得到体现："苟国际演变不斩绝我国家生存民族复兴之路，吾人应以整个的国家与民族之利害为主要对象。一切枝节问题当为最大之忍耐，复以不侵犯主权为限度，谋各友邦之政治协调；以互惠平等为原则，谋各友邦之经济合作。否则即当听命党国下最后之决心，中正既不敢自外，亦决不甘自逸。质言之，和平未到完全绝望之时，决不放弃和平；牺牲未到最后关头，亦决不轻言牺牲。以个人牺牲事小，国家之牺牲事大；个人之生命有限，民族之生命无穷故也。果能和平

---

① 中华民国史事纪要编辑委员会编：《中华民国史事纪要·初稿·中华民国二十三年（1934）一至六月份》，台北，"中央"文物供应社1986年版，第232页。

② 中华民国史事纪要编辑委员会编：《中华民国史事纪要·初稿·中华民国二十三年（1934）一至六月份》，第268页。

有和平之限度，牺牲有牺牲之决心，以抱定最后牺牲之决心，而为和平最大之努力，期达奠定国家复兴民族之目的，深信此必为本党建国惟一之大方针也。"① 蒋介石的这篇演说，表明国民党政府开始改变对日妥协的外交政策。国民党政府会后进行了较大改组，对日态度逐渐强硬。

1936 年 7 月，蒋介石在国民党五届二中全会上，对五全大会确定的对日外交方针作了更详细解释："中央对外交所抱的最低限度，就是保持领土主权的完整，任何国家要来侵扰我们领土主权，我们绝对不能容忍，我们绝对不订立任何侵害我们领土主权的协定，并绝对不容忍任何侵害我们领土主权的事实。再明白些说，假如有人强迫我们签订承认伪国等损害领土主权的时候，就是我们不能容忍的时候，就是我们最后牺牲的时候。"又强调："从去年十一月全国代表大会以后，我们如遇有领土主权再被人侵害，如果用尽政治外交方法，而仍不能排除这个侵害，就是要危害到我们国家民族之根本的生存，这就是为我们不能容忍的时候，到这时候，我们一定做最后之牺牲。"② 蒋介石明确表示不能签订承认"满洲国"的协定，并对"牺牲的最后关头"作了"最低限度"的解释。此后，国民党政府在对日谈判中态度逐渐强硬，在某种程度上改变了一味妥协退让的外交方针。

以蒋介石为首的国民党政府，在对日外交方针上作了某些调整的同时，也开始改变对中共的策略。由过去单纯的武力"剿共"改为"剿""抚"并用。在武力"围剿"的同时，又通过各种渠道与中共进行秘密谈判，企图兵不血刃地"收编"中共及其领导的红军。

不同意识形态之间的冲突，导致了国共两党长期处于对立状态，致使外敌入侵之初双方都难以完全冲破多年以来意识形态上的

① 《蒋介石对外关系演词》，《国闻周报》第 12 卷第 46 期，1935 年 11 月 25 日。
② 《国闻周报》第 13 卷第 28 期，1936 年 7 月 20 日。

固有认识和分歧。在蒋介石和国民党看来，以共产主义作为信念的中国共产党是受苏俄指挥的国际性组织，它不是真正属于本民族的政党，当然也就无法充当民族利益的代表者；中国共产党人则认为，国民党不过是半殖民地半封建的中国内部的大地主大资产阶级集团利益的代表，它对内主要代表有产阶级的利益，对外依赖于各帝国主义，是帝国主义在华利益的代表，根本就不可能代表整个中华民族利益。建立在这些理念之上的行为，就是两党之间长期的限制与反限制、打压和抗争。

九一八事变后相当长时期内，国民党对日本采取忍耐让步为主调的政策，其军事力量主要用于对付共产党领导的工农武装。但日军在华北制造的一系列侵略事件，成为国共两党由对峙到联合的重要契机。日本在华北势力的扩张，严重损害了国民党政府在华北的主权和利益。蒋介石意识到，如果不调整既有政策，继续坚持对日不抵抗政策，必然会丧失民众的信赖和支持。蒋介石不得不考虑暂时搁置意识形态方面的分歧，开始调整与中国共产党的关系，寻求国共和谈的机会。1935 年秋，蒋介石借与苏联改善关系之机，谋求用政治方式来解决中国共产党的问题，并准备通过苏联和共产国际的渠道与中共驻共产国际代表团进行关于联合抗日的谈判。

在中日战争没有全面爆发之前，蒋介石存在对共产党及红军进行最后一击，至少在最大程度上消耗共产党及其领导的武装力量，然后再用政治方式最终解决共产党问题的想法。所以，蒋介石命令张学良、杨虎城两部立即"进剿红军"，接着调派大批中央军进驻陕西，准备一举解决中共武装。1936 年 10 月，蒋介石平息两广事变后，便调集大军集结在陇海铁路沿线，并亲赴西安部署"剿共"军事，逼迫张学良、杨虎城继续"剿共"。12 月 12 日，张、杨发动"兵谏"，扣押蒋介石及随行的军政要员，发表了抗日救国八项主张。蒋介石被迫答应中共提出的六项条件，加快转变自己的内外方针。这六项条件是：第一，改组国民党与国民政府，驱逐亲日派，容纳抗日分子；第二，释放上海爱国领袖，释放一切政治犯，保障人民的自由权利；第三，停止"剿共"政策，联合红军抗日；第四，召集各党各派各界各军的救国会议，决定抗日救亡方针；第五，与同情中国抗日的国家建立合作关系；第六，其他救国的具体办法。此后，国民党被迫放弃了"剿共"的内战政策，逐步确立了联共抗日的方针。

在全国抗日救亡大潮推动下，国民党政府不得不改变"攘外必先安内"方针，采取联合抗日政策；中国共产党也改变"反蒋是抗日的前提"政策；本来就主张抗日的政派更加向前迈进。这样中国各派政治势力，就逐渐汇合在抗日旗帜之下了。

西安事变之所以成为蒋介石实现其内外政策的转折点，并不是因为它解决了国共两党先前的意识形态对立问题。其转变的真正动因在于，从国民党自身的势力来看，随着日本的步步进逼，华北随时可能成为第二个"满洲国"，再加上国内社会各界对"停止内战，一致对外"的呼声日高，蒋介石认识到，在解决民族生存问题之前，暂时还不具备解决与中国共产党之间意识形态分歧的条件。在这种情况下，唯一办法就是将"剿共"目标暂时搁置，代之以民族独立的目标追求作为与中国共产党沟通、联合的思想基础。

西安事变的和平解决，使蒋介石获得了前所未有的威望。无论是以前与蒋介石有很深恩怨的各地方实力派，还是与国民党对峙近十年的中国共产党，都以民族国家利益为重，一致许诺接受蒋介石领导，共同抗日。而要真正实现国共合作，摆在蒋介石面前的还有两个问题需要解决：一是如何使国民党的公开政策完成由"剿共"向联共抗日转变；二是如何实施联共的具体步骤和方法。西安事变后，国民党改变了"攘外必先安内"方针，对共产党和红军由"围剿"政策改为"和平统一"政策。它一方面与中共谈判联合共同准备抗日；另一方面并没有放弃反共的根本立场，企图利用"和平统一"方式瓦解共产党，消灭红军。

1937 年 2 月，国民党为了商讨如何在新形势下对付中共并进一步调整内外方针，在南京召开了五届三中全会。国民党这次会议，一方面，确定了与中共重新合作共同抗日的方针，完成了其内外政策的重大调整；另一方面，确定了"和平统一"方针，作为此后对付中共的主要斗争方式。会议发表的宣言承认"和平统一"为全国共守之信条，表示："此后惟当根据和平统一之原则，以适应国防，且以奠长治久安之局。"在此原则下通过的《关于根绝赤祸之决议案》认为："今者共产党人于穷蹙边隅之际，倡输诚受命之说。本党以博爱为怀，决不断人自新之路，惟是鉴往思来，不容再误。非彼等精诚悔祸，服从三民主义，恪遵国法，严守军令，束身为中华民国良善之国民，则中央为保持国家之治安，维护全国人民之生命财产计，不能置亿万人永久之利害于不顾，而姑息少数巧言暴行之徒，以贻民族无穷之殷忧。"①尽管国民党将中共政策调整视为"输诚受命之说"和"精诚悔祸"，将与中共谈判视为"博爱为怀"的宽大之举，但毕竟放弃了武力"剿共"政策，确立了"和平统一"新方针。

《关于根绝赤祸之决议案》提出的"根绝赤祸"四项最低限度是："第一，一国之军队，必须统一编制，统一号令，方能收指臂之效，断无一国家可许主义绝不相容之军队同时并存者，故须彻底取消其所谓'红军'，以及其他假借名目之武力。""第二，政权统一为国家统一之必要条件，世界任何国家断不许一国之内有两种政权之存在者，故须彻底取消所谓'苏维埃政府'及其他一切破坏统一之组织。""第三，赤化宣传与以救国救民为职志之三民主义绝对不能相容，即与吾国人民生命与社会生活亦极端相悖，故须根本停止其赤化宣传。""第四，阶级斗争以一阶级利益为本位，其方法将整个社会分成种种对立之阶级，而使之相杀相仇，故必出于夺取民众与武装暴动之手段，而社会因以不宁，居民为之荡析，故

---

① 重庆市政协文史资料委员会、中共重庆市委党校、红岩革命纪念馆编：《抗战时期国共合作纪实》上，重庆出版社2016年版，第196页。

须根本停止其阶级斗争。"① 这四项办法，体现了国民党"和平统
一"方针之实质。它最后强调指出："吾人须知，必先恢复中华民
族固有之精神与道德，树立中华民国独立自主之人格，乃能恢复中
华民国固有之版图，承继我中华民族历史之光荣，以实现三民主
义。故'赤祸之必须根绝，乃为维护吾国家民族至当不易之大道，
凡喻斯旨，果具决心，而以事实表曝于全体国民之前者，均所容
与；否则仍当以国脉民命为重，决不能轻信诡言，贻国家民族以无
穷之患。"② 国民党五届三中全会及其通过的决议，实际上停止了
长达十年的"剿共"战争，接受了中共提出的抗日民族统一战线
主张。国民党对中共的方针发生了明显转变，由武力"剿共"转
为"和平统一"。

　　1937 年初，国民党要员吴铁城撰写《中国统一运动之途径》
一文，阐述了国民党的"和平统一"方针。第一，提出目前国民
党努力的方向是完成并巩固国家统一。他说："我们一方面要密切
注意国内一切残余的恶势力作最后的挣扎，破坏国家的统一；一方
面还要加紧努力于根本上扫除一切的统一障碍。"此处所谓"统
一"，就是消灭中共和其他异己势力。第二，认为国家统一以"军
令政令的彻底统一"最为关键。他说："从积极方面说，我们要巩
固国家的机构，要齐一全民的意志，要统一全民的行动，要推进国
家的建设，要集中国家的力量，要加强对外的力量，那就更不能不
需要军令政令的彻底统一。"军令政令的统一，是国民党打着"复
兴民族"旗号推行国家统一的着力点，也成为此后国民党"统一"
"溶化"共产党政策的基本点。第三，提出必须扫除中国统一的障
碍。他认为，阻碍国家统一的有三种政治理论，即"联省自治
论"、"阶级斗争论"和"人民阵线论"。除联省自治论外，后两种

---

① 重庆市政协文史资料委员会、中共重庆市委党校、红岩革命纪念馆编：《抗战
时期国共合作纪实》上，第 196 页。

② 重庆市政协文史资料委员会、中共重庆市委党校、红岩革命纪念馆编：《抗战
时期国共合作纪实》上，第 196—197 页。

实际上是中共的主张。第四，提出实现中国统一的具体办法。它们是"启发民族意识"；"确立中心思想"，信仰三民主义；"发展经济建设"；"拥护最高领袖"。①

吴铁城所列举的实现统一的四条办法，虽然打击对象是中共及国民党地方实力派，但没有再提出使用武力，而是采取"和平"方式。这便说明，一方面国民党消灭共产党的既定方针未变；另一方面表明它消灭共产党的策略方式的确发生了变化，由武力"围剿"转变为"和平统一"，在"和平统一"旗号下，借推行"军令政令的彻底统一"办法来消灭中共及其领导的武装。

国民党要员潘公展发表《统一与和平》一文，对国民党"和平统一"政策作了进一步阐发。第一，认为"统一"不同于"联合"，国民党的"统一"不同于中共的"联合"。他说："联合之前，一定有许多单位，起码有两个以上的单位，才把他们联起来合起来，但是无论怎样联合，内部的单位仍存在。这叫做联合。所谓统一，是把原有的单位经过统一运动之后融化为一个整个的单位，原有的单位完全分不出来。这才是统一。"他所主张的"统一"，实际上就是把共产党"统一"于国民党之下。第二，达到统一的途径有两条：和平与战争，但在必要时仍可使用武力"戡乱"。他说："要统一，须消灭割据势力，那是毫无疑义的。用什么方法消灭呢？须知不一定用战争，也不一定不用战争；需要战争的时候则战争，不需要战争的时候则和平。所以要求和平，就要统一，这是一定的，而要求统一则不一定专用和平或专用战争。……所以到了必要的时期，用尽和平的方法还不能得到统一的时候，不得不用武力来戡乱，来讨逆，来惩治破坏统一的罪人，否则要武力有什么用？"第三，先统一后抗敌，统一的关键在于消除军队系统。他说："敌人是

---

① 吴铁城：《中国统一运动之途径》，《救国论文集》，大方书局 1937 年版。

要抗的。但是要抗敌，一定要全国一致的抗敌，要在统一命令之下的抗敌才可以有效。……我们始终承认：唯有统一才能真正抗敌，亦唯有统一，对外才能有真正的战争。"第四，保全军队，化除系统。这是说军队可以保全，但非蒋系的军队系统如东北军、西北军、红军的系统必须消除。他说："先要明白统一之梗是在于军队系统，故如果能够保全军队而同时化除系统，则割据势力必于不动干戈之中消灭，而和平统一于焉实现。"为此，他提出了三条"化除军队系统"办法，即"地方政治与军人完全脱离关系"，"军队应与驻在地脱离关系"，"军队应与统率的将领不发生绝对关系"。①

西安事变后，国民党由武力"剿共"转为"和平统一"，表明国民党对共策略方式的改变，其消灭中共的根本方针并没有改变。这样，国民党"根绝赤祸"的根本立场和它所采取的"和平统一"策略，决定了以后国共两党关系的复杂性和斗争方式的特殊性。

卢沟桥事变的爆发，表明中日民族矛盾成为压倒一切的主要矛盾，加速了国共合作为基础的抗日民族统一战线的建立。1937 年 7 月 17 日，蒋介石发表著名的庐山讲话，表示："战端一开，那就是地无分南北，年无分老幼，无论何人，皆有守土抗战之责任，皆应抱定牺牲一切之决心。"9 月 22 日，国民党中央通讯社发表《中共中央为公布国共合作宣言》，蒋介石次日发表谈话，称赞中共宣言所举各项，"皆为集中力量，救亡御侮之必要条件"；表示"在存亡危急之秋，更不应计较过去之一切，而当使全国国民彻底更始，力图团结，以共保国家之生命与生存"；声明对于"诚意救国"、致力于"抗敌御侮"事业的"国内任何派别"，"政府无不开诚接纳"。②蒋介石的谈话实际上公开承认了中国共产党的合法地位。至此，以国共合作为标志的抗日民族统一战线正式形成。

---

① 潘公展：《统一与和平》，《救国论文集》。
② 《先总统蒋公全集》第 3 册，第 3849—3850 页。

四　统一战线中的独立自主原则

抗日民族统一战线的显著特点，是参加成分复杂，既包括中共领导的工人阶级、农民阶级、小资产阶级，又包括民族资产阶级、开明绅士和地方实力派以及海外华侨中的爱国人士，还包括国民党蒋介石集团的亲英美派大资产阶级。参加统一战线的各阶级和各阶层，既有合作抗日的共性，又有各自的个性，甚至存在根本对立。中共和国民党代表了抗日民族统一战线的两翼，他们在抗战的坚定性和彻底性、抗战路线和战略战术的选择以及战时外交、政治改革和经济政策等诸多方面，存在严重分歧。这些分歧，决定了抗日民族统一战线内部充满着矛盾和不稳定的因素。国共分歧的焦点，就是抗日民族统一战线中是否保持共产党的独立性并如何保持这种独立性的问题。这直接关系到抗日民族统一战线能否巩固与发展，决定着抗日战争的前途和中华民族的命运。

抗日民族统一战线是为了反对日本帝国主义的侵略而建立和发展起来的。这个统一战线的组成，就其范围而言，具有广泛的民族性，是包括全民族（除汉奸、卖国贼以外）的所有不同党派、不同阶级、不同军队、不同民族组成的最广泛的阵营。这个统一战线虽然广泛，但各党派各阶层之间的政治力量却是不平衡的。国民党是全国最具实力的第一大党，掌握了全国政权及数百万军队；共产党虽居其次，但经过第五次反"围剿"和二万五千里长征，其力量已极大削弱；其他党派，更是微不足道。力量上的不平衡，必然造成各党派政治地位与政治权利事实上的不平衡。以蒋介石为代表的国民党，不肯放弃其既得利益和特权，企图凭借其所拥有的政治资源优势，垄断统一战线的控制权，控制统一战线的发展方向，并进而假统一战线的名义，限制、削弱、溶化以中共为代表的抗日民主力量。而国民党的一些御用文人也声称，"今天国民党外的一切党派，都没有独立存在底理由”，还有人露骨地要共产党交出军队，取消特区政府，放弃马克思主义和阶级斗争学说，“抛弃”一党一派之利害，完全听命于蒋介石的指挥。

正是基于这种客观情况，中国共产党敏锐地意识到，如果完全按照蒋介石圈定的框框去做，取消自己的独立性，合并到国民党里面去的话，势必自毁前程，重演第一次国共合作破裂后国民党清党反共的历史悲剧，最终葬送抗日民族统一战线和整个抗战事业。所以，中共主张在坚持抗日民族统一战线前提下，承认统一战线中的矛盾个体，在处理自身内部事务时具有自主意识和独立性，强调共产党在抗日民族统一战线中必须坚持独立自主原则。

早在决定与国民党建立抗日民族统一战线之初，共产国际就告诫中共要保持自身的独立性。1936 年 8 月 15 日，共产国际执委会书记处致电中共中央：在政治方面，抗日民族统一战线应当是共产党、国民党和其他团体之间在保持各自政治上和组织上完全独立的情况下，在共同的抗日立场上的联合。现在比以往任何时候都更加需要维护党的队伍的纯洁性与党的团结。毛泽东和中共中央接受了共产国际的意见，将保持共产党政治上和组织上的完全独立，作为抗日民族统一战线的基本条件。

在倡导建立抗日民族统一战线过程中，毛泽东对英美派大资产阶级争夺抗日民族统一战线领导权的企图，以及统一战线的发展方向与分化等问题，保持着高度警惕。他总结大革命失败教训后旗帜鲜明地提出：是使无产阶级跟随资产阶级，还是使资产阶级跟随无产阶级呢？这个中国革命领导责任的问题，乃是革命成败的关键。1937 年 3 月，毛泽东在中共中央政治局讨论同国民党谈判方针时指出，谈判的方针无疑是无产阶级政党与资产阶级政党的合作的方向，而不是无产阶级作资产阶级的尾巴。中共中央政治局扩大会议在讨论抗日民族统一战线的形势和党的任务时，任弼时对国民党政策转变及国共合作的前途作了分析，认为国民党政策转变的原因有以下几个方面。第一，由于日本的侵略、中国政局的发展，中国民族资产阶级大部分转向抗日；这一重大的变动，使得中派不能不转向抗日。第二，中共一年来统一战线的号召与努力，不但深入群众而且影响到各军队上层分子，西安事变的爆发，使得各派都公开谈抗日，更促成这一和平的实现。第三，国际形势的变动也推动了这一转变。国民党三中全会表明它有诚心于国共合作，但国共合作中争取领导权的斗争将会更加复杂，中共必须争取与巩固统一战线中的领导权。而努力的方向，是"巩固我们的武装，争取民主权利"。[①]

1937 年 5 月，毛泽东在苏区党的代表会议上阐述了实现无产阶级政治领导任务的四条具体原则：根据历史发展进程提出基本的政治奋斗目标；共产党的组织和党员成为实现奋斗目标的模范；在不失掉确定的政治目标的原则上，与同盟者建立联盟；共产党队伍的发展、坚强和思想统一。这样就使中共争取对抗日民族统一战线领导权的目标具体化和理论化。他指出，中国革命没有一个包括全民族绝大多数人口的最广泛的革命统一战线，是不可能的；这个统一战线还必须是在中国共产党的坚强领导之下，没有中国共产党的坚强领导，任何革命统一战线也是不能胜利的。

在抗日民族统一战线建立后不久，巴黎《救国时报》就提出国共两党应"互相开诚布公"，"互相尊重彼此在组织上思想上的固有系统"，应当在共同的救国纲领下"允许彼此的独立发展和批评自由"，"决不应该丝毫存在猜疑与妒忌的心理和压抑或限制的企图"；认为只有这样才能"继续发展和巩固两党的合作"，"真正克服合作前途上的阻碍与困难"。[②] 对于中国共产党来说，"独立自主，就是指无产阶级的独立性，他有自己独立的政策、独立的思想"。[③] 1937 年 8 月，毛泽东和张闻天在《关于红军作战原则的指

①　《任弼时选集》，人民出版社 1987 年版，第 134 页。

②　《论国共再次合作》，《救国时报》1937 年 10 月 25 日。

③　《周恩来选集》上卷，人民出版社 1980 年版，第215 页。

示》中，从红军作战指挥权的角度提出了"独立自主"概念。毛泽东随后在洛川会议作国共两党关系问题的报告，强调共产党在统一战线中的独立自主原则。他说：中国抗战存在两种政策和两个前途，即我们的全面的全民族抗战的政策和国民党的单纯政府抗战的政策，坚持抗战到胜利的前途和大分裂、大叛变的前途。中共的任务是动员一切力量争取抗战胜利，最基本的方针是持久战。红军的基本任务是：创造根据地；钳制和相机消灭敌人；配合友军作战（战略支援任务）；保存和扩大红军；争取民族革命战争领导权。中共中央正式作出了坚持无产阶级领导权、在敌后开展独立自主的游击战争等重要决定。

　　1937 年 11 月 12 日，毛泽东发表《上海太原失陷以后抗日战争的形势和任务》，明确提出了在抗日民族统一战线中坚持独立自主的思想。他指出，中国共产党不但要坚持抗日民族统一战线的政治路线，而且要"在一切统一战线工作中必须密切地联系到独立自主的原则"。为了坚持抗战和争取最后的胜利，必须坚持抗日民族统一战线，"任何破裂国共两党的统一战线的主张是不许可的。'左'倾关门主义仍然要防止。但是在同时，在一切统一战线工作中必须密切地联系到独立自主的原则。我们和国民党及其他任何派别的统一战线，是在实行一定纲领这个基础上面的统一战线。离开了这个基础，就没有任何的统一战线，这样的合作就变成无原则的行动，就是投降主义的表现了。因此，'统一战线中的独立自主'这个原则的说明、实践和坚持，是把抗日民族革命战争引向胜利之途的中心一环。"①

　　中国共产党强调统一战线中的独立自主原则，与同时出现的党内右倾错误倾向有着密切关联。随着抗日民族统一战线的建立、国民党转向抗日与中共地位实际上的合法化，国内阶级关系与阶级对抗趋于缓和。由于党内小资产阶级成分的大量存在，某些党员对国

---

① 《毛泽东选集》第 2 卷，人民出版社 1991 年版，第 394 页。

民党的本质缺乏深刻认识，在重大历史转折关头，看不清国民党政府联合抗日所隐藏的反共本质，故主张放弃抗日领导权，对国民党实行无原则让步。

从 1937 年 9 月起，中共中央针对党内右倾思想的滋长连续发出指示，强调党内的主要危险倾向已经不是"左"倾关门主义，而是右倾投降主义，号召全党积极行动起来，坚决反对这种错误倾向，毫不犹豫地坚持统一战线中的独立自主原则。《中共中央书记处关于共产党参加政府问题的决定草案》规定："在党中央没有决定参加中央政府以前，共产党员一般的亦不得参加地方政府，并不得参加中央的及地方的一切附属于政府行政机关的各种行政会议及委员会。""但在特殊地区的地方政府如战区的地方政府中，由于旧的统治者不能照旧统治，基本上愿意实行共产党的主张，共产党已经取得了公开活动的自由，并且由于当前的紧急形势使共产党在人民与政府看来均已成为必要，共产党可以去参加。在日寇占领区域，共产党更应公开成为抗日统一战线政权的组织者。"它强调："在原有红军中苏区中及一切游击队中，共产党绝对独立领导之保持，是完全必要的，共产党员不许可在这个问题上发生任何原则上的动摇。"①

1937 年 11 月 15 日，毛泽东和刘少奇分别在关于山西统战工作原则给周恩来等人的电报和为中共中央北方局起草的决定中明确指出，"目前山西工作原则是'在统一战线中进一步执行独立自主'"，"我们须自己作主"，要减少对国民党的希望与依靠，"故'独立自主'之实行，须比较过去'进一步'，这是完全必要的"②；"目前是要在统一战线的原则下更进一步地发展我党的独立自主，而不是绝对的独立自主"③。根据中共中央的指示精神，各

① 中共中央文献研究室、中央档案馆编：《建党以来重要文献选编（1921—1949）》第 14 册，第 528—529 页。
② 《毛泽东文集》第 2 卷，第 70 页。
③ 《刘少奇选集》上卷，第 96 页。

级组织采取了相应措施，积极贯彻独立自主原则，纠正业已出现的右倾错误偏向。

但从莫斯科回国的王明，与毛泽东及中共中央在统一战线问题上有着不同的思路。1937 年 12 月，王明在中共中央政治局会议作了长篇发言，传达斯大林对于实施抗日民族统一战线的新策略，将如何巩固和扩大抗日民族统一战线的错误思想系统化。王明对中共中央此前强调"独立自主"的做法提出严厉指责，忽视中共全面抗战路线与国民党片面抗战路线的原则分歧，明确肯定国民党是抗战的领导者，否认共产党在抗战中的领导作用，否认抗日民族统一战线中的独立自主原则，公开提出"一切服从统一战线"，"一切经过统一战线"，把共产党的行动限于国民党所允许的范围内，不赞同放手发动和武装群众。这次会议得出了折中结论："抗日民族统一战线中的各党派应该在共同的纲领下协同进行斗争，不应互相削弱，而相反应该互相帮助，共同领导和负责，虽然统一战线内部的矛盾无法消除但应尽量避免和缩小。"这就在实际上模糊了抗日民族统一战线中的领导权问题。

王明在中共中央政治局十二月会议后赴武汉与国民党进行谈判，并先后发表《如何继续全国抗战和争取抗战胜利呢》、《挽救时局的关键》和《三月政治局会议的总结》等文，坚决执行共产国际为缓解苏联因受东西方法西斯主义两面进攻压力而制定的政策。他反复强调"抗日高于一切"，否认抗日民族统一战线中存在阶级斗争，忽视国民党和共产党的阶级本质和原则区别，反对毛泽东关于在统一战线中有左中右三种不同政治集团的划分，认为只有抗日与降日的区分。因此，王明仍然主张"一切经过统一战线""一切服从统一战线"，反对统一战线中的独立自主原则，把抗战胜利希望寄托于国民党及其领导的政府军队，提出军事战略上的"七个统一"，轻视中共领导的人民武装和游击战，反对在战区和敌后扩大人民武装与建立根据地。

王明关于抗日民族统一战线的思想，与毛泽东及中共中央既定的方针政策产生了严重分歧。王明的右倾思想主要受共产国际的影响并代表了苏联和斯大林的意见，故为许多中共领导干部赞同，在党内造成了较大思想混乱。为了改变这种状况，1938 年 3 月，中共中央政治局会议决定派任弼时赴莫斯科主持中共驻共产国际代表团，向共产国际交涉军事、政治、经济、技术人才等问题，说明中国抗战和国共两党关系的实际情况，以便共产国际更多地了解中国实际和中国共产党的政策，进而争取共产国际的支持。

1938 年 4 月 17 日，任弼时向共产国际提交了《中国抗日战争的形势与中国共产党的工作和任务》的报告，全面介绍中国抗战的实际情况以及中共在抗战中的地位和作用。5 月 17 日，任弼时和王稼祥出席共产国际执委会主席团会议。任弼时作了关于 4 月 17 日报告的口头说明和补充。他首先谈到中共在当前抗战中的最基本任务，明确指出："目前摆在中国党面前的最基本的任务，是防止和克服中国政府对抗战方针的动摇，以一切努力，争取中国能持久抗战，以求得最后战胜日本帝国主义。"其次，他分析了抗日民族统一战线的特点，强调抗日民族统一战线与大革命时期的统一战线有很大不同，国民党现在惧怕共产党力量壮大，将来夺去抗日的领导权，危害其统治地位，想尽方法企图削弱、溶化共产党。因此，在抗日民族统一战线中，共产党必须更加依靠广大群众的力量，必须发展自己的力量，扩大八路军、新四军。中共的"力量更加壮大，地位就更高，合作就更有力量"。最后，他指出中国共产党能够在中国抗战中发挥更大的领导作用。八路军和新四军有坚强的共产党的绝对领导，有优良的政治工作传统和群众工作、军事活动。"游击战争将成为最后战胜敌人的一个重要力量"，"是在敌人后方建立强大的新的军事力量的重要方法"。同时，中共在群众中具有雄厚的基础，"在中国抗日战争发展中，将要取得更加重大的领导和推动作用"。①

---

① 《任弼时选集》，第 175、199、206 页。

任弼时的报告使共产国际第一次较为全面地了解到中共在抗战中的实际情况，故引起了共产国际执委会主席团的高度重视和认同。6月11日，共产国际作出《共产国际执委会主席团关于中共代表报告的决议案》，认为中国共产党的政治路线是正确的，指出："中国共产党在复杂和困难条件之下，灵活地转到抗日民族统一战线的政策之结果，已建立起国共两党的新的合作，团结起民族的力量，去反对日本的侵略。"它强调："共产党的巩固，它的独立性和它的统一，正是继续向前发展民族统一战线和继续同日寇作胜利的斗争的基本保证。"① 赞同中共继续开展敌后游击运动，坚持统一战线中政治和组织上的独立性。

1938年9月14日，从苏联回到延安的王稼祥在中共中央政治局会议上，传达了季米特洛夫在共产国际执委会主席团讨论任弼时的报告以及同王、任谈话的主要内容："中共一年来建立了抗日统一战线，尤其是朱、毛等领导了八路军执行了党的新政策，国际认为中共的政治路线是正确的，中共在复杂的环境及困难条件下真正运用了马列主义。"他还说："在领导机关中要在毛泽东为首的领导下解决，领导机关中要有亲密团结的空气。"② 共产国际态度的转变，为毛泽东和中共中央纠正王明的思想错误创造了有利条件。

1938年9月29日至11月6日，中国共产党在延安举行了扩大的六届六中全会，深入研究中国共产党在抗日战争即将进入新阶段时的基本方针和政策，着重强调在抗日民族统一战线中坚持独立自主的原则。毛泽东作的《论新阶段》的政治报告和会议总结、张闻天作的《关于抗日民族统一战线的与党的组织问题的报告提纲》及会议通过的《中共扩大的六中全会政治决议案》，系统地阐述了在抗日民族统一战线中坚持独立自主的思想。至此，中共关于抗日

① 中共中央文献研究室编：《文献和研究（1985年汇编本）》，人民出版社1986年版，第79—80页。

② 中共中央文献研究室编：《任弼时年谱（1904—1950）》，中央文献出版社2014年版，第372、374页。

民族统一战线中独立自主思想逐渐成熟。

抗日民族统一战线中坚持独立自主的思想，首先必须保持中国共产党的独立性。毛泽东指出："坚持民族统一战线才能克服困难，战胜敌人，建设新中国，这是毫无疑义的。但是在同时，必须保持加入统一战线中的任何党派在思想上、政治上和组织上的独立性，不论是国民党也好，共产党也好，其他党派也好，都是这样。"① 他认为："三民主义中的民权主义，在党派问题上说来，就是容许各党派互相联合，又容许各党派独立存在。如果只谈统一性，否认独立性，就是背弃民权主义，不但我们共产党不能同意，任何党派也是不能同意的。"② 具体而言，保持共产党在思想上的独立性，就是要坚持马克思列宁主义，保持马克思主义对中国共产党的指导地位，决不抛弃其社会主义与共产主义理想；保持共产党在政治上的独立性，就是要高举自己的旗帜，独立自主地实行共产党的政治路线和方针政策，认真地担负起关于领导抗日战争的历史重任；保持共产党在组织上的独立性，就是保持原有的组织系统和组织原则的完整性，保持共产党的无产阶级先锋队性质，不能降格以求成为抗日民族统一战线中等同其他党派的一个政治派别或组织，更不能合并到国民党里去，为国民党所溶化。

毛泽东告诫全党，因这次国共合作是对立阶级的合作，故国共之间的斗争是严重而不可避免的，但也不能因斗争而放弃统一。统一战线中的统一，是基本原则，任何时候和地方都不能忘记统一。统一是统一战线的第一个基本的原则，一定要坚持国共长期合作。为了保持中共在抗日民族统一战线中的独立性，中共必须坚持持久抗战的战略方针，必须独立自主地开展敌后游击战争，坚持共产党对八路军、新四军和其他人民军队的绝对领导，"不许可在这个问

---

① 《毛泽东选集》第2卷，第524页。
② 《毛泽东选集》第2卷，第524页。

题上发生任何原则上的动摇"。既坚持军事领域的军事斗争中的独立自主，又坚持党对抗日武装的独立领导权，体现了抗日民族统一战线理论在抗日武装领导权问题上的根本原则。在政权问题上，独立自主地建立和领导敌后抗日民主政府，使之成为民主政治的典范；而对于国民政府，只有在它改变一党专政的性质，转为全民族的统一战线政府即接受和实现共产党提出的抗日救国十大纲领，容许共产党组织的合法存在，保证共产党员组织和教育群众的自由的时候，共产党才去参加。在与各党各派关系问题上，保持必要的斗争，斗争的中心是"如何争取抗战胜利的问题"，共产党"应该到处公开提出党对于保证抗战胜利的具体主张与办法，批评其它党派的不彻底与不坚决"，以动员全国人民，"环绕在我党主张与口号的周围"。[①] 这实质上是中国共产党力争实现对于抗日战争的领导权。针对国民党的种种限制，中共在处理有关抗战的具体问题时，则根据不同情况采取灵活策略，有时可以"先奏后斩"，有时可以"先斩后奏"，有的则要"斩而不奏"，有的就要"不斩不奏"。中共逐渐形成了统一战线中独立自主的策略思想。

中共在抗日民族统一战线中所坚持的独立自主不是绝对的，而是相对的，是抗日民族统一战线内的独立自主，独立自主必须以坚持抗日民族统一战线作为基本前提。抗日民族统一战线中的独立与统一是辩证统一关系：既统一又独立，统一与独立密不可分。毛泽东指出："没有问题，统一战线中的独立性，只能是相对的，而不是绝对的；如果认为它是绝对的，就会破坏团结对敌的总方针。"当然也"决不能抹杀这种相对的独立性，无论在思想上也好，在政治上也好，在组织上也好，各党必须有相对的独立性，即是说有相对的自由权。如果被人抹杀或自己抛弃这种相对的自由权，那就也会破坏团结对敌的总方针"。[②]

---

① 中央档案馆编：《中共中央文件选集》第 11 册，第 320 页。
② 《毛泽东选集》第 2 卷，第 524—525 页。

　　毛泽东对两者关系解释道，"我们的方针是统一战线中的独立自主，既统一，又独立"①，统一是基础。这就要求共产党在领导群众同敌人作斗争必须有照顾全局、照顾多数及和同盟者一道工作的观点，不能置全局、多数及同盟者的利益要求于不顾。对于一切愿意和共产党合作的民主党派和民主人士，共产党必须坦诚相见。正是基于这种认识，中共认为在坚持独立自主的同时，应坚持和巩固抗日民族统一战线，这是建立"独立自由幸福的三民主义新中国"的重要保证。因此，"我们的政策，无论如何要一个长期的民族统一战线，要一个长期合作，无论如何要共同维持一个统一政府，反对纷歧与分裂，方才有利于渡过战争难关，对抗敌人破坏，打退日本帝国主义，并于战后完成建立新中国的任务"。中共郑重表示要"坚持民族统一战线的方针，同一切抗日党派合作，帮助组织，以发展力量，不取吞并政策"，主张大力发展国共两党及各抗日党派，巩固抗日民族统一战线，以支持长期抗战。这些表明，抗日民族统一战线中的独立自主是有一定"度"的，是以不损害统一战线为基本前提的，是团结合作中的独立自主。

　　为了处理国共关系时贯彻独立自主原则，中共在抗日战争的不同阶段采取了相应政策。抗日战争全面爆发后，中共针对中日战争的特点和规律，指明了抗战必胜的前途和夺取胜利的策略方针，并独立自主地提出了抗日救国十大纲领，决定了持久战的战略方针，论述了抗日游击战的战略地位等一系列重大问题。抗战相持阶段，中共又提出了"坚持抗战，反对投降；坚持团结，反对分裂；坚持进步，反对倒退"三大政治口号，制定了实现三大政治口号的具体政策。抗战即将胜利之时，中共则提出了废除一党专政、建立民主联合政府的口号。同时，中共军事上坚持对自己军队的绝对领导，冲破国民党的限制和阻挠，独立自主地开展

---

　　① 《毛泽东选集》第 2 卷，第 540 页。

游击战争，发展壮大自己力量，建立敌后抗日政权；政治上坚持实行全面抗战路线；组织上把自己的组织发展到全国；思想上坚持共产主义旗帜；实践中根据不同情况，分别采取"先斩后奏"、"先奏后斩"、"斩而不奏"和"不斩不奏"等灵活的策略方针对付国民党的反共行动。独立自主思想，是中共根据抗日民族统一战线特点提出的根本原则，旨在维护、坚持、发展和巩固抗日民族统一战线。既与国民党联合抗战，又坚持了中共对敌后抗战的独立领导，中共妥善处理了统一战线中独立自主与团结统一的关系，为抗日战争胜利创造了条件。

五　以斗争求团结的基本原则

在抗日民族统一战线中，中国共产党逐渐形成了"又联合又斗争"的策略思想。抗日民族统一战线是以国共合作为基础的，故抗日民族统一战线必须坚持国共合作团结。抗日民族统一战线最根本的问题，是如何处理中共与国民党的关系，因为两党是当时全国最大的政党，抗战能否持久并最终获胜，取决于国共合作团结抗日局面能否巩固和发展。国民党出于维护其统治的需要，对工农大众及其政治代表中共的压制及在日本诱惑下的动摇，是导致抗日民族统一战线破裂的最大危险。自1939年初国民党政策发生逆转之后，毛泽东和中共中央积极研究如何处理与国民党的关系问题，逐渐形成"又联合（团结）又斗争"的策略思想。

作为抗日民族统一战线的首倡者，中国共产党的抗日态度是坚决的。但国民党的情况比较复杂。抗战伊始，蒋介石及国民党就表现出既抗日又动摇的两面性，虽然参加了抗日民族统一战线，但企图借合作之机，凭借实力上的优势溶化和取消共产党。故它在抗日民族统一战线中采取既联共抗日又阴谋削弱中共力量的两面政策："在思想上企图'溶解'共产主义，在政治上、组织上企图取消共产党，取消边区，取消党的武装力量。"①

随着抗日战争的深入和国内外形势的变化，国民党采取了消极抗日、积极反共的政策。国民党五届五中全会制定了"防共、限共、溶共"方针，设立"防共委员会"，并在会后连续秘密颁布了《限制异党活动办法》、《异党问题处理办法》、《沦陷区防范共产党活动办法草案》、《第八路军在华北陕北之自由活动应如何处置》和《陕北工作大纲》等一系列反共文件，从政治、军事、经济、思想文化等方面对中共加以限制。政治上，国民党加强反共宣传，诬蔑八路军、新四军"游而不击""不听指挥破坏政府军令政令统一""实行封建割据""阴谋推翻政府"等；军事上，国民党以"收复失地"为名，派遣大批军队到敌后，抢占地盘、制造摩擦，破坏敌后军民的抗战；经济上，国民党停发八路军、新四军军饷和武器弹药，对抗日根据地实行包围封锁，禁止贸易，断绝交通；思想文化上，国民党极力鼓吹"一个主义、一个政党、一个领袖"，要求放弃共产主义和取消共产党。国民党的限共、防共和反共方针及其反共行动，不仅成为抗日民族统一战线的最大危险，而且使中共武装力量处于日本与国民党军两面夹击之中，有随时被消灭的危险。

全面抗战之初，部分中间党派人士轻信国民党的抗日许诺，认为民众很快会得到民主权利，把抗战胜利的希望完全寄托在国民党身上。他们在纷纷发表拥蒋抗日言论的同时，还相继要求中共放弃对抗战的领导权。如《新民报》载文说：领导对日抗战者，只有一个政府、一个领袖、一个主义，除此皆不能取得合法之存在，国民党已居于唯一领导抗日地位。救国会领导人章乃器公开提出"少号召，多建议"。国社党领袖张君劢发表《致毛泽东先生的公开信》，公然要求中共交出军队，"完全托之蒋先生手中"，并取消陕甘宁边区，将马列主义"暂搁一边"。

---

① 《毛泽东选集》第 2 卷，第 613 页。

　　针对抗日民族统一战线中各种矛盾的尖锐存在和中间政派的两面性，中共吸取历史上处理统一战线内部关系的经验教训，提出了"又联合又斗争，以斗争求团结"的策略原则。国民党五届五中全会刚确定"限共"政策之时，毛泽东就开始酝酿处理国共关系的"又团结又斗争"思想。1939 年 2 月 5 日，毛泽东在中央党校发表讲演，从哲学理论上指出：统一里有斗争，天下万物皆然。抗日民族统一战线的第一个基本原则便是联合、统一、团结，但还有一个原则就是斗争。这是不可缺少的，是谁都不能也不应忘记的。斗争不是仅有一种形式，而是多种多样的。这是毛泽东对"既团结又斗争"思想的最初表达。

　　毛泽东和中共中央在打退国民党第一次反共高潮过程中，依然清醒地认识到中日民族矛盾是决定一切的主要矛盾这个基本现实，不赞成党内有些人将国民党反共摩擦比作马日事变和四一二政变的判断，对中共与国民党"又团结又斗争"关系作了理论总结。毛泽东指出，抗日民族统一战线政策既不是导致大革命失败的"一切联合，否认斗争"，也不同于土地革命战争时期使自己政治上陷于孤立的"一切斗争，否认联合"，而是综合"联合"和"斗争"的两重性政策："联合一切反对日本帝国主义的社会阶层，同他们建立统一战线，但对他们中间存在着的投降敌人和反共反人民的动摇性反动性方面，又应按其不同程度，同他们作各种不同形式的斗争。"① 毛泽东解释道：我们之所以采取又联合又斗争，在斗争中求团结的策略，是因为"在抗日统一战线时期中，斗争是团结的手段，团结是斗争的目的。以斗争求团结则团结存，以退让求团结则团结亡"②，从而透彻地揭示了团结与斗争两者关系的辩证法。中共中央向共产国际通报"又团结又斗争，以斗争求团结"原则时强调："我们站在自卫立场上，准备给予

---

　　① 《毛泽东选集》第 3 卷，人民出版社 1991 年版，第 792 页。

　　② 《毛泽东选集》第 2 卷，第 745 页。

反共集团的军事进攻以武装反击，谁胆敢同我们进行武装斗争，谁就会被彻底消灭。"① 1940 年 7 月 13 日，毛泽东在延安高级干部会议上，对团结与斗争关系的不同意义作了具体分析。"1. 我们历来是强调团结的，今后还是一样——对付一切抗战派。2. 我们历来是强调斗争的，今后还是一样——对付一切投降派。3. 我们又强调团结又强调斗争——对付一切又抗日又反共的顽固派。4. 有时强调团结，有时强调斗争——依顽固派的态度是团结为主还是反共为主而定。5. 斗争为了团结——为了延长合作时间。6. 不论哪一方面（政治，军事，文化），目前时期都以团结为主。但不论哪一方面，都同时有斗争。因为国民党顽固派的反共政策是没有变化的。7. 即在目前时期，某些地方，反磨擦斗争还可表现为地方高涨，例如苏北。"②毛泽东对国共关系中团结斗争问题的分析，概括了第一次反共高潮的情况，也为随后的第二次反共高潮所证实。

抗战进入相持阶段以后，国民党的内外政策愈益带有两面性：一方面坚持抗日基本政策，欲联合其他各派势力特别是共产党力量对付日本；另一方面则极力打压共产党及各种进步势力。1940 年 10 月 19 日，国民党发出"皓电"，酝酿第二次反共高潮。毛泽东再次强调：在抗日问题上对国民党又拥护又斗争。在反共问题上，既有现在与将来之分，也有反共的高潮与低潮之分，还有对某一个具体的顽固派如阎锡山的反共高潮与低潮之分，要根据不同情况来处理关系。中共总政策是在团结中要斗争，在斗争中又要团结；是统一中的独立，统一是主，独立是辅。针对国民党既抗日又反共的两面政策，毛泽东和中共中央确定实行政治进攻、军事防御的战略方针："必须采取反抗他们这种反动政策的斗争策略，同他们作思

① 《共产国际、联共（布）与中国革命档案资料丛书》第 19 辑，中共党史出版社 2012 年版，第 25 页。

② 《毛泽东文集》第 2 卷，第 290—291 页。

想上政治上军事上的坚决斗争。这就是我们对付顽固派两面政策的革命的两面政策。"① 1940 年 11 月，毛泽东在致周恩来等人电报中解释这个方针说：蒋介石的一切做法都是吓我让步，以攻势之手段达到防御之目的。本质上依然是两面政策。我对一切吓我之人亦应以政治攻势转吓之，采取表面和缓、实际抵抗、有软有硬的方针，除表示皖南一点小小的让步外，其他是寸土不让，有进攻者必粉碎之。毛泽东认为，"缓和可以争取群众，抵抗可以保卫自己，软可以给他以面子，硬可以给他以恐惧"。② 强调："只有软硬兼施双管齐下，才能打破蒋介石的鬼计，制止何应钦的投降，争取中间派的向我，单是一个软或单是一个硬，都是达不到目的。"③ 在蒋介石发布新四军限期北移的最后通告后，毛泽东判断国民党顽固派仍坚持一面抗战一面反共的两面政策，故强调中共仍是一面团结一面斗争的革命的两面政策："即在抗日方面，对其尚能抗日的方面加以联合，对其动摇的方面加以孤立；在反共方面，对其当不愿根本破裂两党合作方面加以联合，对其向我党和人民的政治高压和军事进攻方面实行坚决斗争和加以孤立。"④ 中共采取的同样是软硬兼施政策：开展斗争是硬，但硬不硬到破裂统一战线；实行团结是软，但软不软到丧失自己立场。

皖南事变发生后，中共党内许多人判断国共关系已经破裂，要求全面发动军事反击。但毛泽东冷静地认为，在中日民族矛盾仍然存在的前提下，还应力争不使统一战线破裂之前途。1941 年 1 月 15 日，他在中央政治会议上指出，我们要实行全面的政治反攻，左派主张我们马上与国民党打起来，我们不能实行这种政策。1 月 21 日，中共中央回电季米特洛夫，明确以毛泽东提出的"政治上

① 《毛泽东选集》第 2 卷，第 748 页。

② 《胡乔木回忆毛泽东》，人民出版社 1994 年版，第 104—105 页。

③ 中国人民解放军政治学院党史教研室编印：《中共党史参考资料》第 16 册，第 493 页。

④ 石仲泉：《毛泽东的艰辛开拓》，中共党史出版社 1996 年版，第 125 页。

取攻势，军事上取守势"，作为中共中央处理皖南事变的方针。随后，毛泽东进一步阐发了革命的"两面政策"。1月25日，他指出：中共应坚决反攻，只有不怕破裂才能打破他们的进攻。如蒋准备全面破裂，中共便以破裂对付破裂；如蒋并未准备全面破裂，中共便以尖锐对立求得暂时缓和。① 2月4日他又指出："对于一个强有力进攻者把他打到防御地位，使他不能再进攻了，国共暂时缓和的可能性就有了。"② 正因中共中央采取了"政治上取攻势，军事上取守势"的正确方针，蒋介石被迫表示一切问题都可以通过政治谈判来解决，抗日民族统一战线的危机由此得到缓解。1941年5月8日，毛泽东在关于打退第二次反共高潮的总结中，对中共的革命的两面政策作了深刻概括：国民党顽固派"在反共方面，既要反共，甚至反到皖南事变和一月十七日的命令那种地步，又不愿意最后破裂，依然是一打一拉政策。……极端地复杂的中国政治，要求我们的同志深刻地给以注意。……我党的方针便是'即以其人之道，还治其人之身'，以打对打，以拉对拉，这就是革命的两面政策"。③

在具体执行"又团结又斗争"政策过程中，毛泽东和中共中央逐渐形成了反对顽固势力的"有理、有利、有节"原则。1939年5月，毛泽东在延安后方留守兵团军事会议上指出：巩固边区有一个方针、两条原则。一个方针是"一步不让"，对于他们的捣乱给以无情打击，决不让步；两条原则的第一条，是"人不犯我，我不犯人"，讲亲爱、讲团结；要是别人不客气，就执行第二条"人要犯我，我必犯人"的原则。6月10日，毛泽东在延安党的高干会议上提出"磨而不裂"的"有节"思想。他说：对于国民党的破坏性摩擦和武装冲突必须给以坚决的抵抗，但是这种抵抗

---

① 李良志：《抗战信札》，河南大学出版社2018年版，第112页。

② 中央档案馆编：《中共中央文件选集》第13册，中共中央党校出版社1991年版，第50页。

③ 《毛泽东选集》第2卷，第782页。

必须严格站在自卫立场上，决不能过此限度，给挑衅者以破裂统一战线之口实。这种"反磨擦"斗争之目的，在于巩固国共合作。为此目的，一定条件下缓和退让也是必要的，要做到"磨而不裂"。1939 年 12 月，毛泽东在《中国革命与中国共产党》中首次将这些策略思想，概括为反对顽固势力的"有理、有利、有节"原则。1940 年 3 月 11 日，毛泽东对这个原则作了明确阐述："有理"是自卫原则，体现了斗争的防御性；"有利"是胜利原则，体现了斗争的局部性；"有节"是休战原则，体现了斗争的暂时性。

"有理"即自卫原则，是坚持"人不犯我，我不犯人，人若犯我，我必犯人"原则。中共中央指示，决不无故进攻别人，也决不可对他人之进攻不予还击，要做到后发制人，要用各种方式和确定可靠的事实到处揭破对方进攻的无理，要诚恳地劝告并警告对方，我们的忍让是有限度的，希望他们不要欺人太甚，应在各种具体事实上表明愿意团结的立场，以促进对方内部的分化瓦解，应充分"利用国民党各部分彼此间的各种矛盾，打击最坏的，孤立次坏的，争取较好的"。

"有利"即胜利原则。"不斗则已，斗则必胜"，为达此目的，一是要有充分准备，不打无把握之仗。在斗争未发动之前，要冷静估计双方的力量，在条件不利之时，应善于等待和争取有利时机。但斗争一旦发动就应毫不动摇地对进攻之顽固派军队，"坚决反抗并彻底消灭之"，逼使对方退却和让步。唯其如此，才能不给分裂者以借口影响统战，才能使中共在政治上占上风。二是要善于利用矛盾，决不可同时打击许多顽固派的军事力量，而是要"择其最反动者首先打击之"。这既有利于树敌较少，又有利于得到多数同情。

"有节"即休战原则。在打退顽固派进攻之后，必须"适可而止"，主动同他们讲团结，订立和平协定，共同抗日。毛泽东强调："坚持这种有理、有利、有节的斗争，就能发展进步势力，争取中间势力，孤立顽固派，并使顽固派尔后不敢轻易向我们进攻，不敢轻易同敌人妥协，不敢轻易举行大内战。这样，就有争取时局走向好转的可能。"①

六　抗日民族统一战线中的策略思想

鉴于参加抗日民族统一战线的成分极其复杂、内部矛盾异常尖锐的局面，中国共产党在贯彻实施既联合又斗争、既统一又独立原则时，运用马克思主义阶级分析方法，对抗日民族统一战线中各阶级、各阶层和各政治集团作了深刻分析，将其分为进步、中间和顽固三种不同的政治势力，并相应地制定了发展进步势力、争取中间势力、孤立顽固势力的策略方针。毛泽东提出："抗日战争胜利的基本条件，是抗日统一战线的扩大和巩固。而要达此目的，必须采取发展进步势力、争取中间势力、反对顽固势力的策略，这是不可分离的三个环节"。②

发展进步势力，就是发展无产阶级、农民阶级和城市小资产阶级的力量。他们是统一战线的基本力量，也是争取抗战胜利的基本力量。为此，要放手扩大八路军和新四军的规模，广泛地创建抗日民主根据地，在全国发展共产党的组织，发展全国工人、农民、青年等民众运动，争取全国的知识分子，将争民主的宪政运动扩大到广大人民群众中去。发展进步势力是抗日民族统一战线策略三个环节中最基本的一环，"只有一步一步地发展进步势力，才能阻止时局逆转，阻止投降和分裂，而为抗日胜利树立坚固不拔的基础"。③

争取中间势力，就是争取中等资产阶级，争取开明绅士和地方实力派。他们是中共和国民党顽固派争夺的主要对象，往往可以成

① 《毛泽东选集》第 2 卷，第 750 页。
② 《毛泽东选集》第 2 卷，第 745 页。
③ 《毛泽东选集》第 2 卷，第 746 页。

为国共双方决定胜负的关键因素，所以必须对他们采取争取政策。毛泽东指出："须知中国社会是一个两头小中间大的社会，共产党如果不能争取中间阶级的群众，并按其情况使之各得其所，是不能解决中国问题的。"① 一方面，中间势力本身有力量，是反帝的同盟军，它有较大的经济力量，在政治上有相当大的影响力，"往往可以成为我们同顽固派斗争时决定胜负的因素，因此，必须对他们采取十分慎重的态度"。② 另一方面，中间势力既与顽固派有矛盾，又与进步势力有矛盾，经常动摇于两者之间，因而成了进步势力和顽固势力两方面争取的对象；中间势力各部分阶级性不同，在对待土地革命、民主权利和顽固派态度上也有区别。因此，争取中间势力的政策不仅要与争取农民和城市小资产阶级有别，而且对中间势力各部分的争取政策也应有别。既不能忽视中间势力的动摇性，对他们采取无原则的迁就；又不能采取孤立打击政策，而使进步势力陷入孤立境地。因而要争取他们，就必须有充足的力量，尊重他们的利益，需要对他们的动摇态度进行适当的说服和批评。

孤立顽固势力，就是孤立以蒋介石为首的大地主大资产阶级顽固势力。因国民党顽固派在抗战中实行消极抗日、积极反共的两面政策，故中共对他们必须采取革命的两面政策，即对他们尚能抗日的方面，采取联合政策；对他们积极反共的方面，采取斗争的政策。对顽固派的斗争，必须坚持利用矛盾、争取多数、反对少数、各个击破的原则。而在具体斗争中，又必须坚持自卫的原则、胜利的原则和休战的原则，也就是斗争的防御性、局部性和暂时性，在斗争中坚持"有理、有利、有节"原则。所以，在抗日民族统一战线中，"同顽固派的斗争，不但是为了防御他们的进攻，以便保护进步势力不受损失，并使进步势力继续发展；同时，还为了延长他们

---

① 《毛泽东选集》第 2 卷，第 783 页。
② 《毛泽东选集》第 2 卷，第 748 页。

抗日的时间，并保持我们同他们的合作，避免大内战的发生"。①

　　全面抗战开始后，毛泽东和中共中央关于争取中间势力的思想逐步明确。1937 年 11 月 12 日，毛泽东在延安党的活动分子会议报告中，将统一战线分为"左翼集团"、"中央集团"和"右翼集团"。抗战进入相持阶段国民党政策发生逆转后，毛泽东及中共中央更加强调争取中间分子工作，提出要把所有抗战爱国分子组织到统一战线中来，号召每个同志都去办"小统一战线"，使其愈多愈好，以许多小统一战线作为基础，组成大统一战线。1940 年 2 月 10 日，中共中央在一份指示中对这个思想的初始表述是：极力孤立一切向我进攻的投降派、反共派、顽固派，以便消灭之；极力团结进步派与之长期合作；极力麻痹中间派使之不为敌助。同年 3 月 11 日，毛泽东在《目前抗日统一战线中的策略问题》中，不仅明确地将发展进步势力、争取中间势力、反对顽固势力概括为抗日民族统一战线的基本策略，而且对这三种势力的基本倾向作了深层剖析，阐述了三者之间的具体关系。他指出：中间势力在对顽固派的斗争中，有些人可以在一定限度内参加，有些可以保持善意的中立，有些可以保持勉强的中立，有些则采取暂时的中立立场。他们的态度是容易动摇的，并且不可避免地要发生分化，我们应当针对他们的动摇态度，向他们进行适当的说服和批评。怎样争取中间势力？毛泽东认为，必须同发展进步势力与反对顽固势力紧密结合起来，只有坚持对顽固派的斗争，才能争取动摇的中间派。因此，他提出争取中间势力必须有三个基本条件：一是中共有充足的力量；二是尊重他们的利益；三是中共对顽固派作坚决的斗争。同年 8 月 8 日，毛泽东在中共中央政治局会议上继续强调争取中间势力的意义：利用矛盾、联合多数、反对少数的策略，是从大革命时期、苏维埃时期和抗战时期逐步总结出来的，中间势力是一个中心问题，争取中间势力成为中共巩固和发展统一战线的基本经验。

---

① 《毛泽东选集》第 2 卷，第 749 页。

"中间势力"的内涵，是随着不同历史阶段任务的变化而变化的。抗战初期的中间势力，主要指民族资产阶级、上层小资产阶级和开明绅士。在打退第一次反共高潮的"报告提纲"中，中间势力的对象增加了"地方实力派"，包括有地盘的实力派和无地盘的杂牌军。1940年4月22日，毛泽东提出不要把整个国民党和三青团的党员、团员都看作一样的，其中大部分是可以争取的中间分子。同年5月4日，毛泽东在给东南局指示中把争取中间势力明确为：民族资产阶级、开明绅士、杂牌军队、国民党内的中间派、国民党中央军中的中间派、上层小资产阶级和各小党派。同年7月7日，中共中央《关于目前形势与党的政策的决定》中，"中间势力"扩大为可以包括国民党中的多数党员、中央军中的多数军官、多数的杂牌军等。随后，毛泽东甚至把国民党中央军中的黄埔生也划入中间势力。他指出：中共过去把黄埔生看作一个笼统的反共集团的传统观念是错误的、有害的。在当前严重时局，亟须改正此观念，利用一切机会与黄埔生军人进行统一战线的工作，不要刺激他们，而应以民族至上的观念来打动他们，使他们不肯投降日寇，使他们对反共战争取中立或消极态度。

可见，中国共产党根据抗战的政治形势、阶段关系和实际情况，制定了发展进步势力、争取中间势力、孤立顽固势力的策略方针，正确处理了中共与其他阶级的关系，巩固和发展抗日民族统一战线。1947年12月25日，毛泽东在《目前形势和我们的任务》中强调：由于"坚决地执行了'发展进步势力，争取中间势力，孤立顽固势力'的政治路线，坚决地扩大了解放区和人民解放军。这样，就不但保证了我党在日本帝国主义侵略时期能够战胜日本帝国主义，而且保证了我党在日本投降以后蒋介石举行反革命战争时期，能够顺利地不受损失地转变到用人民革命战争反对蒋介石反革命战争的轨道上，并在短时期内取得了伟大的胜利"。①

① 《毛泽东选集》第4卷，人民出版社1991年版，第1258页。

第 二 章
国民党的抗战建国思想

卢沟桥事变后，国民党为了维护自己的政治统治并捍卫中华民族的生存权利，顺应全国民众抗日救亡的强烈要求，最终改变对日"忍辱含垢"的妥协态度，走上以武力抗击日本帝国主义侵略的自卫道路，并开始调整战时政治理念和内外政策，有限度地开放政权，颁布了《抗战建国纲领》，确立三民主义暨总理遗教为抗战行动及建国之最高准绳，并对三民主义作了新阐释，形成了抗战建国思想。国民党抗战建国思想的主旨，是通过"建国"而进行政治、经济、军事建设，增强抗战实力。但随着其对抗战与建国的侧重点的转移，国民党除了坚持抗战外，还极力维护其一党专政的统治局面，力图以三民主义意识消溶包括中共在内的其他抗日党派，借"建国"之名行"一党专政""一个主义""一个领袖"之实，势必在内政上导致抗日各党派的不满与愤慨，使其"建国"工作终未实现。国民党根据全面抗战爆发后中日双方力量对比及战争形势，逐渐意识到必须采取"持久消耗"的战略方针，一面积极地消耗敌人，一面加紧培养国力，才能取得抗战胜利。这种军事战略，被概括为"以空间换时间""积小胜为大胜"，是争取抗战最后胜利的重要保障。

一 战时政治理念的调整

卢沟桥事变之后，面对日本咄咄逼人的侵略气势，作为当时中国第一大党且处于执政地位的国民党及其领导的南京国民政府，为捍卫中华民族的独立和自身的利益，顺应全国民众的一致要求，逐渐调整战时政治理念，部分开放政权，改变了对日"忍辱含垢"的妥协退让态度，走上以武力抗击日本帝国主义侵略的道路。

1937 年 7 月 8 日，正在庐山的蒋介石接到卢沟桥事变的报告后进行了反复思考："倭寇在卢沟桥挑衅矣！彼将乘我准备未完之时使我屈服乎？或故与宋哲元为难乎，使华北独立乎？决心应战，此其时乎？"① 他判断，此时倭寇无与我开战之利，该事件未必会扩大为全面战争。故蒋介石决定动员南京政府直属部队北上赴援，并通过外交途径与日本进行交涉，力图将军事冲突控制在局部范围内加以解决。

7 月 17 日，蒋介石在第二次庐山谈话会上，分析了卢沟桥事变后的华北形势，阐明了国民政府的基本立场，表明了政府应战的态度。他说，"芦沟桥事变的推演，是关系中国国家整个的问题"，"如果芦沟桥可以受人压迫强占，那末我们百年故都，北方政治文化的中心与军事重镇的北平，就要变成沈阳第二"。因此，"此事能否结束，就是最后关头的境界"。蒋介石在庐山谈话时明确地申述："在和平根本绝望之前一秒钟，我们还是希望由和平的外交方法，求得芦事的解决。"② 他提出了对日交涉的三点最低限度：第一，决不能再签订第二个塘沽协定；第二，绝对不能容许在北平造成第二个伪组织，使华北脱离中央；第三，日本不能要求撤换华北地方官吏。

7 月 19 日，蒋介石向外界公开发表了对待卢沟桥事变的声明，明确提出了解决事变的四项最低限度的条件：第一，任何解释，不得侵害中国主权与领土之完整；第二，冀察行政组织，不容任何不合法之改变；第三，中央政府所派地方官吏，如冀察政务委员

① 〔日〕古屋奎二：《蒋总统秘录》第 11 册，台北，中央日报社 1977 年版，第 11 页。

② 李良志主编：《抗战时评》，河南大学出版社 2005 年版，第 126 页。

会委员长宋哲元等，不能任人要求撤换；第四，第二十九军现在所驻地区，不能受任何的约束。① 这就是说，解决事变不得损害中国主权与领土之完整，这是国民政府解决卢沟桥事变的底线，突破这道底线说明中国到了"最后关头"，"万一到了无可避免的最后关头，我们当然只有牺牲，只有抗战，但我们的态度，只是应战而不是求战，应战是应付最后关头必不得已的办法"。②

蒋介石说："因为我国是弱国，又因为拥护和平是我国的国策，所以不可求战。我们固然是一个弱国，但不能不保持我们民族的生命，不能不负起祖宗先民所遗留给我们历史上的责任，所以到了必不得已时，我们不能不应战。至于战端既开之后，则因为我们是弱国，更没有妥协的机会，如果放弃尺寸土地与主权，便是中华民族的千古罪人，那时候便只有拼民族的生命，求我们最后的胜利。"正因如此，蒋介石最后强调："总之，政府对于卢沟桥事件，已确定始终一贯的方针和立场，且必以全力固守这个立场，我们希望和平，而不求苟安；准备应战，而决不求战。我们知道全国应战以后之局势，就只有牺牲到底，无丝毫侥幸求免之理。如果战端一开，那就是地无分南北，年无分老幼，无论何人，皆有守土抗战之责，皆应抱定牺牲一切之决心。"③

蒋介石明确地宣示了领土主权不能退让、不求战而准备应战的立场。他在当天日记中写道："政府对和战表示决心，此其时矣！人以为危，我以为安，立意既定，无论安危成败，在所不计。对倭最后之方剂，唯此一着耳。"④ 蒋介石的谈话表明，身处民族危机空前严重时刻的国民党政府的对日态度，逐渐强硬起来，并作了武装对抗日本挑衅的准备。

---

①　李良志主编：《抗战时评》，第 126 页。

②　李良志主编：《抗战时评》，第 126 页。

③　蒋介石：《对于卢沟桥事件之严正表示》，《中国现代史资料选辑》第 5 册（上），中国人民大学出版社 1989 年版，第 27 页。

④　〔日〕古屋奎二：《蒋总统秘录》第 11 册，第 23 页。

随着日本调集大军迅速占领平津地区，蒋介石和国民党政府高层认识到中日两国间全面冲突已经迫近，一场大战不可避免。除了走向抗战之外，国民党政府已经没有别的选择，故很快作出军事抵抗的决策。7 月 29 日，蒋介石在南京对新闻记者谈话时指出，"今日平津之役，不过其侵略战争之开始，而决非其战争之结局"；"今既临此最后关头，岂能复视平津之事为局部问题"，"惟有发动整个计划，领导全国一致奋斗，为捍卫国家而牺牲到底"。① 8 月 7 日，国民党召开国防党政联席会议，最后作出军事抵抗的抗战决策。次日，蒋介石在励志社发表演讲指出："目前和平既成绝望，战争即将爆发，此项战争系全面的战争，非如以前数年之局部的，所以关系我们国家前途是非常重大，我们必须小心应付，牺牲卫国，以临此大难。"② 至此，在"只是应战，而不是求战"方针指导下，国民党及南京政府走上了武装抗日道路。

8 月 14 日，蒋介石发表的《国民政府自卫抗战声明书》郑重声明："中国之领土主权，已横受日本之侵略；国联盟约，九国公约，非战公约，已为日本所破坏无余。……中国决不放弃领土之任何部分，遇有侵略。惟有实行天赋之自卫权以应之。"③

八一三淞沪抗战，加快了国民党与共产党合作抗战的步伐。8 月 22 日，国民党方面同意中共领导的工农红军改编为国民革命军序列。9 月 22 日，国民党中央通讯社播发《中共中央为公布国共合作宣言》，蒋介石次日发表的《对中国共产党宣言的谈话》明确声明："此次中国共产党发表之宣言，即为民族意识胜过一切之例证。""在存亡危急之秋，更不应计较过去之一切，而当使全国国民彻底更始，力谋团结，以共保国家之生命与生存。"④

---

① 蒋介石：《今后对日方针》，《中国现代史资料选辑》第 5 册（上），第 29 页。
② 《王子壮日记》第 4 册，1937 年 8 月 8 日，第 220 页。
③ 祖国社编：《抗战以来中国外交重要文献》，1943 年版，第 2—8 页。
④ 《先总统蒋公全集》第 3 册，台北，中国文化大学出版部 1984 年版，第 3849—3850 页。

　　蒋介石及国民党的武装抗日的决策，得到了国家社会党、中国青年党等中间党派的支持，他们纷纷表示拥护政府、一致抗日："仅有与国民党共患难一念，此外都非所计。"长期以来与南京政府貌合神离的各地方实力派，也纷纷发表通电，明确表示以民族大义为重，服从国民党中央的统一调度，同心同德，一致抗日。桂军李宗仁、白崇禧部，川军刘湘、邓锡侯部，滇军龙云、卢汉部，粤军李济深部，晋军阎锡山部，东北军张学良部，西北军杨虎城部纷纷出动，奔赴各战区迎敌抗战。9月17日，宋庆龄在致英国工党信中欢呼："中华民族现在已经像一个巨人似的站起来抵抗日本的侵略了。全国在精神、行动和意志上这样的团结一致，在我国历史上是空前未有的。四万万七千五百万的中国人民必然不会灭亡。世界上没有任何力量可以消灭他们。"①

　　随着抗战局势严酷性的展现，国民党内部对日谋和的主张逐渐抬头。8月下旬，周佛海、陶希圣、高宗武等"低调"论者商议起草了《对日外交进行步骤及要点等具体方案》，托汪精卫转交蒋介石，但被蒋介石拒绝。蒋介石坚定地认为："除牺牲到底外再无他路，主和之见，书生误国之尤者，此时尚能议和乎。"② 淞沪会战失利后，国民党军队不得不撤出上海。在中国正面战场遭到重大挫折之时，布鲁塞尔会议的召开和德国出面调处中日关系，使得包括蒋介石在内的国民党高层面临着和与战的重大考验。

　　1937年10月，蒋介石通过德国驻华大使陶德曼与日本进行秘密谈判。德国政府通过驻华大使陶德曼与驻日大使狄克逊对中日军事冲突进行的调处，从10月底一直持续到次年1月中旬，这期间发生了中国军队撤出上海、国民政府西迁、南京被日军攻占并制造震惊中外的南京大屠杀等重大事件。从实际情况来看，德方确实数

　　① 盛永华主编：《宋庆龄年谱（1893—1981）》上册，广东人民出版社2006年版，第595页。
　　② 《蒋介石日记》，1937年9月8日、9日，斯坦福大学胡佛研究所藏。

度向国民党方面转达了日本的"和议"条件，并且表达了促成中日和议的意见；国民党高层确实就是否接受日方条件与德方意见，产生过较大分歧。11 月 15 日，陶德曼在南京向蒋介石告知了日本议和条件：内蒙古实现自治；华北与"满洲国"之间建立非军事区，由中方维持秩序；在上海建立非军事区，由国际警察来管制；停止反日政策；共同防共；减低日货关税。陶德曼表示，希望中国不要失去议和的机会，但蒋介石予以拒绝并且表示：假如日本不愿意恢复战前状态，他不能接受日本的任何要求。蒋介石还希望德国政府明白：假如他同意那些条件，中国政府是会被中国民众的舆论浪潮冲倒的；中国不能正式承认日本方面的要求，因为这些条件正是布鲁塞尔会议上西方各国关注的对象，而西方各国是有意要在《华盛顿条约》基础上觅致和平的。[①] 蒋介石的回复，实际上明确拒绝了日方提出的"议和"条件。

1937 年 12 月 13 日首都南京沦陷后，国民党高层悲观情绪弥漫，议和之论甚嚣尘上。主战的蒋介石感到压力甚大："近日各方人士与重要同志皆以为军事失败非速求和不可，几乎众口一词，此时若果言和，则无异灭亡，不仅外侮难堪，而且内乱益甚。彼辈只见其危害而不知敌人之危害甚于战也。不有主见，何以撑持此难关耶？"[②] 面对各主和方面的压力，蒋介石更为明确地表示了拒和态度。12 月 19 日，他在武昌讲话说："我当继续抗战，军队之补充与军械之供给，可有相当办法。盖欲息和议以定军心也。"[③] 日本攻占南京后，对华态度更加强硬。12 月 26 日，蒋介石得悉由陶德曼转达的日本最新议和四个原则："一、中（国）政府放弃亲共抗倭反满政策，须与倭满共同防共；二、必要地区划不驻兵区并成立

---

① 复旦大学历史系编：《中国近代对外关系史资料选辑》下卷第 2 分册，上海人民出版社 1977 年版，第 36—37 页。

② 《蒋介石日记》，1937 年 12 月 18 日，斯坦福大学胡佛研究所藏。

③ 《王世杰日记》第 1 册，1937 年 12 月 19 日，第 153 页。

特殊组织；三、中与倭满成立经济合作；四、相当赔款。"① 在蒋介石看来，这些议和条件不啻为接受降书，无论如何是不能接受的。因此，蒋介石和国民党军政高层面临着生死攸关、不能回避的和战抉择。12 月 27 日，蒋介石在国防最高会议上作出坚持抗战、拒绝陶德曼调停的决策。他在日记中记载："本日汪孔张诸兄来会报，余以昨日国防会议情形与意见，由汪孔与余三人决定。余坦白告以国民党革命精神与三民主义，只有为中国求自由与平等，而不能降服，与敌订立各种不堪忍受之条件，以增加我国家与民族永远之束缚，若果不幸，全为失败，则革命失败不足为奇耻，只要我国民政府不落黑字于敌手，则敌无所凭藉，我国随时可以有收复主权之机也。乃即决定不理敌之条件。"② 蒋介石的坚定表态，对国民政府在和战问题上的决策起到了主导作用。

由于蒋介石和国民政府始终没有正式接受日方的迫降条件，日本政府遂于 1938 年 1 月 16 日发表声明："帝国政府今后不以国民政府为对手，而期望真能与帝国合作的中国新政权的建立与发展，并将与此新政权调整两国邦交，协助建设复兴的中国。"③ 这是自卢沟桥事变以来日本政府公开对国民政府表示的最严厉声明。1 月 18 日，国民政府发表宣言，严厉驳斥日本对华政策并公开声明："（一）中国政府虽始终极愿和平解决中日冲突，但不能接受破坏中国领土主权与行政完整之条件。（二）一切在日军占领区域内之傀儡组织，当然无效。"④ 至此，由德国居间调停的中日之间的"议和"正式结束。

从总体上看，卢沟桥事变后中日双方从华北局部冲突迅速扩大为全面战争，中国正面战场接连遭受重挫，战线不得不西移。蒋介石能以国家存亡、民族根本利益为取向，以维护国民政府的独立和

---

① 《蒋介石日记》，1937 年 12 月 26 日，斯坦福大学胡佛研究所藏。
② 《蒋介石日记》，1937 年 12 月 27、28 日，斯坦福大学胡佛研究所藏。
③ 《日本帝国主义对外侵略史料选编》，上海人民出版社 1983 年版，第 261—262 页。
④ 《王世杰日记》第 1 册，1938 年 1 月 18 日，第 166—167 页。

尊严为底线，顺应举国上下日益高涨的抗日救亡民意，克服了各种干扰，抵制了"低调"妥协的主张，在国家领土和主权等根本问题上表明了严正立场，主导、引领国民党及其政府作出抗战决策并加以实施，促成了战时决策体制的形成，守住了抗战的基本立场。因此，蒋介石和国民政府的抗战态度及基本立场，赢得了包括中共在内的全国各党派的拥护。1938 年 3 月 25 日，中共中央委员会发出《致国民党临时全国代表大会电》表示："向坚决领导全国抗战的蒋介石先生致敬。"11 月 6 日，中国共产党通过的《中共扩大的六中全会政治决议案》再次宣称："中国共产党对于拥护三民主义，拥护蒋委员长，拥护国民政府的诚心诚意。"①

日本发动全面侵华战争，使中日民族矛盾迅速上升为压倒一切的主要矛盾，中国国内的阶级矛盾则下降为次要矛盾。蒋介石和国民党政府在抗战初期特定形势下，为了利用各种政治力量抵御日寇的进攻，不得不调整内外政策，实行某些民主的措施，甚至部分地开放政权。1937 年 8 月初，国民政府电邀各地方实力派首领到南京共商国是。大敌当前，各地方实力派表示要捐弃前嫌，全力拥护中央抗日。桂系、川系、滇系的首脑人物李宗仁、白崇禧、刘湘、龙云等人，赴南京参加国民政府最高决策会议并表示：国家民族已到最后关头，唯一生路只有抗战，愿在中央领导之下进行抗战。

为了实现全民族抗战，国民党政府开始释放政见不同者。7 月 31 日，江苏省高等法院宣布，将被关押 8 个多月的救国会领导人沈钧儒、李公朴、史良、邹韬奋、沙千里、王造时、章乃器等人，分别交由张一麟、李根源等保释出狱。8 月 3 日，蒋介石和国民政府军政要员会见沈钧儒等人，并征询他们对抗日救国的意见。此后，国民政府宣布取消已有 7 年之久的对郭沫若等人的通缉令，并以《国民政府令》宣布，入狱 3 年的前中共领袖陈独秀"爱国情

---

① 中央档案馆编：《中共中央文件选集》第 11 册，第 753—754 页。

殷，深自悔悟，似宜宥其既往，借策将来"，故依《中华民国训政时期约法》第 68 条，将其有期徒刑由 8 年减为 3 年。① 据此，陈独秀亦获释出狱。在中共及各界努力下，王若飞、陶铸等大批被囚禁的共产党员和共青团员陆续获释，投身于抗战工作。

9 月 22 日，国民党中央通讯社播发《中共中央为公布国共合作宣言》，蒋介石次日发表谈话表示："今日凡为中国国民，但能信奉三民主义而努力救国者，政府当不问其过去如何，而咸使有效忠国家之机会。对于国内任何党派，只要诚意救国，愿在国民革命抗敌御侮之旗帜下共同奋斗者，政府自无不诚接纳，咸使集中于本党领导之下，而一致努力。中国共产党人既捐弃成见，确认国家独立与民族利益之重要，吾人唯望其真诚一致，实践其宣言所举之诸点，更望其在御侮救亡统一指挥之下，以贡献能力于国家，与全国同胞一致奋斗，以完成革命之使命。"② 该谈话在强调国民党领导前提下，公开承认了包括中共在内的国内各党派存在的合法性。

1938 年 3 月底，国民党在武汉召开的临时全国代表大会不得不正视包括中共在内的各党派存在的事实。蒋介石在报告中要求作为"创造民国领导革命的唯一大党"的国民党，"对于国内各党派和全国国民，都要以先驱前导的地位，尽到提携共进的责任"，要至公至正地"接纳各党派人士，感应全国国民，使共循革命正道"。③ 这种表态，实际上再次公开承认了国内"各党派"存在的事实及其合法性。

1938 年 4 月 1 日，蒋介石在国民党临时全国代表大会闭幕词中，阐述了国内团结问题，重点提出了国民党如何领导抗战问题。他说："这半年多以来，我们国内团结，已有良好基础，现在问题

---

① 《国民政府令》，《国民政府公报》第 2439 号，1937 年 8 月 23 日。
② 《总统蒋公思想言论总集》卷 38，台北，中国国民党中央委员会党史委员会 1984 年编印本，第 95 页。
③ 荣孟源主编：《中国国民党历次代表大会及中央全会资料》下，光明日报出版社 1985 年版，第 511 页。

就是如何巩固这个团结，造成统一的力量，为国家民族解当前的艰难，谋百世的福利，也就是本党如何领导全国团结各党派的问题。"蒋介石此时承认除了国民党外还有"各党派"，因而才有"领导全国团结各党派的问题"。他指出："我以为本党是创造民国领导革命的唯一大党，对于国内各党派和全国国民，都要以先驱前导的地位。尽到提挈共进的责任。因此，我们一方面要豁达大度，尽量容纳；一方面要以大党的精神负起责任，竭诚指导。"他强调："本党同志要站在当政党的地位，发扬这种固有的精神，宽宏大度，至公至正，在三民主义最高原则之下，来接纳各党派人士，感应全国国民，使共循革命正道。只要不违反三民主义，服从本党政府法令，都应该推诚相与，使大家与我们团结一致，共同为抗战建国来效命。"①

尽管蒋介石言论中仍强调国民党的优势地位，不肯承认其他党派的平等权利，但"各党派"的活动事实上得以合法化。国民党临时全国代表大会发表的《宣言》正式承认了各党派的合法地位。其云："于此更有为全国有志之士告者，吾党欲谋三民主义之实现，其唯一希望在于有志之士一致加入，共同奋斗。"它还强调："今日之事，非抗战建国并行，无以解目前之倒悬，辟将来之坦途；非团结无以得抗战必胜建国必成之把握；非共同努力于三民主义之实现，无以得真正之团结。此诚所谓根本之图，所当同心同德，以期其奠定。"②

国民党为了团结抗战，开放了部分政府权力，容纳抗日爱国人士。一些非国民党籍人士与国民党内非蒋系人士及地方实力派代表人物，被邀请加入国民政府各级政权组织中。如中共领导人周恩来受邀出任国民政府军事委员会政治部副部长，郭沫若出任军委会政治部第三厅厅长，政治部第三厅各级负责人及工作人员主要由文化

---

① 荣孟源主编：《中国国民党历次代表大会及中央全会资料》下，第511页。
② 荣孟源主编：《中国国民党历次代表大会及中央全会资料》下，第474页。

界知名人士担任。此外，一些企业界名流也受邀加入国民政府，如卢作孚被任命为行政院交通部次长，为工厂内迁的运输作出重大贡献。还有部分中间党派领袖被任命为国民政府地方官员，如获释的章乃器出任安徽省粮食厅厅长等。这些举措是国民政府"改善政治机构"，"增高行政效率，以适合战时需要"的具体实施行动。①虽然国民党对政权的开放面较窄，起不到根本改变国民党政权基本构成的作用，但毕竟在政治民主化方面前进了一步，展现了走向民主的新姿态。

国民政府战前以防范政治犯为主的许多法律，因时局变化而不适应抗战新形势，而惩治汉奸通敌等行为则必然成为政府法律法令打击的重点，这便要求国民政府修改和重订适合战时需要的新法令。1937年9月4日，国民政府公布了修正后的《危害民国紧急治罪法》。国民政府布告称，"此次对日抗战开始以后，全国政见完全消除，所有畴昔携持不同政见从事政治活动者，现在均在政府指导之下集中抗战，大部分政治犯亦已恢复自由"，故国民政府对《危害民国紧急治罪法》进行修正。经过修正后的该法律，将通敌行为作为打击重点。以该法第一条为例。第一条为死刑罪，规定以下行为之一者处以死刑：（1）私通敌国图谋扰乱治安者；（2）勾结叛徒图谋扰乱治安者；（3）为敌国或叛徒购办或运输军用品者；（4）以政治上或军事上之秘密泄露或传递予敌国或叛徒者；（5）破坏交通或军事场所者；（6）煽惑军人不守纪律放弃职务，或与敌国或叛徒勾结者；（7）煽惑他人私通敌国，或与叛徒勾结，或扰乱治安者；（8）造谣惑众摇动军心或扰乱治安者；（9）以文字图画或演说为利于敌国或叛徒之宣传者。②该法令的矛头主要指向通敌的汉奸，是严惩通敌叛国而有利于抗战的法令。这些民主措施，体现了抗战初期国民党积极调整政治理念的努力，也得到了全

---

① 《宋庆龄选集》上卷，人民出版社1992年版，第237页。
② 《国民政府公报》第2450号，1937年9月6日。

国各政党及各界民众的拥护，形成了抗战初期全国空前统一的政治局面。

抗日战争是半殖民地半封建的弱国所进行的抵抗帝国主义强国的全民族战争，这种性质决定了必须动员中国社会全体民众参与。而民众动员和参与的程度，是与保障民众的民主自由权利密不可分的，是需要以保障民众民主权利为基本条件的。中华民族解放行动委员会所提出的政治主张，集中反映了时人对战时"集权"与"民主"关系的看法。他们指出："在抗日期中，人民绝对地承认政府的权力应当强化，但同样地否认应该有官僚群压迫和剥削人民的权力；人民认定抗日救国是人民的义务，但同时认定过问政治是人民的权力。"要统一人民的意志，使人民积极拥护政府，强化政府，"惟有实现民主政治，使人民有过问政治的权利，政治能保障人民，人民的代表能直接处理国事"。① 国民党要动员全国民众参加抗战，就不能不在民主问题上作出适当让步。这样，成立国防参议会便是国民党向战时民主迈出的第一步。

早在 1932 年在洛阳召开的"国难"会议上，国民政府就决定设立一种民意机关，以便把国内各方面力量统一起来。当时将这个中央民意机关定名为"国民代表大会"，并规定它至少有议决预算、决算、国债及重要国际条约之权，规定该会由各大都市职业代表及各省区地方代表 200—300 人组成。"国难"会议结束后，国民政府行政院将这些议案提交国民党中央执行委员会，经国民党中央政治会议通过后，决定将中央民意机关定名为"国民参政会"。但因种种原因，这种民意机关未能付诸实施。

1937 年 8 月 11 日，国民党中央政治会议决定撤销五届二中全会和三中全会后组织的"国防会议"与"国防委员会"，设立"国防最高会议"作为全国国防最高决策机关，并在其下设立咨询机

① 《中华民族解放行动委员会抗战时期的政治主张》，《中国民主党派历史资料选辑》下册，华东师范大学出版社 1985 年版，第 213—214 页。

构"国防参议会"，以"集中意见团结御侮"。由国防最高会议主席蒋介石、副主席汪精卫聘请"在野党派、社会人望和具有专长的人"。国防参议会聘任的首批参议员，有张耀曾、梁漱溟、曾琦、胡适、蒋百里、陶希圣、傅斯年、张伯苓、张君劢、蒋梦麟、李璜、沈钧儒、黄炎培、马君武、毛泽东、晏阳初等16人，以后陆续增补9人，共25人。这些人多为中国共产党、青年党、国家社会党、救国会、职教社、乡村建设派等主要在野党派和社会团体代表人物及社会名流。所以，这些参议员尽管以个人身份受到国民政府聘任，但国防参议会实际上是统一战线初期的重要组织形式。

国民党制定的《国防最高会议国防参议会组织要纲》规定，国防参议会职权是"听取政府关于军事、外交、财政等之报告"，并制成意见书于国防最高会议。国防参议会是以战时政策最高咨议机构的名义出现的，具有咨询权和建议权，可以听取国民政府关于军事、外交、财政等问题的报告，并可向国防最高会议及国民政府提出意见。参议员确实参与讨论了《国民总动员计划大纲》等重大议案，并对如何加强抗战力量和改善战时体制提出了不少重要建议。尽管国防参议会权力有限，但在经历了十年来不断强化的国民党一党专政之后，出现了这样一个容纳国民党外其他党派团体领袖的咨议机构，使他们对国家大政方针拥有讨论权，这无疑是一种政治进步。尽管国防参议会职权有限，条件也很简陋，但参议员们还是积极为国民政府出谋划策，如建议政府立即组织国防研究所，以收集战时情报；建议派胡适、蒋百里、孙科分别赴美、德、苏等国开展外交活动，以争取国际的同情和支持；提出组织"袖珍政府"，以提高政府办事效率；提出成立担负全国动员的系统机构，以发动民众，应付大战；等等。

国防参议会虽然对于团结在野各党派、各社会团体和社会名流共同抗日起过一定的积极作用，为各党派向国民政府建言献策提供了一个正式渠道，但因其人数过少，无法广泛包容意见，甚至一些重要党派和社会团体（如中华民族解放行动委员会）都没有代表；

加上职权有限，仅能听取当局的报告和表达对报告的意见，充其量仅为临时咨询机构，故难以满足全面抗战爆发后各党派参政议政之政治诉求。因此它成立后不久，包括中共在内的各党派、社会团体和社会名流，纷纷要求国民党或重新成立民意机关，或改组国防参议会，扩大其人数和职权，使它真正具有民意机关的性质。

推动成立具有实际权力的民意机构，是全面抗战爆发后中共及各党派团体的一致要求。1937 年 8 月下旬，中共提出的《抗日救国十大纲领》明确要求："召集真正人民代表的国民大会，通过真正的民主宪法，决定抗日救国方针，选举国防政府……国民政府采取民主集中制，他是民主的，但又是集中的。"① 11 月初，中共再次提出召集临时国民大会以应付危局的主张，要求由临时国民大会决定国防纲领，通过民主的宪法大纲，并选举政府机关。中共要求该临时国民大会必须是"真正代表民意的机关，而不是少数人包办的机关"，是"国家的最高权力机关，而不是政府的咨询机关"。

1937 年 11 月 9 日，张君劢、梁漱溟、左舜生、黄炎培、沈钧儒、罗文干、马君武、李璜、杨赓陶等 9 人，联名向国民党当局呈递四点建议，其中之一就是认为仅仅设立国防参议会还不够，应该成立有各党各派和各方代表参加的民意机关。12 月下旬，周恩来在武汉与蒋介石面谈时，也郑重表示愿协助国民政府扩大国防参议会为民意机关。全国各界救国联合会、中华民族解放行动委员会、中华民族革命大同盟等在野党派和社会团体以及宋庆龄、邹韬奋等民主爱国人士，也强烈呼吁国民党尽早成立"各党各派的合作抗日会议"或"召开国民大会"，作为民意机关。面对全国各党派要求设立战时民意机关的强烈要求，国民党高层开始考虑改组国防参议会，使之成为战时民意机关。12 月 31 日，国防最高会议决定将国防参议会扩

---

① 中共中央文献研究室、中央档案馆编：《建党以来重要文献选编（1921—1949）》第 14 册，第 497 页。

充至 75 人，其中新增国民政府五院的秘书长 5 人，各省、直辖市政府及国民党党部人员 32 人，蒙藏及华侨代表 6 人，政府特邀代表 8 人。

然而，改组国防参议会以增加名额的做法，并不为社会各界所认同。国民党迫于各党派、社会团体及社会舆论的压力，决定设立国民参政会并对组织问题作了讨论。1938 年 3 月初，中共中央向国民党临时全国代表大会提出："为增强政府与人民间的互信与互助，为增加民众和政府抗战救国的效能，健全民意机关的设立，已经成为刻不容缓的当务之急。"至于民意机关的形式，中共提出：或为更扩大的国防参议会，或国民大会，或其他形式，均无不可，而关键之处在于："此机关要真能包括抗日各党派各军队各有威信的群众团体的代表，即包括真能代表四万万五千万同胞公意的人才；同时，此机关要真有不仅建议和对政府咨询的作用，而且能有商讨国是和谋划内政外交的权力。"①

面对社会各界提出的广泛的民主要求，国民党临时全国代表大会一方面将全面实施民主、还政于民推到抗战胜利之后，允诺"抗战胜利之日，结束军事，推行宪政，以完成民权主义建设"；另一方面表示："惟是民族国家在此危急存亡千钧一发之际，欲求国事万机，算无遗策，允宜通集天下贤才、民众领袖，共襄大计，以计事功"。但因战争关系，国民大会既难召开，"则设置国民参政会，以统一民众意志，增加抗日力量，似不可缓"。为此，大会决定组织国民参政机关。3 月 31 日，汪精卫代表国民党临时全国代表大会主席团就设立国民参政会议案作了说明："在这样非常时期中，在国难严重的今日，只要有一个机关多少可以表现人民意志，也就是一种民意机关。"国民党临时全国代表大会通过的《组织非常时期国民参政会以统一国民意志增加力量案》，决定将国防参议会予以扩大，并正式改名为国民参政会，其职权及组织方法交中央执行委员会讨论制定。4 月，国民党五届四中全会制定并通过

---

① 　中央档案馆编：《中共中央文件选集》第 11 册，第 486—487 页。

了《国民参政会组织条例》，规定国民参政会具有决议权、咨询权和建议权；国民参政会的组成包括了国共两党及其他党派、无党派代表。除了设立中央民意机关外，国民政府要求各级地方政府也相应地设立省、市、县级参议会。

二　对三民主义的新阐释

民族主义是建立在民族情感基础上的思想观念，是民族共同体对本民族的热爱和忠诚。全面抗战时期，国民党确立三民主义暨总理遗教为抗战行动及建国之最高准绳，并根据战时环境对三民主义作了新阐释。其中，民族主义思想是战时国民党政治理论中最具特色之处。

抗战全面爆发后，中华民族面临着生死存亡的空前危机，蒋介石及国民党意识到"国家民族之最后关头"已经到来，故顺应时代潮流与包括中共在内之各党派团结抗战，确立"三民主义暨总理遗教为一般抗战行动及建国之最高准绳"，并对三民主义作了适合抗战需要的新阐释。抗战时期国民党的民族主义（亦称战时民族主义），恢复和继承了中国国民党"一大"宣言之革命内容："一则中国民族自求解放；二则中国境内各族一律平等。"①

国民党对战时民族主义之新阐释，主要集中体现在《中国国民党临时全国代表大会宣言》及随后召开的国民党五届四中全会到国民党六全大会通过之宣言、政治决议及蒋介石等人发表之讲演文告中。国民党对战时民族主义内涵之新阐释，主要集中于两个方面。

首先，强调抗战之目的在于求民族之生存独立。中国国民党临

---

① 中国第二历史档案馆编：《中华民国史档案资料汇编》第五辑第二编政治（一），江苏古籍出版社1998年版，第408页。

时全国代表大会宣言对中国抗战之意义及目的作了深刻阐述。它指出，中国现在正从事于四千余年历史上未曾有的民族抗战，此抗战之目的在抵御日本帝国主义之侵略，以救国家民族于垂亡。日本帝国主义之侵略，在政治上将使中国失其独立与自由，在经济上将使中国永滞于产业落后之境遇，而为日本工商业之附庸，远非以前历史上一时的军事失败或失败可比，故中华民族自当竭其全力，为自己的生存与独立而战。在国民党看来，日本帝国主义以武力进攻卢沟桥并攻陷平津及华北，标志着中华民族到了危急存亡之"最后关头"，因为"北方若不能保全，不特东北四省问题，永无合理解决之望，中国领土之全部将沦胥以亡"。尽管中华民族爱好和平而不愿战争，但日本侵华战争乃是根本灭亡中国之战争，处"最后关头"之中国被迫应战以求生存，抱"必死之决心"以抵抗日寇入侵，保全国家民族之生存，"中国若怵于日本之暴力，以屈服谋一时之苟安，则将降为日本之殖民地，民族失其生存独立，国家之自由平等更无可望"。① 国民党反复强调中国殊死抗战以求生存之决心："此次抗战为国家民族存亡所系，人人皆当献其生命，以争取国家民族之生命，吾同胞同志之血，一点一滴，皆所以使四亿五千万之人心凝结为一，以为中国之金城汤池，以此人力物力之夷为灰烬者，亦必于灰烬之中发生热力，为中国之前途燃其光明之炬。最后胜利之获得，不特领土主权及行政之完整可以确保，自由平等之国家亦可由此以实现，吾同胞唯有并力以赴，不达目的决不中止。"②

正因如此，国民党强调抗战之目的在于求民族之生存独立，必为民族争回生存独立，然后民族所建立之国家始有自由平等之希望。为求中国民族国家之独立自由，必须在抗战之际，恢复中国固

---

① 中国第二历史档案馆编：《中华民国史档案资料汇编》第五辑第二编政治（一），第406页。

② 中国第二历史档案馆编：《中华民国史档案资料汇编》第五辑第二编政治（一），第405页。

有道德及民族精神："惟有本于民族主义，以发扬民族之固有道德，恢复民族之自信力，使此四万万五千万之人心，凝结为一，坚如金石，知政治之自由，为吾民族生存之保障；经济之自由，为吾民族生存之凭藉；惟能合吾民族之力以共保之，乃能合吾民族以共享之，民族主义于抗战期间能充分发挥其精神与力量，则此精神与力量为今日捍御外侮之要素，亦即他日复兴民族之基础也。"① 国民党强调以弘扬民族精神来凝结中国抗战力量，以恢复固有道德来弘扬民族精神，增强民族自信力。

其次，强调中华民族之统一性，主张国内各民族一律平等。中国是统一的多民族国家，如何团结中国境内的各少数民族以共同抵抗日本侵略，是国民党战时民族主义理论需要面对的重要问题。国民党临时全国代表大会宣言重申了国民党"一大"宣言之诺言："于反对帝国主义及军阀之革命获得胜利以后，当组织自由统一的（各民族自由联合的）中华民国。"这是国民党对中国境内各少数民族之最大诺言，此诺言之真正实现虽有待于抗战之获胜，但战时各民族自当平等相待、团结抗日。在抗战未得胜利以前，中国境内各民族同受日本之压迫，决无自由意志之可言，而日本提出的所谓"民族自决"不过是诱惑、煽动中国境内各民族分裂进而达到其"分而治之"目的之手段而已，"故吾同胞必当深切认识，惟抗战乃能解除压迫，惟抗战获得胜利，乃能组织自由统一的即各民族自由联合的中华民国，各民族今日致力于抗战，即为他日享有自由之左券也"。② 中国境内各民族应在"一律平等"基础上团结抗日，解除日本帝国主义之压迫，共建自由统一之国家。

在国民党看来，中国境内各民族以历史的演进，早已融合成为

---

① 中国第二历史档案馆编：《中华民国史档案资料汇编》第五辑第二编政治（一），第408页。

② 中国第二历史档案馆编：《中华民国史档案资料汇编》第五辑第二编政治（一），第409页。

一个整个的国族——中华民族，故它使用"中华民族"概念阐述其战时民族主义理论，借以强化对民族国家之认同。国民政府颁布之"五五宪草"明定"中华民国各民族均为中华国族之构成分子"，国民党积极阐述"中华民族"之统一性与整体性，并从历史角度加以说明："现代的中华民族，是合汉满蒙回藏苗瑶而成的。我们讲历史，万不可提倡狭隘的汉族主义，冷落他族，使人生恨。应极力设法，造成一各族共同的历史，使满蒙回藏苗瑶族的人都自觉他们不特是目前与我们休戚相共，将来同我们共存共荣，就是以往，也是早成一家，相依为命。必如此方能各族团结，表示出我们整个中华民族伟大的精神。"①

蒋介石在战时多次演讲中亦说明国内各民族构成之中华民族所具有之整体性："我们中华民国，是由整个中华民族所建立的，而我们中华民族，乃是联合我们汉、满、蒙、回、藏五个宗族组成一个整体的总名词。我说我们是五个宗族，而不是说五个民族，就是说我们都是构成中华民族的分子，像兄弟合成家庭一样。"他反复强调："就我们对于中华民族的关系而言，我们无论属于汉、满、蒙、回、藏那一个宗族，大家同是中华民族构成的一分子，犹如一个家庭里面的兄弟手足，彼此的地位是平等的。生死荣辱更是相互关联的。就我们对于国家的关系而言，我们人人都是中华民国的国民，都是中华民国的主人，对于建立中华民国，大家都负有共同的责任，都应该尽到共同的义务，亦都能享受平等的权利。"② 故由各宗族构成之中华民族对外须自求独立解放，对内应一律平等，对宗教信仰应绝对自由。这显然是以"中华民族"概念来整合中国境内各民族，旨在强化中国境内各民族之认同，共同维护民族团结。

---

① 康伯：《对于普及历史教育一个建议》，《教育通讯（汉口）》1939 年第 2 卷第 11 期。

② 《先总统蒋公全集》第 2 册，中国文化大学出版部 1984 年版，第 1623 页。

蒋介石在《中国之命运》中对中华民族之形成历史作了阐述，强调中华民族形成的自然性。他指出："就民族成长的历史来说，我们中华民族是多数宗族融合而成的。融合于中华民族的宗族，历代都有增加，但融合的动力是文化而不是武力，融合的方法是同化而不是征服。"① 中华民族生存与发展中之显著特质为："我们中华民族对于异族，抵抗其武力，而不施以武力，吸收其文化，而广被以文化。"② 他强调中国境内各民族之团结统一："中国五千年的历史，即为各宗族共同的命运的记录。此共同之记录，构成了各宗族融合为中华民族，更由中华民族，为共御外侮以保障其生存而造成中国国家悠久的历史。"③ 这种阐述显然包含着以"中华民族"统一之历史整合并维系中国境内各少数民族团结之诉求。

抗战时期，国民党基本上是按照国内各民族"一律平等"原则来处理蒙藏等边疆民族问题，并制定实施"团结蒙古""安定西藏"等治边方针。国民党六大政治报告总结说："政府处理蒙藏事务，一以三民主义为最高原则，以各宗族一律平等为基点，进求融洽其文化习俗，消弭狭隘之部族界限。一面培养各宗族之自治能力。惟日寇对于蒙藏，时施挑拨离间之诡计，故政府以'团结蒙古'、'安定西藏'为战时治边方针。"④ 国民党"六大"宣言再次强调了国内各民族一律平等之原则并郑重承诺："必以全力解除边疆各族所受日寇劫持之痛苦，亦必以全力协助边疆各族经济文化之发展，尊重其固有之语言宗教与习惯，并予外蒙西藏以高度自治之权。民族主义彻底实行之日，即为我国家长治久安、永保团结之时。"⑤

---

① 《先总统蒋公全集》第 1 册，中国文化大学出版部 1984 年版，第 126 页。

② 《先总统蒋公全集》第 1 册，第 127 页。

③ 《先总统蒋公全集》第 1 册，第 128 页。

④ 中国第二历史档案馆编：《中华民国史档案资料汇编》第五辑第二编政治（一），第 764 页。

⑤ 中国第二历史档案馆编：《中华民国史档案资料汇编》第五辑第二编政治（一），第 838 页。

由此可见，国民党对战时民族主义之新阐释，主要是恢复了国民党"一大"宣言之革命精神，集中于对外求民族独立自由、对内求民族平等团结两个方面。其经典表述是，"以言之民族主义，则抵抗外侮，以求得民族之独立自由与平等，固为今日抗战唯一之目的，而国内各民族携手，共负抗战中兴，更足以增进整个民族之团结，为广大的中华民国奠其坚实之基础"。① 外求中国民族之独立自由，内求国内各民族一律平等，乃国民党战时民族主义之基本内涵。其中包含之进步性甚为明显，故得到战时社会各界之普遍赞同。

抗战时期国民党的民族主义新阐释的突出特点是，强调继承中国固有的传统道德，弘扬民族文化及民族精神，以中国固有道德和民族精神建构战时民族主义形态，带有明显的守旧倾向。

国民党临时全国代表大会宣言在阐释三民主义及相关政策后，专门阐述"道德之修养"对抗战建国之重要作用。其云："晚近以来，持急功近利之见者，往往以道德修养视为迂谈，殊不知抗战期间所最要者，莫过于提高国民之精神。而精神之最纯洁者，莫过于牺牲，牺牲小己以为大群，一切国家思想民族思想皆发源于此，而牺牲之精神，又发源于仁爱，惟其有不忍人之心，所以消极方面，己所不欲，勿施于人；积极方面，己欲立而立人，无求生以害仁，有杀身以成仁，此道德之信条，所谓亘万世而不易者也。"② 此处所谓"道德之修养"，实为国民党一贯倡导恢复之中国固有道德，即"忠孝仁爱信义和平"之八德与"礼义廉耻"之四维。国民党确定的战时文化建设纲领明确规定："以忠孝仁爱信义和平为国民道德之项目，礼义廉耻为国民生活之规律。"③

---

① 《国民精神总动员纲领》，《华美》第 1 卷第 44、45 期合刊，1939 年，第 1066 页。

② 中国第二历史档案馆编：《中华民国史档案资料汇编》第五辑第二编政治（一），第 415 页。

③ 中国第二历史档案馆编：《中华民国史档案资料汇编》第五辑第二编文化（一），江苏古籍出版社 1998 年版，第 1 页。

国民党将"忠孝仁爱信义和平"作为战时"救国之道德"加以强调，力图恢复中国固有道德以弘扬民族精神。其云："中国之需要在振衰起敝，攘寇患以救国家，故今所需于吾国民全体力求实践之同一道德，厥为救国之道德，而此救国之道德，亦即总理所倡导之忠孝、仁爱、信义、和平之八德，国民对此八德，认识或有浅深，但中国民族所有之绵延光大，实赖有此道德。今之衰弱式微，实由丧此道德，是须要求吾国民一致确立此救国道德。"① 忠孝仁爱信义和平之八德为中国传统儒学之基本道德规范，国民党以之作为战时伦理建设之核心内容，显然是"回归传统"之表征，带有明显的守旧倾向。

国民党最注重八德中之"忠孝"德目并对其作了新诠释。其云："八德之中，最根本者为忠孝，唯忠与孝实中华民立国之本，五千年来先民所留遗于后代子孙之至宝。今当国家危急之时，全国同胞务必竭忠尽孝，对国家尽其至忠，对民族行其大孝。"在国民党看来，昔日行"孝"之对象为直系祖先，今日行孝对象应及于整个民族，由亲亲之义而推及同国同族之相保，由追远之义而晓然于同国同族之相关，"是以吾人今日行孝之对象，应为整个之民族，应求不辱吾民族共同之祖先，吾人应时刻自念吾人数百代共同祖先所辛苦经营而遗留于吾人之锦绣河山，如竟丧失于吾人之手，则吾人上何以对先民，下何以对共同之种姓，他罪有可赎，不孝无可赎，吾同胞明乎此义，则牺牲一己以维护民族之生存，自必引为人人最高之责任"。概括地说就是"对民族尽孝"。昔日尽"忠"对象为君主，今日则为民族国家，即"对国家尽忠"："忠于国家实即所以保我民族之生存与发展，就中国今日而言，必须人人以拥护国家独立为神圣的责任，而后国家乃有救，国家者其绝对性者也。"由此可将"忠"引申为"忠于职分，忠于纪律，忠于法令"

---

① 《国民精神总动员纲领》，《华美》第 1 卷第 44、45 期合刊，1939 年，第 1065 页。

等。经国民党这种解释，传统的"忠孝"德目便脱离儒家忠君孝慈之本义而包含有新意，即"对民族尽孝，对国家尽忠"，这是具有正面积极意义的。

至于仁爱信义和平诸德目，均由"忠孝"演进而来，也可推演作出新的解释："仁爱为孝道之扩展，信义为忠道之延长，仁爱则不致相残，吾人今日能推仁爱之心，则必不坐视同胞之被侮辱，被残害，而必有同仇敌忾之勇，推信义之心，则必能负责尽职，不欺不贰，以造成一致赴难之团结，推吾数千年爱好和平之固有理想，则必乐于为抵抗暴力与求取永久和平而奋斗，且必率先为勇厉无前之奋斗。"[①] 由此可见，国民党在利用儒家伦理弘扬民族精神并进行战时伦理建设过程中，对"八德"内涵作了适应时代需要之新阐释，将其尊为"救国之道德""民族精神的武器"而加以倡导。

正因国民党将中国固有道德作为战时伦理建设之核心内容加以倡导，故其制定之战时文化建设方针亦强调弘扬民族文化及民族精神。国民党临时全国代表大会制定了战时文化建设之三项基本原则："一、根据总理'保持吾民族独立地位，发扬我固有文化，并吸收世界文化而光大之'之遗训，以建设中华民族之新文化。二、以文化力量，发扬民族精神，恢复民族自信，加强全国民众之精神国防，以达民族复兴之目的。三、对于一切文化事业，尽保育扶持之责，以督促、指导，奖励及取缔方法，促成全国协同一致之发展。"在这三项基本原则中，前两项体现了发扬中国固有文化及其民族精神之主旨，第三项则是根据前两项原则所定发展文化事业之标准。国民党据此提出要建立战时以民族国家为本位之文化。所谓"民族国家本位之文化"有三方面内涵："一为发扬我固有之文化，一为文化工作应为民族国家而努力，一为

---

① 《国民精神总动员纲领》，《华美》第 1 卷第 44、45 期合刊，1939 年，第 1065 页。

抵御不适合国情之文化侵略。"① 建立民族本位之文化，旨在恢复中国民族精神、增强民众民族自信心，具有一定合理性，但因其缺乏对民族文化及固有道德应有之反思意识和批判精神，从而带有明显的守旧倾向。

国民党恢复中国固有道德之守旧倾向，在其制定的战时文化建设诸多政策中均有明显体现。国民党五届十一中全会通过的《文化运动纲领案》明确申明要发扬中华民族固有德性，建立一种新的中华民族文化，"这种文化一方面要保存中华民族固有文化的优点，一方面要吸收西洋文化的精髓"。②

从其确定的文化建设目标及具体实施要点看，国民党显然强调前者而忽视后者，侧重点在"保存中华民族固有文化的优点"而不在"吸收西洋文化的精髓"。国民党规定，建立民族文化之目的在于"以文化的力量，发扬我民族精神，恢复我民族自信，增进我民族地位，以完成国民革命，建立自由平等之国家"，为达此目的必须以心理、伦理、社会、政治及经济等五大建设为基础。所谓心理建设就是"革命的人生观"建设，实施要点在于服膺孙中山"知难行易"学说与蒋介石之力行哲学；所谓伦理建设，消极方面在"打倒自私自利的个人主义，以扫除革命建设的障碍"，积极方面在"改进人民的行为，恢复民族固有的道德，从而发扬光大，养成国民高尚健全的人格，使我们四万万五千万同胞，人人能够牺牲小我，舍己利群，尽忠国家，尽孝民族，崇信重义，仁民爱，和平互助，如手足兄弟一样御侮建国，合力共赴"。其实施要项为：坚定三民主义为救国救世界的信仰；认清国家至上与民族至上为建国的基本目标；确认忠孝仁爱信义和平八德与礼义廉耻四维为律定群己关系的共同标准；发扬中华民族以诚为本、以公为极的智仁勇

---

① 中国第二历史档案馆编：《中华民国史档案资料汇编》第五辑第二编文化（一），第1页。

② 中国第二历史档案馆编：《中华民国史档案资料汇编》第五辑第二编文化（一），第28页。

的精神。① 这些内容强调的显然是如何"保存中华民族固有文化的优点"，旨在恢复和弘扬民族固有文化。

国民党为建设民族文化而制定之中心实施要点有：建立三民主义的哲学、社会科学及文艺的理论体系，整理我国旧有文献与历代发明，以发扬固有的文化精神；推行全国语言文字的统一运动；实施以民族为本位之文武合一、德智兼全之社会教育及学校教育；制定适合民族国家及时代需要之礼乐服制；奖励科学研究与发明；推广与提倡文艺、戏剧、电影、广播及新闻事业；应用宗教、经济、社会等固有之组织，促进其适应时代进化的发展，以助成民族文化之统一运动。②

从国民党规定之"民族文化建设"目标、内容及其实施要点等方面看，其着眼点集中于发扬中华民族固有德性、恢复民族道德方面，它在"吸收西洋文化的精髓"方面仅笼统表示："研究各国文化，介绍各国重大精深之哲学、科学及文学艺术，择其适合我国家民族与时代需要者，吸收而消化之，以充实我民族文化之内容，而增进其对于全世界贡献之力量。"③ 并且严格限定研究西洋文化旨在"充实我民族文化之内容"，明显体现了其民族文化建设之守旧倾向。

国民党的战时民族主义，既有抵抗外侮、挽救民族危亡的一面，又有维护其一党专制的一面。民族主义是一面动员民众、组织民众并获得民众支持的旗帜。国民党自觉地高举民族主义旗帜，注重发挥民族主义之抵御外侮、争取民族独立之功能，以此来获取更多民众支持，借以完成抗战建国事业，显然具有明显的进步性。抵

---

① 中国第二历史档案馆编：《中华民国史档案资料汇编》第五辑第二编文化（一），第 29 页。

② 中国第二历史档案馆编：《中华民国史档案资料汇编》第五辑第二编文化（一），第 31 页。

③ 中国第二历史档案馆编：《中华民国史档案资料汇编》第五辑第二编文化（一），第 32 页。

抗与建设并重、抗战与建国并行，是国民党战时政治建设之基本方针。在国民党看来，抗战是中华民族存亡绝续之关头，也是民族复兴的大好机会，故抗战与建国同为立国之要图。国民党强调战时民族主义以救亡图存为目的，但更强调抗战与建国大业密切相连。国民党临时全国代表大会宣言指出："盖非抗战则民族之生存独立且不可保，自无以遂建国大业之进行；而非建国则自力不能充实，将何以捍御外侮，以求得最后之胜利？"因抗战与建国是相辅相成的关系，故"吾人必须于抗战之中，集合全国之人力物力，以同赴一的，深植建国之基础，然后抗战胜利之日，即建国大业告成之日，亦即中国自由平等之日也"。①

基于这种认识，国民党反复阐述"抗战必胜、建国必成"之道理，并在战时历次全会上反复强调抗战建国并行之方针。蒋介石于国民党五届九中全会开幕词云："我国欲遂行战争之任务，必须恢宏建国之实效，断不能谓先灭亡当战时即谈不上建国。盖抗战即所以建国，亦惟努力建国乃斯能增进抗战实力，此为确当不移之至理。乘此举国振奋之时机，努力于三民主义与五权宪法政治基础之建立，实为刻不容缓之举。"②他在国民党六全大会开幕词复云："我们的抗战，不仅在排除建国的障碍，更要于抗战之中努力建国，使抗战胜利与建国完成，毕其全功于一役。我们必须将心理建设、伦理建设以及政治建设、社会建设与经济建设，在战时确立其基础与规模，而后我们在战争之后，对内才可以加速完成我们国家整个的建设，减少饱受战争牺牲的人民之痛苦，对外才能够与并肩作战的反侵略盟邦共同负起维护正义和平与国际安全的责任。"③

---

① 中国第二历史档案馆编：《中华民国史档案资料汇编》第五辑第二编政治（一），第 408 页。

② 中国第二历史档案馆编：《中华民国史档案资料汇编》第五辑第二编政治（一），第 564 页。

③ 中国第二历史档案馆编：《中华民国史档案资料汇编》第五辑第二编政治（一），第 731 页。

国民党主张抗战与建国同时并进，旨在以民族主义抵抗日本侵略以获得民族独立过程中，建立三民主义新中国之基础。

国民党战时民族主义注重全民族之共同利益，强调在中华民族危亡之时动员民众团结抗战，对于增强中华民族的凝聚力、唤醒民众的民族意识、增强民众的民族自信心、促成"中华民族"旗帜下之全民族抗战，起了正面的积极作用，这是应予充分肯定的。然而，国民党过分强调民族国家主权之绝对性，漠视民众个人的民主自由权利；过分强调民族主义而回避乃至忽视民权主义，并以抬高民族性来压制民主性，抵消民众的自由诉求，其所具有之守旧性亦甚为明显，表达了战时国民党"回归传统"之基本趋向。

"国家至上民族至上"是战时民族主义之基本原则。国民党将国家民族利益置于个人利益之上，进而将两者对立起来，以强调民族国家利益来取消民众个人自由权利。国民党临时全国代表大会宣言指出："盖此次抗战为国家民族存亡所系，国家民族之利益，大于个人之利益，必当以国家民族之利益，为共同之目的，即使平日因其地位或其职业利害感情各有不同，然覆巢之下，断无完卵，惟有向共同之目的，而共同迈进，乃可以救国家，救民族，且即以自救。"[1]

在国民党看来，正因国家民族利益大于个人利益，故应强调国家民族之自由而取消乃至牺牲个人之自由："在革命已告功成之国家，政治之自由，犹当存在于不妨害国体政体之范围内，至于革命期间，则政治之统一，较政治之自由为急，军政训政实为势之所不容己，而当对外抗战，则虽在宪政时间之国家，亦必授权政府，俾得集中人民之力量。统一人民之言论与行动，以同赴于国家至上之目的。"以此之故，"抗战期间政府对于人民之自由，必加以尊重，同时亦必加以约束，使得自由于一定限度之中。约束既定，政府人

---

[1] 中国第二历史档案馆编：《中华民国史档案资料汇编》第五辑第二编政治（一），第411页。

民共同努力，见之实行，庶几自由与统一，乃能兼顾"。① 此处所谓"统一人民之言论与行动"、"约束"人民之自由，实际上就是变相取消个人所拥有之自由权利。

国民党在随后的国民精神总动员运动中，将"民族至上国家至上"作为战时国民精神动员之最高原则加以推崇。在国民党看来，在民族生存受威胁情形下，任何个人及其事业都将失去保障，故巩固民族生存应先于一切；又因民族生存之最高政治形式为国家，故巩固国家尤应先于一切。这样，国家民族的利益高于一切，民众在国家民族之前应牺牲个人自由便是顺理成章的事情。国民党之经典阐述为："巩固国家，尤应先于一切，是以吾人今日必须认定国家至上，民族至上，国家民族之利益，应高于一切，在国家民族之前，应牺牲一切私见、私心、私利、私益，乃至于全家个人之自由与生命，亦非所恤。"②

在民族危亡的严峻形势下，适当强调国家自由及民族生存之优先是必要的，但在"国家至上民族至上"口号下完全取消个人之民主自由权利，将个人正当权利一概斥为"自私自利""个人主义"而予以革除，显然不利于民众抗战自主性之发挥，是有很大偏颇的。国民党将国家民族独立与个人自由权利对立起来，抬高前者而贬低后者，包含着以民族主义压制民主主义、以民族救亡压制个人自由之政治诉求。正因如此，国民党不仅坚决反对共产主义，而且坚决反对自由主义；不仅回避民权主义问题，而且压制战时民主宪政运动，拒绝结束训政实施宪政。

国民党确定三民主义为战时行动及建国之最高准绳，理应在弘扬民族主义之时推进民权主义及民生主义，而不应当仅仅强调民族主义而回避民权主义及民生主义。如果说民族主义是三民主义实现

---

① 中国第二历史档案馆编：《中华民国史档案资料汇编》第五辑第二编政治（一），第410页。

② 《国民精神总动员纲领》，《华美》第1卷第44、45期合刊，1939年。

之前提的话，那么民权主义则是三民主义之核心，民生主义则是三民主义之最终目标。国民党在战时强调民族主义、弘扬民族精神是能够理解的，但由此回避民权主义及民生主义，忽视民众之民主要求并取消民众个人自由权利，显然是有很大偏颇的。它过分强调国家自由而忽视个人自由，强调国家独立和民族自由而漠视民众享有之个人自由权利，强调民族主义而忽视民权主义及民生主义，甚至以民族主义压制民权主义及民生主义，更是有很大问题的。真正的民族主义应该以民主主义为核心、以民生主义为目标，而国民党在战时强调民族主义之时极力回避、漠视民权主义，甚至强化个人独裁与一党专制之威权统治，难以满足社会各界之保障民权自由要求，也难以完成为三民主义新中国奠定基础之任务。

国民党强调恢复中国传统道德并对忠孝仁爱信义和平之八德作了新阐释，对于弘扬民族精神、重建民族自信心具有正面的积极作用，因为优秀的传统民族道德可以成为中华民族的精神支柱和发展动力。但应该看到，国民党一味强调恢复固有道德而缺乏应有之批判及在批判基础上之理论创新，暴露了其保守性大于创新性之特性，具有明显的守旧倾向。即便其对"八德"所作之新阐释增加了适应抗战的新内涵，但从总体上并没有完成对中国固有道德之创造性转化工作。从理论创新意义上讲，国民党战时对固有道德之新阐释，不仅无法与中共新民主主义之道德理论相提并论，而且也无法企及贺麟、冯友兰等新儒家对传统道德之新阐释，因而显得守旧有余而创新不足，难以提供为民众所认可并适应现代需要之新道德规范。至于国民党的"对国家尽其至忠，对民族行其大孝"说教中包含着将民众对民族国家的热爱置换为对国民党及其领袖绝对忠诚之意图，则是显而易见的。

国民党强调中国固有道德，既包含有弘扬民族精神之积极功用，亦包含有加强民众思想控制之政治诉求在内。国民党对此并不忌讳并公开申明，为了倡行"救国之道德"并树立"建国之信仰"，必须"彻底改造我国民之精神"，其精神改造之途有五：一为改正醉生梦死之生活，二为养成奋发蓬勃之朝气，三为革除苟且偷生之习性，四为打破自私自利之企图，五为纠正纷歧错杂之思想。此处所谓"纷歧错杂之思想"，即为违反三民主义、超越民族思想与损害国家绝对性、破坏军政军令及行政系统统一之思想言论。① 这样看来，除了中共之共产主义、新民主主义理论外，中间党派之自由主义言论亦在纠正整肃之列，国民党战时民族主义之守旧性得到了充分呈现。战时民族主义之守旧性，影响了战时国民党一系列方针政策之制定，也从某种程度上决定了战后国民党之政治走向与政治命运。

《中国国民党临时全国代表大会宣言》在阐释民权主义时指出，抗战之胜负，不仅取决于兵力，尤取决于民力，民力之发展，与民权之增进，相为因果。"故组织民众训练民众为发展民力之必要工作，亦为增进民权之必要条件。"如何组织民众训练民众？其提出的办法有二："第一组织训练之目的，在养成民众之自卫能力与自治能力，前者属于军事，后者属于政治，两当并重，无自卫能力，则所谓自治无发育之余地，而无自治能力，则所谓自卫亦失其根本，故抗战期间，对于民众授以军事组织军事训练，以养成军国民之资格，固为当务之急。而政治组织政治训练，则先之以地方自治条件之完备，继之以进而参预中央政事，凡建国大纲之所规定者，皆当于此谋其实现。第二组织训练必当有厘然之系统，然后能以简驭繁，有条不紊。"

国民党战时政治建设的基本思路为："战事既起，第五次全国代表大会所议决关于国民大会之召集，宪法之制定颁布，不得已而延期；政府此时惟有依据国民会议所判定颁布之约法，以行使治权；惟为适应战时之需要计，应就各机关组织加以调整，使之趋于简单化、有力化；并应设置国民参政机关，俾集中全国贤智之士，以参与大计。值此非常时期，政府自不能不有紧急处分之权，俾临

① 《国民精神总动员纲领》，《华美》第 1 卷第 44、45 期合刊，1939 年。

危处变，有所应付。"这就意味着国民党战时民权主义，以牺牲民众的"政权"为代价，充分强化政府的"治权"，授予政府有紧急处分权，将实施宪政及实现民权主义推到抗战胜利之后。用国民党的话说就是："要而言之，民众方面注意之养成。政府方面则注意之，此固所以充实抗战之力量，而民权之基础，亦于此建立，则抗战胜利之日，结束军事，推行宪政，以完成民权主义之建设，为势固至顺也。"

关于抗战时期建立"民权之基础"问题，蒋介石在《国民参政会的任务》演讲中作了阐述，提出了国民党的民主自由观。他认为国民参政会负有两项基本任务：一是要加强团结，巩固统一；二是建立民主政治的基础。为了建立真正民主政治的基础，希望参政员们能树立民主政治的楷模。蒋介石对民主自由作了集中阐述："民主是什么？民主就是自由。所谓自由，要不侵犯他人的自由，不侵犯他人的权限，更要严守纪律，必须以法律来保障自由为实行自由的根据，这种自由，方能成为真正的自由，方能成为真正的民主。尤其在此整个民族存亡绝续之交，我们真正民主的自由，决不是讲个人或少数人的自由，而是要牺牲我们个人和少数人的自由，以求得整个国家民族的自由。可以说我们要求的自由，更是要认清国家与个人的地位所在和时代与环境的需要，使法律有效，抗战有利，以建立我们民主政治的楷模，奠定整个民族自由的基础；我们国家民族必须有真正的民主和真正的自由，才能完成这次国民参政会的使命。"① 这是蒋介石及国民党的民主自由观。

陶希圣在《抗战建国纲领的性质与精神》中，对蒋介石提出的建立"民权之基础"问题作了呼应，对国民党主张的民主政治作了解释。他指出，国民党的民主政治与一般资本主义及社会主义的民主政治不同，"我们要实现民主政治，要把种种民主的障碍扫

---

① 《总统蒋公思想言论总集》卷15，台北，中国国民党中央委员会党史委员会1984 年编印本，第340—343 页。

除。这些障碍是什么？是部落思想，割据主义，是在中央政府与民众之间的一种割裂国家统一的封建势力"。这显然是以偷换概念的方式曲解民主政治的内涵，为国民党集权独裁辩护，故其结论为："我们今日于民主政治的确立，一方面是集大权于中央，一方面是集中全国国民的意见与力量，适应抗战的环境。为了实现这种民主政治，所以国民党在政治上开放国民党的组织，希望全国有志之士都参加；在法律上保障人民在三民主义原则下，与法令范围内有言论出版机会结社的自由，使全国民众的意见经过国民参政会而贡献于中央。"[①] 陶希圣对民主政治的解释，显然回避了保障人民权利的民主政治内涵。

实际上，蒋介石及国民党对民主自由存在严重的认识误区。国民党临时全国代表大会宣言对共产主义和自由主义进行了批驳，认为国民党的民权主义与自由主义对个人自由的强调有根本区别，民权主义重视国家自由而反对个人自由。因此，该宣言阐述了国家自由高于个人自由的这个国民党的核心思想："盖民权主义与自由主义固相为因缘，然在革命已告功成之国家，政治之自由，犹当存在于不妨害国体政体之范围内，至于革命期间，则政治之统一，较政治之自由为急，军政训政实为势之所不容已，而当对外抗战，则虽在宪政时间之国家，亦必授权政府，俾得集中人民之力量。统一人民之言论与行动，以同赴于国家至上之目的。当此之际，在议会及在社会间，杂然各殊之政党，亦必相约为政治的休战，以一人民之心思耳目，盖自由与统一，似相反而实相成。无自由则人民无自发的情绪，以从事于同仇敌忾，无统一则意思之庞杂。而致行政之纷歧，抗战力量，由之减削，有必然者。以此之故，抗战期间政府对于人民之自由，必加以尊重。同时亦必加以约束，使得自由于一定限度之中。约束既定，政府人民共同努力，见之实行，庶几自由与统一，乃能兼顾。"国家自由优先

---

① 陶希圣：《抗战建国纲领的性质与精神》，《政论》旬刊第 1 卷第 11 期。

于个人自由，约束和牺牲个人自由以保障民族国家自由，是国民党战时民权主义的基本理念。

正因强调国家自由优先于个人自由，故国民党不仅忽视民众基本权利的保障，而且顽固坚持一党专政，拒绝进行民主改革，不断扩充特务机构，强化保甲制度，镇压抗日民主活动，实行独裁统治。1942 年 3 月，国民政府公布《国家总动员法》，不顾抗日团结的需要，对人民的言论、出版、著作、通信、集会、结社等自由加以限制。蒋介石在《为实施国家总动员法告全国同胞书》强调："我们国家实施这个总动员法，也就是要求我们国民为保卫民族自由与整个人类自由而牺牲个人的自由，为加强战斗力量而贡献每一个人所有的能力。"① 他指出："现代的世界，是一个发挥民族总力以保卫民族生存和人类自由的世界，一切个人本位的观念和思想行动，均成过去，必须是具有战斗能力的国家才能担任世界和平的责任，必须是人力物力具备高度组织的国家才能立足于今日的世界。"正因如此，该总动员法体现出来的是强化国家自由而忽视民众个人自由。他说："国家总动员法明白规定了一般人民对于战时国家应尽的义务是什么；就要表示国家在积极方面所要求于每一个国民的是什么，在消极方面所要限制或禁止的是什么；国民能够积极奉行法令，尽他应尽的义务，政府不只予以保障，也将予以鼓励。"②

正因重视民族主义而忽视民权主义，蒋介石和国民党对于孙中山的民生主义更加漠视。尽管蒋介石宣称"我们最紧要的是要实现民生主义的目的，所以三民主义是以民权主义、民族主义来实现民生主义的"，但在抗日战争环境中，国民政府根本没有真正地实行民生主义，民众没有看到国民政府所宣扬的实现民生的具体措

① 《总统蒋公思想言论总集》卷 31，中国国民党中央委员会党史委员会 1984 年编印本，第 302—307 页。

② 《总统蒋公思想言论总集》卷 31，第 302—307 页。

施。因此，国民党的民生主义未能解决中国社会的经济问题：其平均地权政策遭到把持地方政权的地主阶级反对，不能满足农民的土地要求；其节制资本、发展国营经济的思想，则导致官僚垄断资本的膨胀，压制了民族工业的发展。

三　国民党的抗战建国纲领

全面抗战爆发后，中国共产党为推动国共合作以实现全面抗战，继承孙中山三民主义的积极因素，结合中共的抗日政治主张而拟定的，并向国民党提交了《民族统一纲领》，作为抗日民族统一战线的共同抗日纲领，但并没有得到蒋介石的赞同。故中共于1937 年 8 月 25 日公布了《抗日救国十大纲领》，并建议将这个纲领作为制定抗日民族统一战线共同纲领的基础，但国民党方面仍然没有同意。

1938 年 3 月 29 日，为了统一党内各方面的认识，制定领导抗战的路线、方针和政策，国民党在武汉举行临时全国代表大会。这次会议最重要的成果是，通过了作为国民党指导抗日战争的纲领性文件《中国国民党抗战建国纲领》（以下简称《纲领》）。《纲领》规定："（一）确定三民主义暨总理遗教为一般抗战行动及建国之最高准绳；（二）全国抗战力量应在本党及蒋委员长领导之下，集中全力，奋励前进。"在"总纲"之下，分别就"外交"、"军事"、"政治"、"经济"、"民众运动"和"教育"各项提出了"纲领"，以"使全国力量得以集中团结，而实现总动员之效能"。[①]

关于外交，《纲领》提出：本独立自主之精神，联合世界上同情中国的国家和民族，为世界和平与正义共同奋斗；对于国际和平机构及保障国际和平之公约，尽力维护，并充实其权威；联合一切

---

① 荣孟源主编：《中国国民党历次代表大会及中央全会资料》下，第 485 页。

反对日本帝国主义侵略之势力，制止日本侵略，树立并保障东亚之永久和平；增进与世界各国现存的友谊，扩大其对中国的同情；否认及取消日本在中国领土内以武力造成的一切伪政治组织及对内对外之行为。

关于军事，《纲领》提出：加紧军队的政治训练，使全国官兵明了抗战建国的意义，一致为国效命；训练全国壮丁，充实民众物力，补充抗战部队；指导及援助各地武装人员，与正规军队配合作战，以充分发挥保卫乡土、捍御外侮之效能，并在敌人后方发动普遍的游击战，以破坏和牵制敌人的兵力；抚慰伤亡官兵，安置残废军人，优待抗战人员家属，以增强部队士气。

关于政治，纲领决定：组织国民参政机关，团结全国力量，集中全国之思虑与见识，以利国策的决定与推行；以县为单位，改善、健全民众自卫组织，加速完成地方自治条件，以巩固抗战的政治和社会基础，并为宪法实施作准备；改善各级政治机构，使之简单化、合理化，并提高新政效率；整饬纲纪，责成各级官吏忠勇奋斗，不忠职守贻误抗战者，以军法处置；严惩贪官污吏，并没收其财产。

关于经济，《纲领》提出：经济建设应以军事为中心，同时注意改善人民生活，实行计划经济，奖励人民投资，扩大战时生产；全力发展农村经济；开发矿产，树立重工业的基础，鼓励轻工业的发展；推行战时税制，彻底改革财务行政；统制银行业务；巩固法币，统制外汇，管理进出口货，以安定金融；整理交通系统；严禁奸商垄断居奇、投机操纵，实施物品平价制度。

关于民众运动，《纲领》提出：要发动全国民众，组织农、工、商、学各职业团体，有钱者出钱，有力者出力，为争取民族生存之抗战而动员；在不违反三民主义最高原则及法令范围内，对于言论、出版、集会、结社，当予以合法之充分保障；救济战区难民及失业民众，施以组织和训练，以加强抗战力量；加强民众的国家意识，对于汉奸严行惩办，并依法没收其财产。

关于教育，《纲领》提出：要改订教育制度及教材，推行战时教程；训练各种专门技术人员，以应抗战需要；训练青年，训练妇女，以增加抗战力量。①

《抗战建国纲领》的基本方针是，坚持抗战和争取最后胜利，这与中国共产党的《抗日救国十大纲领》基本上是一致的。《抗战建国纲领》比较全面地提出了抗战纲领和各方面的政策，宣示了积极推动抗战和将抗战进行到底的方针，被陈诚等国民党军政要员誉为"战时宪法"，基本精神为团结、抗战和进步。它对于坚定全国军民抗战的决心和胜利的信念具有重要意义。它与中国共产党所提出的《抗日救国十大纲领》在方向上是一致的，有助于推动抗战的进一步发展。因此，《抗战建国纲领》得到了各党各派各界的拥护，中国共产党对其也给予积极评价。毛泽东等中共人士发表意见说："国民党临时全国代表大会所颁布的《抗战建国纲领》，不仅本党认为其战时施政方针与本党在抗战时期的纲领在基本方向上是一致的，而且其他党派亦曾表示赞同。国民政府及其坚持长期抗战争取国家民族最后胜利之国策，亦为全国人士所一致拥护。"②《新华日报》社论说："这次国民党临时全国代表大会是最近十年来国民党最有历史意义的一个会议，因为这次会议表现了国民党更向前的进步，对于抗战时期许多重要的国策，更确定了基本的方针……国民党这次临时全国代表大会的成就，正是中国继续抗战和争取胜利的重要步骤，我们深望这些进步的继续发展，这些成就的一一实现。"③

但应该看到，《抗战建国纲领》没有包括中共提出的《抗日救国十大纲领》中某些基本抗日政治主张。如《抗战建国纲领》第4条提出"组织国民参政机关""改善各级政治机构"等，而没有提

---

① 荣孟源主编：《中国国民党历次代表大会及中央全会资料》下，第484—488页。
② 《新华日报》1938年7月5日。
③ 《国民党临时全国代表大会的成就》，《新华日报》1938年4月4日。

出实施民主政治、召开国民大会、制定宪法、组织包括各抗日党派和民主人士的国防政府的规定。《纲领》第 6 条规定，只给在三民主义最高原则及法令范围内的人民言论、出版、集会、结社的自由。在财政经济问题上，《抗战建国纲领》第五、六条，提出"有钱者出钱、推行战时税制"之类的话语，但没有废除苛捐杂税、切实改善人民生活的规定，更没有削弱农村封建剥削的减租减息的规定。

《抗战建国纲领》第一次将抗战与建国联系起来，强调抗战目的在于建国。国民党认为：抗日战争的爆发，是中华民族存亡绝续之关头，同时也是中华民族复兴的良机，是"炎黄子孙起死回生，转弱为强，开拓未来无限光明之枢纽"①，还是"国民革命过程中必经之途径"，而国民革命的最终目的在于建国，故抗战与建国必须"相资相辅，以相底于成"，二者"同时并进，并行不悖"②，强调"抗战与建国，同为立国之要图"③。国民政府主席林森认为："非抗战不能抵御敌人之侵略，非建国不能充实抗战之力量。"④ 故两者不可关系密切。国民党宣称，"我们举国奋斗的目的，在抗战胜利，建国成功"⑤，"吾人此次抗战，固在救亡，尤在使建国大业不致中断"⑥，"要在抗战中积极来建国"，"我们在抗战期中，同时完成建国的基础，便是我们后世子孙幸福的保障"。⑦

正因为国民党十分重视"抗战进程中奠定建国的基础"⑧，故

① 《先总统蒋公全集》第 3 册，台北，中国文化大学出版部 1984 年版，第 3204 页。
② 《对于政治报告之决议案》，《中国国民党历次代表大会及中央全会资料》（下），第 466 页。
③ 《居正文集》下册，华中师范大学出版社 1989 年版，第 678 页。
④ 《国民政府主席林森致词》，《国民参政会纪实》上卷，重庆出版社 1985 年版，第 161 页。
⑤ 《先总统蒋公全集》第 3 册，第 3191 页。
⑥ 《中国国民党历次代表大会及中央全会资料》（下），第 46 页。
⑦ 《先总统蒋公全集》第 3 册，第 3217 页。
⑧ 《先总统蒋公全集》第 3 册，第 3184 页。

反对把抗战与建国分为两截。在国民党看来，如果偏废任何一方，则"民族之生存独立且不可保"，"自力不能充实"，将无法"捍御外侮，以求得最后之胜利"。那种坐待抗战胜利后再来从事建国的主张也是错误的。陈诚强调："抗战的目的就是为建国，也可以说抗战就是建国的手段，是我们国民革命过程中必经的阶段。"①

国民党虽然主张抗战与建国"同时并进"，但是这种"并进"在抗战前后期的侧重点有所不同。抗战前期，即国民党所谓的"守势时期"，抗战是重于建国的，强调一切建国工作应寓于抗战之中。"今日一切建设，无论其为心理的、物质的、社会的、政治的、建设的，均应绝对的以军事为中心"，在此基础上，"树立'国防第一'之精神"，"以全民觉醒之努力"，"求光辉灿烂之三民主义的国家之实现"。抗战后期则认为"抗战与建国"乃是同一件事，建国较抗战更为重要，更需要长期艰苦的努力和坚忍积极的奋斗，"如此方可造成中国为精神上、物质上完全独立的近代国家，做世界和平的基石"。②

国民党之所以在抗战时期对抗战与建国有侧重点的差异，主要基于两方面考虑：一是太平洋战争爆发后，英美等国对日作战，国民党断定中国必然取得抗战的最后胜利，故加紧了建国工作；二是国民党对中共在抗战中力量的壮大深感不安，故加紧建国工作，强化其统治，以此应对中共的发展。客观地说，国民党主张"抗战"与"建国"并进，在抗日战争前期起了积极作用，通过为"建国"而进行的政治建设、经济建设和军事建设，坚持和发展了抗战。但随着抗战后期国民党对"抗战"与"建国"侧重点的转移，国民党着力借"建国"之名行"一党专政"之实，极力维护国民党的专制统治，拒绝实行民主宪政，招致各党派不满，遂使其"建国"

---

① 中国第二历史档案馆编：《中华民国史档案资料汇编》第五辑第二编政治（三），第729—735页。

② 《先总统蒋公全集》第3册，第3212—3213页。

工作难以获得成效。

国民党所要建构的新中国，是三民主义的新中国。而其具体的建国方案，在蒋介石的《中国之命运》和国民党会议决议及宣言中均有明确而完整的表述。《抗战建国纲领》提出抗战与建国并行的政治思路，得到了当时许多人的赞同。陶希圣在《抗战与建国》中认为，抗战建国有"消极"和"积极"两重意义："在消极方面，我们的抗战是为了维持民族国家的生存，日本侵略我们，使我们民族国家的领土和主权不能保持完整，于是我们起而抗战；在积极方面，我们的抗战是为以建设现代民族国家。"① 尉素秋在《抗战与建国》中，赞同并说明了抗战与建国并举的思想："既然抗战是为了建国，建国又促以保证抗战的胜利，那末我们的任务，便是一面抗战，一面建国。以建国加强抗战的力量，以抗战促短建国的时间，双管齐下，互相补足。"② 余家菊强调："我们要努力抗战，我们也要努力建国。抗战建国，兼程并进。我们不但要企求抗战的最后胜利，我们也要企求抗战胜利之时，我整个的国族，能以崭新的姿态出现于世界舞台之上。"③

郭力文在《抗战与建国》中从抗战是建国的前提条件、建国才能保证抗战的胜利的角度阐述了"抗战与建国"关系。他指出："抗战是我们的出发，建国是我们的归宿，抗战是建国的前提条件，建国是保证抗战胜利的因素，在抗战中建国，在建国中抗战，两者的关系不容我们忽视，两个工作是必须相互并进的。"④ 因此，在当时多数人看来，抗战与建国要同时并行，抗战是建国的手段，建国是抗战的目的。"抗战是为了扫除建国的障碍，建国是为的增强抗战的力量，二者相因以生，相需而成，片面的努力，是没法争

---

① 陶希圣：《抗战与建国》，《政论旬刊》第 1 卷第 16 期，1938 年 7 月 5 日。
② 尉素秋：《抗战与建国》，《抗战向导》第 10、11 期合刊，1938 年。
③ 余家菊：《国民参政会与中国政治的前途》，《国光》第 12 期，1938 年 7 月。
④ 郭力文：《抗战与建国》，《动员周刊》第 1 卷第 13 期，1938 年。

取到最后胜利的。"①

怎样才能通过抗战的手段达到建国之目的？人们从不同立场和角度，提出了抗战建国的具体设想。周宪文认为，建国之道多端，而以国防建设、政治建设和社会建设为要，而这三项建设都离不开工业化。他指出，"中国政治的建设目标，当然在民主政治"。而"近代民主政治的母亲，在机械工业"，如果机械工业不发达，或者说要在农业社会，"实行近代的民主政治，纵非缘木求鱼，其必事倍功半"，这也是近代的民主政治在中国迟迟不能实行的重要原因。所以，"我们要实行近代的民主政治，总非先使中国工业化不可。至于社会建设，也是如此"。"人们常怪中国人爱家的观念重过爱国，相信命运，相信风水，苟且偷安，不求进取，做事欠迅速，欠正确，少训练，少组织，其实这些都是农业社会的产物……我们现在要把这些坏东西铲除尽净，文字的宣传，尤其如新生活运动及精神总动员固然极其重要，如果不设法使中国走上工业化的道路，那么这些宣传与运动的效力也就可想而知了。"总之，"中国要求建国成功，只有赶紧工业化，中国工业化愈快，建国成功的时期也愈近"。②

陶希圣则把"现代民族国家的建设"，归之于"工业的发达"、"政治的统一"和"有民族独立自主的精神"。③ 张知本指出，抗战的目的是要建设一个"现代的国家"，而要建设一个"现代的国家"，不仅仅需要经济建设、实业建设、交通建设，更需要一种"法治精神"。经济建设、实业建设、交通建设"不过是一方面的，而不是多方面的，是属于部分的，而不是属于整个的"，只有"政治不仅管理国家的事务，而且要管理国家的秩序。管理国家秩序的工具是什么呢？不消说当然是法律"。作为"现代的国家"，主要

---

①　济孟：《抗战与建国》《服务（陕西）》第 32 期 1939 年。

②　周宪文：《中国抗战建国的一个基本问题》，《满地红》第 3 卷第 3 期，1941 年。

③　陶希圣：《抗战与建国》，《政论旬刊》第 1 卷第 16 期，1938 年 7 月 5 日。

是靠法律"来维系这个国家的组织，来制裁足以妨碍建国力量的人或事，并且由它来产生出一种精神，支配着人民对政府的信仰，因而服从政府。这种精神我们叫做法治精神"。[1] 这些讨论意见，对国民党政府推进展示"建国"工作有一定作用。

四　持久消耗的战略思想

九一八事变后，随着中日民族矛盾的日益尖锐与战争威胁的迫近，很多中国人在思考中日战争的形态及中国应对日本侵略的方略。最早提出中日必将全面开战并提出"持久战"思想者，是著名军事理论家蒋百里。蒋百里认为，日本是小国，但同时是富国强国，中日一旦交战，"彼利急，我利缓；彼利合，我利分；彼以攻，我以守；此自然之形势，而不可逆者也"。[2] 中国必须根据两国国情和特殊的地理形势，制定特殊的克敌制胜战略，预言中国的抗日战争必须是持久战："我侪对敌人制胜之唯一方法，即是事事与之相反。彼利速战，我恃之以久，使其疲弊；彼之武力中心，在第一线，我侪则置之第二线，使其一时有力无用处。"[3] 他还说："感谢我们的祖先，中国有地大、人众的两个优势条件，不打则已，打起来就得运用拖的哲学，拖到东西战争合流，我们转弱为强，把敌人拖垮而后已。"[4]

1932 年，蒋百里考察日本后更坚定地认为，日本将在三四年内发动全面侵华战争，战争对中国而言将是长期的。中国克敌制胜方针，是以持久战对付日本的速决战，利用大国优势、文化优势拖垮对方。他分析道："日本陆军的强，是世界少有的；海军的强，

---

① 张知本：《法治与抗战建国》，《新民族》第 2 卷第 8 期，1938 年。

② 蒋百里：《国防论》，武汉出版社 2011 年版，第 84 页。

③ 蒋百里：《国防论》，岳麓书社 2016 年版，第 112 页。

④ 曹聚仁：《蒋百里评传》，东方出版社 2010 年版，第 261 页。

也是世界少有的。但是两个强加在一起却等于弱；这可以说是不可知的公式，也可以说是性格的反映。"① 因此，蒋百里提出中国抗战之持久争胜论："不过我以为我们固然要求持久战，但其先决条件，便是要使军备增加运动性，因为我们要以持久为目的，须以速决为手段。欧洲的问题是久则不速，我们的问题是不速则不久。"② 蒋百里对中日战争走势的分析，成为抗战初期国民政府"以空间换时间""积小胜为大胜"战略思想之基础。

蒋介石对中日两国国力、军力进行了对比，看到了中国幅员广阔、人口众多的特点，故认识到中日战争将是持久战，中国需要进行长期抵抗："充实一切自卫力量，准备长期抵抗，以求最后之胜利。"③ 他在1933年4月12日的南昌军事整理会议上表示："现在对于日本只有一个法子——就是作长期不断的抵抗"；"长期的抗战越能持久越有利。若是能抵抗得三年、五年，我预料国际上总有新的发展，敌人自己国内也一定将有新的变化，这样我们的国家和民族才有死中求生的一线希望"。④ 蒋介石从"战略服从政略"原则出发，提出"战时以努力经营长江流域，掌握陇海铁路为第一要旨"的构想，后又提出"对日应以长江以南与平汉铁路以西地区为主要阵线，以洛阳、襄阳、荆州、宜昌、常德为最后阵线，而以四川、贵州、陕西三省为核心，甘肃、云南为后方"的国防战略。⑤ 1933年4月12日，在该日演讲中，蒋介石再次提出了长期抗战的设想："我们现在对于日本，只有一个法子，就是作长期不断的抵抗。他把我们第一线部队打败之后，我们再有第二、第三等线的部队去补充，把我们第一线阵地突破以后，我们还有第二、第

---

① 蒋百里：《日本论》，海南出版社1994年版，第1页。
② 蒋百里：《国防论》，岳麓书社2016年版，第157页。
③ 《总统蒋公大事长编初稿》，第441页。
④ 〔日〕古屋奎二：《蒋总统秘录》第9册，台北，中央日报社1977年版，第90页。
⑤ 张其昀：《中华民国史纲》第4册，台北，中华文化出版社1954年版，第134、211页。

三各线阵地来抵抗。这样一步复一步的兵力，一线复一线的阵地，不断地步步抵抗，时时不懈。"①

1934 年 7 月，蒋介石对庐山军官训练团所作的《抵御外侮与复兴民族》的讲演，比较完整地表述了"持久战"的思想。蒋介石认为，在未来对日战争中，中国要步步为营，争取时间，消耗敌人。他首先陈述了敌强我弱的严重形势，认为日本有"三天亡我中国"的可能；但中国通过长期抗战一定能够战胜日寇。他对中日双方的基本条件作了对比，指出中方在胜敌方面具备的有利条件："无论就历史之悠久，文化之高尚，民族之优秀，人口之众多，道德之完美，土地之广大，经济之丰富等来论，哪一项来比较，日本都绝对比不上我们。尤其是就国际的环境和外交的形势来讲，我们是公理正义之所归，日本乃疑忌怨恨之所集，只要我们能自强，天下都是我们的好友，不管日本武力如何强大，事实上它已处于孤立的地位。"因此，他断言："日本人如再要来侵占我们内蒙、华北，比东四省一定要难过无数倍。在这种长久的时间和复杂的情形之下，我们无论如何也可以有办法来抵抗收复我们的失地。这就时间上来说，实是日本人侵略我们中国的根本弱点，也就是我们抵御外侮，收复失地的一个据点。"②

1935 年秋，随着华北危机的加深，蒋介石及国民政府开始把对日抵抗准备提上日程，着手准备国防战略总体方针。蒋介石所拟定的对日指导方针为："一面呼吁和平，期求集体安全，一面整备国防，充实军备，至取最后胜利。"③ 他强调："对日本作战以求光复失地，为吾辈军人有生之年最神圣最重要之使命，但一旦开始作战，则非短时间所可能结果，必属长期之战争，故应先有充分之准

---

① 〔日〕古屋奎二：《蒋总统秘录》第 9 册，第 90 页。
② 《蒋委员长训词选辑》第 1 册，第 463 页。
③ 吴相湘：《中国对日总体战略及若干重要会战》，台北，商务印书馆 1978 年版，第 54 页。

备，在准备工作未完成前，唯有忍辱负重以待准备之逐步完成。"①蒋介石考察了四川、云南、贵州等西南诸省后，提出了以西南为抗战大后方，建立以四川为中心的抗日战略基地，以举行全国对日持久作战的设想，其抗日持久战思想更为明确。1935 年 10 月，蒋介石讲演说："今后的外患，一定日益严重，在大战爆发以前，华北一定多事，甚至要树立伪政权都不一定。但是我们可以自信：只要四川能够安定，长江果能统一，腹地能够建设起来，国家一定不会灭亡，而且一定可以复兴！"②

蒋介石的对日作战的军事设想，逐渐变为国民政府制定国防计划的指导方针。国民政府制定的 1936 年度作战计划中所规定的对日作战总方针为："为保全国土完整，维持民族生存起见，应拒止敌人于沿海岸及平津以东与张家口以北地区，不得已逐次占领预定阵地作韧强抗战，随时转移攻势，相机歼灭之。"③ 1936 年底，蒋介石命参谋部制定《民国廿六年度国防作战计划》，其甲案云："国军对恃强凌弱轻率暴进之敌军，应有坚决抵抗之意志，必胜之信念。虽守势作战，而随时应发挥攻击精神，挫败敌之企图，以达成国军之目的，于不得已，实行持久战，逐次消耗敌军战斗力，乘机转移攻势。"④ 至此，蒋介石及国民政府对日作战的持久消耗方针基本确定，但对为什么要持久、如何才能持久等问题尚缺乏明确的理论阐述。

陈诚、李宗仁、白崇禧等国民党军政要员对中日战争的长期性均有所认识，也逐渐形成了"持久抗日"的战略思路。1936 年 9 月 30 日，陈诚上书蒋介石建议："应即就国防之需要，将全国各省切实分区，兼程厘整，旦夕应变，即就地予以守土之责，实为无可再缓。"他要求"积极建设两湖，作为国防根据之中心"。他指出：

---

① 黄杰：《老兵忆往》，黎明文化事业出版公司 1988 年版，第 889 页。
② 《总统蒋公思想言论总集》卷 13，第 48 页。
③ 《民国廿五年度作战计划》，中国第二历史档案馆藏。
④ 《民国廿六年度作战计划》"甲案"，《民国档案》1987 年第 4 期。

"为今之计，应认定西南重心之所在，切实委任，严行督促，以期树立复兴民族坚固不拔之基础。"①

1936 年 10 月 29 日，陈诚奉蒋介石电令进驻洛阳，以策划抗日大计。据陈诚回忆："持久战、消耗战、以空间换取时间等基本决策，即均于此时策定。"针对日本"速战速决"的战略，陈诚决定以持久战、消耗战与全面战等基本制敌之策："至于如何制敌而不为敌所制问题，亦曾初步议及。即敌军入寇，利于由北向南打，而我方为保持西北、西南基地，利在上海作战，诱敌自东而西仰攻。关于战斗系列，应依战事发展不断调整部署，以期适合机宜；关于最后国防线，应北自秦岭经豫西、鄂西、湘西以达黔、滇，以为退无可退之界线，亦均于此时作大体之决定。总之，我们作战的最高原则，是要以牺牲争取空间，以空间争取时间，以时间争取最后胜利。"② 蒋介石在同年 10 月 29 日记载："以后政治重点：甲、先整理长江各省，确实掌握，而置北方于缓图，并加慰藉以安其心。乙、川湘孰先？若为现实与由近及远，应先整理湘省，然为根本解决计，则先整川省。"③ 可见，蒋介石接受了陈诚"兼程厘整"各省、"建设两湖"、"认定西南重心"等战略建议。

中国持久消耗战的依据，就是广大的国土和众多的人民。这是蒋介石与陈诚等人确立持久战思想的基本依据，也是他们随后反复强调的。陈诚指出："既使我们有广大的国土，又使我们有众多的人民，这两个条件偏偏适宜于作持久战的打算。我们能持久战，就是敌人速战速决计划的失败，此理至为明显。我们于持久战之外，再以消耗战、全面战相辅为用，更使敌人战线愈拉愈长，补给愈远愈困，泥足愈陷愈深，迫不得已乃又改采以战养战策略，以为'因粮于敌'之计。实则敌军至此已窘态毕露，进既不可，退亦不

---

① 《陈诚先生回忆录——北伐平乱》，台北，"国史馆" 2004 年版，第 355—356 页。

② 《陈诚先生回忆录——抗日战争》，第 23 页。

③ 《蒋介石日记》，1936 年 10 月 29 日，美国斯坦福大学胡佛研究所藏。

能，殆已真正陷于进退维谷之苦境。"①

与此同时，李宗仁在《民族复兴与焦土抗战》中，阐述了中国持久抗战思想。他指出，日本经济发达，有现代化优越的军备，而我国经济十分落后，生产幼稚，军备远不如日本。中日两方实力悬殊，一旦战争爆发，日本必定凭借其军事优势占领我沿海地区，封锁我海岸，我国将处于不利的地位。面对强大的敌人，中国只能采取持久抗战的战略。因为日本虽是强国，但又是小国，人少资源缺乏；中国虽是弱国，但是个大国，土地辽阔，人口众多。双方国情决定日本经不起长期战争，中国可以长期抗战。他说，"中日战争一经爆发，日本利在速战，而中国则以持久战困之；日本利在主力战，而中国则以游击战扰之；日本利在攻占沿海重要都市，而我则利在内陆坚壁清野之方面苦之"，"我若军民协力，凭险抵抗步步作战，则敌疲于奔命，无法速结战局，战局一延长，则日本内部及其在国际关系上的矛盾，将日益扩大，最后结果必陷于空前惨败而为拿破仑、威廉第二之续"。② 李宗仁的持久抗战思想，与蒋介石、陈诚等人的持久抗战思想非常相似，反映了国民党人在抗日战略上逐渐形成了共识。

全面抗战开始后，蒋介石及国民党的持久战思想进一步发展，逐步确立了"持久消耗"战略思想，并具体付诸实施。1937 年 8 月 7 日，国防会议决定"采取持久消耗战略"开展"全面抗战"。这次会议讨论了《国军作战指导计划》，制定了"抗战到底，全面抗战"方针，"采取持久消耗战略"，强调"以达成持久战"为作战指导之基本主旨，"一面消耗敌人，一面培养战力，侍机转移攻势，击破敌人，以达到最后胜利"。③ 这期间，国民党军政要人反复阐述"持久消耗战略"的道理，告诫部下："对日作战，不经十

① 《陈诚回忆录：抗日战争》，东方出版社 2009 年版，第 13 页。
② 李宗仁：《民族复兴与焦土抗战》，《正路》第 1 卷第 2 期，1937 年。
③ 第二历史档案馆编：《抗日战争正面战场》上，江苏古籍出版社 1987 年版，第 11 页。

年八年的艰苦，不会成功。"① 蒋介石亦强调："倭寇要求速战速决，我们就要持久战、消耗战。"②

1937 年 8 月 18 日，蒋介石发表《敌人战略政略的实况和我军抗战获胜的要道》，指出，对付日军速决的办法之一就是要持久战、消耗战。"因为倭寇所恃的，是他的强横的兵力，我们要以逸待劳，以拙制巧，以坚毅持久的抗战，来消灭他的力量；倭寇所有的，是他侵略的骄气，我们就要以实击虚，以静制动，抵死拼战，来挫折他的士气。"③ 持久消耗战的根据，就是民力充沛与地域广大，故"我们要利用民力与地物"。他说："这一次我们与倭寇作战，敌人深入我们国境，凡战场上的地物与人民，都是我们所固有的，我们就要充分利用。对于人民，要普遍宣传训练，严密组织起来；对于地物，就要调查统计，时刻安排利用。要知道敌人到我们国里作战，不仅地形不熟，行动滞钝，而且一入冀南或其他战地，立即陷于四面皆敌之境，真有草木皆兵之惧！只要我们能充分利用民力与地物，发扬自动作战的精神，坚守阵地，乘虚出击，处处设阱设防，人人杀敌抗战，无论倭寇如何厉害，一定迅速为我消灭！这是我们抗倭胜利最根本最重要的一个秘诀。"④ 蒋介石在《告抗战全体将士书》中公开宣告了对日持久战思想，"倭寇要速战速决，我们就要求持久消耗战"。⑤

8 月 20 日，蒋介石以大本营大元帅名义颁发《国军作战指导计划》，规定"国军部队之运用，以达成持久战为作战之基本主旨。各战区应本此主旨，酌定攻守计划，以完成其任务"。⑥ 大本

① 《刘汝明回忆录》，台北，传记文学出版社 1979 年版，第 126 页。

② 《先总统蒋公全集》第 1 册，第 1073 页。

③ 《总统蒋公思想言论总集》卷 14，台北，中国国民党中央委员会党史委员会 1984 年编印本，第 608 页。

④ 陈益民：《七七事变真相》，江苏人民出版社 2017 年版，第 130 页。

⑤ 《总统蒋公思想言论总集》卷 30，台北，中国国民党中央委员会党史委员会 1984 年编印本，第 233 页。

⑥ 第二历史档案馆编：《抗日战争正面战场》上，第 3 页。

营同日发布第一号至第四号训令，其第一号训令称，"大本营对于作战指导，以达成持久战为基本主旨"；第二号训令称，"国军部队之运用，以达成持久战为作战之基本主旨"。① 11 月 19 日，蒋介石在南京最高国防会议上，进一步阐述了其持久消耗战略，"我一时一地之得失，无害于根本大计，唯一方针就是持久"，并言中国决不做阿比西尼亚，"中国在地理上与军事上与阿国不同，我国不仅幅员辽阔，而有极坚强的抗敌意识，故日本绝不能亡我"。

南京失守后，蒋介石连续召开军事会议，检讨前期抗战的得失，确定今后作战方针，并对"持久消耗"战略作出具体解释："我们这次抗战是以广大的土地来和敌人决胜负，是一种夺得人口来和敌人决生死。"还说："我们就是要以长久的时间来固守广大的空间，要以广大的空间来延长抗战的时间，来消耗敌人实力，争取最后的胜利。"②《军事委员会第三期作战计划》规定，在持久抗战的总原则下，"以面的抵抗对敌之点或线的夺取，使不能达速战速决之目的，而消耗疲惫之"，"该计划提出我军战法，除硬性之外，参以柔性"。所谓"硬性"战法，指在交通要线上，纵深配置有力部队正面阻止敌军进攻；所谓"柔性"战法，指训练民众，联合军队进行游击战，牵制、扰乱、破坏敌军后方。

武汉会战前后，蒋介石意识到注意保存有生兵力以坚持长期抗战的重要性。蒋介石批准的《武汉会战作战方针及指导要领》以及《武汉会战作战计划》规定："以自力更生持久战为目的，消耗敌之兵源及物质，使敌陷于困境，促其崩溃而指导作战。"③ 1938年 2 月 7 日，他在武汉高级干部会议上说，"本来战争的胜负就是定于空间与时间"；"我们这次抗战，是以广大的土地和敌人决胜负"；"我们有了敌人一时无法全部占领的广大土地，就此空间的

---

① 第二历史档案馆编：《抗日战争正面战场》上，第 1 页。

② 《先总统蒋公全集》第 1 册，第 1131 页。

③ 第二历史档案馆编：《抗日战争正面战场》上，第 657 页。

条件，已足以制胜侵略的敌人"。他还说："我们就是要以长久的时间，来固守广大的空间，要以广大的空间，来延长抗战的时间，来消耗敌人的实力，争取最后的胜利。"①

1938 年 2 月 14 日，蒋介石在《抗战必胜的条件与要素》演讲中，重点阐述了中国抗战获得最后胜利的两项主要理由——广大土地与众多人民。他说："这个广大的土地和众多的人民两个条件，就是我们现在抗战必胜的最大武器！"强调这次抗战"是以广大的土地，来和敌人决胜负；是以众多的人口，来和敌人决生死"。② 1938 年 3 月，蒋介石在国民党临时全国代表大会上再次阐述了"持久抗战"的战略思想，"运用广大国土，众多人口，坚持持久抗战，以创造有利之机势，而谋取最后胜利"。③ 他强调："对于日本只有一个法子——就是作长期不断的抵抗，日本把我们第一线部队打败之后，我们再有第二、第三等线的部队去补充；把我们第一线阵地突破之后，我们再有第二、第三各线阵地来抵抗，这样一步复一步的兵力，一线复一线的阵地，不断的步步抵抗，时时不懈"，他还认为："这样的长期的抗战，越能持久，越是有利。"④ 5 月初，蒋介石在其手谕中指出："长期抗战，端在消耗敌人力量，以争取最后胜利，勿因一城一市之得失，而影响持久抗战之心理。"⑤ 7 月 26 日的日记记载："对防守武汉不作无谓之牺牲，应保持相当兵力，一为待机应用，作最后胜利之基础。"9 月 29 日的日记记载："武汉之得失乃为次要问题，而保持战斗力更为重要也。"10 月 22 日的日记云："此时武汉地位已失重要性。如勉强保持，则最后必失，不如决心自动放弃，保存若干力量以为持久抗战与最

① 《先总统蒋公全集》第 1 册，第 1131—1132 页。

② 《总统蒋公思想言论总集》卷 15，第 119 页。

③ 蒋介石：《国民党临时全国代表大会演词》，《新华日报》1938 年 4 月 3 日。

④ 《蒋总统秘录》第 9 册，台北，中央时报 1977 年版，第 90 页。

⑤ 韩信夫、姜克夫主编：《中华民国大事记》第 4 册，中国文史出版社 1997 年版，第 285 页。

后胜利之基础。"可见，蒋介石已经认识到，持久抗战固然要消耗敌人，但最重要的是保存再战的兵力。正因如此，他在纪念"八一三"抗战的讲话中将"持久战"思想作了高度概括："我们的战略，是以持久抗战，消耗敌人的力量，争取最后决战的胜利。"

1938年10月31日，蒋介石发表《为国军退出武汉告全国国民书》，对抗战时期"持久消耗"战略思想作了详细回顾和系统阐述。他说："愿吾同胞深切记取我抗战开始时早已决定之一贯的方针，从而益坚其自信。所谓一贯之方针者，一曰持久抗战，二曰全面战争，三曰争取主动。以上三义者，实为我克敌制胜之必要的因素，而实决定于抗战发动之初。"蒋介石后来回顾其"全面战"思想说："夫唯我国在抗战之始，即决定持久抗战，故一时之进退变化，绝不能动摇我抗战之决心。唯其为全面战争，故战区之扩大，早为我国人所预料，任何城市之得失，绝不能影响于抗战之全局；亦正唯我之抗战为全面长期之战争，故必须力取主动而避免被动。敌我之利害与短长，正相悬殊；我唯能处处立主动地位，然后可以打击其速决之企图，消灭其宰割之妄念。以我土地之广，人民之众，物产之丰，战区面积愈大，我主动之地位愈坚，必使敌人之进退动止，依于我之战略而陷于被动地位，而我之攻守取舍，则绝不受制于敌。"[1] 1938年11月，蒋介石在南岳军事会议上进一步阐明了持久战思想，首次提出了抗日持久战的两个战略阶段及其战略任务。他说："第一期的任务，在于尽量消耗敌人的力量，掩护我们后方的准备工作，确立长期抗战的基础，完成我们第二期抗战战略与策略上的一切布置。第二期的任务，就是要承接前期奋斗的成绩，实现我们第一期中所布置的一切计划，发挥我们抗战的力量，以达到抗战胜利与建国成功之目的。"这就使持久战思想更具全面性和整体性。南岳军事会议关于持久战思想及其两个战略阶段的构想，标志着国民政府对日持久战思想的成熟。

---

[1] 《总统蒋公思想言论总集》卷30，第301—306页。

　　"持久消耗战"是国民党指导抗日战争的基本战略原则，其具体内容为："针对敌人企图使战争局部化的阴谋，应尽量使战争全面化，针对敌人速战速决的战略方针，应利用我地大物博人口众多的有利条件，实行持久消耗战略。"为将抗日战争进行到底，"在正面上要避开大兵团作战，始终采取消耗作战，以期使各部门继续充实准备"。在具体应用上应包括七个方面要领："（1）利用地形、坚壁清野；（2）利用时间，旷日持久；（3）利用守势和退避战术，以逸待劳；（4）利用离散及退避作战，以弱胜强；（5）利用他国干涉牵制，以夷制夷；（6）以国力战争为主；（7）努力扩大思想、政治、经济的战线。"国民党"持久消耗"战的口号是"以空间换时间"。1938年2月，蒋介石对此阐述说："本来战争的胜败就是决定于空间和时间，我们有了敌人一时无法占领的广大土地，就此空间的条件，已足以制胜侵略的敌人……我们现在与敌人打仗，就要争时间，我们就要以长久的时间来固守广大的空间，要以广大的空间来延长抗战的时间，来消耗敌人实力，争取最后胜利。"① 这是国民政府在军事上"以空间换时间"的"持久消耗战略"的基本说明。在战略防御阶段"以空间换时间"实现持久消耗战战略方针的运用，对保存军事实力、延长战争时间、分散消耗敌人兵力有着积极意义。

　　国民党许多军政要员都对"持久消耗战"思想有所阐述和发挥。1938年6月1日，邹鲁阐述了长期抗战、胜利属于中国的原因："是在我们具备地大、物博、人众三个优势的条件；而敌人恰恰相反。因为地大，一城一地的得失，对于我们并没有严重的影响，但敌人愈深入，重兵器愈无法运用，将使他们深陷泥淖，不能自拔。因为物博，我们可以采取长期抗战的策略，来消耗敌人。敌人的经济非常脆弱，非速战速决，不能撑持。因为人众，无论如何我们不会感觉到人力的缺乏。只以小小的广西一省而言，

---

　　① 《总统蒋公思想言论总集》卷15，第122—123页。

就已经有二百万壮丁参加抗战，其他更不必说，足见我国人力的丰富。敌国只有几千万人口，将来战区愈广，战线愈长，人力的分配和补充，难免不敷，这就是等于实力的削弱。由于这种比较，只要我们善于利用这些天赋的优势，最后胜利无疑地是属于我们的。"① 陈诚认为阐述"持久消耗战略"说："我国因军事落后，且未有充分作战准备，不宜实施迅速决战之战略。但我国国土广大，人口众多，经济资源散在各地，具有长期作战之条件。故我国对倭作战之最高指导方针，不能不根据此项优劣相反之客观条件，实施持久消耗战略。"他进而解释说：敌挟其优势军备，图以"速战速决"之战略，行连续不断之攻击，以歼灭我野战军，夺取战略要地，迫我屈服，我在持久战方针指导下，必须阻止敌人攻势，消耗敌力，且保持我主力，故对敌之大攻势，仅能作战略上的守势与战术上的攻势，以消耗打击敌之战力，而求以空间换时间。②

　　陈诚提出中国的应战对策是要打破日本"速战速决"的企图，实行持久战，把日本拖入长达数年的战争中，使其不得不分散兵力于中国各处，陷于中国广袤的国土内。一方面要求最大限度地消耗敌人，另一方面主张加紧中国国力的建设。在 1937 年 8 月 7 日的南京国民政府国防会议上，陈诚向蒋介石建议："（一）职以为只有抱积极战之目的，全面战之方针，始可得万一之和平，与一部之胜利，否则无法言战，更无法言和。（二）职以为我军主力在华北应采取歼灭战，在大牺牲之下，能消灭敌二三师，即足寒敌胆、振民气；而最大把握，仍在发动全面战，主动地肃清腹地如长江一带敌人，减少我处处设防牵制兵力之顾虑。（三）利用大规模战争，调遣各省区部队，因而可减去割据之成分。（四）此次国际战争，时间空间，均难预定。必须健全机构，慎重人选，一洗过去因应人事叠床架屋之弊。"③ 11 月

---

① 邹容：《邹容回忆录》，东方出版社 2010 年版，第 348 页。

② 陈诚：《八年抗战经过概要》，国防部史政局 1946 年版，第 7—8 页。

③ 陈诚：《陈诚先生书信集：与蒋中正先生往来函电》上，台北"国史馆"2007 年版，第 288 页。

29 日，陈诚致电蒋介石说："对倭作战，贵在持久，而持久之原则，在以空间换取时间，对于一时之胜负与一地之得失，似不必过于忧虑。现在首都卫戍既然有专人负责，请公迅赴湘赣，统筹部署，以制敌机先，实无滞留危城之必要也。"① 陈诚向蒋介石进言，要他改变战略采取"以空间换取时间"的策略。

国民党不仅阐述了抗战时期必须坚持"持久消耗战"，而且在抗战实践中逐步形成了共识，将持久消耗视为克敌制胜的"唯一要诀"。所谓"持久消耗"，就是"利用我优势之人力与广大国土"，"一面消耗敌人，一面培养国力，俟机转移攻势，争取最后胜利"。国民党的这种主张是针对日本"速战速决"战略提出来的。何应钦明确说："敌之最高战略为速战速决，而我之最高战略，为持久消耗。"② 国民党认为，由于日本是个军事强国，且早存灭亡中国之心，在侵华战争之前进行了长期而充分的准备。而中国是个弱国，贫穷、落后，且军事力量极端薄弱："不仅物质上的较外人为落后，即是外人的言行，都是有纪律的，懂规矩，没有随随便便的，所以我们的精神上、态度上已经不如人家了。"③ 但是，"我之国力，天赋独厚，土地之广，物质之富，人口之繁，举世界无比伦"。除此之外，中国"更有悠久特异的历史与文化"。其经济力量尽管甚弱，但因为是农业国家，"富有强韧的持久力，不比工业国家容易受到战争影响"。④ 相比之下，"日本天赋甚薄，不但其土地人口物质极有限量，且无悠久独立之历史文化足以遂其野心"。⑤ 敌我两方面力量及形势的对比，决定了中国不能立即战胜

---

① 秦孝仪总编纂，陈敬之、吴伯卿编纂：《总统蒋公大事长编初稿》，1978 年版，第 1194 页。

② 何应钦：《日军侵华八年抗战史》，黎明文化事业公司 1983 年版，第 13 页。

③ 《抗战爆发后南京国民政府国防联席会议记录》，《民国档案》1996 年第 1 期。

④ 蒋介石：《开幕词》，荣孟源主编：《中国国民党历次代表大会及中央全会资料》下，光明日报出版社 1985 年版，第 537 页。

⑤ 何应钦：《对临时全国代表大会军事报告》，《何上将抗战期间军事报告》，第 104—105 页。

日本，而必须通过长时间的艰苦奋斗。既然敌我双方力量的对比决定了持久消耗为中国的战略方针，那么为了取得这场战争的胜利，必须"拿我们劣势的军备，一面逐次消耗优势的敌人，一面根据抗战的经验，来培养我们自己的力量"。要做到这点，就须不计较一城一地之得失，利用中国天然的有利地形与敌周旋，以"空间换时间"，以"时间换空间"。

　　国民党之所以有如此主张，是与他们对抗战的认识分不开的。蒋介石在分析抗战必胜的条件和要素时指出："我们这次抗战，是以广大的土地来和敌人决胜负，是以众多的人口，来和敌人决生死。未来战争的成败，就是决定于空间和时间。"① 所以"我们现在要与敌人打仗，就是争时间，我们就是要以长久的时间来固守广大的空间，要以广大的空间来延长抗战的时间"。② 中国军队退出南京时，蒋介石发表告国民书称："中国持久抗战，其最后决胜之中心，不但不在南京，抑且不在各大都市，而实寄于全国之乡村。"③ "我国抗战根据地本不在沿江沿海浅狭交通之地带，乃在广大深长之内地，而西部诸省尤为我抗战之策源地"，故"唯西北西南交通经济建设之发展；始为长期抗战与建国工作坚实之基础；亦唯西南西北国际通路开辟完竣，而后我抗战实力及经济建设所需之物资始得充实，而供给不虞其缺乏"。④ 正是基于上述认识，国民党提出了"现在战局的关键，不在一城一地之能否拒守，最要紧的是，一方面选择有利地区，以击破敌人主力；一方面在其他地区以及敌军后方，尽量消耗敌人的力量"，"长期抗战，此为最大要策"。⑤ 同时要"扩大面的占领，争取沦陷区民众，使敌局促于点线之占领"，"实行坚壁清野，使敌人无法利用我们的人力和物资，

---

① 《先总统蒋公全集》第 1 册，第 1172 页。
② 《先总统蒋公全集》第 1 册，第 1130—1134 页。
③ 《先总统蒋公全集》第 3 册，第 3161 页。
④ 《中国现代史资料选辑》第 5 册上，第 489 页。
⑤ 《先总统蒋公全集》第 3 册，第 3852 页。

并发动敌后区域游击战，破坏敌人后方交通，使敌人疲于奔命，顾此失彼，陷入泥沼之中"。① 而中国的持久消耗必将成为"抗敌胜利的唯一要诀"。②

1938 年初，国民党在武汉召开军事会议，检讨各战场作战得失。白崇禧认为，中日力量对比悬殊，我军如继续按原战略方针与敌硬拼，势恐难以持久，建议制定新的战略和作战计划，并提出"积小胜为大胜，以空间换时间"作为新的战略方针。白崇禧的建议得到蒋介石的赞同并通令各战区执行，白崇禧对这个战略方针作过多次解释。所谓"积小胜为大胜"，就是以小战形式袭击敌军。今天杀死敌人一百，明天杀死敌人几十，数目很小，只能说是小小的胜利，但把各处的小胜集合起来，就足以称为大胜利了。以小胜逐渐消耗敌人的有生力量，就能渐次改变敌我力量的对比，最后打败敌人。所谓"以空间换时间"，就是运用"全面战术"，不守一点一线，不计一城一地之得失，在广大地区同敌人周旋，以广泛之空间换取整备战力之时间，以达到消耗敌力获得最后决胜之目的。③ 白崇禧认为，日本兵备强，但国小资源不足，经不起长期战争，中国是弱国，但土广民众，资源充足，能够长期战争。在强敌进攻面前，应暂时放弃一些地方。但随着敌人深入内地，可以在辽阔的国土上运用灵活机动的作战方法，逐次抵抗，分散日军兵力，赢得时间，长期抗战。国民党强调不要在不利情况下与敌争一城一地之得失，要"以空间换时间"。徐州是为避免和敌人过早进行战略决战而主动放弃的典型例子，武汉等地也是在这个政策指导下主动放弃的。

"积小胜为大胜，以空间换时间"，是白崇禧总结国民党实施"持久消耗战"方针的经验教训而提炼出来的，它使抗日军事战略

---

①　《李宗仁回忆录》，南粤出版社 1986 年版，第 446 页。

②　《先总统蒋公全集》第 1 册，第 1074 页。

③　《白崇禧将军最近言论集》，第 12 页。

指导思想更为具体化。台儿庄战役结束后，白崇禧与李宗仁联名致电蒋介石，建议"第二期抗战之方针应避免阵地战，以运动战消耗敌之兵力"，而收"集小胜为大胜之功，拟在包围阵线上仅配置少数监视兵，将主力分别集结于机动之位置，一面破坏敌后方交通，一面以小部先游击，诱敌人于阵地外求决战，无论敌由何方增援，均可应付裕如"。①

1938 年初，白崇禧在武汉军事会议上，不仅提出"积小胜为大胜，以空间换时间"战略，而且建议国民党军队要开展"游击战"。在他看来，以中国劣势装备对优势装备之敌，单纯正规战难于取胜，应"以游击战配合正规战"，在敌后开展游击战，扩大面的占领，争取沦陷区民众，扰袭敌人，使敌局促于点线之占领，配合正面战场主力部队作战，以收"积小胜为大胜，以空间换时间"之效。② 白崇禧认真研究游击战理论，阐明游击战在抗战中的重要作用："它机动灵活，在空间不分东西南北前后左右，作战行动俱无一定的规律，以神出鬼没的姿态出现于敌人之四周，待机歼敌。这是在敌我力量的对比悬殊的情况下，为长期抗战，消耗敌力，争取主动地位富有'弹性之战法'。"③ 对此，白崇禧晚年回忆说：1938 年国府迁都武汉，曾召开军事会议，我曾于大会中提议，应采取游击战与正规战配合，加强敌后游击，扩大面的占领，争取沦陷区民众，扰袭敌人，使敌局促于点线之占领。同时，打击伪组织，由军事战发展为政治战、经济战，再逐渐变为全面战、总体战，以收"积小胜为大胜，以空间换时间"之效。当时，幸蒙委员长接纳，通令各战区加强游击战。④

国民党"持久消耗"的战略方针，与中共所制定的"持久战"

---

① 《台儿庄战役期间李宗仁密电选》，《历史档案》1984 年第 3 期。

② 《白崇禧回忆录》，解放军出版社 1987 年版，第 302 页。

③ 白崇禧：《抗战中敌我战法的演变》，中央训练团 1942 年编印，第 20 页。

④ 《白崇禧先生访问记录》，台北，"中央研究院"近代史研究所 1984 年版，第352 页。

战略方针尽管在关于战争进程的具体分析、关于如何转变敌我形势、关于如何采取切实措施以动员全国一切力量投入抗战等问题上有较大差别，但就其基本方面而言，两者有很多相似之处。如国民党强调不要在不利情况下与敌争一城一地之得失，要"以空间换时间"，中共也认为在无可避免的情况下，要"勇敢地退却"，执行"以土地换时间的正确的政策"①；国民党强调"积小胜为大胜"，中共也认为"集合许多小胜化为大胜，则是正规战游击战所共同的"；国民党强调"消耗敌人"的重要性，中共也认为"抗日战争是消耗战"。②

　　蒋介石及国民党认识到中日战争是持久消耗战，最后胜利是中国的，把中国地广民众和敌小我大作为中国抗战持久必胜之主要依据。蒋介石反复强调，"我们这次抗战是以广大的土地来和敌人决生死"，"我们就是要以长久的时间来固守广大的空间，要以广大的空间来延长抗战的时间，来消耗敌人实力，争取最后的胜利"。③

　　蒋介石及国民党对战争分期的认识，是逐步发展变化的。全面抗战爆发后的国防会议，仅强调第一期为守势作战时期，直到1938年11月召开的南岳军事会议，国民党才对此问题有了统一认识，确定了第二期抗战之战略方针。首先，蒋介石明确抗战阶段的划分：从卢沟桥事变到武汉撤军是抗战第一期，从今以后的战争是第二期，从而统一了以往国民党军对战争阶段划分不一致的说法。其次，蒋介石提出两期战略的区别：第一期为诱敌深入，消耗敌人，可以说是纯粹军事的行动；第二期则转败为胜、转守为攻，政治与军事同时进行。最后，蒋介石提出了"转败为胜"的18项信条，诸如"政治重于军事""民众重于士兵""精神重于物质""宣传重于作战""训练重于作战""游击战重于正规战"等。

①　《毛泽东选集》第2卷，第498页。
②　《毛泽东选集》第2卷，第410页。
③　《先总统蒋公全集》第1册，第1131页。

国民党在确定"持久消耗"战略方针之时，还提出了"全面抗战"思想。国民党人所谓"全面抗战"，与中共强调的"全面抗战"在内涵上是不同的。国民党所谓"全面抗战"，一方面指"动员全国的力量，使之配合于抗战旗帜之下"，[①] 另一方面指在广大的地域中进行抗战。实际上更注重空间上的全国地域的抗战，而不是中共强调的全民众总动员的非单纯政府和军队的抗战。

当时许多国民党人认识到，中日战争是日本"逐渐削弱中国乃至于灭亡中国以求实现其独占东亚"的大陆政策的反映。为了达到这个目的，日本以"鲸吞"手段来对付中国。基于上述认识，国民党感到，在此危急存亡之秋，"万事莫急于加强团结，巩固统一"，"当使全国国民彻底更始，力图团结，以共保国家之生命与生存"[②]，实行"地无分南北，年无分老幼，无论何人，皆有守土抗战之责任"的全国性抗战。同时，"现在战争，是全体性的战争，是一个国家的人力、物力、思想力的总和的战争"[③]，战争的最后胜负，"取决于整个国力的盈虚"，"不仅取决于兵力，尤取决于民力"。这就更要求全民族要团结奋斗，"从最恶劣的局面做打算，尽到我们这一代的责任"。总而言之，"此次抗战，为国家民族存亡所系，人人皆当献其生命，以争取国家民族之生命"。蒋介石指出，全面战争实为克敌制胜之必要因素，它"决定于抗战发动之初"，是"早已决定之一贯的方针"。居正认为："现在战争，是全体性的战争，是一个国家的人力、物力、思想力的总和的战争。这种战争的最后胜负，并不表现在疆场上一时之优劣，而取决于整个国力的盈虚。"他指出："长期抗战在争取最后的胜利，全面抗战是动员全国的力量，使之配合于抗战旗帜之下。"[④] 故全面抗战与长期抗战一样，是中国应该采取的军事战略。

---

① 《居正文集》下册，第 647 页。
② 《先总统蒋公全集》第 3 册，第 3850 页。
③ 《居正文集》下册，第 97—654 页。
④ 《居正文集》下册，第 647 页。

为了实现全面抗战，国民党提出了"军事第一胜利第一"和"国家至上民族至上"的口号，并将其作为全面抗战之基本原则加以强调。在国民党看来，必须"依照军事第一的原则，把所有的国力集中于抗战的上面"。所谓"军事第一"，指"为达成军事之利益，为增进军事之利益，国家民族得要求国民为一切之牺牲，而为国民者，自亦必自动踊跃而贡献一切之所有"。因"军事第一"之唯一目的在求得胜利，故必然要求"胜利第一"。① 同时，必须依照"国家至上民族至上"的原则，抱定"国家民族之利益应高于一切"的信念，在国家民族之前"牺牲一切私见，私心，私利，私益，乃至于牺牲个人之自由与生命"，"为国家尽忠，为民族祖先尽孝"。② 当然，为了实现全面抗战的胜利，必须进而强调"意志集中力量集中"，将全国抗战力量集中于"本党及蒋委员长领导之下，集中全力，奋励迈进"。③

全面抗战爆发后，李宗仁不赞成"持久消耗战略"，同敌人拼消耗，认为在强敌大规模攻势下，军备较弱的中国暂时受到挫折和丢失部分土地是难免的；中国对付强敌的唯一办法是持久抗战，"攻击敌人先天不足不能长期战争的弱点"，经过长期作战消灭其有生力量，"待敌人实力消耗垂尽时，我们然后用全力反攻，便可一举把敌人扫荡"。④ 李宗仁的持久战略思想，不仅从日本国小人少、资源缺乏等弱点和中国地广民众等优点立论，而且从中日双方战争性质，即日本非正义性、中国正义性之高度论证，这显然是比蒋介石、陈诚等人持久战思想更加深刻。他指出，日本的野心不只是想征服中国，而且要消灭整个中华民族，"不仅要取得对中国的统治政权，他还要摧毁我们的文化，剥夺我们的生存权"，故日本

---

① 《中国现代史资料选辑》第 5 册（下），第 116 页。

② 《先总统蒋公全集》第 3 册，第 3192 页。

③ 荣孟源主编：《中国国民党历次代表大会及中央全会资料》下，光明日报出版社 1985 年版，第 485 页。

④ 《李德邻先生言论集》，广西建设研究会 1941 年编印，第 23 页。

侵华战争是"违反正义破坏和平的暴行"。① 日本侵华战争之非正义性，决定了其战争不能长期进行下去。中国抗战是"站在人类求生存"目标之下反抗民族压迫，争取民族解放的正义的自卫战争。全民族的团结对敌，是中国抗战正义性、进步性的集中体现。抗战以来"地无分南北，人无分老幼，更无分党派系别"，无不在抗日旗帜下"从事抗战建国之艰巨事业"，是中国处在进步时代救亡图存伟业造就的。他坚信，处在这样伟大时代从事进步事业的中华民族，决不是日本帝国主义能够用武力所能征服的。②

李宗仁的"全面抗战"思想，与蒋介石强调者有所不同，与中共动员民众的全面抗战主张则有相似相通之处。他认为，中国单靠军队是不能同敌人打持久战的，必须实行"全面抗战"战略，即全国总动员，以全民族的力量"对日展开全线的自卫战争"。全国要进行军事、政治、经济、文化的总动员，"以配备持久战的各种条件，以帮助军事胜利的发展"。③ 只有全国的总动员，形成"整个民族解放战争"，弥补我国军事上的劣势，才能持久地抗战。李宗仁要求各党各派在三民主义准则下精诚团结，意志统一，努力实践抗战建国。认为"国共问题是我们内部的政治问题"，目前"中国最需要的是举国一致，共御外侮"。他对某些人非议国民党联共抗日政策进行批评，指出国共两党团结有利于全国统一和抗战，对中共及其武装"不可随便攻击，免得引起无谓的磨擦，给抗战以不利的影响"。④

李宗仁在强调军事政治的同时，看到了文化动员及文化工作的重要性。他指出，"文化是国家精神的防线，也是最难攻克的防线"，文化工作既可以增强国人对民族抗战的认识，坚定全国军民的抗日信心，还可以打击汉奸的"和平谬论"，揭发敌伪的欺骗与

---

① 《李德邻先生言论集》，第 66 页。
② 《李德邻先生言论集》，第 13 页。
③ 《李德邻先生言论集》，第 15 页。
④ 《李德邻先生言论集》，第 122 页。

"麻醉阴谋"，粉碎敌伪的奴化文化，进而可以建设国防文化，提高民族文化生活。① 因此，抗战文化是抗战建国的重要组成部分，必须在文化界进行广泛动员，团结一切所有愿意抗日的文化人士，组成抗战文化统一战线，开展战时文化工作，使文化动员与"政治、军事、经济配合并进"。

李宗仁阐述了动员民众实现军民合作抗敌的思想。他认为，只有将全国民众都动员起来参加抗日，抗战才是真正的"全面抗战"，才是"整个民族的解放战争"；"抗战之能否获得最后胜利，被决定于是否取得广大民众之合作"，"吾人今后之努力，以取得人民合作为其最主要之目标"。② 他认为，政府应做的工作很多，当务之急应实行下列诸项。第一，"广开言路"，使民众有贡献意见的自由和参与政治之权利。"先使人民有参与政治之权利，而后使其履行政治上之义务"，政府如能"广采公论"，以为兴革之依据，人民就会心悦诚服，就能自觉地竭力拥护政府。第二，"精诚团结"，"政府文武同仁必须排除成见，公忠体国，内部之团结则雍睦相处，对付敌伪则尽能以赴，然后可使民众对于政府发生希望而坚定其信赖，因而乐于出力相助"。第三，澄清吏治，严惩贪赃枉法，杜绝营私舞弊，取信于民。③ 在他看来，政府首先实施取信于民的政策，这对取得民众拥护和合作至关重要。

白崇禧提出的"全国总动员"并主张"全面抗战"，与李宗仁的抗战思想颇为相似。全面抗战爆发后，白崇禧对抗日战略问题进行了深入思考。他认为，战争的胜败不单决定于军事力量，而是决定于整个国力。战争的形态不仅是军事的较量，也是政治、经济、文化的较量。尤其是这次中国抗战，敌人是强国，我们是弱国，单靠军事力量是不够的，必须发动全国的政治、经济、文化等所有的

---

① 《李德邻先生言论集》，第 221—222 页。
② 《李德邻先生言论集》，第 206 页。
③ 《李德邻先生言论集》，第 207—208 页。

一切力量，配合军事力量，才有胜利的希望。因此，对日抗战应进行"全国总动员"。①

怎样进行"全国总动员"，实现"全面抗战"？白崇禧指出，政治上，最重要的是要进行改革；军事上，要把全国的所有武装力量，包括中央的和各省的军队，都动员起来，开往前线对日作战；经济上，要把国民经济"由平时状态变为战时状态"，开放工商政策，鼓励民众努力生产，发展社会经济，以保障前方物资的需要；文化上，要努力宣传抗日，提高全民的民族意识，激发民众的抗战热情，使有钱者出钱，有力者出力，共同把一切贡献到抗战上去。总之，要通过全面动员，使全国农工商学兵一体配合，共同致力于抗日，使"每个行业都成为战争的有力工具，每个同胞都成为勇敢的战士"，形成全民族的抗战。

白崇禧同样重视发动民众工作，认为"全国总动员"的关键是民众的动员。"民众是抗战的源泉，是抗战的基本力量"。他总结抗战初期的军事得失后指出：抗战一年来只是单纯地军事动员，政治并未动员，只是军队抗战，民众并未抗战。最大弱点是"未能广大动员民众和未能进行政治抗战"。故积极呼吁：今后抗战首先必须以最大的努力唤醒民众，组织民众，实行由军事抗战到政治抗战，由军队动员到民众动员，使民众充分帮助政府和军队。

由此可见，国民党的"全面抗战"，实质上是"全国性"抗战。这种"全国性"抗战主要是地域的扩大，而不是全国民众参与的"全民族"抗战，这是与中共所谓全面抗战之根本区别。因此，国民党尽管在政治、经济等方面采取了有利于全国抗战的措施，如承认各党派的合法存在、制定《战时土地政策草案》等，但"民众依然没有取得参加抗战的各种自由"，"以致蕴藏在群众中的极丰富的战斗力量依然没有大大的发挥出来"。这种情况的存在，使得国民党所谓的全面抗战"始终停止在单纯军事防御的阶

① 《白主任最近言论集》，广西地方建设干部学校 1939 年编印，第 25 页。

段，而并未能掀起全面的全民族的抗战"①，成为实际上的"片面抗战"，即依靠政府和军队的抗战。同时，国民党在为"全面抗战"所设想的许多措施中，多数没有落实到具体行动上。实际上，真正的全面抗战，"不仅在地域上要全国一致地抗战，而且要在社会活动上各方面一致地抗战。这就是说，我们的抗战，不能单限于军事方面。必须扩张到政治、经济、教育、宣传各方面去"②。而国民党并没有这样做，而恰恰是中共在敌后战场将全面抗战之主张予以实施。

五　战时外交方针及国际政略

1937 年 7 月全面抗战爆发后，蒋介石及国民党政府清醒地认识到，中国必须借助国际力量才能取得对日作战胜利。国民党在强调抗战以争取民族独立之同时，特别注意联合世界上以平等待我之民族共同奋斗，将中华民族之命运与世界局势的发展紧密相连，将中国抗战与维护世界和平之大局紧密相连，将中国视为维护世界和平及反法西斯战争之重要力量和组成部分，展示了开放的国际视野和广阔的世界眼光。

全面抗战爆发后，尽管中日两国进入全面战争状态，但两国仍未宣战。两国之所以皆回避宣战行为，实各自有所盘算，立基于不同的国际处境。按国际法的规范，宣战意味着将两国的军事冲突提升到法律层次的宣告行为；国际社会在获知宣告讯息后，则有严守中立的义务。对处于弱势的中国而言，所谓宣战不啻是断绝争取外援的机会。中日交战本属日本以强凌弱的侵略战争，中国之应战只是求取自卫。故国民政府在 1937 年 8 月 14 日发表自卫抗战声明，

① 《中国现代史资料选辑》第 5 册上，第 207 页。
② 《抗战言论集》第 1 辑，上海进化书局 1937 年版，第 12 页。

向国际社会郑重声明：中国之领土主权已横受日本侵略，国际盟约、九国公约、非战公约，已为日本所破坏无遗。此等公约其最大目的在维持正义与和平，中国奋起抗战实际上是在维护领土主权及各种国际公约之尊严，"吾人此次非仅为中国，实为世界而奋斗；非仅为领土与主权，实为公法与正义而奋斗"。①

正是基于这种外交策略考虑，蒋介石除了"坚信国联"外，"维持九国公约"成为其重要国际政略。国民政府重视运用外交手段获取国际社会的广泛支持，展开全方位的多元外交：一是请求召开有关国际会议，冀以国际条约保护自己，牵制侵略国；二是派出政府要员或社会名流，担任负有特殊使命的外交使节，超过正常外交途径，直接与外国政府交涉，争取外援。

1937 年 7 月 16 日，国民政府以备忘录送交九国公约签字国以及苏联和德国，通报卢沟桥事变真相，谴责日本"破坏华盛顿九国公约所规定之中国领土主权完整"，指出："倘任其发生，则足以在亚洲及全世界产生重大之后果。"② 8 月 30 日，中国向国联提出照会，陈述日本在卢沟桥事变以降的所作所为，乃是违犯《国联盟约》《非战公约》《九国公约》的侵略行为。中国方面在国际外交方面有所收获。一是中国成功将日本定位为和平秩序的破坏者，凸显中国为维护世界和平秩序者的新形象。二是日本纵然已退出国联，依旧是九国公约的成员国。如今借由国联的决议案，九国公约签字国会议得以召开，中国获得了一个向国际社会求援的机会。9 月 12 日，国民政府向国联提出正式申诉，请求国联对日本"采取适宜及必要的行动"。9 月 13 日，国联在日内瓦召开了第 18 次会议，专门讨论远东问题。中国代表顾维钧在国联大会上发表演说，谴责日本的侵略暴行破坏了国际公法，危及世界和平，要求采

---

① 《国民政府昨发表声明》，南京，《中央日报》1937 年 8 月 15 日。
② 秦孝仪主编：《革命文献》第 106 辑上册，台北，中央文物供应社 1986 年版，第 254 页。

取集体安全措施制裁日本侵略者。但国联没有采取实际行动，而将问题转移到九国公约签字国会议上。11 月 3 日，九国公约签字国会议在比利时首都布鲁塞尔举行，中国代表恳请与会各国援助中国，并提出四项制裁日本、援助中国的建议：第一，禁止战争及实业所用之必需原料运往日本；第二，抵制日货输出及日船运输；第三，停止对日贷款；第四，以军火及信用贷款援助中国，以此为列强所可用以制日之有效工具。① 顾维钧向与会各国代表疾呼："目前远东方面侵略力量，犹如溜缰之马，若不能用有效方法加以控制，又诺言之信仰若不能予以恢复，深恐侵略力量将超过中国边疆，而鼓励世界大战，届时任何国家均不能处身事外，而不被牵入漩涡矣。"② 中国在国际外交方面有所收获：一是中国成功将日本定位为和平秩序的破坏者，凸显中国为维护世界和平秩序者的新形象；二是日本纵然已退出国联，依旧是九国公约的成员国。借由国联决议案，九国公约签字国会议得以召开，中国获得了向国际社会求援的机会。

蒋介石对《中共中央公布国共合作宣言》发表谈话时向国际社会公告："中国不但为保障国家民族之生存而抗战，也为保持世界和平与国际信义而奋斗。"国民党临时全国代表大会肯定了国民政府运用多元外交手段获取国际社会支持的做法，并发表宣言郑重声明："从中国立场言，则为捍御外侮，为国家民族争取独立生存，从国际立场言，则为维护条约之尊严，对于破坏条约，甘为戎首者，予以坚决之抵抗；以是之故，凡爱好和平之国家，自政府以至人民，莫不同情中国，谴责日本。中国当此抗战期间，得此等道德上之同情与援助，至为感奋。"中国对外关系当谨守两项原则：一是对于曾经参加之维持国际和平之条约，必确实遵守；二是对于世界各国既

---

① 石源华：《中华民国外交简史》，上海人民出版社 1994 年版，第 513 页。
② 志刚：《北京九国公约会议》，《东方杂志》第 34 卷第 20—21 号，1937 年，第 74 页。

存之友谊，必继续不懈，且当更求其增进。国民党反复陈述中国与世界局势之密切关联，强调中国是维护世界和平之重要力量："世界和平不可分割，一部分之利害，即全体之利害，故每一国家谋世界之安全，即谋自国之安全，不可不相与勠力，以致力于保障和平，制裁侵略，裨东亚已发之战祸，终于遏止，而世界正在酝酿之危机，亦于以消弭，此则不惟中国实受其益，世界和平胥系于此矣。"①

为此，国民党确定之战时外交方针为：本独立自主之精神，联合世界上同情于我之国家及民族，为世界之和平与正义共同奋斗；对于国际和平机构，及保障国际和平之公约，尽力维护，并充实其权威；联合一切反对日本帝国主义侵略之势力，制止日本侵略，树立并保障东亚之永久和平；对于世界各国现存之友谊，当益求增进，以扩大对我之同情。② 国民党确定的战时外交方针，体现了国民党开放的国际视野和广阔的世界眼光。

国民党将"本独立自主之精神，联合世界上同情于我之国家及民族，为世界和平与正义，共同奋斗"确定为战时外交之首要方针，③ 有意识地将中华民族抗战置于整个世界反法西斯战争之进程中，强调中国与国际社会休戚与共。国民党反复强调，中国抗战矛头对准日本帝国主义，而非日本民众，劝告日本帝国主义停止侵华战争，以免害人者自害："即为日本计，若遂其侵略之欲，作为穷兵黩武，永无底止，势必重困其民，以害人者自害。"国民党多次严正申明："中国此次抗战，实为东亚百年之大计，非惟对日本国民无所仇恨，且期待其促成日本军阀最后之觉悟。"④ 国民党视

---

① 中国第二历史档案馆编：《中华民国史档案资料汇编》第五辑第二编政治（一），第407页。

② 中国第二历史档案馆编：《中华民国史档案资料汇编》第五辑第二编政治（一），第387页。

③ 中国第二历史档案馆编：《中华民国史档案资料汇编》第五辑第二编政治（一），第387页。

④ 中国第二历史档案馆编：《中华民国史档案资料汇编》第五辑第二编政治（一），第406页。

中国抵御日本侵略为维护世界和平的重要举动，而非中日两个民族之单独对抗，体现了中国自觉融入国际秩序的努力。

国民党在抗战时期召开的历次中央全会在讨论中国抗战问题时，均将中国抗战与世界和平及其局势变化联系起来考察，强调中国抗战之国际影响及保障世界和平之重要意义。国民党五届五中全会宣言声明："吾国今日之所以坚决抗战者，其目的固在抵御侵略吾国之敌人，恢复我主权领土及行政之完整，实亦为惩创破坏条约尊严，危害世界和平之戎首。切望举世维护和平之友邦，发挥协同一致之精神，保障利害共同之条约，施有效之方法，消蔓延之战祸，尽必如此，乃可以求得世界人类之和平，增进人类之幸福。"①

国民党五届六中全会向国际社会宣告：信任友邦，保障世界和平，坚持既定四项基本原则（反对日本侵略，以保障我主权、领土、行政的完整；遵守国际公约，尤其是九国公约、国联盟约与非战公约；不参加防共协定；外交完全自立自主，不受任何拘束）。② 国民党五届七中全会通过决议亦指出：中国外交应"本多求友少树敌之义"，"联合在太平洋关系密切之国家，维持《九国公约》之尊严，安定太平洋之局势"。全会宣言重申："吾人即认定此次作战意义，不惟自保民族之生存、国家之独立，更所以维护国际正义与世界和平。诚以安定亚洲之重心，必为我独立自由不受侵犯之中国，且必亚洲有真实之和平，而后世界始有安全之基础。"③

陈诚描述抗战开始后蒋介石及国民党对抗战前途估计时说："我们只能说确有牺牲的决心，并没有制胜的把握。"④ 国民党政府

---

① 中国第二历史档案馆编：《中华民国史档案资料汇编》第五辑第二编政治（一），第431—432页。

② 中国第二历史档案馆编：《中华民国史档案资料汇编》第五辑第二编政治（一），第489页。

③ 中国第二历史档案馆编：《中华民国史档案资料汇编》第五辑第二编政治（一），第509页。

④ 《陈诚回忆录：抗日战争》，第151页。

认识到，美国宣布对华"门户开放政策"后，中国已不容为任何一国所独占，日本欲鲸吞中国必将引起国际的干涉。"单独抗日战争，我们纵然没有制胜的把握，但当这一战争成为世界战争的一部分时，那我们就不一定没有最后胜的把握。"基于这种认识，国民政府作出"持久消耗战"最高战略。国民党坚持"持久消耗战"之目的，在于以苦撑待变之政略，争取国际形势发生对华有利之转变，在世界反日势力援助下取得抗战最后胜利。陈诚后来总结抗战胜利经验时说："我们如说日本是被我们给打垮了的，不如说日本是被拖垮的，以一个工业落后、装备窳败的国家，和一个世界第一等强国作战，前后历时八年之久，在这漫长的岁月里，也不失为是一大奇迹。"①

正因如此，蒋介石和国民党密切关注国际形势的变化，关注欧洲局势对中国抗战之影响。陈诚在向蒋介石提供的《欧战爆发后我国应取之立场》陈述中，对欧洲战局进行冷静观察，进而决定中国的立场，体现了其对国际局势变化之洞见。他提出，欧战万一发生后我国应取之立场如下。

第一，敌友之择别。"欧战爆发以后，无论日本参加德意轴心作战，或虚与德意委蛇，我国本于维护国际正义和平及反抗侵略主义之一贯立场，均应断然参加反德意集团，置国命于世界总决算之立场，自属毫无疑义。如日本中途变节，与英法妥协，则在苏、美严密监视之下，英法亦不便公开助日压迫中国，彼等反侵略之盟友。若苏日均守表面中立，在中日战争未结束以前，中国自当以侵略国家为敌，借以阻碍英法与日本之妥协。至于德意，彼时正倾其国力，应付欧战，当然无法有所利害于我，吾人自不能离开可能援我之英法，而结好于助日之德意也。"

第二，自力更生。"在吾人对倭浴血抗战中，国际友邦之援助，自为吾人所热忱希望与欢迎，然不可稍存依赖与侥幸之心理，

<hr>

① 《陈诚回忆录：抗日战争》，第152页。

甚或因希望幻灭而动摇吾人持久抗战之决心，乃至松懈吾人自力奋斗之精神。将来在欧战发生初期，敌人对我之压迫，必然加紧，而海外各项接济，亦必遭遇更多阻难，是则端在我以自力更生之精神，从速建设轻重工业，期于最短期间，使主要军需工业得以自给自足，以奠定长期抗战之基础。"

第三，可能中立之时机。如果欧战发生于中日战争终止以后，则我国应取之立场，必依抗战战果而定。使我战而败，自应坚守不屈精神，利用欧局之变化，继续打击侵略势力，与暴日再决雌雄。他颇有洞见地强调："吾人确信日本如不能征服世界，即永远不能灭亡我中国，盖中国问题，亦即世界问题，中日最后之命运，殆将取决于未来之大战。"故建议中国外交注重之点："自当固守自主之立场，因机制宜，通权达变，结好友邦，而不依赖友邦，寻求与国，而不能屈从与国。"①

将中国问题与世界问题联系起来考虑，将中日战争最后之命运取决于世界大战的战局，是陈诚的基本观点。如果说蒋介石在国民党五届五中全会上宣布"抗战到底"的"底"是"要恢复七七事变以前的原状"的话，那么随着欧战爆发，蒋介石对世界局势的看法日益清晰，对"抗战到底"的"底"有了新认识，正式形成了将中国问题的解决与世界大战的前途联系起来考虑的所谓国际政略。

1939年9月欧洲战争爆发后，蒋介石在第一届第四次国民参政会致开幕词中，将抗战与欧战联系起来，强调中日战争与世界战争的关联："中日战争问题，就是世界问题，而且是世界最大的问题，须知今日世界的战乱，完全是由日本侵略中国，破坏国际公约，扰乱世界和平的强暴行为所引起的。"因此"中日战争就是世界战争的起点，亦就是世界战局的重心"。②按蒋介石的解释，欧

①　王志昆、曾妍、袁佳红主编：《中国战时首都档案文献·战时外交（上）》，西南师范大学出版社2017年版，第133—134页。

②　《总统蒋公思想言论总集》卷10，台北，中国国民党中央委员会党史委员会1984年编印本，第376页。

洲战争是中日战争引起的，中日战争是世界战局的重心。蒋介石在同年 10 月召开的第二次南岳会议上，对欧洲战争与中国抗战的关系作了清晰说明，集中阐述了他的抗战国际政略思想：中国抗战与欧洲战争"同时并进"，中国问题将随世界问题的解决而解决，中国持久抗战就是要等待这种"自然机运"的到来。他说："我们这次抗战，一方面在求中国之独立自由与平等；一方面也是为了保障国际信义与确立永久和平。我们认定中日问题，实在是世界问题之一环，只有与世界问题同时解决，才能获得彻底的解决。所以我们这次抗战既发动之后，一定要与势在必起的世界战争连接起来，并且要与世界战争同时结束，才能获得最后胜利。"① 这就是蒋介石和国民党政府的抗战国际政略。

按照蒋介石和国民党确定的抗战国际政略，第一步是将抗战与欧战联系起来；第二步是将中国的抗战与世界反侵略战争结为一体，借助国际力量争取抗战的最后胜利。中国抗战能够坚持到欧战爆发，标志着国民党第一步国际政略的成功，接下来的目标是将东亚和欧洲的两大战争同时结束，彻底解决中国独立解放问题。他说："我们的战略亦就是要使中国抗战能达到与世界战争同时结束的目的。如此，才可以彻底解决远东问题，真正获得永久的和平。"他强调："就整个战局形势来看，可以说：我们现在还只战到胜利的中途，要想达到胜利的目的，一定要坚持到欧战结束，世界问题得到解决之日，始能获得抗战最后的成功。如其不然，在欧战没有结束，世界问题尚未解决以前，我们若急求速了，妄想日本妥协讲和，这就是自取失败，自取灭亡！这是我们抗战一贯的方针与最大的政策。"② 只要中国抗战能够坚持到欧战胜利，那么中国独立问题必定能够随着世界问题而最终解决。

---

① 《总统蒋公思想言论总集》卷 16，台北，中国国民党中央党史委员会 1984 年编印本，第 425 页。

② 《总统蒋公思想言论总集》卷 16，第 426 页。

1939 年 11 月 12 日，蒋介石在国民党第五届六中全会开幕时发表《昭示我抗战国策坚定不移》演讲。他对欧战之爆发所凸显出中国抗战之时代意义作了说明："我要提醒我们全体同志两句话，第一句话，就是这次欧洲战事，幸而发生在我们中国抗战既起之后。第二句话，就是我们幸而在欧战没有发生的两年前七月七日，发动了对日抗战。第一句话的意义，就是说，今天日本虽有趁火打劫的野心、已没有扰乱世界的能力，至少可使世界战祸范围因而缩小。第二句话的意义，如果我们在二十六年七七的时候，还不奋起抗战，等到今天欧战发动起来了，各国没有余力他顾，日本承九一八以来一贯的侵略行为，及其数十年来所蓄积的很完整的军事设备，就可以毫无顾忌的向中国自由行动，那我们中国真有灭亡的危险。现在由于我们两年的奋斗牺牲、在中国是获得了愈战愈强的经验和力量，在日本是再衰三竭，已经陷入了深深的泥淖，世界的另一隅，虽然燃起了烽火，然而日本毕竟被我军拖住了，不敢再向各国威胁，也无法再向世界横行。而我们中国也只要专心一志对付已在交战的这个敌人，更无虑在骇浪惊涛中间来应付猝不及防的祸患。"①

1939 年 11 月 18 日，蒋介石在国民党五届六中全会第六次会议上发表《中国抗战与国际形势：说明抗战到底的意义》的演讲，报告抗战前途和国际大势。蒋介石强调，抗战的目的，"就是实现三民主义，彻底求得国家民族的独立自由和平等"。他对"抗战到底"的"底"作了新解释。他说："所谓'抗战到底'究竟是怎么讲呢？我们抗战的目的，如何乃能达成？我们抗战的目的，率直言之，就是要与欧洲战争——世界战争同时结束，亦即是说中日问题要与世界问题同时解决。我在五中全会说明抗战到底，要恢复七七事变以前的原状，是根据以中国为基准的说法，若以整个国际为范围来论断中日战事的归趋，就一定要坚持到世界战争，同时结

---

① 《总统蒋公思想言论总集》卷 16，第 445—446 页。

束，乃有真正的解决。"为什么会有这样的新思路？他解释说："因为中日问题，我常说并非简单的中日两国的问题，乃是整个东亚亦即整个世界的问题，而且今日中国问题，实为世界问题的中心。"① 可见，此时蒋介石"抗战到底"的"底"，包含有取得中国独立并收复被日本攫取的中国领土主权之内涵。

蒋介石在此次演讲中，再次对中国抗战与世界反侵略战争之接轨，作了明确宣示："故中国问题的解决，一定要和整个东亚或整个世界问题同时解决始能得到真正的解决。否则，世界问题不能解决，中国问题也就不能解决，而我们中国依旧不能脱离次殖民地的地位。因此，中国抗战在时间上，尤其最后问题的解决上一定要和世界战争连结起来，使远东问题，与欧洲问题随今日东亚西欧战争之终结而同时解决，以重建世界永久的安全幸福与和平，然后我们国家民族才获得一条光明的出路，得以达到复兴的目的！"他最后强调："所以我们今天只有一心一意抗战下去，以承接中国问题随世界战争结束而解决的自然的机运，那时候水到渠成，敌人当然消灭，抗战必达目的，中国更必然得到独立自由与平等。我所说'抗战到底'的真义，也就是如此。"②

由此可见，蒋介石和国民党所确定的抗战国际政略，主要是将中国抗战与世界大战结为一体，以苦撑待变的方式，"承接中国问题随世界战争结束而解决的自然的机运"，将中国问题的解决与世界反法西斯战争的胜利联系起来，自觉将中国融入世界反法西斯战争之中，实现中国独立自由之目标。而要最终实现这个抗战国际政略，中国必须坚持"抗战到底"战略而不投降，静观国际局势的变化，待到日本与英美矛盾激化而爆发冲突，即可将中国抗战融入世界反侵略战争，彻底解决中国独立解放问题。

欧战的爆发，虽然给中国抗战带来与全世界反侵略战争接轨的

---

① 《总统蒋公思想言论总集》卷16，第477页。
② 《总统蒋公思想言论总集》卷16，第477—478页。

机会，但中国仍需在亚洲单独抗战之处境并没有改变。因欧战失利，法英两国相继关闭所属殖民地联系中国的交通渠道。英美这种为求自保的做法，激起了国民政府部分人士的不满，主张放弃传统的亲英美政策，改采拉拢德意苏诸国。针对友邦不肯真诚以待、不以我国利益为念，蒋介石并未改变原有的外交思维，依旧重申既定抗战外交方针没有调整的必要，反视日德意三国同盟条约的签订为"我所日夕求不得者也"。

1940年7月5日，蒋介石在国民党召开第五届七中全会上致词时表示，国际交通路线的断绝，阻碍了外援物资的输入，但中国仍保有一年的军需存粮，尚不至立即影响抗战实力。随后，蒋指陈法国屈服、英国失势等欧陆新情势，对远东大局的影响有限；这是因为英法两国在远东的实力原极有限，而真正具备左右时局实力者，是目前尚未直接卷入欧战旋涡的美苏两国。就此而言，在关键的美苏两国尚未改变对日本的警戒态度以前，"我们的抗战外交，仍旧可以照预定的目标进行，没有改动的必要"。故他提出了"坚持抗战不变""维持九国公约不变""对太平洋关系各国的外交方针不变"等"三不变"原则，作为处理国际外交关系的基本原则，以苦撑待变的方式顽强地实施着抗日国际政略。①

日本发动大规模侵华战争以后，美苏英等国与中国有着切身的利害关系，故对中日战争给予密切关注。欧洲战争的爆发，特别是太平洋战争的爆发，快速地推动着中国进入世界体系。1941年12月8日，太平洋战争爆发，美英与日本互相宣战。中国亦于同日正式对日本、德国宣战，亚洲战场与欧洲战场已成一体，中国走出独立抗日的困境。蒋介石日记记载："抗战政略之成就，至今日已达于顶点，物极必反，居高临危，能不戒惧。"12月15日，蒋介石在国民党第五届第九次中央全会开幕词中说："敌国发动太平洋战

① 《总统蒋公思想言论总集》卷17，台北，中国国民党中央委员会党史委员会1984年编印本，第382—385页。

争之后，我中国抗战与世界反侵略战争业已联成一片。"① 故国民党政府发表宣言，向国际社会表示中国愿"以安危与共患难相扶之精神，与反侵略各友邦迅速成立统一强国之阵营，力谋军事、政治、经济之密切合作，相互提携，团结一致，决不为单独之媾和，必期达到解除侵略国之武装，保证人类经济生活之机会平等，与重奠世界永久和平秩序之目的"。②

蒋介石采取的重大战略决策，是坚持持久抗战以等待中国问题随世界战争之解决而解决的"自然机运"。他对欧洲战争和太平洋战争的论述，往往是从他的战略政略出发的，故蒋介石是始终企望美英苏抑制日本侵略，并力图将其拉入对日战争。因此，蒋介石把欧洲战争和太平洋战争的爆发，看成是国民党国际战略政略的成功，是有其理由的。

蒋介石在 1942 年 10 月 22 日召开的国民参政会第三届第一次大会开会致词时回顾说：1941 年 12 月 8 日敌寇发动了太平洋战争，"我国接着就对日寇宣战，同时对德意宣战，从此我国就与世界上拥护和平正义的盟邦，并肩作战；我从前所预测的中日战争必将与世界战争联结起来，也于此实现。这一年来内外局势的变迁，就以这一件大事为契机而发展"。他强调："世界上所有欧亚美非各战场，完全是利害成败绝对一致。"③ 蒋介石对太平洋战争极为重视，把这个战争的爆发看作国民党政府国际政略的成功。

国民党反复强调，中国抗战矛头对准日本帝国主义，而非日本民众，劝告日本帝国主义停止侵华战争，以免害人者自害："即为日本计，若遂其侵略之欲，作为穷兵黩武，永无底止，势必重困其民，以害人者自害。"国民党多次严正申明："中国此次抗战，实为东亚百年之大计，非惟对日本国民无所仇恨，且期待其促成日本

① 《总统蒋公思想言论总集》卷 18，台北，中国国民党中央委员会党史委员会 1984 年编印本，第 438 页。

② 《中华民国史档案资料汇编》第五辑第二编政治（一），第 589 页。

③ 孟广涵主编：《国民参政会纪实》下册，重庆出版社 2016 年版，第 652 页。

军阀最后之觉悟。"① 国民党视中国的抵御日本侵略为维护世界和平的重要举动，视抗战为世界反法西斯战争之重要组成部分，而非中日两个民族之单独对抗。这种情况清晰地表明，国民党的国际政略既立足于本民族之发展，又具有关注世界的情怀，体现了中国自觉融入世界秩序的努力。

蒋介石的国际政略思想，成为国民党人关于持久抗战的重要观点。何应钦说："由于领袖坚持'抗战到底'，不为日本诱和谋略所动，日本乃进军越南，企图彻底切断中国国际补给线，迫使中国屈服。中国改由滇缅公路输入军用物资，仍未屈服。而日本却因进军越南，引起美国禁止石油输往日本，遭到经济制裁。日本如无石油供应，则其凡需石油作动力之生产与战争工具，皆将成为废铁，必然丧失持续作战能力。日美谈判，日本拒绝自中国撤兵，不愿放弃在华夺得之利益，必须继续对华作战。而继续作战非有石油供应不可，因此决心夺取南洋战略资源。日本为谋'南进'战略翼侧安全，须先击灭美国太平洋舰队。故于民国三十年（1941）十二月八日，奇袭珍珠港，发动所谓'大东亚战争'（太平洋战争）。从此中国抗日战争与第二次世界大战结合，由孤军奋斗，演为联合盟邦，共同击败日本，获得最后胜利。"②

由此可见，蒋介石和国民党要员所阐述的抗日战争与世界大战的关系，可以归纳为四点。第一，欧洲战争和太平洋战争的爆发是中国抗日战争引起的，是蒋介石坚持"抗战到底"战略方针的结果。第二，中国的抗日战争是"世界战局的重心"，其战略地位比欧洲战场更为重要。第三，中国的抗战与世界反侵略战争结为一体，中国的利害成败与其他对德日意作战国家的利害成败"绝对一致"。第四，"中国问题将随世界问题之解决而解决"，持久抗战就是实现

---

① 《中华民国史档案资料汇编》第五辑第二编政治（一），第406页。
② 何应钦：《抗日御侮·序》，蒋纬国：《抗日御侮》第一卷序言部分，台北，1978年刊印本，第6—7页。

"中国问题随世界战争结束而解决的自然机运"。除了第一、第二两点是过分夸大的之外，第三、第四两点基本上符合事实。

蒋介石在抗战采取的重大战略决策，是坚持持久抗战以等待中国问题随世界战争之解决而解决的"自然机运"。他对欧洲战争和太平洋战争的论述，往往是从他的战略政略出发的，故蒋介石始终企望美英苏抑制日本侵略，并力图将其拉入对日战争。因此，蒋介石及国民党人把欧洲战争和太平洋战争的爆发，看成是国民党国际战略政略的成功，是有其理由的。

太平洋战争爆发后，国民政府决定对日宣战，同时对德意法西斯轴心国宣战。会议还决定向美国建议，成立中、美、英、苏、荷、澳、加拿大等国军事同盟，由美国作领导。随后召开的国民党五届九中全会通过的决议案，对外交政策作了调整。该决议案规定："国际形势已分为侵略与反侵略两大阵线，今后外交上所当努力者，一为战时如何加强各国友邦协同作战之效能，以争取反侵略战争之胜利；一为如何与各友邦加强合作，以确立保障世界永久和平之国际组织。外交当局与有关机关应本此方针，多方策划，至于战后与各友邦条约之改订，以及运用外资开发我国工业，均为我国一贯国策，亦当预为规划。"[①] 蒋介石踌躇满志，一面筹组国际军事同盟，一面积极开展外交活动，争取大国地位。

国民党政府派出外交官员与英、美交涉，要求废除不平等条约，建立平等关系。英美对中国的废约呼声很快作出反应，于1942年10月10日分别通知中国政府，声明立即放弃在华特权。此后经两个多月的谈判，于1943年1月11日分别签订了取消在华特权的中美、中英新约。继美、英之后，挪威、巴西、荷兰、比利时、加拿大、瑞典分别与中国签订新约，废止在华特权。法国、丹麦、瑞士、葡萄牙等国表示在战后宣布废除在华特权。以上新约宣

---

① 荣孟源主编：《中国国民党历次代表大会及中央全会资料》下，第742页。

布正式废除在华治外法权，废止辛丑条约，取消租界，取消外人沿海和内河航运特权，取消外籍领港人，取消旧条约中关于通商口岸与商埠的规定，废除总税务司须录用英国人的规定。近百年来中国丧失的主权大都得到恢复，中国在世界民族之林中平等合法的地位得到了公认。因此，全国人民无不为之欢呼庆贺，无论是在国统区还是在解放区，人们都纷纷集会热烈庆祝。朱德称新约的签订是"我国国际地位平等之开始"。

罗斯福为鼓励中国积极对日作战并在战后能成为抗衡苏联的力量，积极支持中国的大国地位。1943年10月，中国得以与美、英、苏共同签署关于世界普遍安全的宣言，对战争和战后和平问题作出了权威性安排。11月，中美英在开罗举行最高级会晤，蒋介石与罗斯福、丘吉尔就战时及战后的军事、政治、经济极为广泛的议题交换了看法，共同商定了对日战争大计，发表了《开罗宣言》，声明在彻底击败日本后，必须将满洲、澎湖列岛和台湾归还中国。中国能联署《世界普遍安全宣言》，出席开罗会议并参与制定有利于中国的《开罗宣言》，标志着中国正式跻身于"四强"之列，中国的国际地位发生了显著的变化。当时中共机关报《解放日报》曾对此作过中肯的评价。开罗会议后，中国积极参加了筹建战后国际组织的工作，成为联合国的主要发起国之一，并担任联合国安理会的常任理事国，取得了对安理会的任何重大决议的否决权，第一次在国际组织中明确了它的重要地位，在国际舞台上扮演着"大国"的角色。

总之，在全面抗战期间，国民党制定了正确的抗战国际政略，其以开放的国际视野，以抗战到底、苦撑待变的方式，在强调抗战以争取民族独立之时，特别注意联合世界上以平等待中国之民族共同奋斗，强调将中华民族之命运与世界局势的发展紧密相连，将中国抗战与维护世界和平之大局紧密相连，自觉将中国融入世界反法西斯战争之中，对中国赢得抗日战争的最终胜利发挥了重要作用。

六　"战时须作平时看"的教育思想

全面抗战以前，全国高等学校多分布在东南沿江沿海及华北地区，当日本大规模进攻时，极易遭到摧残。全面抗战爆发后，国民政府匆忙命令华北及沿海各高校内迁。从1937年到1939年，华北及东南沿海各高校除了燕京、辅仁等教会学校保持中立未动外，其余都迁往西南、西北，或就近迁入山区。如北京大学、清华大学、南开大学先迁到湖南长沙，然后又迁往云南昆明，合组为西南联合大学；北洋大学、北平大学与北平师范大学迁到陕西，合组为西北联合大学；中央大学、复旦大学、武汉大学、东北大学、山东大学、东吴大学、金陵大学等31所高校迁到四川各地；中山大学迁到云南；浙江大学先迁浙西天目山，后迁江西、广西，最后迁到贵州遵义。

为了安顿和救济沦陷区中等学校流亡师生，国民政府决定设立国立中学，1937年冬，教育部在河南淅川上集设立国立河南临时中学，次年初在贵州铜仁设立国立贵州临时中学。教育部公布《国立中学暂行规定》和《国立中学课程纲要》，规定国立中学一般分中学、师范、职业三部，专门安置战区公私立中学及师范学校男女学生及职业学校学生；课程分精神训练、体格训练、学科训练、生产劳动训练及特殊教学与战时后方服务训练五项。1938年7月，教育部颁布《国立中学规程》，次年4月决定取消国立中学以地名为校名的办法，改为以国校成立先后次序以数字为校名。抗战时期共设立各种国立中学34所，其中国立中学23所，国立华侨中学3所，国立中山中学2所，国立女子中学2所，以及改办的中学4所。此外还创办了国立商业职业学校及国立师范学校14所。

抗战要求进行充分的社会动员，要求实施战时教育，激发民众的抗日热情。但现代教育的基本特点是，为了维持基本的教育水准，必须按照规定的课程标准和学制实施，因而必须保持战前基本的教育制度。教育的稳定效果与抗日的紧迫性要求，必然发生冲突。在战争要求与教育性质互相冲突的情况下，是满足前者还是坚持后者？是坚持读书还是投笔从军？这些问题成为抗战全面爆发后人们争论的焦点。

以教育部长陈立夫、中央大学校长罗家伦等人为代表的部分人士认为，教育是百年大计，不应更改。1938 年 3 月 7 日，新任教育部长陈立夫就职宣布今后教育实施方针时说："在理论上无所谓战时教育，因为平时教育实际上包含着战时准备。"① 他随后发表的《告全国学生书》指出："教育之任务，为在智德体各方面培养健全之公民，使其分负建国之艰巨责任，故青年之入校修业，自国家立场观之，读书实为其应尽之义务，使青年而有废学之现象，实即国家衰亡之危机。"因此"各级学校之课程不为必须培养之基本知识，即为所由造就之专门技能均有充实国力之意义。纵在战时，其可伸缩者亦至有限，断不能任意废弃"。②

1938 年，罗家伦在《新民族》周刊上连载了《抗战的国力与文化的整个性》的长文，系统地阐述了教育应该基本维持现状的主张。他认为，近代的战争不是单纯的武力战争，而是文化的战争。而文化是一个大的有机体，所以"支持文化的教育，从纵的方面讲，自小学中学大学以至研究院，缺少一段就无从实施。从横的方面讲，无论文法教理工农医商，都是一套整个的配合，缺了一件都配不起一个整个国家的机构"；而且因为文化是有机体的，它的生命不可中断，中断就很难继续了，"所以有人以为战时中学小学甚至大学都可停办，是不对的"。③ 他认为，战争期间各式学校不是要停办，而是要本着"敌人能允许我们还读一天书，我们就

① 中央教育科学研究所编：《中国现代教育大事记》，教育科学出版社 1988 年版，第 386 页。

② 陈立夫：《告全国学生书》，《教育通讯》创刊号，1938 年 3 月 26 日。

③ 罗家伦：《抗战的国力与文化的整个性》，《新民族》第 1 卷第 7 期，1938 年 4 月 10 日。

得加倍努力的多读一天书"的精神，"夺取时间""夺取知识"
"夺取修养""夺取训练"。①

但以李实、梁欧第等人为代表的部分人士则认为，抗战形势需
要实施战时教育，而战时教育应该废弃正常教育而专办应付战时需
要的各种训练班，要从学制、教学目标、教学内容、教学方法等方
面进行变革，以应抗战之急需。在他们看来，维持正常教育是坚持
"亡国教育"。这种"亡国教育"，"把许多有用的青年，那些国家
精锐的知识分子桎梏起来，有意无意的把他们束缚着，而不使之动
员起来"，这一方面削弱了抗战力量，另一方面也是帮助敌人，增
加敌人对我们进攻的力量。② 因此，战时教育迥异于平时教育，战
时教育"是一种适应战时体制或状态，而促进民族中成员身心发
展，借以培养战时所需国力的工具，推动民族解放和社会改革的工
具"。他们提出，战时大学应办成抗战人才供应所、救亡干部训练
所，应该是民族革命青年先锋战士的产生地，主张在教学方式上实
行集体主义的自我教育。

陈礼江则提出了不同于这两种观点的折中观点，认为战时教育
应该包括治标和治本两个方面："既不以维持原状为然，也不以短
期训练为足，而须以远大的目光，作标本兼治的筹划。"所谓治标
教育，是指应目前迫切的需要，而设计各种暂时办法，谋补救因抗
战而发生的种种困难，以增加抗战力量。如内迁战区学校、救济战
区师生、根据战时需要酌量改变课程和教材，利用课余时间参加后
方服务活动，创办各种短期训练学校等。所谓治本教育，是指对于
整个教育事业加以规划，以期应付长期抗战，适应建国。③

尽管全面爆发后教育界就战时教育方针问题各抒己见，争论激
烈，但国民政府在抗战全面爆发后并没有立即形成明确的教育方

---

① 罗家伦：《抗战的国力与文化的整个性》之四，《新民族》第 1 卷第 11 期，
1938 年 5 月 9 日。
② 李实：《反对亡国教育》，生活教育社编：《战时教育论集》，生活书店 1938 年版。
③ 陈礼江：《论战时教育》，《教育通讯》第 1 卷第 7 期，1938 年 5 月 7 日。

针。1937 年 8 月 27 日，教育部制定的《总动员时督导教育工作办法纲要》（以下简称《纲要》），要求在战争发生时各地各级学校务力持镇静，"以就地维持课务为原则"；各级学校训练，应力求切合国防需要，但课程之变更仍须遵照部定范围；学校教职员及大中学生，得就其本地成立战时后方服务团体，但须严格遵照部定办法，不得以任何名义妨害学校之秩序。《纲要》虽然提出教学要切合国防需要，但重点强调了维持正常教育管理秩序，而不是变革现行教育制度。随着抗战的不断推进，人们对战争的长期性有了深刻的认识，教育部也开始认真考虑战时教育方针问题。

1938 年 5 月，独立出版社出版的《战时教育论》一书集中反映了国民政府的抗战教育主张。它论述了过去教育的缺失及当时教育的危机，强调了战时教育与平时教育的连续性和一元性，强调了教育要教学生锻炼体格、培养精神、注重知识、掌握技术、陶冶人格、坚定信仰，并抗战、建国并举，实际上在提倡战时教育的同时极力维护正常的教育秩序。

生活书店同时出版的由生活教育社编辑的《战时教育论集》一书，集中反映了当时文化教育界关于抗战教育的主张。该书分"总论""分论""方案与方法""动员""附录"五部分。"总论"部分提出通过教育动员民众，全面持久地抗战；"分论"部分提出了改进与实施战时政治教育、农民教育、难民教育、军队教育、伤兵教育、边疆教育以及教育行政、战时教师、学校机构、学校课程改造等具体主张；"方案与方法"部分对抗战教育方案、战时民众教育、各级学校教育、儿童训练、技术人员训练诸方案作了具体设计；"动员"部分号召教育界、记者界、戏剧界、文艺界及全国各界同仁及家庭妇女，有智出智，无智出力，积极参与民族独立解放的斗争。顾岳中出版的《中国战时教育》一书，概括了中国所实施的抗战教育的基本性质和意义：战时教育较平时更能针对时需；以战时教育动员全国军民；以战时教育促成更多新的教育机关；促进更多特种训练学校；促进全国教育合理布局；促进普及义务教育；促进民众教育发展；更能培养建国人才。因此，抗战教育虽是被动实施的，却是促进中国教育发展的一件好事。

1938 年 4 月，国民党临时全国代表大会制定并颁布了《抗战建国纲领》，对抗战时期的教育总政策作了明确规定。其主要内容为：改订教育制度及教材，推行战时教程，注重于国民道德之修养，提高科学之研究与扩充其设备；训练各种专门技术人员，予以适当之分配，以应抗战需要；训练青年，裨能服务于战争及农村；训练妇女，裨能服务于社会事业，以增进抗战力量。

为了实现这个战时教育总纲领，会议还制定了《战时各级教育实施方案纲要》，明确规定了发展教育的九大方针和十七要点。九大方针是：三育并进；文武合一；农村需要与工业需要并重；教育目的与政治目的一贯；家庭教育与学校教育密切联系；对于吾国文化固有精神所寄之文学哲艺，以科学方法加以整理发扬，以立民族之自信；对于自然科学，依据需要迎头赶上，以应国防与生产之急需；对于社会科学，取人之长，补己之短，对其原则整理，对于其制度应谋创造，以求一切适合于国情；对于各级学校教育，力求目标之明显，并谋各地平均之发展。对于义务教育，依照原定期限以达普及。对于社会教育与家庭教育，力求有计划之实施。十七要点的主要内容有：对现行学制大体仍维持现状；对于各地各级学校的迁移与设置，应有通盘计划；对师资训练应特别重视；对各级学校教材应彻底加以整理，对中小学教学科目及大学科系应加以调整；订立各级学校训育标准，并切实实行导师制；对于学校进行严格管理，中等以上学校一律采取军事管理方法；完善各级教育机关，设立全国最高学术审议机关；改订留学制度；改进边疆教育与华侨教育；确定社会教育制度，推行职业补习教育；等等。

根据这九大方针和十七要点，国民政府教育部拟定了具体的实施方案，对各级各类教育的教育目标和教育对象，学制、设置、师资、教材、课程与科系、训育、体育、管理、经费、行政机构、留学制度、女子教育与家庭教育、边疆教育与华侨教育、社会教育等都作了具体的规定。这些规定，有利于促进全国教育有计划、有秩序的发展，但并没有确定抗战时期的教育方针。

1939年3月，教育部在重庆召开第三次全国教育会议，检讨教育界的现状，研究改进或补救的办法，解决教育上当前种种困难问题，确定抗战时期的教育方针。3月4日，蒋介石在会上发表《今后教育的基本方针》，重申了"现代国家的生命力，由教育、经济、武力三个要素所构成，教育是一切事业的基本，亦可以说教育是经济与武力相联系的总枢纽"的主张，指出："我们切不可忘记战时应作平时看，切勿为应急之故，而丢却了基本。"① 明确提出"战时应作平时看"的教育方针。

蒋介石首先肯定了教育的重要性，并向战时教育界提出了期望："我们要认定教育上一定的目标，要以革命救国的三民主义为我国教育的最高基准，实施抗战建国纲领，创造现代国家的新生命。"他针对抗战以来教育界争论的"战时教育和正常教育的问题"，重申了此前概括的意见："平时要当战时看，战时要当平时看"。他批评了在这个问题上的两个错误认识：第一种，将教育独立于国家需要之外，关起门户，不管外边环境甚至外敌压境了，还可以安常蹈故；第二种，因为在战时，一切的学制课程和教育法令都可以搁在一边，因为在战时了，我们就把所有现代的青年无条件的都从课室、实验室、研究室里赶出来，送到另一种境遇里，无选择无目的地去做应急的工作。他指出，尽管战时需要兵员，必要时也许要抽调教授或大学专科学生；尽管战时需要各种抗战的干部，不能不在通常教育系统之外去筹办各种应急人才的训练，但同时更需要各门各类深造的技术人才，需要有专精研究的学者，而且在抗战期间更需要着重各种基本的教育。为了适应抗战需要，符合战时

_____

① 教育部教育年鉴编纂委员会：《第二次中国教育年鉴》第1册，商务印书馆中华民国37年版，第53—54页。

环境，应该以非常时期的方法来达成教育本来的目的，运用非常的精神来扩大教育的效果，这是应该的，但他反对实施战时教育。

蒋介石强调："我们切不可忘记战时应作平时看，切勿为应急之故而就丢却了基本。我们这一战，一方面是争取民族生存，一方面就要于此时期中改造我们的民族，复兴我们的国家，所以我们教育上的着眼点，不仅在战时，还应当看到战后，我们要估计到我们国家要成为一个现代的国家，那么我们国民的知识能力应该提到怎样的水平，我们要建设我们国家成为一个现代的国家，我们在各部门中需要有若干万的专门学者，几十万乃至几百万的技工和技师，更需要几百万的教师和民众训练的干部，这些都要由我们教育界来供给的，这些问题都要由我们教育界来解决的。"① 因此，他坚持"战时要当平时看"方针，要维持正常教育秩序，不赞同实施战时教育。

蒋介石提出"战时应作平时看"，主旨是维持正常教育体系不变。因此，他仍然强调抗战教育应像过去那样重视精神教育，发挥中国固有道德。他说："我们是物质条件一切欠缺的国家，处在这样危险困难的时期，还要负荷起这样非常巨大的责任，若不是以精神胜过物质，就不能求得抗战的胜利，若不是运用我们民族固有的道德和革命的精神，若不是由此精神产生出力量，创造出物质，就没有法子达到建国的成功，况且敌人现在所千方百计以求的，是要打击我们的精神，压倒我们的精神，消灭我们民族固有的道德，和革命的精神，使我们民族生命无所寄托；因此目前最急的需要，无过于精神的振作与集中，最近中央提出国民参政会决定实施精神总动员，目的就在强化我们全国的精神，以负起抗战建国的时代使命。"他强调："我们必须发扬我们民族固有的精神道德，激起全民族的独立自尊性，唤起全民族对侵略我们灭亡我们的暴敌有同仇敌忾的牺牲精神，树立起全民族对革命前途和国家的将来有深切的

① 《总统蒋公思想言论总集》卷16，第128页。

自信心，从而鼓励起向前进取，积极奋斗的决心，而后我们这一个广大悠久的民族，才能从万苦千辛中孕育出光明灿烂的新生命。"①

因此，蒋介石公开表示不赞同"教育独立"口号，认为教育要与军事政治社会经济一切事业相贯通，并向教育界提出几项要求。一是认清"尊师重道"的意义，"我们真要以教育救国建国，必须由教育人员严守国法，尊重纪律，视国家尊严重于个人的尊严，才能表率青年，风动民众，使我们一盘散沙的旧习惯，变成凝聚坚固整齐团结的新气象，而后战时可以制胜，战后可以建国。"二是在训育上要提出简单而共通的要目。"所有全国各级学校，可以礼义廉耻四字为共通的校训。"三是教育界齐一趋向，集中目标，确确实实为实现三民主义而努力。"我愿我们教育界各位贤达，一心一德，同志同道，决心集结到三民主义的总目标之下，为中国革命而努力。"②

蒋介石随后在《致全国各大中小学校校长暨教职员函》中，再次强调说："吾人教育上之着眼点，不仅在战时，尤应贯注于战后。"因此，要从国家的前途和需要来考虑战后建设，确定战时教育方针："而就国家之前途而言，亦唯有乘此时机，统一国民之目标，健全国民之思想，裨吾全国在学之青年，咸有开拓国家未来运命，担当战后兴复责任之能力；而后抗战胜利之日，我中国始能顺利完成三民主义的新国家之建设，以奠立长治久安之始基。更就国家实际之需要以言，微论驱除暴敌，光复河山，有赖于无数能力坚卓志气勇毅之同胞继起奋斗，即抗战胜利结束之后，国内公私建置备受破坏，经济产业胥被摧残，更非我次代国民忍艰耐劳，习于刻苦生活，勇于冲破艰难，不足以当建国非常之大任。"③

第三次全国教育会议同意接受蒋介石的"会议训词为今后我

---

① 《总统蒋公思想言论总集》卷16，第130页。

② 《总统蒋公思想言论总集》卷16，第135页。

③ 《总统蒋公思想言论总集》卷37，台北，中国国民党中央委员会党史委员会1984年编印本，第208—211页。

国教育之最高指导原则"。至此，国民政府教育部正式确立了"战时应作平时看"为战时教育方针。国民政府以"战时应作平时看"为战时教育方针，主要是出于"抗战"与"建国"的双重考虑，并且因教育作用的滞后性而强调其在"建国"中的作用。"战时应作平时看"方针的基本趋向是，抗战时期仍延续正常的教育体系。一方面，坚持和贯彻"三民主义"教育宗旨，故蒋介石在第三次全国教育会议讲话中强调："要以革命救国的三民主义为我国教育的最高基准，实施抗战建国纲领，创造现代国家的新生命。"另一方面，必须保证教育的正规化和正常化。现行学制"大体应仍维现状，惟遇拘泥模袭他国制度过于划一而不易实行者，应酌量变通，或与以弹性之规定"。课程调整要遵守部定范围，不可任意压缩。要制定学校教师资格审查办法，以保证教师质量，要设立全国最高学术审议机关，以提高科研水平。要保证基础科学研究："对于吾国文化固有精神所寄之文学哲艺，以科学方法加以整理发扬"，"对于自然科学，依据需要，迎头赶上"，"对于社会科学，取人之长，补己之短，对其原则整理，对于制度应谋创造"。总之，不对战前已经形成的教育体系作根本变革。

国民政府教育部确立的"战时应作平时看"方针，是在认识教育规律基础上的正确决策，因而得到教育界多数人士的赞同。光华大学教授廖世承发表的《实施非常时期教育应有的注意点》说："关于课程方面，现在有两种主张。一种认为国难当头，以往的一切课程，都不合需要，须尽量的增加与国防知识技能有关系的教材。另一种认为基本的训练，非常重要。抛却基本的训练，增加一些浮光掠影的国防教材，恐怕徒劳无功。实则双方的主张，并不冲突。教育本不是一种速成的事业，所谓非常时期的教育，并非要办什么速成教育，彻底的变更教育系统。基本的训练，在国防教育上，占很重要的地位。"他明确表示反对彻底改变正常教育体系，主张基础知识的学习。还有人指出："教育的效果是缓慢的，本不能期其立时见效，假若环境稍变，便改弦更张，不是朝三暮四，一事无成；便是揠苗助长，欲益反损。"战时教育不仅是为抗战服务的，更是为"建国"培养人才；教育是百年大计，其功效是缓慢的而不是立竿见影的；抗战是持久的，无法速胜，因此打断教学秩序全民皆兵不可取；现代战争是科技的战争，更需要正常教育提供源源不绝的智力支持。

国民政府在确立并实施"战时应作平时看"方针之时，部分地照顾到"平时需作战时看"论者的主张，对战时教育作了适当改进：第一，变更原有学科的教学时数，抽出时间教授战时新教材，诸如军事常识、救护常识、防御常识、消防常识、国际关系、群众指挥法等；第二，加设特殊学科，诸如国民训练、民众教育、中国地理险要、日本侵略史、日本外交史、日本政治大纲、军事化学、生物学与国防、军事工程等；第三，改进每门课程本身的内容，小学要注意激发儿童抗战情绪，培养儿童社会知识，灌输儿童战争常识；中学在国文、地理、历史、美术、劳作等课程都要作适当改进。如美术课程，黄觉民在《战时课程的编制》中指出："战时描写及剪贴、忠勇战士的塑像、防空图、防毒图、救护图、后方工作图、战事经过的连续画等，都可以利用来配合美术的教学。"

抗战时期，初等教育制度的改革主要是实施"政教合一"的国民教育制度。该制度是与国民政府新县制合并产生的。1940年3月，教育部制定并公布的《国民教育实施纲要》规定：国民教育分义务教育及失学民众教育两部分，应在保国民学校及乡中心学校内同时实施；6—12岁学龄儿童除可能受六年制小学教育者外，应受2年或1年义务教育；15—45岁失学民众，应分期接受初级或高级补习教育；12—15岁失学儿童，得视当地情形及其自身发育状况，施以相当的义务教育或失学民众补习教育。国民学校有三个显著特点：一是政治与教育合一；二是管教养卫合一；三是儿童教育与成人补习教育合一。

抗战时期，国民党政府为了强化其对高校的政治控制，采取了一系列强化措施。

第一，对学校的行政体制作了改革，规定学校行政领导人必须参加国民党，从而确立了国民党对各高校的领导，实现了"以党治校"。从 1938 年起，各高校设立国民党区党部和三青团分团部，1939 年起各校设立训导处。教育部规定：国民党区党部协助学校行政，三青团分团部协助学校训育，训导处执行区党部和三青团委托的事项，区党部书记可以列席校务会议。这样，从学校行政、党、团与训育处四方面加强了国民党对高校的控制。

第二，推行训育制度，加强对学生的思想控制。全面抗战时期，国民政府先后颁布了《青年训练大纲》、《中等以上学校导师制纲要》和《训育纲要》等，在各校设立训导处推行导师制，监督师生言行，灌输"一个党，一个主义，一个领袖"的法西斯主义，"上应严明以驭下，下应服从以事上"的法西斯准则作为训育目标。1938 年 10 月，教育部向各学校颁布对学生"注重精神训练"的训令，用训练国民党员的《党员十二守则》来要求学生。次年 7 月，教育部又规定了 41 条禁令来禁锢学生的思想和言行。

第三，颁布一整套规章制度，用行政手段强令各校贯彻执行，在学校中建立了训导处、国民党区分党部和三青团三位一体的特务统治，采用威胁、利诱、监视、逮捕、暗杀等手段对付进步师生。广大师生不仅没有言论自由，而且更没有起码的人身保障。因而激起了国统区广大师生的强烈反对，掀起了一次次反独裁争民主的群众运动。

第 三 章
中共全面抗战思想

全面抗战开始后，如何争取抗战胜利，成为中国各党派思考的重要问题。中国共产党全面分析了抗战形势客观形势，制定了《抗日救国十大纲领》，提出了依靠和发动全国军民参加的全民族的全面抗战路线。这条路线代表了全国人民的根本利益和中华民族的全体意志，为全国人民争取抗战胜利指明了正确道路。正是在确立全面抗战思想的前提下，中国共产党形成了系统的抗日持久战思想、独立自主的游击战思想和动员与武装民众思想，利用一切机会去宣传群众、组织群众、武装群众，"组织千百万群众进入抗日民族统一战线"，为中国人民坚持持久抗战、争取最后胜利提供了强大的思想保障。

一　抗日救国十大纲领

抗日战争全面爆发后，民族矛盾上升为主要矛盾。中国共产党根据形势的变化，迅速制定了一条全面抗战路线。中共在全面分析了国内外的政治、经济形势之后指出：抗日战争不会是一场速决战，而将是一场艰苦的持久战；没有广大人民群众的支持和参与，要取得战争的胜利是不可能的；因此，必须发动、团结和组织一切抗日力量，走全民抗战的路线，用民族革命战争战胜日本帝国主义。

1937 年 7 月 7 日，日军向驻守卢沟桥的中国军队发动进攻，中国守军被迫奋起抵抗。中国共产党清楚地意识到，日军悍然进攻卢沟桥，绝非一个单纯的地方性武装挑衅事件，而是日本帝国主义发动全面侵华战争的严重信号，中华民族已处在生死存亡的危急关头，只有实行全民族抗战，实行全国总动员，才能抵御日寇侵略，救亡图存。中国共产党从全民族的根本利益出发，提出了全面抗战的主张。

7 月 8 日，中共中央向全国发出通电，大声疾呼："全中国的同胞们！平津危急！华北危急！中华民族危急！只有全民族实行抗战，才是我们的出路！"通电号召全国同胞、政府与军队紧密团结起来，筑成民族统一战线的坚固长城，抵抗日寇的侵略。"我们要求南京中央政府切实援助第二十九军。并立即开放全国民众的爱国运动，发扬抗战的民气。立即动员全国陆海空军准备应战。立即肃清潜藏在中国境内的汉奸卖国贼分子和一切日寇的侦探，巩固后方。我们要求全国人民用全力援助神圣的抗日自卫战争。我们的口号是：武装保卫平津华北！为保卫国土流最后一滴血！全中国人民、政府和军队团结起来，筑成民族统一战线的坚固的长城，抵抗日寇的侵略！国共两党亲密合作抵抗日寇的新进攻！驱逐日寇出中国！"①

同日，毛泽东、朱德、彭德怀、贺龙、林彪、徐向前等以红军将领的名义，联名致电蒋介石，要求实行全国总动员，保卫平津，保卫华北，收复失地，表示红军将士愿为国效命，以达保土卫国之目的，力主"实行全国总动员，保卫平津，保卫华北，规复失地"，并表示红军将士愿意"为国效命，与敌周旋，以达保土卫国之目的"。

---

① 《中国共产党为日本进攻卢沟桥通电》，《解放》第 1 卷第 10 期，1937 年 7 月 12 日刊印。

　　1937 年 7 月 15 日，中共中央将《中共中央为公布国共合作宣言》交给国民党中央。在这个宣言中，中国共产党提出了实现全民族抗战的三项基本政治主张：第一，争取中华民族之独立自由与解放，切实而迅速地准备和发动民族革命战争，以收复失地，恢复领土主权之完整；第二，实现民权政治，召开国民大会，以制定宪法与规定救国方针；第三，实现中国人民之幸福与愉快的生活，首先须切实救济灾荒，安定民生，发展国防经济，解除人民痛苦与改善人民生活。为了实现上述政治主张，表示中国共产党的团结抗战诚意，中共中央再次郑重宣言：孙中山先生的三民主义为中国今日之必需，本党愿为其彻底的实现而奋斗；取消一切推翻国民党政权的暴动政策及赤化运动，停止以暴力没收地主土地的政策；取消现在的苏维埃政府，实现民权政治，以期全国政权之统一；取消红军名号及番号，改编为国民革命军，受国民政府军事委员会之统辖，并待命出动，担任抗日前线之职责。该宣言还指出，中国共产党之所以这样做，目的只有一个，就是要以抗日大局为重，"求得与国民党的精诚团结，巩固全国的和平统一，实行抗日的民族革命战争……以便用统一团结的全国力量，抵抗外敌的侵略"。① 这是中共最先提出的抗日救国三大纲领。

　　7 月 21 日，中共中央在《中央关于目前形势的指示》中严肃指出，卢沟桥事态正在扩大中，日本政府的种种行动表明，其首要的目的是直接占领平津，然后再占领整个华北。中共中央认为，事变的发展将出现两种可能的前途：一种前途是"事变发展为积极的抗战，以至发展到全国性的抗战，这是全国人民的要求，也是挽救平津与华北与全国免于沦亡的唯一出路"；另一种前途则是对日本帝国主义作出让步与妥协，"这种妥协对于中国完全不利，它只能把平津华北葬送给日寇作为以后继续侵略的有利阵地"。中国共产党的总任务是要争取实现第一个前途，反对一切

---

　　① 《周恩来选集》上卷，人民出版社 1980 年版，第 76—78 页。

丧失任何中国领土主权的妥协。围绕这个总任务，中共中央提出了五项具体的抗战主张：第一，全国海陆空军总动员，实现对日作战；第二，全国人民总动员，立刻开放党禁，开放爱国运动，满足人民的迫切需要，实现大规模的组织民众与武装民众；第三，全面抵抗，不但要在军事上实行抵抗，而且必须根绝日寇在中国的一切政治上经济上的特殊势力与汉奸亲日派；第四，统一、积极地抵抗，立刻集中抗战的军事领导，建立各个战线上的统一指挥，决定采用攻势防御的战略方针，大规模地在日寇周围及其后方发动抗日的游击战争，以配合主力军作战；第五，建立抗日的民族统一战线，立刻使中央政府与地方政府的机构民主化，容纳各党派的代表参加国民会议与政府，肃清一切亲日派汉奸分子，实现国共两党的亲密合作。①

这个指示，实际上已经提出了全面抗战的主张并将其具体化，即要动员政治、军事、民众、统一战线等方面的一切积极力量，进行全国性的抗战，这实际是在原来提出的三大政治主张基础上提出的抗日救国五大纲领。两天后，中共中央又发表为日本帝国主义进攻华北的第二次宣言，重申了这五项主张，强烈要求"立即实行全面的对日抵抗，停止对日外交谈判，实行武装缉私，抵制日货，没收日本帝国主义在华的一切银行矿山工厂与财产，取消日本帝国主义在中国的一切政治的与经济的特权，封闭一切日本大使馆领事馆与特务机关，逮捕一切日本侦探与汉奸，解除日寇与汉奸在中国内地的一切武装的与非武装的团体""立刻实施财政经济土地劳动文化教育等各种新政策，以巩固国防，改善民生""立刻实现抗日的积极外交，拥护国际和平阵线，反对法西斯侵略阵线，同英美法苏等国订立各种有利于抗日救国的协定"等。② 这次宣言，使

① 中央档案馆编：《中国共产党抗日文件选编》，中国档案出版社 1995 年版，第172—173 页。
② 《为日本帝国主义进攻华北第二次宣言》，《新中华报》第 378 期，1937 年 7 月26 日刊印。

中共全面抗战思想得到了初步完善。

7 月 23 日，毛泽东发表《反对日本进攻的方针、办法和前途》一文，向全国指出对付日本的进攻存在"两种方针"、"两套办法"和"两个前途"。两种方针，一种是坚决抗战的方针，另一种是妥协退让的方针。两套办法，一套是动员全国人民、全国军队，争取广泛外援的办法，具体地说就是要实现八大纲领；另一套是与此相反、不实现八大纲领的办法。两个前途，一个是驱逐日本帝国主义、实现中国自由解放的前途，一个是日本帝国主义占领全中国、中国人民都做牛马奴隶的前途。文章系统地阐述了中共的抗战主张，将此前的五项救国纲领，扩展为抗日救国八项纲领。

毛泽东指出，中国共产党主张坚决抗战，反对妥协退让。在坚决抗战的方针之下，中国共产党要求有一整套的办法。在坚决抗战的方针之下，必须有一整套的办法，才能达到目的。中共提出了坚决抗战的一套办法，即抗日救国八项纲领。第一，全国军队的总动员。动员我们的常备军开到国防线上去。召集国防会议，决定战略方针，统一战斗意志。改造军队的政治工作，使官兵一致，军民一致。确定游击战争担负战略任务的一个方面，使游击战争和正规战争配合起来。肃清军队中的汉奸分子。动员一定数量的后备军，给以训练，准备上前线。对军队的装备和给养给以合理的补充。按照坚决抗战的总方针，必须作如上各项的军事计划。第二，全国人民的总动员。开放爱国运动，释放政治犯，取消《危害民国紧急治罪法》和《新闻检查条例》，承认现有爱国团体的合法地位，扩大爱国团体的组织于工农商学各界，武装民众实行自卫，并配合军队作战。给人民以爱国的自由。第三，改革政治机构。容纳各党各派和人民领袖共同管理国事，清除政府中暗藏的亲日派和汉奸分子，使政府和人民相结合。政府如果是真正的国防政府，它就一定要依靠民众，要实行民主集中制。它是民主的，又是集中的；最有力量的政府是这样的政府。国民大会要是真正代表人民的，要是最高权力机关，要掌管国家的大政方针，决定抗日救亡的政策和计划。第四，抗日的外交。不能给日本帝国主义者以任何利益和便利，相反，没收其财产，废除其债权，肃清其走狗，驱逐其侦探。立刻和苏联订立军事政治同盟，紧密地联合这个最可靠最有力量最能够帮助中国抗日的国家。争取英、美、法同情我们抗日，在不丧失领土主权的条件下争取他们的援助。战胜日寇主要依靠自己的力量；但外援是不可少的，孤立政策是有利于敌人的。第五，宣布改良人民生活的纲领，并立即开始实行。苛捐杂税的取消，地租的减少，高利贷的限制，工人待遇的改善，士兵和下级军官的生活的改善，小职员的生活的改善，灾荒的救济，从这些起码之点做起。这些新政将使人民的购买力提高，市场繁荣，金融活泼，决不会如一些人所说将使国家财政不得了。这些新政将使抗日力量无限地提高，巩固政府的基础。第六，国防教育。根本改革过去的教育方针和教育制度。不急之务和不合理的办法，一概废弃。新闻纸、出版事业、电影、戏剧、文艺，一切使合于国防的利益。禁止汉奸的宣传。第七，抗日的财政经济政策。财政政策放在有钱出钱和没收日本帝国主义者和汉奸的财产的原则上，经济政策放在抵制日货和提倡国货的原则上，一切为了抗日。第八，全中国人民、政府和军队团结起来，筑成民族统一战线的坚固的长城。执行抗战的方针和上述各项政策，依靠这个联合阵线。中心关键在国共两党的亲密合作。政府、军队、全国各党派、全国人民，在这个两党合作的基础之上团结起来。真正做到"精诚团结，共赴国难"。毛泽东强调，坚决抗战的方针就要求必须实行合乎这个方针的八大纲领。实行坚决抗战的方针，采取八大纲领，"就一定得一个驱逐日本帝国主义、实现中国自由解放的前途"。[①] 可见，毛泽东在《反对日本进攻的方针、办法和前途》中提出了抗日救国八大纲领，初步形成了全面抗战路线的雏形。

1937 年 7 月 30 日，北平、天津相继陷落，中华民族陷入存亡

---

① 《毛泽东选集》第 2 卷，人民出版社 1991 年版，第 346—348、350 页。

绝续的严重危机之中，全国要求武装抵抗日本侵略，实行全面抗战的呼声空前高涨。诚如张闻天所说："各地的大资产阶级，国民党的各地党部、国民革命军的将领及各地方的军政长官，也表示了他们的积极，提出了抗战的要求。全国各党各派各界各军到处要求行动的统一，并且到处组织了这类统一救亡的组织，这使全国抗日救亡运动前进了一大步。"[1] 这使中共中央更加坚定地认识到，实行全面抗战已经迫在眉睫，刻不容缓。为此，延安《新中华报》以《迎接大规模的民族革命战争》为题发表社论，指出日寇进攻华北目的在于攫取华北，以至整个中国，而平津失守，华北万分危急，中华民族的生命已经临到最后的一刹那，"此其时矣，非坚决抗战不足以挽救目前的危机"。社论敦促南京国民政府下最后坚决抗战的决心，采取积极的军事行动，发动广大人民参加抗战，以收复平津，保卫华北，争取抗战的最后胜利。[2]

8月9日，中共中央在延安召开部分政治局成员和各部门负责人参加的重要会议。毛泽东在讲话中指出：卢沟桥事变是中国大规模全国性抗日战争的开始。国民党转变已大进一步，但离彻底转变还远。目前还存在严重的危机，即统治者怕群众起来。蒋介石的抗战决心是日本逼起来的，应战主义是危险的，在华北实际是节节退却。张闻天在会上作了《平津失守后的形势与党的任务》的报告，认为全国抗战形势的发展，必将从局部的应战转变为全国性的抗战，目前"我党的工作中心，是争取全国性抗战的发动与胜利"。报告重申了中国共产党前述关于实行全国性抗战的具体主张。[3] 毛泽东等人对此前形成的抗日救国八项主张进行了补充，扩大为十条，形成了著名的抗日救国十大纲领。

1937年8月22—25日，中共中央在陕北洛川召开了政治局扩大

---

① 《张闻天选集》，人民出版社1985年版，第152页。
② 《迎接大规模的民族革命战争》，《新中华报》1937年8月3日。
③ 《张闻天选集》，第153—154页。

会议。会议主要讨论政治任务问题、军事问题和国共两党关系问题，通过了《中央关于目前形势与党的任务的决定》，全面分析了抗日战争全面爆发后的政治形势，正式提出了全面抗战路线及其纲领。洛川会议制定的《抗日救国十大纲领》，集中体现了中国共产党的全面抗战路线，即依靠和发动全国军民参加的全民族的全面抗战路线。

　　毛泽东在洛川会议上作军事问题和国共两党关系问题的报告。他在报告中分析了抗日战争的形势、任务及国共两党关系，指出抗日战争的持久性，提出红军的基本任务和战略方针，强调共产党在统一战线中的独立自主原则。他说：中国抗战存在两种政策和两个前途，即我们的全面的全民族抗战的政策和国民党的单纯政府抗战的政策，坚持抗战到胜利的前途和大分裂、大叛变的前途。会议通过了《中央关于目前形势与党的任务的决定》（以下简称《决定》）、《中国共产党抗日救国十大纲领》和毛泽东为中共中央宣传部门起草的宣传鼓动提纲《为动员一切力量争取抗战胜利而斗争》。会议指出，卢沟桥的抗战"已经成了中国全国性抗战的起点"，中国的政治形势从此开始了一个新的阶段，这就是"实行抗战的阶段"。在这一阶段，"最中心的任务，是动员一切力量争取抗战的最后胜利"。而争取抗战胜利的关键是"使国民党发动的抗战发展为全面的全民族的抗战"。"只有这种全面的全民族的抗战，才能使抗战得到最后胜利。"[①]　在《决定》中，中国共产党的全面抗战思想得到了全面的系统的阐述。

　　8月25日，毛泽东为中共中央宣传部起草的关于形势与任务的宣传鼓动提纲指出：卢沟桥中国军队的抗战，是中国全国性抗战的开始。为了挽救祖国的危亡，全国人民必须坚固地团结起来，为保卫祖国而作战到底。今后的任务是"动员一切力量争取抗战胜利"，这里的关键是国民党政策的全部的和彻底的转变。他指出：

---

　　① 中央档案馆编：《中共中央文件选集》第11册，中共中央党校出版社1991年版，第324—325页。

"国民党在抗战问题上的进步是值得赞扬的，这是中国共产党和全国人民所多年企望的，我们欢迎这种进步。然而国民党政策在发动民众和改革政治等问题上依然没有什么转变，对人民抗日运动基本上依然不肯开放，对政府机构依然不愿作原则的改变，对人民生活依然没有改良的方针，对共产党关系也没有进到真诚合作的程度。在如此的亡国灭种的紧急关头，国民党如果还因循上述的政策不愿迅速改变，将使抗日战争蒙受绝大的不利。"① 他批驳了有些国民党人拒绝实行政治改革、单纯依靠政府抗战的错误，明确指出："单纯的政府抗战只能取得某些个别的胜利，要彻底地战胜日寇是不可能的。只有全面的民族抗战才能彻底地战胜日寇。然而要实现全面的民族抗战，必须国民党政策有全部的和彻底的转变，必须全国上下共同实行一个彻底抗日的纲领，这就是根据第一次国共合作时孙中山先生所手订的革命的三民主义和三大政策的精神而提出的救国纲领。"②

中国共产党向中国国民党、全国人民、全国各党各派各界各军提出彻底战胜日寇的十大救国纲领，并且坚信只有完全地、诚意地和坚决地执行这个纲领，才能达到保卫祖国战胜日寇之目的。洛川会议提出的抗日救国十大纲领基本内容是：第一，打倒日本帝国主义。对日绝交，驱逐日本官吏，逮捕日本侦探，没收日本在华财产，否认对日债务，废除与日本签订的条约，收回一切日本租界；驱逐日本帝国主义出中国；反对任何的动摇妥协。第二，全国军事的总动员。动员全国海陆空军，实行全国抗战；反对单纯防御的消极的作战方针，采取独立自主的积极的作战方针；设立经常的国防会议，讨论和决定国防作战方针；武装人民，发展抗日的游击战争，配合主力军作战；改革军队的政治工作，使指挥员和战斗员团结一致，军队和人民团结一致，发扬军队的积极性；援助东北抗日

---

① 《毛泽东选集》第 2 卷，第 353 页。
② 《毛泽东选集》第 2 卷，第 353—354 页。

联军，破坏敌人的后方；建立全国各地军区，动员全民族参战。第三，全国人民的总动员。全国人民除汉奸外，都有抗日救国的言论、出版、集会、结社和武装抗敌的自由；废除一切束缚人民爱国运动的旧法令，颁布革命的新法令；释放一切爱国的革命的政治犯，开放党禁；全中国人民动员起来，武装起来，参加抗战，实行有力出力，有钱出钱，有枪出枪，有知识出知识；动员蒙古族、回族及其他少数民族，在民族自决和自治的原则下，共同抗日。第四，改革政治机构。召集真正人民代表的国民大会，通过真正的民主宪法，决定抗日救国方针，选举国防政府；国防政府必须吸收各党各派和人民团体中的革命分子，驱逐亲日分子；国防政府采取民主集中制，它是民主的，又是集中的；国防政府执行抗日救国的革命政策；实行地方自治，铲除贪官污吏，建立廉洁政府：第五，抗日的外交政策。在不丧失领土主权的范围内，和一切反对日本侵略主义的国家订立反侵略的同盟及抗日的军事互助协定；拥护国际和平阵线，反对德日意侵略阵线；联合朝鲜和日本国内的工农人民反对日本帝国主义。第六，战时的财政经济政策。财政政策以有钱出钱和没收汉奸财产作抗日经费为原则；经济政策是：整顿和扩大国防生产，发展农村经济，保证战时生产品的自给；提倡国货，改良生产；禁绝日货，取缔奸商，反对投机操纵。第七，改良人民生活。改良工人、职员、教员和抗日军人的待遇；优待抗日军人的家属；废除苛捐杂税；减租减息；救济失业；调节粮食，赈济灾荒。第八，抗日的教育政策。改变教育的旧制度、旧课程，实行以抗日救国为目标的新制度、新课程。第九，肃清汉奸卖国贼亲日派，巩固后方。第十，抗日的民族团结。在国共两党合作的基础上，建立全国各党各派各界各军的抗日民族统一战线，领导抗日战争，精诚团结，共赴国难。[①]

---

① 中共中央文献研究室、中央档案馆编：《建党以来重要文献选编（1921—1949）》第 14 册，第 475—477 页。

毛泽东指出：“必须抛弃单纯政府抗战的方针，实现全面的民族抗战的方针。”政府必须和人民团结起来，恢复孙中山的全部革命精神，实行上述的十大纲领，争取抗日战争的彻底胜利。中共提出的《抗日救国十大纲领》，集中概括了中国共产党的全面抗战路线的基本内容，是全面的全民族抗战的总纲领和宣言书。毛泽东指出，要实现全面抗战，必须使全国有一个彻底抗日的共同纲领，这个共同纲领就是《抗日救国十大纲领》。它作为抗日民族统一战线的行动指南针，也作为这个统一战线的一种约束，“像一条绳索，把各党各派各界各军一切加入统一战线的团体和个人都紧紧地约束起来”。在现阶段只有实行了这个纲领，才能战胜日寇，挽救中国，“一切和这个纲领相抵触的东西，如果还要继续下去，就会要受到历史的惩罚”。①

中国共产党全面抗战思想的提出，是卢沟桥事变以后抗战形势发展的客观要求，反映了中华民族要求全面抗战，实现民族独立和解放的强烈愿望，所以，它是一条正确的抗战路线。这条路线并非代表某一阶级、某一政党或某一阶层的私利，而是代表了全国人民的根本利益和中华民族的全体意志，为全国人民争取抗战胜利指明了正确道路。也正是在确立全面抗战思想的前提下，中共利用一切机会去宣传群众、组织群众、武装群众，“组织千百万群众进入抗日民族统一战线”。因此，“全面的全民族的抗战”，成为中国共产党在抗日战争中的基本口号。

中共中央政治局洛川会议通过的《中央关于目前形势与党的任务的决定》内容如下。第一，卢沟桥的挑战和平津的占领，不过是日寇大举进攻中国本部的开始。日寇已经开始了全国的战时动员。第二，南京政府在日寇进攻和人心愤激的压迫下，开始下定抗战的决心。整个国防部署和各地的实际抗战已经开始。卢沟桥抗战已经成了中国全国性抗战的起点。第三，中国的政治形势

---

① 《毛泽东选集》第 2 卷，第 367、369 页。

从此开始了一个新阶段，这就是实行全面抗战的阶段。这一阶段最中心的任务是：动员一切力量争取抗战的胜利。第四，在这一新阶段内，我们同国民党及其他抗日派别的区别和争论，已经不是应否抗战的问题，而是如何争取抗战胜利的问题。第五，今天争取抗战胜利的中心关键，在使已经发动的抗战发展为全面的全民族的抗战。只有这种全面的全民族的抗战，才能使抗战得到最后的胜利。中国共产党所提出的抗日救国十大纲领，即是争取抗战最后胜利的具体的道路。第六，今天的抗战，中间包含着极大的危险性。这主要是由于国民党还不愿意发动全国人民参加抗战。相反的，他们把抗战看成只是政府的事，处处惧怕和限制人民的参战运动，阻碍政府、军队同民众结合起来，不给人民以抗日救国的民主权利，不去彻底改革政治机构，使政府成为全民族的国防政府。这种抗战可能取得局部的胜利，然而决不能取得最后的胜利。相反的，这种抗战存在严重失败的可能。第七，由于当前的抗战还存在严重的弱点，所以在今后的抗战过程中，可能发生许多挫败、退却，内部的分化、叛变，暂时和局部的妥协等不利的情况。因此，应该看到这一抗战是艰苦的持久战。第八，共产党员及其所领导的民众和武装力量，应该最积极地站在斗争的最前线，应该使自己成为全国抗战的核心，应该用极大力量发展抗日的群众运动。只要真能组织千百万群众进入抗日民族统一战线，抗日战争的胜利是无疑义的。[①]

1937 年 9 月 1 日，毛泽东在《中日战争爆发后的形势与任务》中，对抗战形势及中共提出的全面抗战思想作了进一步发挥。他指出，中国抗战是全国性的不是局部的；但目前的抗战还是单纯的政府抗战，全民抗战还没有到来，中共的任务是动员一切力量争取抗战胜利，实施抗日救国十大纲领，实现"全面的全民族的战争"。

---

① 　中共中央文献研究室、中央档案馆编：《建党以来重要文献选编（1921—1949）》第 14 册，第 473—474 页。

9 月 29 日，毛泽东在《国共合作成立后的迫切任务》中提出，将孙中山的三民主义和中共提出的抗日救国十大纲领作为国共合作的共同纲领。他指出："这个十大纲领，符合于马克思主义，也符合于真正革命的三民主义。这是现阶段中国革命即抗日民族革命战争中的初步的纲领，只有实行了它，才能挽救中国。"① 因为国民党现在还是中国的最大的握有统治权的政党，故这个纲领必须得到国民党同意才能在全国实行。

　　1937 年 10 月 25 日，毛泽东在与英国记者贝特兰谈话时，重申了抗战基本战略是"全面的全民族的抗战"。他认为："惟有实行民众和政府一致的抗战，才能挽救这个危局。"抗战以来暴露了中国的许多弱点，其中最突出的就是中国抗战虽然是地域上的全国抗战，但不是全体民众参加的全面抗战："这次参战的地域虽然是全国性的，参战的成分却不是全国性的。广大的人民群众依然如过去一样被政府限制着不许起来参战，因此现在的战争还不是群众性的战争。"② 中国抗战在参战地域上是普遍的，但从参战的成分上看则是片面的，因为抗战还只是政府和军队的抗战，不是人民群众的抗战。正因为是政府单纯的片面抗战，不是动员民众参加的全面抗战，故抗战初期国民党正面战场接连失利。

　　1937 年 11 月 1 日，毛泽东在《目前的时局和方针》中说，现在的战争形势对中国不利，是由于只是片面的抗战，不是全面的抗战。"因为在地域上说是全面，在成分上说只是一面，还有广大的群众并没有发动到抗战中来，只是军队和政府来干而已，所以遭受了许多失败。"③ 11 月 12 日，毛泽东在延安中国共产党的活动分子会议上的报告提纲《上海太原失陷以后抗日战争的形势和任务》中指出，目前形势是处在片面抗战到全面抗战的过渡期中，"（一）我

---

①　《毛泽东选集》第 2 卷，第 369 页。

②　《毛泽东选集》第 2 卷，第 374、375 页。

③　《毛泽东文集》第 2 卷，第 62 页。

们赞助一切反对日本帝国主义进攻的抗战，即使是片面的抗战。因为它比不抵抗主义进一步，因为它是带着革命性的，因为它也是在为着保卫祖国而战。（二）但是我们早就指出（今年四月延安党的活动分子会议、五月党的全国代表会议、八月中央政治局的决议）：不要人民群众参加的单纯政府的片面抗战，是一定要失败的。因为它不是完全的民族革命战争，因为它不是群众战争。（三）我们主张全国人民总动员的完全的民族革命战争，或者叫作全面抗战。因为只有这种抗战，才是群众战争，才能达到保卫祖国的目的。（四）国民党主张的片面抗战，虽然也是民族战争，虽然也带着革命性，但其革命性很不完全。片面抗战是一定要引导战争趋于失败的，是决然不能保卫祖国的。（五）这是共产党的抗战主张和现时国民党的抗战主张的原则分歧。如果共产党员忘记了这个原则性，他们就不能正确地指导抗日战争，他们就将无力克服国民党的片面性，就把共产主义者降低到无原则的地位，把共产党降低到国民党。他们就是对于神圣的民族革命战争和保卫祖国的任务犯了罪过。（六）在完全的民族革命战争或全面抗战中，必须执行共产党提出的抗日救国十大纲领，必须有一个完全执行这个纲领的政府和军队"。①

　　毛泽东和中共中央对上海太原失陷后的战局作了判断，认为国民党片面抗战不能持久，可能向三个方向发展：一是结束片面抗战，代以全面抗战；二是结束抗战，代以投降；三是抗战和投降并存于中国。毛泽东指出："从片面抗战转变到全面抗战的前途是存在的。争取这个前途，是一切中国共产党员、一切中国国民党的进步分子和一切中国人民的共同的迫切的任务。"② 此后，中共继续阐发和深化全面抗战路线，并将其贯彻落实到自己领导的敌后持久抗战中。

①　《毛泽东选集》第 2 卷，第 387—388 页。
②　《毛泽东选集》第 2 卷，第 390 页。

二 抗日持久战思想

全面抗战开始后，如何争取抗战胜利，中国各党派提出了自己的政治主张。中国共产党从当时国内外形势、双方国情、战争性质等方面作了分析，认为中国抗战一定是持久战，只有坚持持久战，才能打败日本侵略者。对此，毛泽东、朱德、周恩来、张闻天、刘少奇、彭德怀等都发表了相近的意见，形成了系统的抗日持久战思想。

早在 1935 年 12 月，毛泽东在《论反对日本帝国主义的策略》中就提出了"持久战"思想。他指出："打倒日本帝国主义和中国反革命势力的事业，不是一天两天可以成功的，必须准备花费长久的时间。""帝国主义的力量和革命发展的不平衡，规定了这个持久性。""帝国主义还是一个严重的力量，革命力量的不平衡状态是一个严重的缺点，要打倒敌人必须准备作持久战。"① 这是毛泽东对抗日战争和中国革命的长期性的肯定，标志着中共抗日持久战思想的提出。1936 年 4 月 20 日，张闻天在《关于抗日的人民统一战线的几个问题》一文中明确提出："抗日战争不是几天几个月就能决定胜负的，这是一个持久战。"② 1936 年 7 月，毛泽东在同美国记者斯诺的谈话中就科学地预见到，抗日战争将是长期的，但最后胜利必定属于中国。

卢沟桥事变爆发后，中共中央对持久战思想进行了有益探索。1937 年 7 月 26 日，朱德在《解放周刊》上发表《实行对日作战》指出："抗战将是一个持久的艰苦的抗战。"8 月初，周恩来、朱德、叶剑英代表中共参加了南京国民政府国防会议，提交了中共方

---

① 《毛泽东选集》第 1 卷，第 152、153 页。

② 《张闻天文集》第 2 卷，中共党史出版社 1993 年版，第 95 页。

面拟定的《确立全国抗战之战略计划及作战原则案》。该案全面分析中日双方的情况，提出了全国抗战所应采取的战略方针和作战原则，认为目前抗战的战略方针应是持久防御战，基本作战原则为运动战，避免单纯的消耗战，开始把持久战纳入战略计划，表明中共持久抗战思想的深化。他们明确指出："我国抗战战略之基本方针是防御的、持久的战争，在长期艰苦英勇牺牲的战争中求得胜利，也必定能胜利。"该案具体提出七项战略原则，其中第三条提出：作战的基本原则是"运动战"："应在适当的地点、适当的时机，应集中绝对优势的兵力与兵器，实行决然的突击，避免持久地阵地的消耗战。"第五条提出："一切阵地的编成，避免单线的构筑，而应狭小其正面，伸长其纵深，在守备部队的作战关键亦应采取积极的动作，一般的应反对单纯的死守，才能完成守备的任务。"第七条提出："广大的开展游击战争，其战线应摆在敌人之前线左右，以分散敌人、迷惑敌人、疲倦敌人，肃清敌人耳目，破坏敌人之资财地带，以造成有利条件有利时机，使主力在运动中消灭敌人。"该案认为，只有在上述作战原则之下，才是保持持久战的有效方法和消灭敌人取得抗战胜利的手段。① 中共提出的持久战各原则，较之国民党人的"持久战"思想更为丰富。

8月11日，周恩来、朱德、叶剑英参加军事委员会军政部谈话会。周恩来发言说："在正面防御上，不可以停顿于一线及数线的阵地，而应当由阵地战转为平原与山地的扩大运动战。另一方面，则要采取游击战。"② 朱德在南京国防会议上发言称："抗日战争在战略上是持久的防御战，在战术上则应采取攻势。在正面集中兵力太多，必然要受损失，必须到敌人的侧翼活动。敌人作战离不开交通线，我们则应离开交通线，进行运动战，在运动中杀伤敌

<hr>

① 《确立全国抗战之战略计划及作战原则案》，《中共党史资料》2007 年第 3 期。
② 《周恩来年谱（1898—1949）》，人民出版社、中央文献出版社 1989 年版，第 375 页。

人。在抗战中发动民众甚为重要，在战区应由下而上及由上而下把民众组织起来。游击战是抗战中的重要因素，游击队在敌后积极活动，敌人就不得不派兵守卫其后方，这就牵制了它的大量兵力。"并强调抗战开始以后，"应当根绝各种和平妥协言行，坚持持久抗战"。① 但国民党方面并未领会中共提出的这些思想，在淞沪抗战中仍以阵地战为主，在消耗日军的同时也严重消耗了自己的有生力量。

1937 年 8 月 25 日，中共中央洛川会议通过的《中央关于目前形势与党的任务的决定》指出，当前的抗战形势不容乐观，存在许多严重弱点，在今后的发展过程中可能会碰到种种困难甚至挫折，"应该看到这一抗战是艰苦的持久战"。② 洛川会议后，刘少奇、周恩来、张闻天、彭德怀等相继发表文章，从不同角度阐述了持久抗战思想。

9 月 5 日，任弼时在《真理报》发表的《中国持久战口号的意义》一文指出：持久战的口号是中国人民在抵抗日本侵略者的斗争中的基本口号。日本虽然在军事方面占优势，但它兵力有限，军事资源不足，财政困难，所进行的战争是非正义的，遭到国内国外人民强烈的反对；随着战争的持久进行，这些弱点将更加突出，使日本帝国主义的力量不断削弱。而中国虽然在军事方面处于劣势，但它国土广大，人口众多，又有灵活机动的游击战术，特别是中国进行的是正义的卫国战争，获得国内外广大人民的支持；在持久的抗战中这些优点将越发显示出来，使中国的力量得到不断的"准备和加强"，最后由军事上的劣势转为优势，从而战胜日寇。因此说，"依靠持久战，这是中国武装抗日的唯一正确的战略"。③

---

① 《朱德年谱》，人民出版社 1986 年版，第 168 页。
② 中央档案馆编：《中共中央文件选集》第 11 册，第 324—325 页。
③ 中共中央文献研究室编：《任弼时年谱》，中央文献出版社 2004 年版，第373 页。

1937 年 11 月，周恩来先后公开发表了《反对妥协求和，坚持华北抗战》和《目前抗战危机与坚持华北抗战的任务》的演讲。他在全面分析了华北战场敌我双方政治、军事形势后指出，我国的抗战是持久的，战争的结局是日本必败，中国人民必胜。为此，必须坚持抗战到底，这样才能"在持久战中，壮大自己，武装人民，恢复许多城镇，破坏敌人交通，消灭部分敌人，最后得到全国生力军的参加，可以转到胜利的反攻，收复失地，驱逐日寇帝国主义出中国"。① 中共中央对抗日持久战制胜战略的积极探索，为毛泽东系统地阐明这个制胜战略思想作了必要准备。

抗战初期，国民党正面战场的接连失利，使不少人对抗战前途进行新思考：抗日战争的进程究竟会怎么样？中国能不能打赢这场战争？怎样才能争取抗战的胜利？围绕上述问题，社会上流传着"亡国""速胜"两种论调。以汪精卫、周佛海等为主要代表的"亡国论"认为，中国根本不是日本的对手，如果硬拼下去，无异于以卵击石，自寻绝路。其结论是："中国打不过，只有投降。"同时"速胜"观点在国民党内颇有市场。尽管包括蒋介石在内的多数国民党人认为抗战可能是持久的，并相应制定了持久消耗战略，以对付日军的"速战速决"方针，但他们对持久抗战缺乏充分的思想准备和必胜的信心，幻想依靠国际联盟和英美苏等国的援助，迅速结束中日战争。所以，如何指导人们正确认识抗日战争的进程，制定适合抗战特点和规律的战略方针及行动纲领，已经成为当务之急。以毛泽东为代表的中国共产党人，深入研究抗战的规律和特点，形成了完整的持久抗战的战略思想，成为中华民族抗日御侮的理论指导。

1938 年 5 月，毛泽东总结抗战以来的经验，在延安抗日战争研究会上发表了《论持久战》的演讲，从理论和实践的结合上揭示了抗日战争的性质、特点、规律和前途，对抗日持久战的一系列问题作了系统、完整、深刻的论述，为中国人民赢得抗战最终胜利

①　《周恩来选集》上卷，人民出版社 1980 年版，第 86 页。

指明了方向。他随后发表《战争和战略问题》等论著，对持久战思想作了理论升华，奠定了持久抗战战略的理论基础，标志着中国共产党的持久抗战思想臻于成熟。

以毛泽东为代表的中国共产党人所阐述的持久抗战思想，主要内容包括以下方面。

第一，驳斥了"亡国"和"速胜"这两种错误观点，正确阐明持久抗战的必要性和重大意义。毛泽东指出，"战争问题中的唯心论和机械论的倾向，是一切错误观点的认识论上的根源。他们看问题的方法是主观的和片面的。或者是毫无根据地纯主观地说一顿；或者是只根据问题的一侧面、一时候的表现，也同样主观地把它夸大起来，当作全体看"。"亡国"论和"速胜"论正是这种认识论的集中反映。"亡国"论者和对抗战前途感到悲观的人们，仅仅看重了敌强我弱这个侧面，并把它夸大起来作为全部问题的依据，因而得出了错误的结论；"速胜"论者则根本忘记了敌强我弱这个现实，任意夸大中国有利的方面，同样得出了错误的结论。中国并不排除亡国的危险，但实现解放的可能性远远大于亡国的可能性；中国抗战速胜当然是最理想的，谁也赞成能在一个早上就把日本侵略者赶出中国去，但这仅仅是一个良好的主观愿望，客观现实是这种可能并不存在。"因此，反对战争问题中的唯心论和机械论的倾向，采用客观的观点和全面的观点去考察战争，才能使战争问题得出正确的结论。"①

基于这种认识，中国共产党认为，中国要取得抗日战争的胜利，只有坚持持久抗战。毛泽东强调，"只有战略的持久战才是争取最后胜利的唯一途径"。②刘少奇说："日寇是一个强大的敌人，只有在持久战争中才能最后战胜它。"③《新华日报》发表的社论更

---

① 《毛泽东选集》第 2 卷，第 447 页。
② 《毛泽东选集》第 2 卷，第 459 页。
③ 刘少奇：《关于抗日战争的政策问题》，《六大以来》上，中国人民大学出版社 1980 年版，第 907 页。

明确指出，"只有坚持长期抗战，才能争取中华民族解放战争的最后胜利"①，这是一个被完全证实了的真理。这样，中国共产党就形成了自全面抗战开展—经持久抗战—争取抗战胜利—实现民族独立的逻辑思路。这种全新的思维在抗战形势尚不甚明了的情况下，对于人们正确把握抗战的发展脉搏，增强抗战必胜的信心，无疑是至关重要的。

第二，对抗日战争的客观规律作了理论总结，并科学地预见到抗日战争的三个发展阶段。毛泽东和中共站在时代的高度，分析了中日战争双方的基本特点，找到了持久抗战的客观依据。毛泽东指出，抗日战争是持久战，最后胜利属于中国，其"全部问题的根据"就在于"中日战争不是任何别的战争，乃是半殖民地半封建的中国和帝国主义的日本之间在二十世纪三十年代进行的一个决死的战争"。② 由此决定了战争双方势必存在许多互相矛盾的特点。

这些特点是：一是敌强我弱。日本是一个强大的帝国主义国家，其军力、经济力和政治组织力在东方是一等的，在世界上也是五六个著名帝国主义国家中的一个；而中国则是一个半殖民地半封建的弱国，军力、经济力和政治组织力各方面都不如敌人。二是敌人的战争是退步的，野蛮的，中国的战争是进步的、正义的。由于内外矛盾，日本帝国主义不得不举行空前规模的侵华冒险战争，其结果只能加速其最后崩溃的进程，这就是日本进行战争的退步性；同时日本又是一个带军事封建性的帝国主义国家，这就产生了它的战争的特殊的野蛮性。这种"退步性和野蛮性是日本战争必然失败的主要根据"。中国则不然。今日中国的军事、经济、政治、文化虽不如日本强，但同中国自己比较起来，却有比任何一个历史时期更为进步的因素。中国共产党及其领导下的人民军队，就是这种进步因素的代表。正是这种进步性，产生了中国战争的正义性，它

① 《论目前抗战形势》，《新华日报》1938 年 10 月 7 日。
② 《毛泽东选集》第 2 卷，第 447 页。

能唤起全国的团结，激起敌国人民的同情，争取世界多数国家的援助。三是敌小国我大国。日本战争力量虽强，但它是一个小国，人力、军力、财力、物力均缺乏，经不起长期的战争；而中国是一个大国，地大、物博、人多、兵多，能够支持长期的战争。四是敌寡助我多助。日本虽能得到国际法西斯国家的援助，但却损害了绝大多数国家和人民的利益，得不到国际社会的同情和援助；中国的抗战是进步的、正义的，必然会得到国际社会的广泛同情和援助。

毛泽东指出："这些特点，规定了和规定着双方一切政治上的政策和军事上的战略战术，规定了和规定着战争的持久性和最后胜利属于中国而不属于日本。战争就是这些特点的比赛。这些特点在战争过程中将各依其本性发生变化，一切东西就都从这里发生出来。"[1] 换言之，正是这些特点的存在及其在战争过程中"各依其本性发生变化"，决定了中日战争的持久性和中国必胜的结局，这是一条不以人的意志为转移的客观规律。

毛泽东根据这四个基本特点，科学地预见到抗日战争必将经过战略防御、战略相持和战略反攻三个发展阶段。即"第一个阶段，是敌之战略进攻、我之战略防御的时期。第二个阶段，是敌之战略保守、我之准备反攻的时期。第三个阶段，是我之战略反攻、敌之战略退却的时期"。第一阶段"我们的作战计划，应把敌人可能占领三点甚至三点以外之某些部分地区并可能互相联系起来作为一种基础，部署持久战"；第二阶段的任务，"在于动员全国民众，齐心一致，绝不动摇地坚持战争，把统一战线扩大和巩固起来，排除一切悲观主义和妥协论，提倡艰苦斗争，实行新的战时政策，熬过这一段艰难的路程"，同时，"号召全国坚决地维持一个统一政府，反对分裂，有计划地增强作战技术，改造军队，动员全民，准备反攻"；第三阶段收复失地，实施战略反攻，"直至打到鸭绿江边，

---

[1] 《毛泽东选集》第 2 卷，第 450 页。

才算结束了这个战争"。①

在这三个战略阶段中，毛泽东特别强调战略相持阶段是整个战争的过渡阶段，也是最困难的时期，然而却是敌强我弱形势"转变的枢纽"。"中国将变为独立国，还是沦为殖民地，不决定于第一阶段大城市之是否丧失，而决定于第二阶段全民族努力的程度。"② 相持阶段是敌我力量消长、优势互换的关键时期，是抗日战争中中国由弱变强、由守转攻的决定性阶段。承认不承认相持阶段，是能否真正认识和了解持久战，制定并实现正确的对日持久战略，争取抗战胜利的根本所在。如果忽视或否认相持阶段的存在，持久战不过是一句空话而已；"所谓持久与长期就是完全抽象的东西……因而就不能实现任何实际的战略指导与任何实际的抗战政策"。③ 通过对三个战略阶段的透视和分析，毛泽东和中国共产党人揭示出了抗日战争的发展过程。中国由防御到相持到反攻，日本由进攻到保守到退却，最后结局，完全可以肯定，"日本将以绝对劣势而失败，中国将以绝对优势而获胜"。

第三，提出了持久抗战的完整的战略方针及其基本原则。从总体上说，中国在抗日战争中主要处于防御态势，但这种防御不是绝对的，而是相对的，是一种战略的防御，并非落实到具体战术和每个战役都是防御。防御中应该有进攻，防御的目的在于进攻，以进攻求得更好的防御；持久中应该有速决，以战役、战斗的速决来达到战略的持久。毛泽东和中国共产党人根据抗日战争中敌强我弱、敌小我大的特点，提出了一整套符合持久抗战要求的具体战略方针。这就是："在第一和第二阶段即敌之进攻和保守阶段中，应该是战略防御中的战役和战斗的进攻战，战略持久中的战役和战斗的速决战，战略内线中的战役和战斗的外线作战。在第三阶段中，应

---

① 《毛泽东选集》第 2 卷，第 462—463、465—466 页。
② 《毛泽东选集》第 2 卷，第 465 页。
③ 中央档案馆编：《中共中央文件选集》第 11 册，第 580 页。

该是战略的反攻战。"概括起来就是防御中的进攻，持久中的速决，内线中的外线，亦即"外线的速决的进攻战"。①

这个方针的中心点在于强调进攻，反对单纯的防御。毛泽东和中国共产党人对此作了精辟阐述。1937 年 11 月 27 日，朱德在《争取持久抗战胜利的先决问题》中指出："如果采取单纯的防御也必然招致失败的恶果。所以，我们在战术上，应尽可能是进攻的，必须时，亦应采取积极的防御（即攻势防御）。"② 以积极主动的进攻来弥补战略防御中的某些缺陷，以积极的战役外线来改变战略内线的不利态势，争取主动。毛泽东还强调指出，采取"外线的速决的进攻战"的方针，意义是很大的，完全可以达到持久抗战总的战略目的。他说，如果采取这一方针，"就不但在战场上改变着敌我之间的强弱优劣形势，而且将逐渐地变化着总的形势。在战场上，因为我是进攻，敌是防御；我是多兵处外线，敌是少兵处内线；我是速决，敌虽企图持久待援，但不能由他作主；于是在敌人方面，强者就变成了弱者，优势就变成了劣势；我军方面反之，弱者变成了强者，劣势变成了优势。在打了许多这样的胜仗之后，总的敌我形势便将引起变化。……到那时，配合着我们自己的其他条件，再配合着敌人内部的变动和国际上的有利形势，就能使敌我总的形势走到平衡，再由平衡走到我优敌劣。那时，就是我们实行反攻驱敌出国的时机了"。③

毛泽东和中国共产党审时度势，提出了贯彻和实行持久抗战战略方针应当遵循的基本原则。一方面，在战争的客观条件许可的范围内，自觉发挥主观能动作用。毛泽东指出："抗日战争是要赶走帝国主义，变旧中国为新中国，必须动员全中国人民，统统发扬其抗日的自觉的能动性，才能达到目的。"④ 战争的胜负，

---

① 《毛泽东选集》第 2 卷，第 484、489 页。
② 《朱德军事文选》，解放军出版社 1997 年版，第 304 页。
③ 《毛泽东选集》第 2 卷，第 486—487 页。
④ 《毛泽东选集》第 2 卷，第 477—478 页。

固然取决于双方军事、政治、经济、地理、战争性质、国际援助诸方面的条件，但这些条件仅仅是为战争分出胜负提供了可能性，任何一个条件都无法决定胜负，一场战争要分出胜负，还取决于主观的努力，即指导战争的人的自觉能动性。毛泽东说："指导战争的人们不能超越客观条件许可的限度期求战争的胜利，然而可以而且必须在客观条件的限度之内，能动地争取战争的胜利。"①

　　另一方面，战争是实力的竞赛，其目的在于保存自己、消灭敌人，在当时中国相对弱小的情况下，要达到这一目的还必须主动、灵活地运用战略战术。这也是持久抗战的基本要求。毛泽东指出，实行外线的速决的进攻战这一持久抗战的战略方针，离不开主动性、灵活性和计划性。所谓"主动性"，指的是军队行动的自由权。"行动自由是军队的命脉，失了这种自由，军队就接近于被打败或被消灭"。战争的双方都力争主动，避免被动，"我们提出的外线的速决的进攻战，以及为了实现这种进攻战的灵活性、计划性，可以说都是为了争取主动权，以便逼敌处于被动地位，达到保存自己消灭敌人之目的"。② 这种主动性的质量好坏，取决于主观指导的正确与否。"主观指导的正确或错误，可以化劣势为优势，化被动为主动；也可以化优势为劣势，化主动为被动"，这是一条规律。所谓"灵活性"，"就是灵活地使用兵力"，以争取战争的主动权，压倒敌人而击破之。所谓"计划性"，就是事先有"计划和准备"地指导与进行战争，"在绝对流动的整个战争长河中有其各个特定阶段上的相对的固定性——这就是我们对于战争计划或战争方针的根本性质的意见"。③

　　第四，明确了持久抗战采用的主要作战形式，强调运动战、游击战的战略地位。抗日战争所采用的作战形式不外乎运动战、游击战和阵地战三种，但就战争的全局来说，运动战是主要作战形式，

---

① 《毛泽东选集》第2卷，第478页。
② 《毛泽东选集》第2卷，第487—488页。
③ 《毛泽东选集》第2卷，第412、491、496页。

游击战和阵地战起辅助作用。

毛泽东指出，"解决战争的命运，主要是依靠正规战，尤其是其中的运动战"。[①] 运动战是指正规兵团在长的战线和大的战区上面，从事于战役和战斗上的外线的速决的进攻战的形式，同时还包括为便利这种进攻而采取的"运动性防御"与退却、阵地进攻与防御等形式。它的显著特点是"正规兵团，战役和战斗的优势兵力，进攻性和流动性"，要求野战军大踏步的前进和后退，不计较争一城一地之得失。运动战在具体战斗形式上，表现为采取迂回包围战术，集中优势兵力，达到歼灭敌人之目的。在这里，既要反对"有退无进"的逃跑主义，同时也要反对"有进无退"的拼命主义。因为逃跑主义"只有向后的运动，没有向前的运动；这样的'运动'，否定了运动战的基本的进攻性，实行的结果，中国虽大，也是要被'运动'掉的"；拼命主义则是军事上的"近视眼"，其根源是惧怕丧失土地，既不懂得"暂时地部分地丧失土地，是全部地永久地保存土地和恢复土地的代价"，也不知道"凡被迫处于不利地位，根本上危及军力的保存时，应该勇敢地退却，以便保存军力，在新的时机中再行打击敌人"，如果不如此，"不但城和地俱失，军力也不能保存"。[②] 运动战与此完全不同，它的大踏步的前进，是强调进攻性，以保存自己，消灭敌人；它的大踏步的后退，是强调"诱敌深入"，先回避敌人的锋芒，再寻机歼灭敌人，同样也是保存自己，在运动战中，它所执行的防御也是一种运动性的防御，积极的防御，其要诀就是："乘敌在运动中或敌立足未稳时，集中优势兵力，以坚决、勇猛、迅速的手段歼灭敌人，减少敌人空、炮及其他机械、化学兵种配合的效能，只有在运动中解决了敌人，打击了敌人，才是达到防御目的的最好手段。防御也是为着

---

① 《毛泽东选集》第 2 卷，第 499 页。
② 《毛泽东选集》第 2 卷，第 498 页。

节约兵力，用在运动中消灭敌人的手段。"① 这种运动战思想所倡导的进与退、攻与防，其中心是着重于机动灵活的进攻。

在中国抗日战争的总体历史发展进程中，运动战是主要的，游击战是辅助的，但并不是说游击战在抗日战争中是可有可无的，相反，由于抗日战争的特殊形势，游击战本身具有特殊的战略地位，仅次于运动战。因为没有游击战的辅助，运动战势必孤掌难鸣，不可能战胜强大而又疯狂的日本侵略军。至于从抗日战争在时间上的持久、空间上的广大和"犬牙交错"的特殊意义上来说，抗日游击战争的战略地位就显得更加重要了。朱德指出："抗日游击战争是整个抗日战争中的一部分，而且是必不可缺少的一部分，是取得抗日战争最后胜利的主要条件之一。"② 毛泽东则从持久抗战的角度，进一步从理论上论证了游击战争的重大战略作用。他说道，从抗日战争的三个战略阶段来看，首尾阶段以运动战为主，辅之以游击战和阵地战，中间阶段即战略相持阶段，"则游击战将升到主要地位"，运动战和阵地战起辅助作用。即使是到了战略反攻阶段，游击战争的战略作用依然不容忽视，因为这时的战斗"已不全是由原来的正规军负担，而将由原来的游击军从游击战提高到运动战去担负其一部分，也许是相当重要的一部分"。总之，"整个抗日战争中，中国将不会以阵地战为主要形式，主要和重要的形式是运动战和游击战"。③ 基于上述认识，中国共产党力主在敌后开展抗日游击战争，并且在抗战实践经验的基础上，经过理论的提炼，升华为关于开展敌后游击战争的战略思想。

第五，提出了必须动员民众、开展人民战争的战略思想。抗日战争不仅仅是中日双方的军事对垒，同时更是政治、经济、文化等各方面的总体战。中共中央 1937 年 12 月发表的时局宣言指出，要

---

① 《朱德军事文选》，第 304 页。
② 《朱德选集》，第 34 页。
③ 《毛泽东选集》第 2 卷，第 499、501 页。

保障继续持久抗战，争取最后胜利，必须"动员全中国的武力、人力、智力、财力、物力"，并强调，抗日战争"初期战线上的部分军事的成败，均不能决定中日战争的最后命运；而我四万万五千万同胞的坚强团结和长期艰苦抗战之毅力与信心，实为争取最后胜利之保证"。① 朱德说："中华民族能否从持久的抗日战争中，求得自己的独立自由和解放，完全在于能否动员全国一切人力、物力，为争取抗日胜利而进行顽强的不疲倦的斗争。"② 毛泽东和中国共产党坚信人民群众的伟大力量，指出，"兵民是胜利之本"，"战争的伟力之最深厚的根源，存在于民众之中"，"动员了全国的老百姓，就造成了陷敌于灭顶之灾的汪洋大海，造成了弥补武器等等缺陷的补救条件，造成了克服一切战争困难的前提"。③

不仅毛泽东、刘少奇、朱德等人对持久抗战与动员民众的关系有深刻的认识，而且中共许多高级将领对此也有系统阐述。左权从人与武器关系的角度，论证了人民群众的伟大作用。他说，"决定战争最主要的是人，人是起主导作用的"，"没有现代化的军事技术，没有灵活的战略战术，是不能把敌人赶到鸭绿江边的；同时没有把进步的政治精神贯注于军队之中，没有把战争的最深厚的伟力从民众中发掘出来，也一样是不能取得最后胜利的"。④ 这就是说，人和武器都是战争的重要因素，从某种意义上说，没有武器就没有战争，但武器只有与人的因素尤其是同民众结合起来，才能成为现实的战争力量，才能取得抗日战争的最后胜利。正因如此，中共主张发动民众、组织民众和武装民众，把抗日战争发展为全民族的人民战争。

1938 年 3 月，中共中央致电国民党临时全国代表大会，希望

---

① 中央统战部、中央档案馆编：《中共中央抗日民族统一战线文件选编》（下），档案出版社 1986 年版，第 81 页。

② 《朱德军事文选》，第 310 页。

③ 《毛泽东选集》第 2 卷，第 480、511 页。

④ 左权：《论军事思想的原理》，《解放日报》1942 年 6 月 30 日。

国民党要大量扶植与发展一切抗日救国的工、农、青、妇各界民众团体，"用最大力量普遍组织民众的自卫队，联庄队，游击队，对民众自动武装起来的各种武装队伍，及全民众的原始武装组织，应给以各方面的援助与指导，提高他们的政治认识与军事技术"。①

毛泽东在《论持久战》和《论新阶段》两部著作中，对抗日持久战的基本问题作了精辟论述。抗日战争是在敌强我弱、敌小我大、敌退步我进步、敌失道寡助我得道多助的条件下进行的。敌强我弱决定了战争的长期性和残酷性，决定了中国必须采取持久战的战略方针。毛泽东和中国共产党的持久抗战思想，解答了当时人们最关心而看不清楚的问题，把抗日战争的历史发展全貌展现在人们面前，使人们对战争的发展过程和前途有了清楚的认识和了解，从而提高了人们坚持抗战的信念。这一思想所体现出的一系列独到见解和远见卓识，在以往的军事教科书上是不曾有过的，这充分说明毛泽东和中共不但具有认知和驾驭战争的卓越才能，而且具有指导战争的高超技巧和艺术，丰富和发展了中国抗战的战略理论，成为中国人民坚持抗战、争取胜利的强大思想武器。

三　独立自主的游击战思想

全面抗战爆发后，共产党需要在战略上做重大的转变，即由集中的运动战向分散的游击战转变。这种转变无论对抗日战争全局的发展还是对共产党未来的命运都是至关重要的。卢沟桥事变发生的第二天，中共中央发出《关于卢沟桥事变后华北工作方针问题给北方局的指示》，提出要立即在平津、平绥以东地区开始着手组织抗日义勇军，准备进行艰苦的游击战争。国共合作形成后，中共决定开辟以游击战为基本作战方式的敌后战场，"在日寇占领区域及

---

① 中央档案馆编：《中共中央文件选集》第 11 册，第 483 页。

其侧后方，发动广泛的游击战争……到处实行骚扰破坏，捕杀日本官吏，解除日军小部队的武装等……‘在中国人不打中国人’的口号下，经过秘密的或半公开的活动方式去组织伪军及伪保安队的全部叛变与倒戈”。①

中共中央开始提出独立自主的游击战方针，是在平津失陷后。8月1日，毛泽东指示周恩来，红军应“在整个战略方针下执行独立自主的分散作战的游击战争，而不是阵地战，也不是集中作战，因此不能在战役战术上受束缚。只有如此才能发挥红军特长，给日寇以相当打击”。② 这是中共中央第一次明确提出了红军作战的基本原则是独立自主的游击战。8月4日，毛泽东发出作战指令，“红军作战任务是担负的独立自主的游击运动战，钳制敌人大部分，消灭敌人一部”，而不宜“独当一面”地作战。③ 8月9日，毛泽东专门强调，红军应当实行独立自主的指挥与分散的游击战争，集团的作战是不可行的。由于国共合作刚刚开始，防人之心不可无，要有戒心。毛泽东关于游击战的思想武装了广大干部和红军，也为洛川会议制定正确的战略方针奠定了基础。

1937年8月下旬，毛泽东在洛川召开会议作的军事报告中提出：将国内战争后期的正规军、正规战转化为游击军和游击战，独立自主地开展敌后游击战争，明确指出八路军的主要作战地区是在晋察冀三省交界处。八路军在敌后主要负责创建敌后战场，制造任何可以打击消灭敌人的机会，对国民党军队实施战略援助，以达到对革命政权的主动性。分散发动群众，集中消灭敌人，打得赢就打，打不赢就走。毛泽东随后对“独立自主的山地游击战争”基本原则作了解释：“（一）依照情况使用兵力的自由。现在蒋鼎文

① 中共中央文献研究室、中央档案馆编：《建党以来重要文献选编（1921—1949》第14册，第468—469页。

② 中央档案馆编：《中共中央文件选集》第11册，第299页。

③ 中共中央文献研究室编：《毛泽东年谱（1893—1949）》中册，中央文献出版社2005年版，第12页。

还在说刘师应速上前线。彼等用意，或者不明白使用大兵团于一个狭小地域实不便于进行游击战争，如果是这样，可见我们对此原则并未向他们有过彻底坚持的说明；或者他们含有恶意，即企图迫使红军打硬仗。（二）红军有发动群众、创造根据地、组织义勇军之自由，地方政权与邻近友军不得干涉。如不弄清这一点，必将发生无穷纠葛，而红军之伟大作用决不能发挥。（三）南京只作战略规定，红军有执行此战略之一切自由。（四）坚持依傍山地与不打硬仗的原则。"①

1937 年 9 月 18 日，针对日本突破国民党防线大举向华北内地进犯的新形势，毛泽东再次强调独立自主山地游击战的重要性。指出这一策略的关键之处在于发动群众，分散兵力，对敌侧后方予以沉重打击。自此之后，八路军将主力部队分散开来，正式由正规军、正规战，向游击军、游击战的战略转变。9 月 21 日，毛泽东对游击战作出指示："今日红军在决战问题上不起任何决定作用，而有一种自己的拿手好戏，在这种拿手戏中一定能起决定作用，这就是真正独立自主的山地游击战（不是运动战）。要实行这样的方针，就要战略上有有力部队处于敌之翼侧，就要以创造根据地发动群众为主，就要分散兵力，而不是以集中打仗为主。"② 这段文字集中阐明了中国共产党的山地游击战之要旨所在。

1937 年 11 月太原失守后，国民党终结了在华北战场对日正面作战，这就决定了中共在华北地区的持久抗战必须由运动战向游击战转变。毛泽东在《向全面抗战过渡期中八路军在山西的任务》中指出："正规战争结束，剩下的只是红军为主的游击战争了，山西统治阶级及各军领袖已动摇无主了。""红军任务在于发挥进一步的独立自主原则，坚持华北游击战争，同日寇力争山西全省的大多数乡村，使之化为游击根据地，发动民众，收编溃军，扩大自

---

① 《毛泽东文集》第 2 卷，第 11 页。
② 《毛泽东文集》第 2 卷，第 19 页。

己，自给自足，不靠别人，多打小胜仗，兴奋士气，用以影响全国，促成改造国民党，改造政府，改造军队，克服危机，实现全面抗战之新局面。"①

在1937年12月召开的中央政治局会议上，王明作题为《如何继续全国抗战与争取抗战胜利呢》的报告，批评洛川会议以来中央采取的正确方针和政策。毛泽东坚持认为：我们所谓独立自主是对日本作战的独立自主。战役战术是独立自主的。抗日战争总的战略方针是持久战。红军的战略方针是独立自主的山地游击战，在有利条件下打运动战，集中优势兵力消灭敌人一部。独立自主，对敌军来说我是主动而不是被动的，对友军来说我是相对的集中指挥，对自己来说是给下级以机动。② 总的一句话：相对集中指挥的独立自主的山地游击战。洛川会议决定的战略方针是对的。1938年5月，毛泽东发表了《论持久战》《抗日游击战争的战略问题》《战争和战略问题》等重要著作，从理论上集中地论述抗日游击战争的战略问题，使中共的抗日游击战思想获得了理论支持。周恩来、刘少奇、朱德、彭德怀、刘伯承等人相继发表文章，在总结了中外历史经验的基础上，从不同角度对游击战争的实践经验进行总结，阐述游击战争在整个抗日战争中的地位和作用，对抗日游击战作了系统论述，形成了关于敌后游击战争的系统理论。朱德撰写的《论抗日游击战争》一文指出："抗日游击战争是在日本帝国主义侵略中国领土这一历史条件之下产生出来的。它的实质，是一切不愿做亡国奴的同胞为了救死求生而采取的一种最高、最广泛的斗争方式。"③

中国共产党"独立自主的游击战思想"，是全面抗战到来后总结各方面的情况后制定的战略方针，也是新的历史条件下坚持武装

---

① 《毛泽东文集》第2卷，第67页。
② 中共中央文献研究室编：《毛泽东年谱（1893—1949）》中册，第41页。
③ 《朱德选集》，第31页。

斗争的正确方针。这里的独立自主，主要是相对国共关系而言的，指中共在处理同国民党的关系时，要保持共产党对八路军和新四军的领导权。游击战、运动战和阵地战是战争的三种基本形式。能否根据战争的条件和战争的发展态势，正确地选择和转换作战形式，并使之有主有次地结合起来，是指导中国革命战争的重大战略方针问题。由于中国革命战争敌强我弱的特点，由于长期以来我们没有固定的作战线，由于无法阻止根据地的流动性和根据地建设的灵活性，这就决定了积极防御的战略方针是整个中国革命战争战略战术的基础，同时也就决定了人民军队的主要的和基本的作战形式是游击战和运动战。游击战是依托根据地、群众的抗战战术，同正规战相比更具主动性和灵活性。长期以来我们党的政治路线和党的建设是密切地联系着这种斗争形式的。运动战思想与游击战思想有很大的不同，它是由正规兵团担任，而且作战部队要掌握着优势兵力，既要有进攻又要注重防御性，同时这种作战思想具有很强的流动性。运动战与游击战相结合的思想，是共产党在抗战中不断总结出来的经验。

毛泽东和中国共产党在抗战实践经验的基础上，经过理论的提炼，升华为关于开展敌后游击战争的战略思想。那么，什么是敌后游击战争呢？中国共产党将其概括为："抗日的大众战及民兵战。我们指明它是抗日的，以与其他的游击战争分别开来；我们指明它是大众战或民兵战，以与正规武装部队的战争分别开来。"[1] 具体来讲，它"是使用小的队伍，少至几人，多至几百人的队伍，在敌军后方活动"，这些队伍的组成，"无论是正规军派出的或者是由民众政治斗争中发展起来的，或者是由这两种混合组成的，通常是在敌人的后方，特别是在广大民众拥护掩护之中，袭击或伏击敌军，破坏其交通与辎重"。其动作特点是，没有严格的战线与后

---

[1]　《朱德选集》，第 31 页。

方，机敏灵活，出没无常，独立自主地决定行动①，在外线单独作战，打击日本侵略者。敌后游击战争"是一种时代的产物"，是在日本帝国主义侵略中国领土这一特定的历史条件下产生出来的。日寇每侵占中国一个地方，那里不愿当亡国奴的人民，不管有没有武器、有没有军事才能，都自动组织起来在敌人远近后方或者敌人将到的作战区域内开展游击战争，或者经过抗日政府与抗日军队，有计划地分派出正规部队担任游击任务和组织民众开展游击战争。"它的实质，是一切不愿做亡国奴的同胞为了救死求生而采取的一种最高、最广泛的斗争方式。它以日本帝国主义为其敌人"。② 可见，敌后游击战争是在日本侵略者的后方掀起的轰轰烈烈的抗日群众运动，是群众抗日斗争的一种最高形式。

中国共产党认为，开展敌后游击战争对坚持持久抗战具有极其重要的战略意义。处于进步时代却大而弱的中国，被一个小而强的日本所侵略，势必造成敌人占地甚广和战争的长期性的奇特现象，由此决定了敌后游击战争主要不是在内线配合正规军的战役作战，而是在外线单独作战，同时由于中国的进步，尤其是中国共产党领导的人民军队和最广大的人民群众的存在，决定了敌后游击战争就不是小规模的，而是大规模的。其战略意义的不容忽视是显而易见的，诚如毛泽东所精辟阐释的那样，"没有游击战争，忽视游击队和游击军的建设，忽视游击战的研究和指导，也将不能战胜日本"。原因在于"大半个中国将变为敌人的后方，如果没有最广大的和最坚持的游击战争，而使敌人安稳坐占，毫无后顾之忧，则我正面主力损伤必大，敌之进攻必更猖狂，相持局面难以出现，继续抗战可能动摇，即若不然，则我反攻力量准备不足，反攻之时没有呼应，敌之消耗可能取得补偿等等不利情况，也都要发生。假如这些情况出现，而不及时地发展广大的和坚持的游击战争去克服它，

---

① 《中共党史教学参考资料》第 16 册（内部资料），1986 年，第 72 页。
② 《朱德选集》，第 31 页。

要战胜日本也是不可能的"。①

关于开展敌后游击战争的巨大作用，朱德认为具体表现：在于抗日游击队是民众抗日学校，是抗日民族统一战线的武装宣传者和组织者；在于抗日游击战争能够使日寇无法从它所占领的地区中取得人力和资财的补充来灭亡我国；在于抗日游击战争能够部分地恢复国家领土和维系失地的人心；在于抗日游击战争能够配合正规军作战；在于抗日游击战争能够为正规军创造优良的后备军和新的兵团。②

后来，毛泽东又作了更为系统的总结并归纳为："（一）缩小敌军的占领地；（二）扩大我军的根据地；（三）防御阶段，配合正面作战，拖住敌人；（四）相持阶段，坚持敌后根据地，利于正面整军；（五）反攻阶段，配合正面，恢复失地；（六）最迅速最有效地扩大军队；（七）最普遍地发展共产党，每个农村都可组织支部；（八）最普遍地发展民众运动，全体敌后人民，除了敌人的据点以外，都可组织起来；（九）最普遍地建立抗日的民主政权；（十）最普遍地发展抗日的文化教育；（十一）最普遍地改善人民的生活；（十二）最便利于瓦解敌人的军队；（十三）最普遍最持久地影响全国的人心，振奋全国的士气；（十四）最普遍地推动友军友党的进步；（十五）适合敌强我弱条件，使自己少受损失，多打胜仗；（十六）适合敌小我大的条件，使敌人多受损失，少打胜仗；（十七）最迅速最有效地创造出大批的领导干部；（十八）最便利解决给养问题。"③

关于开展敌后游击战争的战略，毛泽东将其概括为："（一）主动地、灵活地、有计划地执行防御战中的进攻战，持久战中的速决战和内线作战中的外线作战；（二）和正规战争相配合；（三）建立

---

①　《毛泽东选集》第 2 卷，第 552 页。

②　《朱德选集》，第 35—37 页。

③　《毛泽东选集》第 2 卷，第 553 页。

根据地；（四）战略防御和战略进攻；（五）向运动战发展；（六）正确的指挥关系。"① 其实质在于全面贯彻和实行持久抗战的战略方针。"这六项，是全部抗日游击战争的战略纲领，是达到保存和发展自己，消灭和驱逐敌人，配合正规战争，争取最后胜利的必要途径"。② 就其主次轻重来说，第一项无疑是最为重要的，它是游击战争战略原则的最中心的问题，解决了这个问题，游击战争的胜利就有了军事指导上的重要保证。至于具体战术问题，中国共产党认为总的战术应该是"速决的进攻"，其基本原则是"迅速、秘密和坚决"③，内容包含"主动性突然性与顽强性"④，即采取积极主动的行动，以高度的灵活性和机动性，向敌军发动突然袭击，坚决、干脆地消灭敌人的有生力量。其中，"袭击"构成了敌后游击战争最基本的战术，其余的战术均从属于斯。毛泽东指出，敌后游击战争一般以袭击的形式表现其进攻，"袭击是攻击的一种，游击战争不注重正规的阵地攻击这种形式，而注重突然袭击或名奇袭的这种形式，这是因为游击战争是战略上以少胜多以弱胜强的，非如此不能达到目的"。⑤

中国共产党对于游击战与发动民众的结合尤为重视。彭德怀指出："只要有群众，就能够发动游击战争。"敌后有广大的抗日群众存在，因此我们有充分的条件在敌后开展广泛的游击战争。敌后是敌人兵力最薄弱的地方，也是游击战争大显身手的地方。"只要认识到发展游击的重要，只要相信群众的力量，并给以相当的推动与帮助，便可以号召起广大的群众加入游击队，进行抗日的武装斗争。"⑥ 在同敌人作战的过程中要注意把正规部队、地方游击部队

---

① 《毛泽东选集》第 2 卷，第 407 页。
② 《毛泽东选集》第 2 卷，第 407 页。
③ 《朱德选集》，第 61 页。
④ 《中共党史教学参考资料》第 17 册（内部资料），1985 年，第 140 页。
⑤ 《毛泽东文集》第 2 卷，第 74 页。
⑥ 刘雯编：《现代名人抗战言论集》，战时出版社 1938 年版，第 73 页。

及普通民众组成的部队结合起来。群众是一切战争胜利的基础，任何斗争都要团结最广大的人民群众，共产党的这一战略思想即是人民战争思想。

中国共产党认为，敌后游击战争有三项基本任务：一是"公开或秘密地发展民众抗战的组织，特别是武装的组织，来繁殖游击战争；同时揭破敌人的欺骗阴谋，铲除汉奸，瓦解敌人的傀儡政权，特别是敌伪的军队，使我国已失的领土和政权，从一切斗争中，主要是武装斗争中，恢复起来"。① 二是建立敌后抗日根据地，这是"游击战争赖以执行自己的战略任务，达到保存和发展自己、消灭和驱逐敌人之目的的战略基地"②；三是"坚持长期战争，驱逐敌人消灭敌人的依托；是生息和壮大革命武装的源泉；是发扬与培植民力，进行各种战时建设，保证战争最后胜利的基地；是与敌伪进行军事、政治、经济、文化各种斗争的堡垒；是维系敌后民心，提高全国人民的自尊心与自信心的灯塔"。③

中国共产党要利用可能的条件，使敌后根据地广泛地建立和发展起来，成为敌后游击战争巩固的后方，并逐步扩大抗日根据地和游击区，缩小敌伪占领区。配合正规军队，消耗和消灭敌人的有生力量，取得抗战的最后胜利。为此，中国共产党确定了抗日游击队在战役中的具体活动方针，旨在使敌人的交通迟滞、阻塞，企图暴露，军心动摇，汉奸政权也不稳固，兵力不敷分配，给养断绝，经济资源被破坏，有生力量被削弱。"在军事活动的全时间内，所有的游击队配合主力军一齐动作起来，就和蚂蚁蛀蚀着朽楼一样，可以倾覆敌人存在的基础，影响到全面抗战的结局。"④ 为了实现上述任务，中国共产党主张因地制宜，在山地、平原和河湖港汊全面开展敌后游击战争。

---

① 《中共党史教学参考资料》第 16 册（内部资料），1986 年，第 74 页。
② 《毛泽东选集》第 2 卷，第 418 页。
③ 《中共党史教学参考资料》第 16 册（内部资料），第 342—343 页。
④ 《朱德选集》，第 68 页。

　　在同日本进行持久作战的过程中，敌后游击战争同国家的总后方是脱离的。这样，根据地能否存在成为游击战争能否继续下去的关键因素。毛泽东在《抗日游击战争的战略问题》一文中对游击战争的根据地作过解释。他指出，游击战争的根据地是必须存在的实实在在的战略基地，它是敌后游击战争得以顺利实现保存自己、消灭敌人目的的必要基础，没有它任何作战任务和战争目的都无法实现，它起到的是依托作用。因此开展敌后抗日游击战必须建立自己的根据地。[①]从根据地建立的可能性和条件来说，毛泽东认为：以山地建立根据地最为有利。平地较山地为差，但是也能够发展游击战争和建立根据地。河湖港汊也较山地为差，但比平地建立根据地的可能性为大。总之，只要深刻懂得建立根据地的重要性，彻底肃清流寇主义思想，采取较为正确的战略方针，就可以利用一切可能的条件，使敌后根据地广泛地建立起来。在整个战区，经过敌我双方的激斗，逐步扩大抗日根据地和双方争夺的游击区，缩小敌伪占领地区，这就是抗日游击战争的基本任务。[②]

　　中国共产党的游击战思想具有全体民众参与的广泛性，因为"抗日游击队本身，就是民族英雄、爱国志士的集团，也是他们训练自己的场所"[③]，抗日游击队离不开民众的支持。在敌后开展游击战争的过程中，必须依靠群众，发动最广泛的人民群众起来抗战，从而把广大人民培养成革命的战士，从而不断地壮大抗战队伍。在共产党的组织、发动下，敌后抗日游击力量逐步壮大。中国共产党的敌后游击战思想取得了巨大的成功，最重要的原因是坚持依靠群众、发动群众，因此它也是毛泽东人民战争思想的发展，"因为只有这种抗战，才是群众的战争，才能达到保卫祖国的目的"[④]，这是中共游击战思想独具特色之处。人民群众充分发挥自

---

①　《毛泽东选集》第 2 卷，第 418 页。

②　魏宏运等：《华北抗日根据地史》，档案出版社 1990 年版，第 32 页。

③　朱德等：《游击战争》，东方出版社 1938 年版，第 8 页。

④　《毛泽东选集》第 2 卷，第 387—388 页。

己的聪明才智，在中共的领导下创造包括地雷战、地道战在内的各种有效抗击敌人的战略战术。

毛泽东在《抗日游击战争战略问题》一文中，深刻阐述了游击战思想在整个抗战中的重要作用，驳斥了轻视游击战争的错误思想，用理论回击了国民党的错误观点，把全党全军的认识提高到一个新的高度。毛泽东在全面分析抗日战争形势的基础上，揭示了抗日游击战争的重要战略地位。他指出，游击战争的战略问题是在这样的情况之下发生的：中国既不是小国，又不像苏联，是一个大而弱的国家。这一个大而弱的国家被另一个小而强的国家所攻击，但是这个大而弱的国家却处于进步的时代，全部问题就从这里发生了。在这样的情况下，敌人占地甚广的现象发生了，战争的长期性发生了。敌人在我们这个大国中占地甚广，但他们的国家是小国，兵力不足，在占领区留了很多空虚的地方，因此抗日游击战争就主要地不是在内线配合正规军的战役作战，而是在外线单独作战；并且由于中国的进步，就是说有共产党领导的坚强的军队和广大的人民群众存在，因此抗日游击战争就不是小规模的，而是大规模的；"于是战略防御和战略进攻等等一全套的东西都发生了。战争的长期性，随之也是残酷性，规定了游击战争不能不做许多异乎寻常的事情，于是根据地的问题、向运动战发展的问题等等也发生了。于是中国抗日的游击战争，就从战术范围跑了出来向战略敲门，要求把游击战争的问题放在战略的观点上加以考察"。① 因此，中共的游击战思想在理论上极具科学性。

毛泽东随后更加深入地阐述了游击战争在全战争中的战略地位。他说："没有游击战争，忽视游击队和游击军的建设，忽视游击战的研究和指导，也将不能战胜日本。原因是大半个中国将变为敌人的后方，如果没有最广大的和最坚持的游击战争，而使敌人安稳坐占，毫无后顾之忧，则我正面主力损伤必大，敌之进攻必更猖

---

① 《毛泽东选集》第 2 卷，第 405 页。

狂，相持局面难以出现，继续抗战可能动摇，即若不然，则我反攻力量准备不足，反攻之时没有呼应，敌之消耗可能取得补偿等等不利情况，也都要发生。假如这些情况出现，而不及时地发展广大的和坚持的游击战争去克服它，要战胜日本也是不可能的。因此，游击战争虽在战争全体上居于辅助地位，但实占据着极其重要的战略地位。"①

四 动员与武装民众思想

中共提出的全面抗战思想的核心是，动员、组织和武装民众。只有动员广大民众参加抗战，才能实现真正的全民族抗战。因此，考察中共的全面抗战思想，必须同时考察中共的民众思想。中共民众动员思想，主要包括发动民众、组织民众和武装民众等方面的内容。

中国的抗日战争怎样才能取得最后胜利？中国共产党从抗战之初就提出了一条广泛发动群众、武装群众，依靠群众对日作战，实行人民战争的全面抗战路线。中国共产党在抗战时期所执行的动员全民族一切力量，争取抗战胜利的人民战争路线，也就是宣传、发动、组织、武装各族人民群众反抗日本侵略的路线。中共认为，中国是有力量进行抗战并最后取得胜利的，这种力量最深厚的根源存在于广大民众中。只有动员和组织民众，才能引导抗战取得最后胜利。中国共产党认识到："民族战争而不依靠人民大众，毫无疑义将不能取得胜利。"毛泽东指出，中国人民要取得抗日战争的最后胜利，必须实行"全国军队的总动员""全国人民总动员"。他在《和英国记者贝特兰的谈话》中说，"反对日本帝国主义侵略的战争而不带群众性，是决然不能胜利的"。毛泽东在《论持久战》中

---

① 《毛泽东选集》第2卷，第552页。

更明确提出"兵民是胜利之本"的论断，指出："战争的伟力之最深厚的根源，存在于民众之中。日本敢于欺负我们，主要的原因在于中国民众的无组织状态。克服了这一缺点，就把日本侵略者置于我们数万万站起来了的人民之前，使它像一匹野牛冲入火阵，我们一声唤也要把它吓一大跳，这匹野牛就非烧死不可。"①

刘少奇指出："动员中国全民族四万万五千万人的力量成为统一的力量，是战胜强大日本帝国主义最基本的条件。我们要经过统一战线去进行群众工作，直接动员群众，领导群众，扩大民族革命统一战线运动。强调要以共产党为领导来团结一切抗日的势力与阶层，建立抗日民族统一战线的政权，坚持敌后的抗战。"② 因此，中共确定了联合一切不愿当亡国奴的中国人起来参加民族革命战争，将日本帝国主义赶出中国作为首要任务，以建立新民主主义国家为社会动员目标。正是对民众的重要性有了深刻的认识，中共对民众进行了广泛而深入的动员。

中共提出了全面抗战的思想，发动和组织广大工农群众，使其成为抗日战争的群众基础和力量源泉。以全民全面抗战为指导思想的社会动员，中共对中国各阶级在抗战中的作用作了深刻分析。第一，承认农民（雇农包括在内）是抗日与生产的基本力量。故党的政策是扶助农民，减轻地主的封建剥削，实行减租减息，保证农民的人权、政权、地权、财权，借以改善农民的生活，提高农民抗日与生产的积极性。第二，承认地主中大多数人是有抗日要求的，一部分开明绅士是赞成民主改革的。因此党的政策仅是扶助农民减轻封建剥削，而不是消灭封建剥削，更不是打击赞成民主改革的开明绅士。故于实行减租减息之后，又须实行交租交息，于保障农民的人权、政权、地权、财权之后，又须保障地主的人权、政权、地权、财权，借以联合地主阶级一致抗日。只是对于坚决不愿改悔的

① 《毛泽东选集》第 2 卷，第 511—512 页。
② 刘少奇：《论组织民众的几个基本原则》，《解放》第 70 期，1939 年 5 月 1 日。

汉奸分子，才采取消灭其封建剥削的政策。第三，承认资本主义生产方式是中国现时比较进步的生产方式，而资产阶级是中国现时比较进步的社会成分与政治力量，不但有抗日要求，而且有民主要求。"故党的政策，不是削弱资本主义与资产阶级，不是削弱富农阶级与富农生产，而是在适当的改善工人生活条件之下，同时奖励资本主义生产与联合资产阶级，奖励富农生产与联合富农。但富农有其一部分封建性质的剥削，为中农贫农所不满，故在农村中实行减租减息时，对富农的租息也须照减。在对富农减租减息后，同时须实行交租交息，并保障富农的人权、政权、地权、财权。一部分用资本主义方式经营土地的地主（所谓经营地主），其待遇与富农同。"这些具体政策，源自全民全面抗战思想指导下最大限度地照顾社会各阶层利益的理念，适当地调节了根据地内的生产关系和阶级关系，团结了各个阶级、阶层，对抗日民族统一战线的巩固和抗日民主根据地的发展起了非常重要的作用，取得了最为有效的动员效果。

中共对民众进行抗战动员，注重灌输民族意识，体现了阶级利益服从民族利益、民族利益优先原则。抗日战争全面爆发后，民族矛盾成为中国社会的主要矛盾，中华民族处于"亡国灭种大祸迫在眉睫之时"，故中共号召"工农军政商学各界男女同胞"，"为民族生存而战"，"为祖国独立而战"，抗战优先、民族大义为重，成为中国抗日的主题，故中共把对民众民族意识的灌输放在首位。它强调"一切阶级斗争的要求都应以民族斗争的需要（为着抗日）为出发点"，"使阶级斗争服从于今天抗日的民族斗争"。它指出："不论何种情况，党的基本任务是巩固扩大抗日民族统一战线，坚持国共合作与三民主义。必须坚持这种方针，不能有任何的动摇。"为了动员最广泛的民众一致抗日，共产党改变以往土地政策，即"停止以暴力没收地主土地的政策"；为了团结最广泛的民众共同抗日，尤其是对地主阶级的团结，把抗战时期的土地政策定为地主减租减息农民交租交息，即农民的利益得到很大的满足，但也顾全了民族利益的全局。这是阶级利益服从民族利益的集中体现。中国共产党所进行的民众社会动员，贯彻着抗战优先的指导思想，团结抗日，一致对外，保家卫国，一切抗日活动以打败日本帝国主义为前提。坚决执行抗战优先的思想，成为中共民众社会动员的主题。刘少奇指出："发展民众运动，动员千百万群众参加抗日，是争取抗战胜利的基本条件。我们要经过统一战线去进行群众工作，直接动员群众，领导群众，扩大民族革命统一战线运动。"① 中共始终坚持以阶级利益服从民族利益的原则进行民众动员。

中共对民众所进行的抗战动员，内容包括政治、经济、文化及军事动员，以政治动员为先导，以经济、军事动员内容为核心，同时辅以丰富的文化动员。其中最重要的民众动员，集中于政治动员和军事动员。

什么是政治动员？政治动员实际上是"精神动员"，是指一定的政治主体，如政党、国家或政治集团，运用通俗化、生动化的形式、方法、途径，自上而下地激起本阶级、集团及其他社会成员的积极性和创造性，引起他们自下而上地参与社会活动，以实现特定政治目标的行为和过程。是动员人民进行革命战争、赢得革命战争胜利的一个根本性的指导方法，是一个使精神变物质的根本方法。毛泽东指出，"今后的任务是'动员一切力量争取抗战胜利'"，而"如此伟大的民族革命战争，没有普遍和深入的政治动员，是不能胜利的"。"要胜利又忽视政治动员，叫做'南其辕而北其辙'，结果必然取消了胜利。"② 中共所进行的政治动员，其动员主体是中国共产党及其领导下的边区政府系统、军队、文艺团体等，动员客体是被动员的对象，包括农民、无产阶级、资产阶级、地主阶级、民族资产阶级等，抗日战争时期的政治动员正是一个从中国共产党

---

① 中共中央党史和文献研究院编：《刘少奇年谱（增订本）》第 1 卷，中央文献出版社 2018 年版，第 224—225 页。

② 《毛泽东选集》第 2 卷，第 480—481 页。

到各动员对象的自上而下的动态过程。

首先，中共的政治动员是在保障社会各阶级利益的前提下进行的。毛泽东把保障社会各阶级的利益作为民众政治动员的前提，意识到利益整合对政治动员的关键作用。从1937年开始，中国共产党在一系列经济政策上开始转变，从保护各阶级阶层的利益着手，最大限度地形成各阶级阶层的利益整合与认同，以适应抗战时期政治动员的需要。主要表现在经济上制定了有利于各阶级阶层的土地政策、劳动政策和改善民生等一系列政策。这些政策均从群众最切身的生活利益出发，采取各种改善生活的政策，具体包括改善工人、农民、知识分子及抗日军人的待遇，优待抗日军人的家属，废除苛捐杂税，救济失业，赈灾救荒等。此外，政治民主建设方面实行了"三三制"、普选制等方式，把政治动员引入经济生活，使政治动员成为民众经济生活的重要组成部分。

其次，中共的政治动员是借助组织对民众强有力的控制来进行，并把政治动员与对民众进行的广泛的社会教育相结合，成为中共政治动员的重要内容。"从组织上动员群众"是政治动员中强有力的方式。由于组织所具有的严格的等级制度和权力分配，通过组织化控制进行政治动员是最为有效的方式。毛泽东高度重视组织对民众的控制力，并在民众动员方面的重要作用："无论是工人、农民、青年、妇女、儿童、商人、自由职业者，都要依据他们的政治觉悟和斗争情绪提高的程度，将其组织在各种必要的抗日团体之内，并逐渐地发展这些团体。民众如果没有组织，是不能表现其抗日力量的。"① 中共在抗战时期动员民众组织还呈现出多元的格局，其组织化强大的扩张功能，使得中共对民众的政治动员中起到坚定的核心作用，各种组织对民众形成完整的吸附和控制作用，对有力地、迅速地进行动员和汲取资源起到至关重要的作用。

中共政治动员的另一重要内容，是通过宣传鼓动和国民教育的

---

① 《毛泽东选集》第2卷，第424页。

方式以提高民众的政治认知能力，培养人们有利于抗日民主实践的政治态度、情感和爱国主义的意识，主要以对根据地的民众开展广泛的社会教育的方式来实施，把对民众的社会教育和政治动员最大限度地结合起来。社会教育是抗战时期中共在敌后抗日根据地一项重要的社会政策。实施这一政策的方法是以乡村社区为单位，以冬学、夜校、半日校、识字组、读报组、民众教育馆、秧歌队、剧团等为组织形式，目标是在实现扫盲教育的同时，对民众灌输民族意识、国家意识和中共所主张的意识形态与道德观念，激励民众参与政治的热情，其终极目的是最大限度地使民众认可中共政权以及各项政策。抗日根据地的社会教育既是群众性的扫盲运动，也是中共对根据地进行的一场全面深入的政治动员，通过社会教育使中共实现了对根据地乡村社会资源的全面控制。

最后，中共的政治动员坚持了经常性和延续性。毛泽东强调政治动员必须经常，必须普遍，必须深入。"不是将政治纲领背诵给老百姓听"，"要联系战争发展的情况，联系士兵和老百姓的生活，把战争的政治动员，变成经常的运动"。他指出，战争的政治动员"不是一次动员，就够了"，为此，他要求中共在进行民众动员时要作不疲倦的解释和说服，以便把"党的方针变为群众的方针"，使党的路线、政策深入民心，起到启迪、团结和激励人民奋斗的作用。

政治动员是灵魂，经济动员是保障，而军事动员则是战争取得胜利的根本保证。中国共产党对军事动员高度重视。毛泽东在《为动员一切力量争取抗战胜利而斗争》中提出："设立经常的国防会议，讨论和决定国防计划和作战方针。武装人民，发展抗日的游击战争，配合主力军作战……建立全国各地军区，动员全民族参战，以便逐步从雇佣兵役制转变为义务兵役制。"[①] 他重视建立军事动员制度，将抗日自卫军制度视为战时民众军事化的优良制度，

---

① 《毛泽东选集》第2卷，第354—355页。

规定凡 16—45 岁之青年壮年男女，依自愿原则组织于抗日自卫军内，受某种程度的军事教育和政治教育之训练，成为半军事性质的人民初级武装组织。毛泽东强调建立动员民众参战的组织机构，指出："民众如没有组织，是不能表现其抗日力量的。"① 中共依据武装动员方式和兵役制度的不断调整、改革和完善，基本保障了敌后战场的兵员补给。同时，中共注重做好军人家属的安抚工作。边区政府在 1937 年 12 月制定的《抗日军人优待条例》规定："凡参加抗日战争将士及其家属，均受本条例之优待。" 1940 年，边区政府又制定了《陕甘宁边区抚恤暂行办法》，具体地规定了对于抗日战士的养老养病抚恤伤亡的办法。1941 年 5 月 1 日颁布的《陕甘宁边区施政纲领》中再次强调加强优待抗日军人家属的工作，彻底实施优抗条例，务使八路军及一切友军在边区的家属得到物质上的保障与精神上的安慰。1943 年初，边区政府颁发了《新订陕甘宁边区优待抗日军人家属条例》和《优待抗日工作人员家属暂行办法》。中共的优抚工作做到了实处，取得了民众的广泛拥护。

中共认识到，对已经动员起来的民众在军事上需要有一定的形式加以组织。毛泽东明确提出，正规军、地方部队和民兵相结合的武装力量体制，是动员、组织和武装群众最好的组织形式。他指出："这个军队之所以有力量，还由于它将自己划分为主力兵团和地方兵团两部分，前者可以随时执行超地方的作战任务，后者的任务则固定在协同民兵自卫军保卫地方和进攻当地敌人方面。这种划分，取得了人民的真心拥护。"同时，"还由于有人民自卫军和民兵这样广大的群众武装组织，和它一道配合作战。在中国解放区内，一切青年、壮年的男人和女人，都在自愿的民主的和不脱离生产的原则下，组织在抗日人民自卫军之中。自卫军中的精干分子，除加入军队和游击队者外，则组织在民兵的队伍中。没有这些群众

① 《毛泽东选集》第 2 卷，第 424 页。

武装力量的配合，要战胜敌人是不可能的"①，这种正规军和群众性武装相结合的体制，是在短期内最大限度地发挥蕴藏在人民之中的战争伟力的最有效的组织形式，能使潜在于人民之中的战争力量得以迅速转化为现实的战争力量，是任何组织形式所无法比拟的。

抗战时期，采取何种宣传方式，使民众能够接受中共的理论和号召，进而从内心与中共的倡导产生共鸣，自愿投身抗日战争，是中共在动员民众时最先考虑的问题。1937 年 8 月，洛川会议提出了"全国人民总动员"的主张，要求共产党员及党所领导的武装力量，"应该用极大力量发展抗日的群众运动"，要"不放松一刻工夫一个机会去宣传群众，组织群众，武装群众"。②表明了中共对于民众动员中组织、宣传与武装的重视。中共在抗战初期确定了对民众实行宣传的基本政策表现在两个方面：一方面坚持抗日第一与抗战到底，坚持抗日民族统一战线与新民主主义政治，坚持真正三民主义与总理遗嘱，并多方揭露国民党反共投降的阴谋与罪行，及其违反三民主义与总理遗嘱的言论行为，以推动国民党进步分子，争取其中间分子，孤立其反动分子。另一方面，争取社会的广大同情者和同盟军，来共同反对国民党的反共、投降，反对其反动的复古主义和一党专制主义，在这方面，我们要强调思想、信仰、言论、研究、创作、出版、教育之自由，要赞助广大中间分子自由主义立场，要同情被压迫、被排斥的地方势力。因此，中共采取了多种多样的方式进行民众动员。毛泽东指出，"靠口说，靠传单布告，靠报纸书册，靠戏剧电影，靠学校，靠民众团体，靠干部人员"。③

1939 年 5 月，刘少奇在《论组织民众的几个基本原则》中，对动员组织民众三个基本问题，即组织问题、行动问题（或斗争

---

① 《毛泽东选集》第 3 卷，第 1040 页。
② 中央档案馆编：《中共中央文件选集（1936—1938）》第 11 册，第 326 页。
③ 《毛泽东选集》第 2 卷，第 481 页。

问题）、宣传教育问题作了深刻的阐述。

第一，要在民众的自动性上去组织民众。刘少奇指出，要去组织民众，首先就要认识民众，并认识民众运动的规律，然后才有可能引导民众组织起来。因此，我们去组织民众，必须首先去启发民众的自动性，使民众了解他们有互相组织的必要，然后根据民众的这种自动性，给以推动、协助和引导，才能真正地组织民众。为什么说在民众运动中要发扬民众的自动性与创造性呢？因为民众是人群，没有民众的自动性与积极性，就不能使民众组织起来，也不能有民众运动。为什么要在民众团体中实行民主生活、尊重民众的意志呢？因为民众是人群，没有团体内部的民主生活、不尊重民众的意志，就不能使民众真正组织起来，不能使这个团体活跃，也不能有真正的民众运动。为什么民众团体的内部生活不能受外力的干涉，要保持民众团体的独立性呢？因为民众团体是人组织起来的团体，不保持组织生活上的独立性，就要窒息它的自动性与积极性。因为民众是人群，虽然民众今天还由于政治、文化水平的不够，还没有觉悟到他们有组织起来救国与自救的必要，但我们可以去提高民众的政治、文化水准，启发民众的觉悟，使民众了解有组织起来救国、自救的必要，这是一切民众先觉者的责任，所以我们应该去推动和协助民众组织起来，不应该让民众自流发展，作民众的尾巴，而应该领导民众。因此，"应该教育民众、说服民众、启发民众的要求与自动性，并协助民众组织起来"。刘少奇总结说："总之，民众是有思想、有要求、能动的人群，要组织民众必须依靠民众的自动性，一切民运工作者与领导者的责任，就在于启发与提高民众的这种自动性，并在民众的自动性发扬以后，加以适当的配合、组织与指导。在这里一切的主观主义，都要受到惨酷的失败。"①

第二，要在民众的要求上去组织民众。刘少奇指出，民众是有

---

① 刘少奇：《论组织民众的几个基本原则》，《解放》第70期，1939年5月1日。

要求的人群。民众的要求，是民众组织的目标与目的。离开民众自己的要求，就不能组织民众。民众是为了达到他们一定的共同要求，他们才组织起来。民众团体的要求，规定民众团体的性质。由于要求不同，民众团体也就有各种不同的性质。根据民众要求一般可以分作下列各种不同性质的组织：一是政治组织。主要是在一定的共同政治要求上建立起来的组织，如政党、政派及其他政治性质的组织等。二是经济组织。主要是在一定的共同经济要求上建立起来的组织，如工会、农会、合作社等。三是文化组织。主要是在一定的共同文化要求上建立起来的组织，如研究会、俱乐部、剧团及其他学术团体等。他强调："必须在民众各种要求上组织各种不同性质的民众团体，才能组织民众的多数。"①

第三，要采用各种各样的方式去组织民众。刘少奇指出，民众并不是一样的人，而是各种各样的人，有各种各样的要求，有不同的职业、年龄、性别、地域、阶层和文化觉悟程度等。因此，必须采用不同的方式，才能真正组织民众的多数；并不是主张民众组织的分散不要统一，而是坚决主张民众运动统一的。但是这种统一，必须做到以下三点。其一，要依照民众内部各种复杂的情形，采用各种各样的方式去组织民众的大多数；其二，在民众组织的各部门中，在共同的要求与纲领上求得各部门的统一，如求得工会的统一，农会的、青年的、妇女的各种组织的统一；其三，在抗日救国的共同纲领上联合一切的民众团体，组织统一的救国总联合会，在各地同样建立这种联合会的系统。这样就能把一切的民众组织统一在一个总领导机关之下。也只有这样，才能真正地统一全国民众运动的领导。②

1943 年 2 月 20 日，邓小平在《根据地建设与群众运动》中总结了群众运动的规律，为中共有效地动员民众找到了可靠的路径。

---

① 刘少奇：《论组织民众的几个基本原则》，《解放》第 70 期，1939 年 5 月 1 日。
② 刘少奇：《论组织民众的几个基本原则》，《解放》第 70 期，1939 年 5 月 1 日。

什么是中共指导根据地群众运动应掌握的规律呢？邓小平将其概括为四个方面："第一是发动群众，在发动群众中组织群众、武装群众；第二是在发动群众之后，立即注意整理与健全群众组织生活；第三是在发动与组织群众中注意群众的政治教育，在发动与组织任务完成之后，应将重心转入教育群众，把群众运动提高到民主政治和武装斗争的阶段，使群众形成一个自卫的阶级力量，去参加统一战线，去参加群众性的游击战争，以巩固既得的政治经济权利；第四是把群众的经济斗争政治斗争约束于统一战线范围之内。"①

对民众进行政治宣传，是中共民众动员的重要方式。中共战时政治宣传工作有四个突出特点：一是在不同的战斗阶段，宣传政策和宣传重点因时而异；二是深入细致地研究敌人的个性心理和群体心理及其国情，区分出不同的宣传对象和层次，因人而异地确定我们的宣传方针政策战略策略、形式和内容等；三是宣传方式方法，口头宣传与文字宣传、直接宣传与间接宣传穿插使用，多管齐下，形成宣传合力；四是始终依靠群众，形成运动，不仅群众参与到宣传工作中来，还将"敌人"引入宣传队伍。

1941 年 6 月 20 日，中共中央颁布的《关于党的宣传鼓动工作提纲》，是抗战时期中国共产党在各根据地内进行政治宣传鼓动工作的指导性文件。在它的指导下，各级党的宣传部门指导边区政府动员委员会采取组织演讲、发放传单、张贴布告、印制报刊书册等宣传鼓动方式。中共对民众动员采取的宣传方式，首先通过宣传教育激发民众的抗日热情，强化民众的民族心理。为了使抗日宣传达到"民众化宣传"的目的，中共先后成立了宣传队、动员宣传团、战动剧团和战动青年团等。他们深入矿山、工厂、学校、车站、街道、农村，奔赴前线，通过召开宣传大会、公演抗日话剧、教唱抗日歌曲等进行广泛的宣传鼓动工作；出版了《战地通讯》《老百姓周刊》《红旗》《战斗》《抗战》等数十种刊物以及其他宣传品，

---

① 《邓小平文选》第 1 卷，人民出版社 1994 年版，第 67 页。

包括用日文印发的大量传单、标语火线喊话材料等，形成了抵抗日本侵略的巨大声势。中国共产党的宣传口号是极具鼓动性的，在宣传的口号中经常出现如父老兄弟、兄弟姐妹、炎黄子孙、同胞们等称呼，并提出"寇深矣！势亟矣！同胞们！起来，一致的团结呀！我们伟大悠久的中华民族是不可屈服的""打倒日本帝国主义！中华民族解放万岁！""只有抗战才是出路！"等感染力极强的口号。①

同时，中共通过同各地人民喜闻乐见的各种形式相结合的、通俗、形象的政治宣传，来激发人民的抗日热情，唤醒民众、组织群众、提高人民的觉悟，使人民自愿地支援和参加抗战。中国共产党的宣传内容有日军在中国的暴行，也有中国人民反抗日本侵略的先进事迹。在宣传过程中指出当前的困难并解说克服困难的方针，号召团结，坚定胜利信心粉碎敌人的进攻，保卫根据地，反对悲观失望。中共在开展宣传鼓动工作时，注意研究宣传鼓动工作的一般方法，以及宣传工作和鼓动工作所应特别注意的方法，以便宣传鼓动工作能够更顺利地进行和收到更大的效果。在具体工作中，基本遵循以下步骤。第一，明白要讲什么。第二，知道对什么人讲。第三，明确要达到什么目的。第四，知道怎样讲。第五，随时留心群众的反应，讲话中及讲话后应注意听众的反应，以便随时改变宣传鼓动的内容与方法。第六，宣传的内容必须是充实的，而不是空洞的；宣传的语句应当是简单、明了、清楚、透彻；宣传的事实应当是真实的、生动的、恳切而带有说服性的；由具体到抽象、由近到远、由中国到外国。第七，在进行鼓动工作时，应抓住为广大群众所熟悉的事实，抓住为广大群众最切身的、最迫切的、最易感动的事实；讲话要生动，富于情感，富于煽动性；时间要短。通过这些基本步骤，全方面揭露日本帝国主义的侵略、压迫、残暴，唤起人民的民族觉悟、参加抗战的热情以及对抗战胜利的信心。

---

① 参见刘颖：《论抗日战争时期中国共产党的社会动员方法》，《兰州学刊》2006年第4期。

　　中共社会动员的内容包括具有长远考虑的实际目标，"在抗日根据地里，应该开展多方面的、广泛而深入的群众鼓动工作。群众鼓动工作的展开，应该不只是为了拥护与实现党的主张与号召，而同时也是为了揭破与攻击敌人的欺骗与迫害；不只是为了动员人力、物力、财力，而同时也为了积蓄人力、物力、财力；不只是为了战争动员，而同时也为了建设事业；不只是为了临时工作，而同时也为了经常工作。应该使党的全部政策和政府施政纲领，经过各种具体的鼓动工作变成群众的实际行动"。① 对于具体实施动员的干部工作人员，告诫其在具体的工作中要对民众贯彻中共长远的奋斗目标，而非只顾眼前的局部利益。"应把眼前利益与将来利益联系起来，把局部利益与全民族利益联系起来。必须劝告农民，在实行减租减息与保障农民的人权、政权、地权、财权之后，同时实行交租交息与保障地主的人权、政权、地权、财权。正如在减租减息与保障农民的人权、政权、地权、财权的问题上，必须劝告地主不应该限制于眼前的狭隘的利益，而要顾及将来与全民族的利益，是一样的。"②

　　考察抗战时期中共对民众动员的过程，其动员民众理念的确定，政治、经济、文化等动员内容的具体实施，对民众在宣传方式上所表现的灵活且脚踏实地，都使得中共对民众动员朝着既定的动员目标迈进。中共对民众的动员其双赢目标体现在两个方面。一方面，是反映在政治、经济、文化上具体的动员，充分调动民众力量，加强抗日力量，以抗战到底，并取得抗战胜利。另一方面，动员民众的过程，亦是中共以满足民众的物质利益为前提，推动民众对民主政治的认识与参与，提高民众的教育文化素质，全面提升民众的整体素质的过程，这是中共民众动员目标潜在及深远的意义

　　① 　中共中央文献研究室、中央档案馆编：《建党以来重要文献选编（1921—1949）》第18册，中央文献出版社2011年版，第493页。

　　② 　中共中央文献研究室、中央档案馆编：《建党以来重要文献选编（1921—1949）》第19册，中央文献出版社2011年版，第23页。

所在。

中共在对民众动员中采取适合各阶层民众的宣传方式及训练方式，表现出严密的自下而上的组织特点，在民众动员方面，建立了较为完整的民众动员体系。中共在政权组织系统下，利用正式组织的功能，建立了自上而下的垂直动员体系。根据抗日民族统一战线的策略方针，在各抗日革命根据地建立了边区、县、乡三级抗日民主政权组织。抗日民主政权吸纳并代表了一切赞成抗日的人民大众，具有广泛的社会基础。抗日民主政权的建立为依靠政权的力量和争取民众的信任、支持，从纵向上进行垂直动员提供了可靠的组织保障，在民众动员方面发挥了主导作用。为了有效组织和动员民众，从边区到乡、村建立了各种类型的群众组织，并形成了一个完整的组织系统。在这一系统内，广大人民群众既是被动员的对象，也是动员他人的动员者，从而形成了边区抗战时期民众动员的基本模式。史沫特莱在《伟大的道路：朱德的生平和时代》一书中写道："八路军一向是在沦陷区内活动的，因此能够按照当年内战时在华南一带证明极为有效的作法，进行组织、训练和武装人民的工作。农民、工人、商人、妇女、青年和儿童组织成抗日游击队，作为八路军的辅助部队，进行战斗。"[①] 中共民众动员体系的形成，使民众动员既有组织上的依托和保障，同时也使民众动员的深度、广度和效果达到可控状态。

中共通过各种途径和方法动员乡村中的一切资源，通过庞大、深入、细致的党组织网络和政权组织网络，把边区的广大民众都统辖在一个严密的组织系统中，党的基层组织的触须一直延伸到乡支部、村支部，政权的基层组织也一直延伸到村，苏维埃中共对各抗日根据地的民众组织以设立支部和分支部以及乡村行政组织等形式作出了具体而严密的规定。中共设立的行政组织有着细致明确的分

---

① 〔美〕艾格妮丝·史沫特莱：《伟大的道路：朱德的生平和时代》，梅念译，胡其安、李新校注，东方出版社 2005 年版，第 423 页。

工，基本上把对边区的各项民众动员工作罗纳其中。刘少奇指出："必须建立工会、农会、民族解放先锋队及妇女抗日救国会等整个系统的组织，使之成为群众运动的直接领导机关。"① 群众团体是政府系统以外的非政权性质的、群众自己建立的组织，它不仅具有广泛的代表性，而且直接与群众相接触，党的政策和政府的决定通过它去落实更容易为群众所接受，也更方便迅速。群众组织还能把分散的群众力量聚集在一起，更好地开展生产运动，如生产型组织互助组、代耕队在农业生产中发挥了非常重要的作用。群众团体，一方面代表本团体成员的利益，反映他们的要求，帮助他们解决各种困难和问题，增强了自身的凝聚力、吸引力；另一方面，群众团体利用自身优势，在成员中积极宣传贯彻党和政府的方针政策，动员群众踊跃参军参战，积极参政议政，努力生产，为抗战作出了重要贡献。

刘少奇撰写《民众运动讲话大纲》和《论组织民众的几个基本原则》，总结了民众动员组织的方式及组织原则，成为民众动员组织问题的指导性文件。刘少奇认为，第一，民众是有思想有要求与能动的人类，而不是别的。所以民众只能自动地组织起来，而不能被动地组织起来。第二，要公开合法地组织民众，尊重民众团体的独立性。要在民众自己的要求上去组织民众。"在中国今天抗日救国已成为广大民众迫切要求，抗日救国组织就成为民众组织的广泛形式。"我们的任务是："组织真正有广大群众的公开的统一战线的群众团体，并在保护民众切身利益的工作中引导广大群众去积极参加抗战中一切工作。"② 在组织民众过程中必须遵循三个基本原则，第一，"要在民众的自动性上去组织民众"，"必须首先去启发民众的主动性，给以推动、协助和引导，才能真正的组织民众"。同时，还要保护民众团体的独立性。第二，"要在民众的要

---

① 中共中央党史和文献研究院编：《刘少奇年谱（增订本）》第 1 卷，第 222 页。
② 中共中央党史和文献研究院编：《刘少奇年谱（增订本）》第 1 卷，第 270 页。

求上去组织民众"。"民众是有要求的人群。民众的要求，是民众组织的目标与目的。离开民众自己的要求，就不能组织民众。"民众团体的要求，规定民众团体的性质。"必须在民众各种要求上组织各种不同性质的民众团体，才能组织民众的多数。""一切民运工作者与领导者，必须经常的、积极的去启发与提高民众的要求，从低级的提到高级的，从经济的提到政治的，从部分的、暂时的提到全体的、永久的，从地方的提到国家的、民族的。只有这样，然后才能在被启发与提高了的民众要求之上，去组织广大的民众。"第三，"要采用各种各样的方式去组织民众"。"民众并不是一样的人，而是各种各样的人，有各种各样的不同的要求，有不同的职业、不同的年龄、性别、地域、阶层和文化觉悟程度等。因此，要组织民众，就必须采用各种各样不同的方式去组织，才能真正组织民众的多数。"①

这些群众团体组织，使得中共对民众的动员实现了组织化。中国共产党领导的抗日动员工作是非常普遍和广泛的，男女老少都有自己的组织归属。在此基础上，为了动员民众广泛地参加抗日事业，中国共产党领导建立了多种形式的抗日救亡组织，如工会、农会、中华民族解放先锋队、妇救会、抗日儿童团等。每个组织都有自己的工作重点。比如妇救会组织，主要负责动员青年参军参战和解决军属的困难；抗日儿童团，主要负责沿村传递信件送情报，同时，还手执红缨枪在村头路口站岗放哨，盘查过路行人。各抗日根据地的民众，有80%以上都加入了这些组织，另外还按照工作性质组织了救护队、担架队、宣传队、侦察队、战地服务团等，真正实现了全民抗日，各显其能。抗战时期中国共产党的组织创新工作，极大地推动了中国政治发展的组织化进程，奠定了政治动员的组织基础。

---

①　中共中央党史和文献研究院编：《刘少奇年谱（增订本）》第1卷，第278—279页。

中共通过各种动员方式，激发了民众的抗战和生产热忱，最大限度地把广大群众动员起来投身抗战。中共对民众的社会动员以抗日民族统一战线为基础，针对不同阶层采取不同的动员方式，最大限度地使民众接受中共的动员理念及动员内容，从而达到中共预期的动员目标。

五　政治理念转变中的理论调整

在中共建立抗日民族统一战线、逐渐从国内战争转向民族战争的过程中，党的各种方针政策发生了必要的转变，这种转变必然带来一些理论上的困惑，这些理论问题需要中共予以正视和解决，借以统一全党思想。这些理论问题有：阶级矛盾与民族矛盾的关系，阶级斗争与民族斗争的关系，爱国主义与国际主义的关系，抗日与民主的关系，共产主义与三民主义的关系，展示权力集中与保障民主权利的关系，高度集中的要求与严守纪律规则的关系，集体利益与个人利益的关系，党的组织纪律与个人自由主义之间的关系，等等。

大体说来，抗战初期面临的核心问题是如何处理民族矛盾与阶级矛盾的关系，必须强调民族矛盾为主要矛盾，而阶级矛盾服从于民族矛盾。但这种服从决不意味着放弃阶级斗争，否则就有可能走向阶级投降主义，犯所谓右倾错误。抗战相持阶段面临的核心问题是如何处理抗日与民主的关系，是权力集中与开放政权问题。中日民族矛盾相对缓和后，国内阶级矛盾日益激化，体现为国共之间的矛盾冲突，阶级矛盾逐渐成为主要矛盾，而这种矛盾主要是由国民党决定的，国民党决定着这对阶级矛盾的性质，因为它采取了限共和反共政策，中共在处理阶级矛盾时不能忘却民族矛盾，否则就有可能犯"左"倾错误。抗战后期面临的核心问题是民主宪政与专制独裁之争，是腐败与廉政之对比，是战后中国命运之选择。

中共在阐述国际主义与民族主义时指出，共产主义是和民族主义相对立的，"全世界无产者联合起来"才是共产主义追求的国际主义路线。但民族敌人入侵国土的现实却告诉共产党人：共产主义必须与民族国家利益相结合。国际主义固然是共产党人的重要原则和共同追求，但离开国家主义或民族主义路线的纯粹国际主义，即使存在，也难以持久，它必然会向带有国家主义或民族主义的路线转变。针对这种现实，抗战时期，以毛泽东为代表的中共领导人在反对"俄化"倾向的同时，提出了国际主义与民族利益相结合，并着力促使民族主义与民主政治相结合。这集中体现在毛泽东在中共六届六中全会报告《论新阶段》中。

关于民族斗争和阶级斗争的关系问题。抗日民族统一战线对推动中国革命的进程和打败日本帝国主义有着决定性作用，但参加抗战的各个党派和各阶级成分极其复杂，政治力量不平衡，其抗日的坚定性各不相同，这就使得抗日民族统一战线中不可避免地存在复杂的阶级关系和阶级矛盾。面对民族斗争与阶级斗争相互交错的复杂情况，中共中央从理论上深入剖析了民族斗争与阶级斗争的辩证关系，并在中共六届六中全会上明确提出了"民族斗争与阶级斗争一致性"的命题。毛泽东指出："在民族斗争中，阶级斗争是以民族斗争的形式出现的，这种形式，表现了两者的一致性。"[1] 亦即民族斗争中包含有阶级斗争的内容，二者密切联系，不可分割。

近代中国社会的两大基本矛盾是民族矛盾和阶级矛盾，中国民主革命的主要任务是反帝反封建斗争。九一八事变以后，日本帝国主义的入侵，严重地威胁着中华民族的生存，民族矛盾上升为中国社会的主要矛盾，各阶级的共同任务是打倒日本帝国主义，而各抗日阶级之间所存在的阶级矛盾降到了次要的服从地位。这种政治形势决定了中共应把民族斗争放在第一位，将实现民族解放和国家独立为主要目标，

---

[1] 《毛泽东选集》第 2 卷，第 539 页。

以反对日本帝国主义侵略为主要斗争目标，一切阶级斗争都应以抗日战争的需要为出发点，应以不破裂国共合作、不破裂统一战线为先决条件，"这是统一战线的根本原则"。如果不使阶级斗争服从于民族斗争，就不可能建立和巩固广泛的抗日民族统一战线，就无法坚持长期抗战，就会犯"左"倾错误。但将民族斗争置于主要地位，并不意味着要完全放弃阶级斗争。相反，在坚持以民族斗争为主的同时，还必须"保存党派和阶级的独立性，保存统一战线中的独立自主"。这是因为，必要的阶级斗争不仅不会妨碍民族解放，反而能够推动民族解放的顺利进行。假如放弃阶级斗争，就会失去工农群众对统一战线的拥护，就会失去抗战的巨大力量，就无法阻止国民党顽固派的妥协和反共，就会犯右倾的错误，就会失去中共的独立地位。

所以，在抗日民族统一战线中，阶级的政治经济要求在一定的历史时期内应以不破裂合作为条件，同时，一切阶级斗争的要求都应以抗日民族斗争的需要为出发点。也就是说，既不能因阶级斗争破裂统一战线，又不能因民族斗争束缚自己的手脚，丧失独立自主地位，抹杀阶级斗争的存在。亦即"统一不忘斗争，斗争不忘统一，二者不可偏废，但以统一为主"。①中共正是根据民族斗争与阶级斗争一致性的原理，处理抗日民族统一战线中的统一与独立、斗争与合作、妥协与进攻等关系，既联合国民党坚持抗战到底，又坚持了独立自主原则，巩固并发展了抗日民族统一战线，从而为抗战的胜利奠定了基础。

在统一战线中坚持独立自主，实际上涉及民族斗争和阶级斗争的关系问题。民族斗争需要统一战线，需要联合和团结；阶级斗争要求独立自主，要讲斗争。如何处理两者之间的关系，是涉及抗日民族统一战线中路线方针的重大理论问题。在这个重大问题上，中共党内存在两种意见：一是毛泽东等人提出的"民族斗争与阶级

---

① 中共中央文献研究室编：《毛泽东年谱（1893—1949）》中卷，中央文献出版社 2013 年版，第 129 页。

斗争一致性"，二是王明等人主张的"阶级斗争服从民族斗争"论。毛泽东认为，在抗日战争中，"阶级和阶级斗争的存在是一个事实"，若否认这种事实，"是完全错误的"。① "在民族斗争中，阶级斗争是以民族斗争的形式出现的，这种形式，表现了两者的一致性"，即一方面，"阶级的政治经济要求在一定的历史时期内以不破裂合作为条件"；另一方面，"一切阶级斗争的要求都应以民族斗争的需要（为着抗日）为出发点"。②

抗日民族统一战线中的独立自主，不能把民族斗争和阶级斗争完全对立或割裂开来，必须坚持民族斗争和阶级斗争的一致性，把统一战线中的统一性和独立性、民族斗争和阶级斗争，一致起来。在抗日战争中，一切必须服从抗日的利益，要用长期合作支持长期战争，使阶级斗争的利益服从于抗日的民族斗争的利益，这是统一战线的根本原则。在此原则之下，保持党派和阶级的独立性，保持统一战线中的独立自主，保持党派和阶级的一定限度的权利，这才有利于合作，也才有所谓合作，否则就是将合作变成了混一，必然牺牲统一战线。③ 这样，中共高屋建瓴地解决了民族斗争与阶级斗争的互动关系。

中共在民族主义旗帜下，以国共两党合作为基础，团结各界各族人民、各民主党派、抗日团体、社会各阶层爱国人士和海外侨胞，实现了空前的民族大团结，这是抗日战争胜利的重要阶级基础和群众基础。这个民族的大团结，除了极少数的汉奸和卖国贼之外，几乎包括整个中华民族的各阶级各阶层，不仅包括工人、农民、城市小资产阶级和民族资产阶级，还包括以蒋介石集团为代表的英美派大地主大资产阶级。中共高举民族主义旗帜，团结民主党派和进步人士，调动一切积极因素，发展了抗日民族统一战线。如

---

① 《毛泽东选集》第 2 卷，第 525 页。
② 《毛泽东选集》第 2 卷，第 539 页。
③ 《毛泽东选集》第 2 卷，第 538—539 页。

何在民族解放战争中体现阶级斗争的内容？即如何在抗战中将民族斗争与阶级斗争统一起来？中共在抗战时期提出并实施的许多政策，如"减租减息""三三制"等，就是具体的体现。中共中央停止没收地主阶级的土地，改为"地主减租减息，农民交租交息"政策，既稳住地主阶级的爱国立场，又发动广大农民参加抗日斗争；既巩固了"工农"这个最可靠的联盟，又联合地主阶级中的爱国分子共同抗日。它体现了民族斗争与阶级斗争的统一，体现了民族利益和阶级利益的结合，体现了眼前利益与长远利益兼顾。"地主减租减息，农民交租交息"政策是抗战期间中共中央根据中国的国情制定的正确方针，增强了统一战线内部各阶级民众在抗日目标下的团结，是符合抗战实际的发展生产的民生政策，对克服经济困难、争取抗战胜利起了积极作用。

1939 年 9 月，毛泽东同美国记者斯诺进行谈话时，斯诺问："因为共产党放弃了强调阶级矛盾冲突的宣传，取消了苏维埃，服从于国民党和国民党政府的领导，采行了三民主义，停止没收地主的土地，以及停止在国民党区域的组织活动和宣传工作，许多人在说，中国共产党人已不是社会革命者，而仅仅是改良主义者——目的和方法都是资产阶级的了。你对这种攻击如何答复？你是否还主张中国革命仍然是反帝反封建的，在一定阶段上，有转变为社会主义革命的可能，而共产党的责任就是领导这个社会主义革命？"毛泽东回答这个问题时，集中阐述了社会革命与民族革命的关系，阶级斗争与民族斗争的关系。他说："我们永远是社会革命论者，永远不是改良主义者。中国革命，有两篇文章，上篇和下篇。无产阶级同资产阶级一道，进行民族民主革命，这是文章的上篇，我们现在正在做这一篇文章，并且一定要做好这一篇文章。但是，文章还有一篇，就是它的下篇，就是无产阶级领导农民，进行社会主义革命。这一篇文章，我们也是一定要做的，并且也一定要做好的。目前是民族民主革命，发展到一定的阶段，就会转变为社会主义革命。这种可能性是会要变为现实性的。不过，文章的上篇如果不做好，下篇是没有法子着手做的。"①

斯诺问："抗战是削弱还是加强了中国的封建因素？在今天，共产党的纲领中哪些是革命的反封建的纲领？边区以外任何地方，曾经认识到它吗？除非同时在全国范围实现革命的反封建的一面，抗战能够获胜吗？当农民甚至为了抵抗日本来组织自己都不可能——更不必提农村改革的要求——在战争当中能实现革命的反封建任务吗？"②

毛泽东坚定地回答："中国革命的目前阶段的首要问题是抵抗日本，反封建的任务要服从于第一位的目的——抗日。共产党提出的实现民主政治，废除苛捐杂税，实行减租减息，以及改良人民生活，这些都是反封建的纲领。现在全国各地，不但工人农民，而且在小资产阶级，如广大的知识分子、学生青年、文化人，前进的思想家、政治家、科学家、军人中间，酝酿着一个很大的民主运动，问题是由于受国家的旧的政治机构所束缚，因而没有发展生长，所以，改革旧的政治机构，是一件重要的工作。毫无疑义，抗日而没有民主，是不能胜利的，抗日与民主是一件事的两方面。有一些人，赞成抗日，而反对民主，这种人，实际上是不愿意抗日胜利的，是要引导抗日到失败的人。"③

在他看来，抗日是民族主义之体现，民主是反封建的呈现，抗日与民主的关系，体现了民族斗争与阶级斗争的关系。故两者关系是："抗日第一，民主第二。"国共之间发生摩擦进行阶级斗争，但以不破裂统一战线为前提，强调阶级矛盾和阶级斗争时不忘记民族斗争，强调抗日时不放弃阶级斗争和国共分歧。正因如此，1940年7月6日，毛泽东在杨家岭中央大礼堂召开的延安高级干部会议上作报告，讲述《中共中央关于目前形势与党的政策的决定》，在

① 《毛泽东文集》第 2 卷，第 243—244 页。
② 《毛泽东文集》第 2 卷，第 245 页。
③ 《毛泽东文集》第 2 卷，第 245 页。

谈到全党应加强统一战线教育时指出："必须了解，阶级斗争与阶级联合（统一战线）的教育都是阶级教育，二者不可缺一。以前一时期强调斗争教育是必要的，否则不能达到反磨擦的胜利。现在只知团结不知斗争的现象尚有，但现在主要的问题是放松了统一战线的策略教育。决不能把复杂的问题简单化，有理有利有节的原则是重要的。国民党一打一拉的政策我们应该学习。"①

在抗日与民主的关系问题上，中共坚持抗日与民主密切相连，抗日需要民主，必须保障民众权利的民主宪政思想。1937 年 4 月，中共中央在延安召开的中国共产党的活动分子会议。毛泽东在这次会议上分析了当时民族矛盾和国内矛盾发展的状况，提出了中国无产阶级和中国共产党的领导责任，并且着重指出："争取民主，是目前发展阶段中革命任务的中心一环。"他说："抗战需要全国的和平与团结，没有民主自由，便不能巩固已经取得的和平，不能增强国内的团结。抗战需要人民的动员，没有民主自由，便无从进行动员。没有巩固的和平与团结，没有人民的动员，抗战的前途便会蹈袭阿比西尼亚的覆辙。"②

1937 年 4 月 15 日，中央发布的《中共中央告全党同志书——为巩固国内和平，争取民主权利，实现对日抗战而斗争》对"抗日与民主的关系"作了专门阐述。"中央认为国民党开放全国党禁，发展民主运动，在扩大抗日救亡运动上说，在适当解决中国内部矛盾上说，都是必要的方法，因为只有民主运动的发展，抗日救亡运动才能成为广大群众的运动，民气乃能发扬，敌人才能战胜。也只有民主运动的发展，中国内部的矛盾才能用民主的方法求得适当的解决，在目前新阶段内，我党工作中心的一环，应该是抗日的民主运动的发展。应该指出：目前政治制度的民主改革与人民自由权利的取得，是迫切地为了全国抗日救亡运动的发展和抗战的发动

---

① 中共中央文献研究室编：《毛泽东年谱（1893—1949）》中卷，第 198 页。
② 《毛泽东选集》第 1 卷，第 255—256 页。

与胜利。也只有为了这一目的,中国民主运动才能顺利的发展起来,以至走到彻底的胜利。把民主与抗日分开或成对立起来的企图,是完全错误的,也是不会成功的。"①

抗战初期,毛泽东集中阐述了抗日与民主的关系,强调了中共为民主主义而奋斗的努力,集中体现了中共的民主观。毛泽东在与美国记者贝特兰谈话时,解释"民主"与"战时政府"关系时说:两者一点也不冲突。中共提出的"民主共和国"口号,"政治上组织上的含义包括如下三点:(一)不是一个阶级的国家和政府,而是排除汉奸卖国贼在外的一切抗日阶级互相联盟的国家和政府,其中必须包括工人、农民及其他小资产阶级在内。(二)政府的组织形式是民主集中制,它是民主的,又是集中的,将民主和集中两个似乎相冲突的东西,在一定形式上统一起来。(三)政府给予人民以全部必需的政治自由,特别是组织、训练和武装自卫的自由。从这三方面看来,它和所谓'战时政府'并没有任何的冲突,这正是一个利于抗日战争的国家制度和政府制度"。②

如何理解中共提出的"民主集中"概念?究竟如何处理民主与集中的关系?为什么要采取民主集中制?毛泽东解释说:"民主和集中之间,并没有不可越过的深沟,对于中国,二者都是必需的。一方面,我们所要求的政府,必须是能够真正代表民意的政府;这个政府一定要有全中国广大人民群众的支持和拥护,人民也一定要能够自由地去支持政府,和有一切机会去影响政府的政策。这就是民主制的意义。另一方面,行政权力的集中化是必要的;当人民要求的政策一经通过民意机关而交付与自己选举的政府的时候,即由政府去执行,只要执行时不违背曾经民意通过的方针,其执行必能顺利无阻。这就是集中制的意义。只有采取

---

① 中共中央文献研究室、中央档案馆编:《建党以来重要文献选编(1921—1949)》第14册,第168页。

② 《毛泽东选集》第2卷,第382—383页。

民主集中制，政府的力量才特别强大，抗日战争中国防性质的政府必定要采取这种民主集中制。"①

毛泽东详细解释说："战时的政治制度大体上可以分为两类，一是民主集中的，一是绝对集中的，由战争的性质所决定。历史上的一切战争，依其性质可以分为两类，一是正义的战争，一是非正义的战争。……政府和人民在战争中的不一致，就产生了只要集中不要民主的绝对集中主义的政府。可是历史上还有革命的战争，例如法国的革命战争、俄国的革命战争、目前西班牙的革命战争。在这一类的战争中，政府不怕人民不赞成战争，因为人民极愿意进行这种战争；政府的基础建设在人民的自愿支持之上，所以政府不但不惧怕人民，而且必须唤起人民，引导人民发表意见，以便积极地参加战争。中国的民族解放战争是人民完全同意的，战争的进行没有人民参加又是不能胜利的，因此民主集中制成为必要。"②

1939年1月17日，毛泽东在陕甘宁边区第一届参议会开幕会上讲话指出："抗战一定要有民权主义与民生主义。孙中山先生的三民主义——民族、民权、民生是互相配合的。没有民权主义、民生主义就不能实现民族主义，抗战就不会胜利。边区的进步主要表现在民主，而这民主又是苏维埃在现阶段的发展物，现在各阶级、工农商学兵各界都可参加参议会。"③

1939年2月上旬，毛泽东会见美国合众社记者罗伯特·马丁时说："中国需要民主才能坚持抗战，不单需要一个民选的议会，并且需要一个民选的政府。"他解释说："共产党今日的纲领与三民主义没有基本上的冲突，但有不同点。废除私有财产制，是国共两党纲领的基本异点。到中国走上社会主义，如果那时英、美、法等国仍然是资本主义国家，如果这些国家不来打中国的话，那末，

---

① 《毛泽东选集》第2卷，第383页。
② 《毛泽东选集》第2卷，第383—384页。
③ 中共中央文献研究室编：《毛泽东年谱（1893—1949）》中卷，第105页。

中国政府将对外来投资及外人在中国财产给以保障（付以代价）。中共在中国实行的纲领，是根据中国的需要，而不是共产国际对中共的统治。"①

　　1939年9月24日，毛泽东会见再次访问延安的美国记者斯诺，回答他提出的问题。在探讨抗日与民主问题时，毛泽东指出："现在的中国，是一个不民主的国家。自抗战开始以来，国民党政府在民主民生政策方面，至今还没有什么变化。抗日而没有民主，是不能胜利的，抗日与民主是一件事的两方面。"② 11月14日，毛泽东在中共陕甘宁边区第二次代表大会上讲话时强调："中国缺少两样东西，一是独立，一是民主。而要独立又必须首先要民主，离开民主就不能独立。陕甘宁边区应该成为全国的一个民主的样本。"③ 毛泽东反复论证抗日与民主的关系，提出："没有民主，抗日是要失败的。没有民主，抗日就抗不下去。有了民主，则抗他十年八年，我们也一定会胜利。"④ 强调的都是民主对于抗战的极端重要性，实现民主政治成为争取抗战胜利的最基本条件，也是实现全民族团结持久抗战的根本保障。中共在民众社会动员的过程中，以实现民主政治作为其最终目标，极其有力地推动中共抗日民族统一战线的建立和巩固。

　　中共认识到抗战动员的根本在于民众动员，民众动员的要领在于激发民众在战争中的主动性，而要做到这一点，就必须推行民主政治。因此，中共把实现民主政治作为社会动员的重要目标。实现民主政治成为争取抗战胜利的必要条件，正如毛泽东所说，民主政治是发动全民族一切生动力量的推进机，有了这种制度，全国人民的抗日积极性就将成为取之不尽用之不竭的深厚渊源。毛泽东说："一切政治的关键在民众，不解决要不要民众的问题，什么都无从

　　① 中共中央文献研究室编：《毛泽东年谱（1893—1949）》中卷，第112页。
　　② 中共中央文献研究室编：《毛泽东年谱（1893—1949）》中卷，第141页。
　　③ 中共中央文献研究室编：《毛泽东年谱（1893—1949）》中卷，第145—146页。
　　④ 《毛泽东选集》第2卷，第732页。

谈起。"① 还强调："抗战需要全国的和平与团结，没有民主自由，便不能巩固已经取得的和平，不能增强国内的团结。抗战需要人民的动员，没有民主自由，便无从进行动员。"② 因此，中共强调指出，实现民主政治，动员全民参加民族解放战争，才能获得民族的独立与解放。章汉夫指出："如果民主政治实现，全民参加抗战，就能早日获得民族解放，也就是及早肃清中国工业化的障碍。因此，绝对不是完全工业化后才能实现民主，而是一定要民主，然后才能实行全民总动员，抗战到底，扫清工业化发展的障碍。"③

---

① 《毛泽东文集》第 3 卷，第 202 页。
② 《毛泽东选集》第 1 卷，第 256 页。
③ 章汉夫：《批判两种错误理论》，《群众周刊》第 1 卷第 2 期，1937 年 12 月 18 日。

第 四 章

中间党派的民主宪政思想

抗战初期，中国各中间党派拥护国民党抗日，提出了动员全民族参加抗战、坚持持久抗战、开放党禁及民主建国等思想主张。面对国民党坚持借抗战之机强化独裁集权、坚持一党专制的现实，中间党派发出了结束训政、实行宪政的呼声，形成了以政治民主化推动抗战的政治思想，先后两次发起了民主宪政运动，形成了丰富的民主宪政思想。正是在两次民主宪政运动中，中间政派对战后中国政治走向作了精心设计。以民盟为代表的各中间党派，围绕着建设一个什么样的国家、如何保障个人的自由权利、怎样制定宪法、政府应有的职责和权限以及如何实行政党政治等重大问题，在民主建国问题上提出了一系列思想主张。

一　中间党派的拥蒋抗日主张

九一八事变后，中日民族矛盾尖锐，各中间政派及其代表人物纷纷主张抗日救国。中间政派面向中国历史的中心任务，顺应了历史发展的潮流，主张团结、抗日、民主，但无力联合各派政治力量结成抗日联合战线。1931 年 10 月 17 日，中国青年党领袖之一陈启天在《民声周报》上发表的《我们主张对日作战的理由》一文说："值此国家危急存亡之时，只有自救，实行抵抗主义，积极对日作战。摆在我们面前的对日方略只有两条：一条是主和不抵抗，依靠国联，出卖满蒙，出卖中国；一条是主战，可以保全国土和主权，改造国民精神，提高民族意识，也可以消除内战，实行全国统一。我们应坚决的反对直接交涉到底。我们赶快实行对日作战。"① 中国青年党在《我们的主张》中明确提出：第一，对日应断绝国交，立即宣战；第二，废除一党专政，组织国防政府。只有这样才能使四万万国民在精神上团结起来。②

九一八事变刚刚爆发，罗隆基就刊发题为《沈阳事件》的小册子，提出"在目前内忧外患的环境下，具体的救急办法，是根本改组现在的政府"，仿照 1870 年的法国组织国防政府以抵抗侵略。10 月，王造时刊发名为《救亡两大政策》的小册子，提出两大救亡政策：一是"对外准备殊死战争，与日拼命到底，促成日本革命"；二是"对内取消一党专政，集中全国人才，组织国防政府"。当时的《社会与教育》杂志刊登了大量主张抗日的文章，并出版了《反日专号》，在当时社会上产生较大影响。1931 年 9 月 26 日，陶希圣在《反日专号》上发表《我们应当觉悟的是什么》，说："中国处金融资本主义的次殖民地地位。广大民众是民族的支持者，买办阶级是不会抗日的，只有工农大众才能担当排除日本侵略的任务。"又指出："民众要坚决反对所谓地方解决，即政府为本身利益而接受类似二十一条的行为。"此外，《社会与教育》还发表了《五四、五卅的精神到哪里去了》《奇哉，所谓不抵抗主义》《不抵抗主义就是亡国主义》等主张抗日文章。

1933 年 4 月 8 日，章乃器在《申报》上发表《农村破产中之安内问题》，公开批评国民党的"攘外必先安内"政策，指出："自九一八以来，一般人主张抗日与'剿赤'并重，又说攘外必先

① 陈启天：《我们主张对日作战的理由（续）》，《民声周报》第 3 期，1931 年。
② 《我们的主张》，《民声周报》第 1 期，1931 年。

安内，因循以至今日……对外则三省沦亡之后，又失热河，日寇所击，冀察又告紧张。对内则驻赣大军，屡折主将，迭失名城。事急矣，抗日剿赤能并重乎？攘外必先安内乎？吾人认为安内非军事进攻之功，政治之成功在于利用环境，顺应大势。农村破产是因长期剥削而使革命条件成熟，除领导民众与日帝做殊死战外别无出路。作战虽有目标，牺牲需有意义，倘政府能够移剿共之师以抗日，其意远矣。"① 1933 年 10 月 20 日，章乃器在《申报》上发表《民族前途如何，吾人将何以自处》，反对国民党消极抗日，主张攘外先于安内。

总之，中间政派及其代表人物在九一八事变后的基本态度是，积极主张抗日，实现民主团结，实现国内和平，并提出了建立国防政府的政治主张。他们面向了历史发展的主流，顺应了中国历史的中心任务。客观地看，中间政派是最早倡导团结抗日的，是抗日联合战线的始倡者。但由于中间政派力量弱小而不直接掌握武装力量，所以其主张不为国共双方所重视，难以产生太大实际影响，反而因其政治主张与国民党当局和中共政治主张都不合，遂成为双方打击的对象。

中共《八一宣言》发表后，国社党首领张东荪在《自由评论》上发表《评共产党宣言并论全国大合作》，敏感地意识到中共政策的转变，赞同并支持中共提出的抗日民族统一战线方针。他根据自己对中共政策转变的理解，站在民族资产阶级右翼立场上对中共的政策转变原因及意义作了评述。他认定《八一宣言》是中共由阶级斗争"转向"民族革命的标志。他说："一个向来主张废除私产的党现在居然说保护财产和营业的自由了。以一个向来主张无产阶级专政的党现在居然说实行民主自由了。以一个向来主张完成世界革命使命的党现在居然说为国家独立与祖国生命而战了。以一个向来受命于第三国际的党现在居然说中国人的事应由中国人自己解决

---

① 章乃器：《农村破产中之安内问题》，《申报》1933 年 4 月 8 日。

了。以一个向来主张用阶级斗争为推动力对于一切不妥协的党现在居然说愿意与各党派不问已往仇怨都合作起来，这是何等转向，这个转向是何等光明！我们对于这样勇敢的转向又应得作何等佩服！其实这十年来我们就是为了国家主义与民主主义而呼吁。到了现在，我们不愿带些刺激感情的口调，说民族主义已征服国际主义，民主主义已征服了共产主义。但在事实上即此却可作一个极大的证明，即证明中国今天所需要的是对外为民族独立与对内为民主自由。至于阶级斗争与一党专政都是一些治丝益棼的东西。"①

这里，张东荪十分明确地断定中国目前所需要的是"民族独立"与"民主自由"，反对中共此前提出的阶级斗争、无产阶级专政理论。也正是在这样的认识基础上，他欢迎中共政策的转变，赞同抗日民族统一战线方针。但中共所谓政策的转变，只是暂时的政策、策略的改变，并不是对中国革命性质、基本革命任务的根本转变，更不是放弃了阶级斗争、无产阶级专政理论，这一点是张东荪没有能够认识到的。

1936 年 9 月，《自由评论（北平）》上发表的题为《我们需要更进一步的统一》文章，赞同中共提出的抗日民族统一战线，呼吁国民党政府"反省"，尽快改变自己的政策。其中值得注意的有以下三点。第一，提出"攘外"是中国目前压倒一切的首要问题。它说："我认为现在中国存亡的转机，并不在于采取何种制度，实行何种主义，而在于如何攘外，如何图存。……目前的问题，是中国人如何在中国境界之内，实行中国人自己的主张。如何排除一切直接或间接外来的障碍。换言之，就是攘外问题。我相信无论是在朝在野，何党何派，'攘外'的主张，总是一致的。"第二，主张国内各政治力量在攘外的旗帜下联合起来。"假如我们认为'攘外'是解决中国一切问题的先决条件，则大家应该能以'攘外'

① 张东荪：《评共产党宣言并论全国大合作》，《自由评论》第 10 期，1936 年 2 月 7 日。

为中心，联合成统一的阵容。"又说，国民党没有什么理由不能在"攘外"旗帜之下与其他党派联合。第三，国民党应当开放党禁、容纳异党异派。"开放党禁，容纳异党异派，并无损于政府的威信和政府的'面子'。"最后该文呼吁："中国目前的问题，是保持其领土完整和主权独立的问题。凡是拥护这个大原则者，都应该联合起来，团结起来。其他政见的不同，以及如何的调整，都是以后事，都可姑置不论。我们期望中央如此，期望其他各党各派也是如此。"①

如果说以张东荪为代表的国社党的言论体现了中间集团右翼势力的政治主张的话，那么，以沈钧儒等人为代表的救国会的抗日言论，更多体现了中间集团左翼力量的抗日民主思想。

1936年7月15日，沈钧儒、陶行知、章乃器、邹韬奋等人，联名发表了《团结御侮的几个基本条件与最低要求》，集中反映了以救国会为代表的左翼中间势力关于抗日民主问题的见解。该文总结了一二·九运动以来全国抗日救亡运动不断发展的形势，详细阐述了全救会关于建立救国联合战线的主张，指出抗日救国的大事业，决不是任何党派任何个人所能包办的，而必须集合一切人力、财力、智力、物力，实行全面总动员，才能获得胜利。文章严厉批评了蒋介石的"先安内后攘外"政策，指出这个政策并不能促成真正的内部统一，只能使敌人获利，故要求蒋介石立即与红军停战议和，共同抗日。文章赞扬了中共《八一宣言》提出的"停止内战，联合各党派共同抗日"主张。这个纲领性文件值得注意的有以下三点。

第一，对以蒋介石为代表的国民党政府既提出了尖锐的批评，又表明了诚恳的希望和拥护态度。他们在批评国民党的误国政策以后说："我们更希望蒋先生亲率国民政府统辖下的二百余万常备军，动员全国一切财力智力物力，发动神圣民族解放战争。这民族解放战争达到完

① 奕绳：《我们需要更进一步的统一》，《自由评论（北平）》第42期，1936年9月1日。

全胜利之后，蒋先生不仅是中华民国的最高领袖，而且将成为中国历史上最伟大的民族英雄。这是我们十二分诚意盼望的。"同时又指出："我们所希望的，有民族革命的光荣历史的国民党，握有中国统治权的国民党，应该赶快促成救亡联合战线的建立，应该赶快消灭过去的成见，联合各党各派，为抗日救国而共同奋斗。"

第二，在响应中共《八一宣言》的同时，也对中共提出了希望和委婉批评，促使中共彻底改变"左"倾方针，把主要任务集中到抗日民主上来。他们说："我们所希望的，中国共产党要在具体行动上，表现出他主张联合各党各派抗日救国的一片真诚。因此，在红军方面，应该立即停止攻击中央军，以谋和议进行的便利；在红军占领区域内，对富农、地主、商人，应该采取宽容态度；在各大城市内，应该竭力避免有些足以削弱抗日力量的劳资冲突。这样，救亡联合战线的展开，才不至受到阻碍。"它婉转地批评说："就我们个人参加救亡运动的经验来说，救国会和其他群众团体中间，往往发现有些思想幼稚的青年，在抗日救国的集会或游行中间故意提出阶级对阶级的口号，以及反对国民党和国民政府的口号，以破坏联合战线。还有少数青年，在抗日运动中，依然采取宗派主义的包办方式。这种行动，我们相信决不是出于中国共产党的指示，因为这是违反中国共产党最近的主张的。"

第三，极力倡导建立抗日救国的联合战线。他们认为："抗日救国这一件大事业，决不是任何党派任何个人所能包办的。脱离了民众，单是政府，抗日必然失败；但是没有一个政府的领导，单靠民众自动作战，也决不会有胜利的前途。"抗日救国要依靠全民族的一致参加，所以各党派有结成救亡联合战线的必要。"联合战线应该结合各党各派的力量以达到抗日救国的目的，但不能为任何党任何派所利用。"[1]

----

[1]　沈钧儒等：《团结御侮的几个基本条件与最低要求》，《生活知识》第 2 卷第 6 期，1936 年 8 月 5 日。

　　救国会提出的这些见解，集中体现了中间政派的抗日救国主张。从总体上看，他们反对国民党的独裁和内战政策，要求实现抗日民主，与中共建立抗日民族统一战线的方针是一致的。他们对中共"左"倾错误的批评是正确的，对国民党和蒋介石的批评忠告和期望也是中肯的。因此，民主进步人士和中间政派的主张以及为实现其主张而进行的活动，推进了团结抗日的实现和中国政治的进步。

　　1937 年 3 月 10 日，全国各界救国联合会发表《为保卫北方紧急宣言》，提出了更明确的抗战要求："在人民方面，他们是抗敌御侮最基本最伟大的力量，他们应该经过组织，而且应该获得最彻底的自由，才能够发抒其潜在的伟力，来拥护政府实施抗战的国策，以保证最后的胜利。因此，我们要求中央政府，除了迅即动员全国给敌人以迎头痛击之外，一面应该严令各地方当局，给予国民以各种御侮活动的自由，最少也要给予一个最低的范围，使国民得在这个范围之内进行他们的工作；一面迅速完成国防上（政治和经济的）最速和最低限度的准备，集中一切的人才，解放人民的枷锁，使我们的政治和社会都成为一个胜利的能够发挥最大力量的机构，以保障民族复兴大业之完成。"他们呼吁，作为国民中最勇敢最爱国分子的全国各地救国会和会友，应随时随地准备着以他们所有的一切贡献给他们的民族，也随时随地准备着以他们的经验和能力去帮助一切非汉奸的团体和国民，应该尽量运用他们从救国阵线中所获得的理论和认识、组织能力和其他的工作技能等，为当时当地最大限度地努力。领导参加各地各阶层各派别的组织，从事组织、宣传、慰劳、募捐、救护、防空、防毒等工作，竭诚拥护政府并随时随地贡献意见给当地政府，这是每个救国会员以及每个中国人当前的绝对义务。①

　　全国抗战爆发后，中间党派极力主张国内各政党团结起来，共

————————

① 　周天度编：《救国会》，中国社会科学出版社 1981 年版，第 346 页。

赴国难。陈铭枢、李济深等在香港成立的中华民族革命同盟，在卢沟桥事变后迅速由反蒋抗日转向拥蒋抗日，李济深、陈铭枢、蒋光鼐、蔡廷锴等人纷纷参加南京国民政府，接受蒋介石的领导，并于1937年10月25日决定解散中华民族革命同盟，以表示对蒋介石的合作诚意。他们在解散宣言中说："吾人应本公诚之态度，共求民族统一之巩固，促进全民抗战之成功。"陈铭枢发表《抗战中三党派问题》表示，"国民党已经居于唯一领导抗日的地位"，他们甚至向蒋介石忏悔，"一度离开国民党和多年的长官蒋委员长"，"这一段历史无论在个人、在国家都是一件不幸的事"①。明确表达了拥蒋抗日的政治态度。

沈钧儒、张申府、陶行知、沙千里、史良、李公朴、王造时、章乃器等领导的中国救国会，在卢沟桥事变后则表示，"随时随地都准备着以他们所有的一切，贡献给他们的民族"，"随时随地都准备着以他们的经验和能力，去帮助一切非汉奸的团体和国民"，"竭诚的拥护政府并随时随地贡献意见给当地政府"，并表示以此为每个救国会员以及每个中国人的"绝对义务"。救国会"七君子"之一的章乃器，刚刚从国民党监狱释放后，就在《申报》上发表《少号召多建议》的文章，将国民党比喻为"舵师"，要求其他各党派充分相信国民党的"国策"，"少作政治号召，多作积极建议"。他说："国家到了生死存亡的时候，政府既然已经有确定的国策，有点心肝的人，谁还愿标新立异以鸣高。"他建议各党派要信任"舵师"："我们反对'民可使由之不可使知之'的专制观念，然而也绝对不能主张船客可以去干涉舵师的职务。"他非常明确地表达了"拥蒋抗日"思想："我们为民族的利益打算，不能不多信托一些政府，使他能够运用较大的权力，同时保守较多的秘密，所以，我们要求民主，但是决不能马上梦想一个典型的民主，

①　《中华民族革命同盟解散宣言》，《抗战文选》第2辑，1938年5月。

时代和环境是必须顾到的。"① 大体看来，救国会以抗日救国为宗旨，其抗战思想可概括为四个方面：一是要求国内各党停止内战，建立全国统一的抗敌政权，共同抗日；二是要求国民党放弃一党专政，在全国实行民主制度；三是实行联苏等抗日外交，彻底改变妥协外交；四是主张实行抗日的经济政策和社会政策，联合世界反日和反战力量，共同对付日本帝国主义。

全面抗战爆发后，中国青年党提倡"政党休战"，要求各中间党派共同抗日。1938 年 9 月公布的青年党六条抗日主张，基本精神是"拥护政府抗战"。该党代表左舜生致函蒋介石、汪精卫，赞同国民党发表的《中国国民党临时全国代表大会宣言》及《抗战建国纲领》，明确表示："国民政府为今日举国共认之政府，亦即抗战唯一之中心力量，同人等必木爱国赤诚，始终拥护。"同时声明："仅有与国民党与共患难之一念，此外都非所计及，仅知国家不能不团结以求共保，此外亦无所企图。"② 中国青年党机关报《新中国日报》发表社评说，各党派或非党派需要一个"共同信仰主义"，即"鹦鹉主义"，并解释说，"鹦鹉主义就是爱国主义，救国主义及最有效率之救亡主义"，强调说，"唯有鹦鹉主义使各方面共同接受，也唯有接受鹦鹉主义以救灭中国今日之大火。"③ 故表示赞同国民党提出的"一个主义"口号。

1938 年 4 月 13 日，国民党《抗战建国纲领》公布后，张君劢代表国家社会党致函蒋介石和汪精卫，认为国家社会党的三项政纲——国家民族本位、修正的民主政治、社会主义，与孙中山的三民主义"措词容有不同，而精神则并无二致"。他明确表示："同人等更愿本精诚团结共赴国难之意旨，与国民党领导政局之事实，遇事商承，以期抗战中言行之一致，此同人等愿为公等确实声明者

①　章乃器：《少号召多建议》，《申报》1937 年 9 月 1 日。
②　李义彬编：《中国青年党》，中国社会科学出版社 1982 年版，第 264 页。
③　社评：《救国如救火》，《新中国日报》1938 年 12 月 8 日。

也。更有进者，方今民族存亡，间不容发，除万众一心，对于国民政府一致拥护而外，别无起死回生之途。"① 张君劢及其所代表的国家社会党的基本态度，是拥蒋抗日，"对于国民政府一致拥护"。正是基于这种基本政治态度，张君劢不赞同中共保留军队和边区政府。1938 年底，张君劢在国家社会党机关刊物《再生》重庆版创刊号上，发表了一封致共产党领导人毛泽东的公开信，反对毛泽东不久前提出的在抗日统一战线中既统一又独立的独立自主原则，认为共产党"自有军队，自有特区，自标马克思主义"，这有碍于在国民党蒋介石领导下举国的真诚团结、共同抗战。因此，他要求中共将"八路军之训练任务与指挥权"完全交给蒋介石，取消陕甘宁边区政府，"将马克思主义暂搁一边"。②

张君劢的这封公开信发表后，当时正想方设法削弱共产党、八路军、新四军和陕甘宁边区的国民党顽固派如获至宝，"利用他这篇文章到处翻印散发"，产生了很大的政治影响。这种主张自然受到中国共产党的严厉驳斥和激烈批判。1940 年 2 月 1 日，毛泽东在延安民众举行的声讨汪精卫叛国投敌大会上发表《团结一切抗日力量，反对反共顽固派》演讲，指出"玄学鬼张君劢提出取消共产党，取消陕甘宁边区，取消八路军新四军的反动主张"，与国民党顽固派制造的湖南平江惨案、河南确山惨案、山西旧军打新军、河北张荫梧打八路军、山东秦启荣打游击队等事件一样，"无非是要破坏抗日的局面，使全国人民都当亡国奴"。③ 随着国民党加强一党独裁统治和对中间党派的打击迫害，张君劢逐渐改变了对中国共产党的敌视态度，转而同情中共并对国民党独裁统治进行批评。用董必武的话说就是："他现在不但不反对我们扩充军队成立边区，他还怕军队的力量不够强大和边区遭受袭击呢！张已认我党

---

① 中国第二历史档案馆编：《中国民主社会党》，档案出版社 1988 年版，第 82 页。

② 张君劢：《致毛泽东先生一封公开信》，《再生》第 110 期，1938 年 12 月 16 日。

③ 《毛泽东选集》第 2 卷，人民出版社 1991 年版，第 716 页。

为在中国实现民主中一支必要的友军。"①

1937 年 7 月 10 日，中华民族解放行动委员会（第三党）对国民党政府提出了抗日救国八项政治主张。第一，提前召集国民代表大会，制定全国上下一致遵守之政治纲领，裨全国各阶层力量，能迅速集中，各方政治意见能彻底融洽，以树立政府之坚实抗战基础。第二，实现最低限度之民主政治，以增强人民对政府之信赖，并使人民得以自由发挥其抗战能力。第三，建立特殊机关，统一各党派所领导之民众活动，裨全国宣传组织与训练，完全趋于一致。第四，成立武装民众指导之机关，指挥全国义勇军之活动，使其与正式军队之动作，有适当配合，借收指臂之效果。第五，在全国各地成立在乡抗日志愿军，以备征兵制未完成前之调动。第六，成立战时经济计划机关，计划战时必须之生产与分配，并分设于各省市以促成战时计划经济之实现。第七，对广大战区中之劳苦人民、自由职业者、失业公务人员等须有妥善之救济方法。第八，除汉奸外，宜从速开释全国政治犯，并取消以前有碍民众运动之各项特殊条例。②

1938 年 3 月 1 日，第三党公布《中华民族解放行动委员会抗战时期的政治主张》，比较全面地阐述了该党的抗战主张和政治改革要求。其内容要点为：建立全民救国代表大会，作为战时国家最高权力机关；保障人民的言论、出版、集会、结社和武装自由；实行国内各民族一律平等；尊重海外侨胞权利；废除封建保甲制度；注重民生，改善人民生活；解决战时财政困难，没收敌人汉奸财产；改革战时教育，加强民族意识；扩大军事训练，坚持持久运动战；实行抗日外交政策。③ 这十方面内容，比较全面阐述了第三党

①　俞荣根主编：《董必武与抗战大后方——思想资料辑录》上册，重庆出版社2016 年版，第 245 页。

②　中国农工民主党党史资料研究委员会编：《中国农工民主党历史参考资料》第3 辑，1982 年版，第 29 页。

③　《中华民族解放运动行动委员会抗战时期的政治主张》，《抗战行动》1932 年第 6 期。

的抗战主张和改革要求。第三党还将较激进的土地革命政策改为减租减息，反映了社会各阶层的愿望和利益，与中共的抗战主张有相近之处，故受到较广泛的关注。

1938 年 3 月初，中华民族解放行动委员会在汉口召开了第三次全国干部会议，讨论了抗战以来政治军事形势及党的任务，通过党在抗战时期的政治主张，章伯钧被推为党的总联络人。会议分析了抗战以来中国的政治形势，中日双方在政治、经济、军事力量对比情况，提出集中一切人力物力，实行持久抗战，只有进行持久战才能取得胜利，接受了毛泽东和中共提出的持久战思想，认为争取抗战最后胜利的关键在于国民党政府必须进行政治大改革，实行民主抗战。会议严正指出，当前中国正开展着伟大的民族解放事业，但国民党统治集团对全国人民进行压迫，因而使国家政治、经济、社会危机十分严重，这种政治、军事上不能配合的情况，恰恰是抗战前途的重大危机。故提出当前头等的重要任务就是实行彻底的政治改革，整个扫除官僚主义的腐败。会议进而对政治、经济、军事、文化教育、外交等方面提出了十五项改革主张，并宣布：我们是忠实我们历来的主张，效忠于民族解放战争，保障抗战胜利的前途，达到民族独立、自由平等的目的。这次会议及其通过的文件对于发动群众、反对国民党的独裁统治、争取民主、坚持团结抗战具有积极的意义。会议修改了过去部分不适宜的口号，如把彻底的土地革命改为减租减息、废除高利贷、废止苛捐杂税、改善人民生活等，表现出第三党组织在参加抗日统一战线中坚持团结抗战进步的基本政治立场。但在究竟依靠什么力量来结束国民党的一党专政，依靠谁才能坚持统一战线，才能争取中华民族的解放，争取抗战最后胜利这个关键问题上，第三党仍然寄希望于蒋介石及中国国民党。这次会议后，第三党有组织的群众爱国活动开展起来，并在武汉直接组织领导了两个群众团体：一是黎明剧团，二是青年抗战工作团。他们在武汉创办机关刊物《前进报》《抗战行动》，集中宣传对日抗战可以完成国家的统一，实现民主可以保障抗战的胜利的基本观点。

国民党临时全国代表大会制定通过《抗战建国纲领》后，第三党公开发表《我们对于抗战建国纲领的意见书》，肯定这个纲领是中国民主政治改革的起点，同时要求国民党忠实执行这个纲领。大会宣布设立包括第三党在内的各党派参加的国民参政会，以便集中力量共同抗战。章伯钧接受国民党的邀请，与各党派代表一起参加了国民参政会。这样，第三党便取得政治合法地位。1938 年 4 月 26 日，章伯钧发表《对国民参政会的意见》，肯定设立国民参政会是中国走向民主政治道路的开始，同时也对国民参政会提出了自己的要求：参政会代表应该由各党自己推选，而不是由国民党来指定；参政会由自己召集会议而不是由国民党来包办，参政会有权制定法律，以团结全国力量共同抗战。这些要求无疑是正当合理的，但也在某种程度上反映了第三党对国民党抱有较大期望。1938 年 7 月，章伯钧与其他党派代表出席了国民参政会第一次大会；黄琪翔担任了国民政府军事委员会政治部副部长。第三党在抗日的旗帜下正式与国民党政府合作，将"拥蒋抗日"思想付诸政治实践。

抗战初期，中间党派主张全国各党派都要一致拥护国民党政府领导，一致承认国民党政权对于抗战之最高军事统率权，要求"在野的各党派应该心口如一的援助政府抗战，不应该有保存实力趁火打劫的企图"，因而主张国共两党应该实现合作抗日。民主屈从于统一，自由让步于权力，多数中间党派从反蒋向拥蒋立场的转变，动机是纯洁的，愿望是真诚的，故对国民党的抗战态度多加褒扬。但因国民党专制政体并未根本改变，民主只是暂时屈从于统一，自由只是暂时让步于权力。故多数中间党派并没有打消对蒋介石专制统治的顾虑，对蒋介石的态度既拥戴又批评，处于若即若离的观望彷徨之中。他们表示拥护政府领导抗战，同时希望政府改革政治，实施民主宪政，保障基本人权。因此，随着国民党五届五中全会开始实施防共限共政策并压制各中间党派的活动，原本"拥蒋抗日"的中间党派开始转变其政治立场，转而反对国民党一党专政，要求实施民主宪政。

1939 年 11 月，以章伯钧、邱哲为代表的第三党，以沈钧儒、邹韬奋、张申府、章乃器等代表的救国会，以黄炎培为代表的中华职业教育社，以梁漱溟为代表的乡村建设派，以曾琦、李璜、左舜生等为代表的中国青年党，以张君劢、罗隆基为代表的国社党及张澜等人，在重庆联合组织了"统一建国同志会"。他们的宗旨，是要集合各个方面热心于国事的上层人士，共求国是，探讨国事政策，以求意见之统一，促成行动之团结。尽管他们签署的《十二条信约》明确写有三民主义为抗战建国最高原则、拥护蒋先生为中华民国领袖并力促其领袖地位之法律化等，但同时对国民党提出了明确要求：在宪法颁布之后立即实施宪政，成立宪政政府；各党派以平等地位公开存在；尊重思想学术之自由；严格反对一切内战等，表达了他们对国民党一党专政的不满和要求实现民主政治的愿望。张君劢等人在一届四次国民参政会上提出的提案更明确地指出，"国家者，全国国民之国家，而非一党一派之国家；政府者，全国国民之政府，而非一党一派之政府"，所以必须"立即结束党治，实行宪政"，"立即成立举国一致之战时行政院"。[①] 这样看来，统一建国同志会的成立，标志着中间党派从"拥蒋抗日"的政治立场，开始转向追求民主宪政。

二　动员民众抗日的思想

全面抗战爆发以后，动员各界民众投入抗日是最为重要的历史任务，各抗日党派、抗日团体、从事各种不同职业的知识分子从不

---

① 张君劢等：《改革政治以应付非常局面案》，《国民参政会纪实》上卷，重庆出版社 1985 年版，第 586 页。

同角度提出了各自的主张。卢沟桥事变爆发后，各界民众纷纷组织抗日团体，开展募捐劳军、战地服务、宣传组织民众等一系列活动。各党派、各团体、各阶层、各少数民族和海外侨胞纷纷向国民党中央和抗战前线发表通电，谴责日寇暴行，声援前方将士，号召全国团结，为保卫祖国、争取民族生存而战。国内各报刊则不断揭露日本侵华阴谋，呼吁动员民众实现全国抗战。举国一致、共赴国难，成为全国社会各界的共识。晏阳初致函友人说："以前那些与中国政府对立的或者只是在口头上支持政府的团体，现在都全心全意地支持政府，把他们所有的人力物力都毫无保留地提供政府使用。中国终于取得了统一。"① 汉口《大公报》载文说，"自卢沟桥事变发生以来，全国上下坚强团结的局面是空前未有的"，不但引起全世界的同情，而且使敌人也为之丧胆。除去极少数的汉奸以外，"全国民众，不分党派，不分老幼，不分男女"，都在"不屈不挠，再接再厉的从事神圣伟大的抗战工作，我们四万（万）五千万颗心，已经变成一颗心，我们的精神团结已经和铁一般的坚固"。② 汉口《大公报》指出，中国"虽在极端危难之中，但就内部而言，党派思想之纷纠，业已消灭，统一大定，全国齐心"。③

　　全国各界以各种方式表达了坚持抗战到底的信念。《大公报》提出，中国民族今天对日本军阀只有两句话："或者你们全占了去，或者全吐出来！中国已决心不容再零碎分割，要么全征服，要么全解放。所有九一八以来日本所用的一切辱华欺华名辞，'特殊化'，'明朗化'，'局部化'，'自治化'一类话头，中国决心再不听不理。"④ 正是在全国各界坚持抗战到底呼声鞭策下，国民政府

---

① 宋恩荣主编：《晏阳初全集》第 4 卷，天津教育出版社 2013 年版，第 534 页。
② 晏阳初：《致 A·G·米尔板》，《晏阳初全集》第 3 卷，湖南教育出版社 1992 年版。
③ 《送民国二十六年》，汉口《大公报》1937 年 12 月 31 日。
④ 《九一八纪念日论抗战前途》，汉口《大公报》1937 年 9 月 18 日。

始终不敢放弃抗日旗帜，直到抗战取得最后胜利。

　　全面抗战开始后，越来越多的学者认识到乡村在抗战中的重要性，并由此开始了对广大农民的抗战教育与战时动员。有人指出，文化工作者"大部工作的方向必须转变到乡村"①；知识分子对于乡村教育与农民动员的重视，使得抗战初期文化下乡活动异常热烈，而学生又是其中热情最高的群体。从前深居学府的青年学生热烈地"跑到乡间做唤醒群众、教育群众的工作"。② 平民教育会认为，全民族中最具坚韧性、最充满着潜伏力、"足以负起长期抗战的伟大使命者，厥惟三万万的农民"，无论从量上说，还是从质上说，农民在全面抗战中的地位"实居一绝对的重心"，中华民族生死存亡的"险机"，"亦实取决于农民抗战底有无办法"。③ 因此，平民教育社组建了农民抗战教育团，"分发巡回各地"，对农民进行国防精神教育，战时经济指导和战时经济训练工作。④

　　坚持抗战到底，反对妥协投降是社会各界民众的共同要求，也是抗日战争进入相持阶段后各界抗日救亡思想的重要内容。日寇加强对国民党的劝降活动，汪精卫集团始而通电主和，继而公开叛变投敌，建立伪国民政府。全国各界掀起了声讨汪精卫投降卖国运动，各中间党派纷纷发表通电，要求国民党政府"通缉汪兆铭，归案严办"。张一麐、胡景伊、陶行知等国民参政会参政员致电林森与蒋介石，抨击汪精卫"屈膝讲和，动摇军心，危害民国，请将其所有职务一律开除，并勒令回国，以安人心，而正视听"。何香凝发表《斥汪精卫》，痛斥汪氏主张并请求国民党中央开除汪精卫党籍。香港各报对于汪精卫的"艳电"一致猛烈抨击。随着汪精卫集团投降活动的升级，各界对于汪精卫的声讨全面展开。张君劢痛斥汪逆主和谬说，劝告国人在中央政府领导之下，一致拥护抗

---

①　万梅子：《抗战到底三原则和三运动》，汉口《大公报》1938年1月13日。

②　瘦岑：《救亡运动应当大众化》，汉口《大公报》1937年9月23日。

③　晏阳初：《农民抗战底发动》，汉口《大公报》1937年10月1日。

④　晏阳初：《致张君劢》，《晏阳初全集》第3卷，第577页。

战国策。黄炎培、张澜、梁漱溟等通电，指斥汪精卫"身被敌人庇护，受敌人豢养，而尚倡言法治，可谓滑稽之尤"。汪精卫试图拉拢的广东军事将领陈济棠、余汉谋、许崇智等发表通电，指责"汪氏所倡和平，不啻投降卖国"，他们发誓要"与倭抗战到底，以卫乡邦"。① 在声讨汪逆的大潮中，各界人士集中批驳了汪精卫的投降理论，借以坚定民众抗战到底的信心。如《大公报》指出，汪精卫的"艳电"是响应日本"近卫声明"的，而近卫声明"是要中国投降，是要中国为奴。'投降'就是'投降'，绝不是'和'"。汪精卫把降敌说成"主和"，是"颠倒非是，淆惑听闻"。汪精卫的"主和"完全是"降敌卖国的大阴谋"。《大公报》明确提出，在与暴日抗战之时，"战就是胜，主和者奸"，在"我们的胜利未完成以前，我们与暴日之间没有和平"。②

　　坚持和维护抗日民族统一战线内部团结，是各界民众抗日救亡思潮的重要内容。在抗战初期，全国各党各派、各个团体和各界人士共赴国难，其团结合作之盛况是空前的。1937 年 7 月 12 日，国民参政会表决《拥护政府实施抗战建国纲领案》时，"全体参政员一致起立，掌声雷动，历数分钟不止"。抗战进入相持阶段后，加强内部团结成为中国争取抗日胜利的重要保证。在坚持抗战的阵营中，国共两党时常发生摩擦，而以 1941 年皖南事变尤为显著。因而坚持团结、反对分裂，坚持抗战、反对投降，坚持进步、反对倒退，成为各界民众抗日救亡的重要任务。面对国民党政策的右转和国共关系的紧张，各党派及各界民众痛陈统一战线内部分裂的后果，坚决主张团结进步，给蒋介石和国民党顽固派以巨大压力，迫使国民党答应政治解决国共矛盾。各界民众对于团结抗战的呼声，始终回响在抗日阵营内，维系着抗日阵营的团结合作。

　　要团结抗战，需要实行民主；要团结建国，同样需要实现民

① 《余汉谋广播》重庆《大公报》1939 年 8 月 18 日。
② 《战就是胜，主和者奸》，重庆《大公报》1939 年 8 月 14 日。

主。全面抗战爆发后，国共两党再度合作，携手走进抗战阵营。新的政治形势向国内各党派提出了新问题：要不要在对外抗战的同时进行政治改革，即要不要实行民主的问题。中间党派逐渐认识到"没有民主，抗战就不能胜利"，"民主是抗日的保证，抗日能给予民主运动发展以有利条件"。他们认识到："中国如不实行民主，任何政治问题、党派问题、经济问题、抗战问题、军事问题以及一切教育文化问题，都无法圆满解决。"强调抗战的同时必须实行民主，推动中国政治民主化进程。

中间党派要求的民主政治，涉及的内容非常广泛。首要的问题是要求基本的自由权利，主张民众要有救国言论的自由、救国组织的自由和进行救国活动的自由。如第三党就指出："在抗日期中，人民绝对地承认政府的权力应当强化，但同样地否认应该有官僚群压迫和剥削人民的权力……人民认定抗日救国是人民的义务，但同时认定过问政治是人民的权力。"要统一人民的意志，使人民积极拥护政府，强化政府，"唯有实现民主政治，使人民有过问政治的权利，政治能保障人民，人民的代表能直接处理国事"。这就是说，人民可以同意政府集权，但政府必须给人民以民主，而获得民主是承认集权并监督集权的基础和条件。随着抗战形势的发展，中间党派认识到国民党一党专政的本质，逐渐从一般的民主要求上升为改造政治的高度，纷纷要求结束国民党一党专政，实现民主政治，建立各党派的民主联合政权。他们进而提出了以抗日的"国防政府"代替现行专制政府的主张，使其成为容纳和组织各抗日党派和抗日力量的具体组织形式。

抗日战争对于中华民族来说，是一场迫不得已的民族自卫战争。而中日两国的国力相较，显然过于悬殊。在这种情况下，人们对抗战前途便特别关注，故"抗战必胜"便成为社会各界抗日宣传的重点。1937年10月，曾琦在成都广播电台播讲《抗日必胜论》，就中日在财政、粮食、封锁、武器、战斗经验、指挥人才、动员、死亡率和轰炸、民族意识及国家观念、国际情势、精神等各方面进行对比，认为我方在武器、国际情势等方面暂时处于劣势，但在财政、粮食、战斗经验、指挥人才、人力动员、精神等方面却具有优势，只要我们抱定焦土政策，与敌作长期战、全面战，就能使中国处于劣势的方面转为优势，至少也会将劣势抵消，这样，"从各方面看来，我们都有胜利的把握"。① 他分析说，在物质财力方面，日本的军费开支远高于中国，而负担军费的人数反少于中国，经不起全面战、持久战；在军事方面，日本虽然有现代化的飞机、大炮和坦克，但我们可从外国购买先进武器，可从西北、西南通道向俄、英、法等国购得，交通便利，运输时间短；在精神力量方面，中国则全国一致，士气高昂；在国际关系方面，曾琦认为，随着日本对中国侵略的扩大，必然要引起苏联的干涉。曾琦还认为，中国抗战要取得最后胜利，必须进行长期战、持久战。他认为对日战争对国家有"许多益处"：一是"可以消弭内争"，二是可以促成国内统一，三是可以锻炼国民意志，四是可以增强国力。故中国应将持久抗战作为最根本的战略，"以时间之长短，决战争之胜负"，从而实现中国"抗日必胜"的结果。

《大公报》及社会各界纷纷发表关于抗战前途的论文，论证"抗日必胜"之理。第一，承认中国暂时在物质力量方面，主要在军事上存在劣势，强调中国在经济生活以及人力、物力、财力等方面的优势，只要中国长期抗战，最后胜利一定属于中国。第二，在精神力量方面，充分宣传中国在道义上和团结方面的优势。人们指出，中国是"为生存、公理、正义、和平而战，为民族解放的神圣伟大使命而战，我们是死里求生，不抗战只有亡国，并且还要灭种"，因而我们的精神团结得像铁一般坚固。而日本违反了国际公法，撕毁了保障国际和平的一切条约，是为"毁灭公理、正义，人道而战"，故胜利必定属于中国。第三，强调自力更生，坚持抗

---

① 曾琦：《抗日必胜论》，《曾慕韩先生遗著》，中国青年党中央执行委员会1954年版，第199页。

战。人们普遍认为，中国必将得到世界各国的支援，但"必须我们自己努力，方可成功"。《大公报》明确指出，"抗战胜利之道，在不将国际形势，写在自己帐上"，即"应当假想国际永无参战之国，而求我们自己单独长期抗战之道"。① 第四，强调以全面抗战，尤其是长期抗战求取抗战胜利。各界人士提出了许多取得抗战胜利的意见，如主张"山地战"、"焦土抗战"、"全面抗战"和"长期抗战"等；认为现代战争之最后胜负取决于"两国经济力之对比"。"必须长期抗战，而后它才能崩溃不支，由我夺得最后的胜利。"②

中间党派对当时流行的抗战"速胜"论作了批评，提出"要抵抗当前穷凶极恶的日本帝国主义者，要战胜它并驱逐它出境，绝不是一个轻而易举的任务"，这是因为"日本帝国主义在东方是一个强速度发展起来的近代国家，其物质的建设特别是军事方面的力量，无疑是优越于中国"。基于这种认识，中国打败日本帝国主义，必须"忍受长期的痛苦，集中全国物力、人力，运用自己的优长，攻击别人的弱点"。只有进行长期抗战，才能最后取得胜利。

三　实施宪政的政治诉求

全面抗战初期，中间势力多持"拥蒋抗日"的政治态度，把抗战胜利的希望寄托于蒋介石及国民党政府。1939 年后，国民党政治上日益倒退，中间势力逐渐改变了以往"拥蒋抗日"的态度，将重点放在通过民主宪政结束国民党一党专政的局面，实现团结抗日、民主建国的目的。

---

① 《对于今后军事的正确认识》，汉口《大公报》1937 年 11 月 24 日。
② 郭世珍：《长期抗战何以胜利必属于我》，汉口《大公报》1937 年 11 月 14 日。

在日本全面深入中国国土、企图变中国为其独占殖民地的形势下，摆在全中国人民面前的首要任务，无疑是全力抗击日本的侵略，争取中华民族的完全解放。但怎样才能有效地把全国人民充分发动起来，同心协力驱逐日本帝国主义出中国？抗日是否需要民主？中共及中间党派坚定地主张，民族主义的实现有赖于民主主义的发挥。中国要战胜日本帝国主义必须集中全国人民的意志和力量，实现全体人民的政治参与，这就必须实行民主政治。

各中间党派因具有互不相同的历史渊源，加上阶级成分颇为复杂，故其政治主张并不完全相同。但在抗战的严峻形势下，它们在民主团结等根本问题上取得了颇为一致的看法，这就是它们都主张"民主、团结、抗战三层。而其中尤以民主一层为中心的中心"。①因此，抗战时期中间党派的政治主张，主要是围绕着如何在中国实现民主这个中心问题展开的。

把抗日与民主结合起来进行考察，是战时中间党派的基本政治思路。中华民族解放行动委员会在全面抗战爆发后发表政治主张，认为抗战是"一个实际的政治问题"，并非空喊"抗日高于一切""人民应当牺牲一切"所能得到的；现存的官僚体制远离人民，不能满足人民的政治经济要求，从而引起人民对政府的不满，使人民难以"情愿"地去牺牲一切。因此"目前第一等的重要任务，乃是政治上的大改革"，而改革内容"绝非对过去政治方针加以局部的修改，而是整个的扫除官僚主义的毒素，切实实现民主政治"。他们强调：只有彻底的改革政治，方能消除现时人民对政府的不满情绪，方能使人民"情愿"为国家牺牲一切，方能集中使用全国物力人力，政治上方能配合军事上的新战略，最后达到战胜暴日的目的。

中国青年党和国社党虽然属于中间党派右翼势力，但它们并不否认实行民主政治的必要。青年党认为：战时中国所应付的是一个

---

① 《中国民主同盟主席张澜在招待外国记者会上的谈话》，《中国民主同盟历史文献》，文史资料出版社1983年版，第53页。

空前的难局，所要缔造的是一个艰难险阻的新邦，非合全国亿万人一德一心不能完成抗战建国之大业，非使国家基础建设于全民之上不能举亿万人一德一心之实。故该党强调："民主政治的完成，实为刻不容缓之事。"国社党也认为，虽然国家在处于紧急情况下容不得发言盈庭、日中不决的事情出现，而普通的民主政治确有效率迟缓与分散力量的弊病，但是"政权的集中，换言之，即行政效率的加高，实在与民主政治根本上不相冲突"，"民主政治的原则是不能动摇的"。他们痛斥那种认为中国人民知识能力低劣不能够实行民主的论点，指出民主主义根本上是一种原则，十全十美的民主固然只是理想，但90%甚至50%或40%的民主也比完全的专制要强。国社党对民主必要性的认识及对国民党拒绝实行民主借口之反驳，是颇有说服力的。

中国各中间党派在调停战时国共冲突过程中，逐渐认识到不加强自身团结并组织一个大党，真正形成国共之外的第三大政治势力，是难以有所作为的。1939年10月7日，梁漱溟、晏阳初、黄炎培、李璜等人遂提出建立联合组织问题。经过多次聚会商讨，各党派就时局、组织与纲领等问题逐渐达成共识。11月23日，各中间党派在重庆成立统一建国同志会，通过《统一建国同志会简章》和《统一建国同志会信约》（以下简称《信约》）。《信约》提出，"中国今后须为有方针有计划之建设。此建设包括新政治、新经济乃至整个新社会文化之建设而言，且彼此间须有机的配合"，"吾人主张宪法颁布后，立即实施宪政，成立宪政政府。凡一切抵触宪法之设施，应即终止；一切抵触宪法之法令，应即宣布无效"，"凡遵守宪法之各党派，一律以平等地位公开存在"。《信约》涉及对国共两党均有所牵制之内容："中国今后唯需以建设完成革命，从进步达到平等；一切国内之暴力斗争及破坏活动，无复必要，在所反对"，"一切军队属于国家，统一指挥，统一编制"，"吾人不赞成以政权或武力推行党务，并严格反对一切内战"，"吾人主张现役军人宜专心国防，一般事务官吏宜尽瘁职务，在学青年宜笃志学业，均不宜令其参与政党活动"。① 从《信约》内容看，统一建国同志会近期目标主要关注党派关系、党派所领导的军队归属问题；远期目标则是在中国实施宪政问题。

1940 年 12 月，国民政府公布第二届国民参政会参政员名单，总人数由 200 人增加到 240 人，但增加者多为国民党人及其拥护者，在野各党派比例显著下降，甚至达不到提出议案所需要的法定人数。不仅第一届参政会中的那些敢言之士被排除在新名单之外，而且第二届参政会在野各党派参政员名单完全改为由国民政府圈定。此举令各中间党派颇为不满，促发了他们团结行动的迫切需要。1941 年 3 月 19 日，中国青年党、国社党、第三党、中华职业教育社、乡村建设派的领导人，在重庆上清寺特园召开秘密会议，决定成立中国民主政团同盟。会议通过了政团同盟的政纲、简章及宣言，选举 13 人组成中央执行委员会，推选黄炎培、左舜生、梁漱溟、张君劢、章伯钧等 5 人为中央常务委员，黄炎培任中央常委会主席，左舜生任总书记，章伯钧任组织委员会主任，罗隆基任宣传委员会主任。后来救国会也正式加入，遂在国共两党之外形成由"三党三派"组成的具有政党性质的政治集团。

因国民党反对成立新政党，故中国民主政团同盟是在秘密状态下成立的，因而难以在国民党统治的政治舞台上发挥重要影响，故民盟成立后立即决定派梁漱溟赴香港创办民盟机关报，在海外公开民盟的组织和纲领，宣传自己的政治主张。1941 年 9 月 18 日，《光明报》在香港创刊。10 月 10 日，《光明报》在免检的广告栏中发表启事，正式宣告中国民主政团同盟已经在重庆成立，同时刊出了《中国民主政团同盟对时局主张纲领》（以下简称《纲领》）和《成立宣言》。《纲领》集中体现了民盟的政治主张，要求"实践民主精神，结束党治，在宪政实施以前，设置各党派国事协议机关"，"厉行法治，保障人民生命财产及身体之自由，反对一切非法之特殊

---

① 《统一建国同志会信约》，《中国民主同盟历史文献》，第 2—3 页。

处置"。在结束党治方面，要求严格避免任何党派利用政权在学校及其他文化机关推行党务；政府一切机关，实行选贤与能的原则，严行避免一党垄断及利用政权吸收党员；不得以国家收入或地方收入支付党费。其要求于国共双方者，有"确立国权统一，反对地方分裂，但中央与地方须为权限适当之划分"，"军队属于国家，军人忠于国家，反对军队中之党团组织，并反对以武力从事党争"。①

中国民主政团同盟成立后，集中关注民主问题，称实行民主是一切问题"中心的中心"，断言："中国如不实行民主，任何政治问题、党派问题、经济问题、物价问题、抗战问题、军事问题以及一切社会教育文化问题，必都不能圆满解决。"② 1941 年 11 月 16日，中国民主政团同盟主席张澜及左舜生、章伯钧、罗隆基等人，邀请国共两党代表和国民参政会中的部分人士在重庆召开茶话会，公开通报同盟成立的经过及其政治主张。在随后开幕的国民参政会第二届第二次大会上，张澜、张君劢、左舜生、罗隆基等人以中国民主政团同盟参政员的名义，提出了《实现民主以加强抗战力量树立建国基础案》，要求"政府明令于最短时期间结束训政，实施宪政"，"成立战时正式中央民意机关，其职权必具备现代民主国家民意机关最基本之实质"，"任何党派不得以国库供给党费"，政府一切机关应实行选贤与能原则，"不得歧视无党、异党之分子，及利用政权吸收党员，并强迫公务人员入党"，"政府明令保障人民身体、信仰、思想、言论、集会、结社入党、看报、旅行等等之自由"，"明令停止特务机关对内之一切活动，并禁止一切非法特殊处置"，"军队国家化，停止军队中任何党派之党团组织，藉以防止以武力从事党争"。③

---

① 《中国民主政团同盟对时局主张纲领》，《中国民主同盟历史文献》，第 8—9 页。

② 《中国民主同盟主席张澜在招待外国记者会上的谈话》，《中国民主同盟历史文献》，第 53 页。

③ 张澜等：《实现民主以加强抗战力量树立建国基础案》，《张澜文集》，四川教育出版社 1991 年版，第 136—137 页。

张澜于 1943 年 7 月 6 日于《致蒋介石书》中明确写道，"年来盱衡时局，审度内外，觉国际战事，虽胜利可期，而国内政治情形，则忧危未已"，"察其症结，皆在政治之未能实行民主"，"现在政府之用人，既以一党为其范围，尤偏重特殊关系，使国内无数才智贤能之士，皆遭排弃……乃现在一切民意机关的代表都是由党部和政府指定和圈定，于是只有党意官意，而无真正民意之表现"。因此，"必须实行民主，一本天下为公，选贤与能，只问才不才，不问党籍，举全国之才智贤能，共同尽力于国事，而后可以挽救危局，复兴国家"，因此，他警告国民党蒋介石："如能及此时机，加强实行民主，则人才可以集中，民意可以伸展，竞争可以消弭，上下一心，团结奋斗。目前艰危之局势，固可以支持，即战争结束之后，国内统一，国际平等，亦可以顺至。如或昧于大势，迁延不决，徒貌民主之名，而不践民主之实，内不见信于国人，外不见重于盟邦，则国家前途，必更有陷于不幸之境者。"① 张澜的这些警告切中时弊，表达了中间政党对实行民主的强烈要求。

以民盟为代表的中间党派关于民主政治的主张，主要集中于政权问题，即继续实行党治，还是实行宪政的核心问题上。国民党自1927 年建立南京国民政府以来，始终以"训政"为旗号，坚持一党专政，拒绝实行宪政、还政于民，因而一直遭到包括中共在内的各党派的强烈反对。全面抗战爆发后，为着动员全国力量一致抗日，中共主张结束国民党一党专政，实行民主政治；中间党派以民主政治为鹄的，也自然而然地赞同中共主张，将矛头指向国民党一党专政的政治制度，并将它与宪政主张结合起来，发起了两次宪政运动。1939 年国民参政会第一届第四次会议上各中间党派参政员的众多提案，也多以此为讨论主题。如左舜生、张君劢、章伯钧等

---

① 张澜：《致蒋介石书》，《张澜文集》，四川教育出版社 1991 年版，第 183—184 页。

36 人的提案，标题就是"请结束党治，实施宪政"，且明言政治改革"以结束党治立施宪政为第一义"。他们指出，"环顾当世各国，并无借口战争而脱离宪政常轨者"，何况我国参加抗战效忠国家者有各党各派，"并不限于在朝之一党"。因此，"借口抗战而谓宪政未可立即施行者"，是没有道理的。他们认为，只要遵照如下三个步骤去做，其宪政目的自不难达到，即首先，由政府授权国民参政会推选若干人组成宪法起草委员会，以制定一个可使全国共同遵守之宪法；其次，在国民大会未召开以前，行政院暂对国民参政会负责，省县、市政府分别暂对各级临时民意机关负责；最后，于最短期内颁布宪法，结束党治，全国各党各派一律公开活动，平流并进，以杜纠纷，共维国命。① 同时，张、左、章等 55 人在另一份提案中强调，"立即结束党治，实行宪政"是"政治改革"的第一位任务。他们争辩说："国家者，全国国民之国家，而非一党一派之国家；政府者，全国国民之政府，而非一党一派之政府。国家政权，国人能共有共享；而后国事危急，国人当更感休戚相关。"故今日中国之政治改革，应从结束党治实行宪政开始。正因为各中间党派具有共同要求，所以它们在结成统一建国同志会及其以后的中国民主政团同盟时，都重点强调"结束党治"，"实施宪政，成立宪政政府"，并严肃地指出：实行民主制度为当务之急，此事"已刻不容缓，万万不可向战后推宕"。②

宪政与党治的根本区别是，前者依照"主权在民"的民主原则，而后者则违反了这个原则，将主权看成是少数人的财产。将主权视为少数人的禁脔，其结果必然是国家权力不容多数人染指；按照人民的意志制定宪法，在宪法原则下通过人民的选举组成宪政政府等便无从谈起。因此，要真正结束党治实行宪政，就必须确立

---

① 左舜生等：《请结束党治立施宪政以安定人心发扬民力而利抗战案》，《国民参政会纪实》上卷，第 584 页。

② 《中国民主政团同盟对目前时局的看法与主张》，《中国民主同盟历史文献》，第 18 页。

"主权在民"原则。中间党派领导人对西方民主政治制度较为了解，对西方民主政治理论颇为熟悉，因而他们在中国倡导宪政之时，对宪政所凭借之民主理论给予必要阐释。他们明确指出："民主国家以人民为主人，国家之目的在谋人民公共之福利，其主权属于人民全体。"① 张澜解释说："主权在民的政治，也就是国由民治。凡是管理众人的事，要以主权在民的真精神和好方法来管理，才叫做真正的民主政治。如其以一个人一群人一党人的意思，不依全民共立、全民共守的法律来管理众人的事，把持政权，独裁专制，任意扩大统治者的权力，并不容许全国人民发表不同的意见，得到各种的自由，不顾全国人民的主权，那就决不是民主政治，只可称为君主政治，贵族政治，党霸政治。"② 由此，真正的民主政治应具备的基本条件为：第一，政治的主权要在全体国民手里，而不能在个人或党政手里；第二，众人的公事应由全体民众直接来处理，实行直接民主，假若做不到这一步，至少要由全体民众直接推选代表组织议政机关，讨论国是，监督政府，以实行间接民主；第三，民众代表应根据民众的自由意志直接选举，不得由一党党部人员会同政府官吏来指定人选，使人照名单推选或加倍推选，再由党和政府圈定；第四，地方人民及其代表之参预中央政事者，应能自由行使选举、罢免、创制、复决四权，决不可削减其权力，尤其不得有利诱威胁之事；第五，国家应有其根本大法，即早日颁布有关人民权利义务与政府组织权责的民主宪法。宪法应由国民代表推举若干人参加议定，再开国民大会决定而颁布，全国上下共同遵守，即使一国元首亦应严格遵守，不得以己意变更法律。③ 中间党派领导人的这些论述，使其关于民主宪政之主张具备了明显的理论形态。

---

① 《中国民主同盟纲领草案》，《中国民主同盟历史文献》，第26页。
② 张澜：《中国需要真正民主政治》，《张澜文集》，第187页。
③ 张澜：《中国需要真正民主政治》，《张澜文集》，第187—188页。

中国主张宪政的各中间党派吸取了西方"天赋人权"思想，对于人民享有之基本自由与权利问题给予充分关注。中国民主政团同盟发布的一系列政治纲领、政治主张中，几乎都强烈要求"保障人民身体、行动、居住、迁徙、思想、信仰、言论、出版、通讯、集会、结社之基本自由"，"尊重思想学术之自由，保护合法之言论出版集会结社"，"废除现行一切有妨害上列自由权利之法令与条例"等，他们将此视为实行民主的首要条件并反复加以论证。张澜指出："实行民主，首先废除言论、思想、出版的统制与检查，使人民各本所欲所恶，对政治可以自由批评讨论，舆论有监督之力，然后政治修明，人人悦服，然后民力始能发挥。"① "实现民主的起码条件，在无保留无犹豫给予人民以各项基本的自由"。他们还尖锐地指出："假定一个国家，其国民不能自由发表负责的言论与主张，不能合理的批评政治的措施与人事，其新闻的记载只能限于好的一面，而绝不许暴露坏的一面，这个国家便不是民主国家。""更假定一个国家，其人民的身体自由毫无切实的保障，可以由若干秘密的或来历不明的机关非法拘捕，非法幽禁，非法处死，甚至不知拘捕于何地，幽禁于何所，处死于何时，被害者的家属无从接见，其亲友亦无从援救，这便不仅不是一个民主国家，而且是一个十足的反民主的国家！"② 这些论述，既表现了民盟对民主原则的高度认同，也鞭挞了国民党违反民主的恶劣行径。

国家社会党发表的宣言表达了与民盟近似的观点，但更关注思想自由和言论自由。他们把思想自由视作国家的"灵魂""人民的根本"加以强调。针对有人认为思想与言论过于开放会导致国论纷纭而减低行政效率的说法，国社党指出：政治上效率的提高与社

①　张澜：《致蒋介石书》，《张澜文集》，第183—184页。
②　《中国民主政团同盟对目前时局的看法与主张》，《中国民主同盟历史文献》，第18页。

会上自由的开放并不矛盾，而是相辅相成的，"因为真正民治的政府，他的基础是坐在产生政府的大多数公民的同情上，其政治的设施又适合大多数人民生活实际的需要；所以言论愈自由政府愈能得到舆论的赞助"。纵使两者之间有冲突，也"断乎不可牺牲自由而迁就效率"。因为无政治的效率至多使行政失其意义，而无思想的自由则会使国家失去灵魂。基于这样的理由，国社党公开宣布："我们虽则很爱护政治的效率，但我们却更爱护思想的自由。"其核心政治理念是："政权务求其统一，行政务求其集中，而社会务使其自由，思想务听其解放。"国社党要求政权统一与行政集中，反映了其在政治上拥护国民党政权的立场，但其关于思想自由的主张，则是完全符合现代民主的基本精神。

中间党派对国家政权问题上的要求，是结束一党专政，建立宪政政府。所谓宪政政府，从政党政治角度看，就是在宪法范围内，通过两个或两个以上政党之间的和平竞选，由取得议会多数席位的政党或政党联盟，或者由获得多数总统选票的政党来执掌政权，实行两党轮流执政或多党联合执政。宪政政府与政党政治实际上是不可分离的。因此，中间党派凡是涉及宪政问题，都会把矛头对准国民党的"党治"即一党专政，必然强调实行党派平等的必要性。显然，他们这样做是为了给政党政治和实现宪政铺平道路。抗战进入相持阶段后，中间党派为实现宪政不遗余力，并为此发起了宪政运动。1939 年发起的第一次宪政运动虽未能达到目的，但他们为实现宪政奋斗的信心并未稍减，于 1944 年掀起了第二次宪政运动，继续将一党专政的政治制度作为抨击对象并强调："国家应实行宪政，厉行法治，任何人或任何政党不得处于超法律之地位。"中间党派所坚守的核心政治理念，仍然是西方式民主的政治原则。但这时国内政治军事形势发生了重大变化：共产党领导的解放区已经度过严重困难时期，步入恢复和再度发展的新阶段；而国民党无论在军事上、政治上、经济上都出现了严重的统治危机。在这种情况下，为了将中间党派在民主宪政运动中形成的政治要求集中到更明确、更为现实的斗争目标上，林伯渠于 1944 年 9 月 15 日在国民参政会上代表中共正式提出："立即结束一党统治的局面，由国民政府召开各党各派，各抗日部队，各地方政府，各人民团体代表，开国事会议，组织各抗日党派联合政府。"10 月 10 日，周恩来发表《如何解决》的讲演，进一步阐述了建立各抗日党派联合政府的主张。

中国共产党建立民主联合政府的主张，迅速得到中间党派的赞同。1944 年 10 月，中国民主同盟发表的《对抗战最后阶段的政治主张》，就军事、政治、外交、经济等问题提出了一系列改革意见，其中政治方面明确要求："立即结束一党专政，建立各党派之联合政权，实行民主政治"，并"迅速筹备实施宪政，立即召开全国宪法会议，制颁宪法"。此后，民盟多次发表宣言、谈话或对时局主张，反复阐明关于召开党派会议、成立联合政府的见解。他们强调："今后打开政治僵局，谋取团结实现之关键，只视各党派及无党无派人士之政治性的会议，能否重开。"[1] 他们提出："由国民政府召集一各党派及无党派之领袖会议，各本互让之情绪，运用现代政治家之常识，快刀斩乱麻，折中至当，就军事与政治求得一理论与事实两俱可通之切实办法，则不惟国人厌乱之心理可得到确实之安慰，友邦对中国观感可因而不变，即政府所欲于最近期间结束党治实施宪政之伟大工作，亦可因以奠定其良好之基石也。"[2] 他们以急迫心情呼吁尽快举行"由政府召集各党派及无党派人士的政治会议，解决当前一切紧急和重大的问题，包括产生在宪法政府成立以前的一个举国一致的民主政府"；认为在"此紧迫时期，此项会议，实以万难再缓"。

为了促成党派会议的召开、联合政府的成立以及民主政治的

---

① 《中国民主同盟对时局宣言》，《中国民主同盟历史文献》，第 50 页。
② 《中国民主同盟发言人对最近国内民主与团结问题发表谈话》，《中国民主同盟历史文献》，第 39 页。

实现，中国民主同盟设想所要采取的具体步骤为：第一，召集中国国民党、中国共产党及中国民主同盟三大政团的圆桌会议；第二，由三大政团共同推定国内无党派代表人士，请其前来参加圆桌会议；第三，由这种圆桌会议产生包括各党派及无党无派代表人士在内的举国一致的政府；第四，由联合政府再拟定人民代表，组织宪法起草委员会，重新起草宪法；第五，由联合政府重新起草国民大会组织法与选举法，依据这种新的法律，重新选举真正代表民意的国民大会；第六，由联合政府召集新选的国民大会代表制定宪法，实施宪法，并实行真正的还政于民。很明显，中国民主同盟的这些设想，将中共建立联合政府的主张加以具体化，表明建立联合政府不仅仅是中共的政治主张，也是各中间党派的共同诉求。

四　第一次宪政运动中的民主构想

1939 年 2 月，周览等 51 名参政员在国民参政会第一届第三次会议上，提出了《请确立民主法治制度以奠定建国基础案》。该案提出确立民主法治制度的理由之一，便是近年来中家日趋统一，政府权力日益扩大，有许多以往并不属政府管理范围的事情今统归政府处理，带来了严重影响："如人民参政之权力，不能与政府权力之扩张亦步亦趋，势必造成一个极权国家，与整个民族之前途有异常不良之影响。故此事不能不急求逐渐增加人民参政之权力。"因此，该案提出三方面建议：一是政府行为应法律化；二是政府设施应制度化；三是政府体制应民主化。政府一切行动须以法律为准绳，不可以一时人事之方便，而违反、忽略或曲解法律；必须建立选用贤才的吏治制度，公务人员权责必须分明，机关系统必须清楚。该案表示：它并不谋求改变目前政府由国民党指导和组织这一现实，"然由党所组织，且受党所指导之政府，仍应向国民负责。

国民如依法对政府表示不满，政府仍不能设法满人意时，党应分别轻重，加以改正或改组"。① 该案强烈要求加强国民参政会的职权，使之成为最高民意机关，拥有依法监督行政的权力。同时，董必武等所提《加强民权主义的实施，发扬民气以利抗战案》，张澜等所提《抗战建国之后方政治必须选任人才案》，罗文干等所提《请政府实行选贤与能以澄清吏治案》等，主旨均为要求改善政治、推进民主。面对国民参政员发起的实行民主宪政的强烈要求，蒋介石被迫表态：本会的历史使命是要建立民主政治的基础，"世界上最有力最巩固的政治，一定是建筑在民意之上，一定是以人民的利害为利害，人民的视听为视听"。②

1939 年 9 月 9 日，国民参政会第一届第四次会议在重庆开幕，社会各界对会议给予很大期望。毛泽东、王明等中共参政员会前发表《我们对于过去参政会工作和目前时局的意见》（以下简称《意见》）提出：加强战时政府，容纳各派人才；实行战时民主，保障人民各项权利；取消各种所谓限制异党活动办法等多项要求。会议开幕后，王明等人根据《意见》基本精神正式提出《请政府明令保障各抗日党派合法地位案》，在陈述各党派精诚团结的重要意义和《限制异党活动办法》等法令的巨大危害后，强调指出："为巩固民族团结，以利坚持抗战国策，必须使抗日各党派间之关系，得到公平合理之解决。"故要求国民党必须做到：（一）明令保障各抗日党派之合法权利；（二）明令取消各种所谓防制异党活动办法，严令禁止借口所谓"异党"党员或思想问题，而对人民和青年施行非法压迫之行为；（三）在各种抗战工作中，各抗日党派之党员，一律有服务之权利，严禁因党派私见而摒弃国家有用之人才。③

① 《请确立民主法治制度以奠定建国基础案》，重庆《中央日报》1939 年 2 月 24 日。
② 韬奋基金会等编：《韬奋全集（增订本）9》，上海人民出版社 2015 年版，第 44 页。
③ 陈绍禹（王明）等：《请政府明令保障各抗日党派合法地位案》，《国民参政会纪实》上卷，第 582 页。

　　继中共参政员提案之后，各中间党派参政员相继提出了许多要求结束党治、实行宪政、改革现行政府的提案。这些提案，要求授权国民参政会组织宪政起草委员会，制定全国共同遵守的宪法，并于最短期内予以颁布，以结束国民党的党治，使各党派一律公开活动；在国民大会召集之前，暂由国民政府行政院对国民参政会负责等。左舜生、张君劢、章伯钧等36人所提《请结束党治立施宪政以安定人心发扬民力而利抗战案》，首先对"党治"所造成的国内政治的不合理现象提出批评，认为"抗战两年，所流者全国国民之赤血，所竭者全国国民之脂膏，在现行党治之下，政府仅能对党负责，对全国国民几无责任之可言。名不正，则言不顺，以此而求国民之效死恐后，于义终有未安"。只有政府对人民负责，才能从根本上落实民众的政治参与权。这个批评，抓住了当时政治参与难的根本症结。该案接着指出，当世其他宪政国家"并无藉口战争而脱离宪政常轨者……甚且变更政党政治之常态，其加入政府以效忠国家者，初不限于在朝之一党"。该案提出的解决办法为：第一，"由政府授权国民参政会本届大会，推选若干人，组织宪法起草委员会，以制定一可使全国共同遵守之宪法"；第二，"在国民大会未召集以前，行政院暂对国民参政会负责，省市县政府，分别暂对各级临时民意机构负责"；第三，"于最短期内，颁布宪法，结束党治，全国各党各派，一律公开活动，平流并进，永杜纠纷，共维国命"。① 从该提案所列举的理由、所提出的解决办法可以看出，该案所要求实行自上至下的政治变革，目标是实现宪政，从根本上解决民众的政治参与问题。

　　张君劢等55人提出的《改革政治以应付非常局面案》，首先对当时的国内外形势进行了分析，认为"处此非常局面之中，唯有非常之步骤，方足以资应付"，该案所提出的非常之步骤是：

---

　　① 左舜生等：《请结束党治立施宪政以安定人心发扬民力而利抗战案》，《国民参政会纪实》上卷，第584—585页。

第一，"立即结束党治，实行宪政，以求全国政治上之彻底开放"；第二，"立即成立举国一致之战时行政院，以求全国行政上之全盘改革"。该案就这两种步骤实施的原因，作了大篇幅阐述。采取第一种办法，目的在于"收拾人心"与"集中人才"，在"收拾人心"的基础上才能"集中人才"。故强调："今日中国惟政治上彻底开放，人才始有集中之可能，亦惟政治上彻底开放，人人为国，胜于为党，人人爱国，胜于爱党，而后国家各真才始能为国用。"采取第二种办法，旨在提高行政效率以发挥国力："征诸世界各强国历史，国家每遇对外作战，辄成立举国一致之战时内阁，此无他，必如此始能提高行政效率，发挥整个国力。"① 王造时等 37 人所提《为加紧精诚团结以增强抗战力量而保证最后胜利案》则告诫说："我全国人民，深知非团结不足以抗战，非抗战不足以图存，自不至隳入敌人之奸计。惟杜渐防微，不可不慎。"故提出两种政治参与途径：第一，"为集中人才起见，政府用人行政，不宜因党派关系而有所歧视"，此为行政层级上的参与；第二，"从速完成地方自治，实行宪政，纳政党政治于民主法治之常轨"，此为政治层面的参与。② 张申府等 21 人所提《建议集中人才办法案》认为，"国家遭遇大难，必须集中人才，团结一致，合力对外"，其提出的五项集中人才办法为：第一，"用人但问其材不材，不问其党不党"；第二，"表扬大公无私之立场"；第三，"承认各党派之合法存在"；第四，"限制兼差，使人当其职"；第五，"推进民权主义，实施民主制度"。这五项方法仅涉及政府管理制度，并未突破现有体制框架，即使在"推进民权主义，实施民主制度"项下，也只是要求"凡百机构，尽力发扬民主精神，使人人均得贡献其意见，发挥其才能"，最

① 张君劢等：《改革政治以应付非常局面案》，《国民参政会纪实》上卷，第586—587 页。

② 王造时等：《为加紧精诚团结以增强抗战力量而保证最后胜利案》，《国民参政会纪实》上卷，第590 页。

终要"集中于一个领导之下"。① 故该提案只是向执政的国民党当局争取行政层面的参与权利，在体制内寻求改善。

对于国民参政会第一届第四次会议有关宪政的七个提案，王明将其内容归纳为四个要点："（一）结束党治，实行宪政；（二）保障各抗日党派合法权利；（三）不分党派，集中人才参加抗战建国工作；（四）改革战时行政机构。"② 邹韬奋则对在野党派的六个提案综合研究后认为："在大目标方面虽然都是有关于宪政，但仍可分为两大部分，一部分是直接与宪政有关的，是属于最近将来的，即尚略须经过筹备时间的，还有一部分是间接与宪政有关而重要性却并不轻的，是属于当前的，是有立刻执行必要的。"第一部分可称为"结束党治，实行宪政"，有五个提案明白提到这件事。第二部分是在正式宪法尚未制定公布以前须切实执行的事情，主要包括的问题有：一是"因党派私见"而摒弃、排斥、歧视、压迫"国家有用之人才"；二是"抗日各党派应得到合法保障的问题"；三是"在正式的民意机关未成立的过渡时间，立即成立举国一致的战时行政院，行政院暂时对国民参政会负责"。③ 沈钧儒认为："国民党以外的党派，主张结束党治，承认各党派在法律上的合法地位，以及因实施宪政而产生的中央政府机构改革问题。处于领导地位的国民党参政员怎样呢？他们有一点是和其他各党各派的意见一致的：即结束训政，实施宪政。"④

蒋介石在国民参政会第一届第四次会议开幕时，提出会议主要讨论解决"集中人才，建设后方""加强军事，争取胜利""注意国际形势，推进战时外交"等三个问题。当中共和各中间党派参

① 张申府等：《建议集中人才办法案》，《国民参政会纪实》上卷，第591—592页。

② 《参政会第四次大会的成绩和意义》，《国民参政会纪实》上卷，第632页。

③ 韬奋：《一个综合的研究》，《抗战以来》，韬奋出版社1946年版，第125—126页。

④ 沈钧儒：《关于宪政的几件事》，章伯锋、庄建平主编《抗日战争》卷3，四川大学出版社1997年版，第1227页。

政员的提案提出后，要求结束党治，实行宪政，改革现行政府，便成为这次会议讨论的主题，并引起国民党参政员与中间党派参政员之间的激烈争论。两者争论焦点集中于两个问题：一是"关于抗日各党派的合法保障问题"，这是中间党派提案集中提出的问题；二是"结束党治"问题。会议经过激烈辩论，通过了《召集国民大会实行宪政决议案》（以下简称《决议案》），提出了治本和治标办法各两条。治本方法：请政府明令定期召集国民大会，制定宪法，实行宪政；由议长指定参政员若干人，组织国民参政会宪政期成会，协助政府促进宪政。治标方法：请政府明令宣布，全国人民，除汉奸外，在法律上，其政治地位一律平等；为应战时需要，政府行政机构应加以充实并改进，借以集中全国各方人才，从事抗战建国工作，争取最后胜利。①《决议案》要求国民政府"明令定期召集国民大会，制定宪法，实行宪政"，这些无疑是中共和各中间党派及无党派参政员的胜利，但《决议案》抽掉一些具体要求："把具体的事实或问题尽量抽象化，变为八面玲珑、不着边际的东西。"② 尽管《决议案》讳言"结束党治"而只提"实行宪政"，但毕竟反映了各中间党派要求建立西方民主政治制度的政治理想。故黄炎培肯定说："各党代表争论虽烈，而卒获圆满解决。"③ 蒋介石根据《决议案》的规定，指定张君劢、张澜、周炳琳等19人为国民参政会宪政期成会委员，具体商讨宪政问题。

　　各中间党派在国民参政会内为争取政治参与权而努力时，认识到中国所迫切需要的宪政，"是要能够充分反映全国最大多数民众的要求"，要想"宪政的实施真能获得实际的功效和真正的成功，绝对不能坐等国民大会的自然到来和宪法的自然产生，必须推动最大多数的民众参加宪政运动"，因此"希望每一个民众

---

　　① 黄炎培：《国民参政会日记》，《国民参政会纪实》续编，重庆出版社1987年版，第541页。

　　② 邹韬奋：《抗战以来》，《国民参政会纪实》续编，第441—444页。

　　③ 《黄炎培日记》，《国民参政会纪实》续编，第542页。

团体及学术团体，每个茶馆，每个民众教育馆，每个大大小小的事业机关，都能举行宪政座谈会，使一般民众都能明白宪政究竟是什么一回事，宪政和抗战建国究竟有什么关系，宪政和他们的切身厉害究竟有什么关系，他们所希望的宪政内容究竟怎样"。①这样，伴随着国民参政会内部围绕宪政问题的争论，各地纷纷组织各种宪政团体，召开宪政座谈会，发表谈话及文章，掀起了大规模的宪政运动。

1939年9月20日，黄炎培、张君劢、周览召集国民参政会宪政期成会召开第一次会议，根据国民参政会第一届第四次会议授予的"协助政府促成宪政"使命，与会者达成三点协议：（一）希望最高国防会议提前通过参政会的立宪案，并望在今年的双十节政府能公布实施宪政时期；（二）打算在双十节后有长时间的集会，研究讨论关于宪法本身以及国民大会组织法、选举法等问题；（三）希望宪政的实施时间有大致的决定，不能将时间拉太长，暂时拟定至迟不能迟过九个月，就要召开国民大会，完成宪政。② 10月1日，张君劢联合在重庆的其他中间党派参政员沈钧儒（救国会）、左舜生（青年党）、李璜（青年党）、胡石青（国社党）、江恒源（职教社）、王造时（救国会）、章伯钧（第三党）、张申府（救国会）以及无党派参政员张澜、莫德惠、褚辅成等人，发起召集宪政问题座谈会，对推进宪政运动、宪政与抗战、宪法草案等问题进行过广泛讨论，对国民大会组织法、选举法提出不少修改意见，并请与《五五宪草》最有关系的立法院长孙科和立法委员张知本分别到会报告。宪政座谈会开了几次会后，有人建议在宪政座谈会的基础上发起成立宪政促进会。11月30日，宪政促进会召开筹备会。

在各方的推动下，要求国民党颁布宪法、实行民主政治的宪政

---

① 韬奋：《苦命的宪政运动》，《抗战以来》，第144页。
② 方直：《怎样推进宪政运动》，《全民抗战》第91号，1939年10月7日。

运动迅速兴起且颇具声势。1939 年 11 月，国民党在重庆召开五届六中全会表示接受国民参政会第一届第四次会议通过的《召集国民大会实行宪政决议案》，并决议于 1940 年 11 月 12 日召集国民大会，"以期早日制定宪法，裨于抗战胜利接近之日，竟建国工作未完之功"。1939 年 12 月，沈钧儒发表的《实行宪政对我国政治前途发展之重要性》提出："只有实行宪政，然后才能唤起民众，使国民能自选择，而达到国民革命的完成。"他详细阐述了实行宪政对中国政治前途的重要性："第一，大家都知道所谓全民抗战的内容，就是要全国民众把智能财力都能自动发挥，贡献政府；非如此，不足以谈最后胜利。所以从抗战方面说，实施宪政的确有极重要的关系不能否认。第二，从国民政府建国大纲上看，宪政的实行，一定要以地方自治为其基础。但现在我们看所谓能完成地方自治，就是具备各县人口调查清楚，土地测量完竣等等条件的地区究有多少。事实上我们若要等待全国地方自治完成，再实行宪政，是非常困难的。尤其抗战需要的迫切，更难容许迟缓下去。我们需要迅速的由推行宪政来促进地方自治，这也是实施宪政的重要性之一。第三，我以为只要宪政实施，民主政治精神见诸事实，各方面都能走上法律的和平的轨道，共同建设新中国。第四，我向来主张不论个人或国家在政治上都应采取积极的态度。要建设新中国，宪法仿佛是打一个全部具体的图样，将各方面从中央以至地方，政府到每一个人民应有的权利与义务，有了共同规定。于是那时候尽管大家积极努力，也不会有抵触磨擦的事情发生。所以我深深觉得在中国，若走上了宪政的路，就是走上了发展整个政治和平的积极的最正确的道路。"①

　　1940 年 3 月 20 日，国民参政会宪政期成会举行第三次全体会议，对《五五宪草》进行修改并拟成修正案，以供行将召开的国民参政会第一届第五次会议讨论。该会随后向国民参政会正式提出

---

① 　沈钧儒：《实行宪政对我国政治前途发展之重要性》，《战时青年》第 2 卷第 4 期。

《中华民国宪法草案〈五五宪草〉之修正草案》，并附以"对于实施宪政之建议两条"：第一，请政府对于未完成之选举及附逆分子剔除后之补充，切实注意于选举方法之改善；第二，请政府促成宪法及宪政之早日实施。宪政期成会向国民参政会提出的修正草案与原案（即《五五宪草》）有两点不同之处。一是国民大会休会期间设立"国民大会议政会"并赋予议政会很大职权，其职权相当于在实际政治上能够负起监督政权之责任的民主国家之议会。二是在保持五院制不变的前提下，对其权限重加厘定，将五院中牵涉行政权之一切事务移归行政院，同时删去《五五宪草》中某院为行使某权之最高机关的规定。①

1940 年 4 月 1 日，国民参政会第一届第五次大会在重庆召开，立法院院长孙科报告《五五宪草》起草经过并对《五五宪草》的内容进行说明，继由会议宣读蒋介石以国民参政会议长身份交议的期成会所拟《中华民国宪法草案〈五五宪草〉之修正草案》（以下简称《修正草案》），最后由张君劢以宪政期成会召集人身份说明该会开会经过和修正各点的理由。

张君劢依据《修正草案》的章节顺序，分六个方面对这次修改内容作了说明。他首先说明了为什么要增设国民大会议政会的理由，指出国民主要是通过审议预算、决算，质询行政方针，参与和战大计以及提出对政府的信任或不信任案来监督政府的。此等事项，亦就是欧美各国所说的政权，"若此等政权人民不能行使，虽谓民国之政权完全落空，固无不可"。而《五五宪草》的最大缺陷，就是人民政权运用不灵。立法院既非政权机关，而国民大会又三年才集会一次，因此政权无从行使。为了补救《五五宪草》的这个缺陷，宪政期成会经过认真讨论，决定在国民大会休会期间增设国民大会议政会。为了争取国民党同意，张君劢强调设置国民大

---

① 国民参政会秘书处编印：《国民参政会第五次大会纪录》（内部资料），1940年版，第 65—66 页。

会议政会与孙中山的遗训并不违背。张君劢接着对比较敏感的国民大会议政会与国民大会和立法院的关系作了说明。他指出："依理言之，议政会既为在国民大会闭会时行使权力之机关，则议政会之职权应出于国民大会之委托，且其权力不应超出于国民大会权力之外。"就《修正草案》的有关规定来看，立法院职权比之《五五宪草》中有了较大变更，不仅本来属于立法院行使的决议大赦案、戒严案、宣战案、媾和案和条约案一律移给了议政会，而且议政会对法律案和预算、决算案拥有复决之权。张君劢解释说："国民行使政权之机关，既有国民大会与议政会，若仍《五五草案》中立法院之旧状，不免有叠床架屋之嫌。且立法院为政府之一部，依据中山先生遗教，只能行使治权。因此本会同人对于原有立法院之职权，予以变更。"①

国民大会议政会的设立，其实是加强了代议机构对政府的制衡。"期成宪草"如获通过，各在野党派的精英人士将有很大机会进入国民大会，并进而进入议政会；六个月集会一次的机构将比三年集会一次的机构更容易经常性地介入政治事务；且这个机构拥有上述各项重要的政治权力，将会对中央政府产生重大的制衡力量。因此，"期成宪草"的提出，寄托了在野各方寻求政治体制变革的迫切期望，也反映出中间党派和无党派人士对于执政当局实行宪政改革的许诺是相信的。邹韬奋回忆说："大家虽在宪政运动走上苦命的途程中，仍不消极，仍对民主政治作最后的挣扎。"② 蒋介石在第一届第五次参政会开幕式演词中描述道："到会出席的人数比上几届特别增多，即远在国外或过去在各地养病而不能到会的同人此次也都不辞跋涉，力疾参加"，呈现出"热烈蓬勃"的景象。③ 黄炎培日记有类似记载："国民参政会第五届大会开会式，参政员

① 国民参政会秘书处编印：《国民参政会第五次大会纪录》（内部资料），第71—72页。

② 韬奋：《对宪政的最后挣扎》，《抗战以来》，第153页。

③ 国民参政会秘书处编印：《国民参政会第五次大会纪录》（内部资料），第49页。

到者一百四十五人，超过历届。"①

正因《修正草案》的政府行政部门权力受到较多限制，而国民大会及其休会期间的议政会职权有了较大扩大，故不能为蒋介石和国民党所接受。蒋介石发言说：第一，中国行宪一定要实行"治权与政权"分开，"民元以来，宪政行不通就是不能切实分开的原故"；第二，希望不要忘记"权与能的划分"，是孙中山的"特别发明"，并力言宪法须富于弹性，"使其能推行无阻"。② 因此，国民党参政员与中间党派参政员围绕"国民大会闭会期间内"是否需要"设立常设机构问题"，展开了激烈辩论。蒋介石随后作长篇演说，力斥宪政期成会提出的《修正草案》有关增设国民大会议政会的主张，为袭取欧西之议会政治，与孙中山的遗教（指《五权宪法》）完全不合。在他看来，宪政期成会提出的《修正草案》对执政之束缚太甚，是不能实行之制度。如果强行必遭破坏。③ 1940 年 9 月，国民政府以交通阻塞、原定当年 11 月 12 日召开国民大会实有困难为由，宣布国大延期召开。这样，中间党派发起的第一次宪政运动无果而终。

五 第二次宪政运动中的民主宪政思想

第一次宪政运动流产不久，为了形成介于国共之间的第三种力量，以便调停国共争端，维护抗日民族统一战线内部团结，中间党派发起成立了中国民主政团同盟。该同盟成立后，把"实践民主精神，结束党治，在宪政实施之前，设置各党派国事协议机关"作为"十大纲领"之第二条提了出来；接着在 1941 年 11 月

---

① 黄炎培：《国民参政会日记》，《国民参政会纪实》续编，第 544 页。
② 《大公报》1940 年 4 月 6 日。
③ 《梁漱溟全集》第 6 卷，山东人民出版社 1993 年版，第 553 页。

召开的国民参政会第二届第二次大会上提出《实现民主以加强抗战力量树立建国基础案》，集中表达了民盟的民主宪政要求：第一，结束训政；第二，成立战时正式民意机关；第三，不以国库供党费；第四，勿强迫入党；第五，勿在文化机关推行党务；第六，保障人民种种自由；第七，停止特务机关活动；第八，取消县镇乡代表考试制；第九，禁官吏垄断投机；第十，军队中停止党团组织。[1]

　　1943 年 9 月，蒋介石在国民党召开五届十一中全会训词里，提出建国工作在政治建设方面应以促进宪政之实施为目的。大会通过的《关于实施宪政总报告之决议案》中提出："国民政府应于战事结束后一年内召集国民大会，制定宪法而颁布之，并由国民大会决定施行日期。"并具体规定："关于筹备国民大会及开始实施宪政各项应有之准备，由政府督饬主管机关负责办理。"[2]

　　蒋介石的讲话和大会决议重新燃起了中间党派对实行宪政的希望。9 月 25 日，蒋介石到第三届第二次参政会上作《内政和外交的方针和实施经过》报告，建议由参政会设置宪政实施筹备会和经济建设期成会。[3] 而宪政实施筹备机构"可以参政会为主体，并延揽全国贤达共同参加，对于完成地方自治，健全省级民意机关，召集国民大会等事项，凡足以促成宪政之顺利实施者，咸王集思广益，协助政府，领导人民，裨宪治得有确实之准备"。[4] 此次大会根据蒋介石的讲话精神，决议组织"宪政实施协进会"。10 月 20 日，国民政府公布了《宪政实施协进会组织规则》，宪政实施协进会正式宣告成立。该会直属于国防最高委员会，以国防最高委员会

　　①　崔宗复编：《张澜先生年谱》，重庆出版社 1925 年版，第 94 页。
　　②　中国国民党中央执行委员会宣传部编：《宪政建设重要文献汇编》，第 146—147 页。
　　③　《会议日志》，《国民参政会纪实》下卷，重庆出版社 1985 年版，第 1216 页。
　　④　《蒋主席设置有关宪政机构之宣示及参政会之决议》，《宪政月刊》创刊号，1944 年 1 月。

委员长为会长，其会员分为当然会员和由国防最高委员会委员长指定会员两种。国民党力图通过成立御用议宪机构，使此次宪政讨论严格控制在官方主办的范围内。但宪政实施协进会成立后，中国共产党和民盟为代表的中间党派则巧妙利用了其合法性，很快就突破官方主办的范围，并再次掀起了要求实行民主政治、反对国民党一党独裁的民主宪政运动。

1943 年 11 月，左舜生将自己主编的《民宪》杂志交由中国民主政团同盟接办。张澜、沈钧儒、张君劢、李璜、罗隆基、章伯钧、张申府、梁漱溟、左舜生等组成编辑委员会，积极撰稿，要求国民党放弃党治、实行宪政，该刊很快就成为宣传民主宪政的主要阵地。1944 年元旦，以"促进民主、宪政、抗战、团结"为宗旨的《宪政月刊》在重庆创刊，由黄炎培发行、张志让主编，在宣传民主宪政方面发挥了重要的桥梁作用。

1943 年 12 月，立法院院长孙科在《中央日报》上发表《实施宪政的几个问题》，公开提出："抗战的首要任务就是实行民族主义，民族主义完成后首须加速实行民权主义。如果我们把宪政实施一天天耽搁下来，不能完成国家的建设，那就不但违背了建国大纲，而且是很危险的一件事。"他赞成学习西方多党制，表示对国民党以外的政党"也不妨加以承认"。[1] 他此后到处演讲并发表文章，呼吁不应再维持国民党一党主政。1944 年元旦，孙科在中央广播电台播讲《认识宪政与研究宪政》，直率地批评国民党内某些人在宪政问题上的错误观点，说这些人"忽视抗战建国同时并进的最高国策，不明白宪政运动就是我们政治建设的根本"，指责党内所谓"训政未完成就不能实施宪政"说法是"太呆板、太机械"，认为宪政的实施"是人类生活和国家组织的进步"，故必须"迅速完成我们民主宪政的建设"。[2]

---

[1]　孙科：《实施宪政的几个问题》，《中央日报》1943 年 12 月 5 日。
[2]　孙科：《宪政要义》，商务印书馆 1944 年版，第 103—107 页。

1944 年元旦，宪政实施协进会发表的《为发动研讨宪草告全国人民书》指出："我们已被称为四强之一"，为了名副其实，"除了发达科学以外，唯有加紧政治建设，而政治建设唯一途径，实以促进宪政的实施为第一要务"；宪法是国家的百年大计，宪草创制于抗战之前，各方面情况现在都有显著变化，协进会希望对此进行普遍而郑重的检讨，"使全国人民皆以其学识思虑及对宪政之研究，提供具体意见，以供将来国民大会讨论宪法时之参考，而使国家根本大法达于至善之境"。1 月 3 日，张君劢、左舜生、沈钧儒、章伯钧等 26 人在重庆再次发起"民主宪政座谈会"，呼吁开放党禁，实施宪政，保障人权，改革政治。2 月 13 日，张澜、邵从恩联名发起的民主宪政促进会召开成立大会，决定该会从成立起就积极进行倡导民主、实行民主、促进宪政、研究宪草的工作。① 关心民主宪政的各界民众纷纷加入该会，在成都引起热烈反响。该会举办的宪政座谈会不仅关心国家层面的宪政问题，还把关注的焦点放在中央与省的关系以及地方制度建设上。如在其主办的第二次宪政座谈会上，不仅讨论国会两院制和总统及内阁制问题，还讨论了省的地位问题和边区制度问题。②

1944 年 5 月，中国民主政团同盟发表《对目前时局的看法和主张》（以下简称《主张》），系统地表达了国统区内民主力量要求进行政治改革的强烈愿望。《主张》揭露了国民党以"训政"为名实行一党专政的恶果："国民党训政十余年，国民的组织未见加密，国民的道德未见提高，贪污土劣只有增加，并无减少，糜烂腐败只更见普遍，并未减轻。"它尖锐地指出："假定一个国家，其国民不能自由发表负责的言论与主张，不能合理地批评政治的措施与人事，其新闻的记载只能限于好的一面，而绝不许暴露坏的一面，这个国家便不是民主的国家。又假定一个国家除掉一个在朝的

① 《蓉民主宪政促进会昨日举行成立大会》，《新华日报》1944 年 2 月 24 日。
② 《呼吁政府实施约法，实现人民基本自由》，《新华日报》1944 年 4 月 23 日。

执政党而外，绝对不许其他在野的党派合法的存在……这便更不是民主国家。更假定一个国家，其人民的身体自由毫无切实的保障，可以由若干秘密的或来历不明的机关非法拘捕，非法幽禁，非法处死，甚至不知拘捕于何地，幽禁于何所，处死于何时……这便不仅不是一个民主国家，而且是一个十足的反民主的国家。"它认为必须立即进入宪政的实施阶段，而不能再有任何拖延："中国必须成为一个道地的民主国家，这已经超过了理论的阶段，而须从事实上予以切实的表现，并且民主体系的形成已刻不容缓，万万不可向战后推宕。"① 强烈要求国民党立即结束训政，"放弃十余年的特殊地位"，无保留地将各项自由归还给人民。

1944 年日军发起"一号作战"后，国民党军在中原战场的惨败暴露了国民党政府的腐败和无能，人们要求改革政治以挽救时局的呼声更加强烈。6 月 20 日，成都民主宪政促进会提出 10 项主张，认为"非立即实行民主，不足以团结各方，争取胜利"。其 10 项主张为：第一，切实施行约法；第二，举凡训练群众、组织民众、均应以国家立场出之，不再以党的立场出之；第三，尊重人民言论之自由；第四，尊重人民人身之自由；第五，尊重人民思想信仰及一切结束集会之自由；第六，公教人员、学生士兵入党入团，须基于自愿，并不得以党员团员资格，为铨叙考核之标准，及享受其他特权；第七，给予各级民意机关以必要的权力；第八，政府用人，应一本天下为公之旨，选贤与能；第九，切实改革征兵、征实、征税等之弊端，严惩贪污，杜绝中饱，革除苛扰，以减轻人民痛苦；第十，实施全民动员，组织人民，武装人民，以保国家复兴之基地。② 此后，更多的社会民众投身到争取民主的宪政运动中，从而使这个运动声势更为浩大。

9 月 1 日，黄炎培与工商界、文教界人士共 30 人联名在《国

---

① 《中国民主同盟历史文献》，第 18—19 页。
② 达生：《大后方民主运动消息》，《新华日报》1944 年 7 月 3 日。

讯》和《宪政月刊》上发表《民主与胜利献言》（以下简称《献言》），要求国民党政府在此国难危重之际，"与民更始"，"一新气象"，加速改革，以期"迎最后胜利"。《献言》提出了9项主张，要求及早实施"人民渴望之民主制度"；对于约法所规定的人民的各项权利，"如身体与财产之保护、言论出版集会结社之自由等，亦须予以实际的充分的享受与保障"；"切实开放言论"；"必须给产业界以一切解放，简化各项法令与手续，维护其一线生机"；"行政机构，自中央以迄基层，一切法令，皆须绝对公开与民更始"。① 国民党内部分民主人士对最高当局实行独裁、压制民主的行径极为不满，支持甚至加入了民主宪政运动。1944 年底，李济深致书蒋介石："你现在这样抗战不行，无民主，无人民拥护。现在只有实行民主，发动人民，抗战才有前途。"② 他们在桂林发起成立"抗战动员宣传工作委员会"和"桂林文化界抗战工作协会"，开展各种宣传民主的活动。

这次宪政运动不再停留在泛泛地要求结束党治、实行宪政的政治诉求上，而是提出了具体实施的宪政方案。宪法的产生就是人权的法律化，西方各民主国家宪法均以人权保障作为立宪的基石和行宪的目的，宪政的内容和最终目标指向保障人权，它包括言论自由、人身自由、集会结社自由等方面。因此，在宪政实施协进会成立后的首次会议上，针对国民党对新闻和书籍的严格审查，张志让提出了《关于改善新闻检查及书籍审查办法案》。1943 年 11 月 1日，黄炎培以宪政实施协进会召集人名义邀请孔祥熙、吴铁城、熊式辉、张厉生等商量进行事项时，所谈三事中其一即言论开放。11月 31 日，黄炎培在宪政实施协进会第三组（负责研究宪政有关法令实施状况人）第三次会议上，极力主张修改国民党的《新闻检查及书籍审查法》，定出新闻检查及书籍审查的标准，并建议由图

---

① 达生：《国民党统治区民主运动消息》，中国人民解放军政治学院党史教研室编印：《中共党史参考资料》第 9 册，第 470—471 页。

② 姜平、罗克祥：《李济深传》，档案出版社 1993 年版，第 163 页。

书杂志审查委员会邀请各方专家组织评议会，凡作家对于审查其作品有不服时可以申请该会复审。

1944年1月初，成都《新中华日报》连载张君劢的《人民基本权利三项之保障——人身自由、结社集会自由、言论出版自由》一文。该文开宗明义："吾国之语曰：民为邦本。西方之语曰：国之主权在民。然民之所以为民之地位，苟在国中一无保障，而期其成为邦本，期其行使主权，盖亦难矣。"这就是说，要使人民能作为邦本而行使主权，必须先对其地位——"人权"予以切实的保障。而所谓"人权"，张君劢认为它包括信仰思想自由、集会结社自由、迁徙居住自由、通信秘密自由、人身安全自由，以及享有选举权和任公职权等方面。而在这种种人权中，人身自由、结社集会自由和言论出版自由是最基本的三项人权。关于人身自由，张君劢指出，人身自由是最基本的人权，人民只有在违法的情况下国家才能对其予以拘捕。关于结社集会自由，张君劢提出，"政党是多数人的集合体，也就是所谓集会结社。凡民主国家，人民都必享有集会结社自由之权"。他特别强调结社集会自由能给人民各抒己见的机会，便于培养政治人才，使其发表负责的言论。关于言论出版自由，张君劢认为，这是民主宪政不可或缺的要素，有之则为民治，无之则为专制，"苟人民无言论自由，则学术上无进步，政治上无改良之途径矣"。张君劢认为，这三项权利的保障问题，"不宜待诸宪法颁布之后，而应着手于宪法未颁布之前"。因为只有使"这三项自由得到切实保障，而后宪政才有基础"，这就犹如造屋应先有石基、治水应究其源头一样。①

张君劢这篇文章发表后，立即引起了极大的社会反响。他随后将该文作为提案交给宪政实施协进会讨论，他要求："一，废止事前监督之法。二，在新出版法修正颁行之先，暂适用目下在宪政协

---

① 张君劢：《人民基本权利三项之保障》，《新中国日报》1944年1月3日。

进会拟议中之改良图书杂志新闻检查法。三，限期实行新出版法。"①《黄炎培日记》1944 年 2 月 4 日记载："第四次常务会员会，孙科主席，讨论关于第二次全体会交议各案，对余所提实行约法案，当场修正通过；对张君劢人民之基本权利案讨论颇多。"

1944 年 4 月，重庆发生稽查处误拘律师温代荣案，温宅内的信函亦遭查抄。此案立即激起社会各界公愤。为此，沈钧儒等 80 位律师联名向宪政实施协进会呈上《关于保障人权意见》，提出"请政府明令提审法实行日期""被损害人得依法向国家请求赔偿"等四项建议。黄炎培随即提出四条要求：首先请求政府将有逮捕权之机关名称早日公布；其次要求逮捕拘禁在手续上时间上，应纠正与"保障人民身体自由办法令所不许者"；再次希望严惩故意违法者；最后要求"遇有贫苦无力者请求辩护"时，应予以无条件之接受。② 6 月 14 日，宪政实施协进会第三次全体会议通过黄炎培所提《关于滥用职权捕押久禁情事整肃改善办法案》，宪政实施协进会据此起草了保障人民身体自由的八条办法。7 月 15 日，国民政府迫于各方压力，被迫颁布《保障人民身体自由办法》。

1944 年 9 月 15 日，中共参政员林伯渠在国民参政会第三届第三次会议上提出："希望国民党立即结束一党统治的局面，由国民政府召集各党各派、各抗日部队、各地方政府、各人民团体的代表，开国事会议，组织各抗日党派联合政府。"10 月 10 日，周恩来在延安各界举行的双十节庆祝大会上发表题为《如何解决》的演说，进一步提出了成立联合政府的具体步骤。第一，各方代表由各方自己推选，人数应按各方所代表的实际力量比例规定。第二，国事会议应于近期召开。第三，国事会议根据革命三民主义的原则，必须通过切合时要、挽救危机的施政纲领以彻底

---

① 张君劢：《人民基本权利三项之保障》，《再生》1944 年第 94 期。

② 黄炎培：《因八十律师发表关于保障人权意见为进一步之建议》，《宪政月刊》第 9 号，1944 年 9 月 1 日。

改变国民党所执行的错误政策。第四，在共同施政纲领的基础上，成立各党派的联合政府，以代替目前的一党专政政府。第五，联合政府有权改组统帅部，成立联合统帅部。第六，联合政府成立后，立即准备于最短期间内召开真正人民普选的国民大会，以保证宪政的实施。这样，中共就把宪政运动集中到建立民主联合政府的目标上。①

中共建立民主联合政府的主张，迅速得到中间党派和民主人士的热烈响应和国统区各界的支持，建立统一的民主联合政府成了第二次宪政运动的主要诉求。刚刚由中国民主政团同盟改组而成的"中国民主同盟"，不久即发表《对抗战最后阶段的政治主张》，响应中共号召，要求立即结束一党统治，建立各党派联合政府，迅速实施筹备宪政，召开全国宪政会议，颁布宪法；释放一切政治犯，切实保障人民的各项自由权利；废除一切妨害上述内容的法律法令，开放党禁，承认各党各派的公开合法地位等。其他党派和民主人士也纷纷发表宣言、文章或谈话，表示拥护中国共产党提出的建立统一的民主联合政府的主张。

面对中共及中间政党发起的民主宪政运动，国民党不得不作出让步，同意与共产党谈判成立联合政府问题。但蒋介石于1945年元旦广播讲话中，根本不提联合政府之事，只是许诺不久将召开国民大会，制定宪法，国民党还政于民。所以，中共及中间党派继续推进宪政运动。1945年2月，史良、李德全等代表重庆妇女界发表《对时局的主张》，重庆文化界著名人士300余人联名发表《对时局进言》，昆明文化界数百人随后联名发表《关于挽救当前时局的主张》，要求迅速召开各党派参加的国事会议，作为"战事过渡的最高民意机关"，由它产生举国一致的民主政府，决定战时政治纲领，筹备召集真能代表民意的国民大会。

---

① 中央档案馆编：《中共中央文件选集》第14册（1948—1949），中共中央党校出版社1987年版，第364—365页。

　　面对如此高涨的宪政运动的潮流和要求成立民主联合政府的呼声，国民党仍然一意孤行。1945年3月1日，蒋介石在宪政实施促进会上发表讲话，宣称国民党"只能还政于全国民众代表的国民大会，不能还政于各党各派的党派会议，或其他联合政府"。再次公开拒绝了中国共产党、各中间党派、广大民主人士和全国人民的民主要求。

六　中国式民主的理论探索

　　全面抗战时期的两次民主宪政运动，推动了人们对民主宪政问题的关注和讨论，张澜、张君劢、罗隆基、张申府等人都对中国实行民主问题进行了深入探讨，逐渐形成了"中国的民主"思想。

　　1941年6月，张友渔发表《我们需要怎样的民主政治》一文，提出中国需要的民主政治，原则上是汉奸、亲日派除外的全民政治。"它应该是汉奸、亲日派除外，包括一切阶级，一切党派的统一战线的、民主集中的抗日政权。"这种民主政治的具体内容是：第一，必须召集真能代表全民的民意机关。这样的民意机关决不应该由政府指派，也不容许由少数人包办，而必须实行无性别、种族、资产、信仰、教育程度、社会出身乃至居住年限等限制的普选制。第二，不仅要有民意机关而且要由民意机关产生民主政府。在民意机关还没有能够成立、由它产生民主政府还没有实现的期间，主张暂由党派会议产生包含国民党及其他一切党派的过渡政府。第三，必须彻底保障人民的自由权利。保障人民的自由权利是民主政治的主要内容，同时，也是保障民主政治的基本条件。不能保障人民的自由权利则所谓民主政治就是假的。第四，必须在均权主义的原则下，确定中央和地方的权限。民主政治的含义决不仅限于有一个全国性民意机关和一个民主的中央政府而已，各地方也必须同样有各级的民意机关、民选政府。因而各地方自身就必须享有适当的自治权，而不能仅是一个行政区域了。①

张申府像民盟同仁那样认定民主与抗战有着密切关联，抗日救亡必须实行民主政治。在本应极权的"战时"宣扬、实践民主、宪政，并能形成小小的"高潮"，恰恰说明中国的民主、宪政观念理论与近代以来的"救亡"紧密相连。张申府认为，实行民主是联合抗战的先决条件："现在的中国需要联合，需要团结。但联合团结，没有民主是必不行的。""实行民主政治的第一步，自在切实保障人民的信仰、思想、言论、出版、集会、结社、爱国救国的自由。因此，要实行民主，争取这种种自由，便是今日的一个最当务之急。没有这种种自由，人民不得发挥独立的意趣，各方力量必然难得集中，国家整个必然难有切实的力量，国基必然难以稳固，对于文明文化尤其必然难有广大深至的贡献，就是科学的研究也必然难得进步。这样说来，争取这种种信仰思想言论出版集会结社爱国救国的自由，显然就是提倡科学，实行民主，联合抗战的先决条件。"②

为什么要实行民主？张申府列举了七方面理由。第一，在本质上人与人差别不大，所以应有"差不多的权与责"。第二，国家是大家的，国家事大家都有权过问。第三，民主能广泛动员民众。第四，只有民主才能适应国际民主、反法西斯的潮流。第五，只有民主才有可能使每个人的能力得到最大发挥。第六，民主最合乎科学，最合于科学法。第七，民主最近于中国天下为公的大同理想。③ 他对民主问题进行研究后，将民主范畴归纳为政治民主、经济民主、思想民主、社会民主、国际民主等五个方面。④

张申府认为，政治民主是根本，因为民主就是主权在民，即林

---

① 张友渔：《我们需要怎样的民主政治》，《国家中心问题》1941 年第 1 期。
② 张申府：《科学与民主》，《民声报》1936 年 12 月 13 日。
③ 张申府：《我们为什么要民主与自由》，《新华日报》1944 年 9 月 12 日。
④ 张申府：《民主大纲》，《民主与宪政》1945 年 1 月 15 日。

肯所说的民有、民治、民享。政治民主就是"民主的政治制度"。他说："以宪法规定国家的根本组织，规定人民权理的保障；以议会为人民议政的机关，监督政府的行动；以对议会负责的政府执行人民的共同意见。"[1] 他还强调："政治上的民主，在今日的中国，也可以说，尤为根本，必须政治上真正走上了民主的大路，然后一切别的方面的落后的情形庶几也不能不跟着祛除。"[2]

在张申府看来，仅有政治民主是不够的，"如经济上，社会上，不民主，所谓政治民主也就是假的。假民主一定站不住。也可以说，非整个民主即无民主。民主绝不等于代议制或放任主我的经济或国际的无政府"。[3]因此，"民主必须扩张"，必须由政治民主扩张到经济民主、思想民主、社会民主。反过来政治民主也需要这些方面的民主配合。民主的经济结构是："以社会福利为生产的出发点；以设计或计划化与逐渐集体化为经济发展的途径；以均衡为分配的标准。"[4] 他说："必须平均经济权，一切有关经济事项，都由国家与各业的集合，有机的计划地统筹管辖之。奖励人民投资，奖励各种实业的开发，但必须裁抑过富过贫，人剥削人，劳动者不得食，得食者不劳动的现象。"[5] 他还说："设计或计划化其实是并不违反自由民主，宁可说是自由民主更进一步的具体表现；或更好说，设计或计划化可以使得民主更圆满地具体实现。"[6]

在他看来，"中国的民主，顺应世界潮流，必然不只是政治民主，必然是经济民主。中国战后必要采行民主的设计或计划化（包括所谓计划经济），必然广泛扩大合作事业，必将兼采生产贸

---

① 张申府：《民主大纲》，《民主与宪政》1945 年 1 月 15 日。
② 张申府：《民主原则》，《新华日报》1943 年 10 月 8 日。
③ 张申府：《民主原则》，《新华日报》1943 年 10 月 8 日。
④ 张申府：《民主大纲》，《民主与宪政》1945 年 1 月 15 日。
⑤ 张申府：《独立与民主》，《南洋商报》1941 年 5 月 5 日。
⑥ 张申府：《民主原则》，《新华日报》1943 年 10 月 8 日。

易交通的民营与国营，前二者是战后全世界都会有的情形，而后一层则苏联并不如此"。① "经济民主即社会主义即民主集体主义或集体民生主义。"②

由对经济平等的美好向往而转向社会主义，至少是经济层面的"社会主义"，是 20 世纪 30 年代世界性经济危机后的世界性思想倾向，或主张国家干预的凯恩斯主义，或主张完全计划经济的社会主义。在社会民主方面，张申府主张："以个人为社会本位，法律之前人人平等；妇女的解放，男女婚姻关系的解放。"③ 但他没有意识到，"以个人为社会本位"与他主张的社会主义、"集体化为经济发展的途径"、计划经济等是不相容的。

张申府认为，思想民主就是"思想的解放，独断、迷信、盲从的袪除"，就是"力袪不平等的特权思想。不但求学术的日益高深，也要求学术的日益广大普及。必须使思想学术不再是少数人的"。他说："当然，思想文化上的民主必须容许思想学说上异说的流行，必须保障思想，讲学，艺术制作而表现的自由，必须切实予以必需的机会与可能，就是必须我所谓新启蒙运动所要求的，一方面要思想的自由与自由的思想，一方面要文化的民主与民主的文化，二者本同根相连，但必须予以滋生之地。"④ 他强调思想自由"尤其根本"，而"言论出版自由是思想自由的一种具体表现。如果没有思想自由，什么言论自由，便有也是空的。思想不自由，国家不用想进步，社会不用想进步，文化不用想进步"。⑤

"英美政治，苏联经济"，是当时中国自由主义知识分子中颇为流行的观点。部分"左"倾知识分子则进一步认为苏联体制不仅经济民主，政治也是民主的甚至更为民主，张申府无疑持后一种

---

① 张申府：《民主的三种类型》，《华声》第 1 卷第 5—6 期。
② 张申府：《民主大纲》，《民主与宪政》1945 年 1 月 15 日。
③ 张申府：《民主大纲》，《民主与宪政》1945 年 1 月 15 日。
④ 张申府：《独立与民主》，《南洋商报》1941 年 5 月 5 日。
⑤ 张申府：《我们为什么要民主与自由》，《新华日报》1944 年 9 月 12 日。

观点。他认为，民主与资本主义并无必然的、不可分离的关系，民主政治并非资本主义的产物，民主与所谓自由主义也并非不可分离，而"社会主义是进步民主的一方面"。① 但他又强调，民主"必须是中国的"，也就是他提倡的"中国化"。他说："如果在中国，对于中国事，而不由中国人以中国为第一位；所采取的办法不扎根在中国本土，对于大多数中国人必都不免多少隔阂。"而且，民主必须与中国的优良的传统相结合才是中国的。但他又承认，中国的优良传统是什么还未厘清，中国不符合时代要求的传统"也不容不即行努力矫而正之"。同时，要"消纳世界一切有价值的东西，利用世界一切利用的利器"。② 为此，张申府将世界民主分为"英美的民主"、"苏联的民主"与未来的"中国的民主"三个类型。英美社会是由资产阶级、无产阶级两个阶级组成的；苏联社会是"只有工农与主要由工农生成的知识分子，合成唯一的阶级"的；中国社会是由多阶级（以农民、小地主、小资产阶级、小商人、手艺人、知识分子占多数；大地主、现代工人、现代资本家占少数）组成的。"中国社会的构成与英美，与苏联，这样不同，彼此的政治经济，彼此的民主，又怎能一样？"所以英美的民主是"一个主要阶级在上，一个主要阶级在下的民主"；苏联的民主是"一个唯一阶级构成社会的民主"；中国民主则"应是多阶级平等，多阶级融洽，多阶级合作的民主。这是中国民主的可能，这也是中国民主的理想"。③

当时中国社会上对民主类型的看法，主要有三种基本观点：一是将民主分为"英美"与"苏联"两种模式，二是认为英美是"假民主"，苏联才是真民主，三是认为苏联并非民主而是"专政"，只有英美体制才是民主。而张申府别出心裁，将"中国民

---

① 张申府：《民主大纲》，《民主与宪政》1945 年 1 月 15 日。
② 张申府：《民主原则》，《新华日报》1943 年 10 月 8 日。
③ 张申府：《民主的三种类型》，《华声》第 1 卷第 5—6 期。

主"作为与前二者并列的"第三种类型"，主张中国实行不同于英美和苏联的第三种民主。张申府提出的所谓"中国民主"，实际上就是英美的政治民主加上苏联的经济民主。将西方民主与社会主义统一起来，带有浓厚的民主社会主义色彩，这不是张申府一人的主张，而是当时中国自由主义者普遍持有的观点。周鲸文公开提出，"中国需要民主的，社会主义的前途"，需要"彻底的民主政治，经济自由平等的制度，和平前进的正常方法"。罗隆基也主张将政治民主与经济民主结合起来，探寻中国式民主道路："在中国，民主运动与工业化为同时并进的运动，这是不可避免的事实。我的看法是这样：假使中国能做到极大多数人民驾驶国家，由国家来开发工业，这或者能够避免资本主义的过程，走上真民主的道路。这里，我说的还是先有政治的民主，进到经济的民主。用政治的民主，来保证经济的民主。"他还强调："换句话说，不走英美苏的旧路，却在英美与苏联的道路中寻找一条新路。"[1]

---

① 罗隆基：《政治的民主与经济的民主》，《民主周刊》第 1 卷第 2 期，1944 年 12 月 16 日。

第 五 章

国民党独裁思想的演变

抗战进入相持阶段后，国民党逐渐建立了高度集权的政治体制，将军事决策、指挥权、党权、政权集中于蒋一人，实行集中化、军事化的管理制度。1939 年 1 月，国民党五中全会决定设置国防最高委员会，统一党政军的指挥，由蒋介石担任委员长，并发动了"国民精神总动员"运动，强调"国家至上，民族至上""军事第一，胜利第一""意志集中，力量集中"。为了达到独裁的目的，国民党对中共采取了"防共、限共、溶共"方针，设立了"防共委员会"，秘密通过《整理党务决议案》《防制异党活动办法》《异党问题处理办法》等文件，并颁布维持治安、取缔集会演说、人民团体、社会运动及战时动员的一系列管理方法，利用抗战的借口，加强专制独裁。

一 限共与防共政策

全面抗战爆发后，面对日本帝国主义全面侵略中国和全国民众民族抗战情绪的高涨，国民政府对战前"攘外必先安内"政策作了重大调整，在政治、外交及动员民众等方面开始确立抵御外敌的决心，并树立一种正义的政府形象。但因蒋介石和国民党在卢沟桥事变前长期执行"攘外必先安内"政策，已经形成了根深蒂固的理论基础并成为政府各项政策的指导原则，故其对国内问题尤其是中共及其领导的军队及根据地问题非常敏感。抗日民族统一战线建立起来后，国民党并没有放弃"溶化"中共的企图。蒋介石在国共两党合作组织形式问题的谈判中，企图凭借国民党的优势地位，组成一个大党，把共产党和国内其他党派"合并""溶化"到国民党中，以和平"溶"共的方式达到取消共产党存在的目的。

1937年9月23日，蒋介石在《对中国共产党宣言的谈话》中表示："余以为吾人革命，所争者不在个人之意气与私见，而为三民主义之实行。在存亡危急之秋，更不应计较过去之一切，而当使全国国民彻底更始，力谋团结，以共保国家之生命与生存。今日凡为中国国民，但能信奉三民主义而努力救国者，政府当不问其过去如何，而咸使有效忠国家之机会。对于国内任何党派，只要诚意救国，愿在国民革命抗敌御侮之旗帜下共同奋斗者，政府自无不诚接纳，咸使集中于本党领导之下，而一致努力。"[1] 国民党以接纳中共的方式，承认了中共的合法地位。

1938年3月，国民党临时全国代表大会通过的宣言及有关文件特别强调，中国立国的基本精神以三民主义为"最高之信仰"和"最高指导原理"，决不允许"曲意诡随，以自丧失所守"，强调各党派必须捐除成见，统一于"一个信仰、一个领袖、一个政府"之下，并"以民族斗争之意识消灭政治斗争之意识"。[2] 其矛头显然是指向中共的。蒋介石在闭幕词中解释说，"本党是创造民国领导革命的唯一大党"，"不仅共产党要尊重本党，服从领导，国内现存一切党派都必须消融于三民主义之下"。[3] 这实际上是要

---

① 时事问题研究会编：《"九一八"以来国内政治形势的演变》，抗战书店1941年版，第166页。

② 《统一革命理论肃清政治斗争之意识案》，荣孟源主编：《中国国民党历次代表大会及中央全会资料》（下），光明日报出版社1985年版，第488—489页。

③ 《中国国民党历次代表大会及中央全会资料》下册，光明日报出版社1985年版，第511—512页。

取消中共及各党派的独立性。随后，国民党发布的《关于对党外各种政治团体及其分子之态度的决议》，明令国民党要对其他党派团体及其分子严加约束和防范，必要时可以"严予取缔"。

1938 年 6 月，蒋介石在关于组织三青团的一份文告中称：抗战时期断不须"任多种不同之政治信仰与行动，并存而发展"，训示全国青年克服散漫纷歧、各行其是的现象，"在三民主义的思想体系之中，受严格的组织与训练"。① 7 月，国民政府行政院发出指令：宣传共产主义仍按《危害民国紧急治罪法》严予取缔和治罪。国民党内反共顽固分子在各地从事反共活动，离间国共关系："或伪造所谓共产党领导机关及所谓共产党领导人的文章言论，在各地印发；或故意翻印共产党领导机关在过去国内战争时代的文件及共产党领导人在过去国内战争时代的文章言论，在各地散发"②；或假冒中共和八路军名义在外招摇撞骗，挑拨国共两党两军及与抗日党派的团结。在武汉、长沙、西安、开封等各大中城市及陕甘宁边区，"都发生了没收抗战救亡的刊物与书籍……同时又到处发现一类专门利用造谣污蔑挑拨离间的卑鄙下流手段，向共产党攻击的杂志、小册子与口头宣传。甚至用种种威吓利诱的办法，企图封闭或瓦解救国团体，用秘密恶毒的手段，逮捕积极救国分子"。③ 1938 年 8 月，蒋介石密令杀害了八路军高级参议、中共陕西省委重要负责人宣侠父，同时授意国民党控制的《扫荡报》《血路》《民意》等以"统一"的名义进行"溶共"宣传。他们指责中国共产党领导的八路军是"反动势力""游而不击"；鼓吹"一个主义，一个政党，一个领袖，一个政府，一个军队"等口号，要共产党"尊重国民党的惟一性，拥护国民党的领导权"；宣扬中国必须"统一"，用"以大并小的方法，溶化小的单位，合而为一"，合并于国民党后的单位

---

① 《总统蒋公思想言论总集》卷 30，台北，中国国民党中央委员会党史委员会1984 年编印本，第 259 页。

② 《中国共产党中央委员会启事》，汉口《新华日报》1938 年 4 月 6 日。

③ 《巨潮中的逆流》，《解放周刊》第 41 期，1938 年 6 月 8 日。

"不能在国民党内成立党团，在国民党外保存组织"。①

全面抗战初期，尽管中日民族矛盾与阶级矛盾交错复杂，但因国民党积极抗日，能把对外的一致性置于对内的矛盾性之上，故国共两党关系总体上是和平相安的，能够团结御敌，共赴国难。但抗战进入相持阶段后，日本开始改变其侵华方针，对蒋介石集团实行以政治诱降为主、军事进攻为辅的新政策，把主要兵力用于进攻中共领导的敌后根据地。这样，国民党便有了军事喘息之机，可以腾出力量对付共产党。中共先后开辟了陕甘宁、晋察冀、晋绥、晋冀鲁豫、山东、华中和华南等数块抗日根据地，以八路军、新四军为主体的抗日力量由原来的9万余人发展到近20万人，国民党惊呼："以目前情势而论，大有失地愈多该党发展愈速之趋势"②，其仇共、惧共心理日益加剧。蒋介石对共产党的态度日益强硬。1938年12月12日，蒋介石与中共代表王明、周恩来等人约谈时明确提出："共产党员退出共产党，加入国民党，或共产党取得［消］名义，将整个加入国民党"，并强调："我的责任是将共产党合并国民党成一个组织，国民党名义可以取消，我过去打你们也是为保共产党革命分子合于国民党，此事乃我的生死问题，此目的如达不到，我死了心也不安，抗战胜利了也没有什么意义，所以我这个意见，至死也不变的。"③

1939年初国民党召开的五届五中全会，是国民党对内政策转变的重要标志。加强国民党自身力量、巩固对国家的统治、抑制共产党发展，成为这次全会的主题。蒋介石作了《唤醒党魂、发扬党德与巩固党基》和《整理党务之要点》的演讲。他指出，国民党内当前面临着"许多重大的缺陷"，外有"华北各地共产党的竞

---

① 任弼时：《中国抗日战争的形势与中国共产党的工作和任务》，《中国现代史资料选辑》第5册补编，第35页。

② 《沦陷区防范共党活动办法草案》，《抗战时期国共合作纪实》上卷，重庆出版社1992年版，第671页。

③ 李勇、张仲田编：《蒋介石年谱》，中共党史出版社1995年版，第270页。

起"，国民党处于"艰险"的环境之中。他提出要唤醒"三民主义"的"党魂"，发扬"忠孝仁爱信义和平八德"和"智勇达三德"的"党德"，来巩固国民党的"党基"，强化国民党，以便"积极地""彻底地"执行其"革命"的任务。全会着重研究了"如何与共产党作积极之斗争"问题。部分顽固分子认为国民党"领导全国从事抗战已届年半，乃异党假借抗战之名，阴分壁垒，分化统一，破坏团结，谋夺政权，已造成党国莫大隐忧"。国民党力图在组织上溶解共产党。蒋介石指出："对中共是要斗争的，现在要溶共，不是容共，它如能取消共产主义我们就容纳它。"他还申明："我们对中共不好像十五、十六年那样，而应采取不打它但也不迁就它，现在对它要严正、管束、教训、保育，现在要溶共，不是容共。它如能取消共产主义，我们就容纳它。"①

这次全会通过了整理党务决议，规定国民党要以防共、反共为中心任务，加紧发展组织，扩充势力，尤应要注重"革命理论之领导"，以"端正全国思想之趋向"，"使违反主义之思想无从流布于社会，而于战区及敌人后方，尤应特别注意"。② 全会发布的宣言强调，被占区域或邻近战区军民的"一切思想行动"，"严加反省，严加检举，严加改正，以其能以自由生命完全贡献于国家"，还声称"我全国同胞当此生死关头，惟有以成仁取义之决心，实行三民主义之大道，人人誓死，奋勇效忠"，方可"立国家亿万年永生之根基"。③ 会议正式确定了"防共、限共、溶共"方针，并决定设立"防共委员会"专门对付共产党。

五届五中全会以后，国民党政策明显呈现出两面性：一方面，国民党继续坚持抗战，为"争取国家独立、民族生存"而奋斗；另

---

① 《国民党五届五中全会纪录》，引自严如平、郑则民：《蒋介石传稿》，第30页。

② 《对于党务报告之决议案》，荣孟源主编：《中国国民党历次代表大会及中央全会资料》（下），第554页。

③ 《第五届中央执行委员会第五次全体会议宣言》，荣孟源主编：《中国国民党历次代表大会及中央全会资料》（下），第547—549页。

一方面，打着"溶共"旗号进行反共军事摩擦，接连发动了三次反共高潮。蒋介石意识到，要解决共产党问题，除了运用政治、军事等手段之外，必须从思想上、精神上采取行动，加强对全国民众的思想控制，从根本上消除共产主义影响。1939 年发布的《国民精神总动员纲领》，提出了纠正所谓"纷歧错杂之思想"的基本原则："（一）不违反国民革命最高原则之三民主义；（二）不鼓吹逾越民族之理想与损害国家绝对性之言论；（三）不破坏军政军令及行政系统之统一；（四）不利用抗战形势以达成国家民族利益以外之任何企图。"具体做法是：第一，"整饬民众团体之组织及其训练"；第二，"统一文化团体之组织及工作方针"；第三，"取缔有碍抗战之论争及非法活动"；第四，"纠正各种报章刊物之言论倾向"。①

国民党五届五中全会后，相继制定了《防制异党活动办法》《异党问题处理办法》《共党问题处置办法》《沦陷区防范共党活动办法草案》《处理异党实施方案》《第八路军在华北陕北之自由行动应如何处置》《陕甘两省防止异党活动联络办法》等文件，攻击中共自抗战以来"贡献于国家民族者少，谋一党之私利发展者多"，且日益放肆，气焰日益嚣张，提出要用政治、军事、经济和党务等一切力量，限制和打击中共力量。

1939 年 4 月，国民党密定《防制异党活动办法》，其内容分为积极和消极两个方面。该办法强化对民众组织的领导管理十条具体措施如下。第一，加强民众组织。凡各界民众均应尽量加入一种法定人民团体，如工会、农会、同业公会、学生自治会、妇女会等，接受本党领导。第二，各地各种法定人民团体如迄未成立者，应限半年内组织成立。已成立而组织松懈徒具虚名者，应即切实整理务使健全。第三，对无所归属之人民，如失业失学青年及闲散群众等，应即依据时地之需要成立各种团体，如战时工作团、战地服务团或某某工作队等，务使此种组织领导工作均由本党居先发动，勿予异

①　《国民精神总动员纲领》，《时事半月刊》第 29 卷第 9 期，1939 年。

党以可乘之机待其发起组织后始又忙于对付。第四，各种民众团体中应即成立本党党团，或派遣党同志居中发生党的领导作用。已派有同志而不负责者应即撤换，务使所有参加各种民众团体之分子，均能接受党的训练、党的指导、党的监督而不为外界所诱惑。第五，各级教育行政机关工作人员及公立大中学校教职员，应多派本党党员充任各公私立大中学校，尤应有党的组织，加强党的领导与活动，以坚强本党在教育界及学生界之壁垒。第六，地方党政机关应经常派员至各级学校及各民众团体，实行精神讲话，或乘党部举行纪念活动时，命令各该学校与民众团体负责人全体参加，不断予以党的训练，并提示防范异党活动之必要与方法，以资启迪。第七，各地党部对于富有爱国思想及革命性之青年，应尽量吸收加入本党或青年团，使为奉信本党主义而努力，倘当地尚无青年团组织或一时尚不能加入本党或青年团者，则应组织各种外围团体以罗致之，务使所有革命爱国青年均在本党领导之下从事活动。第八，地方政府机关对于保甲之编制，应多选择本党党员及思想纯正之青年担任保甲长，并经授以各种政治常识及防制异党活动之训练与指导，使每一保甲长均能兼尽政治警察之任务，并能领导所属人民一致防制异党之活动。第九，如异党活动最烈之区域，应实行联保连坐法，使人民不敢与异党分子接近而受其利用，必要时在保甲组织中建立保甲通信网，指定乡村中纯良知识分子担任，调查异党活动之通信工作，以辅助保甲长力量之不逮。第十，各地党部应即发展乡村中之本党组织，并经常进行乡村中之宣传工作，提高人民对于本党之信仰，并晓示参加异党组织之利害以及防制其活动方法。①

《防制异党活动办法》对中共及民众组织所进行的具体限制方法如下。第一，各地党部及军政机关对于异党之非法活动，应采取严格防制政策，不可放弃职守，纵因此而发生摩擦，设非出于本党

---

① 中共中央党校中共党史教研室编：《中国国民党史文献选编》（1894—1949年），中共中央党校科研办公室1985年版，第285—286页。

之过分与不是，亦应无所避忌。第二，无论在战区与非战区，凡未经事前呈准有案而假借共产党或八路军与新四军等名义擅自组织武装队伍者，当地驻军得随时派兵解散，不得有误。第三，如发现有宣传阶级斗争、鼓动抗租抗税罢课罢工、破坏保甲扰乱治安者，无论其假借任何名义，应一律依法从严制裁。第四，无论任何社团应先办理立案手续后方准活动，目前各地各种灰色社团如青年文化救亡流亡等团体，凡未立案而擅自活动者，各地党政机关应即依照整理民众团体办法切实取缔，勿稍宽纵。第五，已准立案之各种灰色社团地方党政机关，应从新切实办理登记严格考核其活动，并指派本党忠实积极之同志经常参加指导，不听者依法限制其活动。第六，对请求立案或备案之各种新组织社会团体及报社，如发现有异党分子在内，或其动机不明，且无本党党员参加者，应经过切实调查确保无他后，始予照准。第七，对已立案之各种社会团体中，如发现有行为不轨之异党分子主管党政机关，应令饬所隶属之社团取消其团员资格，并强制其服务之机关学校或工厂等开除其职务，借以警诫其他分子。第八，各级军政机关与学校等，非有特殊情形并经呈准者，一概不准擅自聘用异党分子，对于已用人员该机关负责人应随时监督考查，倘发现有异党或左倾分子应立即撤销其职务，否则一经检举应负渎职之责。第九，各地党部及警察局新闻邮电检查所等机关，对内容反动及违反抗战建国纲领之各种宣传刊物，如图书、杂志、报纸、小册子、壁报等，应随时查禁，若经一再查禁而仍秘密发行者，应从严制裁，以儆刁顽。第十，各地党部对于目前异党之活动及其阴谋野心，应密谕全体党员注意，以启迪其警觉性，并饬令经常调查异党之组织活动情形报告党部，以作随时应付之根据。第十一，各地印刷业派报业运输业机器工业等工会，应先健全其组织与领导，一面防止异党之渗入活动，一面领导其积极抵制异党宣传刊物之印刷与发行。第十二，为使防制异党工作易收实效起见，各级党政机关应于每星期定期经常会商进行办法，并互相交换情报。第十三，各地党政军机关对于防制异党活动工作，除经常联络进行外，并应将进行防制情形随时分别呈报中央。①

1940 年 6 月，国民党密定《共党问题处置办法》，对共产党各种活动进行了严格限制，规定了具体的实施办法，密令各省党政军高级长官遵照执行。该办法从军事、党务、行政三个方面提出了具体的限制措施，集中体现了抗战相持阶段国民党限共防共的思想。

首先，该办法规定的军事方面的限制措施如下。（1）八路军与新四军之军政军令，必须统一于中央，旧八路军之番号，即应饬令取消，并通报全国。（2）正规军只有驻地，并无防区，八路军与新四军自应服从上级司令部之指挥调遣，不得要求划给区域。（3）游击部队可划定游击区域，但非得军事委员会之命令不得脱离驻区，尤不得越出其活动范围，八路军与新四军派遣游击部队，事先须请示中央，规定其位置与动向，借与各友军取得联系，配合整个战略部署，否则即以违抗军令处置。（4）八路军与新四军既经改编为国民革命军，必须完全造成国家武力，故其编制与补给办法，必须遵照军政部统筹规定，绝对不准自由招募，尤其不准就地征粮或收缴民枪，乘机扩充私有武力。（5）陕北河防警备区改派其他部队接防，十八集团军另调第二战区防务。（6）游击根据地之规定及当地政权之建立，应由主管战区司令长官协同战地党政委员会决定，而委派地方官吏及征收赋税，则仍归各该所隶省府办理。（7）共产党军队政训工作，应照军委会政治部所颁布之宣传纲领及其他规定之政训工作办法行之，而政工人员之编制与人事，亦应悉依政治部命令行之。（8）在八路军与新四军之驻区，军事委员会得指定中央与之互派联络员，监视其整个活动。（9）共产党不得以其军队或他种名义，随地设立后方办事处，以为秘密工作与通讯之掩护，嗣后所有各地办事处，非经呈准中央者，一律封闭。

---

① 中共中央党校中共党史教研室编：《中国国民党史文献选编》（1894—1949年），第 286—287 页。

其次，该办法规定的党务方面的限制措施如下。（1）党内党外均应一致遵奉抗战建国纲领，以实行三民主义为最高原则，任何纠纷皆当取决于领袖。（2）共产党在各地不得有任何公开或秘密之组织，如个别共产党员在各地公私机关团体服务者必须开列名单，呈报中央，否则一经发现，即以战时非法活动论罪。（3）共产党外围组织"民先队"与"救国会"应即令取消，其分子一律由中央指定机关接收训练。（4）共产党员非经中央特许，绝对不准服务于各部队机关及军事性质之学校、交通及产业机构中。上述各部门尤应严格防范共产党潜入活动，发展其秘密组织。（5）共产党应即停止违反本党政策之种种宣传及共产主义思想之传播，关于"统一战线""新阶段""拉丁化运动""新启蒙运动""民主政治问题""少数民族问题"等宣传活动，即应取缔。（6）共产党不得单独设立机关报与杂志，及印刷前述种种宣传品之书店，违则即行封闭，至于共产党言论，在可能范围内准其发表于本党外围刊物。（7）对付共产党员之态度，可分为两种，上层注重"理性之折服"，以"严正"对之，中下层当予以事实上之"打击"，以"严厉"对之，然对于思想不正之青年，各级负责同志尤宜开诚感格，善为诱导，使之悔悟。

最后，该办法规定的行政方面的限制措施如下。（1）绝对否认共产党所谓"陕甘宁边区"之组织，中央应决定认此为地方问题，授意各该省政府自动以种种必要手段，恢复管辖权力。（2）共产党在华北各省游击区内组织之地方政权，应即令移交冀察战区党政委员会分会。（3）教育与训练机关，必须绝对统一于中央，"陕北公学"与"抗大"应令停办，或归中央接收，至少其教员应由中央派遣。课程应呈请教育部核定。（4）任何地方，不得建立违反本党立场及中央法令之经济制度。（5）根据重庆财政会议，战地省政府得发行以法币为基金之省钞及辅币（军用流通券）；但各省发行之数量应先呈准，不得滥用滥发，以防流弊。①

---

① 《共党问题处置办法》，《中国现代政治史资料汇编》第 3 辑第 11 册。

　　国民党以"军令和政令的统一"为名，严格限制中共力量。所谓"军令和政令的统一"，就是在军令统一和政令统一的名义之下，将中共领导的武装力量和抗日根据地统一到国民党及其国民政府领导之下，实际上就是取消中共独立领导军队和抗日根据地，进而取消八路军及边区政府。蒋介石及国民党发布的众多文件讲话，都反复阐述了这种思想。

　　1941 年 3 月 6 日，蒋介石在国民参政会第二届第六次会议上指出，政府对于中共及其有关的军队要求："就是希望他们能一贯实行他们自己的宣言，和参政会所一致拥护、全体共守的抗战建国纲领，并望第十八集团军将领能彻底反省，要以国家民族为重，而打破党派观念，服从军令，严守纪律，遵照指定的任务与地区，与全国友军亲爱精诚，和衷共济，共同一致，抗战奋斗，使国家能早日获得自由平等。"① 针对有人将皖南事变视为战时"剿共"行为，蒋介石加以辩护并申明政府的抗日立场，表示愿意在所谓"军令和政令的统一"前提下与中共谈判，政治解决两党分歧。他说："只要他们以后奉命守法，不再袭击友军，和到处挑衅，我们政府无不一律爱护，一视同仁，而且我们政府宽大为怀，决不追究既往。否则，如果有抗命乱纪、破坏抗战的行为，如从前的新四军之所为，那无论其为任何军队，我们政府为国家利益，为抗战胜利，不能不依法惩治，而加以制裁，以尽我政府抗战建国的天职。"② 他公开表示："只要中国共产党能尊重贵会民意的劝告，今后一切言论行动，不违反抗战建国纲领，与其自己宣言中所提供的诺言，则贵会为解决这一次事件，所有决议，规定政府应如何处理的，政府必尊重贵会的决议，绝对接受，彻底执行，毫不犹豫。"③

　　1945 年 5 月 17 日，国民党六全大会通过的《对于中共问题之

　　① 《总统蒋公思想言论总集》卷 18，台北，中国国民党中央委员会党史委员会 1984 年编印本，第 76 页。

　　② 《总统蒋公思想言论总集》卷 18，第 76 页。

　　③ 《总统蒋公思想言论总集》卷 18，第 77 页。

决议案》指出，大会听取中央关于中共问题之总报告，指责中共
"坚持其武装割据之局，不奉中央之军令政令"，决定积极"寻求
政治解决之道"，并警告说："所愿中共党员，亦能懔于民国缔造
原非易事，抗战胜利犹待争取，共体时艰，实践宿诺，在不妨碍抗
战，危害国家之范围内，一切问题可以商谈解决。"①

　　总之，抗战进入相持阶段后，国民党反共倾向明显增强，五届
五中全会确立了"溶共""防共""限共"方针，其内外政策重点
由抗日逐渐转向防共，安内再次成为其政策的核心。国民党主张
"以民族斗争之意识消灭政治斗争之意识"，认为处在抗日时期
"阶级斗争更不容有其发生"②。在他们看来，如果"思想为之混
乱，意志为之散漫，情绪为之薄弱，其团结因以不能坚固，行动因
以不能统一，外侮一至，内溃之象，立时呈现"③，只有"保持中
国民族真诚统一之精神，而后国家之基础始能相固"④。而三民主
义内容完备，具体可行，为一般抗战行动之最高准绳，故包括中共
在内的全国抗战力量必须集中在三民主义旗帜之下，受中国国民党
统一领导。这是国民党反复强调的限制和反对中共的理论基础。

二　一党专政的政治理念

　　蒋介石领导的国民政府是抗战时期代表中华民国唯一合法的中
央政府，标榜着代表民意执掌国家统治权。但蒋介石和国民党执掌

---

　　①　荣孟源主编：《中国国民党历次代表大会及中央全会资料》（下），第921页。
　　②　《临时全国代表大会宣言》，《中国国民党历次代表大会及中央全会资料》
（下），光明日报出版社1985年版，第471页。
　　③　《临时全国代表大会宣言》，荣孟源主编：《中国国民党历次代表大会及中央全
会资料》（下），第467页。
　　④　《第五届中央执行委员会第五次全体会议宣言》，荣孟源主编：《中国国民党历
次代表大会及中央全会资料》（下），第547页。

政权的方式是通过"党国体制"实现的，即通过建立国民党一党专政的方式实现的。在国民党看来，国民党执掌中华民国中央政府的合法性，来自国民党总理孙中山的军政、训政与宪政理论，来源于孙中山"以党建国"的政治理念和制度设计。在国民党看来，国民党及其领袖是中国的先知先觉者，是广大人民的诸葛亮，人民则是不知不觉者，是需要扶助的刘阿斗。国民党以先知先觉者和民意代表者来为民众构建国家的蓝图，代表民众负有建国执政之大任。因此，国民党以革命方式夺取政权（军政时期）后，要实行训政，国民党独揽中华民国政权，国民党中央执行委员会执掌中华民国军政大权，以党建政，以党治国，以党统军，实行党国体制。

国民党建立南京国民政府之初，依据孙中山的训政理论实行以党治国及一党专政，自认为有其合法性与充足的理由。但原定6年的训政时期一再延长，实行宪政、还政于民的国民大会一次次延迟召开，并将中共及其他党派排斥于中央政权之外，国民党一党执政理念及党国体制必将受到各党派的猛烈抨击。为什么中共及其他党派不能参与中央政府及国家管理？为什么国民党要坚持一党专政而不能开放政权？为什么国民政府只能为国民党一党独揽而不容其他党派参与？这样，国民党同样必须从理论上解决其一党专政的合法性问题。

全面抗战时期，国民党以抗战需要统一党政军权力、统一军令政令为名，标榜"国家至上、民族至上"，"军事第一，胜利第一"，鼓吹"一个政党"，坚持一党专政，强化党国体制，建立了权力高度集中的战时体制。国民党五届五中全会通过的《对于党务报告之决议案》明确指出："抗战以来，国民革命已转入第二期。前一期革命，在消灭军阀之势力，而奠定国家之统一；第二期革命，则在打倒日本帝国主义之侵略，争取国家民族之自由平等。"国民党将"打倒日本帝国主义之侵略，争取国家民族之自由平等"作为抗战时期的主要任务，而对实行宪政、还政于民的国民大会则极力推延与敷衍，旨在维持其一党专政的局面。

尽管国民党实行一党专政的合法性始终受到质疑，但国民党并未在理论上对其一党专政的合法性给予有力的阐释，因而政治上必然处于被动地位。在中共及各党派推动下，尤其是全面抗战时期的两次民主宪政运动，迫使国民党承诺尽快结束训政，召开制定宪法、实行宪政之国民大会。然而，国民党虽然一再宣布要召开还政于民的国民大会，却寻找借口一再延期，继续坚持一党专政和威权统治。整个抗战时期也未将召开国民大会的许诺予以兑现。

1935 年国民党五届一中全会确定 1936 年 11 月 12 日召开国民大会，但因故延期举行；1937 年初，五届三中全会确定 1937 年 11 月 12 日召开国民大会，但因抗战全面爆发而再次延期；1939 年 11 月，国民党五届六中全会通过《定期召集国民大会并限期办竣选举案》，确定 1940 年 11 月 12 日召开国民大会，以期早日制定宪法，完成建国任务，1940 年 9 月 18 日国民党中常会以"各地交通因受战事影响颇多不便"为由第三次延期；1943 年国民党五届十一中全会决定："务于抗战结束后之一年内，召开国民大会，制颁宪法，实行总理所主张之民权政治。"1945 年 3 月 1 日，蒋介石宣布将于 1945 年 11 月 12 日召集国民大会，国民党六全大会再次通过决议，决定 1945 年 11 月 12 日召开国民大会，制颁宪法，以实施宪政。但这次会议仍然没有如期召开，而是第四次延期。直到 1946 年 11 月，国民党才在没有中共与民盟参加的情况下，非法召开了所谓国民大会。

从国民大会一再延期的情况看，国民党对结束训政、实行宪政、还政于民并不热心，也缺乏诚意，人们骂其为"宪政骗局"并非没有道理，其维护一党专政的意图甚为明显。实施一党专政而缺乏必要的理论支撑，这样的专政是难以为人接受和持久下去的，故国民党一党统治的合法性始终受到人们的怀疑。既然一党专制统治的合法性不足，国民党就只能靠不断的宣传欺骗和武力高压手段来维持其统治，由此采取建立特务组织、强化保甲制度、实施特种教育等统治手段，就是很自然的事情。

国民党强化一党专政，推行"全国党化"。国民党的一党专政体制反对把中共以及其他民主党派政治力量纳入政治决策系统，始终把异己力量排斥在权力圈之外，反而利用"国民党是中国最大的一个政党，而且向来是一个统治的党"的事实，利诱甚至威逼民众加入国民党和三青团。"集体入党入团"和"举手入党入团"，成为国民党民众动员的一种特殊形式。

国民党控制基层方面最具有代表性的政策，就是运用保甲制度，以所谓"以组织对组织"的形式，使民众处于国民政府的严格控制之下。国民党为了控制民众，提出了"以组织对组织"口号，借以消解中共对民众动员的影响力，与中共争夺民众力量。中共对于抗日根据地的民众动员所取得的成功，其日益壮大的革命力量，使国民党在检讨其民众动员组织方面失败原因时，得出这样的结论："查共产党在本党权利所及之区，犹能猖獗活动，长足发展，考其原因，虽非一端，而本党组织工作之不健全，而予人以可乘之机，实为主要因素。"① 因此，国民党着力健全组织，将保甲制度作为加强对乡村控制的基层组织，构建了一套较完整的地方社会控制系统。保甲制度以清查户口、编组保甲、制定保甲规约、实行联保连坐制度和组织壮丁队等为主要内容，体现了控制民众、实行国民党专制的目的。清查户口不是为了改善民众的生计，而是把民众严格地限制在各保各甲，纳入其组织体系，成为严密监视民众的重要手段。为防范和控制民众，实行联保连坐制度，国民党明确规定："各户户长应联合甲内他户户长至少五人，共具联保连坐切结，声明结内各户，互相劝勉监视，不为匪、通匪、纵匪，如有违反者，他户应即密报，倘瞻徇隐匿，联保各户实行连坐。"② 对于训练民众，则要求"拿军

① 《皖南事变资料选》编选组编：《皖南事变资料选》，上海人民出版社1988年版，第75页。

② 上海市档案馆编：《日伪上海市政府》，档案出版社1986年版，第259页。

队组织的方法来部勒民众，以军队训练的精神来训练民众"。故保甲制度成为为国民党独裁专制服务的工具，其实质是以专制的手段将民众牢牢地控制在国民政府组织中，重建乡村基层管理体系。

建立特务组织，是国民党强化独裁政治的具体表现。抗战期间，国民党推行"党化"政策和强化特务统治，以维系一党专政和个人独裁统治。国民党在以"组织对组织"的形式之外，还以"秘密对秘密"，即以强化的特务组织（主要是中统和军统两大特务组织），来破坏中共对民众的发动和削弱中共对民众的动员。国民党发展和强化特务组织，除去发挥其在对日情报以及掌控党内动态方面的功能外，对中共的民众动员起到极大的破坏作用。

国民党明确规定其所设立的特务组织，主要任务表现在以下几个方面。第一，策动沦陷区本党党员，打入共产党各级组织，从事内线工作，刺探其内情，并分化其力量。策动本党党员及优秀青年，打入共产党所操纵之各种民众团体及游击部队，起党团作用，分化其组织，并夺取其领导权。第二，策动全体党员，从事共产党活动防范之调查监视等工作，打破过去一般党员对共产党之放任态度。第三，对共产党在沦陷区之各种活动情形及不轨事情，应经常收集材料，具报中央。第四，对共产党各种组织活动，应运用公开与秘密等方法及本党组织力量，予以打击与破坏，以阻止其发展等。因此，国民党控制的中统和军统特务组织，成为维护国民党专政和打击中共的反动工具。

三 "一个主义"的理论误区

全面抗战时期，国民党标榜"抗战建国"，将抗战与建国并重，其所要建设的国家目标是什么？国民党五届八中全会宣言曰："抗战建国，同时并进，此为我抗战以来决定之国策。吾人今日所欲努力建成之国家，乃为三民主义之共和国。"在国民党看来，三民主义不仅是国民党人必须遵循的中心理论，而且作为抗战建国之最高原则与指导思想，也是"端正全国思想之趋向""纠正纷歧错杂之思想"的最高思想原则，全国民众必须信奉三民主义。1939年3月通过的《国民精神总动员纲领》提出的目标是国家至上民族至上；军事第一胜利第一；意志集中力量集中，不准违背三民主义最高信仰及原则；不准鼓吹超越民族之理想与损害国家绝对性之言论，否则"一体纠绳，共同摈绝"。①

为什么三民主义能够成为抗战建国的最高原则和指导思想？为什么共产主义、自由主义等其他理论就不适合中国国情？国民党一方面对共产主义与自由主义进行批评、批判和责难，另一方面则论证三民主义的正当性、合理性和正确性。但从总体上看，国民党对中共的新民主主义理论正面回应较少，缺乏理论上的有力"反击"，更多的是污蔑和谩骂；其对民主党派的自由主义和民主主义理论同样回应乏力，难以为人认同；其对国家社会党的国家社会主义、中国青年党的国家社会主义，以及中华民族社会党标榜的新民族主义，则基本不予回应。国民党对三民主义之外的各种思想难以从理论上驳倒，其三民主义理论则空洞教条，不能从理论上阐释三民主义的科学性与正确性，更难以说明为什么抗战建国只需要信仰"一个主义"——三民主义。因此，尽管国民党宣传"一个主义"，并高唱"意志集中"，要将全国人民的思想集中于蒋记三民主义，但其理论的贫乏决定了其实践的无效。

蒋介石及国民党在处理民族利益与政党利益关系问题上，往往把民族利益与国民党的党派利益混同起来，甚至直接将蒋介石及国民党等同于国家，忽略或回避了对民族和国家的主体——中国广大民众的关注。蒋介石片面强调国家和民族的神圣性，高调鼓吹"国家至上、民族至上"口号，要求民众无条件听从国家指挥，放弃个人所享有的自由权利，把一切交给国家。在民族面临危急存亡

---

① 中国人民解放军政治学院党史教研室编印：《中共党史参考资料》第8册，第317页。

的非常时期，中国各派政治势力对这种带有极权主义色彩的民族主义尚能暂时性地有限度地忍耐，但这种剥夺民众自由权利的极权主义，毕竟与民族独立和保障人民民主权利的潮流相背离，故当民族危机减轻后必然受到中国各派政治力量及广大民众的抵制。

国民党构建的战时体制，既是其强化独裁统治的措施，也是其威权统治的体现。国民党通过不断向民众灌输"一个党、一个主义和一个领袖"的理念，来维护其威权统治。国民党临时全国代表大会通过的《抗战建国纲领》，确定三民主义暨总理遗教为一般抗战行动及建国之最高准绳，也成为国民党强化思想文化控制的理论依据。国民党反复强调，"全国抗战力量，应在本党及蒋委员长领导之下，集中全力，奋勉迈进"；"积极加强并统一本党之民众运动，使各阶层民众，皆在本党领导之下，努力实行三民主义"。蒋介石反复强调："当兹强邻压境，国家民族生命存亡绝续之秋，各界人士，不问其派别如何，尤应捐除成见，在一个信仰、一个领袖、一个政府之下。"① 国民党把一个政府、一个信仰、一个领袖的政治理念，作为抗战时期国民政府制定各项政策的总原则。国民党在包括动员方面的各项法规中，总是规定民众活动必须"在不违反三民主义的最高原则下"进行。这显然是利用人们对三民主义的尊崇，对民众进行思想文化控制。

国民党鼓吹"一个主义"，就是要将全国民众的思想集中于"三民主义"。但国民党所强调的"三民主义"，并非孙中山三民主义之原意，而是蒋介石重新阐释的带有明显蒋记特征的三民主义。孙中山在革命实践中所创建的三民主义，是马克思主义在中国生根之前最重要的学说。如何对待孙中山的政治思想遗产，不仅是单纯的学术问题，而且具有相当复杂的现实内容，是国民党和中共都加以争夺的思想遗产。

中国共产党人对孙中山的政治思想遗产持积极态度，自觉成为

① 荣孟源主编：《中国国民党历次代表大会及中央全会资料》（下），第488页。

孙中山思想遗产的继承者，愿意按照孙中山指引的革命道路继续前进。中共对孙中山思想的解释，虽因各个历史时期政治环境的不同而侧重点不同，但始终是重视和尊重的。毛泽东在中共七大的"口头政治报告"中指出："关于孙中山。在我的报告里很说了几句好话。孙中山这位先生，要把他讲完全。我们是马克思主义者，是讲历史辩证法的。孙中山的确做过些好事，说过些好话，我在报告里尽量把这些好东西抓出来了。这是我们应该抓住死也不放的，就是我们死了，还要交给我们的儿子、孙子。但是我们和孙中山还有区别，孙中山的三民主义比我们的新民主主义差，新民主主义的确比三民主义更进步，更发展，更完整。"①

基于这样的认识，毛泽东在全面抗战之初就提出："只有全面的民族抗战才能彻底地战胜日寇。然而要实现全面的民族抗战，必须国民党政策有全部的和彻底的转变，必须全国上下共同实行一个彻底抗日的纲领，这就是根据第一次国共合作时孙中山先生所手订的革命的三民主义和三大政策的精神而提出的救国纲领。"② 中国共产党之所以同意以孙中山的革命的三民主义及其遗嘱作为抗日民族统一战线的共同纲领，主要是因为孙中山的这些思想反映了抗战初期中国的需要。

国民党自始至终地打着孙中山三民主义的旗帜，以孙中山思想和事业继承者自居，故宣传用三民主义统一全国民众的思想。问题的复杂性在于，孙中山的三民主义虽有既定的内涵，但随着历史条件的变化，毕竟要有不同的解释，也就相应突出了不同的内容，具有不同的特色。就国民党内部对三民主义的解释而论，既有蒋介石对三民主义的解释，还有胡汉民对三民主义的解释，更有汪精卫对三民主义的解释。在国民党之外，既有邓演达对三民主义的解释，也有宋庆龄对三民主义的解释，还有李济深等人对三民主义的解释，当然，更有中国共产党对三民主义的解释。因此，人们在认识

---

① 《毛泽东文集》第 3 卷，人民出版社 1996 年版，第 321 页。
② 《毛泽东选集》第 2 卷，人民出版社 1991 年版，第 354 页。

和研究三民主义时，必然加上他自己的理解，其内容及重点自然要有所改变。蒋介石对三民主义解释说："民族主义本乎情，民权主义本乎法，民生主义本乎理。我们以提高民族感情，求得民族独立，以确立法治为实行民权的基础，再以公平划一的条理调剂公私经济的盈虚，以解决民生问题，如此情、理、法三者皆能厘然得当，所以三民主义比其他主义完备，而且比其他主义伟大悠久，亦比其他任何主义容易实行，亦就在这里。"① 这种对三民主义的解释，显然带有明显的蒋氏特色。

抗战时期，蒋介石和国民党之所以抓住孙中山三民主义的旗帜不放，鼓吹"一个主义"，主要是要利用这面旗帜统一人们思想，用三民主义对抗中共的共产主义和中间政派的自由主义思想。蒋介石出于维护一党专制及强化威权统治的现实需要，用了很大精力阐释孙中山的三民主义，将三民主义体系化。他对孙中山思想的解释，即便主观目的是"发展"，但客观效果却是引申了孙中山思想中的消极方面，形成了蒋介石自己的三民主义思想体系。对此，周恩来严厉批评说："从蒋介石这一切思想体系中，我们只能看出中国法西斯主义，决看不出孙中山的革命的三民主义。孙中山的思想中的唯心观点、消极因素，被蒋介石拿来发展成为他今天的思想体系；但孙中山的思想中还有某些合理的因素，更多的革命观点，尤其是在他晚年接近了共产党，采取了俄国革命的某些办法后，他的三民主义便成为革命的三民主义了。而蒋介石主义，却是另有一套东西，只能称其为中国的法西斯主义。"②

中共对蒋介石三民主义理论的最大不满是，蒋介石仅凭孙中山思想中的唯心观点和消极因素，作为其建立独裁统治的意识形态支撑，而无视乃至放弃孙中山思想中的革命因素和进步因素，尤其是放弃了孙中

---

① 蒋介石：《三民主义之体系及其实行程序》，《青年中国季刊》创刊号，1939年9月30日。

② 《周恩来选集》上卷，人民出版社1980年版，第150页。

山晚年所提出的联俄联共扶助农工的三大政策。这样解释的蒋记三民主义，显然带有法西斯主义毒素，不仅受到中共的严厉批判，而且同样不为各中间党派所接受，因而也难以达到其"一个主义"的目的。

为了用"一个主义"控制民众思想，蒋介石和国民党一方面宣传三民主义的优越性，另一方面攻击三民主义之外的各种思想，尤其对共产主义和自由主义进行猛烈攻击，认为它们均不适合中国国情。1939年5月7日，蒋介石在中央训练团发表的《三民主义之体系及其实行程序》的演讲中，坚持认为孙中山的基本思想，渊源于中国正统的政治思想和伦理思想。为了从理论上说明"三民主义是最完美的主义"，他比较民主主义、共产主义和法西斯主义，认为这三种主义皆有缺点，而且内容很不完备。如共产主义固是重于经济，近于民生主义，却不重视民族主义和民权主义，而且共产党人倡导民生，亦只重视一个阶级的利益，而不兼顾全民的利益；法西斯主义注重民族主义，却不重视民权主义和民生主义，而且法西斯主义者的民族主义，只注重自己民族的利益，忽视其他民族的利益；至于倡导民主主义的政党，虽然注重民权，而以全民利益相号召，但实际上资本主义的气味太重，不能给民生问题以完满的解决，而且现在所谓民主主义，对于选举方法极不平等，不能算是真正的民主主义。他认为，唯有三民主义"博大精深"，以"公"字为出发点，能涵盖一切，"把各方面皆行均衡顾到，无丝毫偏颇之弊"，是"完满无缺的革命建国的最高指导原则"。所以"三民主义比其他主义完备，而且比其他主义伟大悠久，亦比其他任何主义容易实行"。

蒋介石分析说："总理为主张中国民族乃至世界各民族的国际地位平等，因而倡导民族主义；为主张各个国民的政治地位平等，因而倡导民权主义；为主张各个国民的经济地位平等，因而倡导民生主义。"[①] 他把孙中山的"遗教""贯串起来"，制作了一张"三

---

① 蒋介石：《三民主义之体系及其实行程序》，《青年中国季刊》创刊号，1939年9月30日。

民主义之体系及其实行程序表"，声称只要按照他所制作的体系及程序表去"努力奉行三民主义"，就可以战胜敌人，也可以立即建设一个新中国。蒋介石打着"革命建国"的旗号，公开鼓吹国民党一党专政，强调其三民主义的唯一性，排斥共产主义和民主主义，提出要"以党治国""以党建国"，由国民党来"管理一切"。① 显然，蒋介石的根本目的是消除共产主义、民主主义在中国的影响，给自己的独裁统治披上三民主义的外衣。

1940 年 7 月，蒋介石在《三民主义青年团成立二周年纪念告全国青年书》中，对共产主义与民主主义作了分析，坚持认为两者均不符合中国国情。他指出："今日所谓民主主义者，本为资本主义国家之产物，历史环境已经变迁，决不能如三民主义之民权主义之彻底，与民权问题以真实圆满的解决；共产主义偏重经济，且其理论出发于一个阶级之利益，亦不能对整个民生问题为完善合理之解决；至于法西斯主义只注重自己民族之利益，而忽视其他民族之利益，更非吾人理想进步之民族主义所可比拟。凡此皆偏而不全，各有缺点；惟我总理所手创之三民主义则不然，发之于至诚，行之于至公，以民生哲学博爱济众为原理，以世界大同互助共享为目的，内容完备，具体可行，足以解决今日世界所有之民族民权民生三大问题，而毫无偏颇不全本末颠倒之弊。"

蒋介石在《中国之命运》中，继续抨击自由主义和共产主义。他写道，"五四以后，自由主义与共产主义的思想，流行国内"，"其流风所至，一般人以为西洋的一切都是的"。该书认为，"个人本位的自由主义与阶级斗争的共产主义"，"不外英美思想与苏俄思想的抄袭和附会"。自由主义与共产主义之争，不外是英美思想与苏俄思想的对立；其实这两种思想都不合乎中国国情，"不仅不切于中国的国计民生，违反了中国固有的文化精神，而且根本上忘

---

① 蒋介石：《三民主义之体系及其实行程序》，《青年中国季刊》创刊号，1939 年 9 月 30 日。

记了他是一个中国人，失去了要为中国而学亦要为中国而用的立场"。他们"以某一外国的立场为立场，以帝国主义者的利益为利益"，"甚至为帝国主义作爪牙"，"这真是文化侵略最大的危机和民族精神最大的隐患"。该书认为，自由主义在中国的传播，给社会和学术风气带来了很大危害，"以个人的私欲为前提，而自以为'自由'；以个人的私利为中心，而自以为'民主'。以守法为耻辱，以抗令为清高。利用青年的弱点而自以为'青年导师'，妄肆浅薄的宣传而自以为'先进学者'。极其所至，使国家为之纷乱，民族因而衰亡"。为使"中华民国渡过阽危，趋于巩固"，必须"以国家观念为中心，以民族思想为第一"，"完全扫除"自由主义"浮躁夸诞的积弊"。

这样，蒋介石自然得出这样的结论："惟有三民主义为汇萃我整个民族意识的思想，更可证明中国国民党为代表我全体国民的要求和各阶级国民的利益而组织，为革命的惟一政党。任何思想离开了三民主义，即不能长存于民族意识之中。所以抗战的最高指挥原则，惟有三民主义。抗战的最高指导组织，惟有中国国民党。我们可以说，没有三民主义就没有抗战，没有中国国民党就没有革命。即任何党派，任何力量，离开了三民主义与中国国民党，决不能有助于抗战，有利于民族的复兴事业。"所以，"三民主义是国家的灵魂"，"中国国民党是国家的动脉，而三民主义青年团是动脉里面的新血液"。由此可见，蒋介石完全不顾抗战期间国内政治形势已经发生的变化，完全无视中国共产党的存在和巨大力量，依然念念不忘坚持一党专政，依然期待着用三民主义统一中国。

蒋介石和国民党因其阶级本性和政党立场，对中共信仰的共产主义进行猛烈"抨击"还比较容易理解，但为什么他们对民主主义和自由主义也进行猛烈抨击并反复强调其不合乎中国国情呢？除了其阶级本性和党派利益外，这与蒋介石和国民党在民主自由问题上存在认识上的误区密切相关。蒋介石和国民党在认识上的最大误区是，坚持强调国家自由而抹杀个人自由。

《中国国民党临时全国代表大会宣言》（以下简称《宣言》）对共产主义和自由主义进行了"批驳"，认为国民党的民权主义与自由主义对个人自由的强调有根本区别。这个根本区别在于：民权主义重视国家自由而反对个人自由。《宣言》指出："盖此次抗战为国家民族存亡所系，国家民族之利益，大于个人之利益，必当以国家民族之利益，为共同之目的，即使平日因其地位或其职业利害感情备有不同，然覆巢之下，断无完卵，惟有向共同之目的，而共同迈进，乃可以救国家，救民族，且即以自救。"① 正因国家民族利益大于个人利益，故应强调国家民族之自由而取消乃至牺牲个人之自由："盖民权主义与自由主义固相为因缘，然在革命已告功成之国家，政治之自由，犹当存在于不妨害国体政体之范围内，至于革命期间，则政治之统一，较政治之自由为急，军政训政实为势之所不容己，而当对外抗战，则虽在宪政时间之国家，亦必授权政府，裨得集中人民之力量。统一人民之言论与行动，以同赴于国家至上之目的。"因此，《宣言》阐述了国家自由高于个人自由的核心思想："抗战期间政府对于人民之自由，必加以尊重，同时亦必加以约束，使得自由于一定限度之中。约束既定，政府人民共同努力，见之实行，庶几自由与统一，乃能兼顾。"② 此处所谓"统一人民之言论与行动"、"约束"人民之自由，实际上就是变相取消个人所拥有之自由权利。

国民党将国家民族利益置于个人利益之上，进而将两者对立起来，以强调民族国家利益来取消民众个人自由权利。约束民众的个人自由，甚至牺牲个人自由以保障民族国家自由，是国民党战时民权主义的核心理念。国民党在随后的国民精神总动员运动中，将

---

① 《中国国民党临时全国代表大会宣言》，中国第二历史档案馆编：《中华民国史档案资料汇编》第五辑第二编政治（一），第411页。

② 中国第二历史档案馆编：《中华民国史档案资料汇编》第五辑第二编政治（一），第410页。

"民族至上国家至上"作为战时国民精神动员之最高原则加以推崇。在国民党看来，在民族生存受威胁情形下，任何个人及其事业都将失去保障，故巩固民族生存应先于一切；又因民族生存之最高政治形式为国家，故巩固国家尤应先于一切。这样，国家民族的利益高于一切，民众在国家民族之前应牺牲个人自由便是顺理成章的事情。国民党之经典阐述为："巩固国家尤应先于一切，是以吾人今日必须认定国家至上民族至上，国家民族之利益应高于一切，在国家民族之前，应牺牲一切私见、私心、私利、私益，乃至于牺牲个人之自由与生命亦非所恤。"① 蒋介石反复强调国民党必须"牺牲其个人之自由平等"，为革命建国而奋斗。②

蒋介石的《中国之命运》出版后，罗刚不仅吹捧《中国之命运》是"我民族领袖蒋委员长的告国民书"，而且进一步发挥了蒋氏在书中对自由主义的批评。他说："自由主义在一个混乱时期的发展，只有造成分崩离析的局面，对于国家前途，弊多利少，五四运动后自由主义对国家的影响如何，在书中已经分析得很详细，我们何能自蹈覆辙。英美各国社会政治一切已经有秩序有组织，原可让自由主义自由发展，他们的国情与中国不同，何能以彼例此。而且我们反对自由主义，并不是盲目的极端的排斥自由主义或个人自由。"他强调："我们要求是有限度的自由，所反对的是无限度的自由。在我们的建国的途程中，需要统一的信仰与集中的意志，凡是不破坏这两个条件的思想自由，中国国民党是从来不主张干涉的。西洋的革命，因为没有自由而争自由，争得自由以后就觉得宝贵，所以崇尚自由主义，我们历来太自由了，国民如一片散沙，将国家民族的自由亦断送了。所以我们不能再崇尚自由主义。"③

在民族危亡的严峻形势下，适当强调国家自由及民族生存之优

---

① 《国民精神总动员纲领》，重庆《新华日报》1939 年 3 月 12 日。

② 《总统蒋公思想言论总集》卷 31，台北，中国国民党中央委员会党史委员会1984 年编印本，第 198 页。

③ 罗刚：《读〈中国之命运〉》，重庆《中央日报》1943 年 4 月 27 日。

先是必要的。但在"国家至上民族至上"口号下，完全取消个人之民主自由权利，将个人正当权利一概斥为"自私自利""个人主义"而予以革除，显然不利于民众抗战自主性之发挥，是有很大偏颇的。它过分强调国家自由而忽视个人自由，强调国家独立和民族自由而漠视民众享有之个人自由权利，强调民族主义而忽视民权主义及民生主义，甚至以民族主义压制民权主义及民生主义，更是有很大问题的。国民党将国家民族独立与个人自由权利对立起来，抬高前者而贬低后者，包含着以民族主义压制民主主义、以民族救亡压制个人自由之政治诉求。正因如此，国民党不仅坚决反对共产主义，而且坚决反对自由主义；不仅回避民权主义问题，而且压制战时民主宪政运动，拒绝结束训政实施宪政。国民党强化个人独裁与一党专制之威权统治，难以满足全国社会各界之保障民权自由要求，也难以完成其所标榜的为建立三民主义新中国奠定基础之任务。

四　服从领袖的个人独裁理论

　　蒋介石和国民党在宣传"一个政党""一个主义"的同时，还鼓吹"一个领袖"。这个领袖集党政军诸种权力于一身，是真正的个人独裁者。为什么军事最高长官（军事委员会或最高国防委员会委员长）要兼任国民党总裁，还要兼任政府首脑（先是行政院院长，后为国民政府主席）？其依据就是战时需要权力的高度集中，要集中军权、党权和政权，并将党政军权集中于最高领袖手中，才能保证抗战力量的集中与军令政令的统一。全面抗战爆发后，国民党中央执行委员会政治委员会决议设立国防最高会议，蒋介石任主席。随后决定军事委员会委员长行使陆海空军最高统率权，并授权委员长对党政军统一指挥；蒋介石先任国民政府军事委员会（1939年2月改为国防最高委员会）委员长，国民党临时全国代表大会推蒋为国民党总裁，1939年后兼任行政院院长，集党政军权于一身；1943 年国民政府主席林森逝世后，蒋兼任国民政府主席，并在国民党五届十一中全会上修改《国民政府组织法》及《行政院组织法》，授予国民政府主席以大权：国民政府主席为中华民国元首，对外代表中华民国；国民政府主席为陆海空军大元帅；国民政府主席任期三年，连选连任，总揽民国之治权；国民政府主席提请五院院长及副院长候选人，请国民党中委会任命。五院院长对国民政府主席负责。国民党建立起军事首脑兼任政党总裁及政府元首的"三位一体"独裁体制，蒋介石的个人权力集中达到顶峰。

国民党不仅通过建立战时集中体制，确立了蒋介石的独裁地位，把蒋介石的个人独裁合法化，而且鼓吹"一个领袖"，力图把蒋介石的个人独裁合理化。1938 年 7 月，陈诚发表《服从领袖的真谛》，不仅公开倡议全国民众要服从国民党领袖蒋介石，而且系统阐述了服从领袖的意义，为什么要服从领袖，如何服从领袖。陈诚将领袖作为国家的象征、国民党的代表和三民主义的化身，从理论上说明了信仰主义就是服从领袖，服从领袖就是信仰主义。这篇文章是为蒋介石独裁及国民党威权统治进行理论化阐述的代表作。

陈诚开篇指出："自抗战以来，全国更一致公认领袖是整个国家的意志的代表，和全民族利益的拥护者，所以大家誓愿在一个领袖，一个主义，和一个政府领导之下，一心一德，齐步前进，争取抗战的最后胜利，达成建设三民主义国家的目的。"[①] 在他看来，很多人仅知道拥护领袖为当然，而不知服从领袖之所以然。因此，必须从理论上弄清为什么要服从领袖，弄清领袖所代表的意义究竟是什么，这样才能做到真正意义上的服从领袖。

首先，从理论上说明为什么要服从领袖。陈诚从四个方面作了

---

① 陈诚：《服从领袖的真谛》，《领袖的认识》，国防部新中国出版社资料室 1938 年版，第 1—2 页。

阐述。第一，一个国家领袖的产生，是必然根据于社会的客观环境、革命的奋斗历史、时代的迫切需求、领袖个人超绝的聪明睿知，及其过人的勤劳尽瘁，蒋介石之所以被推为全国领袖，是因为他是统一的元勋、复兴民族的首领、革命集团的重心与三民主义的直接继承者。之所以要服从领袖，也正是这些重要的因素决定的。他的结论是："因为有领袖，中国才能真正地完成统一。"第二，领袖对于抵御外侮与复兴民族，有绝对的决定意义。"只要大家能绝对服从领袖，有整齐的步伐，统一的意志，矢勤矢勇，必信必忠，为国效命，则强敌未有不摧，目的未有不达之理。"第三，因为有领袖，革命才有固定的重心。任何个人或团体组织，如果违反领袖，无异于危害革命，阻碍国家与社会的进步。第四，只要大家绝对服从领袖，绝对信仰领袖为继承总理革命事业的最高领袖，则一切关于主义之理论的解释权应完全属于领袖，根据领袖对于主义的解释，便是等于抗战建国的指导理论，也就是政治上的实践纲领。如此主义有了显明的标志，全国同胞就有确定的志趣和共同奋斗的目标。所以领袖与主义的关系非常重大。他的结论是：为甚么要服从领袖呢？就是因为有领袖，主义才有显明的标志，任何个人或团体组织，如果反对领袖，无异反对主义，即是革命的罪人。①

其次，从理论上阐述了领袖的意义。陈诚指出，领袖决不是代表他个人，也不是代表某系某派的少数人，领袖是伟大的国家的领袖，是伟大的民族的领袖，同时也是我们伟大的有悠久奋斗历史的国民党之领袖，但决不是少数人或一部分人所认为的领袖，保护几个私人利益的领袖。讲到领袖的意义，实在不是仅就单纯的个人而言，严格说来，领袖是一种整个的制度，而这种制度便是历史的产物，是客观的社会与政治的环境所造成的，我们的领袖也是在中国特有的条件之下诞生的，他所有的事业，精神和思想，实在早已形成了一个体系，与中国近代的整个历史成为不可分离的一部分。陈

---

①　参见陈诚：《服从领袖的真谛》，《领袖的认识》，第2—7页。

诚指出，领袖代表四个方面：第一，领袖代表总理的精神——志事；第二，领袖代表国家的意志——独立、自由、平等；第三，领袖代表三民主义——文化、思想与信仰；第四，领袖代表全民族的利益——生活与生存（包括政治、经济、伦理与整个制度）。

何以说领袖代表总理的精神？这是因为"领袖是总理的唯一的继承者，领袖所代表的就是总理不朽精神之所寄托的全部志事"。

何以说领袖代表国家的意志？这是因为：领袖为国家求独立、自由、平等，已经有了几十年的奋斗历史。陈诚说："领袖始终是把国家利益放在第一位的，现在领袖已是国家的代言人，他的意志就是整个国家的意志，他的言论就是全体国民所一致要求的舆论，甚至领袖之喜怒哀乐，亦莫不以国家的休戚祸福为其喜怒哀乐的表现，所以我们服从领袖，就是服从国家，信仰领袖，就是信仰国家。"

何以说领袖所代表的就是三民主义？这是因为："有领袖，主义才有显明的标志，因为主义与领袖是不可分离的，任何主义，没有伟大的领袖为之号召推行，则主义不能普遍的正确的为民众的崇仰，而实际上一般民众，与其说是崇仰主义，不如说是崇仰创导主义的领袖之深切著明，领袖是总理的最忠实的信徒，也是三民主义的最虔诚的信仰者，因此，领袖所代表的文化、思想与信仰，就是一个整部的三民主义。"陈诚对三民主义作了与蒋介石一样的理解："三民主义在中国的文化、思想与道德史上，实占着最大的地位，三民主义之哲学基础，完全渊源于中国传统的思想文明，所以认总理为孔子以后中国道德文化上继往开来的大圣，实在一点儿不错。"领袖代表三民主义，不仅在运用主义的解释权来批判一切曲解与误解，使三民主义得到正确的发扬光大；同时必然要使中国在文化上向民族本位文化的方向发展，在思想上则求建国思想体系之树立。[①]

---

① 参见陈诚：《服从领袖的真谛》，《领袖的认识》，第8—10页。

何以说领袖代表全民族的利益？陈诚解释说，这里所谓全民族的利益，是就全民族的生活与生存各种条件而言，实际上包括着政治、经济及整个的社会制度。在今日民族要求生存，可说是最迫切的重大的要求，日本帝国主义是危害我们民族生存的最大劲敌，故我们不惜出死力以抗拒，用我们全民的头颅和血肉，来发动神圣的民族革命战争，以争取民族之生存与自由，领袖是民族革命战争的最高统帅，当然就是民族利益的唯一代表者，也是我们历史上最伟大的民族领袖。他大力鼓吹蒋介石为民族利益作出的功绩："在政治上，领袖竭力求民权平等，恢复民族自治力，训练行使四权，增进政治能力；在经济上，领袖竭力求民生自由，恢复民族创造力，发展固有智能，灌输科学技术；在伦理上，领袖竭力主张恢复民族固有德性，提倡礼义廉耻，智仁勇信，以培养建国之原动力，故历年以来，领袖讲述抵御外侮复兴民族，以及建国运动，正是完全代表全民族利益所尽的至高至上的努力。"

由此，陈诚的结论是：领袖的意义，实在非常伟大，非常崇高。他代表着总理的精神志事，总理的三民主义，与夫国家的意志，和全民族的利益，故服从领袖，就等于服从总理，服从主义，服从国家，服从民族。①

再次，从理论上阐述了怎样才算真诚地服从领袖。第一，要认定服从领袖为革命党员当然之天职，不能附带任何条件，或任何企图。第二，要认清服从领袖之真谛所在。根据前面所述领袖的意义，则凡国家社会一切组织、团体，甚至任何个人，都应该贡献一切使领袖达成其所代表的使命，我们一切努力，奋斗牺牲，均应本此意义而固执之，方是把握服从领袖之真谛所在。第三，要明白尊敬与信仰领袖的道理。"一定要始终如一，矢忠矢诚，亦步亦趋地向前迈进，决不容徘徊犹豫，或自作聪明而付诸服从

---

① 参见陈诚：《服从领袖的真谛》，《领袖的认识》，第10—12页。

领袖之名。"第四，要牺牲个人的自由平等来服从领袖。因为牺牲我们个人的自由，方能求国家的自由，牺牲我们个人的平等，方能求民族的平等。领袖是国家与民族的代表，我们只有将个人的一切统统贡献给领袖，才可以求得整个国家民族的自由平等。"今天不但党内党员要如此，全国国民也要如此。"如果大家愿意牺牲个人的一切，来求国家和民族的独立、自由、平等，则唯有一心一德服从领袖，即一切属于领袖，一切听命于领袖，随时随地严守纪律，忠诚自矢，自然为外国所敬重，而不敢加以凌侮了。①

陈诚强调："本文的主旨是要大家明了服从领袖的真义所在，明了领袖所代表的是什么……要唤起大家正确的认识服从领袖的道理，如何从实际的行动中，把自己的精神、智慧、自由、甚至生命，忠实地贡献于领袖，鞠躬尽瘁，终身以之，随时随地，对人对事，以领袖之心为心，以领袖之行事为行为之法则，做他的手臂，做他的股肱。任何行为有背于领袖之意旨者，都得自行制止，切不可凭借拥护的美名，存些自私自利的欲念，做出实际上破坏领袖信誉，妨碍团结一致的罪恶行为。不但如此，我们还要抱着一种圣洁的胸襟，象欧洲殉教徒一样的衷肠来服从领袖，使领袖的伟大精神如太阳光辉，如明珠宝璧那样普照于天下。凡是为了执行领袖的命令或意旨，一切困难险阻，都要不辞劳怨，勇敢地予以克服，为着领袖，虽牺牲个人生命，也是最大的荣誉，因为领袖就是代表整个国家民族的幸福，领袖成功，便是国家民族的成功，所以在这个总目标之下的一个牺牲，便是成功成仁之高尚行为。"②

最后，从理论上阐述了领袖制度就是中国特点的集权制度。陈诚指出："领袖是一种历史的新制度，在我们伟大领袖的指导

---

① 参见陈诚：《服从领袖的真谛》，《领袖的认识》，第12—15页。
② 陈诚：《服从领袖的真谛》，《领袖的认识》，第16—17页。

之下，党政军的关系，可以大为改善，领袖集权不仅消灭了党政军的对立，而且能够逐渐地达到精密的分工合作。同时在抗战建国的过程中，随着人治与法治的融和，领袖制度必能有更高度的发展，将来的文化思想，与精神信仰上，亦会创立崭新的体系。"①

作为三民主义青年团干事长，陈诚在阐述三民主义青年团宗旨及团务推进方针时，仍然鼓吹"一个主义"和"一个领袖"，力图将"服从领袖"思想灌输到三民主义青年团团员及其活动中。他指出，三民主义青年团团员应有的新精神是："我们能牺牲小我以完成大我，就能使我们生命的空间扩大；我们能牺牲现在，以创造将来，就能使我们生命的时间延长，以至于'永远不朽'。"他提出，在做事方面必须无条件地服从团长蒋介石的命令："故今后本团团员，要绝对服从团长的命令，执行本团的决议，推行国家的政令，负责任，守纪律，以身作则。"三民主义青年团发表的《三青团第一次全国代表大会宣言》，鼓吹蒋介石为"崇高伟大彻底革命的领袖"，吹捧《中国之命运》"为我们指示出正确明白的途径"②，显然继承并发挥了陈诚的服从领袖理论，借以维护蒋介石的独裁地位和国民党的专制统治。

五　唯生论与力行哲学

陈立夫的"唯生"论最早提出是在 1933 年，但在思想界真正发挥影响力则主要是在全面抗战时期，其代表作便是 1944 年修订出版的《唯生论》一书。在《唯生论》中，陈立夫不时引用中国

---

① 陈诚：《服从领袖的真谛》，《领袖的认识》，第 17 页。
② 中国第二历史档案馆编：《中华民国史档案资料汇编》第五辑第二编政治（三），第 736 页。

传统哲学术语和孙中山的某些言论，再三声明自己的思想体系"既不主张唯心一元论，亦不主张唯物一元论，而主张唯生一元论"，但究其本质，则表现形式虽是心物二元论，实则唯心论。陈立夫认为：宇宙现象是一变化之大流，宇宙的本体是原子（生元），原子又是物质与精神的配合体；宇宙间的一切事物都是由精神、物质二者配合而来，有物质必有物质的能力、精神，有精神必有精神的本体、物质，所以宇宙没有一个绝对附属于物质的精神，也没有一个绝对精神的物质，宇宙是定量的不可分的精神和物质之和谐的一切配合。

心物二元论在本质上就是唯心论，它的反对目标当然就是唯物论。对此，陈立夫说得非常明白和直露，并未隐讳自己反对唯物论的目的。他在《唯生论》的导言中说："近几年来，唯物论之论调日见嚣张，唯心论的论调又失之空寞，结果举世滔滔，既沉沦于物质的追求，更忧伤于心灵的桎梏。在这唯物与唯心两种偏见戕贼下的中国人，尤其是一般思想未熟的青年学生，我们不可不有一种新的正确的理论，把他们从断潢绝港中唤回。"陈立夫所反对的唯物论，其实就是马克思主义，尤其是马克思主义的辩证唯物论。

唯生论的主要目的，并不在于纯哲学的理论建构和形而上的本体论探讨。陈立夫一方面借用中国传统哲学的术语曲解孙中山的思想，具有相当强烈的反民主倾向；另一方面，他借用这种曲解后的孙中山思想去反对马克思主义，反对中国共产党的政治主张。唯生论作为一种政治学说，是国民党试图重建一党独裁政治统治的意识形态依据。《唯生论》说："我们要救国家，必须先从自己救起，只有首先把自己建设起来，健全起来，然后才能进而完成我们现在所负复兴国族的重大使命！但是怎样才能成就自己并进而挽救国家呢？唯一的办法就是诚。所谓'诚者不勉而中，不思而得，从容中道。'所以我希望大家无论读书做事为人，都要以《大学》《中庸》上的道理为最高法则，彻底地做到一个'诚'字。必须这样，我们个人以及我们的国家和我们的民族才有挽救的办法，才有复兴的出路，才不辜负了东方人所发明伟大的生命之动力！"

就哲学抽象概念而言，"诚"字在中国历史上被赋予多种含义，如果不加以具体限制而盲目提倡，其结果可能正像胡绳当年所指出的那样，"不外乎是消灭人民大众的自觉"，"所以在长期的东方专制主义政治之下，'诚'这一概念，本是因企图说明人的合理关系而产生，却在神秘的外衣下被抬上神圣的殿堂，使人顶礼膜拜，作为欺蒙与麻醉奴隶人民的思想工具"，"由此，在东方专制主义下的'诚'的神秘性，就和近代最反动倒退的、反对人民大众的法西斯思想一脉相通，那正是我们更不能不加以揭穿的。严格否定这种专制主义的神秘主义的内容，在实践的生活中发扬'诚信'与'真诚'的精神，那才是我们对于民族的文化遗产所应有的态度"。① 艾思奇指出："陈立夫先生的唯生论，是在抗战以前很久就发表了的哲学思想。这种思想代表着十多年来当权的大资产阶级、大地主的世界观，并且是这些年来在中国与辩证法唯物论相对抗的最主要的思想之一。这种思想不像辩证法唯物论那样，在中国的青年中受到真实的关心，然而因为是与政权的力量相结合的缘故，在中国十年左右的思想战线上，却能够保持了相当的影响。特别是在抗战以后，在武汉失守以后，国内政治思想斗争随着反投降妥协的政治斗争一同高涨，国民党的一切刊物杂志是用了极大的力量来对唯生哲学加以宣扬和阐述，并且在蒋介石先生的'力行哲学'的名义下，给予了某些新的发展。力行哲学和唯生哲学，在基本思想和社会基础上说是一致的。"②

力行哲学是蒋介石思想的重要组成部分。蒋介石所谓"力行哲学"，也叫"行的哲学"，或"行的道理"。蒋介石把这个学说视为自己的一大发明，到处演讲宣传。蒋介石的力行哲学，是将

---

① 胡绳：《论"诚"》，《胡绳文集（1935—1948）》，重庆出版社1990年版，第171—185页。

② 艾思奇：《抗战以来的几种主要哲学思想评述》，《中国文化》第3卷第2、3期合刊，1941年8月20日。

王阳明"知行合一"说与孙中山"知难行易"说相互配合而杂凑的所谓"革命学说"。从这个意义上说，蒋介石的力行哲学和陈立夫的唯生哲学一样，在本质上仍是唯心论，仍是以精神的原理、以"诚"作为创造一切的动力。蒋介石说："古今来宇宙之间，只有一个行字，才能创造一切"；"行的哲学为唯一的人生哲学"；"然而行的原动力就是精神原理，就是'诚'。我们今天要抵抗敌人，复兴中国，完成革命，并没有什么困难，只是在我们的一念"。①

　　1939 年 5 月，蒋介石在中央训练团讲《三民主义之体系及其实行程序》，对三民主义哲学基础进行解说，详细阐述了"力行哲学"。蒋氏研究三民主义，拟定"三民主义之体系及其实行程序表"。这张表分为六部分：一是三民主义的原理——就是总理思想的出发点，亦是三民主义的哲学基础；二是主义的本身；三是革命的原动力；四是革命的方略；五是革命实行的程序；六是最后的目的——三民主义的实现与国民革命的完成。②

　　蒋介石所谓"三民主义的原理"（三民主义的哲学基础），就是"民生哲学"。孙中山说："民生为历史的中心"，"社会问题是历史的重心，而社会问题又以人类生存问题为重心，民生问题就是生存问题"。又说，"民生为社会进化的重心"，"建设之首要在民生"。所谓"民生"就是"人民的生活，社会的生存，国民的生计，群众的生命"。他对唯心史观和唯物史观均作了批评，认为这两种学说都是"一偏之见"，不能概括人类历史的真实意义。"因为人类全部历史即是人类为生存而活动的记载，不仅仅是物质，也不仅仅是精神，所以唯有以民生哲学为基础的民生史观，或以民生史观为出发点的民生哲学，既不偏于精神，亦不偏于物质，惟有精

---

① 蒋介石：《自述研究革命哲学的阶段》，《蒋总统集》第 1 册，台北，"国防研究院" 1963 年刊印本，第 622 页。

② 蒋介石：《三民主义之体系及其实行程序》，《青年中国季刊》创刊号，1939 年 9 月 30 日。

神与物质并存，才能说明人生的全部与历史的真实意义。"①

　　蒋介石坚持认为，孙中山的基本思想，渊源于中国正统的政治思想和伦理思想。孙中山继承了中国固有的正统思想，并引用1921年孙中山在桂林答复马林的话作为依据："中国有一个道统，尧、舜、禹、汤、文、武、周公、孔子相继不绝，我的思想基础，就是这个道统，我的革命就是继承这个正统思想，来发扬光大。"他认定孙中山当时的意思就是说："三民主义是以我国固有的'天下为公'的伦理思想与政治思想做基础的。"②

　　蒋介石认为，三民主义可以用情、理、法三字加以概括："依照三民主义，在民族方面说：人类感情中最值得重视的一种感情，是民族的感情；因为民族是天然力所造成的，所以团结民族，就要靠人类天然具有的情感。就民权来说：人类组织的最良法纪，是全民政治——即民权主义的政治，要规定各个国民的义务和权利，就全靠法制和纪律来作平准的标尺。就民生来说：人类生活中最合理的方式，是一切人民经济平等，无相互压迫榨取之事，而且要使社会上大多数利益相调和，能够真正做到均无贫，和无寡，安无倾的地步；这不能专靠感情，亦不能完全依靠法律，而必诉之于判别是非利害之理性。所以我说：民族主义本乎情，民权主义本乎法，民生主义本乎理。我们以提高民族感情，求得民族的独立，以确立法治为实行民权的基础，再以公平划一的条理，调剂公私经济的盈虚，以解决民生问题。如此情、理、法三者皆能厘然得当。所以三民主义比其他主义完备，而且比其他主义伟大悠久，亦比其他任何主义容易实行，亦就在此。"③

---

　　①　蒋介石：《三民主义之体系及其实行程序》，《青年中国季刊》创刊号，1939年9月30日。

　　②　蒋介石：《三民主义之体系及其实行程序》，《青年中国季刊》创刊号，1939年9月30日。

　　③　蒋介石：《三民主义之体系及其实行程序》，《青年中国季刊》创刊号，1939年9月30日。

在蒋介石看来，革命的原动力是"诚"：分开来说就是智、仁、勇三个字；合拢来说就是一个"诚"字。他解释说："这智、仁、勇三达德，是革命精神之所由发生，亦革命事业之所由成就；而归结其总的原动力，则是中庸上所说的'所以行之者一也'的诚字。"①

何谓"诚"？"诚"字的意义是"择善固执，贯彻始终"。他强调："因为惟有诚乃能尽己之性、尽人之性、尽物之性；唯有诚乃为物之始终、乃能一往无前、贯彻到底；唯有诚乃能创造、能奋斗、能牺牲。"② 故必须重视"诚"字。诚是革命的原动力，这个原动力必须变成行动，就是"力行"。由此，他进而阐述其"行"的道理，即力行哲学。

蒋介石此前多次阐述过"行"的道理。他反复申明："人生在行的中间长成，由于行的中间而充实了人格，而提高了人格。"又说："我们要认识行的真谛，最好从易经上天行健君子自强不息一句话去体察。"还说过："我们行的目的是什么？我可以简单总括的答一声是一个'仁'字。我们所行的就是在行仁，仁是本乎大公，出乎至诚，所以知之出乎诚者必智，行之出乎诚者必勇，智者之知必知仁，勇者之行必行仁，而且其行必笃，其知必致，其知其行，断无不成。"这样，由"诚"之动发为"力行"，进而将仁、智、勇等中国固有的德目贯通起来，构成了所谓三民主义之哲学基础——"力行"哲学。

蒋介石在《中国之命运》中，把"力行哲学"视为"国民今后努力方向及建国工作之重点"加以重点阐述。他认为，所谓理性与致知，必须出于至诚，不能有一点伪言妄行的卑劣行动，亦不能存一点取巧投机的侥幸心理。所谓诚，就是无伪无妄，精

---

① 蒋介石：《三民主义之体系及其实行程序》，《青年中国季刊》创刊号，1939年9月30日。

② 蒋介石：《三民主义之体系及其实行程序》，《青年中国季刊》创刊号，1939年9月30日。

益求精的力行。所以不诚则天下无能成之事，至诚则天下无不成之事。那么诚是从什么地方发出来的呢？蒋介石说："能公必能诚。"国民革命的宗旨就是要打破个人利己主义，而要救最痛苦的人民、最危急的国家，就是以利他为目的。所以，现在要完成主义，要尽人类一分子的责任，求得人生最完满的境界，人们的所作所为皆要本乎至诚。如此，我们所贡献的劳力、所贡献的智慧，乃能创造、能进取、能建设，而真正能有益于国家民族，亦真正能尽人生的意义。蒋介石号召人们应以"天下为公"的三民主义、民生哲学来确定自己的思想，认清革命方向，发挥良知良能，决心力行，一往直前，充其行之极致，就是杀身成仁，舍生取义，亦是甘之如饴，无所畏惧。这样的力行，就是革命。亦唯有其真正革命的行为，方能表现力行的意义。这就是革命者为实行三民主义救国救世的唯一精神。总之，在蒋介石看来，"诚"是行的原动力，有了诚，就只知有公，不知有私；有了诚，就只是一心不乱地去行仁，不知有什么艰难危险，很平易地去做，做到成功为止。

《中国之命运》着力阐释"力行"哲学和"诚"的哲学，其目的就是要人们对蒋介石、对国民党、对三民主义要"诚"，要"至诚"，要顶礼膜拜，无条件地去迷信盲从，去"力行"，做到舍生取义、杀身成仁，只有这样才是"革命的行为"。实际上是继续宣传服从领袖及个人独裁。

六　《中国之命运》及其思想论争

太平洋战争爆发后，蒋介石领导的重庆国民政府与美英民主国家一起参加反法西斯战争，并力谋废除了近代以来签订的不平等条约。1942 年 10 月 10 日，蒋介石在重庆各界庆祝会上，宣布美英两国同意放弃在中国的一切特权，并将与中国政府商订平等新约。他说，这是中国上百年所获得的最大胜利，孙中山废除不平等条约的遗嘱至此完全实现。全国同胞从此应该格外奋勉，自立自强，人人做一个真正独立自由的国民，始能建立一个真正独立自由的国家，以期无愧于同盟国之一员。1943 年 1 月 11 日，中美、中英平等新约正式签订。蒋介石发布告全国同胞书，强调这是中国百年奋斗的结果，是中华民族历史上起死回生最重要的一页，亦是英美各友邦对世界人类的平等自由建立了一座最光明的灯塔。

蒋介石及国民党认为，平等新约的签订意味着"国民革命已取得初步的成功"，革命建国进入了新阶段，内政问题益显突出。为了记录以往百年中国人的奋斗历史，并进一步展示中国人应该奋斗的新方向，蒋介石授意陶希圣代笔撰写了题为《中国之命运》一书，于 1943 年 3 月公开发表。

《中国之命运》全书约 10 万字，以所谓的"革命建国"问题为中心，通过对"中华民族的成长与发达""国耻的由来与革命的起源""不平等条约影响之深刻化""由北伐到抗战""平等互惠新约的内容及今后建国工作之重心""革命建国的根本问题""中国革命建国的动脉及其命运决定的关头""中国的命运与世界的前途"等八章问题的论述，系统地表达了战时国民党的政治思想。从该书八章标题可以看到，蒋介石的撰述要旨是，让世人知道中国的命运与前途完全系于国民党，而不是其他党派；中国之命运完全系于中国现在最高领导人蒋介石，而不是其他什么人；中国国民党领导全国人民实现了与英美各国和解，压在中国人头上百年的不平等条约得以解除，表明了国民党的领导力、行动力，未来建国任务也只有蒋介石及国民党有资格和能力领导实现，中国不存在其他的新路。"中国国民党乃是全国国民共有共享的一个建国的总机关。中国国民党如能存在一天，则中国国家亦必能存在一天。如果今日的中国，没有中国国民党，那就是没有了中国。"这是蒋介石撰写该书的最后落脚点。《中国之命运》所要阐述之要点，主要体现在以下方面。

首先，回顾中华民族和中国近代历史，表达了蒋介石的民族观和历史观。该书无视中华民族是由多民族所组成的历史特点，否定中国各少数民族的存在，曲解了"中华民族"的本质含义。该书认为，"就我们民族成长的历史来说，我们中华民族是多数宗族融和而成的"，"这多数的宗族，本是一个种族和一个体系的分支"。"融和于中华民族的宗族"，可以说是"同一血统"的"大小宗支"。早在"秦汉时代"，这些"同一血统"的"大小宗支"，"由于生活的互赖，与文化的交流"，就已经融和为"中华大民族"。

在阐述"中华大民族"的形成方式时，该书指出，"汉族对各宗族从没有经济侵略的企图"，也没有"乘人之危以吞并其领土的政策"，各宗族之所以能够融和成"中华大民族"，就在于"融和的动力是文化，而不是武力，融和的方法是扶持，而不是征服"；"由于我们中国固有的德性，足以维系各宗族内向的感情，足以协和各宗族固有的德性"，从而造成了各宗族历史上共同命运。这里所谓"固有道德"，就是中国固有的伦理道德，包括"礼义廉耻"的所谓"四维"和"忠孝仁爱信义和平"的所谓"八德"。该书解释说，"在这八德和四维熏陶之下，中华民族，立己则尽分而不渝，爱人则推己而不争。……积五千年治乱兴亡，以成就我民族明廉知耻，忍辱负重的德性"，"由此种德性的推演，故中华民族的各宗派及其国民皆能为大群牺牲小群，为他人牺牲自我，而养成其自卫则坚忍，处世则和平，更进而以'存亡继绝，济弱扶倾'的仁爱之心，行'己立立人，己达达人'的忠恕之道"。蒋氏所要表达的意思是，中华民族并非由多民族所组成，而是由各宗族借助"文化"和"道德"融和而成的。这实质上是用血统论来解释中华民族的成长与发展的历史，明显带有大汉族主义倾向。①

在阐述近代中国的历史发展时，该书认为，近代中国落后是由不平等条约所致："我们中国百年来国势的陵夷，民气的消沉，大

① 蒋中正：《中国之命运》，抗日战争与近代中国关系文献数据平台。

抵以不平等条约为造因。"因此，蒋介石大肆渲染 1942 年国民政府
"依平等互惠的原则"改订新约，将重订新约视为"中华民族在历
史上起死回生最重要的一页"，是国民革命的初步成功和建国工作
的真正开始，而且"使我们的国家卒能成为独立自由的国家，使
我们的国民亦能重新做了独立的国民"，把自己打扮成废除不平等
条约的"民族英雄"。

其次，提出所谓"建国方略"，重点解释其"革命建国"的
"原则与程序"及其"要目"。该书写道："革命建国的程序，为三
个时期——军政时期，训政时期，宪政时期。"他重申在 1939 年所
说的教育、军事、经济三项并重原则，强调三者在本质上是合一而
不可分的，三者并举则国家富强，三者偏废则民族衰败。① 中国现
在要建设三民主义国家，以求生存于世界，并要进而尽我们对于世
界的责任，故而必须先求教育、军事与经济的合一，方得完成国家
的整个建设。在教育方面，蒋介石强调必须本于中国固有六艺教育
精义，以自卫实力与求生本能训练国民，使每一国民都能致力生
产，献身国防，手脑并用，智德双行，一改过去萎靡文弱虚伪浮夸
的弊病。至论经济，蒋介石认为必须本于中国获得的独立自由，使
国民经济平均发展，以为国计民生的基础，而纠正过去破碎偏枯而
有害于国防、民生的错误。对于军事，蒋介石认为就是我们国防与
文化必期于合一，而国防与民生亦必凝为一体。只有这样，中国才
能成为坚强的民族国防组织，以自存于世界，并尽其保障世界和平
共求人类解放的责任。

建国的基本工作在于教育、军事与经济的合一，那么怎样促动
基本工作的完成呢？蒋介石在《中国之命运》中继续《三民主义
之体系及其实行程序》中的说法，以为必须就心理建设、伦理建
设、社会建设、政治建设与经济建设五个项目制定周详的方案，而

---

① 蒋介石：《三民主义之体系及其实行程序》，《青年中国季刊》创刊号，1939
年 9 月 30 日。

使之实践力行。这五项建设之间存在密切的关联："我们要政治建设健全而有效，则必须社会建设，能为政治设施作切实的基础。至于社会建设的成功，又必须改变国民过去消极和被动的心理，与提高国民对国家和民族的道德。故心理建设与伦理建设，实为各项建设的起点。"只有"五项建设有效，方能使教育、军事与经济合一的建国工作成功"。《中国之命运》用了较大篇幅阐述了训政时期五项建设的内容。

关于心理建设。蒋介石认为，在不平等条约已废除的今天，从事国民心理建设，应以独立自主思想为基础，而其最重要内容则为发扬民族固有精神，讲求科学真实的智识。至于民族固有精神为何物？蒋介石概括为智仁勇之三达德以及所以行此达德的"诚"字。至于科学的智识，蒋介石认为不独采取西洋的科学方法与科学原理，亦将一扫百年来依赖盲从的积习，以恢复民族固有的创造力。综括地说，要我们的国民积极创造，自主自动，务化冷酷的态度为热烈进取的情绪，更化消极萎靡的精神为积极果敢的行动，养成整齐严肃践履笃实的风气，方能巩固革命建国的心理。至于心理建设的最大责任，蒋介石认为尤在于全国中小学校的教师，因为他们乃是少年学生的德行知识和体格的保傅，其影响于青年和未来国民的能力，远比大学教授更深更大。

关于伦理建设。蒋介石认为，此后伦理建设应以培养救国的道德为基础，救国的道德不必外求，中华民族五千年来之所以能够保持其民族生命，维护国家的生存，并能够屡从危亡丧乱中拯救国家，致之于复兴的境域，就是因为我国民所蕴积而益厚的，所锻炼而益精的救国道德的功能。故培养国民救国道德，即恢复中华民族固有的伦理而使之扩充光大。而其最重要的内容，就是我国民重礼尚义、明廉知耻的德性。这种德性，即四维八德之所由表现。而四维八德又以"忠孝"为根本。为国家尽全忠，为民族尽大孝，公而忘私，国而忘家，实为我中国教忠教孝的极则。蒋介石强调，每一个尽忠尽孝的国民必敢任他人所不敢任的任务，受他们所不能受的痛苦，而后国家民族的命脉，始可维系于不坠，而国家民族的前途始可以充实而有光辉。尤以我全国的青年战时必立于前线，开发必趋于边疆，为社会服务必深入农村，为国家建设则必着重基层，一扫现在平时优游于都市、战时远避于后方的恶习，才可以做一个对国家尽忠、对民族尽孝的国民。

关于社会建设。蒋介石指出，抗战前启动的新生活运动是社会建设的基本运动，其目的在求中国国民之"现代化"。国民唯有现代化，才配做独立自由的国民，国家才能成为独立自由的国家。新生活运动可以说是五项建设的总运动，而其最重要的内容，则为地方自治的训练与公共之"乐"与"育"的设施。地方自治之健全为民权与民生主义实现的基础，而民众的"乐"与"育"的设施，既为乡村基层的事业，也与食衣住行四者同为根本的民生问题，且更超越于一般的物质生活，而为精神生活的基础。如乡社的托儿所、保育院、俱乐部、公医院等各种公共福利事业，必须合乡社的群策群力，以求充实。必以此为基点，始可以造成"老有所终，少有所长，鳏寡孤独废疾者皆有所养"的新社会。

关于政治建设。《抗战建国纲领》对于政治建设已有具体规定，抗战进行五年来，已有许多项目获得实施，取得一定的成效。然而国民对于政治制度与法令规章，必须奋发自主自动的精神，而把握其重心之所在，始可以措政制与法规于健全有效之域。蒋介石强调，自强始可以自由，自立始可以独立。国民如不能自强自立，则独立自由的地位必有得而复失之一日。故国民实为政治建设的原动力，而自主自动的精神，即所以充实政治建设的基础，然后中国的国家组织始可以健全，而国家行政始可以提高其效率。所以今后的政治建设，在蒋介石看来应以国民奋发自主自动的精神为基础，而其最基本的项目为培植民主制度与健全国防体制。至于民主体制的发展，蒋介石不承认西方民主政治的普遍性，以为中国国情特殊，中国的民主体制建设决不以欧美19世纪个人主义与阶级观念的民主制度为模型。中国的政治建设必须树立五权宪法与全民政治的基础，不受空洞的口号所愚，不被虚伪的形式所惑，循序渐进，笃实践履，始可以使中国臻于现代的民主国家，而跻于国际社会之林。在这方面，蒋介石希望全国的有志于政治工作的青年本于国家的需要和时代的潮流，确定其远大的目标，树立其崇高的志向，立志在边疆，致力于政治建设，埋头苦干，做一个手脑并用的屯垦员，为发展边疆，为边疆的繁荣富强贡献自己的聪明才智。

关于经济建设。中国的经济建设在抗战的背景下进行发展，基本的要目已体现在《国民经济建设运动方案》中，这个方案依据孙中山《实业计划》的精义，以期中国的国民经济能适应国防的要求。全面抗战五年半以来，中国国民经济已趋于国防与民生的合一。不平等条约的撤废，更能使中国以独立自由的地位迈进经济独立、自力更生的大道。而中国之自力更生尤以工业化为当务之急，故蒋介石认为，今后中国国民经济建设应当以发达工业经济为基础。其最重要的条目，为准备实业计划的实施，由此以完成平均地权与节制资本的基本政策。蒋介石指出，不平等条约的撤废为中国的工业解除其重重的束缚，然而中国今后的工业，仍需以最速的进步与最大的努力，始可与先进诸国高度的技术与集中的经营并驾齐驱。

总括这五项建设，蒋介石表示五项建设自当同时并进，不可缺一，而其重点则不能不置于经济。经济建设不仅为各项建设的重点，而且为一切建设之先务。民生主义的经济建设，是本于"民享"的原理，中国要以计划经济与社会立法使每一个国民的生活与生存都有保障，务必达到"资本国家化，享受大众化"的目的，尤须以计划经济和社会立法，实现民生主义之和平的普遍的革命。①

最后，继续鼓吹"一个党、一个主义、一个领袖"，对中共进行猛烈攻击。《中国之命运》以大量的篇幅鼓吹只有国民党才能决

---

① 蒋中正：《中国之命运》，三民主义青年团平津支团部 1946 年印行本，第 104 页。

定中国的命运，只有三民主义才是抗战和建国的最高指导原则。该书认为，中国国民党是"代表我全体国民的要求，和各阶级国民的利益而组织，为革命的惟一政党"，"革命的最高指导组织"，也是全国国民共有共享的建国的总机关、总枢纽、大动脉。它公开宣称："如果今日的中国，没有了中国国民党，那就是没有了中国。简单地说，中国的命运，完全寄托于中国国民党。"三民主义则荟萃整个民族意识的思想，"不独是中国悠久的文化和民族崇高的德性之结晶，亦且为现代世界潮流必然的趋势"。公开宣称："没有了三民主义，中国的建国工作，就失去了指导的原理，所以三民主义是国家的灵魂。"

蒋介石一方面阐述只有国民党和三民主义才能救中国，另一方面猛烈攻击共产主义和自由主义，对中国共产党大加诋毁。他指责中共"用机巧权术，或残忍阴谋，而以利害自私为结合的本能"，"对国民党内部，在各种事实上，挑起了左右派系的冲突；对于一般国民与社会之间，则煽动社会革命的阶级斗争"。他攻击共产党"组织武力、割据地方"，"破坏抗战、妨碍统一"，是"新式封建和变相军阀"，甚至是"反革命"。声称"如果这样武力割据和封建军阀的反革命势力存留一日，国家政治就一日不能上轨道，军政时期，亦一日不能终结，不惟宪政无法开始，就是训政亦无从推行。这样于国家于革命的前途之妨碍和损失之大，真是不知伊于胡底"。

由此可见，《中国之命运》全面反映了战时国民党的政治思想，是蒋介石对战后中国前途的规划，集中阐述了其所谓"三民主义之体系及其实行程序"，标志着其"革命建国"思想呈现出系统化和理论化的形态。《中国之命运》发表后，国民党组织进行宣传。有人吹捧说，此书"以继往开来勉同胞，内足以灭萎靡之人心"，"以和平国策昭世界，外足以增盟国之协助"。①

----

① 高君仁：《〈中国之命运〉读后感》，《大公报》1943 年 5 月 9 日。

陶希圣为《中国之命运》出力甚多，但毕竟此书的署名为蒋介石，因而此书正式出版后，国民党中央为此展开了极具声势的宣传活动，陶希圣为此又写了许多文字。他继续鼓吹"一个领袖"的政治理念，对蒋介石大加吹捧："总裁以一身系国家民族的安危存亡。换句话说，今日国家民族的命运，实决定于总裁之手。……总裁的新著，不啻一部近百年史论，尤不啻一部中国民族史论。这部新著，把中国五千年立国之道，百年来衰落之由，和五十年来国民革命的奋斗，五年半抗战的牺牲，无不指出其详明确切的意义。"① 他接着吹捧《中国之命运》指点了"中国今后的前途和我们今后的作法"，该书"集国父《建国方略》《建国大纲》和《三民主义》于十万言中，贯之以总裁的力行哲学，张之以抗战的时代精神，达之于日用寻常之微末，出之以宽猛相济之气度，兼继往开来之伟大，与耳提面命之亲切，而摆在每一读者的面前，指示其解决中国问题的答案"。② 张治中也在阅读体会中赞美《中国之命运》，刻意强调蒋介石在这部书中对青年一代的期望，全国青年不应辜负总裁期许，"在青年团的组织下，共同踏上救国的大道，为国家树立百年的基础"。③

蒋介石的《中国之命运》为战后中国指出了一个发展方向，不过这个方向以反对中国共产党和共产主义为前提，这不能不引起一场极端严重的意识形态纷争。据陈伯达晚年回忆："1943 年 3 月，蒋介石发表了《中国之命运》一书，反对自由主义和共产主义，诋毁五四运动以来的新文化，攻击共产党和各民主党派，宣扬国民党的法西斯独裁。随后，国民党又借共产国际解散之机，发动了第三次反共高潮。在蒋介石出版了实际上由陶希圣代笔的《中国之命运》一书后不久，延安也有了这本书。一次，毛主席在和我们几个文化

① 陶希圣：《读〈中国之命运〉》，《中央周刊》第 5 卷第 33 期，1943 年 4 月。
② 陶希圣：《读〈中国之命运〉》，《中央周刊》第 5 卷第 33 期，1943 年 4 月。
③ 张治中：《读〈中国之命运〉》，《中央周刊》第 5 卷第 32 期，1943 年。

人谈话时说：'看来，蒋介石给你们出了题目了。'我体会毛主席的意思是要我们写反驳的文章。我看了蒋介石的这本书，就感到有许多话要说，如骨鲠在喉，非吐不快。当时，国民党下令将《中国之命运》作为大中学校的必读课本，企图用这本书来影响全国人民，尤其是欺骗毒害青年，这是无法容忍的。我立即着手写反驳的文章，大约写了三天三夜，由于心情很激动，有时边写边流眼泪，可谓笔泪俱下。文章写好后，我立即给毛主席送去。当时毛主席正在休息，我没有打扰他，把文章放在桌子上就走了。毛主席起来以后，仔细看了我的文章，把原标题《评蒋介石先生的〈中国之命运〉》中的'蒋介石先生的'几个字勾掉，在文章中又添了好些尖锐、精彩的句子，并把文中提到'蒋介石先生'处的'先生'二字都勾掉了。毛主席在标题旁添上我的名字，并批了'送《解放日报》发'几个字。"①

中共对《中国之命运》的批判，是毛泽东直接策动并主持的。在《解放日报》发表陈伯达文章的同一天（7月21日），毛泽东致电重庆的董必武，发布指示说："此次反共高潮之近因，一由于国际解散，二由于相信日将攻苏，故蒋企图以宣传攻势动摇我党，以军事压迫逼我就范。乃事机不密，为我党揭穿，通电全国，迎头痛击，于是不能不竭力否认（如胡、徐等复电），尽量敷衍（如对周、林），并稍示和缓（边境已有两个师后撤）。但实际上目前军事准备绝不会放松，政治压迫亦必会加紧（如七七封锁新华，日前检查渝办）。我为彻底揭穿其阴谋并回答自皖变以来的宣传攻势计，除已发之通电及解放社论外，并于近日公布陈伯达驳斥蒋著《中国之命运》一书，以便在中国人民面前从思想上理论上揭露蒋之封建的买办的中国法西斯体系，并巩固我党自己和影响美英各国、各小党派、各地方乃至文化界各方面。为此目的，望注意执行

---

① 陈晓农编纂：《陈伯达最后口述回忆》，阳光环球出版香港有限公司2005年版，第71页。

下列数事：一、收到此文广播后，设法秘密印译成中英文小册子，在中外人士中散布。二、在渝办、报馆中，以此文作为课本，进行解释讨论。三、搜集此文发表后的各方面影响，并将国民党回驳此文择要电告，并全部寄来。四、新华尤其群众，可用其他迂回办法揭露中国法西斯的罪恶（思想、制度、特点和行为）。"①

中共中央宣传部随即向各中央局、中央分局发出通知："陈伯达同志《评〈中国之命运〉》一文，本日在《解放日报》上发表，并广播两次。各地收到后，除在当地报纸发表外应即印成小册子（校对勿错），使党政军民干部一切能读者每人得一本（陕甘宁边区印一万七千本），并公开发卖。一切干部均须细读，加以讨论。一切学校定为必修之教本。南方局应设法在重庆、桂林等地密印密发。华中局应在上海密印密发。其他各根据地应散发到沦陷区人们中去。一切地方应注意发到国民党的军队中去。应乘此机会做一次对党内对党外的广大宣传，切勿放过这个机会。"②

中共中央之所以作出这样的指示，除了国共合作此次面临破裂的危险外，主要是因为在共产党看来，蒋介石这部《中国之命运》毫不掩饰地攻击共产党，反对共产主义。7月13日，中共中央政治局召集会议，讨论国民党可能对边区发动的进攻，以及应该如何准备。刘少奇在发言中主张采取宣传新方针，不怕蒋介石投降分裂，要抓住蒋介石的"流氓政治"，对蒋介石的《中国之命运》要痛驳。会后，刘少奇受中共中央委托主持召开干部会议，部署写文章批判《中国之命运》。8月5日，中央总学委在部署"关于进行一次国民党的本质及对待国民党的正确政策的教育问题"时，仍然要求批判蒋介石的《中国之命运》，并将陈伯达的文章列为五个学习文件之一。③

根据中共中央统一部署，延安以及重庆、各根据地组织力量对

①　《毛泽东文集》第3卷，第50页。

②　中央档案馆编：《中共中央文件选集》第14册，中共中央党校出版社1987年版，第79页。

③　中央档案馆编：《中共中央文件选集》第14册，第86页。

《中国之命运》进行严厉批判。自 1943 年 5 月 5 日《解放日报》发表《中国思想界现在的中心任务》，至 10 月 12 日，仅《解放日报》就为此发表多达百万字的批判文章及资料。除了陈伯达，延安重量级学者范文澜、吕振羽、艾思奇等都有专论发表，系统批判《中国之命运》的历史观、哲学思想、法西斯主义，批判"一个党、一个主义、一个领袖"的专制独裁思想。

中国共产党对《中国之命运》的批判，涉及的主要内容如下。

第一，全面系统地批判了蒋介石的思想体系。中共组织的批判者指出，蒋介石的民族观完全是一种赤裸裸的法西斯主义，完全阉割和抛弃了孙中山重新解释过的新民族主义。它"以血统立论"，捏造单一民族论，否认"中国是多民族的国家"，鼓吹所谓中华"大民族主义"，其实质"就在于提倡大汉族主义，欺压国内弱小民族"。蒋介石的所谓"民族至上，国家至上"，在于"盗窃'民族'为私有"，为其"民族即朕，朕即民族"的观点作注脚，因而实际上就是大地主大资产阶级至上，国民党反动派至上。在中共看来，劳苦大众是民族的主体，"只有劳动人民至上才是民族至上国家至上"。[1] 批判者指出，蒋介石"伪托民族国家或全民政治之名，行大地主大资产阶级一党专政之实"，"是新专制主义的个人独裁，是法西斯主义的特务统治"。其国家观的中心思想，实质上就是"一个党、一个主义、一个领袖"，"就是国民党即中国，中国即国民党"。换言之，《中国之命运》使法国专制暴君路易十四"朕即国家"的思想完全复活了。[2] 批判者还指出，蒋介石公然学着希特勒的口吻，提倡全民政治、全民经济、全民战争、盲从领袖，反对民主政治，说"宪政时期谈不到"，"军政时期不能停止"，一句话，"中国必须实行法西斯主义"。[3] 中共警告蒋介石，在现时的中

---

[1] 陈伯达：《评〈中国之命运〉》，《解放日报》1943 年 7 月 21 日。

[2] 艾思奇：《〈中国之命运〉——极端唯心论的愚民哲学》，《解放日报》1943 年 8 月 11 日。

[3] 《周恩来选集》上卷，人民出版社 1980 年版，第 146 页。

国实行"新专制主义"是没有前途的。

关于蒋介石的哲学思想。批判者指出，蒋介石提倡的力行哲学是极端唯心论的愚民哲学，"其中心是要人民于不识不知之中，盲目地服从他，盲目地去行"；在《中国之命运》里，"并没有真正的三民主义和知难行易的思想，而只有关于这些思想的一些空洞的名词，以及在这些名词装饰下的中国式的买办封建性的法西斯主义的政治学和反对科学唯物主义、提倡迷信盲从的法西斯主义的唯心论哲学"。批判者重点揭露和批判了蒋介石力行哲学的核心——"诚"的哲学。艾思奇指出，"诚"是在"真知的名义下要求人民无知，在力行的名义下要求人民盲从"。[①] 胡绳认为，"诚"是"在神秘的外衣下被抬上了神圣的殿堂，使人顶礼膜拜，作为欺蒙与麻痹奴役人民的思想工具"。[②] 在中共看来，蒋介石所说的"诚"是"没有物质客观基础的"，其所谓的"诚"，所谓的"至诚"，"并不是他们自己真正有什么为国家为民族的诚意，而只是为着要求民众和青年们诚心诚意地像羊一样受他们愚弄，只是为着要得到受骗者的'至诚'。"

关于蒋介石的伦理观。批判者指出，蒋介石宣扬所谓"四维""八德"，目的是"要人民对蒋介石国民党实行忠孝仁爱信义和平，好便利他的压迫和进攻"。针对蒋介石的所谓"伦理建设"，艾思奇批判说，在蒋介石所厘定的五项"建国工作"中，把心理建设与伦理建设视为各项建设的起点，而把政治与经济建设放在程序的最后一步，"这一个唯心史观的颠倒程序的意义，就是要把物质的诺言推到渺茫的将来，同时又梦想用这空洞诺言换取国民今天的愚忠"。[③] 艾思奇认为，"现在首先要解决的问题，恰恰不在于'心理建设'，'伦理建设'，而在于怎样打破大后方那种大地主大资产阶级

---

① 艾思奇：《〈中国之命运〉——极端唯心论的愚民哲学》，《解放日报》1943 年 8 月 11 日。

② 胡绳：《论"诚"》，《胡绳文集（1935—1948）》，第 183 页。

③ 艾思奇：《〈中国之命运〉——极端唯心论的愚民哲学》，《解放日报》1943 年 8 月 11 日。

垄断下的破产经济和腐败政治，建立新民主主义的经济和政治"。①

关于蒋介石的政党观。批判者指出，蒋介石的政党观，"是要全国各党各派都统一溶化于蒋记国民党，蒋记三青团之内"，这是最露骨的"一个主义、一个党、一个领袖"的思想②；蒋介石的三民主义背叛了真正革命的三大政策的新三民主义，成为一种"变质冒牌的三民主义"。其民族主义无视"当前的大问题是日本帝国主义强盗还在我们的国土上横行"这一严重事实，却本末倒置地去胡诌什么"今后的命运，则全在内政"；其民权主义只字不提要给全国人民以民主权利，"却公然主张'民可使由之，不可使知之'的愚民政策"；其民生主义也只字不提"耕者有其田"这个一直为孙中山所关心的中国最大的民生问题以及眼前迫切需要改善工农劳动人民生活的问题，却舍近求远地"长篇大论地侈谈着三十年五十年以后的'实业计划'"。③

关于蒋介石的历史观。批判者指出，蒋介石的历史观是"唯心主义的历史观"，是"一套复古的封建思想，反映着浓厚的传统的剥削阶级意识"。他们着重驳斥了《中国之命运》歪曲中国历史特别是中国近代历史、曲解中国革命起因的论调，指出，《中国之命运》把海禁开放之前的中国描写成"黄金世界""极乐世界"，"一切都几乎是全世界第一"，事实却是中国"打不过外国侵略者，而且要时常与当时的敌人作城下之盟，订立那么多的不平等条约"。《中国之命运》之所以不顾这个事实，进行"自相矛盾"的颂扬，其用意是因为蒋介石与日本法西斯一样，看上了封建社会的那一套东西"是绞杀中国历史发展的工具，是绞杀中国人民反抗的工具，是绞杀中国人民自觉的工具"。关于中国近代历史进程，

---

① 艾思奇：《〈中国之命运〉——极端唯心论的愚民哲学》，《解放日报》1943年8月11日。

② 《周恩来选集》上卷，第146页。

③ 艾思奇：《〈中国之命运〉——极端唯心论的愚民哲学》，《解放日报》1943年8月11日。

批判者强调，清代中叶以来，中国民族遇到了一种和过去完全不同的新的民族侵略者，即资本主义与帝国主义国家。这种新的民族侵略者挟持其资本主义的优越经济力量，打开了中国的长城。但中国人民并不是不能抵抗这种新的民族侵略者的。中国抵抗力的软弱，"是由于满清朝廷一方面在国内各民族之间所造成的民族牢狱，另一方面在人民之间所造成的专制主义牢狱"。而蒋介石却把"百年来国势的陵夷，民气的消沉"，说成是"以不平等条约为造因"，"这是倒果为因的说法"。这种说法既歪曲了历史，也遗弃了孙中山民权学说。"要救中国，必须发挥民权，必须把旧中国重新改造"，这是"天经地义"的。① 中共认为《中国之命运》所反映的是法西斯主义思想，从其整个思想体系看，"只能看出中国法西斯主义，决看不出孙中山的革命的三民主义。孙中山的思想中的唯心观点、消极因素，被蒋介石拿来发展成为他今天的思想体系"，即"中国的法西斯主义"，或"戴着三民主义帽子"的法西斯主义。②

　　第二，剖析《中国之命运》的法西斯主义特点及危害。中共组织的批判者指出，蒋介石法西斯主义的特点是继承了中国传统的封建糟粕和外国法西斯主义的混合物，是买办的封建的法西斯主义，"又名新专制主义"。其买办性表现为"依赖外力，最不独立的"，"挟洋人以自重，挟国家以祸国家，挟民族以叛民族"，"专心致志于反共，至于驱逐日寇，收复失地，他们只在梦想英美的代劳"。其封建性表现为实行封建专制主义，"要把假造历史、曲解历史的东西和叶德辉那套什么中国伦理圣教是世界第一的衣钵，强迫灌输到青年们孩子们的头脑中去"，"所以当同盟国家渐渐重视中国民族抗战的时候，他又回到复古的排外的思想上去，起着反动的作用"。③ 概言之，它是一种"继承中外文化中一切丑恶方面的

---

① 陈伯达：《评〈中国之命运〉》，《解放日报》1943 年 7 月 21 日。
② 《周恩来选集》上卷，第 147 页。
③ 《周恩来选集》上卷，第 147 页。

大成，排斥中外文化中一切优良的成分"，尤其是排斥"共产主义
与自由主义等进步的思想"的极端反动思想。

关于蒋介石法西斯主义的来源，中共组织的批判者指出，它不
过是"祖述孔、孟、秦始皇以至西太后的传统的老式封建，是承
袭中国近代军阀开山祖曾国藩、胡林翼以至袁世凯、张宗昌……的
衣钵的道地军阀"，并找来了外国的法西斯主义充实一番，造成了
"中国式买办封建的法西斯主义"。中共方面揭露了蒋介石法西斯
主义的实质，指出它是"中国大地主大资产阶级——实际上就是
国民党蒋介石和官僚资本公开的恐怖的专政，亦即特务统治"。①
在蒋介石身上，则是"军阀、交易所老板和流氓头子的结合，他
是集古今中外反动之大成的"。其政纲决不是三民主义的抗战建国
纲领，而是"反全面抗战、反共、反民主"；其策略是"依其纲领
的方向"，虽然时软时硬，但却不离开消灭中国共产党这个中心；
其组织与活动"也是最反动、最野蛮、最黑暗、最残暴的"，它的
组织"寄生在国民党内而篡夺了党，寄生在三青团内而统治了团，
寄生在军队中而管制了军队"，使"国民党统治下的中国已成一特
务统治的世界"。② 正因如此，在《中国之命运》中，"对于全国
国民和青年，字里行间，充满了威胁和利诱，要他们都一致加入国
民党和三青团。对于共产党则充满了杀机"，蒋介石"已经给一切
不相信买办的封建的法西斯主义即新专制主义的人们发出信号
了"，这"就是一个'诛'字"。③ 批判者指出，这种法西斯主义
危害极大，"如果在抗战以后，我们民众仍然还要继续受专制的压
迫，则中国仍将不能转弱为强，仍将不能达到解放，一切建设都会
无望"。④ 因此，"法西斯主义不但不是'国家至上民族至上'主
义，而且正是'国家至下民族至下'主义；他们只知道极少数大

---

① 《周恩来选集》上卷，第147页。
② 《周恩来选集》上卷，第147页。
③ 陈伯达：《评〈中国之命运〉》，《解放日报》1943年7月21日。
④ 陈伯达：《评〈中国之命运〉》，《解放日报》1943年7月21日。

资产阶级的私利至上淫威至上，因此法西斯主义不但不能'复兴'国家民族，而且只能毁灭国家民族"，它是"祸国叛国亡国的主义"。批判者进而严肃指出，"中国的法西斯主义，决不能决定中国之命运"，它必将走向破产和覆灭。①

第三，批驳其攻击中共的种种不实之词，揭示了"没有共产党，就没有中国"思想。批判者指出，《中国之命运》在国共关系上充满着"绝大挑拨性的文字，想由此煽动人民对于中国共产党的仇恨。这一页重大的历史，关系中国的命运太大了，不可以不表而出之"。实际上，在两次国共合作中，"用机巧权术，或残忍阴谋，而以利害自私为结合的本能"的，不是共产党，恰恰是国民党蒋介石集团。在抗战中，"中国共产党人的忠心为国，是天下共见的"，而蒋介石却"以怨报德""过河拆桥"，"极尽其造谣诬蔑之能事"，甚至武力进攻共产党领导的抗日部队，企图加以消灭。可见，蒋介石满口"仁义道德"，骨子里却是"男盗女娼"。②

批判者强调指出，国民党宣称"共产主义不适合中国国情"，诬蔑共产党及其领导的抗日武装八路军、新四军和各抗日民主根据地是"变相军阀""新式封建"等，完全是在颠倒黑白，混淆视听，拨弄是非，也是别有用心的。他们攻击共产主义，是因为他们"最怕我们用马列主义的照妖镜，在中国人民面前，照出他们第五纵队的原形"，"最怕我们用马列主义的世界观，在中国人民面前，解释中国政治经济社会诸现象，指出中国革命的真正道理"；他们咒骂共产党，就在于他们害怕共产党日益成为抗日战争的中流砥柱，成为"领导真正革命建国的伟大政党"；他们诬蔑在敌后英勇抗战的八路军、新四军，就在于他们害怕八路军、新四军是抗日战争的主力军，"是史无前例的最勇敢的民族先锋队"③；范文澜指

---

① 《法西斯主义就是祸国叛国亡国的主义》，《解放日报》1943 年 9 月 13 日。
② 陈伯达：《评〈中国之命运〉》，《解放日报》1943 年 7 月 21 日。
③ 陈伯达：《评〈中国之命运〉》，《解放日报》1943 年 7 月 21 日。

出，他们诋毁抗日民主根据地，就在于他们害怕根据地实行民主改革，真正实现孙中山新三民主义的革命理想，"积极进行新民主主义建设"，奠定"新中国的基础"。① 为此，中国共产党人尖锐指出，真正的"军阀"、真正的"封建"不是共产党，而是蒋介石和国民党。因为他们"在自己统治的区域中，实行一党专政，一个领袖，一个主义，一个政党的新专制主义"，"政治是一党政治、特务政治、专制政治。士兵是捆绑来的，军队是用以铲除异己、镇压人民的，对抗战是不游不击的，是完全消极的"。如此说来，"真正的军阀在中国境内横行无忌，跋扈已极，却敢于辱骂共产党人为'变相军阀'，真不知人间有羞耻事"；骂人家是所谓"新式封建"，自己却在其统治区域内公然实行"残酷的惨无人道的压迫与剥削，比秦始皇还厉害百倍的寡头专制政治"之类的"中国式的买办的封建的法西斯政治"，即"旧式封建"，实在让人汗颜。②

在中共方面看来，《中国之命运》是"对中国人民中国共产党公开宣战"，"企图发动反共反人民的内战"。他们指出，反共、反人民绝对是没有出路的，"如果有人拿出所谓'合理方法'以外的'方法'来，人民就会把他踢得粉碎；如果拿出'封建割据'、'变相军阀'、'障碍革命'、'破坏统一'、'妨碍建设'等缺乏政治常识的谰言来，人民就会嗤之以鼻"。③ 因此，对于国民党蒋介石而言，为了抗战，为了国家民族，也为了自己的存亡问题，只有收回《中国之命运》，迅速改弦易张，做真正三民主义的信徒而不是叛徒，做中华民族的功臣而不是千古罪人，方为明智的也是唯一正确的选择。在此基础上，中国共产党人阐述了共产党在中国民族民主革命中的伟大作用，指出，"中国共产党是领导中国人民争取民族

①　范文澜：《谁革命？革谁的命？》，《解放日报》1943 年 8 月 1 日。

②　陈伯达：《评〈中国之命运〉》，《解放日报》1943 年 7 月 21 日。

③　范文澜：《谁革命？革谁的命？》，《解放日报》1943 年 8 月 1 日。

独立、民主自由、民生幸福的伟大政党"，"只有共产党已经实践的团结抗战民主建设才是革命建国的正确道路"。①

《解放日报》还通过列举大量事实的方式说明：共产党领导的装备落后的抗日部队抗击着58%的侵华日军和几乎全部伪军，支撑着祖国的半壁河山，而国民党装备精良的正规军仅抗击42%的侵华日军，且其内部"叛将如毛，降官如潮"，投降逆流此起彼伏。这说明蒋介石鼓吹的所谓"没有三民主义，就没有抗战；没有中国国民党，就没有革命"，"没有国民党，就没有中国"之类的论调完全没有根据。事实应当是："没有中国共产党，则三民主义就没有新的内容……没有中国共产党，就没有大革命以来直至今天的中国国民党；没有中国共产党，则不但大革命的局面不可设想，即六年来大抗战的局面亦不可设想。"② 为此，中国共产党人庄严宣告："如果今日的中国，没有中国共产党，那就没有了中国"，"中国的命运完全寄托在共产党"。③

总之，中国共产党组织和发动的这场批判运动，全面揭露和鞭挞了《中国之命运》的思想体系及其反动本质，给蒋介石反共反人民的专制主义统治以前所未有的清算，也给中国的法西斯主义——新专制主义以沉重打击，使全国民众受到了一次空前深刻的思想政治教育，认识到什么是真善美，什么是假丑恶，提高了分辨是非的能力，充分认识到法西斯主义、专制主义不适合于中国国情，只有中国共产党及其信仰的共产主义才能掌握中国之命运，打败日本侵略者，建设一个新中国。

蒋介石发表《中国之命运》，是力图向全国人民灌输其所谓"革命建国"思想，让全国民众完全服膺其"三民主义"，明白中国之命运完全寄托在国民党身上，从而消除日益扩大的中国共产党和

① 范文澜：《谁革命？革谁的命？》，《解放日报》1943年8月1日。
② 陈伯达：《评〈中国之命运〉》，《解放日报》1943年7月21日。
③ 《没有共产党，就没有中国》，《解放日报》1943年8月25日。

共产主义的影响，进而趁共产国际解散之机彻底消灭共产党，以实现其所谓"军令""政令"的统一，达到维护和巩固其专制独裁统治之政治目的。中国共产党针锋相对，以"坚持抗战，反对内战"，"坚持团结，反对分裂"，"坚持孙中山的三民主义，反对买办的封建的法西斯主义"相号召，掀起了一场批判法西斯主义的思想运动。中共批判《中国之命运》的目的是，让全国民众和国际进步势力识破蒋介石专制独裁和反共反人民的内战阴谋，争取获得广大民众的同情和支持。

《中国之命运》不仅受到中共的严厉批判，而且在国际社会的处境也与蒋介石的初衷相反。蒋介石发表《中国之命运》，除了重申三民主义统一中国和抗战建国之外，还有一个用意是利用美英两国政府宣布废除不平等条约的机会，宣扬国民党在民族主义方面的胜利，由此振奋国民精神。但这种宣传必然引起美英人士的反感。美英两国宣布废除不平等条约，而与重庆国民政府重订新约，固然有中国外交努力的因素，但更重要的是，两国此举出于世界反法西斯联盟团结的现实需要，出于东方战场需要中国强力支撑的政治考量。蒋介石没有看到这些因素，仅仅出于感情将美英两国政府的宣布视为自己的外交胜利，而且通过发表《中国之命运》，建构了一个"国耻的由来与革命的起源"叙事框架，抨击美英帝国主义列强，将美英两国宣布废除不平等条约视作国民党的功劳。蒋介石将上述观点以中国最高领袖的名义在国际上大肆宣传，势必引起国际社会对中国日趋高涨的民族主义之反感。据张治中说："《中国之命运》一书在发表以前，不仅外国友人，即干部中亦多持不必发表之意见，及今检查此书发表以后之影响，当了然当时认为期期不可者实非无见。一般人认为此书充分流露钧座保守思想之所在，而钧座之注意当时对国民教育之意义，未注意其可能引起之政治影响。此为儒家思想与时代思潮不尽能融会贯通之症结所在似不容忽略者。"① 这种观点是有道理的。

---

① 《张治中回忆录》，文史资料出版社1985年版，第408页。

七　三民主义建国方案

全面抗战初期，蒋介石和国民党确立了抗战建国的基本方针，但着力点在抗日问题上，并没有认真考虑建国问题。全面抗战进入相持阶段，尤其是太平洋战争爆发后，中国抗战最危难时期已经度过，国民党开始重点考虑"建国"问题。1943 年初，国民政府与美英两国废除了不平等条约，并且签订了"平等互惠新约"。蒋介石觉得外敌已非大患，"建国"问题迫在眉睫。为了从理论上统一思想，他授意陶希圣代笔撰写了《中国之命运》一书，系统阐述了其所谓"三民主义新中国"思想。该书可被视为国民党所谓"革命建国"的纲领性文献，规划了所谓三民主义新中国方案。

1945 年 5 月，国民党第六次全国代表大会在重庆召开。国民党召开"六大"是为了对各个党派所提出的要求作出反应，对抗日战争胜利后的中国前途进行设计，用蒋介石的话说就是"针对当前抗战的需要，确定今后建国的方针，为本党负荷新的责任，为国家开辟新的机运"。[①] 为此，国民党"六大"按照蒋介石《中国之命运》中规划的三民主义建国蓝图，系统地提出了所谓"三民主义之共和国"的建国方案。

首先，关于民族主义的政纲。孙中山对三民主义的解释中，民族主义有两种内涵：一是中国民族自求解放；二是中国境内各民族一律平等。国民党"六大"在《本党政纲政策案》中重提该原则，认为，"现阶段之中心要求，在于加速胜利，巩固国基，扶助边疆民族，以造成独立自由之统一国家，加强国际合作，而分担维护世界和平之责任"。

---

① 蒋介石：《开幕词》，荣孟源主编：《中国国民党历次代表大会及中央全会资料》（下），第 900 页。

关于对日作战和刷新政治问题。国民党"六大"提出，要加紧争取对日作战的胜利，联合盟邦，加强互助合作，以力谋国家领土、主权与行政之完整，维护世界和平与繁荣。自对外方面言，争取抗战胜利，"迫使敌人无条件投降，并彻底解除敌人军事经济之武装，消灭其侵略思想"，仍是国民党"六大"所强调的当前最大而最紧要的任务。大会指出，为了争取抗战胜利，"不能只是依靠前线的将士，而是要我们在政治、经济、社会各方面的努力都能配合得上"，如"要及早召集国民大会，提前实施宪政"。蒋介石宣称："这固然为了完成建国大业，也同时为了争取我们抗战的胜利。"抗战后期国民党政治腐败使国民党意识到"一切重要的焦点在政治"。刷新政治成为其争取抗战胜利之重要途径。

关于对外与友邦加强合作问题。国民党"六大"提出，要"联合盟邦，建立国际安全机构，以维护世界永久和平"；"与各盟邦订立互助协定，建立永久友好关系，尤致力于经济、文化之合作，以共策世界之安全与繁荣"；"本平等互惠之原则，与有关各国订定通商条约并促进侨胞地位之平等"。战时国民党政府在利用有利的国际环境，积极参与国际事务方面，作出过一定努力。在对内问题上，国民党"六大"承认"中国境内各民族一律平等"，要"维护并巩固国家之统一"。国民党"六大"主张，中国境内各民族在地位上一律平等；在政策上，实现蒙、藏各民族之高度自治，并扶助各民族经济、文化之平衡发展，以奠定自由统一的中华民国之基础。国民党"六大"对于民族主义所作的这个阐释，在一定程度上恢复了国民党"一大"、国民党临时全国代表大会关于民族问题及民族主义的主张，重新恢复了国内各"民族"的地位，与1943年蒋介石发表《中国之命运》时否认中国是一个多民族国家，谓中国各民族是不同宗族相比，有了较大改变。

国民党关于民族主义的政策，专门增加了关于国家统一问题。国民党"六大"规定："维护并巩固国家之统一，绝对禁止违背政府法令，及在外交、军事、财政、交通、币制上有任何破坏统一之设施与行动。"这主要是针对中共而提出的，是蒋介石 1945 年 3 月 1 日演讲所述思想之继续。蒋介石明确指出："到现在除了共产党与他们的军队不受中央命令而外，还是一个完整统一国家；此外，并没有不奉中央军令的军队，亦并没有不奉中央政令的地方政府。"① 为了解决这个问题，国民党"六大"声称："在不妨碍抗战危害国家之范围内，一切问题可以商谈解决。"寻求以政治方法解决与中共的分歧是正确的，但关键在于是否以民主的方式，通过实施民主政治来实现统一。实际上，中国共产党主张在联合政府的基础上实现全国的团结统一，而反对国民党"召集国民党当局一手包办的所谓国民大会，决定坚持独裁的反人民的'统一'"。而国民党方面却并没有以政治方式解决分歧的诚意。国民党"六大"通过的《对于中共问题的决议案》虽然不提动用军事方法解决，但埋下了用军事方法解决的"伏笔"，因为它可以"随时以所谓'妨碍抗战危害国家'的帽子戴在共产党头上，一切问题实行武力解决"。②

其次，关于民权主义的政纲。国民党"六大"指出，民权主义的原则是"于间接民权之外，复行直接民权"。而"现阶段之中心要求，在于提早实施宪政，完成地方自治，普及国民教育，保障妇女地位，使全体人民咸能行使民权。并建立文官制度，以提高政治效能，保障司法独立，以维护人民权益"。国民党"六大"对于民权主义原则的阐释，与孙中山民权主义的原则是存在差距的。孙中山除了将直接民权与间接民权结合之外，还强调以人民的公民权制约政府权的原则，但国民党"六大"对此原则予以回避，片面强调政府之"能"而忽视人民之"权"，维护其一党专政而不愿开放政权，不愿实行真正的政党政治。国民党"六大"关于"民权

---

① 蒋介石：《在宪政促进会上的讲话》，中国人民解放军政治学院党史教研室编印：《中共党史参考资料》第 9 册，第 487 页。

② 《新华社评论国民党第六次全国代表大会》，《解放日报》1945 年 5 月 30 日。

主义"的具体内容如下。

其一，召开国民大会，制定五权宪法，实施宪政。国民党在抗战以前决定以 1934 年 10 月 10 日为宪政开始日期，但后来拖延到 1935 年 4 月，再拖延到 1936 年 11 月 12 日，又拖至 1937 年 11 月。抗日战争全面爆发再次使宪政的实施延期。全面抗日期间，中国共产党、各民主党派、国民党内的民主人士主张在抗日战争期间召开国民大会，实施宪政。国民党五届六中全会决定于 1940 年 11 月 12 日召集国民大会制宪，但旋以国民大会堂被日机所炸，交通困难为由，未能实行。五届十一中全会决定"务于抗战结束之一年内召开国民大会"。1944 年 10 月 10 日，中共呼吁"由国民政府立即召集全国各方代表，开紧急国事会议，取消一党专政，成立联合政府"，得到了社会各界的响应和赞同。1945 年 3 月 1 日，蒋介石在宪政促进会上发表讲话，回答了中国共产党和各民主党派关于成立联合政府的主张，表明其实施宪政的态度。国民党"六大"将蒋介石对宪政问题的主张，以党的决议的形式予以确认。

国民党急于召开国民大会，实施宪政，主要是为了应付中共所提出之"联合政府"主张所造成的政治压力。蒋介石认为，实施宪政的标志就是召开国民大会，在国民大会上通过宪法，然后实施宪政。他说："在国民大会召集以前，政府不能……结束训政，将政治上的责任和最后的决定权，移交给各党各派。"其理由主要有三。一是如果没有召开国民大会而实施宪政，就是"违反建国大纲"，就会对不起"国父与先烈"；二是客观环境不允许，因为"现在战事仍极严重，前途尚有不少的艰险，国民政府如将一切政权或责任交给于各党各派，则中央政权势必日日在风雨飘摇之中，其结果必使抗战崩溃革命失败，将使国家引起可怖的变乱，而陷民族于万劫不复的境地"；三是在国民大会召集以前，"我国便无一个可以代表全国人民，使政府可以征询民意之负责团体。所以吾人能只还政于全国民众代表的国民大会，不能还政于各党各派的党派会议，或其他联合政府"。① 而中国共产党则认为，首先应该召开一个国事会议，国事会议由各抗日党派、各抗日军队、各地方政府、各民众团体自己推选代表组成，国事会议应根据孙中山革命的三民主义的原则，通过切合时要、挽救危机的施政纲领，在众所公认的共同施政纲领的基础上成立各党派的联合政府，在联合政府成立后，"重新着手筹备真正人民普选的国民大会，准备于最短期间召开，以保证宪政的实施"。②

　　国共两党主张的分歧似乎不在目标上，而在于达成这些目标的方法上，实际上两党"宪政"有本质上的差异。国民党所要召开的国民大会，代表人选和职权都是国民党一党专政的产物和体现。抗战前"国民大会"之选举，是由国民党一党包办的，而且"其成份又都属于有钱有势的阶级，不能代表广大的工农平民。加以其中有大批人已叛变投敌，应予通缉惩处，再无代表资格"，故中共主张"彻底修正"国民大会的组织法和选举法，实行普遍、直接、平等和不记名投票的选举原则，重选国民大会代表。国民党五届十一中全会对于其原有的关于国民大会的规定中明显不合情理之处作了一些修正，决议："凡前次依法产生之国民大会代表，除因背叛国家或死亡及因他故而丧失其资格者外，一律有效。前次选举未竣或未及举办选举之各区与各职业团体，均应依法补选。"③ 但国民大会代表仍然不具有真正的民意基础。

　　此外，在国民大会的职权问题上，一般舆论界存在是单纯制定宪法，还是既制宪又行宪，即"限于制宪，抑兼及行宪"的分歧。国民党"六大"只规定了国民大会召集日期，而对国民大会的代表人选、职权等核心问题未作规定，只是决议"在令党内党外一般意

　　① 蒋介石：《在宪政促进会上的讲话》，中国人民解放军政治学院党史研究室编：《中共党史参考资料》第 9 册，人民出版社 1979 年版，第 487 页。

　　② 周恩来：《如何解决》，《解放日报》1944 年 10 月 12 日。

　　③ 《关于实施宪政总报告之决议案》，荣孟源主编：《中国国民党历次代表大会及中央全会资料》（下），第 844 页。

见得于 7 月初间国民参政会时，充分提出讨论，以供国民党作最后决定时之考虑"。随后召开的没有中共参加的国民参政会则"含混其事，不作结论"，其所作决议"内容是如此空虚，而在形式上，则不齿政府把这问题推给参政会，参政会又把这问题推还政府，推过来，又推回去"。1946 年 11 月，国民党甩开中共和民盟而召开的"国民大会"，才是国民党对于国民大会问题的真正主张。

其二，国民大会开会时，仍应以国民政府公布之《五五宪草》为讨论基础。宪法草案是实现宪政的关键问题。关于宪法草案，国民党"六大"以"大会会期短促，宪草范围甚广，且关系重要，势难作详尽周密之讨论，而作硬性之规定"为由，决议规定，"国民大会开会时，仍应以国民政府公布之五五宪法草案为讨论基础"。1936 年 5 月 5 日国民大会通过的《中华民国宪法草案》（以下简称《草案》），是由 1933 年国民党立法院成立的宪法起草委员会经过 3 年讨论研究而提出的，1937 年 5 月 18 日作过修正后仍称为《草案》。《草案》共 8 章 148 条，在形式上采用了孙中山五权宪法原则，在"总纲"中规定"中华民国为三民主义共和国"，关于政体的设置采五院制。但《草案》条文实际上不仅限制了民众的权利和自由，而且规定政体是中央集权制。其基本精神是限制民权，片面伸张政府之"能"，因而是反民权的。《大公报》列举"五五宪草的缺点：（一）对人民的自由都拖着可以法律'限制'的尾巴。（二）国民大会形同虚设，人民代表之权极不充分。（三）选举法不订在宪法内，人民的选举权不明确。（四）宪草上的五院制，集一切权力于政府，而本身职权关系不清，难求政效。（五）地方制度，省的地位太含糊，地方自治权利也欠明确"。在以《大公报》为代表的民主主义势力看来，《草案》最大的病症是不够民主，"五五宪草若成为正式的宪法，将是世界上最不民主的宪法"，因而它不宜作为国民大会讨论制宪之蓝本。[1]

---

[1] 《论宪草审议——五五宪草不宜作蓝本》，天津《大公报》1946 年 2 月 26 日。

其三，促进宪政实施之各种必要措施。国民党"六大"决议规定"各种措施，凡可为未来宪政预立规模，而可提前实行者，宜于本届代表大会闭会后，分别予以实施"。决议规定的措施主要有：国民党党部退出军队与学校，"在军队中原设之党部，一律于三个月内取消"，"各级学校以内不设党部"；"制定政治结社法，裨其他各政治团体得依法取得合法地位"。实行宪政的国家必须军队国家化、教育学术独立、有各级民意机关、政治结社自由等，这些规定有一定的进步意义。但国民党"六大"决议又规定："三民主义青年团改属于政府，担任训练青年之任务"；国民党"党部在训政时期所办理有国家行政性质之工作，应于本届代表大会闭会后，陆续移政府办理"；后方各县市临时参议会在六个月内依法选举，裨成为各县市正式民意机关。后方各省临时参议会于所属各县、市参议会有过半数已经成立时，立即依法选举，裨成为各省正式民意机关。这些规定反映出国民党仍然试图坚持一党专政。正如新华社评论所说："国民党当局决定如同把它的政权交给它所制造的国民大会一样，把它的军队青年团及其他行政工作（包括它的特务工作）交给实质上毫无变更的国民党政府；使它所制造的各省县市参议会由临时变为正式……国民党统治集团现在实际上是把国民党的各种反民主的活动'国家化'。"从国民党"六大"关于民权主义的决议可看出，国民党在当时各种社会政治势力提出广泛的政治参与要求，将目光聚焦在国家政权上时，依然没有认清形势，无论在原则上还是在具体主张上并无意真正开放政权，仍试图维护其一党专政的地位。故受到自由主义者的严厉批评，认为"单靠消极的政治控制维护不了既得的政权；这条路走不通，越走越近死路"。①

最后，关于民生主义的政纲。国民党"六大"决议认为，民生主义其最重要之原则有二，一曰平均地权，二曰节制资本。"而现阶段之中心要求，在于增进战时生产，制定战后经济建设计划，

① 储安平：《失败的统治》，《观察》1946年第1卷第3期。

扶助民营企业，欢迎国际资本与技术之合作，并保护农工之利益，均衡市乡之发展，筹划战后官兵及残疾军人之就业，以保障社会安全，而提高人民生活水准。"① 国民党"六大"对于"节制资本"只有抽象原则，并没有涉及民众关注的官僚资本问题。国民党"六大"决议规定，对于天然富源中"规模较大者，归中央政府经营，其规模较次者，归地方自治团体经营"。决议还规定，制定战后经济建设总计划时，"凡有独占性之企业及为私人之力所不能办者，均归国营或公营。其他工业概奖助私人经营之"。但在其后制定的《工业建设纲领》中，不仅注重计划经济，而且把国营范围扩大，对民营事业的管理更加严格。这样必然导致所谓"国家资本越来越发达，民族资本则受到限制和压迫"。

依靠国民党政权而形成的官僚资本，是民族资本发展的障碍。时人抨击说："我国工业资本之所以不发达，实由于官僚资本之猖獗，坐使工业资本无抬头之希望。"② 而国民党"六大"决议中只是规定"登记并限制各级官吏及公营事业从业人员之资产，并彻底执行各级官吏不得经营商业之规定"，根本无力解决严重存在的官僚资本问题。国民党"六大"召开的当天，《大公报》社论就指出："民生主义要节制资本，而国难财主和一些官僚资本在恣肆横生；民生主义要平均地权，政府非但未办，甚至连减租也未曾实行。率直的说，民生主义根本就未曾实行。"③ 国民党"六大"宣言也承认："本大会检讨往事，深感过去对民生主义之经济建设与平均地权，节制资本两大政策，因种种障碍，未克实施，实为革命建国之最大缺憾。"④

---

① 《本党政纲政策案》，荣孟源主编：《中国国民党历次代表大会及中央全会资料》（下），第935—936页。

② 赵乃抟：《铲除官僚资本三大理由》，重庆《大公报》1945年11月25日。

③ 《祝国民党六全代会》，重庆《大公报》1945年5月5日。

④ 《第六次全国代表大会宣言》，荣孟源主编：《中国国民党历次代表大会及中央全会资料》（下），第912—913页。

　　由此可见，国民党"六大"所确立的建立"三民主义共和国"
政治纲领和具体政策，其民权主义违背民主潮流，坚持一党专政；
其民生主义未能照顾到民族资产阶级的利益；而改善民生的部分未
能得到切实的实行。由于国民党在民权问题上不能开放政权，通过
实现真正的民主，以满足各种政治势力政治参与的要求，加上不能
切实实施民生主义，因而使国民党的威权统治更加陷入危机。

第 六 章

中共新民主主义革命思想

中国共产党成立之初，只是笼统地照搬马克思主义理论，认为中国是资本主义国家，党的革命目标是推翻资产阶级在中国的统治。中共二大正确提出了党的最低革命纲领，将反帝反封建作为民主革命阶段的主要任务；中共三大以后决定与中国国民党进行合作，进行打倒军阀、打倒帝国主义列强的国民革命，这样的革命属于资产阶级性质的民权革命。这样的方针和政策是正确的。然而，国民革命失败后中共党内连续出现了瞿秋白、李立三、王明为代表的三次"左"倾错误，给中国革命带来了巨大灾难。延安时期的毛泽东对其进行了严厉批判，并在总结历史经验的基础上，将马克思主义普遍真理与中国革命具体实践相结合，提出了新民主主义革命理论，并在回击蒋介石出版《中国之命运》、国民党提出"三民主义共和国"方案的斗争中，形成了以成立民主联合政府为核心内容的新民主主义共和国方案。

一　三民主义问题的争论

三民主义是孙中山创立的革命理论和革命纲领，在很长时期内是中国革命的政治符号和话语表征。全面抗战爆发后，中国共产党在 1937 年 7 月 15 日交付国民党的《中共中央为公布国共合作宣言》中郑重表示："孙中山先生的三民主义为中国今日之必需，本党愿为其彻底的实现而奋斗。"① 由此，国共两党以三民主义为政治基础建立起抗日民族统一战线。随后，毛泽东和中共一再表达了这种政治诺言。

1938 年 3 月 12 日，毛泽东出席延安各界举行的纪念孙中山逝世 13 周年和追悼抗日阵亡将士大会时讲话说：孙中山的伟大在于他的三民主义的纲领，统一战线的政策，艰苦奋斗的精神。在孙中山的一生中，他是坚持自己的主义的，三民主义只有发展而无弃置；对统一战线也是不但坚持了而且发展了；他经过了许多艰难曲折，然而总是愈挫愈奋，不屈不挠，再接再厉。这三项是留给中国人民的最中心、最本质、最伟大的遗产，应当继承并发扬光大。3 月 20 日，毛泽东在抗大讲话时指出："三民主义的第一个口号是民族独立，第二个口号是民权自由，马克思主义与三民主义结合的地方就在这里。所以说今天中国的马克思主义者就是三民主义者。"② 5 月 3 日，毛泽东在抗大作关于共产党对三民主义的态度问题的讲话时再次强调，1937 年 9 月 22 日发表的《中共中央为公布国共合作宣言》，表明了中共对三民主义的态度："孙中山先生的三民主义为中国今日之必需，本党愿为其彻底的实现而奋斗。"中共提出的《抗日救国十大纲领》本质上是三民主义的。他再次表示："中共愿同国民党一道，在统一战线、抗日第一的原则下实行三民主义。三民主义是实现社会主义和共产主义的必经之路。"③

然而，随着汪精卫的叛逃和国民党限共防共政策的强化，国共两党围绕三民主义问题展开了激烈论争。1938 年 12 月 19 日，国

----

① 中共中央文献研究室、中央档案馆编：《建党以来重要文献选编（1921—1949）》第 14 册，中央文献出版社 2011 年版，第 370 页。

② 中共中央文献研究室编：《毛泽东年谱（1893—1949）》中卷，中央文献出版社 2013 年版，第 59 页。

③ 中共中央文献研究室编：《毛泽东年谱（1893—1949）》中卷，第 68 页。

民党副总裁汪精卫出逃越南，公开发电响应"近卫声明"，主张"和平救国"。12月29日，汪精卫在河内发出《艳电》称："三民主义为中华民国立国之最高原则，一切违背此最高原则之组织与宣传，吾人必自动的积极的加以制裁，以尽其维护中华民国之责任。"他还以三民主义附和日本的"共同防共"，主张："中国共产党人既声明愿为三民主义之实现而奋斗，则应即彻底抛弃其组织及宣传，并取消其边区政府及军队之特殊组织，完全遵守中华民国之法律制度。"① 很显然，汪精卫不仅把自己打扮成国民党的正统代表、国民政府的合法体现以及孙中山思想的继承与实践者，而且将三民主义变成其叛国投敌的护身符和反共的话语武器。

对于汪精卫等人的出逃，国民党方面很快作出反应。国民党临时中央常会决定将汪精卫开除出党并撤除一切职务，同时着力加强对三民主义的阐释宣传，以捍卫国民党的道统与法统地位。但国民党宣传三民主义之主要目的，一方面是要反汪，另一方面则是要反共。蒋介石在1938年12月31日的日记中记述："共党乘机扩张势力，实为内在之殷忧"，"共党祸乱成性，叛迹日著，明年惟对此为最大问题之一，倭寇实已不能再为深患矣"。1939年初，蒋介石在国民党五届五中全会上一面大讲维护三民主义为"党魂"之重要性，一面在谈到对共政策时强调："今日对共党不用兵、不利用、严管教，应以为不二之律条"，"要以领导党的立场，纠正其错误，反对其妄为，指正其趋向。总之，应以保育的态度相待。久之，共产党必将融化于本党，始有其存在之余地"。② 所谓"严管教"即以三民主义发动政治攻势，解决中共这个"内在之殷忧"。1939年3月，国民政府发起国民精神总动员运动，在《国民精神总动员纲领及其实施办法》中，规定了国民精神改造的标准规范："（一）不违反国民革命最高原则之三民主义；（二）不鼓吹超越民

① 上海《新闻报》1939年1月1日。
② 《王子壮日记》第5册，第37页。

族之理想与损害国家绝对性之言论；（三）不破坏军政军令及行政系统之统一；（四）不利用抗战形势以达成国家民族利益以外之任何企图。"[1] 一切思想言论，悉以此为准绳，有违此义，一体纠绳，共同摒绝。这些规定显然主要是针对中共及其共产主义思想的。

1939 年 5 月，蒋介石发表《三民主义之体系及其实行程序》的讲演："我最近研究三民主义，荟萃总理关于革命建国的各种方略和遗教，贯穿拟定起来一个《三民主义的体系及其实行程序表》，我认为这一张表，可以把三民主义的原理和内容，以及实现主义所必需的革命原动力，和革命方略，乃至达成最终目的所必经的国民革命程序，包括无遗，很清楚明白地摆在我们面前。"蒋介石强调，现在世界各政党的主义最主要者为民主主义、共产主义和法西斯主义，但这三个主义皆有缺点，都不能与三民主义相比。唯有三民主义，以所谓"天下为公"为出发点，能涵盖一切而无丝毫偏颇。他说："共产主义，他固是重视经济，近于民生主义，却不重视民族和民权主义，而且共产党人倡导民生，亦只重视一个阶级的利益，而不兼顾全民的利益。……惟有我们总理所创造的三民主义则不然。它以'公'字为出发点，所以能涵盖一切，把各方面皆行均衡顾到，无丝毫偏颇之弊。"他还强调三民主义只有依靠国民党专政才能实现，"一切要由党来负责，所谓'以党治国'，'以党建国'其意义即是以党来'管'理一切，由党来负起责任"。[2] 可见，蒋介石通过重释三民主义，继续宣扬"一个主义、一个政党、一个领袖"的独裁思想，以溶化中国共产党和共产主义。

作为中国民主革命先驱孙中山的政治理论，三民主义成为其革命事业的政治话语。从 1938 年底开始，国民党内各派别根据自身

---

① 重庆《中央日报》1939 年 2 月 25 日。

② 蔡尚思主编：《中国现代思想史资料简编》第 4 卷，浙江人民出版社 1983 年版，第 326、329、333 页。

需要纷纷对三民主义进行再诠释，各种声音一时层出不穷。本来中共已经把自己的纲领、三民主义与共产主义的关系讲清楚了，但党外仍有不少人要求中共明确宣布放弃共产主义理论。张君劢声言："窃以为目前阶段中，先生等既努力于对外民族战争，不如将马克思主义暂搁一边。"①国民党理论家叶青著书立说，大讲三民主义完全能够解决中国社会的根本问题，能满足中国现在和将来的一切需要，共产主义"没有存在的必要了"。所以"中国是三民主义底世界，共产主义应该离开中国"。②有的人更劝告中共更改党名，永远放弃共产主义的主张。据毛泽东回忆："不但蒋委员长来电报要我们改名称，中间派也劝我们改名称。像左舜生就说过：'你们的纲领实在好，如果你们不叫共产党，我就加入。'前年七、八、九三个月的反共高潮中，我们有很多东西搞出去了。他们看到之后，非常高兴，说纲领很好，就是名称不好。很多美国人也要我们改名称，我们若是改了名称，他们就喜欢了。"③

这些人对三民主义的解释尽管体现了不同的利益诉求，但都以服膺三民主义为由要求中国共产党取消组织活动，放弃共产主义信仰。面对这种情形，中共亟须掌握三民主义的话语权，驳斥打着三民主义旗号对共产主义发起的诘难。1939年6月，毛泽东在延安高级干部会议上指出："在思想斗争问题上，两年来，尤其是半年来，代表国民党写文章的人包括托派叶青等在内，发表了许多不但反对共产主义而且也是反对真三民主义的'纷歧错杂的思想'，亦即假三民主义或中间三民主义的思想，应该加以严正的批驳。"④这样，毛泽东、张闻天、王稼祥、吴黎平、陈伯达、艾思奇等人相

① 张君劢：《致毛泽东先生一封公开信》，《再生》第110期，1938年12月16日。

② 叶青：《怎样研究三民主义》下编，江西省文化运动委员会1943年刊印本。

③ 《毛泽东文集》第3卷，人民出版社1996年版，第324页。

④ 中共重庆市委等编：《中国共产党关于抗战大后方工作文献选编》第1册，重庆出版社2019年版，第141页。

继发表文章，对三民主义进行阐释，回击国民党的理论挑战。

国民党以三民主义反对共产主义，主要依据是中共"承认三民主义为中国今日之必需，本党愿为其彻底的实现而奋斗"的宣言，以此混淆三民主义与共产主义的关系。因此，共产党人首先需要说明的是，"中国今日之必需"的三民主义究竟是什么，以及为什么在接受三民主义之时，还要坚持共产主义信仰。在回答这些问题的过程中，中共阐明了三民主义与共产主义的联系和区别，在把三民主义解构为真假三民主义的同时，又以联俄、联共、扶助农工三大政策为依据，提出新旧三民主义的概念并实现对三民主义之重构，明确了愿意为之彻底实现而奋斗的三民主义，是真三民主义和新三民主义。

1939 年 4 月 26 日，中共中央发出《为开展国民精神总动员告全党同志书》的指示，在论及对三民主义的态度问题时提出："抗日战线中各党各派的任何人究竟信仰三民主义与否，不在其口头之自称，而在其行为之表现，只有言行相符，才可称为孙中山先生的忠实信徒。……必须广泛的动员全国同胞，切切实实的实行三民主义，揭穿汉奸汪精卫辈的假三民主义，为具体实施民族独立民权自由民生幸福的真三民主义而斗争。"[1] 这是中共在文献中首次明确提出真假三民主义的问题。在中共看来，言行是否一致乃是信仰三民主义与否，从而判断真假三民主义的基本依据。这里的假三民主义，主要是指叛国投敌的汪精卫集团对三民主义的曲解。5 月 17 日，中共中央对宣传教育工作发出指示，提出要注意发扬和运用国民党当局讲演、命令、谈话与出版物中"各种积极的东西"，"力争以革命的言行相符的真正三民主义去对抗曲解的与言不顾行的假三民主义，以真正三民主义的姿态，去反对假三民主义者，即顽固分子"。[2] 质言

---

[1]　中共中央文献研究室、中央档案馆编：《建党以来重要文献选编（1921—1949）》第 16 册，中央文献出版社 2011 年版，第 184 页。

[2]　中共中央文献研究室、中央档案馆编：《建党以来重要文献选编（1921—1949）》第 16 册，第 306 页。

之，歪曲解释的与言行不一致的三民主义，都被归为"假三民主义"。这样，假三民主义就不仅仅指汪精卫的曲解，也将国民党顽固分子的解说涵盖其中了。

6月10日，毛泽东在《反投降提纲》中将三民主义和国民党分为三类：第一类是"日本人的三民主义与国民党"，就是汪精卫的"假三民主义与假国民党"；第二类是"中间性的三民主义与国民党"，也就是"半真半假的三民主义与国民党"；第三类是"中国人民的三民主义与国民党"，这才是真三民主义与真国民党。而近期那些代表国民党写文章的人，他们"不但反对共产主义而且也是反对真三民主义"，是"假三民主义"或"中间三民主义"。面对并存的几种三民主义，共产党的政策是"用真三民主义反对假三民主义，争取中间性的三民主义"。毛泽东还专门谈及三民主义与共产主义的关系，认为二者在相互区别的同时，在抗日过程中也有共同点，"即在把三民主义照着国民党第一次全国大会那样解释时，二者在资产阶级民主革命阶段的政纲上基本上是不相冲突的"。①

1939年8月4日，周恩来在《三民主义与共产主义（提纲）》中，对共产主义与三民主义的异同作了精辟的阐述。他指出，第一，"共产主义是我们的信仰，三民主义是统一战线的政治纲领"。第二，"三民主义与共产主义不仅在世界观、人生观、社会观及哲学方法论上有基本的不同，即在民族、民主及社会政策上也有许多差异"。第三，"真正的三民主义是孙中山的三民主义，既不是汪精卫的伪三民主义，也不是戴季陶的修正三民主义，当然也不能是我们某些同志企图马克思主义化的三民主义，因为这只能使三民主义混乱起来，而不能还它真正的革命面目"。第四，"我们的态度，应该赞助真正了解和实行孙中山真正的革命之三民主义的人去发展三民主义，同时我们自己也应将孙中山三民主义的革命政策实行和

---

① 《毛泽东文集》第2卷，人民出版社1993年版，第219页。

发展起来，使它能与我们的民族解放政纲配合起来前进"。第五，
"假使不将三民主义与共产主义的差别分别清楚，不仅国民党人可
以有两种看法，即一种是共产主义与三民主义既没有分别，共产党
大可不必再相信共产主义；另一种是三民主义既可包括共产主义，
则共产主义在中国便无存的必要。便连非国民党人也要这样想，
共产主义、三民主义既是没有分别，至少是现在没有分别，共产党
人何不先将三民主义做好，而不必再说什么共产主义，至少是现在
可以不谈。甚至共产党人也会这样想，共产主义是将来的事，现在
做的完全是三民主义的事，或者想将三民主义解释成为共产党的东
西来符合我们民族、民主的乃至社会主义的纲领。这都是不妥的，
只能模糊社会视听"。[①]

　　1939 年 8 月 24 日，毛泽东在中共中央政治局会议上对三民主
义与中共革命纲领的关系作了进一步阐述。他在强调要认清两者既
有相同又有不同之处的同时，明确表示，中共目前对三民主义的态
度，"一是理论上承认它，承认三民主义为中国今日之必需，是抗
日统一战线的政治基础。二是实践上实行它，八路军、新四军、边
区和党的工作，都是执行三民主义这一共同纲领"。[②] 为了扶持左
派和争取群众，毛泽东提出要公开号召、宣传解释三民主义。这里
提出要号召、宣传的三民主义，无疑是中国共产党所讲的"真三
民主义"。

　　这样，从 1939 年下半年开始，中共主要领导人和理论工作者
集中发表出版了一系列文章著作。如张闻天的《拥护真三民主义
反对假三民主义》、周恩来的《三民主义与共产主义（提纲）》、王
稼祥的《关于三民主义与共产主义》、陈伯达的《论共产主义者对
三民主义关系的几个问题》、吴黎平（即吴亮平）的《叶青的三民

---

　　① 中共中央文献研究室编：《周恩来统一战线文选》，人民出版社 1984 年版，第
46—47 页。

　　② 中共中央文献研究室编：《毛泽东年谱（1893—1949）》中卷，第 136 页。

主义就是取消三民主义》、艾思奇的《关于三民主义的认识》等，还将之汇编成册，公开发行以扩大影响。

中国共产党人发表的这些文章，从不同角度对真假三民主义以及三民主义与共产主义的关系作了分析论述。张闻天揭露假三民主义者"把三民主义实际上阉割为不彻底的一民主义，而同时保存与发展三民主义中某些消极的与保守的因素，使之成为'反共防共'的思想武器"。他强调要"真正的拥护三民主义"，就必须严格分别孙中山的真三民主义与汪精卫的伪三民主义，必须纠正不彻底的一民主义，必须在实际行动上实行三民主义，还必须坚持联俄、联共、扶助农工三大政策。关于三民主义与共产主义的关系，张闻天说："马列主义的立场，不但不妨碍我们在现阶段革命中拥护真三民主义，而且正是使我们所以能够拥护真三民主义的基本原因。"① 所以，究竟如何科学看待三民主义，辨明三民主义与共产主义的关系，这是当时共产党要着力思考和阐明的问题。

中国共产党人重申，他们真诚地相信"孙中山的三民主义是半殖民地的中国的民族解放的与民主主义的政治纲领，它要求推翻帝国主义在中国的统治，实行民族之独立与解放，这就是它的民族主义，它要推翻封建制度实行民主政治，这就是它的民权主义，它要求节制资本和平均地权，这就是它的民生主义"。因此可以说："三民主义是中国民族革命与民主革命中的纲领，三民主义当作纲领与马列主义在民族民主革命中的纲领（共产党的最低限度纲领）在其主要的基本的口号与要求上没有冲突，而是一般的一致，正因为如此，所以中国的马列主义者认为实现三民主义，为中国今日所必需，认为三民主义是民族统一战线中的共同纲领，和国共合作的政治基础。正因为如此，所以号召全中国人民为实现三民主义共和

---

① 中共中央文献研究室、中央档案馆编：《建党以来重要文献选编（1921—1949）》第16册，第546、549页。

国奋斗。"①

　　中国共产党人同时声明，他们鄙视把他们的立场与意见隐蔽起来。作为共产主义的信仰者，他们在同意、拥护并遵守三民主义原则的同时，决不会因为任何原因而一时一刻放弃共产主义的理想与马列主义原则。他们认为："马列主义是现代社会内最进步阶级的革命的科学，它正确的把握住了社会运动的规律及其改造的方法，以保证共产主义理想的最后胜利。在阶级性上，在科学性上，在革命的彻底性上，它同三民主义显然是不相同的。"他们强调这不仅不会妨碍他们去拥护三民主义，"而且正是马列主义使我们共产党人这样坚决的拥护真三民主义，而且能坚决的为真三民主义的彻底实现而奋斗"。这是因为"我们共产党人所拥护的三民主义历来同我们根据马列主义立场而提出的现阶段中国革命的政治纲领是不相违反的。我们共产党人所拥护的三民主义，均明确的、具体的规定于一定的革命的共同政治纲领上。我们共产党人为三民主义而奋斗，即是为这类共同的政治纲领而奋斗"。② 中国共产党人拥护三民主义的唯一条件，就是承认它在现阶段一定时期的合理性和有用性，而不是承认它的所谓永久有效性。

　　中国共产党的这些基本原则在抗战时期是公开宣示于天下的，中共的态度不仅坦然，而且在理论上并不矛盾。但是当时许多人对于共产党愿意实行国民党的三民主义觉得奇怪，以为共产主义和三民主义是不能并存的。对此，毛泽东指出："这是一种形式主义的观察。共产主义是在革命发展的将来阶段实行的，共产主义者在现在阶段并不梦想实行共产主义，而是要实行历史规定的民族革命主义和民主革命主义，这是共产党提出抗日民族统一战线和统一的民主共和国的根本理由。"③

---

　　① 王稼祥：《关于三民主义与共产主义》，《解放》周刊 1939 年第 5 卷第 86 期。

　　② 中共中央文献研究室、中央档案馆编：《建党以来重要文献选编（1921—1949）》第 16 册，第 547、549 页。

　　③ 《毛泽东选集》第 2 卷，人民出版社 1991 年版，第 367—368 页。

　　面对全面抗战爆发后严重的民族危机，中共不宜以直接宣传马列主义、共产主义作为抗日民族统一战线的政治基础，也要纠正过去党内所犯教条主义地对待马列主义、共产主义的错误，所以中国共产党的务实选择，就是宣言"三民主义为中国今日之必需，本党愿为其彻底实现而奋斗"。这一主张的本意，是为实现国共两党合作抗日确定政治基础，利用三民主义的现实合理性来宣传共产党的民主革命主张。但三民主义作为国民党的根本思想理论，是其正统与法统之命脉，而对中国共产党来说，仅以三民主义来阐述中国民主革命的政纲是远远不够的。即便利用"新三民主义"进行党的民主革命政纲的宣传，也会存在一定的局限和弊端。因为从根本上来说，三民主义与共产主义毕竟是不同阶级的意识形态，利用三民主义话语不仅不能很好地表达中国共产党的民主革命目的和行动纲领，还有可能造成自身阶级性和革命目的性的模糊，并给反共分子攻击共产党和共产主义以话柄。

　　所以，毛泽东在 1939 年 8 月召开的中共中央政治局会议上特别告诫："孙中山的三民主义是小资产阶级性的三民主义，资产阶级民主革命阶段主要政纲与我党相同，但整个革命全部纲领与我党纲领则不相同。"[1] 1940 年 3 月，毛泽东在党的高级干部会议上再次强调："在资产阶级民主革命阶段上，国民党的这些纲领，同我们的纲领是基本上相同的；但国民党的思想体系，则和共产党的思想体系绝不相同。我们所应该实行的，仅仅是这些民主革命的共同纲领，而绝不是国民党的思想体系。"[2]

　　正是国共两党围绕三民主义问题的思想论争，使毛泽东和中国共产党人意识到，必须摆脱国民党的三民主义话语，构建自己独立的民主革命话语体系。在这种情况下，毛泽东在 1939 年至 1940 年先后撰写了《〈共产党人〉发刊词》《中国革命和中国共产党》

---

[1]　中共中央文献研究室编：《毛泽东年谱（1893—1949）》中卷，第 134 页。
[2]　《毛泽东选集》第 2 卷，第 752 页。

《新民主主义论》等重要著作，提出一系列新概念、新范畴，科学回答了中国革命的性质、任务、步骤、前途等重大问题，建构起新民主主义革命理论。

1939 年 12 月，毛泽东发表《中国革命和中国共产党》，明确提出"旧民主主义"和"新民主主义"的概念，从而将三民主义区分为"旧民主主义的三民主义"和"新民主主义的三民主义"。毛泽东认为孙中山在国民党一大宣言和遗嘱中对三民主义进行了重新诠释，"把适应于旧的国际国内环境的旧民主主义的三民主义，改造成了适应于新的国际国内环境的新民主主义的三民主义"。中国共产党在 1937 年所宣言的"中国今日之必需，本党愿为其彻底实现而奋斗"的三民主义，就是这种三民主义，"即是孙中山的三大政策，即联俄、联共和扶助农工政策的三民主义"。毛泽东同时强调："在新的国际国内条件下，离开三大政策的三民主义，就不是革命的三民主义。"这样，就把三大政策与三民主义结合起来，将是否包含三大政策作为判断三民主义革命与否之重要标准。

1940 年 1 月，毛泽东在《新民主主义的政治与新民主主义的文化》的讲演中，辨析了三民主义与共产主义的区别和联系，并将三民主义明确区分为旧三民主义和新三民主义。他指出，三民主义同共产主义在中国民主革命阶段的政纲基本上是相同的，这是国共两党合作的基础；但在民主革命阶段上的部分纲领、有无社会主义革命阶段、宇宙观以及革命彻底性等方面，又存在区别。毛泽东进一步指出，孙中山在国民党第一次代表大会宣言中对三民主义的重新解释，是划分旧、新三民主义的重要标志。新三民主义或真三民主义"是联俄、联共、扶助农工三大政策的三民主义。没有三大政策，或三大政策缺一，在新时期中，就都是伪三民主义，或半三民主义"。对于各种重新解释三民主义的话语，毛泽东认为"归根结底，没有'中立'的三民主义，只有革命的或反革命的三民主义"。[①] 唯

---

① 《毛泽东选集》第 2 卷，第 690 页。

有新三民主义，即三大政策的三民主义才是真正革命的三民主义。只有这种三民主义，中国共产党才称之为"中国今日革命之必需"，才宣布"愿为其彻底的实现而奋斗"。毛泽东对"新三民主义"的阐发，是对中国民主革命理论具有重要意义的创新性贡献。

从真假三民主义到新旧三民主义，从新三民主义到新民主主义，中国共产党完成了对孙中山三民主义话语的解构与重构。根据言行是否与三民主义相符，内容是否完整、是否被曲解，三民主义被解构为真与伪、革命与反革命的三民主义；而以国民党一大宣言为标志，将"三大政策"与三民主义相关联，进一步将其解构为新旧三民主义，在此基础上，明确阐释了中国共产党人的新三民主义观，从而又实现了对三民主义的重构。随后，中共出于摆脱国民党的三民主义话语，构建自己独立的民主革命话语的政治考量，从新三民主义进至新民主主义，用"新民主主义"一词，指代自己所理解的不同于国民党三民主义的新革命理论。新民主主义理论，是在继承孙中山三民主义精髓的基础上对三民主义的超越，是根据中国革命的经验教训而提出的新概念、新范畴和新理论。毛泽东和中共中央科学地回答了中国革命的性质、任务、步骤、前途等重大问题，初步建构了新民主主义革命理论。

二　新民主主义革命理论

中国共产党在成立之初，只是笼统地照搬马克思主义理论，认为中国是资本主义国家，党的革命目标是推翻资产阶级在中国的统治。中共一大通过的《中国共产党第一个纲领》明确提出"推翻资本家阶级的政权"，将"资本家阶级"作为革命对象，试图通过反对资产阶级的社会革命走上社会主义道路，这显然是不切实际的。中共二大正确提出了党的最低革命纲领，将反帝反封建作为民主革命阶段的主要任务；中共三大以后决定与中国国民党进行合作，进行打倒军阀、打倒帝国主义列强的国民革命，这样的革命属于资产阶级性质的民权革命。这样的方针和政策是正确的。然而，国民革命失败后中共党内连续出现了三次"左"倾错误，在中国革命发展阶段问题上混淆了资产阶级民主革命与社会主义革命的界限，过早地采取社会主义革命的步骤。这种思想倾向给中国革命带来了巨大灾难，延安时期的毛泽东对其进行了严厉批判，并在总结历史经验的基础上，将马克思主义普遍真理与中国革命具体实践相结合，提出了新民主主义革命理论。

新民主主义理论经历了长期酝酿的过程。毛泽东一贯反对教条主义和所谓"本本主义"，强调理论联系实际，把马克思主义与中国革命实际相结合，着力解决中国的实际问题。在抗日民族统一战线初步形成时，毛泽东就说过，"共产党人决不抛弃其社会主义和共产主义理想"，但认为必须"经过资产阶级民主革命的阶段而达到社会主义和共产主义的阶段"。共产党的民主革命纲领，与国民党"一大"解释的三民主义纲领，"基本上是不相冲突的"，所以，我们不仅不拒绝三民主义，而且愿意坚决实行三民主义。"我们认为，共产党、国民党、全国人民，应当共同一致为民族独立、民权自由、民生幸福这三大目标而奋斗。"① 他还形象地指出："两篇文章，上篇与下篇，只有上篇做好，下篇才能做好。坚决地领导民主革命，是争取社会主义胜利的条件。"② 这里准确阐明了资产阶级民主革命与社会主义革命的区别和联系。

毛泽东在中共六届六中全会上作的《论新阶段》报告中说："我们所谓民主共和国就是三民主义共和国，它的性质是三民主义的。"这个"真正三民主义的中华民国，不是苏维埃，也不是社会主义"。③ 当时还没有出现"新民主主义"这个词，但提出"真正

①　《毛泽东选集》第 1 卷，人民出版社 1991 年版，第 259 页。
②　《毛泽东选集》第 1 卷，第 276 页。
③　中共中央文献研究室、中央档案馆编：《建党以来重要文献选编（1921—1949）》第 15 册，中央文献出版社 2011 年版，第 633 页。

三民主义共和国"口号，意味着新民主主义的框架和内涵基本形成。

1939 年 5 月 1 日，毛泽东在《五四运动》一文中，第一次提出，五四运动以后，中国的民族民主革命"发展到了一个新阶段"，革命性质亦随之发生了变化。这种民主是为了建立一个在中国历史上所没有过的社会制度，即民主主义的社会制度，这个社会的前身是封建主义的社会（近百年来沦为半殖民地半封建的社会），它的后身是社会主义的社会。① 三天后，毛泽东在《青年运动的方向》中强调：我们现在干的是资产阶级性的民主主义的革命，我们所做的一切，不超过资产阶级民主革命的范围。现在还不应该破坏一般资产阶级的私有财产制，要破坏的是帝国主义和封建主义，这叫作资产阶级性的民主主义革命。但是这个革命，资产阶级已经无力完成，必须靠无产阶级和广大人民的努力才能完成。② 这也就是说，资产阶级革命分为两个阶段，以五四运动为界。前一个阶段由资产阶级自己干，只是在资产阶级干不下的情况下，才由无产阶级接着干，而且这"干"的性质依然是"资产阶级性"的，只不过革命的领导权必须掌握在无产阶级手中。

明确地将中国民主革命分为新旧两大阶段，且第一次正式提出"新民主主义"概念，是在毛泽东于 1939 年 12 月所写的《中国革命与中国共产党》中。他说："现时中国的资产阶级民主主义的革命，已不是旧式的一般的资产阶级民主主义的革命，这种革命已经过时了，而是新式的特殊的资产阶级民主主义的革命。这种革命正在中国和一切殖民地半殖民地国家发展起来，我们称这种革命为新民主主义的革命。"③

---

① 《毛泽东选集》第 2 卷，第 559 页。
② 《毛泽东选集》第 2 卷，第 562—563 页。
③ 《毛泽东选集》第 2 卷，第 647 页。

　　《新民主主义论》是毛泽东1940年1月9日在陕甘宁边区文化协会第一次代表大会上的讲演，原题为《新民主主义的政治与新民主主义的文化》。2月15日，《中国文化》在延安创刊，这篇演讲第一次公开发表。五天后，《解放》周刊第98、99期也发表了这篇演讲，但将题目改为《新民主主义论》，并给各节添加了标题。《新民主主义论》是一部重要作品，不仅深刻影响了全面抗战时期中国的思想和政治，而且在1949年后长时期发挥影响力。《新民主主义论》之所以引起持久反响，主要是因为它具有极强的原创性，科学回答了当时中国所面临的许多重大理论问题。

　　1940年初，毛泽东描述当时国内情况说："抗战以来，全国人民有一种欣欣向荣的气象，大家以为有了出路，愁眉锁眼的姿态为之一扫。但是近来的妥协空气，反共声浪，忽又甚嚣尘上，又把全国人民打入闷葫芦里了。特别是文化人和青年学生，感觉锐敏，首当其冲。于是怎么办，中国向何处去，又成为问题了。"① 就是在这种状况下，毛泽东根据中国革命的丰富经验，将马克思主义理论与中国革命实践相结合，提出新民主主义革命理论，阐明了中国革命现阶段的任务、政策和未来发展，回答了对中共的各种非难，从政治上、思想上和文化上指明了中国应向何处去。他谦虚而自信地指出："我们的东西，只当作引玉之砖，千虑之一得，希望共同讨论，得出正确结论，来适应我们民族的需要。科学的态度是'实事求是'，'自以为是'和'好为人师'那样狂妄的态度是决不能解决问题的。我们民族的灾难深重极了，惟有科学的态度和负责的精神，能够引导我们民族到解放之路。"②

　　毛泽东在演讲中开门见山，提出了"中国向何处去"的问题，期望在"愁眉锁眼"的失望情绪中提出一个科学方案，"能够引导我们民族到解放之路"。他毫不含糊地说，这条解放之路的政治诉

① 《毛泽东选集》第2卷，第662页。
② 《毛泽东选集》第2卷，第662—663页。

求非常简单，就是要建立一个新中国："我们共产党人，多年以来，不但为中国的政治革命和经济革命而奋斗，而且为中国的文化革命而奋斗；一切这些的目的，在于建设一个中华民族的新社会和新国家。在这个新社会和新国家中，不但有新政治、新经济，而且有新文化。这就是说，我们不但要把一个政治上受压迫、经济上受剥削的中国，变为一个政治上自由和经济上繁荣的中国，而且要把一个被旧文化统治因而愚昧落后的中国，变为一个被新文化统治因而文明先进的中国。一句话，我们要建立一个新中国。建立中华民族的新文化，这就是我们在文化领域中的目的。"①

　　毛泽东这段话，展示了中国共产党人所要建构的前所未有的新中国蓝图：政治上自由、经济上繁荣、文化上先进，这就是新民主主义理论的三个部分。这三部分与孙中山的三民主义显然有相通之处。毛泽东的新民主主义之所谓"新"，主要是与孙中山三民主义相比较而言的。孙中山发表《民报发刊词》说："余维欧美之进化，凡以三大主义：曰民族，曰民权，曰民生。……今者中国以千年专制之毒而不解，异种残之，外邦逼之，民族主义、民权主义殆不可以须臾缓。而民生主义，欧美所虑积重难返者，中国独受病未深，而去之易。是故或于人为既往之陈迹，或于我为方来之大患，要为缮吾群所有事，则不可不并时而弛张之。"② 这是孙中山将民族、民权、民生之"三民主义"第一次公之于世。1906 年 12 月 2 日，孙中山在东京《民报》创刊周年庆祝大会发表演说："兄弟想《民报》发刊以来已经一年，所讲的是三大主义：第一是民族主义，第二是民权主义，第三是民生主义。"他详细阐释了三民主义的内涵、特征以及与三民主义相关联的五权宪法构想，以为三民主义、五权分立这些构想"不但是各国制度上所未有，便是学说上也不多见，可谓破天荒的政体。兄弟如今发明这基础，

① 《毛泽东选集》第 2 卷，第 663 页。
② 《孙中山全集》第 2 卷，人民出版社 2015 年版，第 69 页。

至于那详细的条理，完全的结构，要望大众同志尽力研究，匡所不逮，以成将来中华民国的宪法。这便是民族的国家，国民的国家，社会的国家皆得完全无缺的治理，这是我汉族四万万人最大的幸福了"。① 三民主义、五权宪法为中国描绘出一幅全新的未来图景，这是孙中山的划时代贡献，也是国共两党后来均奉孙中山为领袖的重要原因。

毛泽东所谓的新民主主义，就是要继续为抗战之中国开出一个历史新方向。这个新方向就是新民主主义的"新中国"。这个新中国的标志，就是在政治、经济、文化上与前此"旧中国"完全不同。毛泽东强调，这并不是刻意立异，故作不同，而是认真研究了中国历史后得出的结论。中国数千年历史可以分成两大段，前一段："自周秦以来，中国是一个封建社会，其政治是封建的政治，其经济是封建的经济。而为这种政治和经济之反映的占统治地位的文化，则是封建的文化。"后一段："自外国资本主义侵略中国，中国社会又逐渐地生长了资本主义因素以来，中国已逐渐地变成了一个殖民地、半殖民地、半封建的社会。现在的中国，在日本占领区，是殖民地社会；在国民党统治区，基本上也还是一个半殖民地社会；而不论在日本占领区和国民党统治区，都是封建半封建制度占优势的社会。这就是现时中国社会的性质，这就是现时中国的国情。作为统治的东西来说，这种社会的政治是殖民地、半殖民地、半封建的政治，其经济是殖民地、半殖民地、半封建的经济，而为这种政治和经济之反映的占统治地位的文化，则是殖民地、半殖民地、半封建的文化。"② 毛泽东所说的新认识，是中共过去 20 多年依据马克思东方社会理论不断深化出来的。对毛泽东关于古代中国、近代中国这两段文字贡献最大的，是范文澜。范文澜在延安时期相继出版了《中国通史简编》《中国近代史》，前者将古代中国

---

① 《孙中山选集》（上），人民出版社 2015 年版，第 94 页。
② 《毛泽东选集》第 2 卷，第 664—665 页。

界定为"封建社会"，后者以为 1840 年后的中国开始沦为"半殖民地半封建"性质。

然而仅此还远远不够，还不足以说明新民主主义之合理性。因为把当时中国看作"殖民地、半殖民地、半封建"社会，只能说明资产阶级革命的任务没有完成，不能说明社会主义革命的必然性。因此，毛泽东在将本土的中国历史作了纵向梳理之后，马上转到人类大历史的视域中，断定"中国革命是世界革命的一部分"，因为第一次世界大战和俄国十月革命，"改变了整个世界历史的方向，划分了整个世界历史的时代"。在毛泽东看来，现在的资本主义世界处在崩溃的边缘，世界各地反殖民主义斗争风起云涌，社会主义浪潮在世界各地汹涌澎湃，世界革命已由为资本主义发展扫除障碍变为推翻资本主义统治。在世界革命的大潮中，任何民族的革命都不是孤立的事业，而是世界革命的一部分。中国亦不例外。世界革命的趋势是社会主义革命，中国亦要走上这条道路。只是我们现在的社会还是"殖民地、半殖民地、半封建"社会，才使得必须分两步走，先进行新民主主义革命，然后进行社会主义革命，但革命的前途必然是社会主义，新民主主义革命的奋斗目标，便是要建立一个新中国。在这个新中国里，不仅有新政治、新经济，还有新文化，他说："我们不但要把一个政治上受压迫、经济上受剥削的中国，变为一个政治上自由和经济上繁荣的中国，而且要把一个被旧文化统治因而愚昧落后的中国，变为一个被新文化统治因而文明先进的中国。"[1] 这可以说既是中国新民主主义革命的纲领，也是新民主主义革命的总路线。

但目的和手段并非完全合一。把"旧中国"变为"新中国"固然是共产党人的奋斗目标，但并不意味着忽视客观条件、忽视中国国情，一下子就能够解决中国所有问题，一下子就可以进行社会主义革命。因为中国现在的革命任务是反帝反封建，这个任务没有

---

① 《毛泽东选集》第 2 卷，第 663 页。

完成之前，社会主义是谈不到的。《新民主主义论》明确提出中国革命必须分"两步走"，即第一步是民主主义革命，第二步是社会主义革命。这是性质不同的两个革命过程。之所以如此，主要是由中国的社会性质所决定的。中国近代自外国资本主义入侵以来，逐渐变成一个半殖民地半封建社会，所以，革命的对象是帝国主义和封建势力，第一步就是要进行反帝反封建的民主主义革命，改变中国半殖民地半封建的社会形态，使之成为一个独立的民主主义的国家；第二步是使革命向前发展，建立一个社会主义国家。

关于未来社会主义问题，毛泽东认为，此时尚不具有讨论的迫切性。他此时所关注的问题，即新民主主义理论所要解决的现实问题，只是如何将民主主义革命彻底完成。在谈到民主主义革命阶段时，毛泽东认为，此一大段至少要分为两个时期，其区别标志就是五四运动和中国共产党的成立。在这之前，中国的民主革命是资产阶级领导的民主主义革命。在这之后，由于无产阶级登上政治舞台，民主革命成为无产阶级领导的新民主主义革命了。在这个阶段"决不是也不能建立中国资产阶级专政的资本主义的社会，而是要建立以中国无产阶级为首领的中国各个革命阶级联合专政的新民主主义社会，以完结其第一阶段。然后，再使之发展到第二阶段，以建立中国社会主义的社会"。①

在毛泽东看来，近代中国历史叙事必须重构。从鸦片战争开始，中国人就为建构一个独立的民主主义社会而斗争，辛亥革命是这一系列斗争中最具典型意义的事件。但是就其性质而言，这些革命均属于"旧民主主义"范畴，属于旧的世界资产阶级民主主义革命的一部分。十月革命后世界历史前进的方向发生巨变，无产阶级社会主义成为世界革命的一部分。"中国革命是世界革命的一部分"，意味着从十月革命、五四运动开始，中国革命的性质不再是旧民主主义革命，而是新民主主义革命。在毛泽东之前很长时间，

---

① 《毛泽东选集》第2卷，第672页。

中共的政治诉求就是要在中国建构一个苏联式的社会主义国家，这是中共屡次产生"左"倾错误的根源。毛泽东《新民主主义论》的意义就在于暂时放弃了不切实际的空想，将共产主义作为革命理想，将新民主主义作为现实的奋斗目标。

暂时放弃社会主义而实行新民主主义，并不意味着中共放弃对中国民主革命的领导权。在新民主主义阶段，必须坚持无产阶级的领导权。这是因为，中国民族资产阶级在一定时期中和一定程度上虽然具有革命性，"但同时，也即是由于他们是殖民地半殖民地的资产阶级，他们在经济上和政治上是异常软弱的，他们又保存了另一种性质，即对于革命敌人的妥协性。中国的民族资产阶级，即使在革命时，也不愿意同帝国主义完全分裂，并且他们同农村中的地租剥削有密切联系，因此，他们就不愿和不能彻底推翻帝国主义，更加不愿和更加不能彻底推翻封建势力"。[①] 这样，中国民族资产阶级便无法担当中国革命的领导责任，这个责任就不得不落在无产阶级及其代表——中国共产党身上。

既然是无产阶级领导的民主主义革命，那么，他们所要建立的政权必然是"民主共和国"。毛泽东所说的"民主共和国"，就是新民主主义共和国，也就是真正具有革命意义的包含"三大政策"在内的新民主主义共和国。他阐述道："这种新民主主义共和国，一方面和旧形式的、欧美式的、资产阶级专政的、资本主义的共和国相区别，那是旧民主主义的共和国，那种共和国已经过时了；另一方面，也和苏联式的、无产阶级专政的、社会主义的共和国相区别，那种社会主义的共和国已经在苏联兴盛起来，并且还要在各资本主义国家建立起来，无疑将成为一切工业先进国家的国家构成和政权构成的统治形式；但是那种共和国，在一定的历史时期中，还不适用于殖民地半殖民地国家的革命。因此，一切殖民地半殖民地国家的革命，在一定历史时期中所采取的国家形式，只能是第三种

---

① 《毛泽东选集》第 2 卷，第 673 页。

形式，这就是所谓新民主主义共和国。这是一定历史时期的形式，因而是过渡的形式，但是不可移易的必要的形式。"① 毛泽东相信社会主义一定要在中国实现，但他采取的是冷静和科学的态度，坚守比较现实的新民主主义共和国原则。将中国革命分两步走，将社会主义推向未来，对于在野的中共来说，既化解了压力又赢得了民主，确实是非常务实而高明的理论构思。

正是基于中国社会历史的客观现实，毛泽东明确提出中国新民主主义革命的基本纲领，即在政治上打倒帝国主义和封建势力的反动统治，建立无产阶级领导的、以工农联盟为基础的、各革命阶级联合专政的国家体制，而政治体制则是实行民主集中制，采取人民代表大会制度，实行无男女、信仰、财产、教育等差别的真正平等、普遍平等的选举制，这样才能充分发挥人民的意志，才能最有力量地去反对革命的敌人。在对新民主主义历史的和理论的合理性作了高屋建瓴的阐述之后，毛泽东对这种新形势下的革命内涵，从政治、经济和文化三个方面作了系统分析。

首先，关于新民主主义的政治。既然新民主主义革命的对象是"殖民地、半殖民地、半封建"的社会，那么此种革命在政治上的任务也就是终结"殖民地、半殖民地、半封建"的政治形态，建立一个新民主主义共和国。那么，什么是"新民主主义共和国"呢？国体——各革命阶级联合专政，政体——民主集中制，这就是新民主主义的政治，这就是新民主主义的共和国。②

所谓"国体"，就是国家政权的性质，亦即国家权力的归属问题。按照其本义，"共和国"的"国体"便是主权在民，所有具有公民权的国民都是国家的主权者。所谓公民权，也就是国家主权。这样理解"国体"，是从抽象的意义上而言的。但在马克思主义看来，在阶级社会，没有抽象的人性，没有抽象的权力，一切都是阶

---

① 《毛泽东选集》第 2 卷，第 675 页。
② 《毛泽东选集》第 2 卷，第 677 页。

级性的，因而"国体"的问题同样是阶级斗争的题中之义，是由哪一个阶级专政的问题。毛泽东也是按照这种思路而看待"国体"问题的。他虽然定国体为"各革命阶级联合专政"，但同时又认为，在此国体里，无产阶级是领导力量。中国无产阶级、农民、知识分子或其他小资产阶级，乃是决定国家命运的基本势力。这些阶级，或者已经觉悟，或者正在觉悟，他们必然要成为中华民主共和国的国家构成和政权构成的基本部分，而无产阶级则是领导的力量。①

至于与国体相应的政体，在毛泽东看来，既然国体为无产阶级领导下的各革命阶级的联合专政，那么政体便要将这两方面的内涵都要体现出来，即一方面须强调无产阶级的领导，另一方面又要注重"各革命阶级的联合专政"，所以他主张，新民主主义共和国的政体应是民主集中制的人民代表大会制。既有民主，又有集中。在民主基础上的集中，在集中指导下的民主。对此，毛泽东在后来的《论联合政府》中说得十分明确："新民主主义的政权组织，应该采取民主集中制，由各级人民代表大会决定大政方针，选举政府。它是民主的，又是集中的，就是说，在民主基础上的集中，在集中指导下的民主。只有这个制度，才既能表现广泛的民主，使各级人民代表大会有高度的权力；又能集中处理国事，使各级政府能集中地处理被各级人民代表大会所委托的一切事务，并保障人民的一切必要的民主活动。"②

其次，关于新民主主义的经济。在毛泽东看来，经济是一切上层建筑的基础，没有新民主主义的经济，就不可能有新民主主义的政治。那么，新民主主义经济究竟应该是一种什么样的经济形态呢？毛泽东回答说：它既不同于资本主义经济，也不同于社会主义经济，而是二者的过渡形态。但是由于无产阶级在新民主主义共和

---

① 《毛泽东选集》第 2 卷，第 674—675 页。
② 《毛泽东选集》第 3 卷，人民出版社 1991 年版，第 1057 页。

国居于领导地位，故此种过渡形态的经济亦须体现这一点，即带有社会主义经济因素的国营经济和合作经济在整个国家的经济中处于主导地位。至于新民主主义经济的具体政策，毛泽东将其概括为两个方面，亦即孙中山所说的"节制资本"和"平均地权"。第一，"大银行、大工业、大商业，归这个共和国的国家所有"，但"并不没收其他资本主义的私有财产"，不禁止"不能操纵国民生计"的资本主义生产的发展。第二，采取必要的方法，"没收地主的土地，分配给无地和少地的农民，实行中山先生'耕者有其田'的口号，扫除农村中的封建关系，把土地变为农民的私产。农村的富农经济，也是容许其存在的"。①

毛泽东提出，没收帝国主义和买办阶级的"大银行、大工业、大商业，归这个共和国的国家所有"，以建立国营经济。在无产阶级领导下的新民主主义共和国的国营经济是社会主义性质的，是整个国民经济的领导力量。没收地主阶级的土地，分配给无地和少地的农民，实行耕者有其田。并在此基础上，发展各种合作的、具有社会主义因素的经济。实行节制资本，允许不操纵国民生计的资本主义生产的发展，允许富农经济的存在和发展。但决不允许建立欧美式的资本主义社会，更不允许倒退到半殖民地半封建的社会去。可以看出，毛泽东对西方经典资本主义的防范，与孙中山的看法相似，都是要防止经典资本主义过度竞争、财富不均的弊端。这样的看法自然容易获得中产阶级、穷人的普遍欢迎，毕竟大资本所有者总是少数。

最后，关于新民主主义的文化。《新民主主义论》全文共15节，专谈新民主主义政治、经济的各1节，而专谈新民主主义文化的则为5节，足见毛泽东对新民主主义文化的重视。在毛泽东看来，一百年来的中国历史应分为两大阶段。第一个阶段为八十年，即从鸦片战争到五四运动，第二个阶段为五四运动以后的二十年。

① 《毛泽东选集》第2卷，第678页。

而且在他看来，这第二个阶段的起点，真正具有意义的尚不在五四运动，而在 1921 年中国共产党的成立。因为五四运动以后，"中国产生了完全崭新的文化生力军，这就是中国共产党人所领导的共产主义的文化思想，即共产主义的宇宙观和社会革命论"，而"中国共产党的成立和劳动运动的真正开始是在一九二一年"。①

毛泽东在大体上作了这样的历史分期之后，便对这两个时期的文化作了定性的结论：在五四运动之前，中国文化战线上的斗争，是资产阶级的新文化和封建阶级的旧文化的斗争。当时，学校与科举之争，新学与旧学之争，西学与中学之争，都带有这种性质。由于此时的所谓学校、新学、西学，基本都是资产阶级代表们所需要的自然科学和社会哲学、政治哲学，因而它的斗争对象是中国的封建思想，目的是为中国的资产阶级民主革命服务的。可是，由于中国的资产阶级的软弱无力，再加上世界已经进入帝国主义时代，所以此种资本主义文化"只能上阵打几个回合"，便被帝国主义的奴化思想和中国复古主义思潮打退了。于是，所谓的"新学"便只能"偃旗息鼓，宣告退却，失了灵魂，而只剩下它的躯壳了"。然五四运动以后则不一样，形势发生了根本的变化。中国共产党人作为一种文化生力军拔地而起，一下子便体现出了它的文化优越性。这是一种新文化，是"人民大众反帝反封建的文化"。"由于中国政治生力军即中国无产阶级和中国共产党登上了中国的政治舞台，这个文化生力军，就以新的装束和新的武器，联合一切可能的同盟军，摆开了自己的阵势，向着帝国主义文化和封建主义文化展开了英勇的进攻。这支生力军在社会科学领域和文学艺术领域中，不论在哲学方面，在经济学方面，在政治学方面，在军事学方面，在历史学方面，在文学方面，在艺术方面（又不论是戏剧，是电影，是音乐，是雕刻，是绘画），都有了极大的发展。二十年来，这个文化新军的锋芒所向，从思想到形式（文字等），无不起了极大的

---

① 《毛泽东选集》第 2 卷，第 697 页。

革命。其声势之浩大，威力之猛烈，简直是所向无敌的。其动员之广大，超过中国任何历史时代。"①

毛泽东为了充分说明五四运动以后中国共产党人是文化生力军，其成就之大，影响之广，"所向无敌"和"超过中国任何历史时代"，把鲁迅视为这支生力军的代表人物，认为鲁迅是"这个文化新军的最伟大和最英勇的旗手""中国文化革命的主将""伟大的文学家""伟大的思想家和伟大的革命家"，高度称赞说："鲁迅是在文化战线上，代表全民族的大多数，向着敌人冲锋陷阵的最正确、最勇敢、最坚决、最忠实、最热忱的空前的民族英雄。鲁迅的方向，就是中华民族新文化的方向。"②

毛泽东在《新民主主义论》中总结近代中国文化发展及其经验教训，批评了国民党的文化"剿共"和文化专制主义，也批评了文化复古和"全盘西化"论，阐明了新民主主义文化的方向，提出建设"民族的科学的大众的文化"。民族的，即反对帝国主义压迫，主张中华民族的独立尊严，带有我们民族的特性，同时努力吸收外国的进步文化，作为自己文化粮食的养料。科学的，是反对一切封建思想和迷信思想，主张实事求是，理论和实际相一致；要清理古代文化，"剔除其封建性的糟粕，吸收其民主性的精华"，这是发展民族新文化提高民族自信心的必要条件，但是决不能无限制地兼收并蓄，特别是对人民群众和青年学生，主要是引导他们向前看。大众的，即是民主的，要为广大"工农劳苦民众服务，并逐渐成为他们的文化"。③ 这就是新民主主义文化，就是中华民族的新文化。

在毛泽东看来，从鸦片战争到五四运动这80多年的文化运动虽有成绩，但却是为资本主义服务的。真正为无产阶级和人民大众

---

① 《毛泽东选集》第2卷，第697—698页。
② 《毛泽东选集》第2卷，第698页。
③ 《毛泽东选集》第2卷，第707—708页。

服务的是五四运动以后的二十年，而且这二十年里文化运动，经过了"三个曲折"发展演变。他认为真正健康的新文化是"新民主主义文化"。在此之前，有由资产阶级文化转变过来的帝国主义文化，即一味地称赞西方文化，或曰"言必称希腊"的文化；有"文化专制主义"的封建文化。而"新民主主义文化"则是以这两种文化为革命对象，并在斗争中成长壮大的且"属于世界无产阶级的社会主义的文化革命的一部分"的新文化。此种文化之显著的特点就在于它是"民族的科学的大众的"。

毛泽东阐述了对中国文化传统尤其是儒学的基本立场，指出建设中华民族的新文化是中国共产党人在文化领域的目的。他说，中国共产党人所要建立的新文化，是新民主主义文化。"所谓新民主主义的文化，就是人民大众反帝反封建的文化；在今日，就是抗日统一战线的文化。这种文化，只能由无产阶级的文化思想即共产主义思想去领导，任何别的阶级的文化思想都是不能领导了的。所谓新民主主义的文化，一句话，就是无产阶级领导的人民大众的反帝反封建的文化。"[1] 但必须注意，不能把共产主义思想体系的宣传，当作当前行动纲领的实践；把用共产主义的立场和方法去观察问题、研究学问、处理工作、训练干部，当作中国民主革命阶段上整个的国民教育和国民文化的方针。应当把两者区分开。"现在整个新的国民文化的内容还是新民主主义的。"[2] 这种新民主主义文化具有三方面特点。

一是民族的。它是反对帝国主义压迫，主张中华民族的尊严和独立的。它是我们这个民族的，带有我们民族的特性。它同一切别的民族的社会主义和新民主主义文化相联合，建立互相吸收和互相发展的关系，共同形成世界的新文化。但是决不能和任何别的民族的帝国主义反动文化相联合，因为我们的文化是革命的民族文化。

---

① 《毛泽东选集》第 2 卷，第 698 页。
② 《毛泽东选集》第 2 卷，第 705 页。

中国应当大量地吸收外国的进步文化，作为自己文化食粮的原料，这种工作过去还做得很不够。这不但是当前的社会主义文化和新民主主义文化，还有外国的古代文化，例如各资本主义国家启蒙时代的文化，凡属我们今天用得着的东西，都应该吸收。外国任何好的东西，都要和民族的特点相结合，经过一定的民族形式才有用处，决不能主观地公式地应用它。毛泽东的"民族的"文化观，在当时的情境中，是有三方面功用的，其一是为了抗日救亡；其二是为了批判当时文化界的两个极端化的倾向，即文化保守主义和西化论者的文化自由主义；其三是为了说明马克思主义中国化的合理性，以之批判当时党内许多人的本本主义或教条主义。"公式的马克思主义者，只是对于马克思主义和中国革命开玩笑，在中国革命队伍中是没有他们的位置的。中国文化应有自己的形式，这就是民族形式。民族的形式，新民主主义的内容——这就是我们今天的新文化。"[1]

对于民族文化遗产，毛泽东主张批判继承。他在另一篇文章中说："学习我们的历史遗产，用马克思主义的方法给以批判的总结，是我们学习的另一任务。我们这个民族有数千年的历史，有它的特点，有它的许多珍贵品。对于这些，我们还是小学生。今天的中国是历史的中国的一个发展；我们是马克思主义的历史主义者，我们不应当割断历史。从孔夫子到孙中山，我们应当给以总结，承继这一份珍贵的遗产。这对于指导当前的伟大的运动，是有重要的帮助的。"[2] 这样的说法，既不激进，也不保守，是五四运动后最适宜的适度保守中的革新。

二是科学的。新民主主义文化反对一切封建思想和迷信思想，主张实事求是，主张客观真理，主张理论和实践一致。对于中国传统文化，毛泽东认为，中国在长期的封建社会中，创造了灿烂的古

---

① 《毛泽东选集》第 2 卷，第 707 页。
② 《毛泽东选集》第 2 卷，第 533—534 页。

代文化。在梳理古代文化的发展过程时，剔除古代文化中封建性的糟粕，吸收古代文化中民主性的精华，是发展民族新文化、提高民族自信心的必要条件，但是决不能无批判地兼收并蓄。必须将古代封建统治阶级的一切腐朽的东西和古代优秀的人民文化即多少带有民主性和革命性的东西区别开来。中国现时的新政治新经济是从古代的旧政治旧经济发展而来的，中国现时的新文化也是从古代旧文化发展而来的，因此，我们必须尊重自己的历史，决不能割断历史。但是这种尊重，是科学地给予历史一定的地位，是尊重历史的辩证法的发展，而不是颂古非今，不是赞扬任何封建的毒素。在毛泽东看来，新民主主义文化是反封建的，反对一切封建思想和迷信思想，主张客观真理，主张实事求是，主张理论和实际相结合。至于对那些资产阶级的唯心论或宗教神学，无产阶级的态度是，为了统一战线，为了民族国家之利益，无产阶级可以同唯心论者和宗教信徒结成盟军，但对他们世界观和宗教观则是不可以接受的。

三是大众的，因而是民主的。新民主主义文化应当为全民族中百分之九十以上的工农劳苦民众服务，并逐渐成为他们的文化。新民主主义文化之所以为"大众的"，就是说新民主主义文化不是为少数精英阶层服务的，不是为"高贵者"服务的。既然新民主主义的主体和领导力量是无产阶级，那么其文化亦是为之服务的。它既要源于大众，赞美大众，又要为大众所喜闻乐见。如此，它才是革命的文化，无产阶级的文化。"一切进步的文化工作者，在抗日战争中，应有自己的文化军队，这个军队就是人民大众。革命的文化人而不接近民众，就是'无兵司令'，他的火力就打不倒敌人。为达此目的，文字必须在一定条件下加以改革，言语必须接近民众，须知民众就是革命文化的无限丰富的源泉。"①

毛泽东强调，新民主主义文化由于是无产阶级领导的，所以和其政治、经济一样，都具有社会主义因素，并且不是普通的因素，

---

① 《毛泽东选集》第 2 卷，第 708 页。

而是起决定作用的因素。但是就整个政治情况、整个经济情况和整个文化情况来说，却还不是社会主义的，而是新民主主义的。"如果以为现在的整个国民文化就是或应该是社会主义的国民文化，这是不对的。这是把共产主义思想体系的宣传，当作了当前行动纲领的实践；把用共产主义的立场和方法去观察问题、研究学问、处理工作、训练干部，当作了中国民主革命阶段上整个的国民教育和国民文化的方针。以社会主义为内容的国民文化必须是反映社会主义的政治和经济的。我们在政治上经济上有社会主义的因素，反映到我们的国民文化也有社会主义的因素；但就整个社会来说，我们现在还没有形成这种整个的社会主义的政治和经济，所以还不能有这种整个的社会主义的国民文化。"① 新民主主义文化并不是纯粹的社会主义，而是允许其他非社会主义文化适当存在。这种文化主张自然容易获得一般民众认同。毛泽东区分旧文化与新文化，阐明在文化建设上应取批判继承的立场，拒斥其糟粕，吸收其精华；对外来文化，有选择地吸收，但必须通过民族形式的转化，使之成为民族文化一个有机组成部分。这种文化观要比文化复古主义、保守主义，以及历来统治者利用传统文化维护独裁统治都更有道理，更有说服力。

张闻天随后对新民主主义文化问题作了进一步阐明。所谓民族的，即主张民族独立解放，提高民族自信心，正确把握民族的特点；所谓民主的，即反对专制压迫，主张民主自由、民主政治、民主生活和民主作风；所谓科学的，即反对主观武断迷信愚昧无知，把握科学思想，坚持科学态度和科学方法；所谓大众的，即反对少数特权者压迫愚弄欺骗大多数人，主张代表大多数人民利益的大众的平民的文化，主张文化为大众所有，普及于大众又提高于大众。他还指出，这四个要求是有机联系着的，应该以这些要求建设抗日的广

---

① 《毛泽东选集》第 2 卷，第 705 页。

泛的"文化统一战线"。① 很明显，这种民族的民主的科学的大众的新文化，也正是中国新文化的方向。张闻天把"民主的"单列一项，显然比把"大众的即是民主的"连在一起表达的意义更为明确。

《新民主主义论》总结了中国近百年资产阶级民主革命的历史经验，特别是中国共产党所领导的新民主主义革命的经验，全面阐述了新民主主义革命的理论，揭示了在中国这种半殖民地半封建国家进行资产阶级民主革命的基本规律，规定了新民主主义革命的基本纲领，正面回答了国内外、党内外在中国革命的性质、前途、道路等问题上种种责难与困惑，是中国共产党在理论上已经成熟的重要标志。

三　新民主主义的宪政思想

西安事变和平解决后，中共针对新形势，提出了巩固和平、争取民主、实现抗战三位一体的口号，以推动抗战准备工作的进行。1937年2月10日，中共中央发出致国民党五届三中全会电，对国民党提出五点希望，其中第二点是保障言论、集会、结社之自由，释放一切政治犯；第三点是召集各党派代表会议，集中全国人才，共同救国。同时作出四项承诺，承认三民主义的指导与国民政府的领导，承诺在特区实行普选的彻底民主制度。

1937年5月，毛泽东在延安召开的中国共产党全国代表会议上指出，"争取政治上的民主自由，则为保证抗战胜利的中心一环"，"民主是新阶段中最本质的东西"。这篇报告提出了当前中国必须立即实行下列两方面的民主改革。一是将政治制度上国民党一党派一阶级的独裁政体，改变为各党派各阶级合作的民主政体。这应从改变国民大会的

---

① 《张闻天选集》，人民出版社1985年版，第253页。

选举和召集上违反民主的办法、实行民主的选举和保证大会的自由开会做起，直到建立真正的民主政府，执行真正的民主政策为止。二是保障人民的言论、集会、结社自由。没有这种自由，就不能实现政治制度的民主改革。① 全面抗战时期中共的民主政治诉求，基本围绕着这两个方面展开。

毛泽东和中共中央在陕甘宁边区逐渐推进民主制度，建立并加强边区参议会工作，为全国民主宪政提供了实施样板。1939 年 1 月 12 日，毛泽东在中央书记处讨论陕甘宁边区参议会问题时发言指出，六中全会后边区工作要从边区议会做起，边区问题解决必须坚持下列原则：（一）边区事情由我们办；（二）保证民主制度。1 月 17 日，他在陕甘宁边区第一届参议会开幕会上讲话指出："抗战一定要有民权主义与民生主义。孙中山先生的三民主义——民族、民权、民生是互相配合的。没有民权主义、民生主义就不能实现民族主义，抗战就不会胜利。"1939 年 2 月，毛泽东会见美国合众社记者罗伯特·马丁说："中国需要民主才能坚持抗战，不单需要一个民选的议会，并且需要一个民选的政府。"他解释说："共产党今日的纲领与三民主义没有基本上的冲突，但有不同点。废除私有财产制，是国共两党纲领的基本异点。到中国走上社会主义，如果那时英、美、法等国仍然是资本主义国家，如果这些国家不来打中国的话，那末，中国政府将对外来投资及外人在中国财产给以保障（付以代价）。中共在中国实行的纲领，是根据中国的需要，而不是共产国际对中共的统治。"②

1939 年 9 月 24 日，毛泽东会见再次访问延安的美国记者斯诺，回答他提出的问题。在探讨抗日与民主问题时，毛泽东指出："现在的中国，是一个不民主的国家。自抗战开始以来，国民党政府在民主民生政策方面，至今还没有什么变化。抗日而没有民主，是不能

---

① 《毛泽东选集》第 1 卷，人民出版社 1991 年版，第 256—257 页。

② 中共中央文献研究室编：《毛泽东年谱（1893—1949）》中卷，第 112 页。

胜利的，抗日与民主是一件事的两方面。"① 11 月 14 日，毛泽东在中共陕甘宁边区第二次代表大会上讲话时强调："中国缺少两样东西，一是独立，一是民主。而要独立又必须首先要民主，离开民主就不能独立。陕甘宁边区应该成为全国的一个民主的样本。"②

中共从抗战伊始便要求民主并在边区实施民主改革，但并没有不切实际地期望国民党会短期内在国统区实现。毛泽东在延安召开的中共高级干部会议上指出，在当前的形势下，不应过分强调民主民生，目前应当强调的是反投降，"民主民生在国民党区域是宣传口号，不是行动口号"。③ 这表明中共对于国民党能否真正地实施民主，并不抱太大期望。

1939 年秋，随着国民参政会第一届第四次会议的召开，宪政运动逐渐进入高潮。中共敏锐地意识到投入这场运动的必要性，因为要求民主与坚持抗战、反投降并不矛盾，并能由此获得各方的同情和支持，更有力地防止内战的发生。因此，中共中央在 10 月 2 日发出关于宪政运动的第一次指示，将反投降与要求民主并举，要求"各级党部应运用本届参政会的进步决议，用各种方法来加强反汪、反投降、反分裂、反倒退及要求实行民主、实行宪政的运动"。中央指示各地"要求立刻实行民主政治，召集真正民选的全权的国民大会，实施宪政"，"积极参加国民参政会宪政期成会的各种宪政运动"。④

12 月 1 日，中共中央发出《关于推进宪政运动的第二次指示》，要求各地党组织："积极的主动的参加与领导这一宪政运动，使之成为发动广大民众，实现民主政治的有力的群众运动，借以克

---

①　中共中央文献研究室编：《毛泽东年谱（1893—1949）》中卷，第 141 页。

②　中共中央文献研究室编：《毛泽东年谱（1893—1949）》中卷，第 145—146 页。

③　中央档案馆编：《中共中央文件选集》第 12 册，中共中央党校出版社 1991 年版，第 129 页。

④　中央档案馆编：《中共中央文件选集》第 12 册，第 179—180 页。

服目前时局的危机，争取时局的好转。"① 中共设想通过实现民主来克服抗战阵营内部存在的投降危险。

针对国民党同意于 1940 年召集国民大会的承诺，中共提出了对于民主宪政的四项主张：一是立即实现人民的言论、集会、结社、出版、信仰自由的民主权利，作为召集国民大会实施宪政的先决条件；二是废弃或彻底修改战前的国民大会选举法，战前根据旧选举法选举出的国民大会代表应取消改选，由各党、各派、各界、各军、各民众团体直接选举代表；三是国民大会应是全权的民意机关，除制定宪法外，应有选举与改组国民政府与决定各种基本政策的权力；四是战前的宪法草案必须彻底修改。中共清楚地知道这些主张不可能为国民党所全部接受，故在不放弃进行宣传的同时，准备接受"必要的对抗战有利的临时折衷办法"。②

1939 年 11 月，毛泽东、吴玉章、王明等中共参政员在延安发起组织延安各界宪政促进会。次年 2 月 20 日，延安各界宪政促进会正式成立，吴玉章担任促进会理事长。毛泽东在成立大会上发表了《新民主主义的宪政》，指出：抗日和民主是目前中国的两件头等大事。

中国缺少的东西固然很多，但是主要的就是少了两件东西：一件是独立，一件是民主。"把独立和民主合起来，就是民主的抗日，或叫抗日的民主。没有民主，抗日是要失败的。没有民主，抗日就抗不下去。有了民主，则抗他十年八年，我们也一定会胜利。"他指出，宪政是什么呢？就是民主的政治。我们现在要的民主政治，"是新民主主义的政治，是新民主主义的宪政。它不是旧的、过了时的、欧美式的、资产阶级专政的所谓民主政治；同时，也还不是苏联式的、无产阶级专政的民主政治"。

什么是新民主主义的宪政呢？毛泽东将其定义为："几个革命

---

① 中央档案馆编：《中共中央文件选集》第 12 册，第 200 页。
② 中央档案馆编：《中共中央文件选集》第 12 册，第 200—201 页。

阶级联合起来对于汉奸反动派的专政。"新民主主义宪政的具体内容，"就是几个革命阶级联合起来对于汉奸反动派的民主专政，就是今天我们所要的宪政。这样的宪政也就是抗日统一战线的宪政"。毛泽东批评国民党谈论宪政的虚伪性，指出他们是被人民逼得没有办法，只好应付一下，实际上"他们是在挂宪政的羊头，卖一党专政的狗肉"，他们要的是法西斯主义的一党专政，不会给人民以丝毫的民主自由。他还指出：中国民族资产阶级的宪政是想在中国实行资产阶级专政，这也是"要不来的"，因为中国人民不欢迎资产阶级一个阶级来专政。应当动员人民大众起来，促进和争取新民主主义宪政的实现。①

延安各界宪政促进会成立大会发表了《延安各界宪政促进会宣言》，公开提出了四项建议，阐述了中共对新民主主义宪政问题的看法。一是今日实施宪政之意义，在于发扬民意，彻底战胜日本帝国主义。二是国民大会代表选举法必须彻底修正，其代表必须重新选举。建议政府，彻底修正国大代表选举法，重新选举代表。盖必如此，方与团结抗战之需要相适合。否则南辕北辙，贻笑大方，断非民族国家之福。三是国民大会组织法必须彻底修正，国民大会应成为国家最高权力机关。该宣言主张国民大会应为国家最高权力机关：国民大会于制定宪法决定宪法施行日期外，应为执行宪法之机关；国民大会有决定内政外交基本方针之权；国民大会有选举政府、监督政府与罢免政府人员之权；国民大会有制定国家法律之权；国民大会应设常驻机关，执行大会闭会期间之职务。四是全国应发起普遍深入之宪政运动，人民有讨论宪政与选举国大代表之自由，各抗日党派有合法存在权利与参加国大代表竞选之自由。宪政而无民众运动，民众而无言论、集会、结社之自由，各抗日党派而无合法存在与合法活动之权利，则一切所谓宪政，不过空谈一阵，毫无实际成效可言。该宣言最后申明："凡此四端，为本会之主

---

① 《毛泽东选集》第 2 卷，第 732—736 页。

张，亦即全国人民之公意，本会同人深信，实行民主宪政为国内国际大势之所趋，虽有种种阻碍，终必达此目的。"[①]

此后，中共领导的敌后根据地广泛地开展了宪政运动。在晋察冀边区提出了"用边区的宪运来促进全国的宪运"口号，要"把边区造成三民主义的模型"，将边区的经验传布全国。边区政府主席宋劭文说：有人说中国人民的知识程度不够，所以应该一面实行宪政，一面继续训政。但边区的事实是，那些从来没有被训过的老百姓，在边区的各个村庄里开会讨论村选、区选、公粮等问题。[②]

中共与其他中间党派在要求国民党政府实施民主宪政的方向上一致，但具体立场并不总相同。以建立西方民主体制为目标的中间党派，既不满于国民党的专制独裁统治，也对共产党拥有自己的武装并与国民党发生冲突感到忧虑。他们向国共两党提出了国家民主化和军队国家化的要求。前者显然是针对国民党的，后者则是针对共产党的。中共提出的相应对策是：与各中间党派一起，提出反对内战、停止摩擦的要求，但说明谁是内战与摩擦的主动者，将反对内战、反对摩擦的口号抓在自己手中；与各中间党派一起，要求实施宪政与民主政治，指出决不能以口头的允诺为满足，而必须认真地实行，首先要求国民大会代表改选及各党派和爱国人士言论、出版、集会之自由，利用具体事实揭破当局过去实施宪政之毫无诚意，说明在抗日反汪的斗争中实施宪政与民主之必要。

四　对发展资本主义的新认识

中国共产党成立之初，只是照搬马克思主义经典理论，笼统地

[①]　《延安各界宪政促进会宣言》，《解放》周刊1940年3月8日。
[②]　干戈：《游击区的宪政运动》，《国民公论》第4卷第2号，1940年8月16日。

认为中国是资本主义国家，党的革命目标是推翻资产阶级在中国的统治，将"资本家阶级"作为革命对象。资本主义是比封建主义先进的生产方式，是近代中国社会经济中的进步成分，但它在中国始终处在弱势地位，并且没有得到充分发展，当时的中国并不是"资本家的国家"，而是半殖民地半封建的国家。中国资本主义生产方式的代表——中国民族资产阶级相应地比较软弱。故中共将"资本家阶级"作为革命的对象，试图在落后的农民国家中直接进行社会主义革命，但这显然是不合乎中国实际情况的。随着对中国国情认识深化，中共逐渐认识到资本主义在中国存在和发展的合理性，资产阶级的革命性得到了肯定，由此亦逐步形成了保护私人资本主义、保护民族工商业的主张。

1925 年 12 月 1 日，毛泽东在《中国社会各阶级的分析》中指出，"一切半无产阶级、小资产阶级，是我们最接近的朋友。那动摇不定的中产阶级，其右翼可能是我们的敌人，其左翼可能是我们的朋友"。① 这样，中共改变了过去简单地把资产阶级当作革命对象的"左"倾主张。

国民革命失败后，面对国民党反动派的屠杀政策，中共很容易出现"左"倾激愤情绪，认为中国资产阶级已经背叛革命，资产阶级民主革命任务已经完成，故中共对资本主义及资产阶级的认识发生了逆转，将资产阶级作为革命对象加以对待，对资本主义在中国的发展采取否定的态度。瞿秋白在《中国革命是什么样的革命》中明确提出："中国革命要推翻豪绅地主阶级，便不能不同时推翻资产阶级。"② 随后，李立三、王明等人同样将民族资产阶级作为中国革命的对象。三次"左"倾错误的共同特点是，在资产阶级民主革命阶段不仅仅要进行反帝反封建斗争，而且还要一般地反对

---

① 《毛泽东选集》第 1 卷，第 9 页。

② 中央档案馆编：《中共中央文件选集》第 3 册，中共中央党校出版社 1989 年版，第 639 页。

资本主义，将革命矛头同时对准资产阶级和农村中的富农阶层。

全面抗战爆发后，毛泽东、张闻天等人在总结历史经验教训的基础上，对中国资产阶级革命性及发展资本主义问题进行深入探索，肯定民族资产阶级的革命性与发展资本主义的合理性和进步性，逐渐形成了发展中国新式资本主义的思想。

1939 年 11 月，毛泽东在《在边区党代表大会的政治报告》中提出："现在大大的压制资本家，不许他们发展，这种办法是不利的，对革命等等都不好，结果没几天连一个工厂也没有了，那不好，至于我的意见对不对呢？还值得同志们研究一下。"他对边区发展资本主义问题的态度是："马克思列宁主义领导的地方，能不能有资本主义生长呢？能的！如果我们今天消灭资本主义，那干什么呢？干社会主义吗，这是一个空的，这个思想不能够实现，这是不能的。但这并不是说社会主义是不可能的，社会主义是必然的，但现在还不成，所以便可以让资本主义发展，不过要调剂他的发展。"①

1939 年底，毛泽东在《中国革命和中国共产党》中指出，因为新民主主义革命肃清了资本主义发展道路上的障碍，"资本主义经济在中国社会中会有一个相当程度的发展，是可以想象得到的，也是不足为怪的。资本主义会有一个相当程度的发展，这是经济落后的中国在民主革命胜利之后不可避免的结果"②，开始肯定资本主义在中国发展的合理性与必然性。1940 年初，毛泽东发表《新民主主义论》，严格区分开了资产阶级民主革命与社会主义革命的界限，阐述了中国革命既是资产阶级民主革命，但却包含着非资本主义前途的"新民主主义"理论，在理论上批判和澄清了民粹主义，标志着中共对中国革命发展阶段和资本主义性质认识的飞跃。

---

① 毛泽东：《在边区党代表大会的政治报告》，东北师范大学编：《中共党史教学参考资料》（四），第 158 页。

② 《毛泽东选集》第 2 卷，第 650 页。

他批驳了"左"倾空谈主义，明确指出："不走资产阶级专政的资本主义的路，是否就可以走无产阶级专政的社会主义的路呢？也不可能。"因此，民主革命后，新民主主义共和国"并不禁止'不能操纵国民生计'的资本主义生产的发展"。① 此后，毛泽东再三批评了党内"左"倾错误思想或"党内的民粹主义思想"，阐发了其关于私人资本主义经济的正确理论。

主张由落后的农业经济不经过资本主义的发展阶段直接过渡到社会主义，是民粹主义的基本特征。毛泽东的新民主主义理论，直接回应了民粹主义的错误主张，肯定了要发展和利用资本主义，严厉批判了党内存在的民粹主义思想。在半殖民地半封建的中国，只有经过新民主主义国家和新民主主义社会，大力发展现代工业，利用和发展中国资本主义，才能转变到社会主义革命阶段。毛泽东认为，新民主主义政权下的资本主义并非西方资本主义国家的自由资本主义，它的发展必须受到限制，既不能"操纵国民生计"又不能破坏国计民生；新民主主义共和国"决不能是'少数人所得而私'，决不能让少数资本家少数地主'操纵国民生计'，决不能建立欧美式的资本主义社会"。②

中国革命必须走农村包围城市的道路，但决不是以农民革命对抗城市资本主义经济的发展，更不是以小农经济对抗资本主义经济。中国共产党领导的新民主主义革命的基础是工业化社会大生产，而不是分散的个体经济。1944 年 7 月 14 日，毛泽东在同英国记者斯坦因谈话时郑重申明："我们坚决相信，中国的私人资本及外国的私人资本在战后都必须给以宽大的机会，以便广大发展。"③ 他明确指出中共在现阶段的近期目标是实现新民主主义政策，在完成新民主主义时期的革命任务之前，谈论实现社会主义只能是空谈。他指出，

---

① 《毛泽东选集》第 2 卷，第 678、683 页。
② 《毛泽东选集》第 2 卷，第 678—679 页。
③ 〔英〕根舍·斯坦因：《红色中国的挑战》，李凤鸣译，新华出版社 1987 年版，第 27 页。

封建土地所有制下的分散的个体小农经济是中国古代封建主义和独裁专制的基础，"未来的新民主主义社会不可能建立在这样的基础上，中国社会的进步将主要依靠工业的发展"。因此，毛泽东强调："工业必须是新民主主义社会的主要经济基础。只有工业社会才能是充分民主的社会。但为了发展工业，必须首先解决土地问题。没有一场反对封建土地制度的革命，就不可能发展资本主义，西方国家许多年前的发展已十分清楚地表明了这一点。"①

1944 年 8 月 31 日，毛泽东致函《解放日报》报社社长秦邦宪，明确阐述了新民主主义社会的经济基础问题，指出了新民主主义与民粹主义的根本区别。他说："新民主主义社会的基础是工厂（社会生产，公营的与私营的）与合作社（变工队在内），不是分散的个体经济。分散的个体经济——家庭农业与家庭手工业是封建社会的基础，不是民主社会（旧民主、新民主、社会主义，一概在内）的基础，这是马克思主义区别于民粹主义的地方。简单言之，新民主主义社会的基础是机器，不是手工。我们现在还没有获得机器，所以我们还没有胜利。如果我们永远不能获得机器，我们就永远不能胜利，我们就要灭亡。现在的农村是暂时的根据地，不是也不能是整个中国民主社会的主要基础。由农业基础到工业基础，正是我们革命的任务。"②

马克思主义认为，经过资本主义的发展才可能到社会主义，因为只有在资本主义创造的生产力的基础上才能建立社会主义，但并不是一定要经过资产阶级统治的那种资本主义社会。毛泽东将机器、工厂和合作社作为新民主主义社会的基础，包含着在中国具体的历史条件下如何利用资本主义以发展社会化大生产的内容，指明了一条不经过资产阶级专政的资本主义社会但又吸收资本主义成就的新道路。正是在这个根本点上，马克思主义与民粹主义是有根本

---

① 《毛泽东文集》第 3 卷，第 183、184 页。
② 《毛泽东文集》第 3 卷，第 207 页。

区别的。

1945 年 3 月 31 日，毛泽东在中共六届七中全会上对《论联合政府》进行说明时谈道："报告中讲共产主义的地方，我删去过一次又恢复了，不说不好。关于党名，党外许多人主张我们改，但改了一定不好，把自己的形象搞坏了，所以报告中索性强调一下共产主义的无限美妙。农民是喜欢共产的，共产就是民主。报告中对共产主义提过一下以后，仍着重说明民主革命，指出只有经过民主主义，才能到达社会主义，这是马克思主义的天经地义。这就将我们同民粹主义区别开来，民粹主义在中国与我们党内的影响是很广大的。这个报告与《新民主主义论》不同的，是确定了需要资本主义的广大发展，又以反专制主义为第一。反旧民主主义也提了一下，军队国家化之类就是他们的口号，但不着重反对旧民主主义，因蒋介石不是什么旧民主主义而是专制主义。资本主义的广大发展在新民主主义政权下是无害有益的，而且报告里也说明了有三种经济成分。国家资本主义在苏联也存在了几年，十月革命后列宁就想要有一个国家资本主义的发展而未得，富农存在得更久一些。"[1]

1945 年，毛泽东在中共七大上作的政治报告《论联合政府》中，进一步阐述了利用和发展资本主义而避免走资本主义道路的新民主主义理论。他指出："中国也不可能、因此就不应该企图建立一个纯粹民族资产阶级的旧式民主专政的国家"，"在中国的现阶段，在中国人民的任务还是反对民族压迫和封建压迫，在中国社会经济的必要条件还不具备时，中国人民也不可能实行社会主义的国家制度"。[2] 他明确指出："有些人不了解共产党人为什么不但不怕资本主义，反而在一定的条件下提倡它的发展。我们的回答是这样简单：拿资本主义的某种发展去代替外国帝国主义和本国封建主义

---

[1] 《毛泽东文集》第 3 卷，第 275 页。

[2] 《毛泽东选集》第 3 卷，第 1055 页。

的压迫，不但是一个进步，而且是一个不可避免的过程。它不但有利于资产阶级，同时也有利于无产阶级，或者说更有利于无产阶级。"① 中共七大开会时，因为已经把《论联合政府》印成书面报告发给大家，故毛泽东没有再照本子念，而是作了一个口头报告，来解释书面报告的主要内容。

他在谈到"资本主义"问题时，专门解释说："在我的报告里，对资本主义问题已经有所发挥，比较充分地肯定了它。这有什么好处呢？是有好处的。我是在这样的条件下肯定的，就是孙中山所说的'不能操纵国民之生计'的资本主义。至于操纵国民生计的大地主、大银行家、大买办，那是不包括在里面的。"他区分了大资产阶级与一般资产阶级，认为大资产阶级是新的资产阶级民主革命的对象，因为他们不是一般的资产阶级。所谓一般的资产阶级，就是指中等资产阶级和小资产阶级，也就是中小资产阶级。毛泽东明确指出对大资产阶级采取没收政策，但对民族资产阶级则"允许广泛发展"。其云："将来我们的新民主主义，在大城市里也要没收操纵国民生计的财产，没收汉奸的财产（这一点，我在报告里已经讲过了）。我们是在这样的条件下，没收这些财产为国家所有的。另外，在下面我也说到要广泛发展合作社经济和国家经济，这二者是允许广泛发展的。"②

毛泽东以俄国民粹派"要更快地搞社会主义，不发展资本主义"的"左"倾错误为例，严厉批判了党内存在的不顾中国生产力水平的实际发展状况急于实现社会主义的民粹主义思想，特别强调：要把是否承认社会主义需要建立在生产力发展的基础上，看作马克思主义与民粹主义划清界限的根本标准。他说："我们这样肯定要广泛地发展资本主义，是只有好处，没有坏处的。对于这个问题，在我们党内有些人相当长的时间里搞不清楚，存在一种民粹派

---

① 《毛泽东选集》第 3 卷，第 1060 页。
② 《毛泽东文集》第 3 卷，第 322 页。

的思想。这种思想，在农民出身的党员占多数的党内是会长期存在的。所谓民粹主义，就是要直接由封建经济发展到社会主义经济，中间不经过发展资本主义的阶段。俄国的民粹派就是这样。当时列宁、斯大林的党是给了他们以批评的。最后，他们变成了社会革命党。他们'左'得要命，要更快地搞社会主义，不发展资本主义。结果呢，他们变成了反革命。布尔什维克就不是这样。他们肯定俄国要发展资本主义，认为这对无产阶级是有利的。……我们不要怕发展资本主义。俄国在十月革命胜利以后，还有一个时期让资本主义作为部分经济而存在，而且还是很大的一部分，差不多占整个社会经济的百分之五十。那时粮食主要出于富农，一直到第二个五年计划时，才把城市的中小资本家与乡村的富农消灭。我们的同志对消灭资本主义急得很。人家社会主义革命胜利了，还要经过新经济政策时期，又经过第一个五年计划，到第二个五年计划时，集体农庄发展了，粮食已主要不由富农出了，才提出消灭富农，我们的同志在这方面是太急了。"①

　　在毛泽东看来，马克思主义与民粹主义的根本区别，就在于要不要充分发挥资本主义的作用，广泛发展资本主义。中国民主革命阶段不是排斥资本主义，而是要大胆地鼓励资本主义的发展。他反复强调："我们共产党人根据自己对于马克思主义的社会发展规律的认识，明确地知道，在中国的条件下，在新民主主义的国家制度下，除了国家自己的经济、劳动人民的个体经济和合作社经济之外，一定要让私人资本主义经济在不能操纵国民生计的范围内获得发展的便利，才能有益于社会的向前发展。"② 只有经过民主主义才能到达社会主义，不承认新民主主义政权下还需要资本主义的广大发展，是民粹主义的观点。他重申："只有

① 《毛泽东文集》第 3 卷，第 322—323 页。
② 《毛泽东选集》第 3 卷，第 1060—1061 页。

经过民主主义，才能达到社会主义，这是马克思主义的天经地义。"① 这样明确的阐述，将马克思主义与民粹主义根本区别开了。

毛泽东和中共倡导的新民主主义，实际上就是新式资产阶级民主主义，也就是新式资本主义。新式资本主义的经济，就是由"新民主主义的或三民主义的"国营经济、"新式资本主义性质的"合作社经济、私人资本主义经济和个体经济所构成的新式资本主义混合经济。毛泽东认为，中国应当发展这种资本主义，而且还阐明了它在中国所应达到的发展程度。毛泽东最早的提法，是认为这种资本主义会有一个"相当程度的发展"，这就是他在《中国革命和中国共产党》中所说的："因为肃清了资本主义发展道路上的障碍物，资本主义经济在中国社会中会有一个相当程度的发展，是可以想象得到的，也是不足为怪的。资本主义会有一个相当程度的发展，这是经济落后的中国在民主革命胜利之后不可避免的结果。"②

到 1944 年夏，毛泽东的认识有了飞跃性发展，扬弃了"相当程度的发展"这种比较模糊的提法，而代之以"广大发展"这种比较明确的新提法。1944 年 7 月，毛泽东在与斯坦因的谈话中申明："我们坚决相信，中国的私人资本及外国的私人资本在战后都必须给以宽大的机会，以便广大发展。"他在中共七大政治报告中有三处使用了"广大发展"这个提法："中国应该让资本主义有一个广大的发展。"他在向与会者解释这个书面报告时强调："公营经济、合作社经济之外，肯定广泛发展私人资本主义，只有好处没有坏处。"

毛泽东所说的资本主义"广大发展"，具有多方面的含义。第一，所谓"广大发展"，即是要广泛地、大量地发展私人资本主义。第二，这种"广大发展"，必须以肯定新民主主义社会其他主要经济成分为前提。第三，所谓"广大发展"，主要的是指私人中

---

① 《毛泽东选集》第 3 卷，第 1060 页。
② 《毛泽东选集》第 2 卷，第 650 页。

小型资本主义企业的广大发展，但同时并不排除非垄断性的大型私人资本主义企业的存在与发展。第四，私人资本主义的广大发展，并不是短暂的，而将是长期的，"必须经历漫长的、民主管理的私人企业时期"。关于这个"漫长的"时期，斯特朗报道说："会允许私人企业存在多久呢？毛泽东说它将长时期存在。他在一个地方说'几十年'；在另一个地方说，因为中国比较落后，中国的私人资本主义将会比今日欧洲的私人资本主义存在得更为长久。"① 由此可见，毛泽东所谓私人资本主义"广大发展"的含义，就是在承认新民主主义混合经济的前提下，要在一个漫长的历史时期内，并主要地是在非垄断性的现代工商业的领域中，广泛地、大量地发展私人资本主义的经济；在这种发展过程中，不仅中小企业应当获得广大的发展，而且对于大型的非垄断性的私人企业也容许它们的存在与发展。

　　毛泽东一方面提出中国应该让资本主义有一个"广大发展"，另一方面又提出一定要"节制资本"，决不能走欧美式资本主义的路。在毛泽东看来，这两个方面是相互一致的。这是因为"节制资本"不是要从税收、价格等方面限制私人资本的发展，而只是要：（1）限制私人资本的经营范围和经营规模，即一切有独占性质或规模过大为私人之力所不能经营的企业，当由国家经营，不许私人经营，以"使私有资本制度不能操纵国民之生计"；（2）限制私人企业在市场上的活动方式，即"私人企业不得故意高抬物价，紊乱市场，操纵国民生计"。至于那些不是"操纵国民生计"，而是有益于国民生计的私人资本主义经济，则仍是要使之能够"自由发展"和"广大发展"，并不加以"节制"。因此，毛泽东所谓"节制资本"的基本精神，实际是要发展新民主主义的国营经济，支持和扶持自由资本主义的经济，防止自由资本主义经济转变为垄

---

　　① 〔美〕安娜·路易斯·斯特朗：《中国人征服中国》，刘维宁、何政安、郑刚译，北京出版社1984年版，第147页。

断资本主义经济，其目的就是要使中国避开垄断资本主义的阶段，并通过"漫长的、民主管理的私人企业时期"进到社会主义的经济。

为什么"中国应该让资本主义有一个广大的发展"？毛泽东从理论上作了具体论证。他指出："有些人不了解共产党人为什么不但不怕资本主义，反而在一定的条件下提倡它的发展。我们的回答是这样简单：拿资本主义的某种发展去代替外国帝国主义和本国封建主义的压迫，不但是一个进步，而且是一个不可避免的过程。它不但有利于资产阶级，同时也有利于无产阶级，或者说更有利于无产阶级。现在的中国是多了一个外国的帝国主义和一个本国的封建主义，而不是多了一个本国的资本主义，相反地，我们的资本主义是太少了。"[①]

毛泽东运用马克思主义关于社会发展规律的理论，对于中国资本主义广大发展的必然性和必要性作出了多方面的论证。

第一，世界历史的发展是不平衡的，各国资本主义兴衰不是取决于一般的"世界形势"，而是取决于本国社会的发展程度。因此，"蒋介石是半法西斯半封建的资本主义，我们是新民主主义的资本主义，这种资本主义是有它的生命（的），还有革命性。……新民主主义的资本主义，将来还有用，在中国与欧洲、南美的国家中还有用，它的性质是帮助社会主义的，它是革命的，有用的，有利于社会主义发展的"[②]。

第二，中国经济的落后性，不仅表现在生产力方面，而且表现在生产关系方面，即表现在它的经济还是一个半封建的经济。按照马克思主义理论，从封建经济到社会主义经济，必须"经过资本主义"。"党内民粹主义思想存在，即是想直接从封建经济到社会

---

① 《毛泽东选集》第3卷，第1060页。

② 李忠杰等主编：《中国共产党等七次全国代表大会档案文献选编》，中共党史出版社2015年版，第531页。

主义经济，不经过资本主义。俄国民粹派'社会革命党'后来都变成反革命。布尔什维克与之相反，肯定俄国要经过资本主义，这与其说对资产阶级有利，不如说对无产阶级有利，十月革命后，中小资本家、富农一部分（很大一部分）经济仍许其存在。"总之，我们只能按照马克思主义、布尔什维克主义和中国的具体国情办事，只能使中国在民主革命后经历一个"广泛发展私人资本主义"的历史阶段，而决不能去搞民粹主义，决不能步俄国民粹派"社会革命党"的后尘。

第三，所谓"经过资本主义"，即是经过自由资本主义。自由资本主义的进步性，集中表现在它能够适应由农业国向工业国转变的需要。

第四，所谓实现工业化，就是要"蓬蓬勃勃地发展大规模的轻重工业"，建立"大规模的在全国经济比重上占极大优势的工业以及与此相适应的交通、贸易、金融等事业"。这就决定了，中国必须有广大的私人资本主义经济，才能完成此项巨大的任务。

第五，在经济落后的中国，私人资本主义的广大发展，"有益于国家与人民，有益于社会的向前发展"，"它不但有利于资产阶级，同时也有利于无产阶级"。具体来说就是：（一）私人资本的广大发展，有利于提高人民的生活水平。毛泽东说：中国目前需要"解决土地问题，这可以使一种进步性质的资本主义在中国发展，通过现代的生产方法以提高人民的生活水平"。（二）私人资本的广大发展，为中国工业化所必需；而工业的发展，又"是决定一切的，是决定军事、政治、文化、思想、道德、宗教这一切东西的，是决定社会变化的"。因此，私人资本的广大发展，不仅能够促进国家工业化的实现，而且还能通过工业的发展推动中国社会各方面的向前发展。（三）作为共产主义第一阶段的社会主义的建立，必须以国家工业化为其前提条件，而要实现工业化，就必须使私人资本主义有一个广大的发展。所以，毛泽东说：在中国，如果"没有广大的私人资本主义经济……的发展，……要想在殖民地半殖民地半封建的废墟上建立起社会主义来，那只是完全的空想"。

第六，在中国，私人资本主义的广大发展，"不但是一个进步，而且是一个不可避免的过程"。中国"必须经历漫长的、民主管理的私人企业时期。侈谈立即进入社会主义是'反革命的思想'，因为它不现实，而想实行它总会自招失败"。①

全面抗战时期，不仅毛泽东对资本主义的认识有了升华并论述了发展新式资本主义问题，而且张闻天、谢觉哉等人也从不同角度肯定新式资本主义的进步性，主张在中国发展新式资本主义。

1942年10月，张闻天根据对晋西北农村社会经济调查，系统阐述了发展新式资本主义问题。他指出，"资本主义生产成分在农村是很微弱的，封建的成分，即地主与农民的成分，还占优势。但农民已起分化。除富农、雇农外，农村人口的大多数，是中农、贫农小资产阶级成分，这已是资本主义发展的园地"。他严厉批评说："我们有些干部，不懂得发展新式资本主义是新民主主义经济的全部方向和内容，也是将来社会主义的前提。不会运用新民主主义政治力量，推进新民主主义经济的发展。甚至机械了解'政治是经济的集中表现'，因而以为，晋西北今天的抗日民主政权是新民主主义政权，晋西北今天的经济，也一定是新民主主义的经济了。"②

张闻天着重阐述了什么是发展新式资本主义和为什么要发展新式资本主义。他肯定说："资本主义生产方式，是现时比较进步的，可使社会进化的。"他分析说："在资本主义方式的经营下，首先是富农经营自己土地，并雇长工。土地集中使用，而又合理分

---

① 谢伟思：《备忘录：与毛泽东的谈话》，载美国国务院：《美国外交关系，1945年，中国》。

② 《张闻天文集》第3卷，中共党史出版社1993年版，第184页。

工。富农饲养牲畜猪羊，经营工商业（油房、粉房、磨房、染房、商店等），自己有工具，有肥料，有资本，可以把土地耕种好，多打粮食和棉花。土地产量越高，对富农和资本家越有利（所以他们不像地主那样对生产漠不关心，当寄生虫），对全社会更有利。资本主义经营，可使商品经济园艺业等发展，因工业需要原料，商业需要货物，富农和资本家又需要货币支付工资和投资工商业。我们在晋西北发展新式资本主义，一定要靠农业积累资本。将来社会主义，又要靠新式资本主义发展做基础。"①

张闻天指出，正是因为新式资本主义生产方式在现时是比较进步的，故为要发展新式资本主义，第一，不要怕晋西北资本家多。现时，不要怕富农。因为今天的富农，每户平均剥削不到一个雇工，垄断不到一百垧山地，这有什么不得了呢？倒是应该限制地主，奖励农民，才合乎我们的政策。有些农民出身的干部，体贴农民疾苦，这是对的，但把改善农民生活完全放在合理分配别人的财富上，则是不对的。应主要从发展生产、增加社会财富来求民生之改善，才是比较妥当的。第二，不要怕农民受苦，就是说，不要怕雇农多，没法安插，失业、工资低，生活恶化。今天雇农、贫农的生活，都是很苦的。说贫农永远比雇农生活好，贫农不要丢失土地当雇农，这是落后的想法。欧美各国资本主义发达，工人生活比今天中国小地主好得多，可见落后国家的地主，日子过得不如先进国家的工人。在新民主主义政权下，只要资本主义发展了，工人生活一定会改善。因为革命政府颁布劳动法令，限制富农资本家随意剥削工人，政府将有计划从农村征调工人，不会造成农村无政府状态，造成农村破产。他自信地说："所以，我们所提倡的新式资本主义，与欧美的旧资本主义不同。我们有革命政权和革命政策，调节社会各阶级关系。凡可以操纵国民生计的工商业，均握在国家手中。"他得出的结论是："中国

---

① 《张闻天文集》第3卷，第185页。

社会将来才是社会主义和共产主义，今天则要实行新民主主义，就是新式资本主义。因为中国太落后，只有走过新式资本主义的第一步，才能走社会主义的第二步。社会主义和共产主义，是我们的理想。发展新式资本主义，是我们现时的任务，也是我们当前的具体工作。"①

谢觉哉对资本主义与封建生产方式作了比较："资本主义生产和封建生产不同之点，在于资本主义自己对生产过程负责。"因而肯定了资本主义生产方式的进步性："资本主义式的生产比封建的生产是进步，但并不是说资本主义剥削比封建剥削轻。形式上改变，为的是要加重剥削者的所得，否则剥削者它不会走这条改革的路。"正因资本主义生产方式比封建方式进步，故边区政府对农村资本主义生产方式予以支持："现在政府厉行减租，地主觉得雇工种比出租有利（你计算一个强壮劳动力可耕五十亩，平常计算可收粮十五石，是照一般佃农种地计算的。一个全不参加劳动的地主来雇工，恐又是一样），但政府还可以照顾工人生活，增加工资，这样一来，真正农村资本主义式的生产就会发生。我们希望这种生产方式发生，这于地主阶层，劳动阶层都是有益。"②

在谢觉哉看来，资本主义在中国发展具有必然性和合理性，鼓励资本主义发展是新民主主义革命之必然："关于新民主主义政权性质，毫无疑义是资产阶级性的，反帝、反封建、反官僚资本，是为资本主义的发展扫除障碍。而且，今天的中国，不是资本主义多了，而恰是少了它，在一定时期和一定范围内，必然且不能不要有资本主义的发展。企图跳过新民主主义阶段，人工地过早搞社会主义，必然遇到挫折，把新民主主义看作死呆的阶段，或把它叫做新

---

① 《张闻天文集》第3卷，第186页。
② 谢觉哉：《谢觉哉书信选》，中国卓越出版公司1989年版，第39页。

资本主义，也是不对的。"①

需要说明的是，毛泽东和中共中央在抗战时期较多地使用了"新资本主义""新式资本主义"等提法。这种提法既有容易为人理解的一面，也有易于引起误解的一面。故后来毛泽东和中共中央不再提"新资本主义"概念，而是采用"新民主主义经济"来替代。1948年9月1日，毛泽东在中央政治局会议上报告说："我们的社会经济呢？外面有人说是'新资本主义'，我看这个名词是不妥当的，因为它没有说明，在我们社会经济中起决定作用的东西，是国营经济、公营经济，这个国家是无产阶级领导的，所以这些经济都是社会主义性质的。农村个体经济加城市私人经济在量上是大的，但是不起决定作用。我们国营经济、公营经济，在量上较小，但它是起决定作用的，名字还叫新民主主义经济好。"② 此后，毛泽东和中共中央在新的政治形势下不再提"新资本主义"，而是采用"新民主主义经济"的提法。

五　民主联合政府的建国思想

太平洋战争爆发之后，国民党、中国共产党及各中间党派均看到了中国抗战胜利的希望，并开始规划战后建国问题。蒋介石出版《中国之命运》、国民党召开"六大"及提出"三民主义共和国"方案，都是在积极规划战后建国问题。毛泽东发表《新民主主义论》《论联合政府》等论著，同样是对未来中国前途进行思考和探索，并形成了以成立民主联合政府为核心内容的新民主主义共和国方案。

中国共产党对国统区的民主宪政运动给予关注和支持。1944

---

① 谢觉哉：《谢觉哉书信选》，第81—82页。
② 顾龙生：《毛泽东经济年谱》，中共中央党校出版社1993年版，第248页。

年 2 月下旬，延安各界举行宪政座谈会，与国统区民主运动遥相呼应。3 月 1 日，中共中央发出《关于宪政问题的指示》，指出国民党允诺实行宪政，"虽其目的在于欺骗人民，借以拖延时日，稳固国民党的统治，但是只要允许人民讨论，就有可能逐渐冲破国民党的限制，使民主运动推进一步"。中共中央决定参加此种宪政运动，"以期吸引一切可能的民主分子于自己周围，达到战胜日寇与建立民主国家之目的"。[①] 3 月 12 日，周恩来在延安各界纪念孙中山逝世 19 周年的大会上，对宪政问题和团结问题发表演说。他在阐述宪政与抗战前途的关系时说："没有民主，抗日就抗不下去，……要实施宪政，就要先给人民以民主自由。有了民主自由，抗战的力量就会源源不断的从人民中间涌现出来。"周恩来提出，实施宪政的"最重要的先决条件有三个：一是保障人民的民主自由，二是开放党禁，三是实行地方自治"。[②] 针对国民党要以其战前确定或选出的国民大会代表充作现任代表的企图，周恩来明确指出：应彻底修正国民大会选举法和组织法，重新选举国民大会代表，并应在抗战期间就召开国民大会，实施宪政。

1944 年 5 月，中共中央委派林伯渠等人与国民党代表张治中等开始双方自抗战以来的第三次谈判。中共中央起初决定不提方案，后来根据形势的发展作出相应调整，向国民党提出了有关急切问题的意见 20 条（包括政治问题 3 条、具体问题 17 条），要求国民党政府实行民主政治，保障人民的言论、集会、结社与人身自由，承认中共及其他爱国民主党派的合法地位，释放爱国政治犯，以及承认边区，停止对敌后根据地的军事进攻等。但国民党方面不肯接受中共的合理要求，反而向中共提出《中央提示案》，要求取消八路军、新四军的 4/5，并无条件地服从国民党调遣，将解放区

---

① 中央档案馆编：《中共中央文件选集》第 14 册，中共中央党校出版社 1992 年版，第 178 页。

② 周恩来：《关于宪政与团结问题》，《新华日报》1944 年 3 月 14 日。

所有政府交给国民党地方政府接管，实际上是要变相取消中共军队和敌后抗日政权。这一要求中共显然无法接受。

豫湘战役将国民党政府的腐败无能暴露无遗，不仅引发了社会各界的严厉批评，也引起了国民党内部对最高决策层的强烈不满。中共中央由此判断：国共力量的强弱对比开始发生重大变化，已由过去多年的国强共弱达到现在的国共几乎平衡，并正在向共强国弱的方向转化。正是基于这种基本判断，并鉴于国统区民主宪政运动的蓬勃发展，中共开始考虑成立民主联合政府问题。8月18日，周恩来致电在重庆的董必武、林伯渠，请他们考虑：如果目前中共向全国提议并向国民党要求提前召集各党派及各团体代表会议，改组政府，然后由此政府召开真正民选的国民大会，讨论对日反攻，实行民主，能否引起大后方，尤其是各党派的响应和各地方实力派的同情。周恩来要求他们就此试探各党派和各地方实力派的态度。[①] 董必武、林伯渠接到中共中央电报后，与在重庆的各党派及民主人士取得联系，征求意见，获得了积极回应。

1944年8月23日，毛泽东在与谢伟思就国共关系问题进行长时间谈话时，第一次提到了有关联合政府的构想。他说："国民政府应该立即召开一次临时（或过渡的）国民大会，应邀请一切团体派代表参加。在人数分配方面切实可行的妥协可以是，国民党大概占代表数的一半，所有其他代表占另一半，蒋介石将被确认为临时总统。这次临时国民大会必须有全权改组政府并制定新的法令——保持有效到宪法通过之时为止。它将监督选举，然后召开国民大会。"[②] 毛泽东所设计的是一个各党派代表会议，对执政的国民党及在野各党派所占的份额作了大致划分。

9月4日，中共中央认为目前向国民党及国内外提出改组政府

① 中共中央文献研究室编：《周恩来年谱（1898—1949）》，中央文献出版社1989年版，第580页。

② 中共中央文献研究室编：《毛泽东年谱（1893—1949）》中卷，第540页。

主张的时机已经成熟，遂就有关改组国民政府问题指示谈判代表林伯渠、董必武和王若飞，指示中相关机构的名称发生了变化，但改组国民政府的步骤更加清晰："其方案为要求国民政府立即召集各党各派各军，各地方政府，各民众团体代表开国事会议改组中央政府废除一党统治，然后由新政府召开国民大会实施宪政，贯彻抗战国策实行反攻。"中共中央估计到"此项主张国民党目前绝难接受。但各小党派，地方实力派，国内外进步人士甚至盟邦政府中开明人士会加赞成"。对于如何提出该项主张，中央也给予了明确指示："一、望你们在起草回答张王的信中加上此项主张，以说明这是我们对于实施民主政治的具体步骤和主张。二、在这次参政会中，如取得小党派及进步人士同意可将是项主张作成提案"，并要求将这个主张当成"今后中国人民中的政治斗争目标，以反对国民党一党统治及其所欲包办的伪国民大会与伪宪"。[1]

9月15日，林伯渠在参政会上代表中国共产党向国民党和全国人民正式提出了关于立即召开紧急国事会议、废止国民党一党专政、建立联合政府的要求。他指出：中国共产党认为挽救目前危局的办法，是必须对政府机构人事政策来一个改弦更张，中共"希望立即结束国民党一党统治的局面，由国民政府召集各党派、各抗日部队、各地方政府、各人民团体，开国事会议，组织各抗日党派联合政府，一新天下耳目，振奋全国人心，鼓励前方士气"，只有这样，才能加强全国团结，集中全国人才，才能准备配合盟军反攻，彻底打垮日寇。[2]

10月10日，周恩来在延安各界举行的双十节庆祝大会上发表题为《如何解决》的演讲。他痛陈抗战局势的危机，指出危机的根源就在于国民党的腐败统治，再次明确提出："为挽救目前

---

① 中央档案馆编：《中共中央文件选集》第14册，第323页。

② 《林伯渠在国民参政会上关于国共谈判的报告》，章伯锋、庄建平主编：《抗日战争》卷3，四川大学出版社1997年版，第1128页。

危机，为配合盟邦作战，并切实准备反攻起见，我们中国共产党人主张由国民政府立即召集全国各方代表，开紧急国事会议，取消一党专政，成立联合政府，改弦更张，以一新天下耳目。"周恩来还提出了成立联合政府的具体步骤与办法。第一，各方代表由各方自己推选，人数应按各方所代表的实际力量比例规定。第二，国事会议应于最近期间召开。第三，国事会议根据革命三民主义的原则，必须通过切合时要、挽救危机的施政纲领以彻底改变国民党所执行的错误政策。第四，在共同施政纲领的基础上，成立各党派的联合政府，以代替目前的一党专政政府。第五，联合政府有权改组统帅部，成立联合统帅部。第六，联合政府成立后，立即准备于最短时间内召开真正人民普选的国民大会，以保证宪政的实施。这样，中共就把宪政运动集中到建立民主联合政府的目标上。①

由此可见，中共所提出的联合政府主张，改变了抗战以来以国民党和国民政府为核心的政治参与模式，改为各党、各方面人士按实力组建一个新的政府来实现各种力量的参与；参与的主体由各在野党派和无党派人士，改为包括国民党在内的各方按实力分配名额；参与的目标由改良国民党政权彻底变革为建立新的政权，根本否定国民党的一党统治。

中共提出建立民主联合政府的主张，得到各中间党派及民主人士的热烈响应。从此，建立统一的民主联合政府，成为第二次宪政运动主要政治目标。中国民主同盟不久发表《对抗战最后阶段的政治主张》，响应中共号召，要求立即结束一党统治，建立各党派联合政府，迅速实施筹备宪政，召开全国宪政会议，颁布宪法；释放一切政治犯，切实保障人民的各项自由权利；废除一切妨害上述内容的法律法令，开放党禁，承认各党各派的公开合法地位等。其他党派和民主人士也纷纷发表宣言或谈话，表示拥护中国共产党提

---

① 中央档案馆编：《中共中央文件选集》第 14 册，第 364—365 页。

出的建立统一的民主联合政府的主张。

1945 年 4 月 23 日，中国共产党第七次全国代表大会在延安召开，毛泽东在题为《两个中国之命运》的开幕词中，非常简单而又非常有力地宣布，抗战胜利之后的中国人民面前摆着两条路：光明的路和黑暗的路；有两种命运：光明的中国之命运和黑暗的中国之命运。"现在日本帝国主义还没有被打败。即使把日本帝国主义打败了，也还是有这样两个前途。或者是一个独立、自由、民主、统一、富强的中国，就是说，光明的中国，中国人民得到解放的新中国；或者是另一个中国，半殖民地半封建的、分裂的、贫弱的中国，就是说，一个老中国。一个新中国还是一个老中国，两个前途，仍然存在于中国人民的面前，存在于中国共产党的面前，存在于我们这次代表大会的面前。"①

毛泽东向大会作了题为《论联合政府》的政治报告，系统阐述了有关联合政府的理论。毛泽东指出：国民党的一党专政，实际上是国民党内反人民集团的专政，它是中国民族团结的破坏者，是国民党战场抗日失败的负责者，是动员和统一中国人民抗日力量的根本障碍物。它又是内战的祸胎，如不立即废止，内战惨祸又将降临。毛泽东提出，应"立即宣布废止国民党一党专政，成立一个由国民党、共产党、民主同盟和无党无派分子的代表人物联合组成的临时的中央政府，发布一个民主的施政纲领，如同我们在前面提出的那些中国人民的现时要求，以便恢复民族团结，打败日本侵略者"。②

毛泽东具体提出结束国民党一党专政的两个步骤：第一步是经过各党各派和无党无派代表人物的协议，成立临时的联合政府；第二步是经过自由的无拘束的选举，召开国民大会，成立正式的联合政府。毛泽东称成立联合政府是"中国人民的基本要求"，"中国

---

① 《毛泽东选集》第 3 卷，第 1025—1026 页。

② 《毛泽东选集》第 3 卷，第 1067 页。

急需把各党各派和无党无派的代表人物团结在一起，成立民主的临时的联合政府，以便实行民主的改革，克服目前的危机，动员和统一全中国的抗日力量，有力地和同盟国配合作战，打败日本侵略者，使中国人民从日本侵略者手中解放出来。然后，需要在广泛的民主基础之上，召开国民代表大会，成立包括更广大范围的各党各派和无党无派代表人物在内的同样是联合性质的民主的正式的政府，领导解放后的全国人民，将中国建设成为一个独立、自由、民主、统一和富强的新国家。一句话，走团结和民主的路线，打败侵略者，建设新中国"。①

毛泽东在中共七大上提出了中国共产党的具体建国方案。毛泽东指出，中国共产党现阶段在三个基本点上与全国最大多数人民意愿是一致的。"第一，中国的国家制度不应该是一个由大地主大资产阶级专政的、封建的、法西斯的、反人民的国家制度，因为这种反人民的制度，已由国民党主要统治集团的十八年统治证明为完全破产了。第二，中国也不可能、因此就不应该企图建立一个纯粹民族资产阶级的旧式民主专政的国家，因为在中国，一方面，民族资产阶级在经济上和政治上都表现得很软弱；另一方面，中国早已产生了一个觉悟了的，在中国政治舞台上表现了强大能力的，领导了广大的农民阶级、城市小资产阶级、知识分子以及其他民主分子的中国无产阶级及其领袖——中国共产党这样的新条件。第三，在中国的现阶段，在中国人民的任务还是反对民族压迫和封建压迫，在中国社会经济的必要条件还不具备时，中国人民也不可能实现社会主义的国家制度。"②

既然这三种国家制度都不适应现时的中国，那么共产党的主张是什么呢？毛泽东回答说："我们主张在彻底地打败日本侵略者之后，建立一个以全国绝大多数人民为基础而在工人阶级领导之下的

---

① 《毛泽东选集》第 3 卷，第 1029—1030 页。
② 《毛泽东选集》第 3 卷，第 1055 页。

统一战线的民主联盟的国家制度，我们把这样的国家制度称之为新民主主义的国家制度。"① 在毛泽东看来，这样的国家制度既符合广大工人、农民、城市小资产阶级、民族资产阶级、开明绅士和其他爱国主义者的愿望，同时与孙中山的革命主张相一致。毛泽东在《论联合政府》中明确表示，在新民主主义时期，中国共产党决不会搞一党制度。在是时的中国，无论是自由主义者还是其他的爱国人士，都强烈反对国民党的一党专政。共产党的呼声亦为强烈，并且主张在废除一党专政的同时成立联合政府。

在毛泽东和中共看来，无论是废除一党专政，还是组成联合政府，都是为了保障人民的自由。没有自由便没有联合政府，没有自由便没有中国的未来，而自由最重要的，乃是"人民的言论、出版、集会、结社、思想、信仰和身体这几项的自由"。而且这也是孙中山先生生前的最大愿望。孙先生在遗嘱上说："余致力国民革命凡四十年，其目的在求中国之自由平等。"② 毛泽东认为，蒋介石搞专制独裁，剥夺人民的自由，真是孙中山先生的"不肖子孙"。

关于军队问题，中共从原则上是同意当时中间派之主张的，即"还军于国"，但是强调指出，这"国"必须是人民大众的新民主主义国家，而不是法西斯独裁的国家。如果联合政府得以成立，毛泽东表示："中国的一切军队都应该属于这个国家的这个政府，借以保障人民的自由。"

在经济方面，毛泽东在《论联合政府》中的主张与《新民主主义论》基本相同，即主张遵照孙中山"节制资本"和"耕者有其田"原则实施新民主主义的经济政策，不过阐述更为细致和具体，而且着重强调要保护正当的私有财产，在一定范围内鼓励资本主义发展。他说："有些人怀疑中国共产党人不赞成发展个性，不赞成发展私人资本主义，不赞成保护私有财产，其实是不对的。民

① 《毛泽东选集》第 3 卷，第 1056 页。
② 《孙中山全集》第 2 卷，第 425 页。

族压迫和封建压迫残酷地束缚着中国人民的个性发展，束缚着私人资本主义的发展和破坏着广大人民的财产。我们主张的新民主主义制度的任务，则正是解除这些束缚和停止这种破坏，保障广大人民能够自由发展其在共同生活中的个性，能够自由发展那些不是'操纵国计民生'而是有益于国民生计的私人资本主义经济，保障一切正当的私有财产。"①

关于土地革命问题，毛泽东认为这是中国革命的关键点。新民主主义的农民问题同样是土地问题，而这也是孙中山先生格外重视的。孙先生特别强调"平均地权"和"耕者有其田"。所谓"耕者有其田"，就是"把土地从封建剥削者手里转移到农民手里，把封建地主的私有财产变为农民的私有财产，使农民从封建的土地关系中获得解放"。而且在毛泽东看来，"耕者有其田"，"并不单是我们共产党人的主张"，也不仅仅只是对农民有利。城市小资产阶级就是赞同"耕者有其田"的；民族资产阶级虽是一个动摇的阶级，但是他们需要市场，故而也有赞成"耕者有其田"的一面。

毛泽东和中共重视知识分子问题，故在《论联合政府》中对其特性和作用作了详细阐述。毛泽东指出："中国是一个被民族压迫和封建压迫所造成的文化落后的国家，中国的人民解放斗争迫切地需要知识分子，因而知识分子问题就特别显得重要。"他认为，"一切知识分子，只要是在为人民服务的工作中著有成绩的，应受到尊重，把他们看作国家和社会的宝贵的财富"。其具体政策是："今后人民的政府应有计划地从广大人民中培养各类知识分子干部，并注意团结和教育现有一切有用的知识分子。"②

中共七大确认了毛泽东提出的建设一个新中国的一般纲领和具

---

① 《毛泽东选集》第3卷，第1058页。
② 《毛泽东选集》第3卷，第1082—1083页。

体纲领。毛泽东指出：（一）中国的国家制度不应该是大地主大资产阶级专政的、封建的、法西斯的、反人民的国家制度；（二）中国不可能，因此也不应该企图建立一个纯粹民族资产阶级的旧式民主专政的国家；（三）在中国现阶段，中国人民的任务还是反对民族压迫和封建压迫，在中国社会经济的必要条件还不具备时，中国人民也不可能实现社会主义的国家制度。因此，中共主张"建立一个以全国绝对大多数人民为基础而在工人阶级领导之下的统一战线的民主联盟的国家制度，我们把这样的国家制度称之为新民主主义的国家制度"。毛泽东阐述了新民主主义政治、新民主主义经济、新民主主义文化的基本内容。中国共产党的最高纲领是要把中国推进到社会主义社会和共产主义社会，但现阶段是要建立一个新民主主义的社会。他指出："在中国，为民主主义奋斗的时间还是长期的。没有一个新民主主义的联合统一的国家，没有新民主主义的国家经济的发展，没有私人资本主义经济和合作社经济的发展，没有民族的科学的大众的文化即新民主主义文化的发展，没有几万万人民的个性的解放和个性的发展，一句话，没有一个由共产党领导的新式的资产阶级性质的彻底的民主革命，要想在殖民地半殖民地半封建的废墟上建立起社会主义社会来，那只是完全的空想。"①

为了争取光明的前途，中共七大制定了党的政治路线，即"放手发动群众，壮大人民力量，在我党的领导下，打败日本侵略者，解放全国人民，建立一个新民主主义的中国"。② 这是中共新民主主义革命总路线在新阶段的具体化。

---

① 《毛泽东选集》第 3 卷，第 1056、1060 页。
② 《毛泽东文集》第 3 卷，第 376 页。

第 七 章
学术中国化与文化形态史观

新启蒙运动是抗战时期学术中国化运动的先导。它所要建立的中国新文化是民族的、科学的、大众的文化，这与毛泽东后来在《新民主主义论》中提出的新民主主义文化纲领有着惊人的相似，故全面抗战爆发后，新启蒙运动逐渐融入抗日大潮之中，并发展为学术中国化运动。抗战时期的"学术中国化"运动，既是对毛泽东提出的"马克思主义中国化"倡议的回应，也是近代以来西方学术文化民族化的发展结果。接受和吸纳外国学术文化，把握中国学术文化发展的科学化方向，同时强调回归中国民族传统，将西方学术民族化本土化，是抗战时期"学术中国化"讨论的双重维度。"学术中国化"问题的讨论，不仅推动了马克思主义中国化运动并为马克思主义中国化提供了学理支撑，而且为西方学术文化的中国化及中国民族文化的现代化指明了方向。

一 从新启蒙到中国化的转变

1930 年代中期，随着民族危机日益加深，中共开始转变革命策略。1936 年 9 月 10 日，为了宣传抗日救国思想并传播新哲学，更主要的是为了配合党内肃清关门主义、建立抗日民族统一战线的新形势，中共北方局宣传部长陈伯达在《读书生活》第 4 卷第 9 期上发表《哲学的国防动员》，发起了新启蒙运动倡议，并对这项运动的内容作了原则性规定。他指出，新哲学尽管在中国成为一支不可抵抗的力量，但存在"理论落后于实际"问题，新哲学者不仅对中国传统思想缺乏系统的批判，而且没有很好地用中国政治实例来阐释辩证法，使唯物辩证法在中国问题中具体化起来。因此，新哲学者应该与民众结合，联合一切可以联合的力量，发动一场新启蒙运动。他说："新哲学者一方面要努力不倦地根据自己独立的根本立场，站在中国思想界的前头，进行各方面之思想的争斗，从事于中国现实之唯物辩证法的阐释；另一方面则应该打破关门主义的门户，在抗敌反礼教反独断反迷信的争斗中，以自己的正确理论为中心，与哲学上的一切忠心祖国的分子，一切民主主义者、自由主义者，一切理性主义者，一切唯物主义的自然科学家，进行大联合阵线。"为此，他倡议建立新启蒙运动的组织机构——中国新启蒙学会并规定了其基本纲领："继续并扩大戊戌、辛亥和'五四'的启蒙运动，反对异民族的奴役，反对礼教，反对独断，反对盲从，破除迷信，唤起广大人民之抗敌和民主的觉醒。"①

为了实现这个纲领，陈伯达提出了开展新启蒙运动的基本路径、方法和主要任务："第一，整理和批判戊戌以来的启蒙著作；第二，接受五四时代'打倒孔家店'的号召，继续对于中国旧传统思想、旧宗教，作全面的、有系统的批判；第三，阐发帝国主义者在中国之文化侵略，以及中国旧礼教如何转成帝国主义者麻醉中国人民的工具；第四，系统地介绍西欧的启蒙运动及其重要的著作，介绍世界民族解放的历史及其理论；第五，大量地介绍新哲学到中国来，并应用新哲学到中国各方面的具体问题上去；第六，在各地经常举行哲学的公开讲演会、辩论会；第七，帮助民间组织广泛的'破除迷信'的组织，组织各种式样的无神会；第八，和世

---

① 陈伯达：《哲学的国防动员》，《读书生活》第 4 卷第 9 期，1936 年 9 月 10 日。

界的文化组织、思想界名流，建立联系，请求它们不断地援助中国民族解放的事业，援助中国人民的新启蒙运动；第九，组织大百科全书的（编辑）委员会。"①他号召"根据运动的每个参加者的能力和兴趣，实行分工合作"，而新哲学研究者应该作为领导者"来共同发起这个伟大的启蒙运动"。这实际上指明了新启蒙运动领导者应该是新哲学者（马克思主义者）。

1936年10月1日，陈伯达发表《论新启蒙运动》一文，进一步阐述了新启蒙运动的主张。他在评价历史上启蒙运动的功过得失之后，号召文化界参加新启蒙运动，以此唤起全民族的自我觉醒，组织全民族的抵抗，建立文化界最广泛的联合阵线："我们反对异民族的奴役，反对旧礼教，反对复古，反对武断，反对盲从，反对迷信，反对一切的愚民政策。这就是我们当前的新启蒙运动——也就是我们当前文化上的救亡运动。在这里，我们要和一切忠心祖国的分子，一切爱国主义者，一切自由主义者、民主主义者，一切理性主义者，一切自然科学家……结合成最广泛的联合阵线。"②

如果说五四运动是"第一次新文化运动"的话，那么新启蒙运动就是"第二次新文化运动"。新启蒙运动与五四运动的不同点，除了"时代的歧异"，主要还是指导思想的差异。陈伯达说："五四时代新文化运动之哲学上的基础，虽然当时已有动的逻辑抬头，但动的逻辑并没有占领支配的地位，占领支配地位的，一般地说来，还是形式逻辑，但我们目前的新启蒙运动之哲学上的基础，动的逻辑却无疑地是占着支配的地位。大革命以来，动的逻辑的逐渐巩固和扩大自己的阵地，才使目前新启蒙运动的提出成为可能。新哲学者乃是目前新启蒙运动的主力，动的逻辑之具体的应用，将成为目前新启蒙运动的中心，而且一切问题，将要借助于动的逻

---

① 陈伯达：《哲学的国防动员》，《读书生活》第4卷第9期，1936年9月10日。
② 陈伯达：《论新启蒙运动》，《新世纪》第1卷第2期，1936年10月。

辑，才能作最后合理的解决。"① 在他看来，新启蒙运动高于五四运动之处，就在于新启蒙运动的指导思想是新哲学（马克思主义），故其群众基础更加广泛。新启蒙运动较五四运动之"新"，在于其指导思想是新哲学（马克思主义），是以马克思主义的思想方法促进民众的觉醒和团结，共赴国难；而不再是像五四运动那样以西方资产阶级的民主主义和个人主义来唤醒民众。

陈伯达的这两篇文章，开启了新启蒙运动，也为新启蒙运动奠定了基础。何干之指出，这两篇文章"可说是新启蒙运动的最初的呼喊，也可以说是新启蒙运动的奠基石"，称赞陈伯达是"首先有意识地把问题提出来"的人。② 随后，陈伯达相继发表了《思想的自由与自由的思想——再论新启蒙运动》《论五四新文化运动》《思想无罪——我们要为"保卫中国最好的文化传统"和"争取现代文化的中国"而奋斗》等文，继续阐述新启蒙运动的主张。他不仅提出了"思想自由"的口号，号召要摆脱一切传统思想的镣铐，而且提出了一切进步人士实现大团结、建立统一的联合战线的主张。

陈伯达提出发起新启蒙运动的主张后，立即引起了国内思想文化界的关注。艾思奇发表的《中国目前的文化运动》，是思想文化界最初响应新启蒙运动号召的文论。艾思奇认为，由于戊戌至辛亥和五四两次新文化运动都没有完成启蒙的任务，所以目前"是要再来一个新的运动了"。艾思奇此时没有使用"新启蒙运动"的说法，只是提出"新的运动"，表明包括进步文化界对新启蒙运动的认识尚处在朦胧阶段。随后，艾思奇发表《新启蒙运动和中国的自觉运动》一文，对新启蒙运动的爱国主义特征作了阐述。他指出："启蒙运动是文化上的自觉运动。文化上的自觉运动和社会政治上的自觉运动是分不开的。后者是前者的基础。文化上的自觉运

---

① 陈伯达：《论新启蒙运动》，《新世纪》第 1 卷第 2 期，1936 年 10 月。

② 何干之：《近代中国启蒙运动史》，生活书店 1938 年版，第 208、206 页。

动的出现，常常预示着一个社会变革运动的酝酿成熟。"既然目前社会运动是广泛的爱国运动，那么文化启蒙运动必然采取爱国主义的形态："我们的新启蒙运动，也必然要与民族解放和国防发生不可分的联系。"新启蒙运动不是五四时代单纯反封建文化的运动，而是要把一切文化应用到有利于民族生存的方面，故其强调："只要是于民族的生存有利益的话，就是对一部分封建势力携手也在所不惜的。"① 艾思奇解释了进行新启蒙运动的必要性，揭示了新启蒙运动的性质和社会基础。

陈伯达与艾思奇对"新启蒙运动"相互呼应、相互补充的做法，扩大了新启蒙运动的声势，也引起了思想文化界的讨论。1937年5月初，思想文化界在纪念五四运动18周年之际，开始对新启蒙运动进行热烈讨论。张东荪、张申府等人纷纷著文，对陈伯达发起的新启蒙运动予以回应。张东荪认为："任何政治上的改革与转变必须先有一个文化上的大变化，换言之，即思想上的大变化为之先驱。"号召进行一场"恢复人类理性"的文化运动。② 陈兆鸥主张在继承五四运动的基础上发起一场新启蒙运动，但其内容应该与五四运动激烈的反传统态度有所区别："新启蒙运动的开展，必须批判过去文化，克服过去文化的劣点，更要肯定过去文化、摄取过去文化的优点。"③

张申府在《五四纪念与新启蒙运动》中强调新启蒙应该注意三点。第一，启蒙运动是理性的，"反对冲动，裁抑感情"，反对"笼统幻想，任凭感情冲动"。第二，在文化上，"这个新启蒙运动应该是综合的"。"所要造的文化不应该只是毁弃中国传统文化，而接受外来西洋文化，当然更不应该是固守中国文化，而拒斥西洋

---

① 艾思奇：《新启蒙运动和中国的自觉运动》，《文化食粮》创刊号，1937年3月。

② 张东荪：《重新再来一个文化运动》，《北方青年》第1卷第1期，1937年6月1日。

③ 兆欧：《五四纪念与新启蒙运动》，《北平晨报》1937年5月4日。

文化。""新思想新知识的普及固然是启蒙运动的一个要点，但为适应今日的需要，这个新启蒙运动的文化运动却应该不只是大众的，还应该带些民族性。处在今日的世界，一种一国的运动，似乎也只有如此，才能有力量。启蒙运动另一个主要特点本在自觉与自信。民族的自觉与自信固是今日中国所需要。要紧的是：不可因为国际而忽略民族，也不可因为民族而忽略国际。"第三，"由今日来回看，五四的一个缺欠是不免浅尝。对于一切问题都不免模糊影响"，"因此，今日的启蒙运动不应该真只是'启蒙'而已。更应该是深入的，清楚的，对于中国文化，对于西洋文化，都应该根据现代的科学方法更作一番切实的重新估价，有个真的深的认识"。①这三点"特别可举"，显然是针对五四运动，表明他对五四运动"缺欠"的认识。

张申府在《什么是新启蒙运动》中说："今日的新启蒙运动，显然是对历来的一些启蒙运动而言。对于以前的一些启蒙运动，也显然有所不同。比如，就拿五四时代的启蒙运动来看，那时有两个颇似新颖的口号，是'打倒孔家店'，'德赛二先生'。我认为这两个口号不但不够，亦且不妥。""至少就我个人而论，我以为对这两个口号至少都应下一转语。就是：'打倒孔家店'，'救出孔夫子'；'科学与民主'，'第一要自主'。"因此，他认为："五四时代的新启蒙运动，实在不够深入，不够广泛，不够批判。在深入上，在广泛上，在批判上，今日的新启蒙运动都需要多进几步。""今日是中国团结救亡，民族解放，争取自由，民主政治的时代。今日的新启蒙运动，就是适应这个时代的思想方面，文化方面的运动。因此，这个运动，也可说就是社会发展到这个阶段的民族主义的自由民主的思想文化运动。"他提出，新启蒙运动当前要做的最重要的两件事就是：一是思想的自由与自发；二是民族的自觉与自信。第二点尤其重要："要达到民族的自觉与自信，必须发挥出民

---

① 张申府：《五四纪念与新启蒙运动》，《北平新闻》1937年5月2日。

族的理与力。"① 他强调，新启蒙的实质是反侵略的文化救亡运动，是民族解放运动："彻底的民族解放，不但要达到领土主权的完整，国家民族的自由独立，是更要达到文化的自主与思想的自由独立的。""整个的民族解放斗争，不但要反抗军事政治经济的侵略，是更要反抗文化的侵略与思想的侵略的。""以上的后二者便是新启蒙运动的一部分使命。"他强调："现在新启蒙运动不但是民主、大众的，并且是带有民族性的。"② 张申府对新启蒙运动内容是科学的、民主的、大众的、民族的概括，对稍后中共提出新民主主义文化是"民族的、科学的、大众的文化"有着显而易见的影响。

　　在纪念五四运动 18 周年活动中，思想文化界逐渐将注意力集中到新启蒙运动上来，逐步形成了南北呼应的态势。北方以北平为中心，以组织工作为主，南方以上海为中心，以理论探讨为主。1937 年 5 月 19 日，张申府、吴承仕等 50 多人在北平正式成立启蒙学会，通过了组织章程，选举了组织干事，发表了成立启示，积极推进新启蒙运动。1937 年 5 月，以艾思奇为首的《读书月报》编辑部组织了"新启蒙运动座谈会"，何干之、吴清友等人就新启蒙运动的社会基础、主要内容、历史特点、主要方向及开展方法等进行了讨论并达成共识，为新启蒙运动的深入开展作了理论准备。艾思奇主持的《认识月刊》创刊号设立了《思想文化问题特辑》，集中讨论新启蒙运动。该特辑相继发表了陈伯达的《思想的自由与自由的思想》、艾思奇的《论思想文化问题》、何干之的《中国新文化运动的社会基础》、胡绳的《谈理性主义》等有代表性的文章，对如何促进新启蒙运动进行了理论探讨。周扬、胡乔木、胡绳等人纷纷发表文章，支持新启蒙运动，使新启蒙运动呈现蓬勃发展的良好态势。

---

① 张申府：《什么是新启蒙运动》，《实报·星期偶感》1937 年 5 月 23 日。

② 张申府：《战时生活战时教育新启蒙运动新的青年运动》，《时事类篇特刊》第 6 期，1937 年 12 月 10 日。

何干之在《近代中国启蒙运动史》中指出："新启蒙运动是思想文化上的爱国运动；新启蒙运动是思想文化上的自由主义运动；新启蒙运动是理性运动；新启蒙运动是建立现代中国的新文化运动。"① 这个概述是对陈伯达关于新启蒙运动主张的经典总结。陈伯达不仅最早倡议发起新启蒙运动，而且对该运动的性质、特点作了明确阐述，指明了新启蒙运动的正确发展方向。

首先，新启蒙运动是思想文化上的爱国主义运动。新启蒙运动是为了挽救严重的民族危机而发起的，故爱国主义构成新启蒙运动的主要内容。陈伯达指出："启蒙思想不是别的，乃是救中国的思想。"② 他将爱国主义作为新启蒙运动主要内容，不仅有鉴于严重的民族存亡危急，而且鉴于五四以来新文化所面临的危机。日寇在东北实行奴化教育政策、国民党政府实行的文化复古政策及社会上流行的复古思潮，造成了新文化的严重危机。他指出："我们的文化，我们的新文化，正在遭逢着被毁灭的危机。我们的侵略者和各种式类的汉奸要我们回返到'中古的'时代。而这种文化危机又和进一步的民族危机联系在一起。"③ 中国不仅有亡国危险，而且中国文化也有消亡危险，故需要一场新启蒙运动来反抗日寇文化侵略，挽救中国文化所面临的危机。为了抵抗日寇的文化侵略和国内的文化复古主义，必须矫正"关门主义"的"左"倾偏向，动员和团结一切开明的爱国人士，实现全国文化人的大团结。陈伯达指出："新启蒙运动并不是如某些人所说，是属于'左翼'的。恰恰相反，新启蒙运动是一切爱国文化人、一切理性主义者、一切民主主义者、一切科学家、一切平民教育者、一切开明的教育家……的共同文化运动。新启蒙运动倡导者认为：一切最合理、最现实、最勇敢的爱国文化人，必将成为新启蒙运动的核心，但他们不是包括

① 何干之：《近代中国启蒙运动史》，第 224 页。
② 陈伯达：《思想无罪》，《读书月报》第 3 号，1937 年。
③ 陈伯达：《论新启蒙运动》，《新世纪》第 1 卷第 2 期，1936 年 10 月。

着全体的新启蒙运动者。"要组成全国文化人的联合战线，就要在"爱国"基础上包容不同信仰的文化人士。他强调："民族统一是容纳着一切不同信仰的人们，就是说我们在文化上反对独断，反对迷信，但对于那迷信任何独断，任何宗教的同胞，我们不但不应反对他们，而且要尽力避免刺激他们的宗教感情和家族感情，号召他们合作，以引进他们到民族斗争的漩涡中，使他们能够在争斗中克服自己的迷信。这点是极重要的。"①

其次，新启蒙运动是思想文化上的自由主义运动。要动员数万万同胞参加抗日救国阵线以挽救民族危机，就要清除其思想上的愚昧；而要清除思想上的愚昧，根本办法是给予民众以自由思想的权利。故陈伯达强调，新启蒙运动是文化上的自由主义运动，是用自由主义来实现民众的思想自由，进而抵抗日寇的文化侵略和奴化教育。他在《再论新启蒙运动》中阐述了自己对自由主义的理解，并将其作为新启蒙运动的重要内容："我们所提出的新启蒙运动，其内容总括起来说，就是思想的自由与自由的思想。"新启蒙运动的基本特征，是倡导实现民众的思想自由。他解释说："所谓思想的自由，就是说：应该废止思想上外来的权威，思想应该从外来的权威独立起来。一切关于思想的外来镣铐（物质的镣铐），都不应存在。所谓自由的思想，就是说：应该唤起每人的自觉，每人都应当思想，都应当对于所遇见的任何事物，从事批判，每人都应当重新估值一切，都应当摆脱传统思想的束缚（精神的镣铐），从而发现自己的真理。"② 陈伯达之所以提倡思想自由，是因为他希望通过"自由思想"途径自由地宣传新哲学，实现新哲学在最大范围的传播。他明确指出："新哲学者乃是目前新启蒙运动的主力，动的逻辑之具体的应用，将成为目前新启蒙运动的中心，而且一切问

题，将要借助于动的逻辑，才能作最后合理的解决。"① 在他看来，马克思主义虽处于新启蒙运动的主导地位，但并不意味着要求全国思想文化界统归于马克思主义之下，形成新的独断："我们不赞成把这新理性主义当成独断，叫人们放弃旧独断，来迷信、盲从新独断。"②

再次，新启蒙运动是理性运动。作为一场在抗日救亡大潮背景下发起的文化运动，新启蒙运动必然要高举理性主义的大旗，号召民众运用理性，摆脱自己依附于权威的地位。陈伯达对新启蒙运动的理性主义特征作了深刻论述。他指出，作为思想解放运动和批判的运动，新启蒙运动同时也是"理性运动"。③ 他之所以提倡理性，是因为只有理性才能使人们有头脑、不盲从、不迷信、不武断，才有可能抵制非理性的思想，才能摆脱郁闷、盲从和迷信的生活状态，才有可能自由思想，才有可能组成抗日统一战线。新启蒙运动的对象，主要是普通民众。他说："我们的新启蒙运动是要把四万万同胞，从复古独断、迷信、盲从的愚昧精神生活中唤醒起来，要使四万万同胞过着有文化的，有理性的，光明的，独立的精神生活。"④ 他将新启蒙运动中的理性问题，概括为提倡"思想的自由"与"自由的思想"。他说："我们现在需要组织全民的抵抗，来挽救民族大破灭的危机。我们必须唤起全民族自我的觉醒。所以，我们这里需要自由，需要理性，需要光明需要热，需要新鲜的空气，需要奋斗，需要集体的力。"⑤ 为此，新启蒙运动要联合哲学上"一切理性主义者"，实现"哲学上之救亡民主大联合"，建立理性主义者的联合阵营："哲学上理性主义者（即使是唯心论的，还是片面的理性主义，而且内中有理性主义与非理性主义的矛盾，有极

① 陈伯达：《论新启蒙运动》，《新世纪》第 1 卷第 2 期，1936 年 10 月。
② 陈伯达：《在文化阵线上》，生活书店 1939 年版，第 43—44 页。
③ 陈伯达：《思想的自由与自由的思想》，《认识月刊》创刊号，1937 年 6 月。
④ 陈伯达：《思想的自由与自由的思想》，《认识月刊》创刊号，1937 年 6 月。
⑤ 陈伯达：《论新启蒙运动》，《新世纪》第 1 卷第 2 期，1936 年 10 月。

浓厚的非理性主义的倾向），曾是一些较热心、努力，或较倾向于救亡运动的人，而且容易与我们组织一个哲学上的抵抗反礼教的联合阵线，容易与我们共同进行新启蒙运动（不管是否是暂时的）。"①

最后，新启蒙运动是建立现代中国的新文化运动。20世纪30年代的中国思想文化界，社会上各种文化思想纷繁复杂：有陶希圣、何炳松等"十位教授"的"中国本位文化论"，也有陈序经和胡适的"全盘西化论"，还有蒋介石恢复封建道德的复古思想。作为新启蒙运动的发起者，陈伯达对当时纷乱的文化现状作了回应，对新文化建设的发展方向作了初步探讨，认为新启蒙运动不仅要批判旧有的文化，也要努力建设新的文化："在新启蒙运动中，在我们的批判运动中，我们对于文化，不只要能'破'，而且要能立。我们的启蒙运动，和先前启蒙运动不同的历史本质，就是我们已有能力在批判中来具体地从事指出中国历史现实的合理法则，合理地扬弃中国的旧文化，创造中国的新文化。"②

如何创造中国的新文化？陈伯达进行了认真思考并提出了一些基本原则。

第一，必须吸收民族传统，体现民族特色。他指出："新文化的创造，必须注意吸收民族传统的精华，体现民族特色。旧的文化传统和文化形式是根深蒂固地和人们年代久远的嗜好和习惯相联结的。最广大最下层的人民群众最习惯于旧的文化形式，经过那旧形式而传播给他们以新的文化内容，他们是最容易接受的。最下层的人民，他们是懂得欣赏文化的，他们是需要文化食粮的，需要更好和最好的文化食粮，但这种文化食粮却需要采取他们年代久远所习惯的形式，装进那种旧形式，而给予适当的改造，才能使他们乐于

① 陈伯达：《哲学的国防动员》，《读书生活》第4卷第9期。
② 陈伯达：《在文化阵线上》，第33页。

接受和很好的消化。"① 他还指出："利用旧形式，接受固有文化的优秀传统和需要具体地理解自己民族各方面的历史，可以说，这些就是新启蒙运动的主要特点之一。"②

第二，必须提倡理性主义，反对迷信、反对独断、反对盲从、反对一切不利于科学文化发展的因素。陈伯达对国民党政府推行尊孔读经的复古运动、中国本位文化建设运动以及新生活运动极为不满，对"复古，尊孔，祀天""守礼教""恢复读经，旌表孝子，褒奖烈女"等现象非常忧虑，强烈呼吁"接受五四时代'打倒孔家店'的号召，继续对于中国旧传统思想、旧宗教，作全面的有系统的批判"。③

第三，必须是大众的。新启蒙运动的目的是使新文化能够最大限度地普遍化、大众化。大众化的途径和方法，就是要走向民间、走向大众、联合新文学家以及争取最广大的读者。陈伯达指出，我们"应该由亭子间中、图书馆中、科学馆中的个人工作转向文化界的大众，转向作坊和乡间的大众"；"应该和一切科学家联合，去做民间的科学化运动"；"应该和一切平民教育者，一切小学教员，一切开明的教育者，一切文字改革者及一切大中小学生联合，去做民间的通俗教育运动，废除文盲运动，各种式样的破除迷信活动"；"应该和一切新文学家联合，去消灭那荒唐、迷信、诲淫诲盗的旧小说，旧鼓词，把最广大的下层社会读者夺取过来"；"在文学上，在一切艺术范围内，应该强调'人的文学'，'国民文学'，'通俗文学'，'为人生而艺术'的口号"。④

第四，必须吸收西方先进文化。陈伯达指出："现在的中国文化，和世界先进的国度比较起来，却是很落后的。中国文化的发

---

① 陈伯达：《在文化阵线上》，第 68—69 页。
② 陈伯达：《在文化阵线上》，第 76 页。
③ 陈伯达：《哲学的国防动员》，《读书生活》第 4 卷第 9 期，1936 年 9 月。
④ 陈伯达：《思想的自由与自由的思想》，《认识月刊》创刊号，1937 年 6 月。

展，绝对需要借助世界先进国度中的科学及其各种解放思想。"①
他在制定新启蒙运动纲领时具体阐述了吸收西方文化的途径："系
统地介绍西欧的启蒙运动及其重要的著作；介绍世界民族解放的历
史及其理论"；"和世界的文化组织，思想界名流，发生关系，请
求它们不断地援助中国民族解放的事业，援助中国人民的新启蒙
运动"。②

可见，陈伯达所要建立的中国新文化，是民族的、科学的、大
众的文化，陈伯达在新启蒙运动中对于建设新文化的设想，与毛泽
东的新民主主义文化纲领的基本精神是一致的。

1937 年抗战全面爆发后，新启蒙运动的两位重要领导人陈伯达、
艾思奇先后到达延安，与毛泽东、张闻天等中共领导人关系密切，直
接参加了新民主主义理论的建设工作。这样，新启蒙运动逐渐融入抗
日大潮之中，并适应战时民族主义潮流发展为学术中国化运动。

1938 年 9 月至 11 月，毛泽东在中共六届六中全会上作了题为
《抗日民族战争与抗日民族统一战线发展的新阶段》的政治报告，
第一次提出了"马克思主义中国化"命题。他说："今天的中国是
历史的中国的一个发展；我们是马克思主义的历史主义者，我们不
应当割断历史。从孔夫子到孙中山，我们应当给以总结，承继这一
份珍贵的遗产。这对于指导当前的伟大的运动，是有重要的帮助
的。"他强调："共产党员是国际主义的马克思主义者，但是马克
思主义必须和我国的具体特点相结合并通过一定的民族形式才能
实现。马克思列宁主义的伟大力量，就在于它是和各个国家具体
的革命实践相联系的。对于中国共产党说来，就是要学会把马克
思列宁主义的理论应用于中国的具体的环境。成为伟大中华民族
的一部分而和这个民族血肉相联的共产党员，离开中国特点来谈
马克思主义，只是抽象的空洞的马克思主义。因此，使马克思主

---

① 陈伯达：《在文化阵线上》，第 60 页。
② 陈伯达：《哲学的国防动员》，《读书生活》第 4 卷第 9 期，1936 年 9 月。

义在中国具体化，使之在其每一表现中带着必须有的中国的特性，即是说，按照中国的特点去应用它，成为全党亟待了解并亟须解决的问题。洋八股必须废止，空洞抽象的调头必须少唱，教条主义必须休息，而代之以新鲜活泼的、为中国老百姓所喜闻乐见的中国作风和中国气派。"①

　　毛泽东提出"马克思主义中国化"命题，主要是针对当时党内存在的主观主义和教条主义倾向，但因顺应了近代以来西方学术民族化趋势，故很快得到了广大进步理论工作者响应和赞同。1939年8月，张闻天在中央政治局会议上就文化政策问题发言说："我们要提倡民族化、大众化的文艺，使文艺工作者到民众中去锻炼，在民众中活动。"② 1939年12月13日，张闻天主持召开中央政治局常委会议，听取艾思奇关于准备陕甘宁边区文代会报告内容的介绍。会上毛泽东指出："新文化用下面四大口号为好：民族化（包括旧形式），民主化（包括统一战线），科学化（包括各种科学），大众化（鲁迅提出的口号，我们需要的）。"③

　　1940年1月5日，张闻天在陕甘宁边区文化协会第一次代表大会上作了题为《抗战以来中华民族的新文化运动与今后任务》的报告，他认为中华民族新文化以"民族的、民主的、科学的、大众的"因素作为自己的内容。"旧中国文化中也有反抗统治者、压迫者、剥削者，拥护被统治者、被压迫者、被剥削者，拥护真理与进步的、民族的、民主的、科学的、大众的文化因素。这种文化因素，即是我们的祖先留给我们的宝贵遗产……这是值得我们骄傲的。对于这些文化因素，我们有从旧文化的仓库中发掘出来，加以接受、改造与发展的责任。这就叫'批判的接受旧文化'。所以新文化不是旧文化的全盘否定，而是旧文化的真正'发扬光大'。新

---

① 《毛泽东选集》第2卷，人民出版社1991年版，第534页。

② 《张闻天文集》第3卷，中共党史出版社1994年版，第22页。

③ 中共中央文献研究室编：《毛泽东年谱（1893—1949）》中卷，中央文献出版社2013年版，第149页。

文化不是从天上掉下来的奇怪的东西，而是过去人类文化的更高的发展。""外国文化的'中国化'不是什么'中国本位文化'，而是使外国文化中一切优良的成果，服从于中华民族抗战建国的需要，服从于建设中华民族新文化的需要。"① 1月9日，毛泽东在这次会议上，作了题为《新民主主义的政治与新民主主义的文化》（发表时改为《新民主主义论》）的报告，体现出新民主主义文化是"民族的、科学的、大众的文化"。

　　无论是张闻天提出的"民族的、民主的、科学的、大众的"新文化，还是毛泽东提出的"民族的、科学的、大众的"新文化，都在肯定学习西方近代民主科学的同时，强调了"民族的"这一特性，这与此前新启蒙运动有着内在联系，显然汲取和继承了新启蒙运动强调"民族化"的基本思想。因此，作为新启蒙运动发起人之一的张申府，在读了毛泽东的《论新阶段》后，立即撰写《论中国化》一文，赞同甚至赞叹毛泽东关于"马克思主义中国化"的论述："我们认为这一段话的意思完全是对的。不但是对的，而且值得欢喜赞叹。由这一段话，更可以象征出来中国最近思想见解上的一大进步。"他列举了赞叹这个观点的五项理由。第一，改革中国是为了中国，至少首先是为了中国，虽然要学习外国，但"用在中国就应该中国化，而且如其发生效力，也必然地会中国化"。第二，"这一段话的意思与新启蒙运动的一个要求完全相同。新启蒙运动很可以说就是民族主义的科学。民主的思想文化运动。对于自己传统的东西是要扬弃的。所谓扬弃的意思，乃有的部分要抛弃，有的部分则要保存而发扬之，提高到一个更高的阶段，五四时期的启蒙运动有的地方不免太孩子气了。因此，为矫正'打倒孔家店'的口号，我曾提出：'打倒孔家店，救出孔夫子'，就是认为中国的真传统遗产，在批判解析地重新估价，拨去蒙翳，剥去渣滓之后，是值得接受承继的"。第三，"我们一方面主张社会科学化，科学社会化，把科学

———————

　　① 《张闻天文集》第3卷，第38、41、43页。

与社会密切结合一起；一方面主张中国科学化，科学中国化。科学中国化的意思就是要使中国在科学上有其特殊的贡献，使科学染上中国的特色"。第四，新启蒙运动要求新知识新思想普及化、大众化、中国化、本国化、本土化。"同时，反对奴化，不但反对作自己古人的奴隶，传统权威的奴隶，实在更反对作外来的东西的奴隶。"他拟定的新启蒙的纲领之一就是"自觉"与"自信"，中国化就是自觉与自信的表现。第五，"我们更主张学问的人化"，就是"把学问使人懂，却应该讲述得、叙述得有人味儿"。"而在中国说人话，当然要先中国化"。① 这五项理由的中心点都是"中国化"。"中国化"是新启蒙运动的核心理念，也是中国共产党所要建设的新民主主义文化的重点内容，也是稍后"延安整风"反对、批判"洋八股"和教条主义、"把国际主义的内容与民族形式分离起来"的"国际主义的人们"的重要思想内容。

张申府由强调"中国化"进而提出了"民族主义的科学""科学中国化""使科学染上中国的特色"的观点。1940 年 5 月，张申府在《中苏文化》上发表《五四的当年与今日》一文，阐述了当今时代与五四时代三个不同点及五四运动的三个缺欠，号召仍要继承"五四"的开放与开明的启蒙精神。他说："新启蒙运动的重要更加甚了，配合今日的需要，也为适应世界的潮流，而且推进世界的潮流，我愿意在今日，更重提出三点来。便是：一、社会与学术的配应；二、哲学与人生的结合；三、理性与热情的调谐。"他强调："我最近深感到有'一种新哲学的可能'……这种新哲学，我以为可以叫作'新解析几何'，也可以叫作'新逻辑经验论'。一方是继逻辑经验论而起的，一方也是逻辑经验论与辩证唯物论的结合。"②

---

① 张申府：《论中国化》，《战时文化》第 2 卷第 2 期，1939 年 2 月 10 日。

② 张申府：《五四的当年与今日》，《中苏文化》第 6 卷第 3 期，1940 年 5 月 5 日，第 41—42 页。

张申府继续倡导新启蒙运动的主张，与陈伯达根据时势变化要结束新启蒙运动的想法正好相反。陈伯达敏感地意识到，在毛泽东正式提出"新民主主义"理论之后继续提倡新启蒙运动，显然是不合时宜的；新启蒙运动单纯的口号无法解决中国面临的实际问题，加上新启蒙运动最初设想的目标基本实现（如扩大新哲学的宣传、呼吁抗日救亡运动及建立抗日统一战线等），故开始考虑放弃新启蒙运动的提法并终止这场运动。因此，陈伯达不仅对张申府所谓"新哲学"的看法不赞同，而且反对张氏继续进行新启蒙运动的倡议，不赞同张氏夸大新启蒙运动的历史作用的看法，认为新启蒙运动只是抗日民族战争的一部分，决不能代表一切。1940 年 6 月，陈伯达在《中国文化》上发表《论"新哲学"问题及其他——致张申府先生的一封公开信》，系统阐述了与张申府在新哲学及新启蒙运动问题上的分歧，对张氏继续推动新启蒙运动的观点进行了批驳，并决定结束新启蒙运动的讨论。陈伯达从维护辩证唯物论主导地位的基本立场出发，不赞同张氏把唯物论与实在论以及逻辑经验论相提并论，认为哲学领域早就属于辩证唯物论，将来也不可能不属于辩证唯物论。除了辩证唯物论之外，其他哲学不能真正与人生相结合，不能了解社会的人生，不能了解历史的人生，它们对于历史和社会的发展都是盲目的。①

陈伯达将新启蒙运动视为抗日战争的组成部分，表明他放弃了在发起新启蒙运动时提出的一些观点，也放弃了将新启蒙运动视为单独的思想文化运动的主张。陈伯达给张申府的公开信，不仅公开了其与张氏关于新启蒙运动主张的分歧，而且标志着以爱国主义联合战线为特征的新启蒙运动的正式终结。新启蒙运动融入抗战大潮并转变为"学术中国化"问题的讨论。

---

① 陈伯达：《论"新哲学"问题及其他——致张申府先生的一封公开信》，《中国文化》第 1 卷第 5 期，1940 年 6 月。

二　"学术中国化"问题的讨论

为了克服中共党内存在的主观主义和教条主义，毛泽东在六届六中全会的报告中向全党尤其是党的领导干部发出了"学习"的号召："我希望从我们这次中央全会之后，来一个全党的学习竞赛，看谁真正地学到了一点东西，看谁学的更多一点，更好一点。在担负主要领导责任的观点上说，如果我们党有一百个至二百个系统地而不是零碎地、实际地而不是空洞地学会了马克思列宁主义的同志，就会大大地提高我们党的战斗力量，并加速我们战胜日本帝国主义的工作。"①

根据毛泽东的这个号召，中共中央发起了"全党干部学习运动"。正是在这场学习运动中，"学术中国化"被正式提了出来。"学术中国化"既是"马克思主义中国化"的必然要求，又是近代以来中国人对中西文化关系的认识不断深化的结果。对此，嵇文甫在《漫谈学术中国化问题》中作了明确阐述："学术中国化运动，是伴随着学术通俗化运动，或大众化运动而生长出来的。……随着'七七'抗战的兴起，这个运动更加速的进展，直到最近，'中国化'这个口号乃在这个运动的高潮中很有力地涌现出来。我相信，从今以后，这个口号将响彻云霄，随着抗战建国运动而展开一个学术运动的新时代。"② 杨松指出，马克思主义中国化要求马列主义者的文化人在"马克思主义中国化"的过程中，"坚持自己的马克思主义的宇宙观和人生观，坚持自己对于科学的共产主义信仰，而应用马列主义的思想武器，应用马克思和列宁的唯物辩证法，去批判一切非无产阶级的思想意识，为建立以新民主主义的内容为内容

---

① 《毛泽东选集》第 2 卷，第 534 页。
② 嵇文甫：《漫谈学术中国化问题》，《理论与现实》第 1 卷第 4 期，1940 年 2 月 15 日。

和以中华民族的形式为形式的中华民族文化，并且在中国历史学、政治经济学、哲学、文学、音乐、美术、戏剧、诗歌和自然科学中，获得、巩固和发展自己的地位"。①

"学术中国化"运动兴起后，很快引起了学术文化界的积极响应。1939 年 4 月 1 日，重庆的《读书月报》第 1 卷第 3 期率先开辟"学术中国化问题"专栏，发表柳湜的《论中国化》和潘菽的《学术中国化问题的发端》等文，同时还发表了《谈"中国化"》一文。1939 年 4 月 15 日，《理论与现实》杂志在重庆创刊，艾思奇、李达、沈志远、侯外庐、潘梓年、钱俊瑞等人担任杂志编委，沈志远担任主编。该刊以"学术中国化"和"理论现实化"为宗旨，在创刊号上刊登了潘梓年的《新阶段学术运动的任务》和侯外庐的《中国学术的传统与现阶段学术运动》两篇讨论"学术中国化"的论文。接着，该刊第 1 卷第 4 期（1940 年 2 月 15 日）和第 2 卷第 2 期（1940 年 4 月 15 日），先后刊载了嵇文甫的《漫谈学术中国化问题》和吕振羽的《创造民族新文化与文化遗产的继承问题》等文。此外，《新建设》等刊物也刊出了许崇清的《"学术中国化"与唯物辩证法》等讨论"学术中国化"的文章，"学术中国化"讨论迅速展开。对于各地响应"学术中国化"的情况，郭沫若在《四年来之文化抗战与抗战文化》中指出："'学术中国化'口号的提出，更引起文化各部门的热烈响应，创作者热烈地讨论复兴文艺的民族形式问题；戏剧家研究各地方戏，作实验公演；音乐家也搜集各地民歌，研究改良，作实验演奏；社会科学家研究着中国的实际，中国的历史；自然科学家在研究着国防工业、交通运输、战时生产、医药卫生等中国具体问题，并提倡出了'中国科学化运动'的口号；科学家在研究着中国的古代哲学与思想上在抗战建国上的各种问题。"②

---

① 杨松：《关于马列主义中国化的问题》，《中国文化》第 1 卷第 5 期，1940 年 7 月。
② 军事委员会政治部：《抗战四年》，青年书店 1941 年版，第 190 页。

中共影响下的马克思主义者围绕"学术中国化"问题展开热烈讨论之时，以叶青为代表的所谓国民党理论家同样关注这场"学术中国化"讨论，并采取了责难和攻击的态度。1939年7月6日，叶青在《时代精神》创刊号上发表《论学术中国化》一文，猛烈批评"学术中国化"。他认为，毛泽东以及潘梓年等人所讲的"中国化"，并非真正的"中国化"，真正的"中国化是说欧洲乃至世界各国底学术思想到中国来要变其形态而成为中国底学术思想，这在哲学、社会科学和艺术方面，特别要如此，其中以政治思想、经济思想、社会思想为尤甚。所以中国化是一般的或外国的学术思想变为特殊的中国的学术思想的意思。它必须变其形式，有如一个新东西，中国的东西，与原来的不同。这样才叫做化，才叫做中国化。所以化是带有改作和创造之性质的。理解、精通、继承、宣传、应用、发挥……都不是化，当然也都不是中国化了"。既然"学术中国化"的意思是要把"一般的或外国的学术思想变为特殊的中国的学术思想"，那么"中国化与中国本位完全相同，所不同的只是名词而非理论内容"，因为提倡"中国本位文化运动"的"十教授《宣言》底中心可归结于如次的一句话，即'吸收其所当吸收'以'创造将来'，或'吸收其所当吸收'以从事'中国本位的文化建设'。这不是说把吸收来的学术思想中国化吗"。①

据此，叶青否定中共提倡"学术中国化"的必要性，认为即使要讲"学术中国化"，其功劳也不是中国共产党人的，而是孙中山的："孙先生虽然没有讲中国化三个字，却在实际上是中国化的开始者、实行者和成功者。他完成了欧美底政治思想、经济思想、社会思想之中国化。进一步说，三民主义适合中国，便于合中国需要的一切社会科学说来，有原则作用和方法作用。"那种企图在孙中山三民主义之外另求"学术中国化"，无异于缘木求鱼，是根本不可能的。因此，与其提倡什么"学术中国化"，还不如"认真研

---

① 叶青：《论学术中国化》，《时代精神》创刊号，1939年7月6日。

究孙先生，认真研究三民主义，尤其它底民生主义”。①

叶青批评“学术中国化”的实质，是反对马克思主义中国化，否定马克思主义对中国学术的指导地位；他之所以要把孙中山说成是“中国化的开始者、实行者和成功者”，也是为了宣传国民党的政治理念，认为只有国民党所阐释、宣传的三民主义才符合中国国情，才是抗战建国的指导思想。毛泽东由此断定叶青是“代表国民党写文章的人”②。叶青随后发表《马克思主义中国化的问题》一文，明确将攻击矛头直接指向马克思主义和中国共产党，公开声称马克思主义纯粹是从国外移植到中国的舶来品，根本“不适用于中国，作为它底经济学基础的资本论、政治学基础的国家论、社会学基础的阶级斗争论便亦不适用于中国”，声称：“中国是不需要共产主义，不需要马克思主义的了。因此它也就不需要共产党，这是逻辑的结论。”③

叶青关于“学术中国化”问题的错误言论，受到中国共产党人的严厉批判。杨松指出，马克思主义并不像叶青所说的那样“纯粹”是从国外移植到中国的舶来品，相反，它完全适合于中国的国情，因为“经过一九一四——一九一八年帝国主义大战，中国民族资本主义进一步之发展和形成，造成了接受和发展马克思列宁主义的客观的历史和经济条件”，这是马克思主义能够在中国生长发育和日益壮大起来的根本原因。他依据毛泽东在《新民主主义论》中关于中国新文化发展脉络的概括，把马克思主义传入中国的历史分为三个时期，并指出马克思主义之所以能够“中国化了和中国化着”，有它深厚的历史根源和阶级基础。他阐述说：“在每个时期内中国无产阶级的思想代表者——中国马列主义者，都是与其他进步的阶级和阶层结成文化思想上的统一战线，以共同反对

---

① 叶青：《论学术中国化》，《时代精神》创刊号，1939 年 7 月 6 日。
② 《毛泽东文集》第 2 卷，人民出版社 1993 年版，第 220 页。
③ 叶青：《马克思主义中国化的问题》，《中央周刊》第 3 卷第 43 期，1941 年 5 月 29 日。

外国帝国主义的奴化政策和国内封建主义的文化，为新民主主义的文化而斗争；同时，在这个统一战线中宣传和发展自己的科学学说——马列主义，把马列主义具体地应用于中国的具体环境，把马列主义中国化了和中国化着，也使中国学术马列主义化了和马列主义化着。"① 杨松创造性地提出了"化了"和"化着"这样两个概念："化了"，表示"马克思主义中国化"已取得的具体成果；"化着"，是指"马克思主义"正在"中国化"的过程。"化着"是"化了"的开始，而"化了"是"化着"的结果，"马克思主义中国化"的过程就是"化着"和"化了"的辩证运动过程。这样的观点是新颖而有说服力的。

艾思奇发表《论中国的特殊性》一文，从理论上系统批驳了叶青关于"中国化"问题的错误观点。他说："马克思主义之所以能够中国化，是由于中国自己本身早产生了马克思主义的实际运动。中国的马克思主义是在中国自己的社会经济发展中有它的基础，是在自己内部有着根源，决不是如一般的表面观察，说这是纯粹外来的。"② 他强调，叶青"利用中国的'特殊性'和'特殊的方法'等漂亮的新名词，把'国情论'以及'中学为体，西学为用'的陈腐思想偷运到文化战线上来，想藉以取消了马克思主义中国化的运动"。③ 深刻揭示了叶青讨论所谓"中国化"问题的政治意图。

中国共产党及其影响下的马克思主义学者积极参与"学术中国化"讨论，围绕着为什么要"学术中国化"、什么是"学术中国化"以及如何使"学术中国化"等重大问题展开讨论，深化了对"学术中国化"问题的理解，推动了马克思主义中国化，留下了宝贵的理论资源。

---

① 杨松：《关于马列主义中国化的问题》，《中国文化》第 1 卷第 5 期，1940 年 7 月。

② 艾思奇：《论中国的特殊性》，《中国文化》1940 年创刊号。

③ 艾思奇：《抗战以来的几种重要哲学思想评述》，《中国文化》第 3 卷第 1 期。

　　第一，阐发"学术中国化"的必要性。为什么要"学术中国化"？柳湜指出，"学术中国化"的提出，应从"当前的政治实践所反映于文化的要求、反映于新的学术运动上"来寻找根据，"它绝不仅限于纠正过去我们对外来文化的不溶化，纠正我们学习上、学术上许多公式主义，教条主义，给我们一种警惕，而是创造新的中国文化之行动的口号和前提"。① 认定"中国化"是为了正确处理外来文化以创造中国新文化的需要。

　　潘菽从学术普及化和适合中国需要的角度，从五个方面阐述了"学术中国化"的必要性。一是为了使学术更容易了解。每种学术都包含着许多原理和原则，需要实际的例证加以说明，在外国学者那里，所有的例证都是外国的，这就造成了我们了解上的障碍，我们最好根据中国所有并为一般人所熟悉的例证来说明各种学术，这样的知识更容易为人们理解和接受。二是为了使学术不成为超然的"洋八股"，就需要"把各种学术知识和中国自己的实际社会生活的种种方面关联起来"。三是为了使学术适合中国，要使外国学术适合中国需要，就必须实现学术的中国化。四是为了使学术成为中国整个文化的有机部分。五是为了使中国的学术成为世界学术的积极的一部分，"就必须先把各种学术加以彻底的消化，使成为自己的。只有彻底消化而成为自己的以后，才能有所创造，有所贡献"。②

　　在嵇文甫看来，学术本土化是创建中国新学术的需要，中国需要尽量吸收世界上进步的学术和文化使自己迅速壮大起来，但世界上任何好东西，总需经过我们的咀嚼消化，融入我们的血肉肌体中，然后对于我们方为有用。因此，"我们不能像填鸭似的，把外面的东西只管往肚里填，而不管它消化不消化；我们也不能像小儿

---

　　① 柳湜：《论中国化》，《读书月报》第 1 卷第 3 期，1939 年 4 月 1 日。

　　② 潘菽：《学术中国化问题的发端》，《读书月报》第 1 卷第 3 期，1939 年 4 月 1 日。

学舌似的，专去背诵别人的言语，而不管它意思是什么。而要使学术适应自己的需要，要把世界上许多好的东西变成自己的东西，就必须'学术中国化'"。①

　　第二，揭示"学术中国化"的内涵。什么是"学术中国化"？中国共产党人从多个方面对其内涵作了阐述。一是用马克思主义的唯物论和辩证法来研究中国问题，整理中国学术，并在此基础上建立中国的社会科学和自然科学。潘梓年指出：学术中国化的任务，就是用马克思主义的唯物论和辩证法，"去研究中国历史，中国的社会形态，中国社会在抗战中所起的各种变化，怎样使这些变化向进步的方向走去，更快的发展前去，这样来建立起中国的社会科学。去研究中国自然环境中的各种资源动力，运用这些资源动力来建立起中国的现代化的各种国防工业及其他各种工具，改进中国的农业，这样来建立起中国的自然科学"。② 柳湜强调："用辩证唯物论和历史唯物论去研究中国历史，中国问题，一切的问题。"③ 就此而言，所谓"学术中国化"，亦就是中国学术的马克思主义化。杨松明确指出："学术中国化的本质是中国学术的马克思主义化，也就是要在学术思想领域确立起马克思主义的指导地位。"④

　　二是充分吸收外来学术和文化，但这种吸收不是照抄照搬，而是通过消化，把外来的学术和文化变为自己的学术和文化，使之具有中国特色。潘梓年指出："学术中国化，绝不就等于保存国粹，而是要使我们的学术带着中国的味道、中国的光彩而发展生长起来，要使我们的学术成为中国的血液与肌肉，不成为单单用以章身的华服。"⑤ 柳湜强调，学术中国化"不排斥外来文化，并承认世

①　嵇文甫：《漫谈学术中国化问题》，《理论与现实》第 1 卷第 4 期，1940 年 2 月 15 日。

②　潘梓年：《新阶段学术运动的任务》，《理论与现实》创刊号，1939 年 4 月 15 日。

③　柳湜：《论中国化》，《读书月报》第 1 卷第 3 期，1939 年 4 月 1 日。

④　杨松：《关于马列主义中国化的问题》，《中国文化》第 1 卷第 5 期，1940 年 7 月。

⑤　潘梓年：《新阶段学术运动的任务》，《理论与现实》创刊号，1939 年 4 月 15 日。

界文化的交流乃是历史的必然"，因此，"我们要在中国具体的历史条件下吸收一切进步的文化，溶化它，通过民族的特点、历史的条件和中国抗战建国过程中的一切具体问题，把它变为自己的灵魂，'创造新鲜活泼的、为中国老百姓所喜闻乐见的中国作风与中国气派'"。① 所谓"学术中国化"，就是外来学术或文化的中国化，借用潘梓年的话说就是："把世界已经有了的科学，化为中国所有的科学。"②

三是继承和发扬民族的文化遗产，但不是对民族文化遗产的全盘继承和发扬，而是去其糟粕，取其精华，继承和发扬的是民族文化遗产中的优秀部分。柳湜指出：今日中国文化是要吸收世界文化一切优良的成果来丰富自己、武装自己，创造中国新文化，但同时并未忘记"我们这个大民族数千年的历史，有它的发展法则，有它的民族特点，有它的许多珍贵品"，我们要"尊重自己的历史，好的民族的传统，批判的接受民族优良的传统，但不是无所分别的一些陈腐残渣兼留并蓄"。③ 潘菽指出，在如何对待中国旧学术的问题上有三种办法。其一，继续保留并应用中国旧学术，而以新学术为补充或辅助。这就是所谓"中学为体，西学为用"。其二，只管引进和吸收新学术，而对旧学术不管不问，让它自生自灭。这是五四运动以来对待或处置旧学术的办法。其三，把旧学术变成新学术。而这第三种办法"是最合理最妥当的办法"。要把旧学术变成新学术，一方面把旧学术中的渣滓去掉，另一方面把旧学术中的精华提取出来，以容纳于新学术之中。④ 因此，所谓"学术中国化"就是中国传统学术或传统文化的现代化。稽文甫以"传统的旧文

① 柳湜：《论中国化》，《读书月报》第 1 卷第 3 期，1939 年 4 月 1 日。

② 潘梓年：《新阶段学术运动的任务》，《理论与现实》创刊号，1939 年 4 月 15 日。

③ 潘菽：《学术中国化问题的发端》，《读书月报》第 1 卷第 3 期，1939 年 4 月 1 日。

④ 潘菽：《学术中国化问题的发端》，《读书月报》第 1 卷第 3 期，1939 年 4 月 1 日。

化"为例，提出了鉴别民族文化传统的四种原则。其一，传统的旧文化中，有许多东西根本就带着一般性或共同性，根本就不是某一个特殊时代所独有，和现代生活根本就没有什么冲突，像许多立身处世的格言，有些固然已经失其时效，但有些直到今天仍然有其价值。其二，传统的旧文化中，有些东西虽然它原来的具体形态与现代生活不能相容，然而随着时代的发展、社会的进步，它的具体形态早已被历史淘汰，现在留给我们的只是它的某些精神或远景，而这些精神或远景在现代生活中又能发挥一些有益的作用或暗示。其三，传统的旧文化中，有些东西看着虽然是乌烟瘴气的，但其中却包含着某些真理或近代思想的某些因素，应该像马克思对待黑格尔哲学那样，"从神秘的外衣中，剥取其合理的核心"。其四，传统的旧文化中，有些东西从现在眼光来看虽然没有什么道理，甚至非常荒谬，然而在当时却有它的进步意义，"我们不妨舍其本身，而单从历史发展的观点上，阐扬其进步性"。①

四是研究和解决中国的实际问题。侯外庐认为："学术中国化的基本精神，就在于'知难行易'的传统的继承，使世界认识与中国认识，在世界前进运动实践中和中国历史向上运动实践中统一起来。"② 潘梓年指出，学术中国化"就是把目前世界上最进步的科学方法，用来研究中华民族自己历史上，自己所具有的各种现实环境上所有的一切具体问题，使我们得到最正确的方法来解决这一切问题"。③ 潘菽则强调："所谓学术中国化的意义就是要把一切学术加以吸收，加以消化，加以提炼，加以改进，因以帮助解决新中国的建设中所有的种种问题。"④ 就此而言，学术中国化运动的根

---

① 嵇文甫：《漫谈学术中国化问题》，《理论与现实》第 1 卷第 4 期，1940 年 2 月 15 日。

② 侯外庐：《中国学术的传统与现阶段学术运动》，《理论与现实》创刊号，1939 年 4 月 15 日。

③ 潘梓年：《新阶段学术运动的任务》，《理论与现实》创刊号，1939 年 4 月 15 日。

④ 潘菽：《学术中国化问题的发端》，《读书月报》第 1 卷第 3 期，1939 年 4 月 1 日。

本目的就是要研究和解决中国的实际问题。

第三，探讨"学术中国化"的实现途径。如何实现"学术中国化"？潘菽指出，要使"学术中国化"，首先，要在透彻地吸收世界上各种学术的基础上，"加以变化，加以选择，加以改进，加以适应"，"要在每种学术方面都学习到世界上任何人所能学习到的最多并最精到的知识，要在每种学术方面都至少有几个学者或专门家可以和世界上在这一种学术里面所有的最前进最优秀的后起学者或专门家并辔齐肩"。他强调，透彻地吸收世界上的各种学术并加以批判、选择和消化，"是学术中国化的基石"。其次，学术中国化的基本条件是使学术和中国在建设中的种种实际问题密切关联起来。一种学术只有当它开始努力服务于中国社会种种实际问题时，它"才能开始中国化起来，开始具有生命而发展起来，而它的中国化的程度和生命的程度也将以它的那种服务的程度而定"。最后，学术的生命力在于研究和解决实际问题，而实际问题的妥善解决有待于深刻的理论指导，"所以，要使学术中国化，使能帮助解决现在正在一个大蜕变中的中国所有的那么繁多而繁重的现实问题，那就非加深理论的研究不可"。而这种"深刻的理论研究"，并不是指"冥渺的探索和无谓的剖析，而是仍和实践的问题紧密相结合的。这种研究帮助了实践，同时也提高了学术的本身"。潘菽强调，不要以为"学术中国化"是故意将西方的各种学术改头换面一下，渗入一点中国的故旧观念，使之成为一种特别的东西。实际上，"我们所谓学术中国化其实乃是事实的要求，而同时也是我们所应该做的努力的自然结果"。①

潘梓年认为："科学化运动与接受优良传统，是学术中国化的两个支柱。基本条件则在精通科学方法，精通唯物辩证法，精通马列主义。"学术中国化必须克服三个倾向："第一是生吞活剥的移

---

① 潘菽：《学术中国化问题的发端》，《读书月报》第 1 卷第 3 期，1939 年 4 月 1 日。

植，就是公式主义或教条式的搬运。第二就是'一切线装书都应抛入茅厕里去'的'左'倾幼稚病。第三是近于复古运动的所谓整理国故，如劝中学青年读庄子读文选之类。"①

柳湜指出，"中国化"针对的不是某一学术领域，而是所有的学术领域。在哲学上，一方面，要用唯物论和辩证法，纠正过去无目的、无认识、无选择地介绍外来思想和学说带来的种种不良影响，并对外来思想和学说作有选择的介绍；另一方面，要用唯物论和辩证法来研究中国哲学，研究当前中国的各种思想派别，鼓励有旧学根基的人学习和接受正确的方法论，同时要加强对当前一切武断、无知、落后思想的斗争。在政治学上，要配合当前中国所实践的民主革命的要求，在吸取目前世界上最完善最进步的民主思想和政治制度的基础上，创造出符合中国历史发展进程和特点的中国新的政治学，以指导中国的民主革命和抗战建国。在经济学上，要用世界上最进步的经济学说和最正确的研究方法，来研究中国的社会经济，尤其是抗战过程中中国经济的运动法则，研究中国国民经济运动的诸方面，要在"学术中国化"的口号下加强对进步的经济理论的介绍和研究，同时要与违反历史发展规律、歪曲中国历史、反民生主义和社会主义的经济理论和思想作坚决斗争，因为中国新的经济理论的建立对于抗战建国有重大影响。在历史领域，要扬弃"整理国故"时代的学者所抱持的纯学术态度和古老方法，接受并运用新的历史唯物论来研究中国历史，建立起中国自己的新史学。在自然科学领域，要求中国的自然科学家关心现实，为抗战建国服务，研究战时一切科学的和技术的问题，提出建国的科学方案。在文学方面，不仅反对文字上的无原则的"欧化"、文化上的"洋八股"，而且要求今日的文学工作者须深刻了解中国历史的现阶段，并根据民主革命的要求和中华民族的特点、根据抗战建国过程中所

① 潘梓年：《新阶段学术运动的任务》，《理论与现实》创刊号，1939 年 4 月 15 日。

需要的文学运动，创造出大量的新的文学作品来。①

　　总之，"学术中国化"是接续新启蒙运动所强调的"民族化"而来的，是近代以来中国人对中西文化关系的认识不断深化的必然结果。因此，"学术中国化"倡导者一方面强调"学术中国化"运动与"新启蒙运动"和"学术通俗化运动"之间的联系性，另一方面又强调"学术中国化"不同于以往"中体西用"、"国粹主义"、"西化"或"全盘西化"的论调，而是强调在充分吸收外来学术文化基础上，通过自身的消化吸收，把外来的学术文化变为中国自己的学术文化，使之具有中国特色。同时，它虽然强调继承和发扬中国民族的文化遗产，但不是对民族文化遗产的全盘继承和发扬，而是去其糟粕取其精华，继承和发扬的是民族文化遗产中的优秀部分，进而创建具有中国特色的现代新学术文化。全面抗战时期各界针对"学术中国化"问题展开了激烈讨论，留下了宝贵的理论遗产，不仅为马克思主义中国化提供了学理支撑，而且为西方学术文化的中国化及中国民族文化的现代化指明了方向，为建构具有中国特色的现代新学术体系奠定了理论基础。

三　哲学中国化与"民族形式"讨论

　　"学术中国化"既是"马克思主义中国化"的必然要求，又是近代以来中国人对中西文化关系的认识不断深化和九一八事变后日益严重的民族危机对学术影响的自然结果。杨松在《关于马列主义中国化的问题》一文中指出，"马克思主义中国化"，要求"马列主义者的文化人"在"马克思主义中国化"的过程中，"坚持自己的马克思主义的宇宙观和人生观，坚持自己对于科学的共产主义信仰，而应用马列主义的思想武器，应用马克思和列宁的唯物辩证

---

①　柳湜：《论中国化》，《读书月报》第 1 卷第 3 期，1939 年 4 月 1 日。

法，去批判一切非无产阶级的思想意识，为建立以新民主主义的内容为内容和以中华民族的形式为形式的中华民族文化，并且在中国历史学、政治经济学、哲学、文学、音乐、美术、戏剧、诗歌和自然科学中，获得、巩固和发展自己的地位"。①

　　1938 年 4 月，艾思奇在《哲学的现状和任务》中提出了哲学研究"中国化"问题。他在回顾了马克思主义哲学在中国所走过的通俗化、大众化的道路后指出："过去的哲学只做了一个通俗化的运动，把高深的哲学用通俗的词句加以解释"，这些成绩在打破哲学的神秘观点上、在使哲学与人们的日常生活接近等方面是有极大意义的，然而"通俗化并不等于中国化、现实化"，它只是使外国哲学概念用中国的语言文字表达出来而已，并没有实现与中国革命实践的结合。因此，我们如果要继续指导哲学推向前进，就"需要来一个哲学研究的中国化、现实化运动"。同年 7 月，胡绳在《辩证唯物论入门》前言中，对辩证唯物论"中国化"含义作了阐述，认为它有两方面含义：一是"用现实的中国的具体事实来阐明理论"；二是"在理论的叙述中随时述及中国哲学史的遗产以及近三十年来中国的思想斗争"。

　　"学术中国化"运动兴起后，学术界就哲学中国化问题展开深入讨论。和培元在《论新哲学的特性与新哲学的中国化》中指出，"哲学中国化"主要指"新哲学"中国化，"新哲学"就是马克思主义哲学，马克思主义哲学是指"辩证唯物主义与历史唯物主义"，故所谓马克思主义哲学中国化，其本质就是"辩证唯物主义的普遍原理与中国的具体的革命实践的结合，与中国的历史实际的结合"。具体做法就是："我们的哲学家必须有系统地研究中国革命的历史，研究新民主主义，研究统一战线内部的联合与斗争，研究在各个不同历史时期，各个不同环境下的战略与策略，研究党的各种政策，把

---

① 杨松：《关于马列主义中国化的问题》，《中国文化》第 1 卷第 5 期，1940 年 7 月。

这些问题提到哲学的原则上来，做出哲学上的结论。"有了系统的历史知识，还要"能够用历史唯物主义的原理阐明中国历史的发展的规律性，用中国历史的实际发展证明历史唯物主义的……普遍真理"，"不能做到这点，则我们对历史唯物主义的了解始终是比较抽象的，我们就无法把历史唯物主义真正中国化"。① 艾思奇在《关于形式伦理学和辩证法》中提出，马克思主义哲学中国化在原则上包含两点："第一要能控制中国传统的哲学思想，熟悉其表现方式；第二要消化今天的抗战实践的经验与教训。"② 因此，马克思主义哲学中国化必须处理好两方面内容：一是马克思主义哲学与中国革命实践的关系；二是马克思主义哲学与中国传统哲学的关系。

　　延安新哲学会在推动哲学中国化过程中起了重要的促进作用。该会是在毛泽东提议下，于1938年9月在原有哲学学习小组基础上成立的。1940年6月21日，新哲学会在延安举行第一届年会，毛泽东在讲话中强调了哲学工作者加强理论研究的重要性："理论这件事是很重要的，中国革命有了许多年，但理论活动仍很落后，这是大缺憾。要知道革命如不提高革命理论，革命胜利是不可能的。过去我们注意的太不够，今后应加紧理论研究。现在人们的条件比过去好了，有许多文化工作者与哲学家都会聚在这里。必须承认现在我们的理论水平还是很低，全国的理论水平还是很低，大家才能负起克服这种现象的责任。我们要求全国在这方面加以努力，首先要求延安的人多多努力。"③ 张闻天向延安新哲学会提出了四项任务："第一，要与反辩证唯物论的各种错误思想作斗争，没有这种斗争，新哲学的发展就不可能；第二，新哲学会应更多地研究中国革命的实际问题，以克服革命理论落后于实际的缺陷；第三，使新哲学的研究与实践斗争更密切地联系起来，使新哲学的研究，成为生动的实际的有兴趣的工作，而不是死板的条

---

　　① 和培元：《论新哲学的特性与新哲学的中国化》，《中国文化》第3卷第2、3期合刊，1941年8月20日。

　　② 《艾思奇文集》第1卷，人民出版社1981年版，第420页。

　　③ 中共中央文献研究室编：《毛泽东年谱（1893—1949）》中卷，第194页。

文的背诵；第四，新哲学会今后应推动各地研究新哲学的活动，供给他们研究的材料，通俗化的读本，以提高全国的理论水平。"①

延安新哲学会在艾思奇、何思敬主持下，团结大批哲学社会科学工作者开展研讨活动。他们每周集会一次，交流研究心得，讨论各种专门的哲学问题，取得了许多研究成果，如艾思奇的《孙中山先生的哲学思想》、陈唯实的《斯大林对唯物辩证法的新发展》、周扬的《契尔那夫斯基的美学》、范文澜的《中国经学史的演变》、何思敬的《黑格尔的逻辑》、郭化若的《军事辩证法》等。总体上看，新哲学会从四个方面推动哲学中国化工作的展开并取得了明显成效。

第一，组织翻译编辑大批马克思主义经典著作，如郭大力、王亚南翻译的马克思《资本论》第1、2、3卷，艾思奇翻译的《列宁关于辩证法的笔记》和《马克思恩格斯关于唯物史观的书信》，柯伯年翻译的列宁《论战斗的唯物论底意义》，博古翻译的斯大林《辩证唯物主义与历史唯物主义》，周扬编辑的《马克思主义与文艺》，艾思奇编辑的《马恩列斯思想方法论》及《马克思恩格斯论中国》等。另外，还翻译编辑了苏联哲学家撰写的马克思主义哲学著作，尤其是《联共（布）党史简明教程》的翻译出版，极大地推动了马克思主义中国化进程。凯丰在《〈联共（布）党史简明教程〉的历史意义和国际意义》中指出，该书出版的最大意义在于，指出了"马克思主义理论也同一切其他科学一样，是在不断的发展着和完善着，不惧怕用适合于新的历史条件下的新的结论和论点去代替某些过时了的结论和论点"。② 中国共产党正是从这里看到了自己在过去学习、应用和宣传马克思列宁主义过程中存在的缺点，通过学习《联共（布）党史简明教程》尤其是第四章"辩证法唯物论和历史唯物论"后，这种倾向就被有意识地纠正，而

---

① 于良华、徐素华：《延安新哲学会史料介绍》，《毛泽东哲学思想研究动态》1984年第5期。

② 凯丰：《〈联共（布）党史简明教程〉的历史意义和国际意义》，《群众》第2卷第16期，1939年2月28日。

走向更实际的方面："许多研究辩证法的人，仍然依据这一节的基本原则和精神，依据中国的抗战和革命的实际经验，努力想就辩证法和唯物论的一切问题，作一个全面的新的研究，而某些新的、不是简单抄袭而是有多少创造意义的成绩，也渐渐表现出来了。"①

第二，组织编纂大批马克思主义哲学教科书，如艾思奇编著的《哲学讲座》、博古编著的《辩证唯物论与历史唯物论基本问题》、吴黎平和艾思奇编著的《唯物史观》、艾思奇编选的《哲学选辑》等。其中艾思奇编著的《哲学讲座》，从哲学是研究事物最一般规律的科学、哲学是党性的科学、辩证唯物论在马克思主义政党的世界观等方面论述了什么是哲学；从事物的普遍联系、事物的运动变化、事物的对立统一、质量互变转化等方面论述了什么是辩证法。为了帮助干部和知识青年学习哲学，新哲学会组织撰写文章，介绍理论联系实际的学习研究方法。如艾思奇的《怎样研究辩证法唯物论》《正确的工作态度和工作方法就是辩证法——学习哲学的基本认识》《关于研究哲学应注意的问题》《反对主观主义》等，以及徐特立的《怎样学习哲学》、刘亚生的《研究新哲学的方法问题——贡献给初学新哲学者的一点意见》等。

第三，组织开展研究中国传统哲学思想。陈伯达响应毛泽东在中共六届六中全会上向全党发出"学习我们的历史遗产，用马克思主义方法给以批判的总结"的号召，认为"我们要创造中华民族崭新的文化，就要能善于了解中国各方面的历史，就要能善于研究和综合过去我们民族历史所创造过的文化事物，并加以新的改造，加以新的发挥"②，故先后撰写《中国古代哲学的开端》《关于知和行问题的研究》《老子的哲学思想》《墨子的哲学思想》《孔子的哲学思想》等文，尝试对中国传统思想作出马克思主义的

---

① 艾思奇：《抗战以来的几种重要哲学思想评述》，《中国文化》第3卷第1期，1941年8月。

② 陈伯达：《论文化运动中的民族传统》，《解放》第46期，1938年7月23日。

新阐释。这些论文在当时产生了很大影响，并引起了毛泽东的特别关注。毛泽东就《孔子的哲学思想》一文的观点，两次致函张闻天，从总体上肯定陈伯达研究的成绩，也对其关于孔子中庸思想、道德论、认识论等问题的评价问题提出不同意见，建议进行修改。艾思奇对陈伯达的研究评论说，"由于中国古代社会史的问题大部分还没有解决，又由于中国古代文献的研究解释也还有不少的问题"，陈伯达对中国古代哲学思想的研究难免存在这样或那样的问题，"不能说已完美无缺，然而在他这一部没有完成的著作里，是有许多新的见解的，特别是对于中国古代哲学开端的研究，对于墨子的学说的解释，都有着许多可贵的新的见解"。[①]

第四，组织成员批判各种非马克思主义思想。如艾思奇撰文批判陈立夫的"唯生论"、蒋介石的"力行哲学"、阎锡山的"中"的哲学、国家社会党的哲学、中国青年党的哲学和张申府的哲学。胡绳批判过冯友兰的"新理学"、贺麟的"新心学"和钱穆的文化复古倾向。

全面抗战初期创作通俗文学高潮的涌起，牵动了理论上关于文艺大众化及民族形式的讨论。文艺大众化问题的讨论，主要是围绕大众化运动的意义和任务，以及利用旧形式等问题展开的。有人明确指出："文艺要使大众都能看得懂，它所用的话，应该是大众最普遍地所说的口头语。文艺要使大众都能看得懂，我们还应该注意到应该怎样写，那就是文章的形式问题，我们要明白大众的文艺水平是很低的，所以我们应该利用他们所看惯的旧形式。"抗战初期的文艺大众化，最初是以提倡创作通俗文艺为其特征。所谓通俗文艺，就是利用传统旧形式（亦可谓旧式体裁）来写新内容，当时的鼓词、小调、皮黄、河南坠子、数来宝乃至评书、演义等通俗形式，甚至佛教文学和旧诗词，都被利用来反映抗战生活，人们形象地将这种方法比作"旧瓶装新酒"。

---

① 艾思奇：《抗战以来的几种重要哲学思想评述》，《中国文化》第3卷第1期，1941年8月。

　　1938 年 4 月，胡风主编的《七月》杂志以及老舍先后邀约在武汉的部分作家出席"宣传、文学、旧形式的利用"座谈会和"怎样编制士兵通俗读物"座谈会，主要围绕三个问题展开讨论。一是战争环境中，士兵和民众是否需要文艺。老舍认为："全面的抗战必须动员全体民众。精神的食粮必须普遍的送到战壕内与乡村中。"① 二是文章怎样下乡、入伍。事实上当时文章下乡和到前线的极少，但为了动员和组织大后方多数文化水准较低的民众，老舍等人认为，作家应利用最适当的旧形式从事写作，写出最通俗的文艺作品来，即"旧瓶装新酒"。三是"利用旧形式"是前进还是倒退。有人担心，利用旧形式写通俗作品是对五四文学革命的倒退。胡风指出："这问题的中心点应该是文艺活动与大众生活的有机的溶合。而民族革命战争恰恰造成了这个溶合的条件。"② 利用旧形式是为了教育大众，以他们最喜闻乐见的乡土剧、评书、大鼓、山歌、小调和章回小说等形式，去激发士兵、民众保卫家乡的情感。四是"利用旧形式"可以逐渐创造出具有中国作风和中国气派的民族新形式来。老舍认为："这种文艺通俗运动的结果，与其说是文艺真深入了民间与军队，倒不如说是文艺本身得到新的力量，并且产生了新的风格。"③ 应该指出，"利用旧形式"创作文学作品决不是搞复古倒退，而是使新文艺真正实现大众化，真正与一般民众相结合的有效途径。

　　"旧瓶装新酒"虽然有急就章式的弱点，但有助于"大众的眼睛穿过周围的传统墙壁"，使之"更迅速的去认识抗战的重大意义"④，所以，新文学工作者有计划地组织和推动这项工作，涌现出了许多优秀作品，如柯仲平的诗歌《边区自卫军》，民众剧团表演的《查路条》，

---

　　① 老舍：《文章下乡，文章入伍》，《中苏文化》第 9 卷第 1 期，1941 年 7 月 25 日，第 41 页。

　　② 《胡风评论集》中册，人民文学出版社 1984 年版，第 13—14 页。

　　③ 老舍：《八方风雨·抗战文艺》，《新文学史料》1978 年第 1 辑，第 22 页。

　　④ 魏孟克：《抗战以来的中国文艺界》，《抗战文艺》第 2 卷第 6 期，1938 年 10 月 15 日。

田汉的皮黄《雁门关》，欧阳山的小说《世代冤仇》《流血纪念章》，赵景深的《八百好汉死守闸北》，张天翼、沙汀、艾芜集体创作的《卢沟桥演义》等，发挥了鼓舞民众抗战热情的作用。因此，文艺界从"文章下乡，文章入伍"到创作通俗化及利用旧形式的文艺大众化运动，是要"激励大众努力抗战，争取抗战最后胜利，而且也是为着要彻底解决中国新文艺运动应该解决而未曾解决的问题"。①

"旧瓶装新酒"虽然成为文艺工作者为抗战服务最简捷的工具，但随着这种创作局限及弊端的日益显现，人们逐渐感觉到"抗战的面貌并不像原先所理解那样简单，要将这新现实装进旧瓶里去，不是内容太多，就是根本装不进去"，甚或"一装进去瓶就炸碎了"。于是，战时文艺界围绕"旧瓶装新酒"问题展开激烈讨论。这场争论表面上是文艺形式，核心则是文艺如何大众化和怎样才算大众化的问题。随着文艺"民族形式"问题论争的展开，人们对"旧瓶装新酒"问题的认识逐渐深化。

全面抗战初期，文艺界关于通俗化及旧形式的利用等问题的论争较多。而茅盾、以群、老舍的文章较有代表性。茅盾在《文艺的大众化问题》中指出："在这抗战期间，我们要使我们的作品大众化，就必须从文字的不欧化以及表现形式的通俗化入手。我们为了抗战的利益，应该把大众能不能接受作为第一义，而艺术形式之是否'高雅'作为第二义。我们应当不怕自己作品的通俗化！"他对老舍、穆木天写作的鼓词等作品加以肯定，认为"实在是抗战文艺运动中的一件大事"。关于旧形式的利用问题，以群认为："我们不能无条件地利用旧形式，只有在旧形式的活用的过程中，才能将新的内容灌输给大众……并在内容和形式的逐渐统一（旧形式的蜕变和新形式的形成）中使他们接近纯粹的新文艺，因此利用旧形式的创作实践，也正是创造大众化的新形式的必然过程。"② 老舍谈及通

---

① 林谈秋：《抗战文学与大众化运动》，《中国现代文学史参考资料》第1卷。
② 以群：《扩大文艺的影响》，《抗战文艺》第1卷第4期。

俗文艺的文字和内容，认为"须民间的语言，说民间的事情。通俗文艺在思想和感情上则取决于作者之态度"，"以民间的生活，原有的感情，写成故事，而略加引导，使之于新"，达到"改变读者的思想，使之前进，激动情绪，使之崇高"。①

1938 年 10 月，毛泽东在中共六届六中全会上提出"民族形式"应当是"新鲜活泼的，为中国老百姓所喜闻乐见的中国作风和中国气派"，受到战时文艺界的高度关注。1940 年 1 月，毛泽东在《新民主主义的政治与新民主主义的文化》的讲演（单行本改名《新民主主义论》）中，对新文化应当具有"民族的形式，新民主主义的内容"作了进一步阐述，在文艺界引起巨大反响。从延安引发的民族形式的讨论，在重庆为中心的国统区文艺界讨论的主要问题是"民族形式的中心源泉"问题。如一派主张民间形式是民族形式的中心源泉，完全抹杀了五四运动以来的新文学；另一派则以形而上学反对形而上学，走向另一个极端，全盘肯定五四运动以来的新文学，又全盘否定民间文学，认为旧形式是封建残余的反映。1940 年 3 月 4 日，向林冰在《大公报》上发表《论"民族形式"的中心源泉》一文，认为民族形式的中心源泉是在"中国老百姓所习见常闻的自己作风与自己气派的民间形式之中"，而民间形式"本质上乃是一个矛盾的统一体，因为它也就是赋有自己否定的本性的发展中的范畴，亦即在它的本性上具备着可能转到民族形式的胚胎"，全盘否定五四运动以来的新文学。②

向林冰的文章发表后，立即遭到文艺界的普遍反对。葛一虹指出，新的形式"惟有忠实地描写了具体地存在着新事物的生活，才能获得"。③ 郭沫若也认为，"民族形式的中心源泉，毫无可议

---

① 老舍：《谈通俗文艺》，《自由中国》第 1 卷第 2 号。

② 向林冰：《论"民族形式"的中心源泉》，《民族形式讨论集》，华中图书公司 1941 年版，第 96—98 页。

③ 葛一虹：《民族形式的中心源泉是在所谓"民间形式"吗》，《民族形式讨论集》，第 109 页。

的，是现实生活"。① 罗荪指出，五四运动以来的新文艺尽管有很多弱点，但"我们不能忽略了它在二十多年来的思想领域里面所起的伟大领导作用。正因为它曾经作为了反帝反封建的主要武器，它站在民主的一面，它站在革命的一面，二十多年的文学史做了它光荣的证明。今天并没有离开了历史发展的规律，抗日民主的要求，正是把反帝反封建更具体化的一个表现。我们必须在抗日民主的基础上来谈民族形式，同样民族形式在创造必须以进步的文艺形式为其发展基础"。② 向林冰对"中国化"的理解过分拘泥于"形式"，而忽视了民族形式所包含的"内容"。茅盾指出，"在世界大变革的前夜，在民族解放战争的第二阶段"，向林冰否定新文艺的主张是"求进反而倒退，成为复古派的俘虏"。③

重庆文学报社举行座谈会之后，延安文化界、重庆新华日报社、中华全国文艺界抗敌协会、晋察冀边区文艺界各协会相继举行座谈，对"民族形式"问题展开讨论。郭沫若的《"民族形式"商兑》、潘梓年的《新文艺民族形式问题座谈会上的发言》、茅盾的《关于民族形式的通信》等文，强调既要对旧的民族形式加以改造，也应重视欧化形式的消化而不仅仅是移植。楚图南认为：文艺的民族形式应当反映"时代进化和社会进化"，它尽管"可能是通俗化大众化，但却不绝对是专一大众化和通俗化"。同时，它在"时间上可以接受了中国的过去，人类的过去的优良传统"，而且"空间上可以容纳和吸收了一切的外来的经验"，唯有"这样的民族形式，才会是民族性，和国际性有着一种合理的统一，一种相得益彰的调和"。有人指出，除了批判地接受旧文学优良的传统，文

---

① 郭沫若：《"民族形式"商兑》，《中国文化》第 2 卷第 1 期，1940 年 9 月 25 日。

② 罗荪：《论争中的民族形式"中心源泉问题"》（下），《读书月报》第 2 卷第 9 期，1940 年，第 442 页。

③ 茅盾：《旧形式民间形式与民族形式》，《中国文化》第 2 卷第 1 期，1940 年 9 月 25 日。

艺民族形式还有较主要的任务：创造新形式。"我们民族的新的文艺形式，就必须是能表现新的内容的新形式，那末，必将在新文艺形式的基础上，吸收一切优良形式的精华，建立并组织以真正中国普通话为基础的文艺语言。"

抗战时期文艺界围绕"大众化"和"民族形式"问题的讨论，有助于正确处理"政治与艺术"关系，有利于发挥抗战文艺弘扬民族精神之功能，对于促进文学如何与民族特点、人民大众相结合有重要意义。抗战文艺紧紧贴近现实生活，以血泪交加之笔，描写了中国人民怎样在血与火的搏斗中获得新生，表现了中华民族之魂可歌可泣的复苏过程。抗战文艺创作的趋势向着大众化方向发展，文艺家站在新文化立场上对旧形式进行了艰苦的改造工作，既重视普及又重视提高，受到民众欢迎并为新文艺发展奠定了坚实的基础。

四　"中华民族是一个"问题讨论

1939 年元旦，顾颉刚在云南昆明《益世报·星期评论》上发表《"中国本部"一名亟应废弃》，指出"中国本部"一词是日本侵略者为了分裂中国以达到侵略中国而"硬造出来"的，目的是"使得大家以为日本所垂涎的只是'中国本部'以外后些地方，并不曾损害中国的根本"，这样，"中国人觉得尚可忍受，外国人觉得尚可原谅，而日本人的阴谋就得成遂。所以，我们该依据了国家的实界和自然区域来分划我们的全境"，而不再使用"中国本部"这个日本人"蒙混我们的名词"。顾颉刚还提出，所谓汉、满、蒙、回、藏这"'五大民族'一名，它的危险性同'中国本部'这个名词一样"。① 傅斯年读后致函顾颉刚说："'中华民族是一个'，

---

① 顾颉刚：《"中国本部"一名亟应废弃》，昆明《益世报·星期评论》1939 年1 月 1 日。

这是信念，也是事实"，因为经过数千年的交往同化，很难找到血缘上纯粹的汉族或其他民族，"即如我辈，北方人谁敢保证其无胡人的血统，南方人谁敢保证其无百越、黎、苗的血统。今日之西南，实即千年前之江南、巴、粤耳"。顾颉刚"读到这位老友的来信，顿然起了极大的共鸣和同情"①，遂撰写《中华民族是一个》并立即在自己主编的《益世报·边疆周刊》发表。

该文开宗明义指出："凡是中国人都是中华民族——在中华民族之内我们绝不该再析出什么民族——从今以后大家应当留神使用这'民族'二字。"因为自古以来的中国人本只有文化的观念而没有种族的观念，中华民族既不组织在血统上，也不建立在同文化上，故"现有的汉人的文化是和非汉的人共同使用的，这不能称为汉人的文化，而只能称为'中华民族的文化'"。在他看来，不仅汉人文化不能称为汉人文化，就是这"汉人"二字也是说不通的，汉人的血统既非同源，文化也不是一元的。故他提出："我们只是在一个政府之下营共同生活的人，我们决不该在中华民族之外再有别的称谓。以前没有中华民族这个名称时，我们没有办法，只得因别人称我们为汉人而姑且自认为汉人，现在有了这个最适当的中华民族之名了，我们就当舍弃以前不合理的'汉人'的称呼，而和那些因交通不便而致生活方式略略不同的边地人民共同集合在中华民族一名之下，团结起来以抵抗帝国主义的侵略。这是我们的正理！也是我们的大义！"

顾颉刚接着考察了所谓汉、满、蒙、回、藏"五大民族"的由来。他认为"五大民族"之说，是中国人自己作茧自缚而成为帝国主义假借"民族自决"分化中国的口实。在他看来，本来"民族"是 nation 的译名，"种族"是 race 的译名，中国文字联合成为一个名词时，从字面表现的意义和实际的意义往往有出入，而人们看了这个名词也往往容易望文生义，于是一般人对于民族一名就起了错觉，以为民是人民，

---

① 顾颉刚：《中华民族是一个·前言》，昆明《益世报·边疆周刊》第 9 期，1939 年 2 月 13 日。

族是种族，民族就是一国之内的许多不同样的人民，于是血统和语言自成一体的被称为一个民族，甚至宗教和文化自成一个单位的也被称为一个民族，而同国之中就有了许多民族出现。一方面，因"中国本部"这个恶性名词的宣传使中国人产生了错觉，以为本部中住的人民是主要部分，本部以外又有若干部分的人民，他们就联想及于满、蒙、回、藏，以为这四个较大民族占有了从东北到西南的边隅，此外再有若干小民族分布在几个大民族的境内，于是就有了"五大民族"称谓。另一方面，清季革命志士鼓吹"种族革命"并信仰"民族主义"，就使得"种族"和"民族"相混淆而难别。辛亥革命之后革命党人提出"五族共和"口号，定出红、黄、蓝、白、黑的五色旗与"汉、满、蒙、回、藏"之"五大民族"相配，就使得每一个国民都知道自己是属于那一种"颜色"或"民族"的。"这种国旗虽只用了十五年便给国民政府废止了，但经它栽种在人民脑筋里的印象在数十年中再也洗不净了，于是造成了今日边疆上的种种危机。"

顾颉刚进一步指出："这恶果的第一声爆裂，就是日本人假借了'民族自决'的名义夺取了我们的东三省而硬造一个伪'满洲国'。继此以往，他们还想造出伪'大元国'和伪'回回国'。"他强调："倘使我们自己再不觉悟，还踏着民国初年人们的覆辙，中了帝国主义者的圈套，来谈我们国内有什么民族，眼见中华民国真要崩溃了，自从战国、秦、汉以来无形中造成的中华民族也就解体了。"因此，他郑重地告诫说："中国之内决没有五大民族和许多小民族，中国人也没有分为若干种族的必要。"中国对外只有一个民族，这就是"中华民族"。他热切地希望内地青年到边疆去和那里的人民通婚，"使得种族的界限一代比一代的淡下去，而民族的意识一代比一代高起来"。这样，"中华民国就是一个永远打不破的金瓯了"。①

---

① 顾颉刚：《中华民族是一个》，昆明《益世报·边疆周刊》第 9 期，1939 年 2 月 13 日。

顾颉刚的文章发表后，立即引起很大反响，重庆《中央日报》、南平《东南日报》、西安《西京平报》及安徽屯溪、湖南衡阳、贵州、广东等地报纸纷纷转载，顾氏所主持的昆明《益世报·边疆周刊》收到不少讨论文章和来信。多数文章和来信支持顾颉刚的观点，如张维华称赞说："在此危急存亡之严重时期，团结内部是极端要紧的一件事。顾先生这篇文章，是从历史的事实上说明我们是一家，坚强的建立起'中华民族是一个'的理论来，便于无形中加强我们团结的思想，这正是解救时弊的一副良剂，我们对于这个问题是当该十分留意的。"他对"中华民族是一个"理论作了自己的理解："所谓'一个'的意义，据我个人看来，可从两方面说：一是从政治的联系上和社会生活各方面的联系上说，非成为一个不可。……第二方面是从血统上或是文化上，说明国内各部族是混一的，不是单独分立的，因为是混一的，所以成为一个。"①

白寿彝对顾颉刚提出的"中华民族是一个"观点表示由衷敬佩："'中华民族是一个'，从中国整个的历史上去看，的确是如此，而在此非常时代，从各方面抗战工作上，更切实地有了事实上的表现，但在全民心理上却还不能说已经成了一个普遍的信念，而还没有走出口号的阶段。"因此，他主张将"中华民族是一个"思想贯穿到历史研究和历史编纂中："中国史学家的责任，应该是以'中华民族是一个'为我们的新的本国史底一个重要观点，应该是从真的史料上写成一部伟大的书来证实这个观念。"他还建议："'中华民族是一个'，应该是全中国底新史学运动底第一个标语。"顾颉刚赞同白寿彝的意见，但同时表示要在短时间内写出"这样的一部书来实在够困难"。②

---

① 张维华：《读了顾颉刚先生的"中华民族是一个"之后》，昆明《益世报·边疆周刊》第 11 期，1939 年 2 月 27 日。

② 《来函》，昆明《益世报·边疆周刊》第 16 期，1939 年 4 月 3 日。

费孝通则对顾颉刚的"中华民族是一个"观点提出异议，并撰写《关于民族问题的讨论》与顾颉刚展开讨论。他根据自己的民族学、社会学调查，认为中国人不但在文化、语言、体质上有分歧，而且这些分歧时常成为社会分化的依据。在社会接触过程中，文化、语言、体质是会发生混合的，但这些混合并不一定会在政治上发生统一。因此，不能把国家与文化、语言、体质团体画等号，即国家和民族不是一回事，不必否认中国境内有不同的文化、语言、体质的团体，亦即不同民族的存在。谋求政治的统一，不一定要消除"各种种族"以及各经济集团间的界限，而是在于消除因这些界限所引起的政治上的不平等。他认为："我们的国家真能做到'五族共和'，组成国家的分子都能享受平等，大家都能因为有一个统一的政治团体得到切身的利益，这个国家会受各分子的爱护。不但不易受如何空洞名词的分化，而且即使有国外强力的侵略，自然会一同起来抗战的。若是空洞的名词就能分化的团体，这团体本身一定有不健全的地方。一个不健全的团体，现有敌人在分化时，消极的固然可以防止敌人分化的手段发生效力，而重要的还是积极的健全自己的组织。"①

顾颉刚针对费孝通质疑而撰写的《续论"中华民族是一个"——答费孝通先生》指出，"语言、文化及体质"都不是构成民族的条件，构成民族的主要条件只是"团结的情绪"。一个民族里可以包含许多异语言、异文化、异体质的分子（如美国），而同语言、同文化、同体质的人们亦可因政治及地域的关系而分作两个民族（如英、美）。中国自从秦始皇统一之后，朝代虽有变更，种族虽有进退，但民族只有一个，这就是中华民族。为了更明确地表达自己的意思，顾颉刚设问："或者有人要提出异议，说道'中华民族即是汉族的别名，汉人为一个民族是没有问题的，汉人以一个

---

① 费孝通：《关于民族问题的讨论》，昆明《益世报·边疆周刊》第 19 期，1939年 5 月 1 日。

民族建国也是没有问题的。现在的问题乃是满蒙回藏苗是否都是民族？如是民族，则中华民国之内明有不少的民族，你就不应当说中华民族是一个'……我现在要问：汉人的成为一族，在血统上有根据吗？如果有根据，可以证明它是一个纯粹的血统，那么它也只是一个种族而不是民族。如果研究的结果，它不是一个纯粹的血统，而是已含有满、蒙、回、藏、苗……的血液的，那么它就是一个民族而不是种族。它是什么民族？是中华民族，是中华民族之先进者，而现存的满、蒙、回、藏、苗……便是中华民族之后进者。他们既是中华民族之后进者，那么在他们和外边隔绝的时候，只能称之为种族而不能称之为民族。因为他们尚没有达到一个 nationhood，就不能成为一个 nation。他们如要取得 nation 的资格，惟有参加中华民族之内。既参加在中华民族之内，则中华民族还只有一个。"

顾颉刚的《续论"中华民族是一个"——答费孝通先生》发表后，费孝通并没有发表论辩文章。费孝通晚年对此作了说明："后来我明白了顾先生是急于爱国热情，针对当时日帝国主义在东北成立'满洲国'，又在内蒙古煽动分裂，所以义愤填膺，极力反对利用'民族'来分裂我国的侵略行为。他的政治立场我是完全拥护的。虽则我还是不同意他承认满、蒙是民族是作茧自缚或是授人以柄，成了引起帝国主义分裂我国的原因，而且认为只要不承认有这些'民族'就可以不致引狼入室。借口不是原因，卸下把柄不会使人不能动刀。但是这种牵涉到政治的辩论对当时的形势并不有利，所以我没有再写文章辩论下去。"①

费孝通虽然顾及政治影响没有再写文章与顾颉刚论辩，但战时学术界并没有停止关于"中华民族是一个"问题的论辩。翦伯赞看到顾氏《续论"中华民族是一个"——答费孝通先生（续）》后，立即提出不同意见。他指出，顾颉刚把中华民族当作一个问题提出，这是非常重要的，但"可惜当时的论争，大半陷于抽象

---

① 《费孝通文集》第 13 卷，群言出版社 1999 年版，第 26—27 页。

的式形式问题如名词的讨论。把论争的焦点转向问题的侧面，而不曾把中华民族与其现实的斗争关联起来，作统一的生动的研究，以至问题并不曾得到正确的解决"。在他看来，顾颉刚提出"中华民族是一个"命题本身就不太正确，"因为这一命题，就包含着否定国内少数民族之存在的意义，然而这与客观的事实是相背离的"。就民族理论而言，翦伯赞认为顾颉刚"犯了一些极幼稚的错误"，这主要体现在以下五点。一是把民族与民族意识混同起来，把"民族意识"当作"民族"；二是把民族与国家混同起来，以为民族与国家是同时发生的，因而把"国家的组织"作为造成民族的因素之一；三是把民族混合与民族消灭混为一谈，没有认识到民族的混合不是片面的，而是相互的，不是所有的外族一与汉族接触便消灭了，便被同化于汉族了，实际上直到今日，在中国的境内除汉族之外还存在着满、蒙、回、藏、苗等少数民族，这是一个不可否认的事实；四是在解释种族与民族方面，以为前者为"纯合的血统"，后者则为"混合的血统"，实际上在具体的历史事实中，不仅没有纯粹血统的"民族"，而且没有纯粹血统的"种族"；五是说民族的形成不是内在的经济推动，而是外在的政治推动，即"强邻的压迫"。其实，假如没有共同的经济利害，即使有"强邻的压迫"，也不一定能形成一个民族。翦伯赞指出，我们要解决民族矛盾，实现民族团结，挫败敌人分裂中华民族的阴谋，关键问题不是提出"中华民族是一个"命题，而是要承认各民族之生存乃至独立与自由发展的权利，在民族与民族间建立经济的、政治的乃至文化的平等关系。他强调："中华民族若离开经济的政治的平等概念，就否定了民族主义的革命意义，而与三民主义相违背的。"①

这场"中华民族是一个"的讨论，是包含有明显的现实政治

---

① 翦伯赞：《论中华民族与民族主义》，《中苏文化》第 6 卷第 1 期，1940 年 4 月 1 日，第 27—33 页。

诉求的学术讨论。就学术观点来看，顾颉刚强调中华民族一体性而忽略中华民族多元性，甚至否认满、蒙、回、藏、苗等民族的存在，暗含着大汉族主义倾向，自然引起一些少数民族人士之不满和批评。苗族鲁格夫尔对"中华民族是一个"观点就有所保留："今日要团结苗夷共赴国难，并不须学究们来大唱同源论，我们不必忌讳，苗夷历史虽无专书记载，但苗夷自己决不承认是与汉族同源的。同源不同源，苗夷族不管，只希望政府当局能给以实际的平等权利。"还提出："对变相的大汉族主义之宣传须绝对禁止，以免引起民族间之摩擦，予敌人以分化之口实。"① 费孝通和翦伯赞对顾氏提出了有针对性的批评意见，强调现实中各民族之间政治、经济、文化等方面的平等，比提出"中华民族是一个"更有利于民族团结和国家统一。但这场学术讨论具有鲜明的时代特征和强烈的政治诉求。顾颉刚之所以提出"中华民族是一个"，除了基于他对中国历史的研究和从社会调查中得到的感性认识外，还因为他认为承认和确立"中华民族是一个"，有利于挫败日本帝国主义借"民族自决"来分裂中华民族、以达到侵略中国之目的的阴谋，有利于中国人民团结抗日和民族国家的统一。费孝通尽管不赞成顾颉刚的观点，认为"中华民族是一个"既不符合民族学、社会学的理论，也与历史事实有一定距离，但考虑到当时正处于全面抗战的特殊时期，"这种牵涉到政治的辩论对当时的形势并不有利"，因而没有与顾氏继续争辩下去。翦伯赞尽管依据马克思主义民族理论批评顾颉刚"犯了一些极幼稚的错误"，但也同样肯定顾氏把中华民族当作一个问题提出的重要意义。1939 年 9 月，顾颉刚赴成都主持齐鲁大学国学研究所，昆明《益世报》的《边疆周刊》因而停办，"中华民族是一个"的论辩逐渐沉寂了下来。

---

① 《鲁格夫尔的来函（后附顾颉刚的按语）》，昆明《益世报·边疆周刊》第 21 期，1939 年 5 月 13 日。

五　历史研究中的爱国主义情怀

中华民族历史悠久，文化发达，有顽强生命力和巨大凝聚力。自古以来，中国人民就在中华大地上劳动、生息和发展，自强不息，生生不已，尊重自己，也尊重别人，爱好和平，又不畏强暴，具有威武不屈，刚健奋进的坚强性格，涌现出许多民族英雄和爱国志士。特别是近代以来，为反对列强侵略进行了长期的英勇不屈的斗争，发扬了高度爱国主义精神，在中国历史上写下了光辉篇章。研究中国的历史，无疑有助于抗战胜利和民族复兴。日本发动全面侵华战争后，中国史学界以救亡图存为己任，服从和服务于全面抗战的需要，除了提供民族精神的历史智慧之外，还通过自己的研究成果提供民族复兴的历史依据，极力弘扬爱国主义精神。

陈垣治学素以考据见长，但七七事变后，其治学旨趣发生了明显变化，他在给朋友的信中写道："从前专重考证，服膺嘉定钱氏；事变后，颇趋重实用，推尊昆山顾氏；近又进一步，颇提倡有意义之史学，故前两年讲《日知录》，今年讲《鲒埼亭集》，亦欲以正人心，端士习，不徒为精密之考证而已。此盖时势为之，若药不瞑眩，厥疾弗瘳也。"[①] 他在《通鉴胡注表微·边事篇》中写道："史贵求真，然有时不必过泥。凡足以伤民族之感情，失国家之体统者，不载不失为求真也。"

作为身居沦陷区的史学家，陈垣利用自己的知识从事"有意义之史学"的著述，彰扬民族精神，鼓励人民坚持斗争。他先后撰写了《明末殉国者陈于阶传》《明季滇黔佛教考》《南宋初河北新道教考》《中国佛教史籍概论》《清初僧诤记》《通鉴胡注表微》等史学论著，倡导爱国思想，表彰民族气节，痛诋卖国求荣者，褒

---

① 《陈垣史学论著选》，上海人民出版社1981年版。

赞为国殉节者，赞扬眷念故国、不仕新朝的遗民精神，鞭挞投靠敌国、残害宗国的民族败类，其字里行间浸透着浓烈的民族主义和爱国主义情怀。

陈垣在《旧五代史辑本发覆》的"后论"中强调："今乃辑本，何能轻易其词。此亦馆臣岂不知，然而仍效昔人改窜中秘书之故智，欲以一手掩盖天下同者，其视清朝之心实与明季诸人无异也。不过一则阳示之，一则阴指之而已。呜乎！四库馆之开，清之据中国百三十年矣，士大夫之心理仍若此，此其故亦耐人寻思哉！"其深意不是就古籍论古籍，而是揭示在异族统治下，汉族士大夫的一般心理，以为抗战时期中国知识分子之借鉴。《明季滇黔佛教考》一书名为佛教考，实则在于阐发明末遗民思想和行动的政治意义，表彰他们不愿臣清的气节。他后来在"重印后记"中揭示了自己写作该书的思想意蕴和目的："此书作于抗日战争时，所言虽系明季滇黔佛教之盛，遗民逃禅之众，及僧徒拓殖本领，其实所欲表彰者乃明末遗民之爱国精神、民族气节，不徒佛教史迹而已。"他在《清初僧诤记》中，借抨击明亡后变节仕敌之僧人，影射沦陷区媚事"新朝"之汉奸，与《明季滇黔佛教考》对明末遗民民族气节的彰扬形成鲜明的对照。他在该书"重印后记"中写道："1941 年，日军既占据平津，汉奸们得意扬扬，有结队渡海朝拜、归以为荣、夸耀于乡党邻里者。时余方阅诸家语录，有感而为是编，非专为木陈诸僧发也。"

陈垣认为，古代的夷夏观念，就是战时的民族意识，"当国家承平及统一时，此种意识不显也；当国土被侵凌，或分割时，则此种意识特著"。其著《通鉴胡注表微》就是为了提倡这种民族意识，肯定它存在的历史合理性，从而服务于反对日本帝国主义的侵略战争。他在《通鉴胡注表微·重印后记》中自述说："我写《胡注表微》的时候，正当敌人统治着北京：人民在极端黑暗中过活，汉奸更依阿苟容，助纣为虐。同人同学屡次遭受迫害，我自己更是时时受到威胁，精神异常痛苦，阅读'胡注'，体会了他当时的心情，慨叹彼此的遭遇，忍不住流泪，甚至痛哭。因此决心对胡三省的生平、处境，以及他为什么注《通鉴》和用什么方法来表达自己的意志等，作了全面的研究，用三年时间写成《通鉴胡注表微》。"他对"胡注"中隐含的民族气节和爱国热情作了充分阐发，在字里行间倾注了自己对祖国前途的忧虑，对抗战将士的敬仰以及对卖国贼的痛恨，表达了著者毕生史学研究的境界与学术主题的重新确立，充分地体现了一代知识分子在非常时期的爱国情怀。

陈垣给学生讲授《开元释教录》，大力表彰"永嘉之乱，中原沦陷，凉上与中朝隔绝，张轨父子崎岖僻壤，世笃忠贞，虽困苦艰难，数卜年间，犹本中朝正朔，此最难能可贵者也。"[1] 勉励学生向张轨父子学习，不忘故国，坚持民族气节。他后来在给友人的信中回忆当时的治学经历说："北京沦陷后，北方士气萎靡，乃讲全谢山之学以振之。（借）谢山排斥敌人，激发故国之思。所有《辑覆》《佛考》《诤记》《道考》《表微》等，皆此时作品……言道、言僧、言史、言考据皆托词，其实斥汉奸，斥日寇，责当政耳。"[2]

七七事变后，陈寅恪离开北平，先后任教于西南联大、香港大学、广西大学和燕京大学。他被困在日军占领下的香港期间，反复阅读南宋人编著的《建炎以来系年要录》，因为那上面记载着南宋偏安政权对外投降与抵抗的斗争。他在抗战极端艰苦的环境中潜心研究魏晋南北朝隋唐史，著有《隋唐制度渊源略论稿》《唐代政治史述论稿》等，以阐明保存和发扬民族文化的重要意义。他撰写《隋唐制度渊源略论稿》的目的是希望南迁学人能像魏晋战乱中的河西诸儒一样，为保存中华文化而作出自己的贡献。陈寅恪特别推崇民族气节。他之所以高度评价宋代史学，就在于认定宋代史学能"贬斥势利，尊崇气节，遂匡五代之浇漓，返之淳正"。

① 陈智超：《陈垣传略》，晋阳学刊编辑部编：《中国现代社会科学家传略》第1辑，山西人民出版社1982年版。

② 陈垣：《致友人书》，陈智超：《陈垣传略》，晋阳学刊编辑部编：《中国现代社会科学家传略》第1辑。

全面抗战爆发后，吕思勉的治学旨趣发生了明显变化，史学研究要为抗战服务的意识日益增强起来。他于上海孤岛时期著述《中国通史》的目的，就是想从中总结出一些历史的经验，用来指导我们今后的行动。他说："颇希望读了的人，对于中国历史上重要文化现象，略有所知；因而知现状的所以然，对于前途可以预加推测；因而对于我们的行为，可以有所启示。"① 他在书中表达了对中华民族和民族文化的真挚热爱，对外来侵略者的深仇大恨，对抗击侵略的志士仁人的无比崇敬，并坚信中国一定取得抗日战争的最后胜利。该书的最后一章，题为《革命途中的中国》，吕思勉以"大器晚成"这句成语，预祝革命必将成功。同时指出民族前途是光明的，应该有一百二十分的自信心。针对当时社会上流行的悲观主义，他指出："我们现在，所处的境界，诚极沉闷，却不可无一百二十分的自信心。岂有数万万的大族，数千年的大国、古国，而没有前途之理？悲观主义者流：'君歌且休听我歌，我歌今与君殊科。'"最后他引梁启超所译英国文豪拜伦的诗"难道我为奴为隶，今生便了？不信我为奴为隶，今生便了"作为全书的总结。吕思勉在这一章中特别强调，革命前途的重要问题，"不在对内而在对外"，认为"中国既处于今日之世界，非努力打退侵略的恶势力，决无可以自存之理"。具体而言，"在经济上，我们非解除外力的压迫，更无生息的余地，资源虽富，怕我们更无余沥可沾。在文化上，我们非解除外力的压迫，亦断无自由发展的余地，甚致当前的意见，亦非此无以调和"。②

全面抗战爆发后，郭沫若提倡爱国主义史学，内容包括："阐扬传统文化中自强不息、不畏强暴、抵御外侮的民族气节和民族精神；鞭挞日本帝国主义的黩武主义和投降卖国阻碍历史前进的反动势力；标举'人民本位'，发掘传统文化中的民本主义、人本主义

---

① 吕思勉：《吕著中国通史》，华东师范大学出版社 1992 年版，第 6 页。

② 吕思勉：《吕著中国通史》，第 496—497 页。

和和平主义思想内容；鞭挞反进步、反人民的腐朽思想；总结社会历史发展规律。"① 他写成《关于"戚继光斩子"的传说》和《续谈"戚继光斩子"》等文，宣传戚继光的抗倭爱国故事。此后，他相继创作了《虎符》《南冠草》《屈原》等历史剧及《由葛录亚想到夏完淳》《夏完淳之家庭师友及殉国前后》《钓鱼垮了访古》等文，大力表彰那些抗击异族侵略、保持民族气节、不畏强暴、忠贞爱国、坚持抵抗、反对投降的历史人物。尤其是屈原，他花的精力最多，成果也最多，因为他认为"屈原是永远值得后人崇拜的一位伟大诗人，他对于国家的忠烈和创作的绚烂，真真是光芒万丈。中华民族的尊重正义、抗拒强暴的优秀精神，一直到现在都被他扶植着"②，还说："他是一位民族诗人，他看不过国破家亡、百姓流离颠沛的苦况，才悲愤自杀。他把所有的血泪涂成了伟大的诗篇，把自己的生命殉了祖国，与国家共存亡，这是我们所以崇拜他的原因，也是他所以伟大的原因。"③ 郭氏创作的历史剧《屈原》上演后，其忧国忧民的爱国精神引起了观众共鸣，产生了很好的社会效果。

吕振羽在卢沟桥事变后悄然离开北平，后辗转来到重庆，一面从事抗战活动，一面从事史学研究，先后发表《中国社会史上的奴隶制问题》《三民主义的国民革命与日本法西斯的中国历史观》《日寇侵略中国之史的认识与历史给我们的试炼》《关于中国社会史的诸问题》《本国史研究提纲》《亚细亚生产方式和所谓中国社会的"停滞性"问题》《创造民族新文化与文化遗产的继承问题》《怎样研究历史》等文，其中部分文章收入《中国社会史诸问题》论文集，1942 年由上海耕耘出版社出版。吕振羽史学研究的突出特色是高举爱国主义旗帜，为抗战服务。如《纪念吴检斋先生》

---

① 田亮：《抗战时期史学研究》，人民出版社 2005 年版，第 78 页。
② 《郭沫若全集·文学编》第 19 卷，人民出版社 1982 年版，第 23 页。
③ 《郭沫若全集·文学编》第 19 卷，第 114 页。

一文，热情讴歌了为国捐躯的爱国学人吴承仕。他写道：检斋先生是章（太炎）、黄（侃）死后唯一的国学大师，是一位坚强的民族战士，是我们最敬爱的前辈友人。"检斋先生的伟大，却并不在于他是一位国学大师，正在于他是一位民族战士，对民族解放事业的忠诚和积极。""他的死，对我们民族的气节，该有所激励！""他已为民族而牺牲了！他的未了的志愿，便移到我们后死者的肩上。我们要完成他的未了的志愿，要为他报仇！"①

吕振羽在全面抗战时期出版的《简明中国通史》，同样着力弘扬中国历史上的民族精神。吕振羽后来说："本书上册脱稿和出版于一九四一年春。当时正在抗日民族革命战争的相持阶段，国民党的汪精卫派已公开投降日寇，以蒋介石为首的顽固派一面正大肆宣传'尊孔读经'的复古主义，一面又在疯狂地进行反共反人民和妥协投降的阴谋勾当，并通过其历史教学和研究去散布这类毒素。日寇也不断进行政治诱降的宣传活动和其军事的侵略行动相结合。针对这种情况，本书便以宣传爱国主义、坚持团结抗战、反对妥协投降为主要任务。"② 因此，在书中，作者热情讴歌了伟大祖国的山河之美和中华民族的勇敢勤劳，中国地大物博，人口众多，中华民族在几千年的历史长河中，创造了灿烂的古代文明。他指出："这是祖宗遗给全民族共有的遗产，我们不只要共同来继承，更须一体坚持我们不侵犯他人一寸土地一分权利，也不让他人侵犯我们一寸土地一分权利的原则来保障它。"③

翦伯赞在《历史哲学教程》序言中明确表示："在这样一个伟大的历史变革时代，我们决没有闲情逸致埋头于经院式的历史理论之玩弄；恰恰相反，在我的主观上，这本书，正是为了配合这一伟大斗争的现实行动而写的。"因此，他揭示了当时"隐藏在民族统

---

①　吕振羽：《纪念吴检斋先生》，《新蜀报》1940 年 1 月 2 日。

②　吕振羽：《简明中国通史》下，人民出版社 1959 年版，后记。

③　吕振羽：《简明中国通史》上，生活书店 1945 年版，第 5 页。

一阵线理论与行动阵营中的'悲观主义'、'失败主义'等等有害的倾向"的"社会的、历史的根源"，从历史哲学上批判了"过去及现在许多历史理论家对中国历史之一贯的错误见解及其'魔术式'的结论"，强调中国人民只要团结起来，树立抗战必胜的信心，就一定能取得抗日战争的最后胜利。[①]在全面抗战三周年之际，他写了《泛论中国抗战的历史原理及其发展的逻辑》一文，"试图总结社会历史发展规律，向艰苦奋战中的中国人民展现一个光明的前景，从而增强中国人民战胜强敌的民族自信心"[②]。除《历史哲学教程》之外，翦伯赞还出版了《中国史纲》（前两卷）、《中国史论集》（两册）及《史料与史学》等论著，尊崇民族气节，痛诋妥协投降，总结反侵略民族战争的经验教训，以为全面抗战服务。他在总结两宋抗击外族入侵之历史的教训时写道："在反对侵略的斗争中，第一必须从自己的民族的阵线中，肃清汉奸、卖国贼以及妥协、动摇以及投降分子；其次必须巩固抗战的武装组织并提高对敌人汉奸之残害的警觉性；最后而又是最重要的，则是必须要巩固民族内部之团结统一，一心一意，对付共同的民族敌人。因此，民族的大团结、反汉奸的斗争与加强抗战的武装组织，是我们今日争取抗日胜利最基础的条件。"[③]

范文澜的《中国通史简编》一书，是在延安极为困难条件下写成的。他在该书"序"中写道："我们要了解整个人类社会的前途，我们必须了解整个人类社会过去的历史；我们要了解中华民族的前途，我们必须了解中华民族过去的历史；我们要了解中华民族与整个人类社会共同的前途，我们必须了解这两个历史的共同性与其特殊性。只有真正了解了历史的共同性与特殊性，才能真正把握

①　翦伯赞：《历史哲学教程》，北京大学出版社1990年版，第17页。
②　田亮：《抗战时期史学研究》，第115页。
③　翦伯赞：《中国史论集》，文风书局1947年版，第137页。

社会发展的基本法则，顺利地推动社会向一定目标前进。"① 通过对历史资料的认真分析，他提出了自己的中国历史分期，即夏以前是原始社会；夏、商是原始社会逐渐解体和奴隶占有制社会；从西周到秦统一六国，是封建社会的初期阶段；从秦汉到南北朝，是封建社会的第二阶段；从隋唐到鸦片战争前，是封建社会的第三阶段。范文澜在论述中国历史的演变时，特别强调中国历史是中华民族创造的历史，而中华民族是中国境内各民族经过几千年的交往和交融而逐渐形成的，是中国境内各民族的统称。他指出，"现代的中华民族是吸收无数种族，在一定文化一定种族的基础上，经四五千年的长期斗争和融合，才逐渐形成起来"。② 这一论断，对于加强中国境内各民族的团结、挫败日寇企图分裂中华民族的阴谋、坚持全民族抗战具有重要的积极意义。范文澜在书中还多次借古喻今，表达他坚持团结抗战、反对妥协投降的爱国立场。他认为北宋亡国的重要原因，就是"专力防内，对外族一贯取忍辱求和政策"。③ 南北朝时的南北战争，是"华夷种族战争"，战争表明："谁政治好，谁内部团结，谁就能获得胜利"。④ 言下之意，中国要想在抗日战争中取得最后胜利，国民党就必须进行政治改革，维护抗日民族统一战线内部团结。

　　许立群于 1939 年底到延安，任中央青委编辑科长及《中国青年》杂志主编。他撰写了不少有关哲学方面的文章及《古代中国的故事》，后将此文扩充写成通俗《中国史话》一书，于 1942 年 1 月出版。吴玉章在为《中国史话》撰写的序言中，阐述了研究历史与弘扬民族精神的关系："我们要提高民族的自尊心和自信心，就须要知道自己民族底历史，因为一切有生物都能够爱护他自己的本身和自己的根本。""我们相信民族的自尊心和自信心，常常是从历史中

---

① 范文澜：《中国通史简编》，新知书店 1947 年版，序。
② 范文澜：《中国通史简编》，第 8 页。
③ 范文澜：《中国通史简编》，第 355 页。
④ 范文澜：《中国通史简编》，第 225 页。

动人的事实得来。"因此，我们要应付现在复杂的环境，明白将来发展的规律，就不仅要精通现在的一切的事实，而更要熟悉过去的种种历史的情形。发扬爱国热忱，继承革命传统，要研究自己民族的历史。他称赞《中国史话》："编者用最新的、科学的、唯物史观方法来叙述中国历史底过程。这和旧历史底叙述方法有'天渊之别'，而且通俗化、大众化，使广大的劳苦群众，容易了解，能发动其为国家民族而牺牲底精神，实为抗战中可宝贵的历史读物。"吴泽在论及史学研究与抗战建国、民族解放的关系时也指出，全面抗战时期，"如果中国自己能有几本正确完整的中国历史著作，作为民族文化的砥柱，作为民族解放的理论指导，还容得这般'小窃跳梁'吗"。他呼吁："在抗战日趋深入的现阶段，我们必须要时时紧戒我们自己的文化战线，作积极的斗争；同时则积极作中国历史科学的研究的领导与号召，努力建设科学的中国史学体系。"①

　　中国史学界对日本学者秋泽修二侵略史学的批判，是抗战时期值得注意的重要学术事件。为了积极配合日本帝国主义对中国的军事侵略，日本学术界在九一八事变后掀起了一股鼓吹对华侵略有理的反动思潮。其中秋泽修二是其典型代表。秋泽修二是日本一位颇有名气的哲学家，曾搞过所谓的"新兴科学"，在东亚学术界有一定的影响。但是在中日战争爆发后，他却成了日本侵略中国有理、有功的鼓吹者。1937 年，他撰写了《东亚哲学史》一书；不久，又有《中国社会构成》一书问世。两书自称是以新兴科学历史观来研究中国社会，但实际是歪曲中国的社会发展史，散布所谓"亚细亚的停滞性"，认为中国社会的根本性格是"停滞"和"倒退"的，其演化过程是"反复"和"循环"的，比如，"自汉到隋唐"的千年中，"奴隶制与农奴制相互制约的关系"，使中国在"同一社会过程中"被"反复""循环""倒退"，从而导致了"中

---

①　吴泽：《中国历史著作论》，《中国历史论集》，东方出版社 1945 年版，第185—186 页。

国社会的停滞性";"至元代,由于元代征服的结果,即奴隶制再复活",中国社会再一次"反复""循环""倒退";"入清以后",中国没有资本主义因素出现,如果不发生外来资本主义的入侵,中国社会恐怕又要""倒退'到奴隶制社会去了"。秋泽修二散布"亚细亚的停滞性"的目的,就是要为日本侵略中国提供理论依据。他本人在《中国社会构成》的序文中就直言不讳地写道:"此次中日事变……皇军的武力,把那作为中国社会的'亚细亚的停滞性'的政治支柱,即所谓'军阀统治',从中国广大的主要的区域中扫除了。与中国社会之特有的停滞性以最后之克服,与前进的自立的日本结合,开拓其获得真正自立的道路。"① 换言之,日本的侵略,扫除了影响中国社会发展的障碍,实现了与先进日本的结合,从而使中国获得了真正发展的机会。

秋泽修二散布和鼓吹日本侵略中国有理有功的侵略史观,理所当然地受到了中国学术界,尤其是马克思主义史学界的严厉批判。吕振羽指出,从唯物论的观点来看,所谓中国社会"停滞性"的说法是不正确的。他承认与欧洲的封建社会相比,中国封建社会经历的时间较长,发展速度比较缓慢,但缓慢并非"停滞",并非不发展,"中国社会在较迟缓的发展过程中,并没有'静止'、'退化'、'复归'或'循环',而是螺旋式的前进"。② 实际上在相当长的时期内,中国的封建文化"比较其他任何国家的封建文化有着较高度的发展"。③ 中国封建社会之所以发展缓慢,除了中国人口的增加和特有的地理因素外,还有其他几方面的原因:一是中国历史上曾发生过多次因农民战争而引起的大量人口向"少数民族地区和四周的移徙",这些移徙既造成了"以汉族地区为中心的中国封建社会发展迟缓",同时又"使社会内部的剩余劳动人口不断

---

① 华岗:《评侵略主义者的中国历史观》,《理论与现实丛刊》第 2 卷第 2 期,1940 年。

② 吕振羽:《中国社会诸问题》,耕耘出版社 1942 年版,第 54 页。

③ 吕振羽:《中国社会诸问题》,第 52 页。

得到消纳。这又阻滞了商业资本向生产资本的转化和商品市场的扩大"。二是中国历史上发生过少数民族入主中原建立王朝的事情，其政治压迫和经济掠夺，不仅"直接在妨害生产力的发展，且在间接上，使农民和手工业者在苛重的负担和约束下，无力改进生产技术，从而又迫使商业资本不断向高利贷资本转化"。三是封建统治阶级的奢靡生活，"一面妨害了私人手工业生产的发展，一面削弱了商业资本的积极作用"。四是鸦片战争后，国际帝国主义成了"阻滞中国社会发展的主力"。① 秋泽修二散布和鼓吹中国社会"停滞"论，目的就是要替日本法西斯作"忠实宣传员"，为"'工业日本、农业中国'之'结合'"提供所谓"历史的根据"。

吕振羽还釜底抽薪，对秋泽修二的"亚细亚的停滞性"理论的两个主要依据进行了批驳。秋泽修二的第一个依据是所谓中国"农村公社的存续、残存"，认为这种"存续、残存"不仅规定着"父家长制的专制主义"，同时还是"中央集权制"的基础，即所谓中国的"中央集权制恰是以孤立的农村公社（农村公社的诸关系）为基础而建立起来的"，它不但没有被"奴隶制及封建制的诸关系"完全破坏，相反还根本制约着"中国的奴隶制及封建制的发展"。秋泽修二认为造成中国社会"停滞"的第二个依据是，"人工灌溉"亦即所谓"治水事业由国家担任"所形成的"集约性的小农业"，这种"集约性的小农业"是"中国农村社会发展的桎梏"和"中国集权的专制支配的基础"。针对秋泽修二的第一个依据，吕振羽指出，中国社会是存在所谓"农村共同体的残余"，但"这种残余的东西，对社会发展形势并不能生出何种巨大的影响"。而且，"农村共同体的残余"，也并不是中国社会特有的现象，"农村共同体的存在，正和中世纪欧洲之公共牧场森林等存在一样，公有地之渐次为豪绅所支配或占有，也和那在欧洲之为封建地主所支配占有一样"。因此，所谓"父家长制的专制主义的支配"，"不过

---

① 吕振羽：《中国社会诸问题》，第54页。

系建筑在秋泽修二的预定观念上的空中楼阁"。① 关于秋泽修二的第二个依据，吕振羽指出，"人工灌溉"亦即所谓"治水事业由国家担任"，只是"在殷代有其相当意义"，在后来的中国历史上，公共工程的规模都很小，其作用仅限于地方，没有对全国产生重大影响。以殷代而概论中国整个历史，这显然是错误的。

吴泽则通过分析中国历史上的生产力发展状况，对秋泽修二的中国社会停滞论进行了批判。他在《中国社会历史是"停滞""倒退"的吗？——秋泽修二的法西斯侵华史观批判》一文中指出，商代以前的传说时代的劳动工具是粗糙而简单的，商代开始出现了青铜工具，与之相联系的是奴隶制生产方式。从西周到鸦片战争的封建社会中，生产工具不断取得进步，从西周的铁器，到汉代的"铁犁与织机"的广泛运用，再到唐宋工商业的发展，印刷术的出现，城市经济的发达，这些无不表明唐宋社会"已向封建社会后期转化"；到了明中叶，随着生产力的进一步发展，中国已出现资本主义萌芽，封建经济日趋衰落，如果不发生资本主义的侵略，"中国社会早已在清王朝走上资本主义社会"。这一切都说明，中国并非像秋泽修二所说的那样是一个"停滞""循环""倒退"的社会。吴泽还批驳了秋泽修二的所谓魏晋南北朝和元代的经济"倒退"或"复归"到自然状态的观点。他指出，魏晋南北朝时期的战乱确实给社会经济造成了巨大破坏，然而"社会经济之构造，经济关系"并没有像秋泽修二所说的那样，"倒退"或"复归"到"奴隶制或初期封建制"，相反，大量的史实证明，"封建地主经济结构"还在"步步前进"着，土地兼并的现象越来越严重，大地主经济有了高度发展。至于元代，虽然蒙古族的军事征服极大地破坏了社会生产力，"但这样的时间并不长"，元世祖忽必烈入主中原后，即下令"恢复农业生产"，并采取了一些鼓励措施。所以，"一般地说，元代地主经济和商业资本是向前发展的"，尤其是在

---

① 吕振羽：《中国社会诸问题》，第9—10页。

江南地区发展更快也更明显。总之，"元代社会是继唐宋封建社会而发展的，绝未倒退、反动、复归，变质为奴隶制社会"，秋泽修二的观点是站不住脚的，没有任何史实根据。[①]

华岗重点批判了秋泽修二的中国历史外铄论、中国历史循环论和中国历史停滞论。他在《评侵略主义的中国历史观》一文中指出，我们研究一个民族的历史，固然要注意到其他民族的历史影响，"但是这种交互作用，决不能代替某一个民族历史之发展内在矛盾的决定作用"。就中国历史而言，"虽然封建制久滞于亚细亚平原之上，但在鸦片战争之前，中国社会内部已出现了资本主义性质的工场手工业的萌芽，结果由于半封建社会的束缚与帝国主义侵略的桎梏，得不到独立发展的机会，而陷于帝国主义列强的半殖民地"。然而秋泽修二则认为，中国社会处于长期的停滞状态，"官僚统治的中国封建制度的动摇、分解，中国社会经济的近代化过程，不是发生于中国社会自体内之资本主义生产方法的自生的发展，而是发生于欧洲资本主义之侵入中国"，正因为"欧洲资本主义的侵入，亚细亚的停滞的中国社会经济的特征之农业与手工业的直接结合终被破坏，以农业为中心的旧中国的生产机构终被解体，终创造出中国资本主义发生的条件"。秋泽修二的上述观点，显然是一种历史外铄论，即把中国社会的发展看作"欧洲资本主义的侵入"的结果，其目的就是要为帝国主义的侵略中国，特别是日本帝国主义的侵略中国张目。秋泽修二宣称中国历史是"循环"的，中国历史上几次外来民族入主中原，都造成了中国社会的"退化"，从原来的封建社会又退回到了奴隶制社会，所以中国是所谓的"退化民族"。[②] 但事实是，中国社会始终在缓慢地向前发展着，外来民族入主中原虽然给中国社

---

①　吴泽：《中国社会历史是"停滞""倒退"的吗？——秋泽修二的法西斯侵华史观批判》，《读书月报》第 2 卷第 8 期，1940 年。

②　华岗：《评侵略主义的中国历史观》，《理论与现实丛刊》第 2 卷第 2 期，1940 年。

会生产力造成了一定的破坏，但并没有改变中国社会发展的方向。秋泽修二散布中国历史循环论，无非是想说，只有通过"进步民族"日本的侵略，"退化民族"的中国才有可能打破历史循环的怪圈，实现社会进步。

华岗在批驳秋泽修二的中国历史停滞论时，重点批驳了秋泽修二的中国历史停滞论的理论依据。他指出，所谓"农村共同体"，早在欧洲资本主义入侵中国之前就已衰落了，秋泽修二却将这种现象说成"残存"，而"残存"的东西怎么"能给予全社会的经济政治思想以支配和决定"呢？至于秋泽修二所说的中国"中央集权主义"和"官僚体制统治"之基础的"人工灌溉"理论，不过是马札亚尔"水的理论"的翻版，没有任何新的东西，根本不值一驳。华岗强调："一切侵略主义者的历史学，一切投降主义者的历史学，绝对不能或不愿正确记载解释过去的事变。他们站在暴力史观的立场，实行狂暴的侵略主义，为着适应他们的政治要求，便根据一定的侵略政策来制造历史，甚至不惜公开说谎。但是历史既没有停止在奴隶所有者与封建贵族的野蛮统治之前，当然更不会停止在帝国主义法西斯指挥刀与棍棒之下。同样，'历史的巨轮也是决不会因帮闲们的不满而停运的（鲁迅语）'。"[①]

除了吕振羽、吴泽、华岗外，在重庆的其他一些马克思主义史学家或史学工作者也投入批判秋泽修二的侵略史观的斗争之中，如李达的《中国社会发展滞的原因》、罗克汀的《论中国社会发展阻滞的原因》、王亚南的《官僚政治对于中国社会长期停滞的影响》等，这些文章从不同角度批判了秋泽修二的"亚细亚的停滞性"理论，揭露了这一理论的侵略本质。比如，罗克汀在文中指出，秋泽修二说什么中国社会历史是"退步"、"落后"和"循环"的，鼓吹"农业中国"与"工业日本"的结合，这是一种地道的"法西斯侵

---

① 华岗：《评侵略主义的中国历史观》，《中国历史论集》，第92页。

略主义的历史观"，是为日本帝国主义入侵中国服务的。①

　　尽管马克思主义历史学与中国旧史学在许多问题上是不同的，但在抗战的时代环境中，他们都强调坚持民族独立，表彰民族精神，阐发民众的强大力量，共同为抗日战争必胜、民族必获解放、中国必将复兴提供历史依据，批驳各种各样的投降妥协言论及日本侵略理论。

六　战时历史教育的民族化趋向

　　全面抗战爆发后，中华民族面临着生死存亡的严重危机，历史教育如何为中国救亡图存发挥作用，成为各界关注的重点。社会各界从救亡图存与民族复兴的角度，对历史教育的功能进行反思，呼吁改革当前的历史教育，将历史教育变成唤起民族意识、恢复民族精神、增强民族自信心，进而实现中华民族复兴的工具。有人指出，今日国家处在生死存亡的非常时期，"中华民族最大的任务，莫过于抗拒外辱，保守领土，使民族国家得以存在，然后一切改革与复兴，方可计议。这一救亡责任，已摆在四万万五千万人的身上，救亡图存，已是刻不容缓了"。②

　　这种看法是当时有识之士较为普遍的认识。王敬斋发表的《现阶段的历史教育问题》指出，历史教育应包括两个目的，一是使学生获得历史的知识，裨其应付实际的生活问题；二是使学生在不知不觉中养成爱民族的意识，不作卖国的汉奸。历史教育之目的当以发扬民族精神为主，故要作五方面工作。第一，唤起民族意识，在消极方面应该打破种族的界限，在积极方面应该发挥团结民族的精神。第二，恢复民族的自信力，一方面养成民族自尊的高尚情绪，另一方面发扬我们固有的文化。第三，宣扬民族伟人的事

---

① 罗克汀：《论中国社会发展阻滞的原因》，《群众》第 8 卷，第 1、2 期合刊。
② 赵心人：《初中新外国史》下册，上海世界书局 1937 年版，第 197—198 页。

迹，以激起学生的敬慕心。第四，"批判"民族史上如石敬瑭之流。第五，注重近百年史，把近代以来中国遭受的奇耻大辱用种种方法叙述出来，让一般民众知道。①

王敬斋文章立即引起社会各界较大的反响。有人赞同说："我以为在现阶段之下，要想使历史教育普遍化，其效力最大速度最快的莫优于在各地作通俗的公开的历史讲演，宣传我民族伟人的事迹、嘉言懿行，详述外人对我侵略的情形、种种惨案，诋毁民族史上的汉奸，唤起民族意识，详陈人民与国家的关系、国民为什么要爱国，用极通俗极简单的比喻，来阐明国际间的情势，使他们明了谁是我们的友邦，谁是我们的敌人，再用种种例证告诉他们真龙天子在现时之不需要，使他们忠于国家、忠于民族，将来自然会为国家牺牲，为民族奋斗。"②

有人将历史教育与民族复兴联系起来考察，认为历史教育关乎国家兴亡，应该发挥其救亡图存之功效：在提倡民族精神方面，举示中国历代伟大人物的主要贡献，以证明中国民族的优越，如秦皇汉武之武功，管夷吾王安石功绩，足以激发人民之民族精神；举示振兴民族之中心人物，以兴敬重之念，鼓励作继起之努力，如淝水之战晋谢安大败苻坚等，捍卫国家、民族之精神，实足激发后人之努力；举示民族遭难中之忠烈事迹，如文天祥、陆秀夫、史可法等实为民族英雄之模范，借以激发舍身报国之志气。此外，应恢复民族的自信力、提倡中国本位的文化，以中国固有的文化为中心，发扬光大，使中国人对于中国文化知有所敬重，并养成对于领袖之崇拜。③

有人认为，战时中小学教育应以"民族为本位"，故当强化民族主义教育，并提出改革小学教育目标的三项原则：应适切现代的中国环境，应强化民族意识以民族为本位，应依科学的方法排列。

---

① 王敬斋：《现阶段的历史教育问题》，《文化与教育旬刊》第118期，1937年。

② 杨崇英：《现阶段历史教育普遍化的我见》，《文化与教育旬刊》第122期，1937年。

③ 华：《历史教育与民族复兴》，《公言》第3期，1937年。

具体办法是：培养丰富之民族精神，培养复兴民族之决心，培养卫国爱群之热忱，培养抗御敌人之勇气；训练健强的体魄；增进适应环境生活的基本知能。① 还有人提出，战时儿童教育之实施应坚持四项原则：激发儿童抗敌情绪，培养儿童社会知识，普及儿童战争常识，训练儿童服务精神。②

谢国勋在《历史教育与民族主义》中呼吁，"重新确立历史教育中心"，将"民族主义"置于历史教育之中心，将历史教育作为完成民族主义之手段。第一，建立民族的自尊自信心。因近百年中国受列强侵略，签订屈辱的不平等条约，国耻一方面可以刺激国民的爱国心理，但另一方面因为没有认识我们国家过去的光荣历史，因而对民族的存亡发生怀疑而失去其自尊自信的心理。这样于民族复兴有着莫大的危险性。所以我们今日要求民族复兴，首先必从历史教育中去建立民族的自信力。第二，激起爱国爱群的民族意识。民族意识是由民族的特性与对民族的认识而产生的，认识愈深，则利害与共的观念愈切，而爱国爱群的民族意识也愈强。第三，陶冶并改良民族之品性。第四，明了时代进化之轨迹。在国家至上、民族至上的目标下前进。③

教育界关注中小学历史教育改革，提倡历史教育为抗战服务及确定民族主义历史教育的建议，符合国民党一贯倡导的民族主义教育宗旨，对国民政府改革战时历史教育之决策产生了较大影响。民族主义是建立在民族情感基础上的思想观念，是民族共同体对本民族的热爱和忠诚。全面抗战爆发后，国民党确立三民主义暨总理遗教为抗战建国之最高准绳，并对三民主义作了新阐释。国民党对民族主义的新阐释集中体现在《中国国民党临时全国代表大会宣言》及蒋介石、陈立夫等人的讲演文告中。其经典表述是："我们对外求独立，就是要战胜

① 丁重宜：《战时的小学课程应如何改变》，《教育杂志》第 28 卷第 8 期，1938 年。
② 吴鼎：《抗战时期小学课程及教材之研究》，《教育杂志》第 28 卷第 5 期，1938 年。
③ 谢国勋：《历史教育与民族主义》，《贵州教育》第 4 卷第 10 期，1942 年。

建国唯一障碍的敌寇，使我们得以平等国家的地位，与世界各联合国共同合作，以维护和平；对内求统一，就是要集中我们全国的国力，争取最后胜利，进行和平建设，以促成我国的现代化与繁荣。"①

1938 年 3 月 14 日，教育部长陈立夫在教育部纪念周上发表题为《自信力和责任心》的演讲，认为在抗战危急存亡的关头必须提倡民族主义，以培养民族自信心，战时教育要在"从根救起"原则下从小学以至大学，优先注重历史课程，发挥历史教育之民族主义功能。其云："历史是生命演进的记载，是一种社会实验报告，是以人为试验品者，事实往往远胜于雄辩，是成败得失的南针和木铎，是免除后人虚耗生命力的经济学，所以它具备了支持民族存在的最大的力量，历史是可以重演的，全部材料的着重点，是因时代的需要而转移的，准备你来随时选择和应用，所以你要你的民族不会衰亡，必得要切切实实的保持这个材料所含蓄的力量，宝爱之、发扬之，个人的生命可以牺牲，历史不容毁灭，历史当然亦绝对不可毁灭。"为了培养民族自信力，"第一件事要使人人都知道我们的历史，以光荣事迹激发前进之信心，以耻辱事迹激发改进之勇气，过去无数的伟烈事迹和学术发明，最起码的要求是要让受教育的人完全都能了解，使每一县的人民知一县之历史，每一业之人民知一业之历史，每一学科亦均各有其历史"。②

为了将"民族主义"贯彻到战时教育之中，国民党临时全国代表大会颁布的《战时各级教育实施方案纲要》确定了九条教育方针："一曰三育并进；二曰文武合一；三曰农村需要与工业需要并重；四曰教育目的与政治目的一贯；五曰家庭教育与学校教育密切联系；六曰对于吾国固有文化精粹所寄之文史哲艺，以科学方法加以整理发扬，以立民族之自信；七曰对于自然科学，依据需要，

---

①　《中国国民党临时全国代表大会宣言》，中国第二历史档案馆编：《中华民国史档案资料汇编》第五辑第二编政治（一），江苏古籍出版社 1998 年版，第 410 页。

②　陈立夫：《自信力和责任心》，《教育通讯》第 1 卷第 3 期，1938 年。

迎头赶上，以应国防与生产之急需；八曰对于社会科学，取人之长，补己之短，对其原则之整理，对于制度应谋创造，以求一切适合于国情；九曰对于各级学校教育，力求目标明显，并谋各地平均发展，对于义务教育，依照原定期限，以达普及。对于社会教育与家庭教育，力求有计划之实施。"① 其中第六条"对于吾国固有文化精粹所寄之文史哲艺，以科学方法加以整理发扬，以立民族之自信"，包含着唤起民族意识、恢复民族精神及确立民族自信心的深刻意蕴。在国民党看来，通过历史学科的教育，可以使民众了解中华民族的光荣与骄傲，不妄自菲薄，增强战胜敌人的信心。根据上述九条教育方针，教育部拟具整理及改善战时教育具体方案，并确定了五项实施准则要点，其中第四项规定："对于各级学校各科教材须彻底加以整顿，使之成为一贯之体系而应抗战与建国之需要，尤宜尽先编辑中小学公民、国文、史地等教科书及各地乡土教材，以坚定爱国爱乡之观念。"② 确定了改革历史教育、重新编撰历史教科书"以坚定爱国爱乡之观念"的实施要点。

发挥历史教育的民族主义功能，是全面抗战时期国民政府的基本主张。作为国民党总裁的蒋介石，格外重视历史教育对培养民族主义情感的独特功用。1938 年 8 月，蒋介石在中央训练团第一期毕业典礼上作《革命的教育》训词，对历史教育及历史教科书中忽视民族主义教育的倾向作了严厉批评。其云："过去我们一般学校只重在教授外国文和理化数学等功课，对于史地教学，教师与学生都不注重。虽有这两门课目，或是偏重世界部分的讲授；或是与世界部分相并列；从来没有以本国为中心而讲授世界的史地；也没有特别充实本国历史、地理的教材内容。至于语文、音乐各科中应采用本

---

① 《国民党临时全国代表大会通过之战时各级教育实施方案纲要》，中国第二历史档案馆编：《中华民国史档案资料汇编》第五辑第二编教育（一），江苏古籍出版社1997 年版，第 13—14 页。

② 《国民党临时全国代表大会通过之战时各级教育实施方案纲要》，中国第二历史档案馆编：《中华民国史档案资料汇编》第五辑第二编教育（一），第 14 页。

国史地为中心材料，更为一般教师所不曾注意。这实在是我国教育最严重的一个错误，以致教出来的学生大多缺乏史地知识，多数学生对于本国的历史地理，所得知识既浅薄，多半模糊影响，甚至忘记了自己国家的历史，忘记了自己的祖先，忘记祖先所遗传下来的固有的疆土，不知自己祖国的历史和地理的人，怎能教他爱国呢？"他呼吁："从今以后，大家不好再蹈以前的覆辙，一定要特别注重历史、地理的教育，以激发国民爱国卫国的精神，开拓我们民族光辉灿烂的新生命。"他反复强调，实施民族主义"最重要的科目和教材就是历史和地理"，"唯有一般学生和国民认识本国的历史始能使他们明礼义廉耻，以激发其爱国的良知，燃烧其爱国的热忱，而发挥他们救国救民的良能"，所以历史"实在是我们革命建国教育的中心科目"。①

蒋介石在中央训练班毕业典礼训词，得到了社会各界的积极回应。郑鹤声发表《选择历史教材之目标》，对蒋氏提出的"史地教学为一切教育的重心"思想作了发挥。他指出，历史地理虽同为激发民族意识与国家思想之主要科目，而历史上之教训，更为深切可贵。……历史事实之讲释，实为教育上最有力量之暗示，历史教学之兴废，足以影响其民族及国家的存亡。故世界各强国对于其本国之历史，皆特别注重，用各种方法，宣扬其光荣之史迹，以鼓励一般国民爱民族爱国家之情绪。反之，对于敌国之史实，则往往为不名之诬蔑，或加以删削，或根本剪除之，以消灭其民族国家之思想。他强调："历史教学之价值，在乎教材之运用。……吾人对于教材之选择，必须适应时代，始能发挥其宏大之效力。"② 他从民族、疆域、政治、军事、文化五个方面说明了选择历史教材之目标。其基本思路为："叙民族则注重于国内各民族之同化，而说明以汉族为共同化之对象。叙疆域则注重于统一与开拓之事实，而说

---

① 蒋中正：《革命的教育》，《教育通讯》第 1 卷第 16 期，1938 年。
② 郑鹤声：《选择历史教材之目标》，《教与学》第 4 卷第 5 期，1939 年。

明吾国疆土之不可分离，并其逐渐发展之过程；叙政治则注重于民治之思想，并说明建国时代之政治，而鼓励改革旧法之精神；叙军事则注重于民族战争，而以关于巩固国防、复兴国家、与扶助弱小者为旨归；叙文化则注重于固有之道德思想、良善之政治制度、与夫有价值之科学知识，使读者明白中华民族历史上之发展与光荣，以激发其爱国家爱民族之思想，树之革命之基础，以完成抗战建国之大事业。"① 凡合于此五项标准者，则尽量加以发挥；其不甚切合者尽量加以减缩，庶几有裨于抗战建国之需要。

马宗荣在《战时教育的目标与设施》中公开提出了战时历史教育之"民族主义教育"目标："唤起全国民众的民族意识、国家观念，使个个国民能尽忠报国。"为此，历史教育应当讲授之内容为："帝国主义侵略中国的历史，尤重日本帝国主义侵略中国的过程；中华民国中华民族解放之途径，以唤起男女老幼之民族意识、国家观念；阐明国家民族与个人不可分离的关系，及其相互图存之必要，使民众熟知有国始有家，有民族始有个人的大义，养成人人能为民族牺牲，为国家殉难，杀身成仁，舍生取义，或毁家纾难等，尽忠报国的精神。"② 黎东方对蒋介石训示的"以史地为一切课程之中心"思想作了论证，指出："除了在目标上希望养成民族的意识与建设的兴趣以外，也有教与学的理论根据。"什么样的理论根据？"历史是经，地理是纬。以历史地理为经纬，才能贯串各种其他的课程，这便是史地中心的理论根据。"③ 还有人发挥蒋介石之训示，明确指出："民族意识是人民爱护自己民族的原动力，也就是所谓爱国心。"④ 为了发挥历史教育之民族主义功能，必须进行中国本位文化建设、民族性教育、民族中心教育理论等方面的研究，必须从民族意识、劳动生产两方面加以实施。

---

① 郑鹤声：《选择历史教材之目标》（续），《教与学》第 4 卷第 6 期，1939 年。
② 马宗荣：《战时教育的目标与设施》，《教育杂志》第 28 卷第 2 期，1938 年。
③ 黎东方：《历史地理之教与学》，《教与学》第 5 卷第 11 期，1940 年。
④ 古楳：《中华民族复兴与教育新趋势》，《教育通讯》第 2 卷第 16 期，1939 年。

李季谷对战时新历史教育问题作了系统阐述，明确指出，历史教育为民族复兴运动之利器，新历史教育使命在使国民均有"天下兴亡，匹夫有责"之自觉。他分析说，过去历史教育失败之原因集中于四方面：一是教科书编审员编辑不良，选材不当，编次失宜，标题不妥；二是教员素养不足；三是教育者尚多不认识历史价值；四是不注意历史设备。如何在抗战的新形势下革新失败的历史教育？其提出的具体方案为：第一，中小学历史教育宜以人物为中心。第二，莫忽视时间关系。第三，正名斥邪。教历史者，必验忠勇贞松之操，令奸伪逆贼惧，始为有得。可用史事晓以邪正之途，明以顺逆之理。降敌求荣如张邦昌洪承畴之流，俱当名之为逆贼；爱护民族，不避艰险，坚贞不屈如张煌言、郑成功等，自当誉之为民族英雄。第四，矫正我国知识分子的虚骄弱点。第五，抓住要点。第六，利用警句格言。第七，歌颂忠义。第八，标榜勇将能臣。第九，指斥奸雄汉奸。第十，利用乡土史料。第十一，扫除厌世思想。从这些方面实施历史教育，"养成一般国民之'民族至上''国家至上'的信念"。[①]

由此可见，抗日救亡的新形势迫切要求改革历史教育的现状，发挥历史教育之民族主义功能，确定"民族主义历史教育"目标。民族主义历史教育，要求注重中国文化建设以培养学生的民族精神和民族意识。它体现在本国史教科书方面，就是增加大量古往今来中国民众反侵略的光荣事迹以及国耻史的内容；体现在外国史教科书方面，就是关注近代帝国主义的发展与世界各国民族运动的趋势，激发学生反对帝国主义侵略的勇气。正是由于教育界和政府部门的重视和提倡，战时各级学校在不同程度上实施了"民族主义历史教育"。

实施民族主义历史教育是抗战全面爆发后朝野上下的共识，而要实施民族主义历史教育就必须确定合理的历史教育内容。国民政

---

① 李季谷：《新历史教育论》，《教与学》第 5 卷第 11 期，1940 年。

府重视培育青年学生的民族观念和国家观念，并在具体实施中注重以"历史教育"方式加以培育。教育部制定的《青年训练大纲》对正确的"民族观"提出了三项基本要求：一是认清中华民族为世界上最优秀民族之一；二是认清中华民族对于世界文化有其独特之贡献，应该发扬光大；三是认清中华民族为富有创造精神之民族。其实施要点有三：一为说明中华民族之特性及其成为世界上优秀民族之理由及例证；二为讲述中华民族固有文化的特点，阐扬其优点，矫正其缺点；三为养成民族自信自尊的信念。教育部对正确的"国家观"同样提出了三项要求：一是确立国家高于一切之信念；二是认清个人与国家之关系；三是认清我国之现状及此后应努力之途径。其实施要点有七项：讲述个人之存亡与国家之存亡相终始之意义及例证；说明现代公民对于国家所应担负之基本责任；讲述先有义务始有权利之理论及例证；讲述我国历史地理，尤注意于历来外患史实；讲述富于国家思想及民族意识之故事；讲述建设现代国家所必须具备之条件及中国目前之需要，并研究努力实现此项需要之方法；充分利用乡土教材并实地考察。[①] 教育部随后颁布的《修正历史课程标准》及据此编撰的中小学历史教科书，基本上是根据这些基本要求及实施要点制定的。

　　当时教育界对历史课程如何实施民族主义教育作了热烈讨论，对历史教育内容取舍的标准及根据标准选取的历史知识提出了许多建议。在很多人看来，历史教材抉择的基本标准，要以民族主义为中心说明中华民族的优越性和整体性；要在文化方面，郑重指出我国固有文化的创作性和伟大性，并说明今后努力之途径；要从历代民族英雄的忠烈事迹说明中华民族精神的浩大磅礴；要从现代的国际关系说明帝国主义者侵略我国的经过和国民革命的必然性。[②] 概

---

　　① 《青年训练大纲》，中国第二历史档案馆编：《中华民国史档案资料汇编》第五辑第二编教育（一），第 152—153 页。

　　② 刘守曾：《本国历史教学上的几个基本问题》，《新湖北教育》第 1 卷第 2 期，1940 年。

括说来，战时民族主义历史教育的内容集中于五个方面。

第一，讲述中华民族的光荣史迹。历史教育既然成为"民族的武器"，那么历史内容选择上当以讲述中华民族的光荣历史为主，选择那些能够体现中华民族光荣历史的事实，"历史教学须于本国史上过去之光荣抗战民族英雄及抗战建国之国策特别注重"①，历史教材应注意"中华民国的形成及其光荣史实，以唤起学生民族自尊心"②，证明中华民族"能以自立创造种种文物政教，能以自立克服种种困难险阻"。运河长城之伟大建筑，火药、罗盘针、印刷术的发明，因其可证明中华民族的优越，可达到唤起民族自觉心之效果，故当详加讲解。③ 有人对救亡图存目标下的高年级社会科（包括公民、历史和地理）教学情况作了研究后提出，小学高年级历史科选材内容应包括以下几个方面。

首先，能奋身征战以捍卫民族者。一是奉命奋威御敌拓疆者，如秦蒙恬之败匈奴、元代成吉思汗拔都等之西征、清年羹尧岳钟琪之平青海等。二是远渡绝域威敌立功者，如汉张骞之使西域，后汉班超之通使西域直抵葱岭以西，明郑和之奉使西洋，服属数十国等。三是出使应敌临危不辱者，如汉苏武出使匈奴，留十九年，不辱使节；唐代郭子仪之单骑入回纥；清代林则徐拒毒取义等。四是以寡敌众奋威保国者，如晋谢玄之败苻坚于淝水、宋韩世忠之败金人于京口、明戚继光之平倭寇等。五是忍辱淬励卒成中兴者，如越王勾践与其臣文种范蠡败后，屈己臣妾于吴，卒能生聚教训，以成越国之中兴。六是巾帼从戎忠勇足式者，如汉木兰从征匈奴、谯国夫人之奋勇杀敌等。七是公而忘私毁家为国者，如郑弦高之犒师，汉卜式之毁家纾难等。

---

① 《教育部制定的教育计划与国防计划之联系方案大纲》，中国第二历史档案馆编：《中华民国史档案资料汇编》第五辑第二编教育（一），第 129 页。

② 廖世承：《战时中学教育各学程纲要举例》，《教育杂志》第 28 卷第 2 期，1938 年。

③ 赵曾珏：《历史与国民教育》，《教育杂志》第 31 卷第 2 期，1941 年。

其次，能抗战死难以激发民气者，一是以名将力征而含冤废亡者，如宋岳飞之决战败金，班师冤死。二是以大臣因国亡而殉难者，如宋末之文天祥、陆秀夫，明末之史可法等，皆兵败就义，大节凛然。三是以疆吏为内乱而死难者，以守将拒侵略而死难者，以志士谋革命不成而死者，以女子而卫国或殉难者等。①

中国历史是中华民族文化最重要之载体。历史教育对于国家民族的兴衰、道德伦理的培养、人才的教育、家族的延续都有重要关联，民族意识、民族自尊心、道德规范、人们的品德情操气节，均靠中国历史教育而加以培育。为此，战时中学历史教学应注意阐明中国历史的悠远、说明中国版图的逐次扩张、说明中华文化之伟大、发扬中华民族的固有精神。② 为了鼓励民族精神，不能只讲岳飞、史可法之悲壮故事，因为他们所处的时代是中国衰弱时代，多讲不免使人丧气，而应该大讲中国最强盛时期如汉唐，欲求民族复兴之路必须认清吾民族何时为最兴盛，其时之兴盛由于何故，使一般人知今日存亡危急之秋，非此不足以挽回颓势。有人指出，历史教育之目的，在发扬民族以往的光荣，好使民众激扬奋发，去作那抵御外侮的英雄，不再形容民族过去之耻辱，叫大家唏嘘流涕，故“只应表彰民族的美德，不必暴露民族的弱点”，“应满载那成仁取义的事迹同特立独行的人物，不要以寡廉鲜耻的言行与大奸巨猾的姓字侮辱篇章”。③

熊行易在《论历史教学》中强调历史教育是精神国防的工具，对于民族盛衰、国家的兴亡有着极大影响，故战时历史教育应注重几个方面。一是讲述过去的历史光荣以恢复民族的自信心，如在成就方面有秦始皇的定江南、降百越、破匈奴，汉武帝的破匈奴、通西域、讨西羌、平南越、灭姑师、降朝鲜、征大宛，唐太宗的灭东突厥、平吐谷浑、征服吐蕃、灭亡高昌、讨薛延陀、平西突厥、征讨高句丽等；

①　高健民：《救亡图存目标下的高年级社会科教学》，《教育杂志》第27卷第9—10期，1937年。

②　冯来仪：《抗战与历史教学》，《贵州教育》第4卷第10期，1942年。

③　康伯：《对于普及历史教育一个建议》，《教育通讯》第2卷第11期，1939年。

如在科学方面有发明火药、罗盘针，创造雕版印刷及诸葛亮之造木牛流马，祖冲之重作指南车与千里船；如在工程方面有秦始皇之筑万里长城、隋炀帝之开大运河等。二是讲述固有的民族思想以激发民族精神。民族精神是民族奋发的原动力，也是克敌制胜的重要武器；民族思想与民族精神的源泉，培育民众精神必须发掘民族思想。三是讲述历来的国耻以激发复仇雪耻的决心。四是讲述历来亡国的痛苦以警惕人心。五是讲述民族遭难时的忠烈事迹以激发舍身报国的志气。①

第二，讲述中国各民族团结与民族平等。中国是统一的多民族国家，民族主义历史教育应妥善处理中国历史上的民族关系，正确看待中国历史上汉族与周边少数民族关系，肯定少数民族及其政权对中华民族发展之贡献，并强调其在民族复兴中休戚相关及共同担负之伟大责任，如此方能体现历史教育中强调民族团结和民族平等之进步理念。为了培养学生正确的民族观念，反对"大汉族主义"，在历史内容选材上要着力发掘中国历史上民族交融及友好来往的材料，增加有利于民族团结的内容，相应淡化历史上各民族间的分歧、冲突和矛盾，意在引导学生在民族危机面前确立"中华民族共同体"信念。他们指出：中华民族是由汉满蒙回藏苗等族所构成，春秋战国时期是中华民族第一次的扩大时期，三国魏晋隋唐时期为中华民族第二次的扩大时期，辽宋金元清时期，形成了中华民族第三次的扩大时期。这三次民族扩大与融合，就形成了世界上最伟大的中华民族，"现在所谓的中华民族也就不是汉族的专有名词而是民族的共名了"。北魏孝文帝等鲜卑上层开明统治阶层主动采取措施加快民族交融的过程，应该给予高度评价，北魏孝文帝"可以称为一代的贤君"；满族建立的清朝在中华民族发展中有独特贡献，"除元代以外，实为中国史版图最大的一朝。又苗族自从改土归流以后，便以逐渐和汉族同化；而西北蒙、藏、回三族的收服则更奠基下现在诸族共和的基础。所以这次中华民族的扩大，实

① 　熊行易：《论历史教学》，《国民教育指导月刊》第 1 卷第 10 期，1942 年。

不能不归于清代的武功"。他们还指出："中华民族，在历史上有着最古的文化，有广大的疆域和众多的人口，有耐劳刻苦和平的民族性，只因外受帝国主义的侵略和压迫，致使整个民族陷于危险的境界"，所以我们"为着民族争生存，为着保持祖先'艰难缔造'的伟业，应该团结一致，努力民族复兴运动"。①

受以往狭隘的种族观念影响，中国历史上汉族统治者往往以所谓蛮夷戎狄等野蛮名词称呼周边少数民族，极易受外寇之挑拨离间而产生冲突，故必须改变此种不平等之称谓。郑鹤声提出，要注意历史上的边疆民族问题，在今日非常时期的教育之下，历史教育的使命既深且重，而对于边疆的教材，更不可忽略；这种边疆的教材，在讲述中国历史方面应注意三点：一是边疆的形势与领土的损失和经过；二是边疆人民生活的情况和社会经济的情形；三是边疆之应如何开殖与发展。康伯在《对于普及历史教育一个建议》中亦认为："现代的中华民族，是合汉满蒙回藏苗瑶而成的。我们讲历史，万不可提倡狭隘的汉族主义，冷落他族，使人生恨。应极力设法，造成一各族共同的历史，使满蒙回藏苗瑶族的人都自觉他们不特是目前与我们休戚与共，将来同我们共存共荣，就是以往，也是早成一家，相依为命。必如此方能各族团结，表示出我们整个中华民族伟大的精神。"②

第三，大幅度增加近百年国耻史内容。详今略古，是战时历史教育内容取舍上的基本趋向。许多人提出在历史课程及教科书分量分配上，古代史部分应注意特质规定，而将考证性的材料减少；时代较近的部分史料分量须酌量增加。③ 既然历史教育内容选择上以时事的研讨为最关切要，近百年史为次，那么必然要将重点集中于中国近百年史方面，而中国近百年史尤当讲述近代国耻史，对学生进行国耻教育。在很多人看来，历史教科书中近代以来中国遭受列

---

① 杨人楩：《初中本国史》第 1 册，北新书局 1936 年版，第 142 页。

② 康伯：《对于普及历史教育一个建议》，《教育通讯》第 2 卷第 11 期，1939 年。

③ 林砺儒等：《部发中小学训育及教材问题之研究》，《教育杂志》第 28 卷第 9 期，1938 年。

强的侵略、外交失败之痛史等国耻教育内容，是增强学生民族使命感的极好素材。这样，在战时历史教科书之本国史教学内容中，国耻史材料得以大量增加。增加国耻教育、国难教育、国防教育及抗战前线战士的英勇事迹等内容，旨在使学生深切认识中国被列强欺凌的历史和现状，教育学生团结御侮。赵心人编写的《初中新外国史》详细描述了鸦片战争以来，我国屡次遭受帝国主义的侵略，逐渐沦为半殖民地半封建社会的过程。他写道："中华民族最重大的任务，莫过于抗拒外辱，保守领土，使民族国家得以存在，然后一切改革与复兴，方可计议。这一救亡责任，已摆在四万万五千万人的身上，救亡图存意识刻不容缓了。"① 不仅本国史应注意近代以来的国耻史内容，而且外国史部分内容亦应注意欧美资本主义的发展原因，特别是关注那些摆脱民族危机、成功谋求自强的国家，看其人民是如何应付国难，以为今日中国之借鉴。②

　　历史教科书在内容上以详细介绍我国近代以来遭受列强侵略的原因和经过，旨在激发学生民族反抗意识，但过分强调国耻教育也会带来负面影响。有人提出，国耻教材不宜过多出现在中小学教材中，中国近代史多讲述我民族受人凌辱的历史，如鸦片战争、不平等条约之签订、英法联军、中俄交涉、中法战争、中日战争、沿海港湾之租借等国耻内容，一部中国近代史被描述为一部国难史，容易引起学生的悲观、自卑或排外情绪。金兆梓批评说，从部编教材大纲到学校教材再到教师补充教材，处处皆是国耻问题，学生日日看到听到的皆是国耻问题，什么鸦片战争、不平等条约之地界、英法联军、中俄交涉、中法战争、西南藩属之丧失、中日战争、中俄密约、沿海港湾之租借、八国联军与辛丑条约、中俄战争与东三省、民国初年之蒙藏问题、二十一条要求、山东问题、华盛顿会

---

① 赵心人：《初中新外国史》下册，第197—198页。
② 廖世承：《战时中学教育各学程纲要举例》，《教育杂志》第28卷第2期，1938年。

议、五卅惨案、五三惨案、九一八、一·二八、东四省被侵等，中国近代史简直就是一部国耻史。原本是想拿来作为一种对青少年之情感刺激，却不料"年年看，月月看见，有时还要天天看见，有时还要身受"，那就变成了"司空见惯浑闲事"，导致某些人面对过多的国耻刺激而麻木不仁、丧失信心。① 因此，"现在这样脆弱的民族精神是只可从正面去培养，不可从反面去刺激"。如何克服过多讲国耻导致的负面影响？他们提出，如果在进行国耻教育的同时再挖掘中国近代史上一些进步之处，或者强调当时中国的求进步之处，会有助于人们对这段历史在心理上的接受和理性地看待，探求近代失败的原因，"要通过失败的事实，明白所以失败所以受辱的原因。更进一步，是要他们具正当的见解，明白国民应负的责任，激发他们的爱国心"。也就是说，不仅要讲述民族耻辱的史实，而且要从历史的角度分析遭受耻辱的原因，给学生指明中国光明的前途。

第四，褒扬中华民族历史上的先贤先烈及英雄人物。要讲中华民族历史上的光荣，就离不开褒扬先贤先烈及英雄人物。为了更好地发挥历史教育在民族主义教育上的功能，不少学者提出，与其泛论一时代之风物制度，不如讲述一时代之名人事迹更为适宜。历史教育要达到唤起民族意识之目的，就要关注历史名人传记，以英雄人物之人格力量激发民族自尊心和自信力。如讲齐国称霸，与其讲其称霸过程，不如述管仲如何相桓公而得霸，使青年树效法管仲之志；岳武穆、文天祥、史可法、刘宗周、郑成功等临难不苟之精神，均足为青年模范，自当详加讲述。② 历史虽然无法重复，但英雄人物之精神可以永存，历史教育自当发掘并传承此种精神。弘扬有民族气节之历史人物，是战时历史教育的重要内容。先秦时期投江殉国之屈原，汉代通西域、灭匈奴以雪国耻之张骞、班超，滞留匈奴十九年而不辱节之苏武，均受到热情赞颂。两宋时期岳飞、宗

---

① 金兆梓：《历史教学之我见》，《教与学》第 1 卷第 4 期，1936 年。

② 欧元环：《非常时期教育》，《教育杂志》第 26 卷第 5 期，1936 年。

泽、李纲、陆游、辛弃疾、文天祥等民族英雄爱国忠君之举，得到了褒扬，岳飞、文天祥的故事不断被演绎。充当汉奸出任伪职之张邦昌、刘豫，对敌妥协残害抗战将领之秦桧、贾似道，则受到无情的鞭挞。明朝击退瓦剌之于谦、抗倭名将戚继光、抗清名将史可法等，自然成为战时历史教育正面颂扬之英雄人物。

1940 年，陈立夫在教育部史地教育委员会上强调："写史教史重于考据，而写史教史之时，应特重民族光荣与模范人物之叙述。"① 郑鹤声对此进行发挥，并对中学历史教材如何讲述模范人物提出了具体意见：初级历史"当以小学之程度为根据，应以精神的陶冶为主体，以伟大人物为诵习之对象。其实施之目标，应注意下列各点：一、描述伟大人物之嘉言懿行，养成其高尚之品格。二、描述可歌可泣之故事，以养成其艰苦卓绝之精神。三、描述各种人物成功失败之原因，以为摹仿之法则。"中级历史"当以初高中之程度为根据，精神与知识应处于平等之地位，以人物品格、社会主潮为诵习之对象。其实施之目标，应注意下列各点：一、对于某一事实之观察，以代表人物为中心，而加以解释，以明了其中心之所在。二、对于某一时代之变迁，以提纲挈领之手段，阐明其主要潮流之所在。三、伟大人物之思想与行事，加以比较研究，使知人类感情思想之本质，树立人生之基本观念。四、社会活动团体之真相，加以综合观察，藉以阐明人类社会之为有机体"。② 从当时的具体实施情况看，历史教学中利用英雄人物来加强民族精神教育所采取的主要方式有：利用教材中已有内容的讲述，指定参考书供学生课外阅读，编订补充教材，指定作文，举行讲述或表演，参观遗址古迹与应用遗像，等等。

第五，从地理环境讲述中国历史变迁。历史和地理教育被蒋介石尊为培养民族精神、实施民族主义教育之"中心学科"，受到教

---

① 郑鹤声：《历史教育之任务》，《教与学》第 5 卷第 11 期，1940 年。
② 郑鹤声：《历史教育之任务》，《教与学》第 5 卷第 11 期，1940 年。

育界之格外重视。郑鹤声发表《史地教育之总目标》一文，列举史地综合教育之十大目标：一曰养成健全之国民（即真正之中国国民），以负起建设中华民国之责任；二曰养成顶天立地之人格（即艰苦卓绝之人格），以创作富强康乐之国；三曰提高民族意识，以发扬民族之精神；四曰融合民族之情感，以团结国内之民族；五曰发扬固有之文化，以为接受新文化之基础；六曰建设现代政治，以实行总理遗教；七曰研究丰富之资源，以实行实业计划；八曰促进边疆之认识，以求民族领土之统一；九曰了解国际之大势，以明白重要国际问题之由来，及国际之地理背景；十曰明白对于全人类之责任，以弘扬三民主义于世界。[①] 历史和地理教材合并为一种学科以进行民族主义教育，得到不少人的赞同。这种史地混编教材的做法，旨在从中国的地理环境角度审视其对中华民族历史造成的影响，以中国地势说明造成中国开化最早与近百年一蹶不振之原委，以中国的资源说明中国的富源，尤其着重暴日积极侵略经营的东北四省和华北五省的经济状况。实行史地学科的综合教学，熟悉自己国家的、自己家乡的山川河流、物产资源等，"如此我国有若干年的历史，有若干省区的领域，我们的乡土情形如何，四邻的情形如何，我们都明了自然会生爱国之心。我们如能使国民进一步而了解熟悉本国的历史地理，自然人人能激发爱国之忱了"。[②]

潘湛钧对史地教育的重要性、史地教材与教学法作了认真检讨，阐述了史地教育"培植人民爱民族爱国家之观念"的重要作用，认为如此才能使学生将国家观念培植得更加牢固，对于我国家民族的盛衰存亡的因果得到彻底的了解。他认为史地综合教育有两个原则："第一，历史地理应该把他合并为一种学科，第二，史地教材应以经济为基础。依据这两个原则编教材，可使学生对于国家民族的意识培植得根深蒂固。" 根据这两个原则，他详细列出了

---

① 郑鹤声：《史地教育之总目标》，《训练月刊》第 1 卷第 5 期，1940 年。

② 潘湛钧：《抗战期间的高中史地教育》，《教育杂志》第 28 卷第 2 期，1938 年。

《高中本国史地教材纲目》，以中国的地势、资源情况来说明中国之所以拥有悠久的历史和近代遭受侵略的原因，希望能给当时的人们以激励和警醒，特别提出要尽量能够利用乡土资料，利用学生能感知的身边的变化来说明社会的变化。该教材纲目包括七部分：一是绪论，讲述人类与地理、地理与历史、地理与经济的关系；二是中国的地理环境对于中华民族发展的影响；三是资本主义发生之发达与中国，讲述资本主义发生原因、资本主义的特征、资本主义生存发达之要件、资本主义及于我国后的影响；四是帝国主义之在我国之史的发展，讲述对侵略国的认识、我国被侵略的事实；五是我国不平等条约的分析，可视时间之多寡讲述割地、赔款、领事裁判权、关税协定、最惠国待遇、势力范围、内河航行权等；六是中国革命运动的过程，讲述辛亥革命、五四运动与五卅惨案、北伐经过、九一八与一·二八、卢沟桥事变与八一三抗战等；七是国共合作的统一完成。① 从纲目设置上看，他力图从地理环境及资源的角度说明中西近代不同的发展道路之根源，以鸦片战争后中国被资本主义国家侵略及中国革命运动之史实来激励民众，最后落脚点在国共合作之完成，以达到激发民族精神、增强国家意识之核心目标。

　　课程标准是教科书的灵魂，规定着教科书的基本内容。历史课程标准作为历史教科书内容取材的主要参考对象，决定了哪些历史内容可以编入历史教科书，哪些内容不能编入历史教科书。故考察战时历史教育内容，不能不对教育部制定并颁布之历史课程标准进行分析。

　　全面抗战爆发后，争取民族生存和国家独立成为时代主题，历史教育之民族主义功能得到空前彰显，教育部原定的历史课标及据此编撰的历史教科书难以完全适应战时弘扬民族精神之需求，亟须重新修订。宋云彬在《伟大的历史变革时代的本国史教学问题》中指出，面对空前严酷的民族救亡运动，要养成民族自尊心，要坚

---

① 潘湛钧：《抗战期间的高中史地教育》，《教育杂志》第 28 卷第 2 期，1938 年。

定抗战必胜的信念，非学习历史不可。只有学习历史，从历史中探求得来的真理，才能引起信仰，才能认识当前局势及其发展前途，而坚决地执行自己在这时代所担负的使命。本国史是中学生最重要的功课，但教育部战前所定历史课标"显然不甚适合于抗战建国的现阶段了"，而其最不合理处是将本国史分成上古史、中古史、近世史、近代史，定课程标准者显然没有懂得历史的关联性，而硬把它切断，用人为的划分来代替历史自身的划分。同时，"教材大纲中把每一期的题目都规定了，从什么太古之神话起一直到国民政府的建立，规定得详详细细，编者只要在每个标题下面，填上若干方块字，加入几幅图表，就可以成为一部初中或高中的历史教本"。① 抗战以来，教育部未能把历史课程标准加以修正，使之适合当前需要；商务印书馆、中华书局等亦仅仅是将旧编教材再版发行。为了适应战时需要，必须改革中学历史课程标准并据此编写新教材。为此，本国史课程标准应从四方面着手改革。一是叙述具体的历史事实，以说明我国历史发展之诸阶段，并特别注重由封建社会阶段转化入半封建半殖民地之社会阶段的具体的说明。二是叙述我国历代与外族之关系，以说明我国民族之拓展及因落后民族之侵入而使中国封建经济之不断地逆转。三是叙述鸦片战争后帝国主义侵略中国之经过，以说明国民革命之背景，阐述三民主义之历史根据。四是特别叙述日本帝国主义之一贯的大陆政策及其蓄意灭亡中国之历史背景，与中华民族一致团结抗战到底之历史任务，使学者明了在全民族一致坚决奋斗中必能获得历史所决定之最后胜利。为了强化中小学的民族主义历史教育，宋云彬提出应该"略古而详今"：过去教历史的，大都略古而详今，这是对的；对于现阶段的历史，当然应该叙说得特别详尽一点。因此讲本国史的对于鸦片战争以来，中国怎样受帝国主义侵略而沦为半殖民地半封建社会的史

---

① 宋云彬：《伟大的历史变革时代的本国史教学问题》，《改进》第 1 卷第 9、10 期合刊，1940 年。

实，必须讲得特别透彻。①

黄觉民在《战时课程问题》中亦强调，战时课程的特性是课程编制要适应战时需要，由中央制定战时各级学校课程标准大纲，使各校有所适从并限各校必须遵照。战时课程改造的方针是详今而略古，历史课程"可以探究我国所以被侵略的原因，敌国所以富强之道，不平等条约的缔结，屡次国耻的经过，各国民族复兴的过程，我国复兴民族的努力，我国的现势，而以时事的研讨，为最切要，近百年史为次，上古史可让专家去研究，中古史亦暂可不读"。具体做法是：第一，应根据国富民力缩短课程的年限。如历史课程，古代近代都非人人必需的适当常识，且古代史诸多不实，以教学生，等于欺人自欺，不特不需要，而且急宜避除。近代史与我们日常生活也少直接关系，亦非人人必需。唯有现代史与日常生活关系较切，应略熟习。其为人人所需要的，还是最近时事，而历史课程中却空无所有，应该增加。第二，应根据国民生计的需要，义务教育以后的课程应以职业知能为主干，而以普通知能为补充。战时课程改革的根本目标为："把历来偏重广博的课程，改为偏重专精的课程；把一向偏重文化修养的课程，改为偏重职业修养的课程；把冗长重复的课程，改为短小精悍的课程。"②

在社会各界强烈呼吁实施民族主义历史教育之同时，教育部根据《战时各级教育实施方案纲要》对历史教育进行改革，着手修订新历史课程标准。1940 年 9 月，教育部颁布了《修正初高中历史课程标准》，对课程目标、时间支配、教材大纲、实施方法等均作了原则性规定。1942 年，教育部颁布修订后的《高级社会科课程标准》，对小学历史课程标准亦作了规定。《高级社会科课程标准》所规定的历史课程，强调了本国史中能够体现民族精神之思

①　宋云彬：《伟大的历史变革时代的本国史教学问题》，《改进》第 1 卷第 9、10 期合刊，1940 年。

②　黄觉民：《战时课程问题》，《教育杂志》第 28 卷第 3 期，1938 年。

想文化、历史名人、嘉言懿行，及近代以来国运的日渐没落的现实、近代中国革命与外交等。它对我国古代文化、我国历代学术思想、我国历代重要发明、我国历史上重要人物、我国近百年来的内政外交的重要事实和革命运动等内容，作了比 1932 年《小学课程标准·社会》、1936 年《高年级社会课程标准》更为详细的阐释。

1940 年的《修正初级中学历史课程标准》规定初中历史教学的目标为：一是叙述中华民族之演进，特别注意各支族间之融合与其相互依存之关系，以阐发全民族团结之历史的根据，而于历史上之光荣，以及近代所受列强之侵略与其原因，尤宜充分说明，以激发学生复兴民族之意志与决心。二是叙述中国历代大事，并略论文化之演进及其对于世界之贡献，使学生明了我先民之伟大，以养成继往开来之志操与自强不息之精神。[①] 该课标的这两条规定，突出了民族主义历史教育之功能。它将近古史从古代史中独立出来，现代史中增加了国难之演变、蒋委员长与抗战建国、国际形势下吾国地位与复兴运动、最近文化之推进与经济建设等新内容，并强调："初中本国史教材，注重朝代兴衰，政治变迁之大势，兼及社会、经济、文化、学术诸端。"它与 1936 年所定教学目标相比，对中华民族演进的叙述不仅关注民族的光荣和屈辱历史，而且特别提出要强调历史上中国各民族之交融与其相互依存之关系，以阐发全民族团结之历史根据，反对在外来力量胁迫下的民族分裂，以激发全民族团结抗战的决心。

1940 年教育部公布的《修正高级中学历史课程标准》在课程目标及历史课程内容上与《修正初级中学历史课程标准》本质相同，仍然以实施民族主义历史教育为主要目标。其规定的历史教学三项目标中，第一、二项是显然讲授本国史所要达到之目标："（壹）叙述中华民族之起源、形成及其疆土开拓之经过，而各支

---

① 吴履平：《20 世纪中国中小学课程标准·教学大纲汇编　历史卷》，人民教育出版社 2001 年版，第 77 页。

族在血统上与文化上混合情形及其相互依存之关系，尤应加意申述。使学生对于中华民族有整个之认识与爱护。（贰）叙述我国历代政治、文化、经济、社会之变迁，尤其足以影响于现代社会生活之史迹，应特别注重，藉以明白我国现状之由来，而于古代之光荣与近世外力之压迫。以及三民主义之历史背景，尤应从详申述。以启示学生复兴民族之途径，及其应有之努力。"① 它与 1936 年的历史课标相比，增加了七七事变与全面抗战、抗战建国纲领及其实施、现代之中国（包括政治、经济、学术、文化等项）等内容，并且强调："高中本国史教材，应避免与初中重复，注重特殊之事实，凡初中已有叙述者，仅于各时代之首列'概说'一章，略作一简单的系统的回顾。"该历史课标与 1936 年所颁布的历史课标相比，更加重视发挥本国史在培养学生爱国精神和民族意识方面的重要作用，增加了本国史在历史教学中的比重，缩小了外国史的比重。这不仅体现在本国史内容大大多于外国史教学内容上，而且体现在本国史教学时间远远超过外国史时间上。在历史教学时间上，初中和高中总课时量虽没有变化，但在本国史与外国史的时间分配比重上，都加大了本国史的授课时间比重，初中本国史由原来的 4 个学期增加到 5 个学期，外国史则由 2 个学期削减为 1 个学期；高中本国史由 3 个学期增至 4 个学期，外国史由 3 个学期减为 2 个学期。总的趋势是在总课时变化不大的情况下增加本国史授课时间。这显然是希望学生更多地了解本民族历史，借以激发其民族精神，可视为强化民族主义历史教育之重要举措。

1940 年修订的新的历史课标，体现了 1938 年国民政府制定的《抗战建国纲领》的基本精神，将《抗战建国纲领》中规定的战时教育应有之任务贯彻于中学课程标准中，成为抗战时期历史教科书编写的指导性文件。

教育部根据新历史课标组织编审的历史教科书对贯彻民族主义

---

① 吴履平：《20 世纪中国中小学课程标准·教学大纲汇编　历史卷》，第 84 页。

历史教育起了推动作用，但在实施过程中亦暴露出许多问题，引起了教育界不少学者的批评。张健甫在《中学历史教育的检讨和商榷》一文中对战时历史教育作了考察，揭示了教育部编定的历史教科书所存在的三方面缺点。一是大都机械地依照教育部规定的课程标准，把每个时期的许多事实，平均分量，分别叙述，而没有把握住每一个时期社会经济的特殊形态，作为叙述的中心，从而说明其政治的、社会的、军事的诸方面的现象，使读者了解那一时期的社会特质及其发展的过程，而只零零碎碎，胪举许多事实，以致读者茫无头绪。二是一般教科书的分期法仍然是依照过去传统的方式，分为上古期、中古期、近古期等。三是对于历史上重大事情的发生只叙述一些表面现象，而不能探究其必然因果。张健甫对部定历史教科书中关于近百年来中国史的取材中存在的共同缺点作了归纳：偏重于记述帝国主义的侵略，忽略了中国民族的反帝运动，这颇足以沮丧民气，使一般青年学生错觉民族前途之希望渺茫，因而失望、颓废、悲观、放荡，这是最足以损害民族的健康心理的。同时对于帝国主义的形成，及其侵略中国的目的和步骤，也很少有明白的叙述，特别关于帝国主义间相互的矛盾，及其本身所蕴藏的各种危机，尤未能详细指出，以激励读者抗拒帝国主义侵略的勇气，从而造成部分读者只看到近代中国之黑暗的一面，看不到它的光明一面。[①] 这些批评意见，实际上针对的是历史新课标及部定教科书过分强调国耻史所带来的弊端，也在某种程度上揭示了战时历史教育过分强调民族主义功能之弊端。

民族主义成为战时历史教育之主潮后，教育界有识之士看到了过分强调民族主义所带来的狭隘民族主义偏向，主张以历史教育之世界化趋向（世界意识和全人类的眼光）对其加以纠正。这从另一个侧面说明战时历史教育之世界化趋向并未中绝。张健甫在《中学历史教育的检讨和商榷》中，对战时历史教育发挥民族主义

---

① 张健甫：《中学历史教育的检讨和商榷》，《建设研究》第 6 卷第 5 期，1942 年。

功能之利弊作了冷静分析，既肯定了民族主义历史教育的必要性、合理性及其积极贡献，也批评了过分强调民族主义而导致的狭隘民族主义和复古倒退倾向。其云："认定历史这门功课，是发扬民族意识、提高民族思想之最有力的工具，我们要在帝国主义压迫之下，特别在日寇法西斯武装侵略之下，争取抗战胜利、完成建国工作，必须使青年学生一方面充分了解我们民族祖先创业的艰难，怎样披荆斩棘，开拓疆域，怎样抵抗外族的侵略，奋斗自存，以及近代备受列强外力压迫之主观的客观的原因，民族反帝运动的发展和高涨，与夫过去已经发生、今后可能发生的阻力是什么等等，务须通过历史这一课程，使其完全了解，以激励其爱民族爱国家的热情。一方面则从古人许多惊人的发明和创作，使其了解中国民族本质的优良，而非侵略国家所谓的劣等民族，同时关于我们民族本身所有的弱点和缺点，也不可讳言，并应具体的指出，及指示其自救之道，以免青年学生趋于虚浮夸张，或悲观失望之两个倾向。另一方面，国内各民族的团结、世界各民族的共同平等生存，及其如何互相观摩、互相进步，亦应详细的阐明，以免养成国民的狭隘的民族观念。尤其对于世界弱小民族及被压迫人群的革命运动，我们应使青年学生彻底明了其互相帮助、互相联合、互相提携的必要，以跻世界于真正的和平共处。"这显然是要以开放的世界眼光来矫正狭隘之民族观念，维护国内各民族团结与世界各民族之平等共存。他提醒政府和教育界，发挥历史教育之民族主义功能，万不可由此走向复古主义和崇古主义："学习历史，绝对不是提倡所谓复古主义和崇古主义，其目的在使青年学生，一方面了解人类的生活状态，是在经常不断的进步，如由原始社会到奴隶社会、封建社会、资本主义社会……一方面使其由知道社会进化的过程中，学习先贤先哲的斗争经验，以为其自身参加社会活动的模范。"[1] 这显然是主张以社会进化史观审视人类发展史，借以矫正民族主义历史教育中的复古主义偏向。

---

[1]　张健甫：《中学历史教育的检讨和商榷》，《建设研究》第 6 卷第 5 期，1942 年。

　　苏沉简在《论历史教育》中指出，重视历史教育的同时必须警惕民族主义所导致的"妄自尊大"倾向，必须以开放的世界主义来克服狭隘的民族主义："要知道我们读历史是想从过去得到一点参考，所以无论是好的或坏的，我们都得知道。有人曾经极力鼓吹汉唐明三代的光荣史迹而反对人读中国近百年史，以为这是外国人故意要使我们丧失自信心的。这种说法用心未始不善，但却中了'妄自尊大'的毒。我们读汉唐明历史，我们可以知道我们的祖宗曾经有过这样伟大的事业，知道我们的民族决不是低能的，有了这种自信心，所以能不怯不妥去创造新的事业。我们读了中国近百年史，才知道我们祖宗患了些什么错误，我们民族和国家有着什么缺点。"他认为，历史教育的极端民族主义倾向，容易使人产生妄自尊大的复古封闭观念，必须避免这种"狭隘的民族主义"偏向。其云："提倡历史教育有一个最危险的结果，那就是狭隘的国家主义的养成。……提倡历史教育可以引起人民的爱国心，这是好的现象，但一件事情走到极端就往往产生坏的结果，狭隘的国家主义或民族主义是有害的。对于国家的观念我们认为最好用历史进化观念来解释。……我们不能盲目的提倡狭隘的国家主义，同时在这个时代我们也不能妄想国际主义或世界主义，因为国家还是历史现阶段所必需的。国家进化到大同世界是可能的，但并不是勉强的用外力来逼成的。"为此，历史教育的关注点应该放在培养学生正确的历史观念上。进化观念、时间观念、空间观念及国家观念之培养，远远重于具体历史知识之传授。在历史进化观念培养方面，讲清"社会是前进的不是后退的，中国历史常常夸张唐虞禅让及三代之治，以为上古的人民都是圣贤。这种观念当然有它产生的原因，但它的弊端却很大，为了使现代的青年有着前进的创造的自信心，进化观念是必需的"。在培养正确的国家观念方面，讲清"国家是历史的产物，是现阶段所必需的，所以我们须保卫她"。[①] 只有这样

---

　　① 苏沉简：《论历史教育》，《经世》第 35 期，1939 年。

方能避免历史教育走上狭隘的民族主义之极端。

康伯在《对于普及历史教育一个建议》中，对如何编撰本国历史读物作了研究，提出实施民族主义历史教育及编撰相关历史读物务必要有"现代眼光"。第一，"选择材料，应全以现代眼光为准绳，一切古代的制度文物、风俗礼教、军旅征伐、农工食货，以及平民生活的状况，民族转徙的经过，凡可以使我们明了今日的中国者，都应忠实地记出；其与今无关之事，纵令他本身极有价值，终是无补实用，概可删去"。第二，"复兴民族，固应发扬祖德，但同时宜使民众了然于历史的进化性，打破他们今不如古的错误观念，以增强民族的自信力"。第三，"现代的中华民族是合汉满蒙回藏苗瑶而成的。我们讲历史，万不可提倡狭隘的汉族主义，冷落他族，使人生恨"。第四，"须以近代眼光，特别着重时代的精神，同一切社会内潜伏的力量，与平民的运动，不可称颂个人太过，使民众觉得他们是天人，是救世主，而妄自菲薄"。第五，"信仰自由，本我国固有精神。各种宗教取自由放任态度"。①何士能在回应教育部颁布的新历史课程标准时，提出了中学历史教学之三大使命：一是延续民族的文化；二是提高民族意识，发挥爱国精神；三是启示建国的途径。②为达此使命，他建议依据教育部颁布之历史新课标编撰历史教科书时，要有世界全局之观念，注意中外历史之贯通。其云："本国史与世界史教育要连贯：每每有许多中国史事，不知在西洋的什么时代，而西洋史上许多事实，又不知在中国史上的什么时代，以致很多中西交通史事，不能了解。这一次编的课本，希望能革除这个缺点，力求中西史事的贯通，而尤应以中国为中心，去编辑外国史。"③廖世承亦强调战时历史教育要有世界眼光，历史教材应注意："各

---

① 康伯：《对于普及历史教育一个建议》，《教育通讯》第 2 卷第 11 期，1939 年。

② 何士能：《历史教育的使命》，《贵州教育》第 4 卷第 10 期，1942 年。

③ 何士能：《中学历史教学问题》，《贵州教育》第 3 卷第 9、10 期合刊，1941 年。

国民族的复兴，并特别的留意当时人民应对国难的经过，以作今日的借鉴。""提示近世世界大势，欧美各国与远东的关系。"①中小学历史教育除了唤起学生之民族意识，还应着力培养学生之远大眼光。张其昀说："所谓远大眼光，一在明中外之关系，一在明中外之比较。"由前者可以知中外间相互依赖之情形，可以养成爱好和平之心理；由后者可以知中外国势之悬殊，可以刺激其奋起直追之心理。② 这样自然会矫正历史教育民族化所导致的弊端。

由此可见，即便是在战时历史教育民族化占据绝对主导地位的情况下，也无法完全放弃历史教育之"世界化"趋向。因为中国走向世界并与国际接轨是无法逆转之发展大势，故战时历史教育之"世界化"潜流仍然顽强地存在着，并在某种程度上矫正着民族主义历史教育中出现的复古偏向。太平洋战争爆发后，中国追随美英苏等盟国对德意日法西斯阵营正式宣战，组成了世界反法西斯统一战线。中国成为维护世界和平的重要力量，中国的抗日战争成为世界反法西斯战争的重要组成部分，中国以前所未有的开放姿态走向世界并融入世界，在国际事务中发挥着愈来愈重要的作用。这种客观的情势，便需要中国人具有更加开阔的世界眼光，当然也要求中国战时教育以开放的国际视野关注变化的世界格局，加快中国与国际世界的密切联系和积极合作。这样，战时历史教育除了继续发挥民族主义功能外，开始注重强化历史教育之世界化功能，相应增加外国史在教学中的比重。这样，历史教育中之世界化趋向在受到民族主义较长时期的压抑之后，逐渐恢复并得以强化。这显然是抗战后期中国历史教育之新趋向。

---

① 廖世承：《战时中学教育各学程纲要举例》，《教育杂志》第 28 卷第 2 期，1938 年。

② 高健民：《救亡图存目标下的高年级社会科教学》，《教育杂志》第 27 卷第 9—10 期，1937 年。

七　战国策派的文化形态史观

战国策派是指以《战国策》半月刊和《大公报》"战国"副刊为中心的学人集团。1940 年春，雷海宗、林同济、陈铨等人在昆明创办《战国策》半月刊，后在重庆《大公报》开辟"战国"副刊，以文化形态史观为基础提出了一套新的文化理论，试图以此而振奋民心，抵御外侮。该派之所以取名"战国策"，乃是因为在他们看来，眼下的中国正处在"战国时代"。在此时代，强权就是公理；侵略、战争、杀戮乃是各民族的头等大事；你不杀人，人必杀你；你不征服人家，必被人家征服；你不做主人，就只有做奴隶；如同中国两千多年的"战国时代"一样，国与国乃是灭与被灭的关系。该派呼吁国人振作起来，以"战国七雄"的时代意识看待眼下国际形势，以一种强力意志抗击日寇。因此，它带有鲜明的民族主义色彩。

战国策派以西方的文化形态学为理论基础，以尼采哲学为灵魂，以军国主义为指归。西方文化形态学是由德国哲学家施宾格勒创立的。第一次世界大战即将结束时，施宾格勒出版了《西方的没落》一书，认为"文化"是历史研究的基本单位，世界八大文化在价值上是相等的，无所谓优劣，在哲学上是同时代的，不存在先进与落后的差别。在他看来，每种文化都是封闭而自足的，没有交流与传播的可能且各自又都是一种有机体，有其生必有其死。他把"文化"的生命周期分为前文化时期、文化时期和文明时期。文明时期的前半段为"战国时期"，后半段为"帝国时期"。一种文化进入文明的帝国时期，就意味它的死期到来。中国"战国七雄"历史就是"战国时代"，特点是战争频繁，各民族只有在胜利与灭亡之间作出选择。战国以后，中国进入秦汉帝国时代，其作为一种"文化"单位就不复存在了。

　　雷海宗借用斯宾格勒的文化形态学理论，认为每一种独立发展的文化都有一个青春勃发—茁壮成长—繁荣昌盛—枯萎凋落的生命周期，都要经历封建时代、贵族国家时代、帝国主义时代、大一统时代、政治破裂与文化灭亡时代的末世等五个阶段。第一阶段是封建时代，这一时期各个文化的政治、社会与经济现象较为特殊。在政治上的主权是分化的。每个文化空间范围内都有一个最高政治元首，这个元首直辖的土地只有王畿区域，大部分土地分封给诸侯，诸侯表面上承认共主，实际上各自为政。诸侯在封疆内虽然拥有较大权力，但只能自留封疆的少量土地，大部分土地再下分给一批卿大夫。卿大夫同样将采邑的大部分分封给一批家臣，家臣又要分封给更小的家臣。这是典型的逐级分封制。这一时期，社会上划分了明确的阶级，每个人在社会上的地位、等级、业务、权利、责任以及衣食住行等日常生活方式，都有公认的法规来认定，阶级是世袭的，其界限相当严格。在经济上，所有土地都是采地而非私产，极少可以自由买卖。在精神上是宗教的天下，宗教事务覆盖了人类所有的生活。第二阶段是贵族国家时代，以贵族为中心形成列国并立是典型的时代特征，在政治上，封建时代的共主"渐渐全成傀儡，有时甚至整个消灭"，卿大夫及各级小贵族也日益没落。诸侯成为最有势力的阶级，他们控制各自的封疆，实行高度集权，主权分化现象不复存在。地方动乱大大减少，国家间战争的目的，"只求维持国际的均势，没有人想要并吞天下"。在社会上，士庶之分仍然维持，但平民可以升为贵族。在经济上，井田制一类的授田制依然存在，但自由买卖土地的行为得到了普遍承认。在精神上，宗教仍占据主流地位，但理性思想开始传播。第三阶段是帝国主义时代，这一时期发生了政治、社会与经济上的大革命。革命推翻了贵族阶级，平民阶级夺取了政权，得到了一个形式上的全民平等社会。随后社会动荡与国家间战争重起，"大规模的战争，残酷无情的歼灭战，成了国际野心家所专研的战争方法。战场以大量的屠杀为最高的目的，以便消灭对方的实力，最后占据对方的领土，灭掉对方的国家"。在连绵的战争中，集权干预文化与思想的自由，思想趋于派别化，创造性思想极为缺乏。① 第四阶段是大一统时代，前后约为三百年，强国吞并天下，"实现了封建时代可望而不可即的理想，就是整个文化区的大一统局面"。在政治上，为强化控制实行专制独裁，在社会上，物质较前有大的改善，但"颓风日愈明显"，尚武的精神衰退，文弱习气风靡，征兵制无法维持而改为募兵制。帝国疆域空前扩大，但帝国实力并不强大。在文化上，思想学术与文艺急剧退步，政治与文化冲突激烈，"思想定于一尊，真正的哲学消灭，文人全失创造的能力，只能对过去的思想与学术作一番解释，研究，与探讨的功夫，且其中夹杂着许多附会，误会，与望文生义的现象。一言以蔽之，文化至此已经僵化，前途若非很快的死亡，就是长期的凝结"。② 第五阶段是政治破裂与文化灭亡时代的末世，政治腐败，体制衰退，个人主义严重，内乱外患不断，古老的文化从此一蹶不振，在与外族的争端中走向彻底毁灭。

林同济与雷海宗看法相似，将文化发展形态分为三个阶段。第一阶段是封建时代，是"'原始人群'与'文化人群'的分界"，社会被分成统治与被统治两个阶层，"上下谨别"是一切思想与活动的标准。这一时期，贵族是社会中心，在政治上是"封君分权"，天下共主有名义的尊严却无实际上的主权；在军事上是"贵士包办"，作战是统治者的特权；在经济上是"农奴采邑"；在宗教上是以祖先崇拜为特征的多神信仰。这一阶段类似中国历史上的春秋时代。第二阶段是列国时代，具有"个性的焕发"和"国命的整合"两大潮流，个性潮流是针对封建阶级的束缚而发的，主张自由与平等，是一种离心运动；国命潮流则注重统一与集权，希

---

① 雷海宗：《历史的形态与例证》，林同济、雷海宗：《文化形态史观》，大东书局1946年版，第24—25页。

② 雷海宗：《历史的形态与例证》，林同济、雷海宗：《文化形态史观》，第25—27页。

冀打破旧的阶级并重组新的阶级，是一种向心运动。两者相生相克，最后国命潮流压倒个性潮流。这一时期，"政权集中，军权统一，经济干涉，国教创立"，可以说，"列国阶段是任何文化体系最活跃、最灿烂、最形紧张而最富创作的阶段"，这是"一个文化所可能达到的最高峰"。这一阶段类似中国历史上的战国时代。第三阶段是大一统帝国时代，战国时代的各国，大兴集权运动，全力进行国际间的战争，这种战争是规模浩大、残酷无情的"全体战""歼灭战"，结果是"一强吞诸国，而制出一个大一统帝国，它多少都要囊括那文化体系的整个区域"。①

　　林同济划分的三个阶段中的第一阶段（封建时代），相当于雷海宗划分的五个阶段中的第一阶段（即封建时代）；林同济划分的第二阶段（列国时代），相当于雷海宗划分的第二、第三阶段（贵族国家时代和帝国主义时代）；林同济划分的第三阶段（大一统帝国时代），相当于雷海宗划分的第四、第五阶段（大一统时代和政治破裂与文化灭亡时代的末世）。

　　雷海宗运用文化形态史观的理论，对世界上已知的文化形态进行比较研究后，得出了所有的文化形态在经历了封建时代、贵族国家时代、帝国主义时代、大一统时代、政治破裂与文化灭亡时代的末世等阶段后必然衰亡的结论。然而，他惊异地发现中国文化不但没有走向死亡，反而继续生存了下去，故将中国文化作为一个特例，提出中国文化"独具二周"的新认识。雷海宗认为，中国两千余年的悠久历史大致可划分为周而复始的两大周期。第一周自殷周至公元 383 年的淝水之战，是纯粹的华夏民族独立创造文化的时期，外来血统与文化没有重要地位，也可称为古典的中国。第二周由公元 383 年至 20 世纪 30 年代的抗战时期，是北方各个民族屡次入侵中原、印度佛教深刻影响中国文化的时期，汉民族在血统和文化上的个性没有丧失，但外来血统与文化开始

---

① 林同济：《形态历史观》，《大公报·战国副刊》1941 年 12 月 3 日。

据有很重要的地位，胡汉混合，梵华同化，也可视为一个综合的中国。第二周的 1500 余年间，虽然朝代更替频繁也各有特点，但整个社会在政治、经济上没有实质性的变化，只是在宗教、哲学、文艺等方面有所演变。

雷海宗认为，中国文化能够"独具二周"，是人类文化史上的奇迹。中国文化之所以有第二周的发展，是由于中国文化从以黄河流域为中心扩展到长江和珠江流域。雷海宗从人口数量、行政区域的角度勾画出自南北朝后中国文化南北消长的线索后说："到明清时代，很显然的，中原已成南方的附庸了。富力的增加，文化的提高，人口的繁衍，当然都与此有关。这个发展是我们第二周文化的最大事业。在别的民族已到了老死的时期，我们反倒开拓出这样一个伟大的新天地，这在人类历史上是无可比拟的例外。"雷海宗提出的"中国文化独具二周"论，具有为现实服务的民族主义情绪。他以此警醒国人、为抗战服务。一方面不断激烈地抨击中国文化根深蒂固的劣根性，另一方面冷静地指出西方文化在资本主义的强势扩张中出现的内在矛盾与世界性弊病，希望国人能坚定文化自信心，对处于"战国时代"的西方文化"可以不致再似过去的崇拜盲从，而是自动自主的选择学习"。

战国策派运用文化形态史观的理论审视抗战，认为抗战不仅是中日两国间的战争，而且是"战国时代"列强争霸全球战争的组成部分；不仅是两国间政治、经济与军事实力的较量，也是一种文化的较量，是西方现代性文化与中国文化为代表的东方文化间的碰撞。因此，仅仅着眼于军事与政治的抵抗是不够的。只有顺应时代的形势，把握机遇，中国文化在实现前无古人的第二周后，仍然具有重新繁荣并进入第三周的可能。雷海宗自信地说："抗战开始以前，著者对于第三周只认为有实现的可能，而不敢有成功的希望。抗战至今日，著者不只有成功的希望，并且有必成的自信。以一年半以来的战局而论，中华民族的潜力实在惊人，最后决战的胜利确有很大的把握。"然而，要使中国文化顺利进入第三周的发展，首先应该确立中国文化的地位，认清其优长与短劣，从正处于"战国时代"的西方文化身上汲取营养，这便是所谓的中国文化重建。他指出："此次抗战，是抗战而又建国。若要创造新生，对于旧文化的长处与短处，尤其是短处，我们必须先行了解。"①

根据雷海宗、林同济对世界文化形态的阶段划分理论，西方文化于19世纪初就进入帝国主义时代即"战国时代"，现在仍在延续之中。林同济指出："看十数年来全能国家一个跟着一个呱呱坠地，我们可以无疑地判断天下大势是不可遏止地走入'战国作风'了。"② 雷海宗认为，百余年来，"歼灭战与屠杀战的形式，一次比一次的显著"，欧美文化"最后的归宿也必为一个大一统的帝国"。从文化形态史观的角度看，雷海宗认为西方文化的"战国时代"尚未结束。在他们看来，当今世界处于欧美文化四面出击的"战国时代"，中国文化则在大一统时代徘徊了两千余年，其文化早已"活力颓萎"。在西方文化主导下的"战国时代的重演"阶段，中国文化如何保持民族生存和文化的薪传，这是雷海宗、林同济等人以历史形态学看待世界历史发展与现实变化的根本出发点。

战国策派所要解决的问题，是中国在当时国际情况下应该如何生存和发展。故战国策派从文化形态史观出发，提出了"战国时代的重演"的命题。雷海宗、林同济等人认为，当时的世界是战国时代的重演，因此问题的中心是战争。战争决定一切，力是宇宙间万有所"必定有"和"必须有"的东西。林同济道："我们必须了解时代的意义"，"民族的命运只有两条路可走：不是了解时代，猛力推进，做个时代的主人翁；便是茫无了解抑或了解而不彻底，结果乃徘徊，纷歧，失机，而流为时代的牺牲品。"那么，"现时代的意义是什么呢？干脆又干脆，曰在'战'的一个字。如果我们运用比较历史家的眼光来占断这个赫赫当头的时代，我们不禁要

① 雷海宗：《中国文化与中国的兵》，商务印书馆1940年版，第221页。
② 林同济：《战国时代的重演》，《战国策》创刊号，1940年4月1日。

拍案而呼道：这乃是又一度‘战国时代’的来临。"① 他们说，"我们细察二百年来的世界政治，尤其是过去半个世纪的天下大势，不得不凛然承认你和我这些渺小体魄，你和我兢兢集凑而成的中华民族，已经置身到人类历史上空前的怒潮狂浪当中了！"② 因此强调，"无论由国内政治与国际形势言，或由精神情况言，今日的欧美很显然的正在另一种作风之下，重演商鞅变法以下的战国历史或罗马与迦太基第二次大战以下的地中海历史。欧美在人类上若非例外，最后的归宿也必为一个大一统的帝国。"③

在他们看来，战国时代的意义就是一个"战"字。战国时代的战争有三个独特地方：（1）"战为中心"。战争不仅是时代的显著标志，而且成为"一切主要的社会行动的标准"，成为一个民族和国家大政方针的出发点。（2）"战成全体"，战争向着"全体化"方向发展，可谓"人人皆兵，物物成械"；因此，"有没有本领随时可作全体战，可作‘战国之战’，乃是任何民族的至上需求、先决条件"。（3）"战在歼灭"，战争发起者显示出一种"囊括四海，并吞八方"气概，有一种"统治世界的企图"，故战争以歼灭战为多。林同济说："歼灭战是无和可言的。一般败北者所称‘天下无不和之战’，对春秋时代的取胜仗而言，勉强可通；应用到此次日本对我们的歼灭战，便是妖言误国。战国式的歼灭战，根本无和；和便全体投降，男为臣，女为妾！"④

林同济认为，战争从本质上讲是非正义性的，"用战的方式来解决民族间、国家间的各种问题，论理是‘不道德’，也‘不经济’的"，但这个"道地的战国灵魂乃竟有一种‘纯政治’以至‘纯武力’的倾向，充满了‘非道德’‘非经济’的冲动"。他明确指出："在战国时代，侃侃能谈者总比任何时代为多。实际推行

---

①　林同济：《战国时代的重演》，《战国策》第1期，1940年4月1日。
②　林同济：《战国时代的重演》，《战国策》第1期，1940年4月1日。
③　雷海宗：《历史的形态与例证》，林同济、雷海宗：《文化形态史观》，第36页。
④　林同济：《战国时代的重演》，《战国策》创刊号，1940年4月1日。

的可能性也总比任何时代为少。这不是说和平不'应该'，只是说战争是'事实'。"①

"大战国时代"战争出现了一些新特点。林同济总结说："古战国之战，还未能充分发展其全体性；今战国之战，可以本着空前的科学发明以及科学组织法，而百分之百地把国家的一切人力物力向着一个中心目标全体化起来"；"古战国的歼灭方法尚不免粗且浅；今战国的歼灭方法却精密而深入得多"，他警告道："日本则更本着他的'准武士道'的原始残忍性而推广其毒化政策，从根本上来消灭我们的种族。"古战国时代的所谓"世界大帝国"，其面积不过地球一角，今天的战国，"也许开始是一种大陆式的若干'区域帝国'的对峙，最后乃在火拼而成为全世界的'大一统'"。②

战国策派强调新的"战国时代"的到来，目的是希望国人认清当前的战争形势，以"战国"的精神应对"战国时代"。林同济公开申明，"目前的事实，是歼灭战已开始展开"，中华民族已经置身到人类历史上空前的怒潮狂浪当中："我们'中庸为教'的中国人，也许对这种大企图，始终难于了解，难于认真置信。尽管我们在报章杂志上也跟着人家大喊，指斥某国包藏征服天下的野心，却是许多人的脑子后头总不肯认真相信天地间果会有这般大狂妄，更大大怀疑这般大狂妄果会有实现的可能。"③ 他分析说，当前的中日之战，"不但被侵略的国家（中国）生死在此一举，即是侵略者（日本）的命运也孤注在这一掷中！此所以日本对我们更非全部歼灭不可，而我们的对策，舍'抗战到底'再没有第二途"。他警告道："歼灭战是无和可言的"，企图以和谈、投降的方式了结中日战争的人，必是"妖言误国"。他痛斥汉奸汪精卫之流的愚蠢和不识时务，"以为天地间总有侥幸可图，只须号泣走敌廷，三跪九叩，人家即可'放松'

① 林同济：《战国时代的重演》，《战国策》创刊号，1940 年 4 月 1 日。
② 林同济：《战国时代的重演》，《战国策》创刊号，1940 年 4 月 1 日。
③ 林同济：《战国时代的重演》，《战国策》创刊号，1940 年 4 月 1 日。

饶命。傀儡心理，文人政客鬼胎，真贱极无聊了"。①

　　在战国策派看来，当前战争的性质，是为消灭而战的战争，是你死我活的战争，其目的不在于把敌人打败，而在于把敌人消灭，要从根本上摧毁敌人。他们反复强调，历史的发展不应以善与恶的伦理标准进行衡量，中国人必须从"中庸为教"和以伦理标准衡量一切的习性中走出来，单纯将和平的希望寄托在正义、公理和政治谈判上而不正视残酷的现实，除了误国不能解决任何问题。林同济指出，"不能战的国家不能生存"，任何国家都无法幸免于这"无情的时代"，"人类的大运所趋，竟已借手于日本的蛮横行为来迫着我们中国人作最后的决定——不能伟大，便是死亡。我们更不得再抱着中庸情态，泰然捻须，高唱那不强不弱不文不武的偷懒生涯！"针对国内政治力量的纷争局面，林氏指出，世界大的政治格局早已演变为战国的纷争，"若把意识形态的对垒——民治与全能，社会主义对资本主义等等——来磋径然解释国际的合纵连横，根本上就等于捕风捉影"。他尖锐地指出："如果有一些国家依旧应用着那些老名词，那也是完全把他们当做战国作战的工具。合则高唱高举，不合用则如屣弃捐。如果他日时移事迁，弃捐的仍可再用。你和我若还把这一套认真看待，那就未免'太书生'了。"透过意识形态纷争的迷雾，林同济将国际乃至国内政治纷争的本质清晰地点了出来，他认为这种纷争只会削减中国抗战的效能。中国的当务之急，是"如何把整个国家的力量，组织到最高度的效率以应付战国时代势必降临，势必降临的歼灭战、独霸战"。②

　　林同济以大战国时代的眼光考察近代中国历史后指出，不能"时时刻刻提着'大一统'时代的眼光来评量审定'大战国'的种种价值与现实。自上次欧战后之高歌'公理战胜'，以至九一八之苦赖国联，其思路都出于一条的路线。置身火药库边，却专门喜欢

---

① 林同济：《战国时代的重演》，《战国策》创刊号，1940 年 4 月 1 日。
② 林同济：《战国时代的重演》，《战国策》创刊号，1940 年 4 月 1 日。

和人家交换'安详古梦'。这恐怕是我们民族性中包含的最大的危险。"他提出："我们须'倒走'二千年，再建起'战国七雄'时代的意识与立场，一方面来重新策定我们内在外在的各种方针，一方面来仔细评量我们二千多年来的祖传文化。"重振中华文化之雄风，使中华民族重新走向强盛。在他们看来，"战国时代"的中国是最有生气的，秦汉以后中国人就没有斗志，精神萎靡、朝政腐败，雷海宗将其称作"无兵的文化"。他指出，秦以上为自主、自动的历史，人民能当兵、肯当兵，对国家负责任。秦以下人民不能当兵、不肯当兵，对国家不负责任，因而一切都不能自主，完全受自然环境（如气候、饥荒等）与人事环境（如人口多少，人才有无，与外族强弱等）的支配。秦以上为动的历史，历代有政治社会的演化更革。秦以下为静的历史，只有治乱骚动，没有本质的变化，在固定的环境之下，轮回式的政治史一幕一幕地更迭排演，演来演去总是同一出戏，大致可说是汉史的循环发展。这样一个完全消极的文化，主要的特征就是没有真正的兵，也就是说没有国民，也就是说没有政治生活。为简单起见，可以称它为"无兵的文化"。①"无兵的文化"，就是静止的文化，是没有生气、活力和发展的文化。因此，战国策派强调必须建立一种"兵的文化"，即不畏强敌、敢打敢拼、奋发图强、不怕牺牲的勇士文化。

战国策派认为，战国时代以"国"为基本的单位，一切以"国"之存亡为根本目的。因此，一切以能否适应新战国时代的"战"和"国"为标准，来选择和确定国家政体。他们反复强调，在这大敌当前的"战国时代"，什么个人、阶级，乃至天下，都得统统退其次，必须绝对地做到"国家至上，民族至上"。他说："整个世界的中心潮流，近于时势的需要，只能有朝着一个方向推进的——就是如何建设道地的'战国式'的国家，如何把整个国家的力量，组织到最高度的效率以应付战国时代，势必降临的歼灭

---

① 雷海宗：《中国文化与中国的兵》，第101—102页。

战，独霸战。叫做专制主义，霸权主义也好，叫做法西斯主义，纳粹主义也好，甚至和缓其词，叫做代议会全能主义以及罗斯福新政策也好，根本的动向却都是'殊途同归'。"①

　　战国策派从这种思想出发，试图以强力政治提高国家地位，赞同建立战时独裁政府。林同济说："到了战国时代，战乃显著地向着'全体化'一条路进展。全体化的形势与程度，各体系的文化虽然各自不同；但尽其文化内在条件的可能范围，都一致力求人人皆兵，物物成械。……在中国的战国七雄中，比较最能彻底推行全体战的，便是秦国，现代所谓全能国家如德、意、苏联，都可说是'秦之续'而变本加厉。正所谓时代的产儿，一方面是应运而生，一方面还要挺时而进的。浅见者流，到了今天还要坐在讲座上，奔走市廛间，指天画地，死把整个全能的组织意义，认作为一种专对民治潮流而生的反动，就好像宇宙间森罗万象，除了维克多利亚的民治政体，便没有更重大的事情，而一切历史上的事态变迁都必得环绕着民治两字而或正或反，真迂泥极了。"于是他们鼓吹"全体战"："因此，民治政体应有不应有，再也不是你我哲理上较长比短所能决定，真正关键，全看民治与全体战的关系如何，民治而有助于全体战，民治可以存在，民治而有碍于全体战，民治必须取消。"② 当前的中国根本不具备谈什么"民主政治""宪法政治"，最重要的任务是建立"独裁国家组织"，组建"大权在握的政府"。③ 在这非常时期，政治必须是一种"力"的政治，需要强有力的政治人物统率全国，需要集权的政府和强力领袖。

　　战国策派认为世界进入"大战国时代"，极力地强调民族主义、国家主义，强调全能国家与集权；面对抗日战争的残酷现实，林同济、陈铨等人更将服从国家、民族需要以获取民族独立放在第

①　林同济：《战国时代的重演》，《战国策》创刊号，1940 年 4 月 1 日。
②　林同济：《战国时代的重演》，《战国策》创刊号，1940 年 4 月 1 日。
③　林良桐：《民主政治与战国时代》，《战国策》第 15、16 期合刊，1941 年 1 月。

一位，他们错误地将民族生存与民主自由二者对立起来，并义无反顾地选择了前者。他们批评坚持自由主义理念的人，面对民族生死存亡的危机，"还要死把整个全能的组织意义，当作一种专对民主潮流而生的反动而讨论，就好像宇宙间森罗万家，除了维克多利亚的民主政体，便没有更重大的事情，而一切历史上的事态变迁都必得拱绕着民主两字而或正或反，真迂泥极了！"林良桐公开提出："战国时代所需求的，是国家的安全与强盛；民主政治所企图的，是个人的自由与繁荣。前者重团体，后者重个人；前者利于强有力的政府，后者利于无为的政府。"他看到了战时集权政府与民主政治的冲突，但仍然倾向于战时集权。他说："战国时代需要一个大权在握的政府，'要政府有大权，即不容多党存在；如容多党存在，则政府必不能有大权'（钱端升先生语）。然而'政党仍是民主政治所必需的条件。在全能国家中，一党专政，一党治国，严格言之，就不成其为政党'（吴文藻先生语）。"① 林良桐声称："我并不是主张独裁，但我只指出民主的弱点；假设我们能寻求一种方案，使政府不至于太强而压抑自由，复不至太弱不能抵御外侮，有最高的效率，有最大的安全，我固馨香而祝之。如其不能，则我们似亦不必过分迷信民主政治。御侮重于个人，安全重于自由。"②

这段文字集中展现了战国策派救亡高于一切的基本思路，也显露出他们强调战时集权体制而怀疑民主体制的重大理论失误。在他们看来，民主政治不适宜于抗战，故而必须进行政治集权以御外侮，待到民族危机过后进行建国之时，再倡导政治民主与自由。他们没有意识到在缺乏民主传统与体制的中国，这种倡导与政治权力相结合便有导致全能政治泛滥的严重后果。

为着"战"和"国"两个字，战国策派推崇叔本华的唯意志论、尼采的超人学说和卡莱尔的英雄史观。他们强调，意志是人类

---

① 林良桐：《民主政治与战国时代》，《战国策》第15、16期合刊，1941年1月。
② 林良桐：《民主政治与战国时代》，《战国策》第15、16期合刊，1941年1月。

一切行为的中心。生存意志是推动人类行为与人类进步最伟大的力量。"照叔本华的观念，宇宙间根本没有什么全知全能的上帝，一切的一切，存在的基础，支配的力量，都由于生存意志"①，"道德的教训，宗教的信条，政治的原则，社会的组织，文化的进展，在适合生存意志的时候，自然能够久存；在相反的时候，终究必归于消灭。所以一个时代有一个时代的道德。一个民族有一个民族的道德。天下古今没有'放诸四海而皆准，俟诸百世而不惑'的道德标准，只有与生俱来与死不去的生存意志，——它与死不去，因为它还要借子孙的形体，来继续永生"。

战国策派由国家间的生存意志推论到权力意志和超人意志。他们认为，一个社会里，愈是优秀的人物，他的权力意志愈是伸张。人的生活最精彩的时候，就是权力意志最充分发挥的时候。一个国家或民族，是否能够在世界上取得光荣的地位，就看它国内中坚分子能否超越生存意志，达到权力意志。"尼采认为人生不是求生存，乃是求权力，支配人生一切的，不是生存意志，乃是权力意志。"② 是故，"人生的意义。就在于'发展权力意志'，而权力意志的发展，则是'超人'"。所以，他们说："我们应当接受人生，使人生发扬光大进步，我们要使人类达到最高级的发展，这一种最高级的发展，就是超人。"③ 只有"超人"才是生活中的强者，才配作人类的领袖。中国的希望就是期待有"超人"、英雄、天才出来拯救。

在他们看来，这个世界上弱肉强食，唯有生存意志和权力意志才能使人保存自我和消灭他人。而意志，人各有不同。所谓"天才""英雄"就是权力意志充分发扬的人。人类离不开英雄，如同绵羊离不开牧人。陈铨指出："英雄与历史，有双重的关系。一方

①　陈铨：《尼采的无神论》，《战国策》第 15、16 期合刊，1941 年 1 月。
②　陈铨：《尼采的道德观》，《战国策》第 12 期，1940 年 9 月 15 日。
③　陈铨：《尼采的思想》，《战国策》第 7 期，1940 年 7 月 1 日。

面他可以代表群众的意志，发明，创造，克服一切困难，适合时代的要求。在另一方面，他也可以事先认定时代的要求，启发群众的意志，努力，奋斗，展开历史的新局面。"从这个意义上讲，"英雄是群众意志的代表，也是唤醒群众意志的先知"。[①] 所以，人类应该有一种崇拜英雄的意识。陈铨甚至断言"一个不知崇拜英雄的时代，一定是文化堕落民族衰亡的时代"。[②] 他认为，英雄既可以是政治家、军事家，也可以是莎士比亚、康德、安格罗、马丁路德和"少数超群绝类的科学家"，"不仅是武力方面，政治宗教文学美术哲学科学各方面，都是英雄"，他们在某些时期"代表群众意志"。[③] 可见，陈铨提倡的"英雄崇拜"，更多地是从文化精神重建角度提出的，并非仅仅宣扬对军事家、政治家的崇拜。

陈铨对"英雄崇拜"的强调和对民主政治的批评，受到了沈从文等人的批评。沈从文认为：陈铨提倡"英雄崇拜"，贬低了五四以来的"民治主义"和"科学精神"。他质问："若真的以一个人致具神性为中心，使群众由惊觉神秘而拜倒，尤其是使士大夫也如陈先生所描写的无条件拜倒，这国家还想现代化，能现代化？"[④] 他指出：这些年来，中国"有形的社会与无形的公民观念，都无不在逐渐进步中"，"若说国家得重造，士大夫得改造，这些光明进步方面，似乎值得注意注意！明白当前较多，新英雄主义的提倡者，下笔时就知道不仅要慷慨激昂，最重要还是近情合理了"。在抗战的特殊时期，"国家要集权，真正的'民治主义'与'科学精神'还值得好好的重新提倡，正因为要'未来'不与'过去'一样，对中国进步实有重要的意义。对外言，'战争人人有份'这句话，想要发生真正普遍作用，是要从民治主义方式教育上方有成效可言的。对内言，在政治上则可以抵抗无知识的垄断主义，以及与迷信不可分

①　陈铨：《论英雄崇拜》，《战国策》第 4 期，1940 年 5 月 15 日。

②　陈铨：《论英雄崇拜》，《战国策》第 4 期，1940 年 5 月 15 日。

③　陈铨：《狂飙时代的席勒》，《战国策》第 14 期，1940 年 11 月 1 日。

④　沈从文：《读英雄崇拜》，《战国策》第 5 期，1940 年 6 月 1 日。

的英雄崇拜主义。更重要的是抵抗封建化以性关系为中心的外戚人情主义。在教育上则可以抵抗宗教功利化，思想凝固化，以及装幌子化。在文学艺术运动上则可以抵抗不聪明的统治与限制，在一般文化事业上则可望专家分工，不至为少数妄人引入歧途。至若科学精神的应用，尤不可少，国家要现代化，就无一事不需要条理明确实事求是的科学精神。"沈从文指出，改造中国文化与社会，"实离不了制度化和专家化"，"除依靠一种真正民主政治的逐渐实行，与科学精神的发扬光大，此外更无较简便方式可采"。[①] 在沈从文看来，要抗战建国，政治要集权，但民主政治意识也要大大提倡，改造中国社会与文化，离不了民主、科学的基本精神的启蒙。

胡绳对陈铨的"英雄崇拜"观进行了全面否定。他认为，陈铨对尼采思想的宣扬及对"英雄崇拜"的提倡，就是宣扬"英雄应该管理与支配群众，群众应该'无条件地'崇拜英雄，跪倒在英雄前面，让英雄来安排自己的命运"，对英雄的神秘化，正是为了使民众对其进行"宗教式的盲目崇拜"，因此，他将陈铨称为"法西斯主义的论客"。胡绳认为，英雄崇拜不是不可以要，应该"在健康的现实的意义上建立新的英雄观念，发扬新的英雄主义"。这种"新的英雄主义"所崇拜的"不是偶像，而是健康的人；不是'人上人'，'超人'，而是人中的人；不是脱离群众的，而是生活在群众中间依靠群众的；不是企图自由地改变历史道路的疯子，而是顺应着历史的发展发挥出无限的战斗的积极性的自由人；不是天才，而是平常人；他们的伟大不表现在神秘，而是表现在平常的中间"。一句话，这样的英雄是"群众的英雄"，是抗战中无处不在的"千万无名英雄的集合体"，因为历史的决定性因素，"不在少数的英雄而是在多数的群众"。[②]

---

① 沈从文：《读英雄崇拜》，《战国策》第 5 期，1940 年 6 月 1 日。

② 胡绳：《论英雄与英雄主义》，《全民抗战周刊》第 148 期，1940 年 11 月 30 日。

　　战国策派是抗战特定环境下的产物，其所宣扬的思想虽然在政治上有害，但他们主观上是出于爱国抗战的愿望；他们的理论有利于蒋介石在政治上的独裁企图，但其与国民党中的顽固派是不同的。他们理论上的基本出发点是鼓励国人坚持抗战，不要被国际法西斯势力一时的嚣张气焰所吓倒。故中共在对战国策派进行批评时，并没有把他们一棍子打倒。据侯外庐回忆："记得雷海宗主编的刊物《战国策》，对我党态度不友好，《群众》主编章汉夫著文批判《战国策》，点了雷海宗的名；孙晓村主编的一家经济刊物，有文章说了不利于统一战线的话，许涤新等理论界同志对此也进行了批判。我们都意识不到有什么问题，而周恩来同志则指出，从抗战的大局出发，这些都不是主要矛盾。"民族大敌当前，在千千万万种矛盾中间，一定要分出主要矛盾和次要矛盾，在学术界和理论界，由于阶级立场不同，矛盾固然尖锐，但同样要注意分清主要矛盾和次要矛盾。不要因小失大，更不能做亲者痛仇者快的事情。因此周恩来再三指示学术界，"当前，学术理论上最危险的敌人，是国民党右派的妥协投降理论，我们斗争的锋芒应该对准陈立夫的唯生论"，而不是战国策派。①

　　战国策派大量介绍德国著名学者施宾格勒的历史哲学，叔本华、尼采的意志哲学，歌德、席勒的文学观，以文化形态学、力本体哲学向缺乏尚武精神的"无兵"的传统文化发起挑战；以宣扬尚力政治或"大政治"的权威主义、实力政治冲击崇尚礼义廉耻的"德感主义"传统政治理念；以英雄崇拜的超人意识，大胆怀疑五四以来的所谓"民治主义"；在抗日战争最为艰苦、中华民族面临生死存亡的关头和世界法西斯主义势力最为猖狂的时候，战国策派对德国文化及政治观念的引进，对国际政治及国家利益问题的考察，必然会引起一场轩然大波。战国策派继承了发源于近代的"尚武"思潮，倡导推行"力"的哲学和适应"战国时代"的"民族意识"。

---

①　侯外庐：《韧的追求》，生活·读书·新知三联书店1985年版，第122—124页。

他们倡导战时特定条件下的政治集权，这是他们考虑战争的特殊需要，在目睹大后方政治颓废、民心涣散后提出的一种应对之策。王赣愚指出："近几年来，中国政治可说是朝着两个方向走，一面为求事权统一，指挥灵活，以期增进行政效率，适合抗战需要；一面又积极团结全国力量，使人民之自由，与更多之参政机会。前的倾向，姑称之'集权'，而后的倾向，则称之为'民主'，为抗战要实行'集权'，为建国要促进'民主'，这中间存着绝对的联系性，丝毫没有冲突。"① 他们强调政治集权，目的是提高战时体制效率，他们并未忘记对传统政治文化的批判和对民主政治的倡导。

　　在抗战胜利前后，战国策派对民主政治的看法有了明显转变，逐渐回归到先前对西方现代性意识的认同上，再次发出政治自由主义的呐喊。1945 年 8 月，何永佶在一系列文章中集中讨论了战后中国民主政治建设问题，公开提出："只有民主才能使中国人民现在尚在沉闷起来的聪明才智发挥出来，使之创造新文化，蔚为奇花异卉。"② 实际上，战国策派对国民党政权有一个逐渐清晰的认识过程，他们的集权主张，客观上起到某种有利于国民党统治的作用，但战国策派的政治集权主张是救亡图存大前提下的无奈选择，其与宣扬法西斯主义理论之间不能简单地画等号。战国策派在抗战结束前渐渐认清了国民党"一党专政"的面目，并重新回归政治自由主义的举动，证明他们在意识深处并不认同法西斯主义。③

---

① 王赣愚：《集权与民主——一年来国内政治的动向》，《今日评论》第 3 卷第 1 期，1940 年 1 月 7 日。

② 何永佶：《论我国民主政治》，重庆《世界日报》1945 年 10 月 9 日。

③ 江沛：《战略策派思潮研究》，天津人民出版社 2001 年版，第 249 页。

第 八 章

文化民族主义与儒家思想的新开展

伴随着抗日战争的全面展开，中国民众的民族主义和爱国主义情绪激昂，民族精神得到振兴，文化民族主义勃然兴起。战国策派提出了文化形态史观，钱穆提出了民族主义史观，文艺界围绕文艺大众化和民族形式问题展开讨论，学术界围绕以农立国与以工立国进行深入探究。五四时期备受抨击的中国传统儒学逐渐适应新的时代需求，在新阐释中实现创造性转化。贺麟以新黑格尔主义哲学改造和发挥陆王心学，建立了"新心学"体系；冯友兰则运用西方新实在论的逻辑方法，继承并发挥了程朱理学，创建了"新理学"体系，儒家思想在战时民族主义高扬的时局中得到"新开展"，战时中国学术文化（哲学、政治学、历史学及其他社会科学）在战火激荡中获得新发展。

一　文化民族主义的高涨

抗战时期，文化民族主义空前发展，无论学术界、思想界还是政治界，都极力强调民族化或中国化，从而出现了一股强大的"中国化"思潮，文化保守主义也借机得到了很大的发展。冯友兰回忆说："那时我们想，哪怕只是一点中国味，也许是对抗战有利的。"抗日战争的新环境，使学术界再次掀起了关于中国民族文化、新旧文化、中西文化问题的讨论与争论。郭沫若指出，"复兴民族就是要复兴我们民族的精神"，就是要保卫住我们中华民族几千年的文明，"保卫文化的责任现在是落在我们中国人，尤其是中国的文化人的肩头上了。我们不仅要争取我们民族的自由、祖国的独立，我们同时要发动至大至强的理智力来摧毁敌人的一切矫伪的理论，暴露敌人的一切无耻的阴谋，廓清敌人的一切烟幕的言论，以保卫世界文化的进展，人类福祉的安全"。① 这就明确提出中国学人在抗战时期负有保卫中国文化、重建民族精神的重大责任。

思想文化界保卫中国文化、重建民族精神的努力是多方面的。鉴于抗战时期的特殊形势，保卫中国文化，重建民族精神的本质，说到底就是要强调对外抵抗的不妥协主义，即民族主义。民族主义是一个复杂的历史概念，它在中国历史上的正面功能，便是当异族入侵的时候，比较容易唤醒国人的觉悟，形成极强的民族凝聚力，一致对外，从而赢得民族的独立与解放，为民族的再生与发展开辟通途。但如果简单地解释民族主义，就会因其狭隘性的见解，容易形成人们故步自封的排外心态，从而有害于民族的再生与发展。在抗日战争这种特殊环境下，思想文化界对中国民族文化进行了多方面探索，揭示了中国文化的民族性和特殊性，坚信中国文化复兴的光明前景，这对重建民族自信心和弘扬民族精神是有益的，也多少有意无意地夸大了民族文化的优越性，其最直接的效果便是导致文化保守主义的兴起。

抗战全面爆发后，钱穆随北大南迁昆明西南联大，继续从事中国历史和文化的教学、研究工作，先后出版《国史大纲》《中国文化史导论》等论著。《国史大纲》原为钱穆20世纪30年代在北大历史系讲授"中国通史课"的讲稿，1939年在云南蒙自、宜良整理撰写完成。《国史大纲》共八部分四十六章，以纲目体行文，提纲挈领

---

① 郭沫若：《理性与兽性之战》，《文化战线》创刊号。

地系统介绍了中国五千年的历史和文化。在该书"引论"中，钱穆阐述了撰写此书的宗旨："若一民族对其已往历史无所了知，此必为无文化之民族。此族中之分子，对其民族，必无甚深之爱，必不能为其民族真奋斗而牺牲，此民族终将无争存于并世之力量。今国人方蔑弃其本国已往之历史，以为无足重视；既已对民族已往文化，懵无所知，而犹空乎爱国。此其为爱，仅当为一种商业之爱，如农人之爱其牛。彼仅知彼之身家地位有所赖于是，彼岂复于其国家有逾此以往之深爱乎！凡今之断头决胸而不顾，以效死于前敌者，彼则尚于其国家民族已往历史，有其一段真诚之深爱；彼固以为我神州华裔之生存食息于天壤之间，实自有其不可辱者在也。故欲其国民对国家有深厚之爱情，必先使其国民对国家已往历史有深厚的认识。欲其国民对国家当前有真实之改进，必先使其国民对国家已往历史有真实之了解。我人今日所需之历史知识，其要在此。"①

因此，钱穆撰写《国史大纲》意在"宣说历史文化主义的民族观和民族主义的历史观，强调在抗战中重建国家，必先复兴文化，在唤起民众的民族自觉，必先认识历史。针对全盘西化论者的历史虚无主义、浅薄狂妄的进化观、文化自谴及古史层累造成说，明白宣言对本国历史文化的了解应有'温情与敬意'"。②故该书以其强烈的民族主义的展示，被重庆国民政府教育部列为中国大学用书并风行全国，对激发中国民众的爱国热情、树立民族自信心和凝聚力起了一定的促进作用。故后人评价说："综观钱穆在抗战时期的史学、文化史著作及其学术活动，是以昂扬民族精神为主要内容的，强烈的民族意识是他这一时期思想的灵魂。这对于当时培育国人的民族自信心、凝聚民族向心力，重铸新的民族精神，确有其贡献。"③

---

① 钱穆：《国史大纲·引论》，商务印书馆1991年版，第2—3页。
② 田亮：《抗战时期史学研究》，人民出版社2005年版，第259页。
③ 田亮：《抗战时期史学研究》，人民出版社2005年版，第258页。

钱穆著述的《国史大纲》宗旨是"为我民族国家复兴前途之所托命",是为"抗战胜利,建国完成,中华民族固有文化对世界新使命之开始"提供历史依据。他和张其昀、萨孟武等人试图从多个方面论证中国自秦汉以来的政治体制并非专制政体,而是具有相当浓郁的民主气息,以为:"中国传统政体自当属于一种民主政体,无可非难。吾人若为言辞之谨慎,常名之曰中国式之民主政治。当知中国虽无国会,而中国传统政府中之官员则完全来自民间,既经公开的考试,又分配其数额于全国各地,又按照一定年月,使有新分子参加,是不啻中国政府早已全部由民众组织。"①

钱穆关于"中国式之民主政治"的论述,既不符合中国历史演进的真相,也与近代以来中国政治民主化的发展趋势相悖,因此受到时人的严厉批评。胡绳批评说:"所谓'中国式的民主'就是我们一般常人所称为君主专制政体的那种东西吗?我很奇怪,想出这些意见的先生们都不公开反对孙中山先生的革命理论与事业,甚至还加以赞扬。但实际上他们是应该反对中山先生的,因为中山先生所要推翻的就是两汉隋唐宋元明清的那种国体和政体。假如中山先生还在,他听到人们说,他所毕生与之斗争的君主专制政体,其实就是'中国式的民主政治',不知道他会作何感想!"②胡绳还批驳了钱穆有关中国几千年来立国和当前抗战靠的全是传统文化、传统文化的优异在于"孝"的论调。

钱穆在思考中国文化的过去、现在与未来时,表现出浓厚的文化保守主义情绪。他认为,中国文化从根本上并不错,中国文化的未来决不能寄托在一切向西方学习这种幼稚的想法上面,而有待于中国文化能否进行调整和更新。他强调,这种调整与更新的动力并非来自西方文化,而必须来自中国文化系统内部。易言之,中国文

---

① 钱穆:《文化与教育》,生活·读书·新知三联书店2009年版,第143页。
② 胡绳:《评钱穆著〈文化与教育〉》,《胡绳文集》,重庆出版社1990年版,第193页。

化系统将因吸收外来的新因子而变化，但决不可能为另一系统即西方文化所取代。他说，中国的文化不但未到尽头，而且如今仍然要继续着。"所以我对中国文化很抱乐观，中国的文化未老未死，缺点是有的，只看中国将来怎样办？"那么怎么办呢？他强调："第一要恢复中国固有的道德，这也就是修身齐家治国平天下，忠孝仁爱信义和平的观念。"①

抗战时期文化保守主义特别强调中国文化的特殊性，将这种特殊性作为立论的根据，进而提出了带有强烈守旧色彩的中国文化复兴主张。1939 年，钱穆在完成《国史大纲》后，开始着手撰写《中国文化史导论》一书，并陆续在《思想与时代》杂志上刊出。

钱穆首先探讨了中国文化发生的地理背景以及对中国文化的影响，不同意那种笼统地说中国文化发源于黄河流域的观点，认为这种观点只看到了世界诸文明古国文化起源的共性，而没有注意到中国文化起源的特殊性，因为黄河本身并不适于灌溉与交通，准确地说，中国文化的发生并不依赖于黄河本身，依赖的是黄河的各条支流。每一支流的两岸和其流进黄河时两水相交形成的三角地带，即所谓的"水椏权"，才是中国古代文化真正的摇篮。据此，钱穆得出三点结论。第一，古代文化的发展，均在一个小环境里开始，而不易形成伟大的国家组织，只有中国文化自始即在一大环境下展开，因此容易养成并促进政治、社会以及人事等方面的团结与处理方法的才能，从而使中国人能迅速完成内部的统一。第二，在小的环境里产生的文化社会，容易受到周边文化程度较低的民族的"侵凌"，其发展被迫中断或受阻，只有中国文化是在大环境下展开的，并迅速完成了国家内部的团结与统一，因而对外族之抵抗力特别强大，得以免遭摧残，而保持其不断地向前发展，成为世界上历史最为悠久的国家之一。第三，在小地面的肥沃区域里产生的古代文明易达到其顶点，失去另一新鲜向前的刺激，从而导致"社会内部的腐败和退化"，只有中国文化因产生在贫瘠

---

① 钱穆：《中国文化传统之演进》，《文化建设论丛》，青年出版社 1946 年版。

和广大的地面，不断有新的刺激和新的发展，社会内部能始终保持一种勤奋和朴素的美德，其文化因而也常有新精力，不易腐化，直到现在"仍有其内在尚新之气概"。①

在考察了中国文化赖以产生的独特环境以及由此而形成的中国文化的特殊性后，钱穆进一步对中国文化与欧洲文化进行了比较，认为只有西方的欧洲文化和东方的中国文化算得上源远流长，直到现在成为人类文化的两大主干。

第一，就政治而论，中国从很早的时候起，就已成为一个统一的大国家，很少发生内争，而欧洲直到近代还是列国纷争，没有实现统一。中国人由于数千年来常在统一的和平局面下生活，注重的是对内问题而不是对外问题，常常"反身向著内看"，久而久之，"便成为自我一体浑然存在"。西方人由于常生活在"此起彼伏的斗争状态之下"，注重的是对外问题而不是对内问题，"常常是向外看的"，久而久之，"成为我与非我屹然对立"。惟其常向外看，认为有两体对立，所以西方人特别注意空间的"扩张"以及"权力"和"征服"。惟其常向内看，认为只有一体浑然，所以中国人特别注意时间的"绵延"以及"生长"和"根本"。

第二，就经济而论，中国文化是建筑在农业上面的，是彻头彻尾的农业文化；而欧洲文化是建筑在商业上面的，是彻头彻尾的商业文化。西方常常运用国家力量来保护和推进其国外商业，中国则常常以政府法令来裁制国内商业势力的过分旺盛，使其不能远驾于农、工之上。因此在西方国家很早便带有一种近代所谓"资本帝国主义"的姿态，在中国自始至今采用的是一种近代所谓"民主社会主义"的政策。虽然中国历史上也不断有科学思想和创造发明，但由于采用的是所谓"民主社会主义"的政经政策，"不患寡而患不均"，对于机械生产不仅不加奖励，抑且时时加以禁止与阻抑，以致工业落后，科学不发达。

---

① 钱穆：《中国文化史导论》，商务印书馆1994年版，第7页。

第三，就人生观念和人生理想而论，西方人向来特别重视自由，从某种意义上说，一部西方史，也就是一部人类自由的发展史，西方的全部文化，也就是一部人类发展自由的文化。与自由相联系的，是组织和联合。如果说希腊代表着自由的话，那么，罗马和基督教会则代表的是组织和联合。"这是西方历史和文化的两大流，亦是西方人生之两大干"。我们只要把握了这两个概念，也就把握了隐藏在西方历史后面的"一切意义和价值"。中西这种人生观念和人生理想的不同，源于他们着眼点的不同。西方人注重向外看，看人和社会是"两体对立"的。因有两体对立，所以要求自由，同时又要求联合。中国人注重向内看，看人和社会只是浑然一体，这个浑然一体的根本，大言之，是自然，是天；小言之，则是各自的小我。"小然"与"大自然"浑然一体，这便是所谓的"天人合一"。《大学》讲修身、齐家、治国、平天下，一层一层地扩大，既是一层一层地生长，又是一层一层地圆成，最后融合而化，此身与家、国、天下并不构成对立。这便是中国人的人生观和文化精神。只有把握了中国人的这种人生观和文化精神，才能够正确地认识和评价中国历史和文化的特殊意义及价值。

第四，就宗教信仰而论，西方人看世界是两体对立的，在宗教上也存在"天国"和"人世"的对立；中国人则相反，他们看世界只有一个，不相信有与"人世"对立的"天国"存在。因此中国人要求永生，要求不朽，要求的是现世的永生和不朽。正因为中国人不相信"天国"的存在，所以西方发展出了宗教观，而中国则发展出了伦理观。这也是中国人对世界对人生的"义务"观念，更重于"自由"观念的根本原因。[①]

在比较了中国文化与欧洲文化在政治、经济、人生观念和宗教信仰等方面的不同后，钱穆提出了中国文化演进过程的四期说。第一时期是先秦时期。这一时期中国人把本民族的人生理想和信

---

① 钱穆：《中国文化史导论》，第8—19页。

念确定了下来，这是中国文化演进的大方针，也是中国文化的终极目标所在，其具体表现为国家凝成和民族融合、古代观念和古代生活、古代文学和古代文字的形成。第二时期是汉唐时期。这一时期的中国人把政治、社会一切规模与制度大体上规划出了一个轮廓，这是人生的共通境界，必先把这一共通境界安顿妥当，然后才能够有各人的自我发展。第三时期是宋元明清时期。这一时期的特点是文学与艺术的发展，人生的共通境界安定下来，并开始了个性的自由伸展。第四时期是"当前面临着的最近将来的时期"。这一时期的最主要任务是如何实现中华文化的复兴。他又称第一时期为"宗教与哲学时期"，特点是确立人生之理想与信仰；第二时期为"政治与经济时期"，政治采用民主精神的文治政府，经济主张财富平衡的自由社会；第三时期为"文学与艺术时期"，文学艺术偏于现实人生，而又能代表一部分共同的宗教性能；第四时期为"科学与工业时期"，即采用西方的科学与工业以实现中华文化的复兴。[①] 钱穆从中国文化发展的内在逻辑出发，强调不同发展时期所体现出来的不同特征，将中国文化发展的连续性与阶段性特征结合起来。

　　钱穆顺应所谓"中国化"潮流，在全面抗战这个特殊背景下宣扬同一种民族文化优越论。胡绳将这种文化保守主义斥为"复古主义"。他指出："这种新的见解，在根本上是复古也是排外，因为它是把一切外国的东西，从中国旧文化传统的立场上看去是新的，不适宜中国的东西都加以排斥，它排斥一切西洋文化中对于当前中国的现实具有进步意义的东西。但它却看出了在西洋文化史上也还有时期的不同，也曾有过一个时期，西洋文化和中国传统文化只是'貌异神同'——看出这点倒是对的，因为中国传统文化是封建时代的文化，而欧洲也有过它的封建时代，也有过它的封建时代的文化。但从此出发，认为中国文化自己要向后转，并和向后转

---

① 钱穆：《中国文化史导论》，第 228—229 页。

的西洋文化合作，这却是拿人类文化史开玩笑了。"①

　　无论是批判西化思潮，还是对传统文化进行阐释，钱穆都是为了探索中国文化的复兴道路。钱穆认为，要实现文化复兴，使中华民族立于世界民族之林，就必须处理好以下两个问题：第一，如何奋起直追，赶快学到欧美西方文化的富强力量，好把自己国家和民族的地位支撑住；第二，如何学到了欧美西方文化的富强力量，而不把自己传统文化以安为终极理想的农业文化之精神斫丧或戕伐了。换言之，即是如何吸收融合西方文化而使中国传统文化更光大与充实。如果第一个问题不解决，中国的国家民族将根本不存在；如果第二个问题不解决，则中国国家民族虽得存在，然而中国传统文化仍将失其存在。② 而失去了自己文化的国家民族，是没有任何生命力的。以文化为国家民族的生命，这是自清末"国粹派"以来一切文化保守主义者的基本共识，也是他们于西方化的大潮中以维护和弘扬中国传统文化为职志的根本原因。

　　钱穆不赞成那种认为中国排斥外来文化的观点。他指出，中国在世界上虽然算得上是一个文化比较孤立的国家，但中国人对其他民族文化则常抱有一种活泼广大的兴趣，愿接受而消化之，用其他民族文化的新材料来营养自己的旧传统。"不论在盛时如唐，或衰时如魏晋南北朝，对于异族异文化，不论精神方面如宗教信仰，或物质方面如美术工艺等，中国人的心胸是一样开放而热忱的。因此中国文化，虽则是一种孤立而自成的，但他对外来文化，还是不断接触到。中国人虽对自己传统文化，十分自信与爱护，但对外来文化，又同时宽大肯接纳"。③ 以对西方文化的态度为例。尽管自明末西方文化开始传入中国以来的三百年间，由于西方文化先是以宗教的形式，后又伴随鸦片大炮来到中国，引起了不少中国人的怀疑

---

　　① 胡绳：《评钱穆著〈文化与教育〉》，《胡绳文集》，重庆出版社 1990 年版，第 203 页。

　　② 钱穆：《中国文化史导论》，第 204—205 页。

　　③ 钱穆：《中国文化史导论》，第 206 页。

和反感，但总的来看，"这三百年来的中国人，对此西方异文化的态度到底还是热忱注意虚心接纳"的。明末利玛窦初来，便得到了中国名儒徐光启、李鸿藻等一班人的笃信与拥护。清代经学家，对于天文、历法、算数、舆地、音韵诸学，他们一样注意到西方的新说而尽量利用。到了晚清末叶，中国士大夫不仅潜心西方理化制造之学的越来越多，对于西方政法、经济、社会组织、文、史、哲学等其他一切文化方面也都有人注意研究，中国人渐渐知道西方社会并不尽是些教堂与公司、牧师与商人，也不完全就是一个资本主义与帝国主义的富强侵略，他们对西方文化的"兴趣"变得越来越"浓厚"。①

　　钱穆也不赞成五四运动以来所流行的那种"主张把中国传统全部文化机构都彻底放弃了，如此始好使中国切实学得像西方"的见解。他认为，西方文化最超出中国，而为中国固有文化最感欠缺的是他们的自然科学。自然科学是一种纯粹的真理，并非只为资本主义与帝国主义服务，中国人学习西方的自然科学，不是要学习西方的富强侵凌。而且这次世界大战的爆发，使中国人深切地感受到自己传统的一套和平哲学与天下太平世界大同的文化理想，实在对人类将来有重大价值。但中国的现状又太贫太弱，除非学到西方人的科学方法，中国终将无以自存。"皮之不存，毛将焉附？"中国都不存在了，中国传统文化理想怎能传播于世界而造福于人类呢？所以，"此下的中国，必须急激的西方化。换辞言之，即是急激的自然科学化。而科学化的中国，依然还要在中国传统文化的大使命里尽其责任"。②他相信，如此便能解决前面所提出的如何吸收融合西方文化而使中国传统文化更光大与更充实的问题。

　　要"急激的西方化"，亦即"急激的自然科学化"，必须回答"批评中国传统文化以及预期中国新文化前途的人所共同遇到的"

---

① 钱穆：《中国文化史导论》，第211页。
② 钱穆：《中国文化史导论》，第212页。

一些问题，即："在中国传统文化机构里，为何没有科学的地位呢？中国传统文化机构里倘无科学的地位，中国要学习西方科学是否可能呢？中国学得科学而把新中国科学化了，那时是否将把中国固有文化机构损伤或折毁呢？"对此，钱穆指出，尽管严格说来，在中国传统文化里并非没有科学，中国的天文、历法、算数、医药、水利制造等发达甚早，但必须承认，与西方比较，科学在中国传统文化中并不占有重要地位，尤其是进入18、19世纪后明显比西方落后了。具体原因如下。第一，中西思想习惯不同。西方人好向外看，中国人好向内看，因此太抽象的偏于逻辑的思想和理论问题在中国不甚发展，中国人常爱以生活的直接经验去体悟，同时中国人缺乏向外征服的权力意识，对科学在自然中的运用不感兴趣。第二，文化产生环境不同。西方文化是在一个较狭小的地区内产生的，本身分裂破碎，不易融凝合一，因此，西方人常爱寻求一个超现实的、抽象的、为一般共通的、一种绝对的概念来作弥补，如古希腊悲剧里的"命运观"，哲学上的"理性观"，罗马人的"法律观"，基督教的"上帝观"，近世科学界对于自然界之"秩序观"与"机械观"等，都源于一种超现实的、概括的、抽象的、逻辑的、理性的、和谐之要求。中国文化则自始是在一个广大协和的环境下产生的，缺憾的不是一种共通与秩序，而是在此种共通与秩序之下的一种"变通与解放"。因此，中国人感兴趣的不是绝对的、抽象的、逻辑的、一般的理性，而是活的、直接而具体的、经验的个别情感。但科学思想的精髓，则在对抽象理性的深信与执着。第三，科学才能表现不同。中国人只喜欢搞清"物之性"，而不像西方人那样喜欢分析"物质构造"，对物的研究缺乏理论上的说明，只知其然而不知其所以然，因而不能有许多实际的发明和制造。①应该说，钱穆对中国在科学上落后于西方之原因的分析是很有见地的，中西文化背景、思维方式的不同，的确是中国没有像西方那样

---

① 钱穆：《中国文化史导论》，第212—219页。

发展出近代科学的重要原因。有不少学者对此作过论证。如冯友兰便认为："中国人重'是什么'，而不重'为什么'，故不重知识，中国仅有科学萌芽，而无正式科学。"① 冯友兰的这种认识，与钱穆如出一辙。这也说明，尽管钱穆对中国传统文化持维护和认同的态度，但他并不像有的批评者所指责的那样是一个文化复古主义者。

钱穆进一步指出，由于上述这些原因，虽然科学在中国传统文化中不占有重要地位，但这并不能说明中国没有接受西方科学的可能。实际上，近百年来，西方的科学思想和科学方法已开始陆续传入中国，只要我们抱虚心学习的态度，加上国内国外的和平秩序的恢复，"科学在中国一定还有极高速度的发展"。② 他同时要人们相信，"中国固有文化传统将决不以近代西方科学之传入发达而受损。因为中国传统文化一向是高兴接受外来新原素而仍可无害其原有的旧组织的。这不仅在中国国民性之宽大，实亦由于中国传统文化特有的'中和'性格，使其可以多方面的吸收与融和"。③ 如"科学"和"宗教"在西方是互相敌对的，信了科学就不能再信宗教，或信了宗教就不能再信科学，双方势同水火，互相排斥，但在中国固有文化中，两者都可以"容受"。《中庸》上说，"尽己之性，而后可以尽人之性，尽人之性而后可以尽物之性；尽物之性而后可以赞天地之化育"。承认有"天地之化育"是"宗教精神"，要求"尽物之性"是"科学精神"，而归本于"尽己之性"与"尽人之性"，则是"儒家精神"。儒家承认有"天地之化育"，但必须用"己"和"人"去"赞助"他，如此就不是纯宗教的了。儒家亦要"尽物之性"，但必须着重在"尽人之性"上下手，这样也就非偏于科学的了。因此西方人科学与宗教之相互对立，一到儒

① 冯友兰：《中国哲学史》，商务印书馆 1994 年版，第 9—10 页。
② 钱穆：《中国文化史导论》，第 220 页。
③ 钱穆：《中国文化史导论》，第 221 页。

家思想范围里便失去壁垒："宗教与科学在中国传统文化的意义下，都可有他们的地位，只不是互相敌对，也不是各霸一方，他们将融和一气而以儒家思想为中心。"① 以"儒家思想为中心"接纳或吸取西方科学，这便是钱穆指出的复兴中国文化之路。

　　总之，鉴于抗战时期的特殊形势，中国思想文化界提出了保卫中国文化、重建民族精神的任务，钱穆为此进行了多方面的探索。他坚定地认为，中国文化从根本上讲并不错，中国文化的未来决不能寄托在一切向西方学习这种幼稚的想法上，而有待于中国文化进行调整和更新。他反复强调，这种调整与更新的动力并非来自西方文化，而必须来自中国文化系统内部。易言之，中国文化系统将因吸收外来的新因子而变化，但决不可能为另一系统即西方文化所取代。他坚信，中国的文化不但未到尽头，而且如今仍然要继续着。"所以我对中国文化很抱乐观，中国的文化未老未死，缺点是有的，只看中国将来怎样办？"那么究竟应该怎么办呢？他强调："第一要恢复中国固有的道德，这也就是修身齐家治国平天下，忠孝仁爱信义和平的观念。"② 由此可见，钱穆在思考中国文化的过去、现在与未来时，表现出浓厚的文化保守主义情绪，夸大了民族文化的特殊性和优越性，这对中国文化的复兴显然是不利的。

二　现代新儒家的兴起

　　五四新文化运动对孔子及儒学的批评，启发了人们对儒家思想真面目的重新认识及对其真精神的重新阐扬。贺麟在《儒家思想的新开展》中指出，由于"西洋文化之输入"所引起的猛烈的文

---

　　① 钱穆：《中国文化史导论》，第 222—223 页。
　　② 钱穆：《中国文化传统之演进》，《文化建设论丛》。

化冲击，使"儒家思想在中国文化生活上失掉了自主权，丧失了新生命"，五四新文化运动的最大贡献在于破坏和扫除了儒家文明的僵化躯壳及束缚个性的腐化部分，但它并没有打倒孔孟之真精神及真学术，反而因其洗刷扫除功夫而使孔孟程朱之真面目及真价值彰显出来。他认为："假如儒家思想能够把握、吸收、融会、转化西洋文化以充实自身，发展自身，则儒家思想便生存、复活，而有新的开展。"① 因此，新文化派的反孔批儒，为儒家思想的更新开辟了新道路，为儒家思想的近代转化提供了必要前提，在客观上激发了现代新儒家之崛起。

五四新文化运动以后，中国部分哲学家站在儒家哲学的立场上，在了解和吸收西方现代哲学的基础上，开始用西方现代哲学的理论和方法从不同的角度对传统儒学进行发挥和改造，促进了儒家的近代转型。梁漱溟、张君劢开始运用柏格森的唯意志论来改造中国儒家的心性之学，在"复兴儒学"的旗帜下开始建构自己的"新孔学"和"新宋学"。熊十力通过对中西印本体观念的检讨，重建儒家的心性本体，建构了自己的"新唯识论"，奠定了现代新儒家哲学的形上学基础；贺麟则以新黑格尔主义哲学改造和发挥陆王心学，建立了"新心学"；冯友兰则运用西方新实在论的逻辑方法，继承、改造并发挥了程朱理学，建立了"新理学"。其中，贺麟对儒家五伦观念的新检讨和儒家心性之学的新阐释，对儒家思想的近代转化起了重要的促进作用，推进了儒家思想的"新开展"。

最先对五四新文化运动的批孔反儒进行回应者，是梁漱溟。他在 1921 年完成的《东西文化及其哲学》一书中，基于对中西印三种文明的比较研究，回答了新文化派对儒学的责难，论证儒家文明代表着人类文明的未来发展方向。他认为，从精神生活、物质生活、社会生活三方面看，儒家文明远远不及西方近代文明，尤其是

---

① 贺麟：《儒家思想的新开展》，《文化与人生》，商务印书馆 1947 年版，第3 页。

西方近代以来的科学与民主精神，更是世界上无论哪个民族都不能自外的优秀东西。但因中西文明之间的差异是民族特性的根本差异，而不是中国文明比西方文明落后的时代性差异，故其断言：假如西方不与我们接触，中国完全闭关而不与外界交流，就是再过三百年、五百年、一千年也断不会有近代火车、轮船、飞行艇、科学方法和民主精神。中国文明未来发展的唯一出路，是中华固有文明的新创造，就是回归到儒家的真精神而后再开出"现代化"，而不是"全盘西化"或中西文明之调和。所以，梁漱溟率先倡言要走"中国孔子的路"，赞美儒家崇尚直觉的精神和礼乐意识，并用西方现代哲学的重要流派——柏格森的唯意志论来改造传统儒学，率先进行了中国传统儒学与西方现代哲学结合之尝试，建构了一套直觉主义的所谓"新孔学"体系。

梁漱溟的所谓"新孔学"，是柏格森唯意志论、佛教思想和儒家思想的结合体，但基本精神是儒家的心性学说。他开创了五四运动以后"以西释儒"的新学风，成为中国现代新儒家的开山之祖。牟宗三谈到梁氏对新儒学贡献时称赞道："在新文化运动中反孔鼎盛的时候……他独能生命化了孔子，使吾人可以与孔子的真实生命及智慧相照面，而孔子的生命与智慧亦重新活转而披露于人间。同时，我们也可以说他开启了宋明儒学复兴之门，使吾人能接上宋明儒者之生命与智慧。"①

梁漱溟的所谓"新孔学"，主要来源于中国传统儒学中的宋明理学和西方现代哲学中的柏格森"生命哲学"，是用柏格森哲学改造中国儒学的产物，其基本倾向是中国传统的儒家学说。对此，他后来解释道："我曾有一个时期致力于佛学，然后转向儒学。于初转入儒家，给我启发最大使我得门而入的，是明儒王心斋先生；他最称颂自然，我便是由此而对儒家的意思有所理会。……后来再与西洋思想印证，觉得最能发挥尽致使我深感兴趣的，是生命派哲

---

① 牟宗三：《生命的学问》，台北，三民书局1970年版，第112页。

学，其主要代表者为柏格森。"①

　　梁漱溟将"生活"或"生命"视为宇宙的本体，由"生活"追溯到"意欲"，最后将"意欲"落实到"我"，建立了以"生活—意欲—我"为骨架的生机主义宇宙观。他认为，宇宙的基础是"生活"，它本身没有客观实在性，完全从属于"生活"本体。宇宙的统一性在于它的生命性，宇宙万物都是由"生活"本体创造的。其云："照我们的意思，尽宇宙是一生活，只有生活，初无宇宙。……宇宙实成于生活之上，托于生活而存者也。"他用生命主义哲学阐释了儒学，认为《易传》所言"生生之谓易"是指"宇宙之生"，"生"是儒家最基本的观念。为了论证该宇宙观之合理性，他对人类的生命活动作了神秘主义解释。他认为，生命的载体（"生活者"）可以归结为"生命"过程，生命并不依赖于任何载体，只是一种神秘的流变过程。这种生命的流变过程构成了宇宙的变化和运动，即"相续"和"无常"。"生活"或"生命"之本质何在？梁漱溟认为是"意欲"。其云："生活就是没尽的'意欲'（Will）——此所谓'意欲'与叔本华所谓'意欲'略相近——和那不断的满足—不满足罢了。"② 这样的意欲，通过人的小宇宙（眼、耳、鼻、舌、身、意）具体表现为每个人所面临的"表层生活"，构成"殆成定局"的大宇宙。意欲，是人的"意欲"，它最后必然要落实在"我"上。而"人"就是主体的"我"，则"一切生活都由有我，必有我才活动才生活"。③ 这样，宇宙的相续和无常便是作为主体的"我"活动后留下的生命轨迹，是意欲即"现在的我"努力奋斗之结果。这样，梁漱溟从"生活"（"生命"）观念出发，在阐述宇宙起源及其演化实质过程中，形成了以"生命—意欲—我"为骨架的生机主义宇宙观。这个宇宙观继承了

---

　　① 梁漱溟：《朝话》，商务印书馆1940年版，第137页。
　　② 梁漱溟：《东西文化及其哲学》，商务印书馆1935年版，第24页。
　　③ 梁漱溟：《东西文化及其哲学》，第160页。

中国传统的陆王心学"吾心即是宇宙"思想，同时借鉴了柏格森的生命哲学的观点，是其糅和东西方哲学之思维结晶。

梁漱溟从生机主义宇宙观出发考察人与人的关系，形成了一套以"生命"为道德根源、崇尚"尚情无我"人格、建立伦理本位社会的思想。首先，关于道德的根源问题。他认为，本能是道德的根源和基础，而本能就是"生命本性"的直接体现，故"生命本性"即为道德的根源。其云：动物都有互助的本能，"从这种本能才有社会，后来人类社会不过成于这个上边，所谓伦理道德也就是由这'社会本能'而来的"。① 既然道德起源于本能，那么道德判断就不是理性之自觉，而只能依赖直觉，只要是顺乎直觉的行为便是合乎道德的。其次，关于理想的人格问题。他认为，"尚情无我"是最理想的人格，孔子便是理想人格之典范。"尚情"是指如何培养和发挥基于"生命本性"的道德性，具体表现为：一任直觉，以求"对"；履行人道以求"安"；回头认取自身活动以求"乐"。所谓"无我"，就是排除理智对直觉的干扰，去掉"计算之心"，灭绝"有欲"，达到"我欲""无我"境地。再次，关于未来理想社会，他把社会关系归结为"情谊关系"，据此认为"以伦理为本位"的社会才是理想社会。这种社会是基于人们之间的天然关系，由家庭推广而形成社会组织，没有对立的阶级，只有职业的分途。这种理想的社会就是中国传统"伦理本位、职业分途"社会。

梁漱溟着力发挥孔子及儒家思想中的人生哲学，对孔子人生态度作了新发挥。他指出："孔家没有别的，就是要顺著自然道理，顶活泼顶流畅的去生发。他以为宇宙总是向前生发的，万物欲生，即任其生，不加造作便能与宇宙契合，使宇宙充满了生意春气。"② 他重新阐释了儒家生活态度：在物质方面安分知足，在社会方面讲

---

① 梁漱溟：《东西文化及其哲学》，第 172 页。
② 梁漱溟：《东西文化及其哲学》，第 121 页。

求情趣，在精神方面是"似宗教而非宗教，非艺术亦艺术"。① 故他主张恢复孔子的"真精神"，提倡孔子"阳刚乾动"的人生态度，以达到"弥补了中国人夙来短缺，解救中国人现在的痛苦，又避免了西洋的弊害，应付了世界的需要"。其所设想之未来孔家生活是：在物质方面，采用机械化生产和社会主义，使生产向着艺术创造方面发展；社会生活方面，用尚情谊、尚礼让、不计较的孔子礼乐，代替统驭生活的、尚计较的法律，以礼俗代法律，实现真正的礼乐生活；在精神生活方面，充分发挥"情理"的功能，使人的感性欲望和计算之心在审美的道德生活中得以协调，使人清明安宁，生命畅达。②

抗战时期，梁漱溟陆续发表《中国文化问题》《理性与理智之分别》等文论，深入探讨中国文化特征，进而提出了改造与复兴中国文化的主张。梁漱溟认为，中国文化的特征"在人类理性开发得早"。何谓"理性"？根据梁漱溟的解释，"理性"是与"理智"不同的一种心理，理智属于"知的一面"，而理性属于"情的一面"。比如中国人喜欢讲"读书明理"，所明的是"父慈、子孝、知耻、爱人、公平、信实之类"的"理"，而不是"自然科学之理"，或"社会科学之理"，前一类的"理"可以称为"情理"，后一类的"理"可以称为"物理"。"情理"存于主观，而"物理"则属于客观。人类所以能明白许多情理，由于"理性"，人类所以能明白许多物理，由于"理智"。再比如学校考试，学生将考题答错，是一种错误——知识上的错误。若舞弊行欺，则又另是一种错误——行为上的错误。前一错误，在学习上见出低能，应属智力问题；后一错误，便是品行问题。事后学生如果觉察到自己错误，前一觉察属理智，后一觉察属理性。又譬如计算数目，计算之心是理智，而求正确之心便是理性。数目错了，不容自昧，就是一

---

① 梁漱溟：《东西文化及其哲学》，第 153 页。
② 黄克剑编：《梁漱溟集》，群言出版社 1993 年版，第 186—189 页。

种极有力的感情。这一感情是无私的，不是为了什么生活问题。分析、计算、假设、推理……理智之用无穷，而独不作主张；作主张的是理性。理性之取舍不一，而要以无私的感情为其中心。总之，他强调："必须屏除感情而后其认识乃明切锐入者，我谓之理智；必须藉好恶之情以为判别者，我谓之理性。"①

就梁漱溟的解释来看，他讲的"理性"并不是18世纪欧洲启蒙思想家所倡导的"理性"或"理性主义"。用他本人的话说："西洋之所谓'理性主义'，欧洲大陆哲学所谓'理性派'，史家之指目十八世纪为'理性时代'，要不过心思作用之抬头活跃而特偏于理智之发挥者；却与这里所谓'理性'殊非一事"。② 西洋人"理性主义"的"理"是"事理"，是知识上的"理"，虽与行为有关，但却不能够发动行为；中国人"理性主义"的"理"，恰好是有力量的"理"，是能够发动行为的"理"。③ 此处所讲的"理性主义"，实际上是儒家传统的道德智慧或道德自觉。

梁漱溟指出，人类与其他动物的区别之处，就在于人有理性。但理性之在人类，却是渐次开发出来的。就个体生命而论，理性的开发要随年龄和身体发育与心理成熟而来；从社会生命来看，理性是慢慢地随着经济的进步及其他文化条件开发出来的。所谓理性在中国开发得早，即因其时候不到，条件尚未成熟，而理性竟得很大的开发。也正因为理性开发得早，中国没有走上宗教的道路，这是"中国文化与欧洲文化的分水岭"。④ 因为一般而言，人类文化都是以宗教开其端的，且每以宗教为中心。不仅人群秩序和政治，导源于宗教，人的思想知识以至于各种学术，亦无不导源于宗教。然而

---

① 梁漱溟：《理性与理智之分别》，《梁漱溟全集》第6卷，山东人民出版社1993年版，第405页。

② 梁漱溟：《理性与理智之分别》，《梁漱溟全集》第6卷，第412—413页。

③ 梁漱溟：《乡村建设理论》，《梁漱溟全集》第2卷，山东人民出版社1991年版，第267页。

④ 梁漱溟：《理性与宗教之相违》，《梁漱溟全集》第6卷，第397页。

中国却缺乏宗教。尽管像宗教一类的迷信及各种宗教行为，在中国不是没有，这既散见于民间，也著见于往日的朝廷，佛教传入之后，还模仿而形成了中国独有的道教，世界上其他各大宗教，中国亦都有流传。但中国缺乏宗教这是绝大多数学者公认的事实。这表现在三个方面：第一，中国文化的发展不是托于宗教庇荫而来的；第二，中国没有足以和全部文化相称相配的宗教；第三，中国文化不以宗教为中心，而以孔子以来的教化即儒学为中心。儒学是一学派，而非一宗教。与宗教的超绝、神秘和信仰主义相反，儒家"相信人有理性，而完全信赖人类自己"。所谓"是非之心，人皆有之"，什么事该做，什么事不该做，从理性上明明白白。万一不明白，试想一想，终可明白。因此孔子没有给人设置独断的标准，而要人自己反省。例如宰我嫌三年丧太久，似乎一周年就可以了，孔子并不直斥其非，只是和婉地问宰我："食夫稻，衣夫锦，于汝安乎？"宰我答"安"。孔子便说："汝安则为之。夫君子之居丧食旨不甘，闻乐不乐，居处不安，故不为也。今汝安，则为之！"说明理由，仍让宰我自己判断。又如子贡欲去告朔之饩羊，孔子亦只婉叹地说："赐也！尔爱其羊，我爱其礼！"指出彼此观点，不作断案，让子贡自己去选择。这和宗教之教人舍其自信而信他，弃其自力而靠他力者相反，儒家总是指点人回头看自己，指点人去理会事情而在自家身上用力，唤起人的自省与自求。儒家虽然也重视礼，但和宗教之礼不出于人的制作，其标准为外在的、呆定的、绝对的不同，儒家之礼则是人行其自己应行之事，斟酌于人情之所谊，标准不在外而在内，不是呆定的而是活动的。① 因此，梁漱溟指出："儒家假如亦有主义的话，应理就是'理性主义'。"②

在梁漱溟看来，"理性开发得早"，不仅是中国文化的"特征"，也是中国文化的"根本"，中国文化的长处和短处，中华民

---

① 梁漱溟：《理性与宗教之相违》，《梁漱溟全集》第 6 卷，第 384—385 页。
② 梁漱溟：《理性与理智之分别》，《梁漱溟全集》第 6 卷，第 406 页。

族的民族精神，以及与西方文化、印度文化的区别，就在于此。就长处而言，中国文化所表现出来的一些"总成绩"，如"国土开拓之广大，并能维持勿失"，"种族极其复杂而卒能同化融合，人口极其繁庶而卒能搏结统一，以成一伟大民族"，"民族生命之悠久绵长"；"社会秩序自尔维持，殆无假于外力"，"莫非人事之优胜。……而于社会人事见其丰享优裕者，大约皆不外是理性了"。①从短处来看，由于中国理性开发出来得早，影响了理智的发展，其结果造成了中国物质文明不发达，乃至有时且受自然之压迫，尤其是民主和科学未能开出，科学技术落后，民主制度在中国始终未能建立起来。承认中国文化有长处，这是梁漱溟不同于反传统主义的西化派的地方，而承认中国文化有短处，又使他与全盘维护传统的复古主义者区别开来。

真正可以称为中华民族精神的，是那种能鼓舞中华民族持久地从事与民族兴衰存亡密切相关之伟大事业的精神；是那种能使中华民族具有强大的凝聚力、生命力和创造力，从而自强不息、不断进取的精神；是那种不畏强暴，而对凶恶的外国侵略者和本国的独夫民贼，取于斗争、善于斗争，不屈不挠的精神；是那种为了民族和国家的利益"鞠躬尽瘁，死而后已"、"舍生取义"、勇于献身的精神；是那种热爱和平、主持正义、威武不屈、贫贱不移、富贵不淫、一身正气的精神；是那种"先天下之忧而忧，后天下之乐而乐"、埋头苦干、克己奉公的精神……然而梁漱溟却不作如是观。他认为中华民族的民族精神即是所谓"理性"。他在《理性与理智之分别》中说，"中国民族精神何在？我可以回答，就在富于理性。它表见在两点上：一为'向上之心强'；又一为'相与之情厚'"。"向上心"即是不甘于错误的心、知耻的心、嫌恶懒散而喜振作的心、好善服善的心、要求社会生活合理的心……一句话，"人生向上"。"相与情"即是人与人之间的感情，这种感情以伦理关系为基础，伦理关系又叫情谊关系，亦即相互间的一种义务关系。"中国社会的构成，即建筑于伦理之上"。① 如我们已指出的那样，梁漱溟所谓的理性，实际上是儒家传统的道德智慧或道德自觉，用他本人的话说，"理性"即是中国"古人的人生态度"，而"我们之所谓中国古人，就指孔子的这个学派，或者说孔子是代表"。② 把儒家传统的道德智慧或道德自觉说成是中华民族的民族精神，反映了梁漱溟以儒家文化为中国文化之正统和本位的思想特征。

继梁漱溟之后正面阐释儒家思想并有创获者，是以提倡所谓"新宋学"相标榜的张君劢。张君劢早年受过正统儒学训练，后留学英国和德国，对西方现代哲学，尤其是柏格森哲学比较熟悉，并直接师从德国现代哲学家倭铿研习哲学。1923 年 4 月，他在清华大学发表演讲，认为人类文明在欧战之后发生了巨大转变，这种转变的实质是从西方走向东方，从物质走向心灵，从向外追求走向反求内省。西方近代科学方法不能解决人生观问题，因为人生观的基本特点在于主观、直觉、综合、自由意志和单一性。而这五个特点是西方近代科学无论怎样发达都无法真正解决的。基于这种认识，张君劢猛烈抨击唯科学主义，认为国人迷信科学，以科学无所不能、无所不知，实在是不知科学成为"主义"之后带来的诸多流弊。对科学的迷信、工商立国的政策，与单纯追求物质利益、追逐一时之虚荣的价值观汇集在一起，导致了欧战的惨祸，并促使欧洲思想从原来的机械主义、主智主义和命定主义转向新玄学。在张君劢看来，欧洲战后兴起的新玄学与儒家"尽性以赞化育"之义颇为吻合，与宋明理学之基本精神足资相互发明。所以，他提出，"自理论实际两方观之，宋明理学有倡明之必要"，主张恢复新宋

---

① 梁漱溟：《理性与理智之分别》，《梁漱溟全集》第 6 卷，第 416—418 页。

② 梁漱溟：《精神陶炼要旨》，《梁漱溟全集》第 5 卷，山东人民出版社 1993 年版，第 505—506 页。

学："诚欲求发聋振聩之药，唯在新宋学之复活。"还认为"心性之发展为形上的真理之启示，故当提倡新宋学"。

所谓新宋学，主要是与科学主义相对立的儒家道德理想主义，是以提倡儒家道德主义来纠正西方近代科学主义之弊病。他指出：孟子之所谓"求在我"，孔子之所谓"正己"，即张氏所谓"内"也："本此意以言修身，则功利之念在所必摈，而唯行己心之所安可矣；以言治国，则富国强兵之念在所必摈，而唯求一国之均而安可矣。"故其主张以道德立国并倡导修身养性，在思想倾向上回归儒家之伦理本位。张君劢继承并发挥了宋明理学陆王心学的思想，同时用倭铿、柏格森的哲学加以补充，发挥了阳明心学的修身养性、内求于心的思想传统，提出了"自由意志"的人生观和以"我"为界的物质观，以消解近代科学主义人生观的影响。其云："现代欧洲文明之特征三：曰国家主义，曰工商政策，曰自然界之知识。此三者，与吾上文所举'我国立国之方策，在静不在动；在精神之自足，不在物质之逸乐；在自给之农业，不在谋利之工商；在德化之大同，不在种族之分立'云云，正相反对者也……吾以为苟明人生之意义，此种急功之念自可削除。"[1]

张君劢认为，在尽量输入西方文明过程中亦当取"批评的眼光"，将输入西学与批评西学同时并行。其云："现时人对于吾国旧学说，如对孔教之类，好以批评的精神对待之，然对于西方文化鲜有以批评的眼光对待之者。吾以为尽量输入，与批评其得失，应同时并行。中国人生观好处应拿出来，坏处应排斥他，对于西方文化亦然。"[2] 这显然是一种比较理性的文化态度。

1936 年，张君劢出版《明日之中国文化》，在批判西方近代机械扩张主义和物质功利主义基础上，力主以儒学为本，以民族为本

---

[1]　张君劢：《再论人生观与科学并答丁在君》，《科学与人生观》，上海亚东图书馆 1925 年版，第 84 页。

[2]　张君劢：《欧洲文化之危机及中国新文化之趋向》，《东方杂志》第 19 卷第 3 号，1922 年。

位来沟通中西文化，以建立"以精神自由为基础的民族文化"，并对儒家思想作了较为公允的分析。他批评了守旧派的"复古"论调，认为"阐发固有道德，其宗旨在乎唤醒国人，使其不至于忘本"是远远不够的，必须"坦白承认今后文化应出于新创"。同时也批评反孔论之极端观点，指出："今人读古书，当求古人之真面目，不可合其相连以起者而排之。要而言之，从善意方面加以解释，自能于四千年之历史中求得其精义，以范围国民心志。若徒加以谩骂，甚至以宦官、外戚、缠足、科举、娶妾等事，概以归罪于孔子之教者，直丧心病狂而已。"他认为，应当分别孔子与后儒，"孔子自孔子，不因秦汉后君主专制之政而损其价值；阳明自阳明，不得以明末心性空谈而抹杀之"。[①] 他注重儒家心性之学的现代价值，认为孔孟和宋明理学的"存心养性""修齐治平"，是"力求义理之标准以范围人心，更本其平日之修养义孝忠于社会"。故民族精神文化建设必须发挥儒家内圣外王之道。

张君劢认为，儒家思想不仅不会成为中国现代化的障碍，而且"可为导致中国现代化的基本方法"，故儒家思想之复兴有益于中国现代化。其云："在一般人的心目中，'儒家'一词代表的是一种旧学说或旧规范，而'现代化'一词所指的则是从旧到新的一种改变，或对新环境的一种适应。然而，如果人们探究儒家思想的根源，显然，儒家思想是基于一些原则的：如理智的自主，智慧的发展，思考与反省的活动，以及质疑与分析的方式。如果这一看法不错，则儒家思想的复兴足以导致的一种新的思想方法，这种新的思想方法将是中国现代化过程中的基础。"在他看来，中西文明各有所长，中国应吸收西学之长以补己之短，发扬自家之长以去别人之短，在融会通贯的基础上建设中国现代新文明。他指出："文化之改造，非易事也，舍己而求人，是为忘其本根，采他人之方而不问其于己之宜否，是为药不对症，心目中但欣羡他国之制，而忘其

---

① 张君劢：《明日之中国文化》，商务印书馆1936年版，第159页。

本身之地位，是为我丧其我。虽欲建树而安从建树乎？吾人不敏，
敢贡二义：第一，自内外关系言之，不可舍己徇人；第二，自古今
通变言之，应知因时制宜。"① 故正确的态度应该是"以求会通归
宿之所，合中外古今一炉而冶之"。

　　张君劢对当时思想文化界的复古倾向作了分析，认为复古以阐
发儒家固有道德是可取的，但若将建立新文化之基础全部放在儒家
传统文化中，则是不可取的。与其复古，不若站在儒家文化的立场
上吸收西洋近代文明中之民主精神和科学精神加以创新。他分析
道："近年国内以外国学说之屡经试验而无成功，于是有提倡复古
者；亦有以对外之失败为增进国民之自信力计，而出于复古者。吾
以为复古之说，甚难言矣。同为儒家，有主宋学、有主汉学；汉学
之中，或主古文、或主今文、或主郑玄、或主王肃；宋学之中，或
主程朱、或主陆王，其优劣得失可以不论，要其不能对于现代之政
治、社会、学术为之立其精神的基础一也。若复古之说，但为劝吾
国人多读古书，阐发固有道德，其宗旨在乎唤醒国人，使其不至于
忘本，此自为题中应有之义，与吾人之旨本不相背。若谓今后全部
文化之基础，可取之于古昔典籍之中，则吾人期期以为不可。自孔
孟以至宋明儒者之所提倡者，皆偏于道德论。言乎今日之政治，以
民主为精神，非可求之古代典籍中也；言乎学术，则有演绎归纳之
法，非可取之于古代典籍中也。与其今后徘徊于古人之墓前，反不
如坦白承认今后文化之应出于新创。"②

　　那么，通过创新而建构的中国现代新文明的基本点是什么？张
君劢将其作了高度概括："以精神自由为基础之民族文化，乃吾族
今后政治学术艺术之方向之总原则也。"③ 他认为，中国文化的出
路是"造成以精神自由为基础之民族文化"。对此，他作了比较详

---

① 张君劢：《明日之中国文化》，第 158 页。
② 张君劢：《明日之中国文化》，第 131—132 页。
③ 张君劢：《明日之中国文化·自序》，第 2 页。

细的解释："精神之自由，有表现于政治者、有表现于道德者、有表现于学术者、有表现于艺术宗教者。各个人发挥其精神之自由，因而形成其政治道德法律艺术；在个人为自由之发展，在全体为民族文化之成绩。个人精神上之自由、各本其自觉自动之表现，在日积月累之中，以形成政治道德法律，以维持其民族之生存。故因个人自由之发展，而民族之生存得以巩固。此之谓民族文化。"① 因此，发挥宋明理学之道德精神，吸收西洋近代民主与科学精神而建立的新文化，必然是精神自由的民族文化。

熊十力早年倾向于王夫之、顾炎武等人的学术，后受章太炎思想影响，崇佛贬儒。1922 年，他应蔡元培之邀到北京大学讲学并逐渐改变了佛教信仰，忽悟于《大易》，归宗于儒家大易"生生"之旨。1932 年，他正式出版《新唯识论》文言文本，1944 年出版《新唯识论》语体文本，提出并丰富了新唯识论，成为现代新儒学的开山大师之一。从思想来源上说，熊十力的新唯识论是以中国传统的佛家唯识宗和儒家心性学说为主体，参照西方现代哲学的一些观点，如柏格森思想，由研究佛家唯识理论入手，通过对其进行怀疑、批评和重新阐发，最后归宗于儒家思想。熊十力的新唯识论主要包括三方面内容。

首先，"体用不二"的本体论。熊十力所谓的体，指宇宙本体，"用"指本体的功用或表现。他认为本心是宇宙的本体，宇宙万物归根到底都是本心的功用。他主要分"扫相""显体""释用"三个步骤论证这一核心观点。所谓"扫相"，就是破除一切"相"，为认识真实的本体作准备。他认为，无论是"物相"还是"心相"都不是真实的存在。人们之所以视之为真实的存在，不外乎两点，一是"应用不计"，二是"极微计"。所谓"应用不计"就是"在日常生活方面，因应用事物的惯习，而计有外在的实境，即依妄计的所由而立名"。所谓"极微计"就是"于物质宇宙推析

---

① 张君劢：《明日之中国文化》，第 121—122 页。

其本，说有实在的极微，亦是离心而独在的"。他认为这两种认识都是人们的偏见或"俗见"。从"物相"出发，将导致"粗俗"的唯物论，由"心相"出发，将导致唯我论。只有把两者结合起来思考，才能寻求到宇宙真实的本体。所谓"显体"就是从正面提出"心为本体"的观点。他认为物相与心相都是"绝对的真实（本体）显现为千差万别的功用"。① 这个真实的主体就是"衡转"，即是"变动不居、非常非断"的流变过程。"恒转"本体的最后落脚点是生命这种具体的运动形式上，由此，他提出了"本体即是生命"的命题。

熊十力认为本心具有三个特点：第一，本心是存在的主体，宇宙万物由它派生；第二，本心是运动变化的源泉，它以生生不息的运动本性把万物统一起来；第三，本心是认识的主体，它通过"识"显现出"境"（外物）。由此可见，他的这套本体论体系中同时又包含了认识论思想。所谓"释用"，就是在提出"本心即是本体"命题基础上，进一步提出"举体成用"的命题。所谓"举体成用"就是指本心不能离开宇宙，必须通过宇宙表现出来。其表现的方式，是"翕""辟"两种势用。由"翕"的势用而形成物质宇宙，由"辟"的势用又使物质宇宙复归本体。这是"体用不二"宇宙论的核心思想。

"翕"指本体收敛、凝聚而形成物质宇宙的趋势和功用；"辟"指本体发散、刚健使物质宇宙复归于本心的趋势和功用。熊十力就是用"辟"来解释物质宇宙形成及其与宇宙"本心"关系问题的。他认为，"翕"的势用形成不可再分的"动圈"即"小一"，"小一"是构成宇宙的基本单位，它的运动便形成了物质宇宙。他说："小一虽未成乎形，然每一小一，是一刹那顿起而极凝的势用。此等势用，即多至无量，则彼此之间，有以时与位相值适当而互相亲比者，乃成为一系……有相荡以离异，因别有所合，得成多系，此玄化之秘也。凡系与系之间，亦有相摩相荡。如各小一间之相摩荡

---

① 熊十力：《新唯识论》，中华书局 1985 年版，第 302 页。

者然。系与系合，说名系群。二个系以上相比合之系群，渐有迹象，而或不显著。及大多数的系群相比合，则象乃粗显。如吾当前书案，即由许许多多的系群。互相摩而成象，乃名以书案也。日月大地，靡不如是。"① 宇宙就是由"小一"成"一系"而成"系群"，由"系群"摩荡而成的。但是，在他看来，由"小一"构成的宇宙并没有实在性，更不能脱离"本心"本体而存在。翕与辟是本体功能的两个方面。宇宙之所以没有"物化"而体现出活力，正是"辟"之作用使然。辟是本体在宇宙中的直接体现，是"本体的自性的显现"，即"是本体举体成用"。它使物质宇宙与"本心"保持一致，使其复归于"本心"。这样，从心物现象中抽象出"本心"本体，又从"本心"本体出发，通过"翕"的势用建构出物质宇宙，通过"辟"的势用把物质宇宙归结于"本心"本体。这便是"体用不二"宇宙观的基本思想。

其次，"翕辟成变"的辩证法思想。熊十力认为，事物的矛盾，可以通过"翕辟"的矛盾运动得到体现。两者既是相反的两极，又有内在的统一性。他说："我说翕和辟，是两端，只形容其相反的意思，非谓其如一物体之有二端，其二端不可同处也。物体可分为上下，或南北等二端，其二端，是有方所之异，而互相隔远的。今此云两极端，则是两种绝不同的势用……这两种不同的动势（翕和辟）是互相融合在一起，决不是可以分开的。"② 熊十力用"翕辟成变"范畴表述矛盾的思想，比中国传统哲学的乾坤、阴阳范畴更加精确，"翕辟成变"比较全面地反映了矛盾双方既对立又统一的辩证关系，在一定程度上摆脱了中国古代辩证法的素朴性。"翕辟成变"是通过"有对"的矛盾运动变化的，即所谓"唯其有对，所以成变"。③

---

① 熊十力：《新唯识论》，第 490—491 页。
② 熊十力：《新唯识论》，第 444 页。
③ 熊十力：《新唯识论》，第 315 页。

　　事物的变化一方面是"翕辟成变"，另一方面是"刹那生灭"。熊十力说："从另一方面说，变化是方生方灭的。换句话说，此所谓翕和辟，都是才起即灭，绝没有旧的势用保存着，时时是故灭新生的。"[1] 这便是他所谓的"翕辟成变"说。他反复强调，生即是灭，灭即是生，"一切物才生即灭"，任何事物都是随着心中的"刹那闪念"而即生即灭，没有相对的稳定性。这样，事物的顿便就是渐变的基础，"所谓一切的渐变，确是基于刹那的顿变，而后形见出来的"。[2]

　　最后，"内圣外王"的人生论。由宇宙观出发，熊十力又提出了一套"内圣外王"人生观。他认为，本体具有道德属性，它自然应当成为人生价值的源头，对此，他说："吾人一切纯真、纯善、纯美的行，皆是性体呈露。"[3] 他的这种观点沿袭了儒家的伦理思想，但他并不是将封建伦理纲常作为价值评判尺度，而是以"独立""自由""平等"等近代西方资产阶级价值观念作为评判标准。他所谓的独立，是指："尽己之谓忠，以实之谓信。唯尽己，唯以实，故无所依赖，而昂然独立耳。"[4] 既保留了"忠""信"等儒家伦理思想的色彩，但更多地强调"无所依赖"的主体人格。他所谓的自由，是指"各得自治，而亦互相比辅也"。主要是指道德上自我完善的自由。他所谓的平等，"以法治言之，在法律上一切平等"[5]；他所谓的"内圣"，实际上是在旧的形式下包含资产阶级新观念的"内圣"。

　　熊十力指出，长期以来，儒家内圣外王并重的精神并没有得到发扬，宋明理学过分强调"内圣"而忽视"外王"，致使道德价值

---

① 熊十力：《新唯识论》，第 317 页。
② 熊十力：《新唯识论》，第 343 页。
③ 熊十力：《新唯识论》，第 389 页。
④ 熊十力：《十力语要》卷 3，上海书店出版社 2007 年版，第 27 页。
⑤ 熊十力：《十力语要》卷 4，上海书店出版社 2007 年版，第 18 页。

"失其固有活跃开辟的天性"，使儒学"失其真"。① 因此，必须注重发挥"外王"精神，讲求经世致用。为此，一方面要发挥儒家传统的自强不息精神，另一方面要学习西方某些人生态度，如民主制度、进取精神、格致之学（自然科学）等，并将两者加以调和。其云："今谓中西人生态度，须及时予以调和，始得免于缺憾。中土圣哲反己之学，足以尽性至命。斯道如日月经天，何容轻议！……能观异以会其通，庶几内外交养，而人道亨、治道具矣。吾人于西学，当虚怀容纳，以详其得失。于先哲之典，尤须布之遐使得惜其臆测，睹其本然，融会之业，此为首基。"②

既然"本心"是道德价值的源泉，那么解除"染习"的蔽障、恢复本心的本然状态，便成为实现"内圣外王"价值的关键所在。故此，熊十力又提出"断染"是造成理想人格的唯一途径。在他看来，人的行为分为"净习"和"染习"两种。净习是本心"显发之资具"，是善，而染习是对本心的侵蚀，是恶。提起本心之法就是所谓"证量""保任""推扩"。所谓"证量"，就是直觉到"本心"本体，确立"体用不二"的宇宙观；所谓"保任"，就是经常保任本心的明觉状态；所谓"推扩"，就是以"体用不二"宇宙观为指导应物处事。

三　儒家思想的新开展

儒家思想是中国传统文化的核心，要复兴中国文化，就必须复兴儒家思想。现代新儒家中致力于儒家思想之阐发和新儒家哲学体系之建立的熊十力、冯友兰、贺麟等人，或接着程朱理学往下讲，或接着陆王心学往下讲，先后创立了被称为"新唯识学""新理

---

① 熊十力：《十力语要》卷 3，第 49 页。
② 熊十力：《十力语要》卷 3，第 73 页。

学""新心学"的新儒家哲学体系，对推动中国文化尤其是儒家思想的复兴作出了重要贡献。但正式提出重建儒家精神、复兴儒家文化者，是以研究黑格尔哲学而闻名的贺麟。

1941 年 8 月，贺麟发表《儒家思想的新开展》一文，公开提出了儒学的现代转化问题。所谓"儒家思想的新开展"，是就儒家思想从"传统"向"现代以及今后的发展而言"，也就是指儒学由传统向现代转化的问题。他提出："儒家思想的新开展，不是建立在排斥西洋文化上面，而乃建筑在彻底把握西洋文化上面。"欲求儒家思想的新开展，"在于融会吸收西洋文化的精华与长处"以充实和发展儒学。他将儒学能否有"新开展的问题"归结为"儒化西洋文化是否可能，以儒家精神为体以西洋文化为用是否可能的问题"。在贺麟看来，面对西学东渐的强势冲击，儒学欲求得"文化上的独立与自主"，关键在于儒学要有"新的开展"。而儒学能否有"新的开展"，又在于"儒化西洋文化"能否"以儒家精神为体以西洋文化为用"，即能否实现"儒体西用"。①

如何实现"儒家思想的新开展"呢？贺麟主张首先要对儒家思想进行新的检讨和评估，以便从这些检讨和评估中"把握传统观念中的精华"，"发现最新的近代精神"。② 如宋明理学是儒家思想发展的新阶段，曾对中国文化产生过巨大影响，但自近代以来，特别是五四运动以来，它一直处于受批判的地位。为此，贺麟对宋明理学进行新的检讨和评估。当时一些人常以程颐说的"饿死事小，失节事大"为根据，痛斥宋明理学压迫女性，刻薄不近人情，提倡片面的贞操，是"吃人的礼教"。贺麟认为程颐的这句话的确有错误，其错误就在于认为妇女当夫死后再嫁为失节，因为婚姻是自主的，在西方和我国的古代都没有妇女不能再嫁的观念，但说后

---

① 贺麟：《儒家思想的新开展》，《文化与人生》，商务印书馆 1947 年版，第 3 页。

② 贺麟：《五伦观念的新检讨》，《文化与人生》，第 13—14 页。

来的妇女不能再嫁的风俗礼教是因程颐的这句话形成的，则是夸大了程颐这句话的作用，实际上程颐的"'饿死事小，失节事大'一语，只不过为当时的礼俗加一层护符，奠一个理论基础罢了"。这是问题的一方面，问题的另一方面，从概括的伦理原则来看，程颐的这句话恐怕不仅不是错误的，而且是"四海皆准，不惑"的真理。因为人人都有其立身处世而不可夺的大节，大节一亏，人格扫地。故凡忠臣义士，烈女贞夫，英雄豪杰，矢志不二的学者，大都愿牺牲性命以保持节操，亦即所以保持其人格。就此而言，程颐的这句话，只不过是孟子的"舍生取义""贫贱不能移"另一说法而已，符合儒家的一贯思想。"今日很多爱国之士，宁饿死甚至被敌人迫害死而不失其爱国之节，今日许多穷教授，宁贫病致死，而不失其忠于教育和学术之节，可以说都是在有意无意间遵循着伊川'饿死事小，失节事大'的遗训。"还有一些批评宋明理学的人把宋代国势衰弱和宋明亡于异族归罪于宋明儒家，但在贺麟看来这是一个"表面立论，似是而非的说法"。因为宋代国势的衰弱有其"军事和政治"的原因，而与当时主要从事"宇宙、人生、文化、心性方面"研究的"道学家"没有任何直接的关系，"今欲以宋代数百年祸患，而归罪这几位道学家，不仅诬枉贤哲，而且不太合事实，太缺乏历史眼光"。实际上，他指出：当国家衰亡之时，宋明儒家并不像犹太学者那样，只知讲学，不顾国家的存亡，而是大力提倡民族气节，为了保持个人节操和民族正气，不惜牺牲自己的生命。"且于他们思想学说里，暗寓尊王攘夷的春秋大义，散布恢复民族、复兴文化的种子。"正是在这种"爱民族、爱民族文化"之思想的"熏陶培植"下，才涌现出了像文天祥、方孝孺、史可法那样的"义烈彪炳民族史上的大贤"。他们在政治上自居于忠而见谤、信而见疑的孤臣孽子的地位。"他们没有享受过国家给予他们的什么恩惠或权利，他们虽在田野里讲学论道，但他们纯全为尽名分，为实践春秋大义，为实现治国平天下的王道理想起见，他们决没有忘记过对民族的责任。他们对民族复兴和民族文化复兴有着很大的功绩和贡献。"

贺麟尤其不同意那种认为宋明理学"空疏无用"的观点。他说："说这话的人，如果意思是说程朱陆王之学只是道学或哲学，不是军事、政治、经济、工程等实用科学，我们可以相当承认。因为他们不是万能的人，用现代分工分科的看法，他们只是哲学专家，谁也知道，哲学的用处是有限度的。"但如果就此说他们的学说"虚玄空疏无用"，则大错特错。因为就他们的学说"对几百年来中国文化、教育、政治、社会、人心、风俗各方面的实际影响而论，真可说大得惊人"，"试问宋儒之学如果是虚玄空疏无用之学，如何会有如此大的实际影响呢"。总之，贺麟指出，"宋儒思想中有不健康的成分"，这是我们必须承认的，但这只是问题的一方面，问题的另一方面或主要方面是"宋儒哲学中寓有爱民族、爱民族文化的思想，在某意义下，宋明儒之学，可称为民族哲学，为发扬民族、复兴民族所须发挥光大之学"。①

针对近代以来，特别是五四运动以来思想界对宋明儒学的批评，贺麟对宋明儒学进行了新的检讨和评价，剥落宋明儒学的消极因素，而肯定它的积极价值，尤其是它所包含的"爱民族、爱民族文化"之思想，这在当时是有积极意义的，他提出的一些观点也有一定的说服力。当然，由于贺麟是站在现代新儒家的立场上重新评价宋明儒学的，因此，对宋明儒学的肯定有余，而批评不足，特别是他过分强调了宋明儒学的民族性，而讳言它的时代性。实际上，如有的批评者所批评的那样，"宋明理学既是一种民族哲学，又是一种官方哲学，贺麟只谈前者，而不谈后者，势必难以作出全面的批评"。②

贺麟结合现代生活重新阐释了儒家的三纲说和五伦说，提出了"以儒家文化为体，以西洋文化为用"的主张。这种主张，实际上

---

① 贺麟：《宋儒的新评价》，《思想与时代》第34期，1944年8月1日。

② 宋志明：《贺麟新儒学思想研究》，天津人民出版社1998年版，第117页。

可以概括为"儒体西用"。他认为，应该从哲学、宗教和艺术等方面发挥儒家思想，相应吸收西洋哲学、基督教和艺术思想之精华，以改造儒学之理学、诗教和礼教。他认为新的儒家思想应该包含三方面：一是有理学，以格物穷理，寻求智慧；二是有礼教，以磨炼意志、规范行为；三是有诗教，陶养性灵，美化生活。他据此提出了儒学由传统向现代转化"所须取的路径"：第一必须"以西洋之哲学发挥儒家之理学"；第二必须"吸收基督教之精华以充实儒家之礼教"；第三必须"领略西洋之艺术以发扬儒家之诗教"，从而使儒学"循艺术化、宗教化、哲学化之途径迈进"。[①] 贺麟尤为重视西方哲学与儒家理学的"会合融贯"，认为这样能够"使儒家的哲学内容更为丰富，系统更为谨严，条理更为清楚，不仅可作道德可能之理论基础，且可奠科学可能之理论基础"。[②]

"五伦"观念是儒家文明的核心观念之一，也是几千年来支配中国人的道德生活的最有力量的传统观念之一。因此它是儒家礼教的核心，是维系中华民族群体的纲纪所在。要实现儒家思想的新开展，必须认真加以检讨，对这些旧的传统观念进行新的阐释，以发现其近代精神。为此，贺麟撰写了《五伦观念的新检讨》一文，系统研究了儒家"五伦"观念，对其内涵作了重新阐释。

贺麟在讨论儒家"五伦"观念时，首先提出了四项基本原则。一是："只根据其本质，加以批评，而不从表面或枝节处立论。"二是："不从实用的观点去批评五伦之说，不把中国之衰亡不进步归罪于五伦观念，因而反对之；亦不把民族之兴盛之发展，归功于五伦观念，因而赞成之。"三是："不能谓实现五伦之观念之方法不好，而谓五伦观念本身不好，不能谓实行五伦观念之许多礼节仪文须改变，而谓五伦观念本身须改变。"四是："不能以经济状况生产方式的变迁，作为推翻五伦说的根据。"贺麟所要表达的核心

---

① 贺麟：《儒家思想的新开展》，《文化与人生》，第4—5页。
② 贺麟：《儒家思想的新开展》，《文化与人生》，第5页。

意思是，儒家的五伦观念尽管可以批评，但批评须从本质着手。他强调："我并不是说，五伦观念不应该批评，我乃是说，要批评须从本质着手。表面的枝节的批评，实在搔不着痒处。既不能推翻五伦观念，又无补于五伦观念的修正与发挥。"① 正是依据上述四项基本原则，贺麟对儒家"五伦"观念作了近代意义的新阐释。

第一，五伦是五项人伦或五种人与人之间关系的意思。贺麟指出，中国的"五伦"观念特别注重人、人与人的关系。若用天人物三界来说，五伦说特别注重人，而不注重天（神）与物（自然），特别注重人与人的关系，而不十分注重人与神及人与自然的关系。注重神便产生宗教，注重物理的自然则产生自然科学，注重审美的自然便产生艺术，注重人和人与人的关系便产生道德。故在人类的种种价值之中，儒家五伦说特别注重道德价值，而不甚注重宗教价值、艺术价值及科学价值。希腊精神注重自然，物理的与审美的自然皆注重，故希腊是科学艺术的发祥地。希伯来精神注重神，即注重宗教的价值。儒家注重人伦，便形成了偏重道德生活的礼教。所以，儒家精神与希腊精神、希伯来精神皆有不同之处。表面上看，如果中国要介绍西洋文化、提倡科学精神和希伯来精神，就必须反对儒家注重人伦道德的五伦观念，但实际上并不尽然。② 因为西洋自文艺复兴以后，才有了人或新人的发现，人本主义开始盛行，足见西洋文明也还是注重人、人与人之间关系的。既然近代西方开始注重人际关系，那么本来就注重人伦关系的中国，就没有必要放弃自己传统的重人伦观念，而应该将注重人伦的传统发扬光大。

第二，五伦又是"五常"的意思。五常有二义，第一指仁、义、礼、智、信五常德，第二指君臣、父子、夫妇、兄弟、朋友五常伦，贺麟所谓五常取第二种意义。他指出，儒家五伦观念认为人

---

① 贺麟：《五伦观念的新检讨》，《文化与人生》，第13—14页。
② 贺麟：《五伦观念的新检讨》，《文化与人生》，第14—15页。

伦乃是常道，人与人间的这五种关系，乃是人生正常永久的关系。以五伦观念为中心的儒家礼教，视人与人的关系为人所不能逃避的关系，而且规定出种种道德信条教人积极去调整这种关系，使人"彝伦攸叙"，而不许人消极地无故规避。故儒家五伦说反对人脱离家庭、社会、国家的生活，反对人出世。这是应该给予肯定的。儒家偏重五伦说的弊端在于信条化、制度化之后，发生了强制的作用，从而损害个人的自由与独立。同时，儒家礼教将这五常的关系看得太狭隘了、太僵死了、太机械了，不唯不能发挥道德政治方面的社会功能，而且有损于非人伦的超社会的种种文化价值。所以，贺麟认为："不从减少五常伦说之权威性、偏狭性，而力求开明自由方面着手，而想根本推翻五常观念，不惟理论上有困难，而且事实上也会劳而无功。"① 因此，不能简单地放弃"五常"观念，应该对其进行新的调整。

第三，实践上的五伦观念是以等差之爱为准。儒家五伦观念包含有等差之爱的意义在内。"泛爱重而亲仁"，"亲亲，仁民，爱物"就是等差之爱的典型理解。贺麟认为，爱有等差乃是普通的心理事实，也就是很自然的正常情绪。等差之爱的意义不在正面提倡，而在反面消极地排斥那"非等差之爱"。非等差之爱足以危害"五伦"之正常发展者，约有三途：一是兼爱，不分亲疏贵贱，一律平等相爱；二是专爱，专爱自己谓之自私，专爱女子谓之沉溺，专爱外物，谓之玩物丧志；三是躐等之爱，如不爱家人而爱邻居，不爱邻居而爱路人。这三种非等差之爱，既不近人情，也有浪漫无节制爱到发狂的危险。故儒家"等差之爱"对人的态度大多很合理、很近人情、很平正，不流于狂诞。所以在贺麟看来，儒家"等差之爱"的说法最少弊病。

因为有许多人执着狭义的"等差之爱"，既有失孟子善推之旨，更不能了解宗教精神上爱仇敌的意义，复不能了解近代社会宽

① 贺麟：《五伦观念的新检讨》，《文化与人生》，第 15—16 页。

容之态度，故贺麟对"等差之爱"提出两条重要补充意见。首先，就等差之爱为自然的心理情绪言，有三种决定爱之等差的标准：一是以亲属关系为准之等差爱，此即儒家所提出以维系五伦的说法；二是以物为准之等差爱，外物之引诱力有大小，外物之本身价值亦有高下，而吾人爱物之情绪亦随之有等差；三是以知识或以精神的契合为准之等差爱，大凡一个人对于有深切了解之对象其爱深，对于仅有浮泛了解之对象其爱浅。大凡人与人间相知愈深，精神上愈相契合，则其相爱必愈深；反之，则愈浅。故后两种等差爱亦是须得注重、不可忽略的事实，且亦有可以补充并校正单重视亲属关系的等差之爱的地方。其次，普爱说或爱仇敌之说，若加以善意理解，有与合理的等差爱之说不相违背之处。所谓普爱者，即视此仁爱之心如温煦之阳光，以仁心普爱一切，犹如日光之普照，春风之普被，春雨之普润，打破基于世间地位的小己的人我之别，亲疏之分。此种普爱，一方面可以扶助善人，鼓舞善人，另一方面可以感化恶人于无形。[1]

第四，五伦观念之最基本意义为三纲说，五伦观念之最高最后的发展，就是三纲说。而且五伦观念在中国礼教中权威之大、影响之大、支配道德生活之普遍与深刻，亦以三纲说为最。三纲说实为五伦观念之核心，离开三纲而言五伦，则五伦说只是将人与人的关系方便分为五种，比较注重人生、社会和等差之爱的伦理学说，并无正统礼教之权威性与束缚性。贺麟指出，站在自由解放的思想运动的立场去攻击儒家的三纲说，是很容易的事，但站在客观的文化史立场上去说明三纲说发生之必然性及其真意义所在，则比较困难了。[2]

为此，贺麟从两个方面说明了儒家五伦说进展为三纲说之逻辑必然性。首先，由五伦的相对关系进展为三纲的绝对关系，由五伦

---

① 贺麟：《五伦观念的新检讨》，《文化与人生》，第16—18页。
② 贺麟：《五伦观念的新检讨》，《文化与人生》，第18—19页。

的互相之爱、等差之爱，进展为三纲的绝对之爱、片面之爱。五伦
的关系是自然的、社会的、相对的。假如君不君，则臣不臣；父不
父，则子不子；夫不夫，则妇不妇。臣不臣、子不子之"不"字，
包含"应不"与"是不"两层意思。假如，君不尽君道，则臣自
然就不尽臣道，也应该不尽臣道。这样，只要社会上常有不君之
君、不父之父、不夫之夫，则臣杀君、子不孝父、妇不尽妇道之事
皆可发生，人伦关系、社会基础便不稳定，变乱随时可以发生。故
三纲说要补救相对关系的不安定，进而要求关系者一方绝对遵守其
位分，实行片面的爱，履行片面的义务。故三纲说的本质在于要求
君不君，臣不可以不臣；父不父，子不可以不子；夫不夫，妇不可
以不妇。

其次，由五伦进展为三纲包含有五常之伦，进展为五常之德的
过程。贺麟指出，先秦的五伦说注重人对人的关系，而西汉的三纲
说则将人对人的关系，转变为人对理、人对位分、人对常德的片面
的绝对的关系。故三纲说当然比五伦说来得深刻而有力量。就效果
而言，由五伦说到三纲说，即是由自然的人世间的道德，进展为神
圣不可侵犯的有宗教意味的礼教，才能进展为规范全国、全民族的
共同信条。[1] 在贺麟看来，三纲说注重纯道德义务，不管具体境遇
如何，视道德本身为目的，道德就是道德自身的报酬，包含了康德
的道德思想。三纲与五常就是行为上的极限，等同于柏拉图的理
念，等同于康德的道德律。贺麟认为，三纲说所蕴含的视道德本身
为目的的精神，不但不应摒弃，而且应该继承和发扬。三纲说的躯
壳曾束缚个性、桎梏人心，但若能将"五常"（仁、义、礼、智、
信）作为处理人际关系的道德准则，仍然具有其近代价值。

贺麟认为，尽管儒家三纲说已经是"死躯壳"而遭人抛弃，
但只要积极地把握三纲说的真义并加以新的解释与发挥，它可以成
为中国建设新的行为规范和准则的基础。故他花了较大功夫，"发

---

① 贺麟：《五伦观念的新检讨》，《文化与人生》，第 19—20 页。

现了与西洋正宗的高深的伦理思想和与西洋向前进展向外扩充的近代精神相符合的地方"。他认为，就三纲说之注重尽忠于永恒的理念，而不是奴役于无常的个人言，包含有柏拉图的思想；就三纲说之注重实践个人的片面的纯道德义务，不顾经验中的偶然情境言，包含有康德的道德思想。他指出："三纲说的本质有与西洋近代精神相符合的地方，可任意拈取例证。"如西洋近代浪漫主义者之爱女子，即是竭尽其片面的爱，纵为女子所弃而爱亦不稍衰；如西洋近代革命家之忠于主义，对于人民竭尽其片面的宣传启导之责，虽遭政府压迫、人民逼害，而不失其素守。他认为："要人尽片面之爱，尽片面的义务，是三纲说的本质。而西洋人之注意纯道德纯爱情的趋势，以及尽职守忠位分之坚毅的精神，举莫不包含有竭尽片面之爱和片面的义务的忠忱在内。所不同者，三纲的真精神，为礼教的桎梏，权威的强制所掩蔽，未曾受过开朗运动的净化，非纯基于意志的自由，出于真情之不得已罢了。"①

贺麟既看到了中国三纲说与西方道德学说的相似处，也清醒地发现了两者之间的差异。正因三纲说的真精神"未曾受过启蒙运动的净化，不是纯基于意志的自由，出于真情之不得已"，从而导致三纲说的真义为礼教的桎梏、权威的强制所掩蔽和束缚，没得到真正的批判与继承，更无创新与发展，从而使之教条化和僵化，并日趋腐化。

上述四个方面，是贺麟"用披沙拣金的方法"所考察出来的构成五伦观念的基本质素。他最后得出的结论是："五伦观念是儒家所倡导的以等差之爱、片面之爱去维系人与人间的常久关系的伦理思想，这个思想自汉以后，加以权威化制度化而成为中国的传统的礼教核心。这个传统礼教在权威制度方面的束缚性，自海通以来，已因时代的大变革、新思想新文化的介绍、一切事业近代化的推行，而逐渐削其势力。现在的问题是如何从旧礼教的破瓦颓垣

---

① 贺麟：《五伦观念的新检讨》，《文化与人生》，第21—22页。

里，去寻找出不可毁坏的永恒的基石。在这基石上，重新建立起人生新社会的行为的规范和准则。"①

贺麟对儒家五伦观念所进行的肯定性解释，确实把握到儒家伦理的本质，尤其对等差之爱的补充及对三纲说及五常德真精神的发掘，充满了真知灼见，也体现了他对五伦观念的深切欣赏、善意理解和强烈同情。既然儒家的五伦观念维系着人与人之间正常永久的关系，那么，就不能简单地废弃和抛弃它，只能对其进行批判和改良，并在此基础上进行理论创新。

为了实现"儒家思想的新开展"，贺麟将西方现代哲学上的新黑格尔主义与阳明心学相结合，对儒家心性之学作了新阐释，提出了"新心学"思想。贺麟的新心学是中国传统的陆王心学与西方新黑格尔主义融合的产物。新黑格尔主义强调整体思维，把心视为"绝对实在"，与陆王心学"吾心即宇宙"的思想相近。贺麟把两者结合起来，提出了"心为物之体，物为心之用"的本体论思想；新黑格尔主义承袭并发挥黑格尔国家和社会学说中保守专断的思想，主张国家和社会至上，个人必须服从国家，这与陆王心学"扶持纲常名教"的观点相似，贺麟把两者结合起来提出新的"三纲五常"论。他继承了王阳明"知行合一"论，并从心理学和生理学的角度加以论证，提出"自然的知行合一论"。贺麟的"新心学"思想主要集中在 20 世纪 40 年代撰写的《近代唯心论简释》《文化与人生》《当代中国哲学》等文著中。大致说来，其"新心学"思想主要包括两方面内容。

第一，"心理合一"的宇宙观。贺麟是从论述"心""理""价值"等新心学的基本范畴出发建立其宇宙观的。他从主体的角度论证心的实在性，提出"合心而言实在"，得出"心为物之体"的结论。他认为，心与物是不可分的整体，但为方便计，则灵明能思者为心，延扩有形者为物。两者"永远平行而为实体之两面"。

---

① 贺麟：《五伦观念的新检讨》，《文化与人生》，第22页。

两者的关系是"心为物之体，物为心者用。心为物之本质，物为心的表现"，心是主，物是用。为了论证心是唯一实在的主体，他完全否定了物的客观实在性。心如何派生出物来？他解释说，无论自然之物，还是文化之物，"举莫非精神之表现，此心之用具。不过自然之物乃精神之外在化，乃理智之冥顽化，其表现精神之程度较低，而文化之物其表现精神之程度较高"。①

接着，贺麟从客体的角度深化"合心而言实在"的命题。他从"心"的范畴引申出"理"的范畴。他认为，心有二义，一是心理意义的心，一是逻辑意义上的心，后者即是"理"。在新心学体系中，理是纯粹的哲学范畴，他用理来解释事物的客观规定性，以外事物的客观性就是认识的普遍性或共同性。他用理来解释事物的本质规定性，认为本质是"心中之理"对事物作出的规定，事物的本质来自理。贺麟还用理来解释事物的时空规定性，认为时空是"心中之理"赋予事物的规定性，由此，提出了"时空即理""时空是心中之理""时空是自然知识所以可能的心中之理或先天标准""时空是自然行为所以可能的心中之理或先天标准"等四个命题来论证。这样，他将事物的各种规定性都归结为"心中之理"，从而得出了"理外无物"的唯心主义结论。贺麟从主、客体相互关系的角度论证心为本体的观点，提出了"合价值而言实在"的命题。他认为，只有对主体有价值的东西才具有实在性。据此，贺麟得出了三个结论：一是心比物更具有实在性；二是理想比现实更具有实在性；三是儒家倡导的伦理规范本身就具有实在性。这个命题是新心学的独到之处，但他把价值问题与本体论问题混淆起来，无疑是一种错误的思想方法。

第二，自然的知行合一观。贺麟的认识论思想，主要是通过对"知行同是活动""知行自然合一""知主行从"等命题的阐述表达的。所谓"知"，是指一切意识的活动；所谓"行"，是指一切

---

① 贺麟：《近代唯心论简释》，重庆独立出版社 1943 年版，第 3 页。

生理的活动；贺麟抓住心理活动与生理活动密切相关这一点，把知与行等同起来，认为既然两者都是"活动"，那么就没有质的区别，而仅是量的差别。知如何等同于行？他把知分为"显知"和"隐知"两个等级，沉思、推理及研究学问是"显知"，本能的意识、下意识的活动是"隐知"，两者间只有量的程度的差别。他又把行分为"显行"和"隐行"两个等级：动手动足的行为是显行，静思沉坐的行为是隐行，两者间也是量的程度上的差别。

　　由此，贺麟得出结论：最显之行，"差不多等于无知"，然而"最隐之行"常表现为"最显之知"，所以，最隐之行与最显之知是合一的。同时，"最隐之知，也差不多等于无知"，然而"最隐之知"常表现为"最显之行"，所以最隐之知与最显之行是合一的。可见，他是用心理学和生理学的"活动"概念偷换了哲学上的"知行"概念，通过对知行关系的抽象分析，导出了"知行合一"的结论。

　　"知行永远合一"命题是从"知行同是活动"命题演绎出来的。贺麟说："任何一种行为皆含有意识作用，任何一种知识皆含有生理作用。知行永远合一，永远平行，永远是一个心理生理活动的两面。"① 知行如何合一？他从纵横两个方面作了说明。从横向上说，知行同时发动，是一个整体的两面。他说："知是意识的活动，行是生理的活动。所谓知行合一就是这两种活动的同时产生，或同时发动。在时间上，知行不能分先后。"② 从纵向上说，知行平行。他说："知行合一又是知行平行的意思。平行说与两面说是互相补充的。单抽出一个心理生理活动的孤例来看，加以横断面的解剖，则知行合一乃知行两面之意。就知行之在时间上进展言，就一串的意识活动与一串的生理活动之合一并进言，则知行合一即是知行平行。"③

---

①　贺麟：《近代唯心论简释》，第59页。
②　贺麟：《近代唯心论简释》，第56页。
③　贺麟：《近代唯心论简释》，第57页。

贺麟的知行观承袭并发展了王阳明的知行合一说。他把王氏的知行合一说称为"价值的或理想的知行合一说"，称自己的知行观是"自然的知行合一论"，是适用于一切有生之伦的绝对规律，可以印证、解释和发挥"价值的知行合一说"，又可以弥补其不足。贺麟认为，知行虽然是平行的，但就逻辑上看就是"知主行从"。从体用关系上看，知为体而行为用。他说："知是行的本质，行是知的表现。行若不以知为主宰，为本质，不能表示知的意义，则行为失其所以为人的行为的本质，而成纯无力的运动。……故知是体，行是用；知是有意义，有目的的，行是传达或表现意义或目的之工具或媒介。"[1] 从目的和手段的关系看，知是目的而行是手段。他说："知永远是目的，是被追求的主要目标，行永远是工具，是附从的追求过程。任何人的活动都是一个求知的活动。"[2]

贺麟从认识论方面提出的这些命题，他充分意识到了知的超前性，肯定人的特有的"知"对"行"的自觉能动性。这些分析是很深入和细致的，极大地继承和发挥了陆王心学"销行以归知"思想。

对儒家思想作出现代阐释并产生巨大影响者，当数冯友兰。冯氏深受美国新实在主义哲学影响，并用新实在论梳理中国儒家哲学史，用新实在论研究和诠释程朱理学，表现出建构新理学体系的思想倾向。冯友兰不满足做一个哲学史家，而是要做一个哲学家，故不再"照着"宋明理学说讲，而是"接着"宋明理学说讲。他融会中西哲学思想，先后撰写了《新理学》《新事论》《新世训》《新原人》《新原道》《新知言》，统称为"贞元六书"，承接程朱理学的传统，借用了宋明理学的固有范畴，将自己理解和接受的西方新实在论与宋明理学融合起来，建构了所谓"新理学"哲学体系。

---

① 贺麟：《近代唯心论简释》，第 66 页。
② 贺麟：《近代唯心论简释》，第 67 页。

冯友兰著述宗旨，主要是对中华民族的传统精神生活进行反思。他在《新原人·自序》中说："'为天地立心，为生人立命，为往圣继绝学，为万世开太平'，此哲学家所应自期许者也。况我国家民族值贞元之会，当绝续之交，通天人之际，达古今之变，明内圣外王之道者，岂可尽所欲言，以为我国家致太平，我亿兆安身立命之用乎？虽不能至，心向往之。非曰能之，愿学焉。"因此，"贞元六书"意在通过形而上的哲学分析，着意考察自然、社会和人生，寻求重建形而上学的新方法和新途径，来为作者认为合理的社会形态提供思想上的指导思想。他说："我们现在所处的世界，在表面看起来，似乎很不注重哲学。但在骨子里，我们这个世界是极重视哲学的。走遍世界，在大多数国家里，都有他所提倡及禁止的哲学。在这一点我们可见现在的人是如何感觉到哲学的力量。每一种政治社会制度，都需要一种理论上的根据。必须有了理论上的根据，那一种政治社会组织，才能'名正言顺'。我们在历史上看起来，每一种社会，都有他思想上的'太祖高皇帝'。例如中国秦汉以后的孔子，西洋中世纪的耶稣，近世的卢梭，以及现在苏联的马克斯；都是一种社会制度的理论上的靠山，一种社会中的思想上的'太祖高皇帝'。现在不仅只是各民族竞争生存的世界，而且是各种社会制度竞争生存的世界，所以大家皆感觉到社会制度之理论为根据之重要。"由此反观冯友兰新理学体系的创建，显然也是为他所处的社会制度提供一种理论上的根据。"中国的新环境是早已有了。新需要是迫切急了。中国如果要有一种新社会，作这种社会之理论的根据之哲学一定会出来。"新理学是冯友兰为了满足其所认为的中国新环境的现实需要而创造出来的。

作为"贞元六书"总纲的《新理学》，主要是冯友兰为后面的讨论提供一种形而上的依据，力图以西方新实在论所看重的逻辑分析方法来改造中国传统哲学。他指出哲学是从分析经验、分析实际的事物入手，由分析实际的事物而知实际，由知实际而知真际。进而将逻辑分析方法运用于理学体系的改造，并提出对于实际事物的分析是"格物"，由分析实际的事物而知真际，而知真际是"致知"，而欲致知必先格物，因此说"致知在格物"。①

冯友兰认为，中国传统哲学主流即"极高明而中庸"传统，讲求"天地境界"而不脱离人伦日用之常。这种传统是由孔、孟开其端，中经先秦的道家、魏晋的玄学、唐代的禅宗，至宋代的程朱道学而集其大成。他强调自己的"新理学"是"接着宋明道学中底理学讲底"，其宗旨就是"继往开来"而建立"新统"，并视之为儒学现代化的一种途径。冯友兰的"新理学"体系主要包括两个方面的内容。

首先，理气论的自然观。冯友兰在《新理学》和《新知言》中集中阐述了一种离现实最远、最思辨的哲学，建构了新理学体系的形而上学本体论基础。其基本观点是通过对理、气、道体和大全四个基本范畴的分析而展开的：理是事物所依照的本体；气是事物所依据的条件；道体是事物运动发展的全过程；大全是哲学所说的宇宙。理是整个新理学哲学体系的逻辑起点。他所谓的理，有四种规定性：一是指潜存于真际的抽象的共相；二是指超时空、超动静的绝对；三是指先于实际世界的永恒的实在；四是事物的标准和极限。所以，理既不是客观事物本身所具备的规律，也不是物质或精神的所谓纯实在，而只能是脱离了物质及其规律的抽象共性，即精神性的东西。因此，事物是由理决定的，理是事物的主宰。他说："说理是主宰者，即是说，理为事物必依照之而不可逃。某理为某事物所必依照而不可逃。不依照某理者，不能成为事物，不依照任何理者，不但不能成为任何事物，而且不能成为事物，简直是不成东西。"②

在冯友兰看来，气是事物所依据的条件。他所谓的"气"，具有四个规定性：一是气是绝对的质料，此绝对的质料又并非物质；

① 冯友兰：《哲学年会闭会以后》，《大公报》1935 年 4 月 18 日。
② 冯友兰：《新理学》，生活·读书·新知三联书店 1990 年版，第 125 页。

二是气是无名的混沌，不具备任何性质的物之具；三是气是理的"挂搭处"，是理存在的载体；四是气是事物所依据的"无极"，是物得以有形的无形条件。所以，气是神秘的经验材料，是理由真际见诸实际的契机，是事物存在所依据的条件。他认为，事物所依据的太极（理）与所依据的无极（气），构成了事物存在的内在和外在条件。故此，理气是不分先后的。

理和气如何有机地结合起来？冯友兰认为是通过"道体"。他所谓的"道体"，具有三种规定性：一是道体是东的宇宙，它在逻辑上先于具体的过程，所以，"总一切的流行谓之道体"，是脱离一切具体事物的纯粹的动。二是这种运动是不可思议的动，是"无极而太极的程序"，是气实现理以成物的过程。三是它是玄而又玄的众妙之门，不仅是联系无极和太极的中介，而且也是联系两极与事物的中介。他认为，它有几个规定性：大全即总一切的有，是真正不可思议的观念，是个神秘的绝对；它即是"哲学中所说的宇宙"。

大全也称宇宙，是指总一切的有，是一种观念，并非科学中所说的物质的宇宙。但它全主宰着科学的宇宙。这四个命题总括起来，便构成了新理学的理气论宇宙观：它从精神性的理开始，虚构出同样是神秘的精神性的绝对的质料（气），通过道体把理和气"而"（联系）起来，再用一个大全作为网子把它们都提起来。理作为共相、作为本体决定着作为殊相的事物。这是理气论的最根本观点，也是新理学理想人格论和社会历史观的基础。

其次，四种"境界"说。冯友兰认为，人的理（性）在于人有觉解，对于宇宙人生有自觉的了解、理解和悟解，构成人生的意义，因了解的自觉程度不同，造成人的精神境界的差异。依据人对觉解程度的深浅，人的精神境界可以分为四种：自然境界、功利境界、道德境界和天地境界。

自然境界的人"其行为是顺才或顺习"①，所谓顺才是指按照人

---

① 冯友兰：《三松堂全集》第4卷，河南人民出版社2000年版，第551页。

的生理和心理的自然要求而行事，所谓顺习是指不自觉地因袭传统行事。在此境界的人完全是一种近乎本能的行动，其觉解程度最低。

功利境界的人，"其行为是'为利'底。所谓'为利'是为他自己的利"。① 冯友兰认为，社会上大多数人都处于此境界中，是常人的境界。它的本质是为己。处此境界的人的人生目的是为己（"取"）；英雄与奸雄的境界是一样的。此境界在主观上是不可取的，但在客观上并非对社会无益。他说："功利境界中底人，惟恐不好名，如其不好名，则未必常作有益于人底事。"②

道德境界的人"其行为是'行义'底。义与利是相反亦相成底。求自己的利底行为，是为利底行为；求社会的利底行为，是行义底行为。在此种境界中底人，对于人之性已有觉解"。③ 由此，冯友兰坚持"公利即义"观点，认为重义的人必重他人之利和社会之利。人只要有一颗廓然大公的心，就是进入了道德境界。

比道德境界更高的是天地境界。"在此种境界中底人，其行为是'事天'底。在此境界中底人，了解于社会的全之外，还有宇宙的全，人必于知有宇宙的全时，始能使其所得于人之所以为人者尽量发展，始能尽性。"④ 它是高于其他三种境界的最高境界；只有达到这种境界的人，才是具有真正理想人格的"圣人"。道德境界中的人，是以人性的自觉行人道；而天地境界的人，是以天理的自觉行天道。

这四种人生境界，是从低级向高级发展的过程。无论是个人，还是社会，人的精神境界都是由低级向高级发展的过程，是由自私的小我向大公的大我自觉的过程。大我才是人之所以为人的真正主宰，"我"之主宰意识的不断觉醒就是人生境界的逐步提升。

依据《新理学》所确定的原则，冯友兰在"贞元六书"的其他书中，更多地探讨形而下即"有事实的存在者"，《新事论》根

---

① 冯友兰：《三松堂全集》第 4 卷，第 552 页。
② 冯友兰：《三松堂全集》第 4 卷，第 596 页。
③ 冯友兰：《三松堂全集》第 4 卷，第 552—553 页。
④ 冯友兰：《三松堂全集》第 4 卷，第 553 页。

据城乡的差别以及士农工商的职业上的差别，探讨东西方文化和封建、资本主义文化的差别等问题；《新世训》分析解释许多道德概念，以指导青年修养，只是法家、道家气味稍重；《新原人》讲四种人生境界，由自然、功利、道德境界，而归极于天地境界；《新原道》诠释中国哲学之精神，以此完成极高明而道中庸的理想；《新知言》主要讲哲学方法，运用中国哲学的直觉传统批评和重新诠释西方哲学。

"贞元六书"的出版，引起国内思想界许多人的赞誉、批评、讨论和辩难。赞美者称其书是近一二十年来关于中国哲学方面之最好的书，"它的好并不仅在作者企图创立一种新哲学系统，而在他有忠实底努力和缜密底思考"。还说："不但习哲学者，就是一般知识阶级中人如果置它不读，都是一个欠缺。"[1] 而马克思主义者对新理学基本持否定态度。胡绳认为，冯友兰的新理学就其本质而言，不过是中国老哲学圈子里理论的杂芜、混乱和空虚的一种表现，是和现实隔离的倾向，它忘记了哲学和大众的关联，和实际生活的关联。[2] 由于冯氏将理性区别为道德的理性和理智的理性，结果把"道德规律看做是不变的实在物"，不懂得道德是否合乎理性要依据实际的社会生活需要来判断，要通过理智的审查来鉴别，结果便沦为一种唯心论。陈家康指出，由于冯友兰的新理学将真际与实际分开，且不从实际肯定真际，仅仅从形式逻辑上肯定真际，结果便是"最哲学的哲学"脱离实际，所以不是实理，同时也不是真理。[3] 赵纪彬认为，冯友兰自谓新理学为"讲理之学"不妥。因为宋明以来，不仅理学家讲"理"，心学实际上也讲"理"。理学之所以为理学，并不在于讲理，而在于有其讲理的特征和方法。就特征和方法而言，理学家讲理气二本，心学家

---

[1]　朱光潜：《冯友兰先生的〈新理学〉》，《文史杂志》第 2 期，1940 年。

[2]　胡绳：《近两年来的思想和文化》，《胡绳文集》，重庆出版社 1990 年版，第 48—49 页。

[3]　陈家康：《真际与实际》，《群众》周刊第 8 卷第 3 期，1943 年 2 月。

以反对理气二本为缘起，而持心本论。反理学家则基于物本论建立自己的哲学体系。而冯氏的新理学以"不切实际，不管事实""不合实用""不问内容"为特征，那么在方法上实际是承袭程朱理学而有些微创新，即"以真际所根本，个物为派生；真际之有不在个物，而个物之有则为真际的规定"，结果便是一种"客观的心本论"。①

总之，五四新文化运动激烈地反孔批儒及大规模的西学东渐，极大地冲击了儒家思想。五四以后，中国部分哲学家站在中国儒家哲学的立场上，在了解和吸收西方现代哲学的基础上，开始用西方现代哲学的理论和方法从不同的角度对传统儒学进行发挥和改造，促使儒家的近代转型。以梁漱溟、张君劢开始运用柏格森的唯意志论来改造中国儒家的心性之学，批评西方实证主义倾向，在"复兴儒学"的旗帜下开始建构自己的"新孔学"和"新宋学"；20世纪30年代后，熊十力通过对中西印本体观念的检讨，重建儒家的心性本体，建构了自己的"新唯识论"，奠定了现代新儒家哲学的形上学基础；贺麟则以新黑格尔主义哲学改造和发挥陆王心学，建立了"新心学"；冯友兰则运用西方新实在论的逻辑方法，继承、改造并发挥了程朱理学，建立了"新理学"。这样，从20年代到40年代，儒家思想得到"新开展"，中国思想文化界出现了融合中西哲学，而以中国儒家学说为基础的现代新儒家流派。现代新儒家的兴起及所取得的成绩，对儒家思想的近代转化起了重要的促进作用。

四　中西文化问题的讨论

当西方文化刚刚传入中国的时候，国人便开始了中西文化异同

---

① 赵纪彬：《理学的本质》，《困知录》，中华书局1963年版，第337—357页。

优劣的比较，在中西文化的"古今之异"和"中外之别"（时代性差别、民族性差别）之间进行激烈争论。全面抗战爆发后，由于民族危机的加深，这种比较研究有了新进展。部分人出于亡国的危机意识，竭力彰扬民族主义情绪，竭力反对西方文化，认为近代中国问题的症结不在于外部，在于中国文化能否面对现实，面对未来，及时调整自身，重建民族文化的新体系，出现了明显的文化保守主义甚至复古主义倾向。另部分人则认为，中华民族的危机并不是学习西方造成的，而是学习西方不彻底而导致的，中国问题的根本解决仍有待于中国尽早走上西方国家已经走过的现代化道路。因此，中国的问题不是向回走去调整自身，而是要一如既往地学习西方，尽快实现现代化，带有明显的西化倾向。这两种观点虽有新的论证和分析，但其在根本点上并没有超出战前的文化保守主义和西化派。

此时期在中西文化比较研究上提出有新意见解的是冯友兰。他认为，中西文化并不是孰优孰劣的问题，而是"文化类型"的不同。冯友兰说，中国人之长时期不能正确把握中西文化的异同，地域在中国文化问题上歧异甚多，一个最为重要的原因就在于当他们比较中西文化时，不知道区别文化的共相与殊相，缺乏一种文化类型的观念。因此难以在东西文化那许多的性质中区分出哪些是主要的、本质的，哪些是非本质的、偶然的、次要的，无法突破东方的或西方的这种地域，无法在对文化的思考中脱离文化个体而把握文化的一般。就是说，应该从文化的类型进行分析研究。他说："若从类的观点以看西洋文化；则我们可知所谓西洋文化是优越底，并不是因为它是西洋底，而是因为它是某种文化底。于此我们所要注意者，并不是一特殊的西洋文化，而是一种文化类型。"再以文化类型去分析中国文化。"我们亦可知我们近百年来所以到处吃亏者，并不是因为我们的文化是中国底，而是因为它是某种文化底。"[1] 冯友兰强调，对中西文化的考察，重要的不是两者之同，

---

① 冯友兰：《新事论》，《新动向》第 1 卷第 11 期，1938 年。

而是正确理解两者之异，只有理解文化之同才能正确地把握文化之异。

冯友兰在比较研究中西文化时强调文化类型的"共相"，即相同之点，所以，他认为儒家思想包括了现代化所需要的一些基本因素。如儒家说的"民贵君轻""天视天听"，便是"民主政治的根据"；又如"争人皆可以为尧舜""尧舜与人同耳"等，实含有"人人平等的意思"。儒家的这些态度，"都是实行民主政治的必要条件，必须大家都具这种见解，抱这种态度，人们尊重此种作风，才能实行真正的民主政治"。他显然是把古代"民本"思想与近代"民主"思想混淆了。其实"民主"与"民本"、自主与恩赐，是完全不同的两码事。他还明确表示赞同洋务派及其中体西用说："所谓中学为体，西学为用者，是说组织社会的道德是中国的底，现在须添加者是西洋的知识技术，则此话是可说的。我们的《新事论》的意思，亦正如此。"可见，他比较研究了中西文化类型的结果，仍然坚持文化保守主义和中体西用论。

在抗战时期文化民族主义高涨的时代环境中，有人提出了"以复古为创新"的口号，力图折中文化保守主义与西化思潮。沈有鼎明确指出："无论如何，我们现在已经可以知道：哲学在中国将有空前的复兴，中国民族将从哲学的根基找到一个中心思想，足以扶植中国民族的更生。这是必然的现象。……因为中国文化——同其他文化一样——有它特殊的波动方式，一往一复的节律。上面所说的儒道两种精神，乃是相成而又相反，是一起一伏而互为消长的；每一个起伏的大波，在中国文化史是要占几百年几千年的时间的。可是在每一次新的文化产生增长的时候，就是整个中国文化在进化的历程上跨了一大步。因为每一次新的文化产生，是对旧的文化的反动，是革命，同时是回到前一期的文化精神，是复古。只有革命是真正的复古，也只有复古是真正的革命。第一次新的文化产生，是综合着正反两方面的精神，而达到一新的自古未有的形式的。因此是前进，不是退后，是创新，不是因袭，是成熟，不是返旧；也只有创新才是真正的复古。"①

这种观点，显然与梁启超论清代经学时"以复古为创新"的观点颇为相似。战时现代新儒家利用这个口号，极力推崇中国民族文化。贺麟指出："老实说，中国百年来之受异族侵凌，国势不振，根本原因还是由于学术文化不如人。而中国之所以复兴建国的希望，亦因中华民族是有文化敏感、学术陶养的民族，以数千年深厚的文化基础，与外来文化接触，反可引起新生机，逐渐繁荣滋长。近数十年来，虚心努力，学习西洋新学术，接受西洋近代化的结果，我们整个民族已再生了，觉悟了，有精神自由的要求了，已决非任何机械的武力、外来的统治所能屈服了。所以我们现在的抗战建国运动，乃是有深厚的精神背景和普遍的学术文化基础的抗战建国运动，不是义和团式不学无术的抗战，不是袁世凯式的不学无术的建国。由此看来，我们抗战的真正最后胜利，必是文化学术的胜利。我们真正完成的建国，必是建筑在新文化、新学术各方面各部门的研究、把握创造、发展、应用上。换言之，必应是学术的建国。必定要在世界文化学术上取得一等国的地位，我们在政治上建立一自由平等独立的一等国的企图，才算是有坚实永久的基础。"②

基于此种认识，贺麟提出，近代以来的所谓中华民族危机说到底乃是文化的危机，因此目前中国摆脱危机的根本出路决不在于中国文化的"全盘西化"，或将中国沦为西方文化的"文化殖民地"，而是要有计划、有目的地吸收、容纳西方文化的精华，提升和彰扬最具有中国特色的儒家文化，从而为儒家思想的新开展奠定坚实的学术基础。他说："中国当前的时代，是一个民族复兴的时代。民族复兴不仅是争抗战的胜利，不仅是争中华民族在国际政治中的自由、独立和平等，民族复兴本质上应该是民族文化的复兴。民族文化的复兴，其主要的潮流、根本的成份就是儒家思想的复兴，儒家

---

① 沈有鼎：《中国哲学今后的开展》，《哲学评论》第 7 卷第 3 期，1937 年 3 月。
② 贺麟：《抗战建国与学术建国》，《文化与人生》，第 20—21 页。

文化的复兴。假如儒家思想没有新的前途、新的开展，则中华民族以及民族文化也就不会有新的前途、新的开展。换言之，儒家思想的命运，是与民族的前途命运、盛衰消长同一而不可分的。"① 他还强调："在思想文化范围里，现代绝不可与古代脱节，任何一个现代的新思想，如果和过去完全没有联系，便有如无泉之水，无本之木，绝不能源远流长。"而这个"本"和"源"，就是儒学，在"儒家思想的新展开里，我们可以得到现代与古代的交融，最新与最旧的统一"。贺麟对儒家文化前途的自信，并非前此文化复古主义那样非理性的信仰和鼓吹，而是建立在思想文化发展一般规律的理性分析上。为此，贺麟并没有像梁漱溟那样正面回应新文化运动对儒学的责难，而是从辨认新文化运动的性质入手，直截了当地指出新文化运动的根本用意并不是要彻底破坏和放弃儒家文化，恰恰相反，新文化运动的最大贡献在于破坏和扫除儒家文化的僵化部分的躯壳和形式末节，以及那些束缚个性的传统腐化部分，不需要打倒孔孟的真精神、真意思、真学术等。

　　钱穆、冯友兰、贺麟等人站在文化保守主义立场上提出的带有"复古"倾向的文化思想，一方面遭到马克思主义理论工作者的批驳，另一方面也受到主张全盘西化思想的陈序经等人的批评。文化保守主义者打着向西方学习的旗帜以及在所谓"中国化"潮流下，在抗战这个特殊背景下宣扬同一种民族文化优越论。胡绳将这种文化保守主义斥为"复古主义"。他指出："这种新的见解，在根本上是复古也是排外，因为它是把一切外国的东西，从中国旧文化传统的立场上看去是新的，不适宜中国的东西都加以排斥，它排斥一切西洋文化中对于当前中国的现实具有进步意义的东西。但它却看出了在西洋文化史上也还有时期的不同，也曾有过一个时期，西洋文化和中国传统文化只是'貌异神同'——看出这点倒是对的，因为中国传统文化是封建时代的文化，而欧洲也有过它的封建时

---

① 贺麟：《儒家思想的新开展》，《文化与人生》，第4—5页。

代，也有过它的封建时代的文化。但从此出发，认为中国文化自己要向后转，并和向后转的西洋文化合作，这却是拿人类文化史开玩笑了。"①

钱穆著述《国史大纲》的宗旨是"为我民族国家复兴前途之所托命"，是为"抗战胜利，建国完成，中华民族固有文化对世界新使命之开始"提供历史依据。②钱穆所谓"中国式之民主政治"，既不符合中国历史之真相，也与近代以来中国政治民主化之发展趋势相悖，受到时人严厉批评。胡绳批评道："所谓'中国式的民主'就是我们一般常人所称为君主专制政体的那种东西吗？我很奇怪，想出这些意见的先生们都不公开反对孙中山先生的革命理论与事业，甚至还加以赞扬。但实际上他们是应该反对中山先生的，因为中山先生所要推翻的就是两汉隋唐宋元明清的那种国体和政体。假如中山先生还在，他听到人们说，他所毕生与之斗争的君主专制政体，其实就是'中国式的民主政治'，不知道他会作何感想！"③胡绳还批驳钱穆有关中国五千年来立国和当前抗战靠的全是传统文化、传统文化的优异在于"孝"的论调。他指出，假如抗战靠的是传统文化，前一百年的迭遭侵略是因为丧失了传统文化，"那么又为什么抗战一起，传统文化忽然能再兴了呢"。

冯友兰的新理学思想，受到杜国庠、陈家康、胡绳等人的激烈批评。杜国庠在《玄虚不是中国哲学的精神》中认为，中国哲学的精神不是经虚涉旷，而是实事求是，冯友兰由于他自己的形而上学的要求而歪曲事实，把唯心主义传统诬称为中国哲学的主流。他在《玄虚不是人生的道路》一文中则指出，所谓专凭其是"圣人最宜于作王"的说法势将助桀为虐，因为一切大奸巨憝未有不被其狐群狗党誉为"圣明神武，首出庶物"的，所谓"即其所居之

①　《胡绳文集》，重庆出版社 1990 年版，第 203 页。
②　钱穆：《文化与教育》，第 143 页。
③　《胡绳文集》，第 193 页。

位，乐其日用之常"，是让人安分守己，在精神上麻醉被压迫者；所谓"同天境界"，是以理智底总括始而以神秘主义终，是理智的破产，是玄学唯心论。他在《论理学的终结》一文中又指出，宋明理学经过黄梨州、顾亭林、王船山、颜习斋诸人的批判，"是决定地终结了，绝没有死灰复燃的可能；虽然还有人企图把它再'新'一下，究竟是过时的果实，变了味道了。"

胡绳撰写《评冯友兰著〈新世训〉》《评冯友兰著〈新事论〉》等文，批评冯友兰的新理学。他指出，冯友兰否定辛亥革命，抹杀五四运动，引清末的洋务运动者为同调而加以称扬，以为中国过去除了"中学为体西学为用"派的工业建设以外，其余都是毫无意义的事，这是历史的翻案。他指出，否定辛亥革命就是否认政治上求改进的必要，否定五四运动就是否认对旧思想意识进行改造的必要，冯友兰所指的中国走向自由之路"就是五十年前张之洞的道路"，这种中体西用主张"早已经在历史的实践中被否定了"。此外，陈家康的《真际与实际》、周谷城的《评冯友兰的〈新理学〉》《评冯友兰的〈新原人〉》、赵纪彬的《理学的本质》等文，都对新理学之玄学性质进行了批评。

胡绳、蔡尚思等人则对贺麟的新心学进行了批判。胡绳在《目前思想斗争的方向》中指出，贺麟把中国的旧东西和西洋的最新精神结合，是"新复古主义"。他指出："复古的主张虽由来已久，但敢公然主张维持三纲五常之道的，恐怕只有一些不识字的军阀。但现在却有一个学者说，三纲实在是比五常更崇高的道德，因为君君、臣臣、父父、子子还容许：倘君不君，臣也可以不臣，是相对性的道德；而'君为臣纲，父为子纲，夫为妇纲'才是绝对性的道德，他从这里面'发现了与西洋正宗的高深的伦理思想和西洋向前进展向外扩充的近代精神相符合之处'，这安能不令人为之咋舌！"此外，胡绳在《论反理性主义的逆流》《一个唯心论者的文化观》等文中，除揭露新心学的复古性质之外，还着重批判了其神秘主义、反理性主义。蔡尚思在《贺麟的唯心论》中，对贺麟提出的直觉的方法、先天的范畴、内心的文化、道体的宗教、基石的礼教等观点作了深刻批评。

随着战时文化民族主义的高涨和文化保守主义的强势，全盘西化思潮日趋式微。但主张全盘西化的陈序经坚定地认为，全盘西化是抗战建国之唯一出路，"不但在理论上我们觉得全盘西化的必要，就是在事实上，我们也是朝着这条路走"。因此，陈序经站在全盘西化立场上，对当时思想界有影响的张申府、冯友兰、贺麟等人带有守旧倾向的文化观进行批判，继续阐述自己的文化观点。

张申府在《文化·教育·哲学》一书中，对全盘西化论进行了严厉批评，其所使用的主要观念是"分"之观念。他指出，全盘西化论者把西方文化作为一个完整的笼统的整体是不正确的，"根本没有了解西洋文化，根本没有了解西洋文化一个核心的科学。科学的出发点是分。因此所注重的是数量，是分析，是分别"。从中国文化和西方文化中都能分出最好的东西来，根据新陈代谢的作用，化合出一个更新的东西。他认为建立一种文化需要坚持三个原则：第一，文化是不可以速成的，文化的收效必须见于生活方式的改变，也可以说就是要革风易俗；第二，文化的核心是哲学，在文化建立上所谓端其趋向也就是要有一种哲学；第三，文化是比较上层的东西，文化与社会也是互相影响的。因此，要建立一种文化，不可不同时建立一种与之适应的政治、经济、社会制度，旧的政治、经济、社会制度是会妨碍新的文化的发展的。

张申府对全盘西化论分析方法的批评，自然受到陈序经的反批评。张申府以"分"作为分析的出发点，而陈序经则重视"合"。陈序经反驳张申府说："我们承认科学的出发点是分，同时我们不能否认科学的实体也是合，分是为着我们的研究的便利起见，合是科学的基本原理。"全盘西化理论，就是从"合"的角度来看待文化各方面的关系与文化的各种现象。这种"合"的具体意义，实际上就是文化现象间的连带关系。因此，中国文化接受了西方文化的一方面，就会在各方面都受到波动。

　　陈序经认为，张氏提出的把中国文化和西洋文化好的方面"分"出来化合成一种新文化，在实际中无从操作。一方面，所谓西洋的最好的东西无从选择起，因为选择西洋的最好的东西没有一个正确的标准。因而主张全盘西化，主张文化的各方面都可以全盘接纳才更能体现出文化是一个化合物的观念。另一方面，陈序经坚持认为："把中西文化比较起来，我们的文化相形见绌是不能否认的事实。"他批评说："张申府先生除了空空洞洞的说了取长舍短之外，并没有具体的指出中国文化在哪一方面或几方面是我们的特别优点，是值得我们去保存的。"在陈氏看来，要建立中国新的文化，就不得不改变中国旧的政治、经济、社会制度，"中国的今日的文化，无论哪一方面，没有不受西洋的影响的"。"所谓集体的就是全盘的，全盘的去改变比较下层的政治、经济、社会制度，则所谓比较上层的文化也不能不随之而改变。这种全盘的改变岂不就变为全盘的西化？"陈氏仍然坚持全盘西化的主张。

　　1934 年出版的冯友兰《中国哲学史》，是当时第一部中国哲学通史著作，在学术界产生了巨大影响。1940 年，冯友兰为昆明《新动向》杂志写了 12 篇文章，后合为《新事论》出版。他在《别共殊》一文中，批评了中国本位文化论和全盘西化论，系统阐释了"文化共殊"的观点。冯友兰认为，中西文化问题不是"东西的问题"，而是"古今的问题"。他说："一般人所说的西洋文化，实际上是近代文化。所谓西化，应该说是近代化。"冯氏指出，文化可以分为共同与特殊两个方面。所谓共同的文化是人类共需的文化，是可以改变的；所谓特殊的文化是每个民族特有的文化，是不能改变的。因为特殊的文化不可改变，所以在以西方文化为特殊文化时，各种文化主张就遇到问题。他批评说："有主张所谓全盘西化论者，有主张所谓部分西化论者，有主张所谓中国本位文化论者。无论其主张如何，但如其所谓文化是指一特殊底文化，则其主张俱是说不通，亦行不通底。"因此，冯友兰主张对于中西文化，要在五光十色的各种性质中看到"何者对于此类是主要的，何者对于此类是偶然的"，对于西方文化，"其主要底是我们所必取者，其偶然底是我们所不必取者"；对于中国文化，"其主要底是我们所当去者，其偶然底是我们所当存者，至少是所不必去者"。与他的共需文化和特殊文化的观念相对应，冯友兰将道德区分为基本道德和非基本道德。他指出："我所谓基本道德者，是任何种类底社会所都必需有底道德，例如仁、义、智、信等，这是不变底。至于只为某一种类的社会所需有底道德，则不是基本道德，是可变底。"冯友兰主张用"近代文化"取代一般意义上使用的"西洋文化"的概念，具体地说就是要"工业"，并在《新事论》中详细阐述了"工业化"的具体办法。

　　陈序经从文化整体论出发反驳冯友兰的观点。陈序经指出，从共需的文化方面来看，冯是主张全盘西化的；从特殊的文化方面来看，冯又是主张部分西化或中国本位的。然而，陈序经指出，"所谓共需的文化与特殊的文化是有了密切的关系而不易分开的"，冯氏的主张因此而充满了矛盾，观点之间不能相互支持。陈序经指责冯友兰的"中体西用"是一个矛盾，道德与智识、技术、工业是有密切的关系的，"采纳了西化的智识、技术、工业，则我们在有意或无意之中不得不采纳了西洋的道德；反过来说，中国今日对于西洋的智识、技术、工业所以不能够全盘采纳、彻底讲求，也是由于固有的道德作祟"。对于冯友兰用近代化、工业化来代替西化，陈序经指出："我们所谓西洋化当然是近代或现代的西洋化，稍有头脑的人绝不会误会我们所说的西化，主要的是指古代的西洋文化或中世纪的西洋文化。"而以近代化或现代化去代替西洋文化，"则这个名词不只没有什么意义，而且有了野蛮化或原始化的语病"。他继续坚持全盘西化："我们不只要工业化，而还要西化的工业化，不只要西化的工业化，而还要西化的其他方面，不只要西化的其他方面，而还要全盘西化。"

　　贺麟从体与用的角度来估量中西文化，来评判中西文化观上的复古、本位与全盘西化。贺麟认为，由批评文化所提出的几种较流行的口号，如中学为体西学为用、中国本位文化、全盘西化等，"似乎多基于以实用为目的的武断，而缺乏逻辑批判的工夫，所以我希望对于文化的体与用加以批评的研讨，或许可以指出批评文化的新方向，引起对付西洋文化的新态度"。因而，他在《今日评论》上发表《文化的体与用》，提出了对于西洋文化态度的三个指针："第一，研究、介绍、采取任何部门的西洋文化，须得其体用之全，须见其集大成之处。第二，根据文化上体用合一的原则，便颇见得'中学为体，西学为用'的说法之不可通。第三，提倡精神（聚众理而应万事的自主的心）为文化之体的原则，我愿意提出以精神或理性为体，而以古今中外的文化为用的说法。"贺麟反对中体西用，并与全盘西化保持较远距离。他强调："我所谓治西学须见其体用之全，须得其整套，但这并不是主张全盘西化。"其理由有三。一是主张着重于"深刻彻底理解该一部门学术文化"，这乃是基于对西洋文化的透彻把握和民族精神之创造发扬，自觉地吸收、采纳、融化、批评、创造，"这样既算不得西化，更不能说是全盘西化"。二是认为数量上的全盘西化是不可能的，"想把西洋文化中一切的一切全盘都移植到中国来，要想将中国文化一切的一切都加以西洋化，事实上也不可能，恐怕也不必需"。三是认为全盘西化会丧失民族精神。"假如全盘西化后，中国民族失掉其民族精神，文化上中国沦为异族文化之奴隶，这当非提倡全盘西化者之本意"。因此，贺麟不赞同全盘西化，主张"化西"："是自动地自觉地吸收融化、超越扬弃西洋现在已有的文化。"

贺麟的主张，是以精神或理性为体，而以古今中外的文化为用，其文化理路是以"化西"为体，以"西化"为用。陈序经尽管对贺麟的文化思想有很高评价，认为他不但是一位认识西洋文化较为深刻的人，而且因为贺麟的这种理论，是十余年来主张全盘西化的人的一种基本的理论。但对贺麟疏远全盘西化论表示不满。他批评贺麟并辩解说："主张全盘西化的人，并不主张被动的西化，奴隶式模仿，而是主张自觉的吸收，采用，融化，批评，与创造的精神。西洋文化本身之所以能有剧烈的进步，也就是有了这些精神，中国文化本身之所以落后，就是缺乏了这些精神。其实主张这些精神的人，已是有了西化的精神。"因为贺麟主张中国一切学术文化工作，都应该科学化。而全盘科学化不得谓为全盘西化，故陈序经反驳道："我们承认科学乃人类的公产，然而我们不能否认近代的科学是西洋的特产，所以科学化不能不谓为西化。"陈序经的结论是："总而言之，若照贺麟先生的前提来看，他是偏于全盘西化的主张的，可是他的结论，却是中西合璧的办法。结论与前提相背而趋，就是一种矛盾。"

陈序经对冯友兰、贺麟等人展开的论辩，显然是为了抵制其明显的复古守旧倾向和文化保守主义思想，重申全盘西化论的基本观点，如文化整体论、文化现象间的连带关系，使全盘西化论的基本主张得到更为明确的阐释，扩大全盘西化论的思想影响。

五　儒家忠孝观念的现代解读

儒家"忠孝"观念，是中国传统道德的核心观念。"忠孝"是维系封建宗法制度和专制制度的基本道德规范。贺麟指出，五四新文化运动的最大贡献在于破坏和扫除了儒家文明的僵化躯壳及束缚个性的腐化部分，使孔孟程朱之真面目及真价值得以彰显出来。他提出："假如儒家思想能够把握、吸收、融会、转化西洋文化以充实自身，发展自身，则儒家思想便生存、复活，而有新的开展。"[①] 因此，五四新文化运动为包括"忠孝"在内的中国传统道德之新阐释开辟了新道路。伴随着近代民族主义的勃兴，五四后的思想界出现了一股重新肯定民族文化，弘扬民族精神，借以恢复民族自信心而实现民族复兴的社会思潮。抗战全面

---

①　贺麟：《文化与人生》，第3页。

爆发后，不仅蒋介石及国民党人在高扬民族主义旗帜之际，对中国固有道德作了战时阐释，而且现代新儒家、战国策派均站在自己的立场上对中国传统道德伦理进行了探究和阐释，力图对"忠孝"观念作适乎时代需求的新解释。这样，作为儒家伦理核心的"忠孝"观念，在抗战时期得到了新的阐释和新的发展，呈现出多元并进的态势。

1941 年 8 月，贺麟发表《儒家思想的新开展》一文，公开提出了传统儒学的现代转化问题。对中国传统道德进行探究和阐释，对"忠孝"观念作出适乎时代的现代解释，是抗战时期以贺麟、冯友兰、梁漱溟、谢幼伟为代表的现代新儒家重建儒家的重要工作。其中，贺麟对传统"五伦"观念的阐释、冯友兰对"忠孝"观念的分析、梁漱溟及谢幼伟等人对孝与中国文化的关系阐述较为突出。

如果说贺麟着力于对传统"五伦"观念的现代阐释及其转化问题的话，那么梁漱溟、冯友兰、谢幼伟等人则着力于对传统"忠孝"观念进行阐释并推进其现代转化。孝是中国文化的核心观念，钱穆将中国文化称为"孝的文化"，谢幼伟同样将中国文化称为"孝的文化"，肯定了孝在中国文化上作用至大、地位至高，故专门撰著《孝与中国文化》，从道德、宗教、政治诸方面加以阐述。梁漱溟不仅赞同中国文化是"孝的文化"命题，而且将孝与中国社会结构联系起来考察，认定家族制度是中国孝文化之基石，唯有弄懂中国独特的社会结构，才能认清传统"忠孝"之特性。他说："其实你若懂得它的社会构造，便只见其自然而平常。因为它所要的，不过是孝弟勤俭四字，只此四字，便一切都有了。孝弟则于此伦理社会无所不足，勤俭则于此职业社会无所不足。"他还强调："中国文化自家族生活衍来，而非衍自集团。亲子关系为家族生活核心，一'孝'字正为其文化所尚之扼要点出。"① 正因以

---

① 梁漱溟：《中国文化要义》，成都路明书店 1949 年版，第 334 页。

家族主义为"忠孝"观念之社会基础，故当中国近代步入国家主义时代之后，传统孝文化自然衰落。

现代新儒家对中国传统"忠孝"问题进行深入探究者，当数以研究新理学著称的冯友兰。他在《新事论》中特设《原忠孝》一章，着力讨论传统"忠孝"观念及其现代转化问题，集中阐发了现代新儒家对"忠孝"问题的见解。冯友兰对"忠孝"字义下的古今不同内涵作了界定："从前底人讲忠孝，现在底人亦讲忠孝。专在名词上看，古今人都讲忠孝，但今人所谓忠孝，与古人所谓忠孝不同。古人所谓忠孝，是忠于君，孝于亲。今人所谓忠孝，是忠于国家，孝于民族。有些人以为忠于君，孝于亲，只是忠于为君底个人，及孝于为亲底个人，这当然是皮相之谈。但忠于君及孝于亲，与忠于国家及孝于民族，毕竟不同。"[1]

他分析说，"对于传统社会的男子说，忠孝是为人的大节；对于女子说，节孝是为人的大节"，"对于男子说，最大底道德是忠孝；对于女子说，最大底道德是节孝"。最有道德的男子是忠臣孝子，最有道德的女子是节妇孝妇。因此，男子之做忠臣与女子之做节妇同是传统社会最道德的行为。忠孝尽管同是传统社会最大的道德，但忠君与孝慈的冲突往往会出现"忠孝不能两全"的状况。如果忠孝冲突仅仅表现为"王事靡盬，不遑将父"，个人为"王事"奔走而不能在家侍奉父母，此时采取"移孝作忠"的办法就可以解决。"移孝作忠"之后，个人因"王事"而要牺牲自己，对君牺牲尽忠而不能对父母尽孝，是"忠孝不能两全"的集中体现。但传统社会的忠孝冲突，往往比这种情况要为严重。个人若尽了忠，不仅在消极方面不能尽孝，而且在积极方面为他的父母招来"杀身之祸"，即为忠孝冲突之极致。在这种情形中，个人若尽了

----

① 冯友兰：《中国哲学中所说精神动员》，《南渡集》，生活·读书·新知三联书店 2007 年版，第 232 页。

忠，便会有"我虽不杀父母，父母由我而死"之感。① 这种因对君尽忠而直接损害对父母孝敬之情形，暴露了传统社会忠孝冲突带来的道德危机，遂产生"个人是否应忍视父母之死而仍尽他的忠"的问题。

冯友兰从传统社会的忠孝冲突进而考察了忠孝道德滋生的社会基础。他认为，中国讲忠孝的道德，是与中国社会以家为本位的社会结构密切关联的。中国是以家为本位的社会，其道德标准是建立在家本位之上的。儒家关于忠孝及两者冲突后的两全之法，皆基于以家为本位的社会道德标准。他分析道："因为照以家为本位底社会制度，一个人是他的家的人，他在他的家外担任职务，是替别家办事。在朝做官，是替皇家办事，皇家亦是别家也。所以若在平常情形下，人固然须先国后家，移孝作忠，但如因替别人做事，而致其父母于死地，则仍以急流勇退，谢绝别人之约，还其自由之身，而顾全其父母。在以家为本位底社会中，这是说得通底。"② 故从以家为本位的社会的观点看："至少在理论上，孝是在忠先底。"传统社会是以孝为出发点，进而"移孝作忠"，由"移孝作忠"而衍生出"忠""信""敬""勇"等诸德。为了尽"孝"，孝子必须做道德之事，"居处不庄，非孝也；事君不忠，非孝也；莅官不敬，非孝也；朋友不信，非孝也；战阵无勇，非孝也"。这样便将一切道德归总于"孝"。如此，建立于家本位社会基础上的"孝"道，遂成为传统道德之基础和核心。正因忠孝观念与以家为本位的社会结构密切相关，故"孝为百行先"遂成为传统社会的基本道德："在以家为本位底社会中，家是经济单位，是社会组织的基本。家既是社会组织的基本，所以在以家为本位底社会中之人，必以巩固家的组织为其第一义务。所以在此种社会中，'孝为百行先'，是'天之经，地之义'。这并不是某某几个人专凭他们的空

---

① 冯友兰：《原忠孝》（《新事论》之五），《新动向》第 1 卷第 11 期，1938 年。
② 冯友兰：《原忠孝》（《新事论》之五），《新动向》第 1 卷第 11 期，1938 年。

想，所随意定下底规律。"①

但近代以来中国社会结构发生了根本性变化，从以家为本位的社会转变为以社会为本位的社会。以社会为本位的社会自然不需要立于其上的"孝"道。冯友兰指出："在以社会为本位底社会中，人在经济上，与社会融为一体，其全部底生活，亦是与社会融为一体。在此等社会中，家已不是社会组织的基本，所以在此等社会中，人亦不以巩固家的组织为其第一义务。或亦可说，在此等社会中，作为经济单位底家的组织已不存在，所以亦无可巩固了。在此等社会中，人自然不以孝为百行先。"孝的地位在现代社会中减弱是必然趋势："在此等社会中，孝虽亦是一种道德，而只是一种道德，并不是一切道德的中心及根本。"②

孝的地位在现代社会中减弱了，是否可以将忠的地位抬高到原来孝的地位而讲"忠是百行先"？冯友兰认为，传统社会之所谓忠，就是以家为本位的所谓忠孝之忠，其基本内涵是"有为人之意"，即《论语》所谓"为人谋而不忠乎"之"为人谋"，就是忠于人之事。因此，"忠"之内涵可解释为："所以如尽心力而为之，亦称为忠。"由此，冯友兰对传统"忠君"与现代的"爱国"作了严格分别。在以社会为本位的社会中，如其社会是以国为范围，则此国中之人与其国融为一体，"所以在以家为本位底社会中，忠君是为人，而在以社会为本位底社会中，爱国是为己。在此等社会中，人替社会或国做事，并不是替人做事，而是替自己做事。必须此点确实为人感觉以后，爱国方是我们于上篇所说之有血有肉底活底道德"。爱国之所以在中国尚未成为"活底道德"，是因中国尚未完全变为"以社会为本位底社会"。他指出："西洋人之所以很爱国者，并不是因为他们是西洋人，而是因为他们是以社会为本位底社会中底人。中国人之所以尚未能完全如此者，并不是因为中国

---

① 　冯友兰：《原忠孝》（《新事论》之五），《新动向》第 1 卷第 11 期，1938 年。
② 　冯友兰：《原忠孝》（《新事论》之五），《新动向》第 1 卷第 11 期，1938 年。

人是中国人，而是因为中国人尚不是完全以社会为本位底社会中底人。"① 唯有首先将以家为本位的社会彻底转变为以社会为本位的社会，才能真正做到"爱国"。

冯友兰对五四新文化运动"非孝"问题作了正面回应。他认为，近代以来中国工业化趋势及新生产方法、新经济组织逐渐冲破了原来以家为本位的社会组织，导致了建立于家本位之上孝道之中落："孝是所以巩固家的组织底道德，家的壁垒既成了人的障碍，所以孝在许多方面，亦成了人的障碍。"五四新文化运动提出打倒孔家店、打倒"吃人底礼教""万恶孝为首"等见解，虽是偏激之词，却是中国社会发展的必然趋势："所以若当做一种社会现象看，民初人这种呼声，这种见解，是中国社会转变在某一阶段中所应有底现象。"他接着指出："但若当成一种思想看，民初人这种见解，是极错误底。"因为五四新文化者没有看到忠孝观念与其产生的社会组织之密切关联，故见解是偏颇肤浅幼稚的。他分析道："人若只有某种生产工具，人只能用某种生产方法；用某种生产方法，只能有某种社会制度；有某种社会制度，只能有某种道德。在以家为本位底社会中，孝当然是一切道德的中心及根本。这都是不得不然，而并不是某某几个人所能随意规定者。"② 冯友兰的这种见解，深刻揭示了忠孝观念与社会结构之间的密切关联，正确说明了传统忠孝道德是建立于家本位的社会组织之上的道德。随着近代以来中国社会结构从家本位转为社会本位，建立于家本位之上的忠孝观念自然不能再成为现代社会的基本道德，必须通过现代阐释而转化为能够适应现代社会的新内涵。

以林同济等为代表的战国策派从所谓"大政治时代的世界"的角度，系统研究了中国传统"忠孝"观念，不仅对"忠孝"内涵作了适合战时需要的新阐释，而且公开提出"忠为第一""忠为

---

① 冯友兰：《原忠孝》（《新事论》之五），《新动向》第 1 卷第 11 期，1938 年。
② 冯友兰：《原忠孝》（《新事论》之五），《新动向》第 1 卷第 11 期，1938 年。

百行先"的观点，强调"先忠后孝、忠在孝先"原则，主张扩大忠之范围，将"孝"局限于家庭之中，通过阐释的方式推进中国传统"忠孝"观念的现代转化。林同济对中国传统"忠孝"观念的研究和认识，集中体现在《大政治时代的伦理——一个关于忠孝问题的讨论》《抗战军人与中国新文化》等文中。他所思考的核心问题是"如何能使中国配做现代世界上的国家"，故其不满足于仅仅提出一种"战时特有的伦理观"，而是创建了一套"现代国家应有的、必须的伦理观"。这种伦理观是建立在其"大政治时代的世界"论断基础上的，故名曰"大政治时代的伦理"。①

何谓大政治时代？林同济认为，当今世界处于大政治时代，其基本特征为：它是一个激烈竞争的世界；这个竞争最重要的根据是"力"；竞争力的单位，最主要的、最不可缺的、最有效的是国家，是国力与国力的竞争；这个国力正在急速地走向全体化，国内一切精神物质的力量极端地组成一体："所谓大政治者，就是国与国间凭着彼此极端全体化的力，以从事于平时的多面竞争与战时的火并决斗。"② 大政治时代需要与之相应的社会公德，这种公德就是"忠为第一"的道德。正因世界处于以全体化国力为竞争单位的政治时代，故最重要的是每个人都要成为国家有机体的一分子。而要将个人练成得力的"公民"，必须优先重视社会"公德"。"在大政治世界上公德比私德重要，政治德行比任何德行都重要"。所谓公德重于私德者，就是说两者冲突之时，"当全公德而灭私德；当存公德而舍私德"。③

大政治时代所有公德和政治德行之中，"忠为第一"，故应将"忠"置于政治伦理之最高地位。"忠是国力形成的基础，形成的先决条件。"林同济对"忠"之内涵作了新阐释，明确将其界定为

---

① 林同济：《大政治时代的伦理》，《今论衡》第 1 卷第 5 期，1938 年 6 月 15 日。
② 林同济：《大政治时代的伦理》，《今论衡》第 1 卷第 5 期，1938 年 6 月 15 日。
③ 林同济：《大政治时代的伦理》，《今论衡》第 1 卷第 5 期，1938 年 6 月 15 日。

忠于国而非忠君："所谓忠者，不是古代忠于君或忠于朋友的忠。忠于君或忠于朋友的忠不免含有五分私德意。大政治时代的忠，绝对忠于国。唯其人人能绝对忠于国，然后可化个个国民之力而成为全体化的国力。"[①] 现代国家的组织是根基于此纯政治的德行"忠"而建立、运用、维持而发展的，故必然强调"忠为百行先"。他指出："在现时代的国力竞争的世界中，最重要的德行，就是'忠于国'，换言之，忠为百行先。"[②]

林同济认为，大政治时代各国均将"国家"作为评判善恶的标准，不仅政治时常脱离伦理的羁绊，并且伦理本身有日趋"政治化"和"国家立场化"倾向。这种倾向集中体现为："国家的利害，变成伦理是非的标准。"自国家立场而有利的便是"好"，便是"是"；自国家立场而有害的便是"恶"，便是"非"。"忠"遂成为大政治时代政治化伦理而成为"百行的标准"。他指出："国力竞争局面，需要政治化伦理，不要伦理化政治。换言之，忠不但为百行先，乃不可遏止的逐渐成为百行的标准，一切价值的评员。"[③]

正因如此，林同济明确主张"忠为百行先"，反对"孝为百行先"："大政治时代是以全体化的国力而从事于国际竞争的时代。在此时代中，必须树立'忠为第一'主义，必须以忠为中心以建立我们全民族的思想系统，以忠为基础建造我们国家的社会制度。这是我主张忠为百行先的立场。两者不能并立，既是忠为百行先，则孝当降格，在此立场下，我反对孝为百行先。"[④]

林同济之所以坚决反对"孝为百行先"，还因为他认识到传统忠孝之弊端——私德之公用。他分析道："原来孝之为物，是个私德，是子女私人对父母所自认为当行的一种精神上或物质上的责

① 林同济：《大政治时代的伦理》，《今论衡》第 1 卷第 5 期，1938 年 6 月 15 日。
② 林同济：《抗战军人与中国新文化》，《东方杂志》第 35 卷第 14 期，1938 年。
③ 林同济：《大政治时代的伦理》，《今论衡》第 1 卷第 5 期，1938 年 6 月 15 日。
④ 林同济：《大政治时代的伦理》，《今论衡》第 1 卷第 5 期，1938 年 6 月 15 日。

任。本是一家之事，不必惊动外人。"但这些私人孝敬之事"德偏要由政府或社会人士殷勤地、炫耀地为他们立坊著册，高标为民族行为的模范"，把私事当作公事看，把家事当作国事办，导致"公私辨别不清，私德与公德胡混"。这种做法在传统社会固然有其特别功用，却不适合现实时代："大政治时代，政治德行为先，公德为先，最重要最根本的，忠为一切先。孝乃私德，它固有它的地位，但是坐第二把交椅尚嫌不胜任，莫说是要占百行的上风了！"①因此，林同济申明：我们并不反对孝——真而朴的孝，但不能不反对任何人在这个时辰还在那儿把孝高高抬起，放在百行之"先"。孝敬父母是私事，可本着"自尽良心"而为，不可"扬扬然向社会鼓动"，将孝之私德"自鸣为惊天动地的大德"。他尖锐地批评道："私德为先，公德为后；私德为主，公德为副。这是二千年来，我们宗法制度下的伦理之不可免避的倾向，不可免避的流弊。"②

传统忠孝观念与传统社会结构密切相联，并形成了一套严密的思想系统。林同济指出："以孝为百行先，便是以孝为国民伦理的基础。"传统社会围绕着孝的观念，自然而然地要建成一个特殊的、"一贯的"思想系统："它不但以孝为百行先，它还要把孝字来解说一切人生的价值。"由个人之孝推及忠："夫莅官战阵已属乎忠之范围，而必纳之于孝者，盖举孝以赅忠。"这种"必纳之于孝"的强制手段，扩大了孝之意义及其范围，把孝的意义扩大到家庭以外的"公德"，遂形成了以孝为起点和核心的道德体系，"它的最大意义，是要以孝解释一切的价值"。③

林同济不仅看到"忠孝的冲突是中国历史上永未解决的事实"，而且看到人们在家庭主义绑缚下"移孝"功夫难赛"移山"，

---

①　林同济：《大政治时代的伦理》，《今论衡》第 1 卷第 5 期，1938 年 6 月 15 日。
②　林同济：《大政治时代的伦理》，《今论衡》第 1 卷第 5 期，1938 年 6 月 15 日。
③　林同济：《大政治时代的伦理》，《今论衡》第 1 卷第 5 期，1938 年 6 月 15 日。

难于在孝子之门求得忠臣的状况。为什么会出现这种"求忠臣必于孝子之门"而不得的状况？林同济对此作了揭示："其中原因就是由于中国不但以孝为中心而组成一套思想系统，还凭此思想系统而组成一批'吃人'的礼法，构出一个庞大的宗法社会，复杂的家庭制度。"① 以孝为中心组成的思想系统，凭此思想系统而组成的礼法、宗法社会及家庭制度，共同构成了中国传统忠孝观念维持和发展的社会基础。由此可见，林同济对"孝"之本质的认识是清醒的："无奈中国之孝，并不是一种纯净的德行，一种自然人情的流露，也不是一种简单的哲理概念，乃是二千余年来特殊阶级，因其特殊渊源与特殊利益，而矫揉造作，铸成的一种思想系统，而更铸成的一种庞大复杂的社会制度。"② 这种见解是相当深刻的。

究竟是按照传统社会的一切价值"必纳之于孝""求忠臣必于孝子之门"继续"教孝求忠"？还是根据大政治时代需要把一切价值"必纳之于忠""教忠而求忠"呢？林同济的意见是肯定的："时代要求是公德，是政治德行，是忠为第一。"③ 大政治时代注重公德，应该"奉忠"为第一，不能向孝之中寻忠："老学究的办法是要教孝而求忠。我们的提议是教忠而求忠。"他强调："让我们大家认清主要目标，决然把孝放开少谈，多多提倡忠字。"④ 这便是他反复强调"忠为第一"的基本依据。

正因传统"孝"道产生私德公用及"孝的制度"积弊丛生，林同济在提出抬高"忠"之地位并扩大其应用范围的同时，主张缩小"孝"的应用范围，将其严格限定在家庭范围之内。他主张剥去附丽于"孝"之上的种种粉饰，将"孝"只简单地解释为"敬爱父母"，并严格限定在家庭范围之内："我们

① 林同济：《大政治时代的伦理》，《今论衡》第 1 卷第 5 期，1938 年 6 月 15 日。
② 林同济：《大政治时代的伦理》，《今论衡》第 1 卷第 5 期，1938 年 6 月 15 日。
③ 林同济：《大政治时代的伦理》，《今论衡》第 1 卷第 5 期，1938 年 6 月 15 日。
④ 林同济：《大政治时代的伦理》，《今论衡》第 1 卷第 5 期，1938 年 6 月 15 日。

只主张把它简单化、平民化，把它'天真化'。我们只主张'返真'，只主张把那些假的、伪的、虚张的、辉煌的、物质的、肉体的、血统的、迷信的一概取消，好留下那可爱可实的纯净敬爱之赤诚献给父母。"他强调："我们最好的办法是干干脆脆把'孝'的一套旧理论旧制度轻轻地束之高阁，只留下'敬爱父母'的干净四字作我楷模，好把这民族所有的有限精力直接灌输到'忠'的伟大工夫上！"①

　　林同济认为，中国向来缺乏民族和国家观念，家族主义和宗法观念则特别强烈，这显然缘于中国传统社会是"家族主义盛行的社会"。中国传统社会是家族主义社会，而不是近代民族主义社会，故建立其上的道德自然强调家族道德（忠孝观念）等。所以，林同济反复强调："根本的问题，是民族主义与家族主义的对立问题，是家庭第一与国家第一的问题。"为什么家族意识不易铲除？这是因为："中国的家族组织，不但只是一种实际的社会制度，并且还有一番严密的伦理哲学在那里为他维持，为他掩护。这个伦理就是'孝为百行先'的思想系统。孝本不失为美德。但是把孝大吹大播，高高抬起，认为百行之先，则不免弊端百出。然而在家族主义所支配的社会中，孝为百行先也是一种当然的趋势。也就像在那西方各国的国家主义的社会中，忠为百行先是一种当然的结论一样。"② 因此，建立于家族组织之上的道德，自然要求忠孝之道。然而，伴随着近代以来中国社会结构、社会组织的变动，建立于其上的"忠孝"道德不可避免地发生了变化。林同济不仅揭示了忠孝观念的产生及长期为统治者延续的根本原因，而且看到了这种社会组织基础的变动对忠孝观念的冲击，"孝的人生观已不够用"。因此，"我们如果要担起新时代的责任，必须赶紧大无畏的跳出'孝为百行先'的圈套而踏进'忠为百行先'的大道。数千年家庭

---

① 林同济：《大政治时代的伦理》，《今论衡》第 1 卷第 5 期，1938 年 6 月 15 日。
② 林同济：《抗战军人与中国新文化》，《东方杂志》1938 年第 14 期。

第一的气习到他们手里乃一变而为民族第一，国家第一的决心"。①
正因看到了传统忠孝观念影响之深厚，故必须将传统"孝为百行
先"改为现代"忠为百行先"，重新阐释"忠孝"观念而使之适合
现代社会的需求。

　　总之，抗战全面爆发后，国民党人对中国固有道德作了战时阐
释，现代新儒家、战国策派站在自己的立场上对中国传统道德伦理
进行了探究和阐释，力图对"忠孝"观念作出适乎时代的新解释。
对"忠孝"观念进行现代阐释并促使其现代转化，成为中国传统
道德现代化的重要途径。这样，作为儒家伦理核心的"忠孝"观
念，在多元化的现代阐释中获得创造性转化之良机。从总体上看，
抗战时期对包括"忠孝"观念在内的中国传统道德的现代阐释还
是初步的，这些多元化的阐释远远未能实现中国传统道德之创造性
转化和创新性发展，这无疑需要后继者沿着这种以阐释方式推进转
化的路径继续努力。

---

① 林同济：《抗战军人与中国新文化》，《东方杂志》1938 年第 14 期。

第 九 章
战后民主党派的政治思想

抗战胜利后中国所面临的最突出问题，是关于中国前途及出路的选择。无论是政治、经济领域还是思想文化领域，中国各阶级、各阶层、各政派都在为处在十字路口的中国谋划着未来的出路。国共两党对该问题有自己的设想，以民盟为代表的中间势力也有自己乐观的估计。以民盟为代表的民主党派围绕着建设一个什么样的国家，如何保障个人的自由权利，怎样制定宪法，政府应有哪些职责和权限，如何实行政党政治等问题，提出了一系列思想主张。民盟一大通过的政治报告及其纲领，提出"把中国造成一个十足道地的民主国家"。其要旨为：战后中国应该仿效英国工党所施行的"中间道路"，在政治上实行英美式的议会民主政治，在经济上参照苏联的社会主义平等原则，就是所谓的"拿苏联的经济民主来充实英美的政治民主"[①]。民盟纲领提出的这项方案，在1946年初召开的政协会议上被国共双方所接受，成为政协五项决议的蓝本。

一 "十足道地的民主国家"思想

（一）和平民主的有利国内国际的局势

抗战结束后，中国政局一度出现了和平发展的契机。国际上，

---

① 《中国民主同盟历史文献》，文史资料出版社 1983 年版，第 77 页。

美国一方面援助国民党，尽可能扩大在中国的权利；另一方面努力使国共双方得以妥协。苏联由于在二战中受到重创，虽然不愿意看到战后的中国被纳入美国的势力范围，但又不可能公然支持中共武装推翻国民党政权。美苏两国在中国问题上达成了某种妥协，都明确表示不希望中国发生内战。这在客观上有利于战后初期中国政局朝着和平的方向发展。

抗战胜利之初，国内各阶级、各阶层的政治觉悟和政治参与意识空前高涨，强烈要求和平、民主与团结，和平、民主成为中国社会发展的主旋律。国民党在战后的政治取向，是将共产党排挤出中国政治舞台，如果能以和平的方式当然是最好，但也不惜发动军事战争，并且一直在做准备工作。国民党虽然坚持内战、独裁的政策，但若立即发动内战还是有所顾忌的。在全国人民普遍期待和平建设国家的情况下，发动内战是不得民心的；美、英、苏三国不赞成中国发生内战的态度对国民党有所影响；中共力量的壮大和反对内战的决心也使他们不敢轻举妄动；国民党的部队大多在西南和西北，准备内战尚需时间。故国民党在调兵遣将的同时，摆出了和平姿态，电邀毛泽东赴重庆共商国家大计。

中共经过抗战力量逐渐壮大，成为可与国民党政权相抗衡的一股重要政治力量。8月23日，中共中央政治局扩大会议分析国内外形势后提出，通过和平途径建设一个独立、民主、和平的新中国。会议认为抗日战争已经结束，新的阶段是和平建设，应当力争一个和平建设时期，使全面内战尽可能地推迟爆发。因此，中共主张停止国民党的一党独裁，结成各党派各阶层的民主联合政府，以和平方式建设新中国。正是基于这样的考虑，毛泽东赴重庆谈判，并与国民党签署了《双十协定》，就和平建国的基本方针、政治民主化、国民大会、党派合作、军队国家化、解放区地方政府等问题阐明了国共双方的见解。这样，在战后特定的条件下，中国出现了各派政治势力通过和平协商方式走上民主道路的历史机遇。

以民盟为代表的中间党派，对战后国际国内出现的民主潮流及和平方式走上民主道路的历史性机遇有着明确的认知。民盟指出："这种国际环境，这种世界潮流，同时亦就确定了中国的前途。明白些说，今后的中国，非成立一个民主国家不可。因为非民主的国家，在今日的世界上，已没有存在的机会。"① 国际上的民主潮流迫使中国"必定成为一个民主国家"，中国今后除了自身成为一个十足道地的民主国家外没有第二条出路。从国内环境看，中国是一个不民主、不统一并且存在内战危机的国家，这样的国家与国际民主潮流不符，故中国战后面临统一、和平与民主三大问题。"国内没有统一，就没有和平。在一个没有统一与和平的国家，就根本谈不到民主。其实这三件事，统一、和平、民主是互为因果。政治上有了民主，国家自然有统一与和平。民主的统一与和平才是真正的统一，永久的和平。"② 因此，作为介乎国共两党之外的第三大党，民盟以全国人民的"民意"代表者自居，以"实现民主"相号召，提出了一系列战后关于实现民主的纲领、方针和政策。民盟呼吁说："我们承认国民党对抗战是尽了力的，同时我们承认共产党也尽了力。但我们痛定思痛，我们更承认这八年以来直接或间接为抗战而死了的一千万到三千万的人民，以及今日仍旧在饥饿线上嗷嗷待救的千千万万的人民，只有他们的功劳才是最主要的。"③ 民盟发言人还明确表示："我们民主同盟今日愿为四万万五千万老百姓请命，当前中国第一件事是停止内战，避免内战，消弭内战。国家一切的问题，都应该用和平的方式来解决。谁要用武力来解决党争的问题，谁就负内战的责任，谁要发动内战，谁就是全国的公敌。今日国家的一切党派，应以国家的利益人民的利益摆在第一，党派的利益摆在第二。"④ 很显然，民盟以"四万万五千万老百姓"的代表自居，以独立于国共两党之外的中间党派的中立身份，站在

① 《中国民主同盟历史文献》，第 72—73 页。
② 《中国民主同盟历史文献》，第 73 页。
③ 《中国民主同盟历史文献》，第 61 页。
④ 《中国民主同盟历史文献》，第 102 页。

"国家的利益人民的利益"的立场上来阐述其民主建国思想。

抗日战争胜利后，摆在全国人民面前的主要问题是如何使全国和平统一及实现民主宪政。8月12日，民盟中央主席张澜发表谈话，主张和平与民主。他说："今天，中国是胜利了，这胜利是中国上千万人的血泪汗换来的。""我们感到中国今天更迫切需要统一、团结、民主。"他呼吁国共两党军队赶快停止各地足以促成大规模内战的一切摩擦，并立即召开党派会议，从事团结商谈，以使内部的政治纠纷能迅速而彻底地得到解决："只有停止内战，立刻团结，才能统一建国。"中国人民的胜利，是上千万同胞以无数的血、泪、汗换来的，来之不易。一旦开始内战，足以毁灭一切成果。况且中国自抗战以来，人民困苦不堪，若在此时加以内战，兵连祸结，人民不知何时才能过上幸福的生活，政治什么时候才能走上正轨？他建议国共双方立即下令所属部队无条件全面停止内战，凡与避免内战有关的问题，均应以和平协商的办法解决。实现和平、避免内战是实现民主的前提，而实现民主是消弭内战的根本保障，也是统一建国的前提。张澜指出："假如我们国家在胜利之后，仍不能以民主方式统一建国，那真太不成话了。要求统一，必须团结，要求团结必须民主，这是真理。我们要想在这新的大时代立国，也非真正民主不可，这更是真理。这所谓民主，绝不是形式的，而是要有充分的诚实的事实表现。"①

8月15日，民盟发表《在抗战胜利声中的紧急呼吁》，提出"民主统一，和平建国"的口号。它指出："毫无问题，我们坚决的要求民主，一切反民主的都是我们所不赞成的。毫无问题，我们要求一个完整的国家，凡一切可以制造分裂或引起内战的姿态或措施，也是我们要坚决地排除的。我们现在的口号是民主统一，和平

---

① 《中国民主同盟历史文献》，第58页。

建国。"① 它提出了民盟关于政治问题的具体主张：修改国民大会组织法和选举法，实行普选，召开全国人民一致需要的国民大会；政府保障人民的一切基本自由；释放一切政治犯和思想犯；由政府召集各党派及无党派人士的政治会议，成立举国一致的民主政府；政府应逐渐做到使军人主军，文人主政的原则；自省一级开始，加强各级的自治，实现中央与地方的均权，以促进地方事业与文化的发展；切实注意经济的复原，废除战时的统制与专卖政策，政府应立即停止征集壮丁；等等。

（二）建立"十足道地的民主国家"的总目标

1945 年 10 月 1—12 日，中国民主同盟在重庆上清寺"特园"召开临时全国代表大会（后追认为第一次全国代表大会），四川、西康、云南、广东、贵州、广西、重庆以及西北各地推选代表 63 人出席，实到 48 人，代表盟员约 3000 人。张澜、沈钧儒、黄炎培、章伯钧、罗隆基、左舜生、陶行知、潘光旦、刘王立明、史良、邓初民等出席，中心议题是讨论建立一个什么样的国家的问题。大会通过了《政治报告》《临时全国代表大会宣言》《中国民主同盟纲领》三个文件，系统阐述了"把中国造成一个十足道地的民主国家"的思想。

将中国建成一个民主国家，是民盟为代表的民主党派基本的政治主张。民盟临时全国大会《政治报告》明确提出了"把中国造成一个十足道地的民主国家"的总目标。把中国建成"一个十足道地的民主国家"的提法，最早见于 1944 年 5 月民盟发表的《对目前时局的看法与主张》："中国必须成为一个十足道地的民主国家，这已经超过了理论的阶段，而须从事实上予以切实的表现，并且民主体系的形成已刻不容缓，万万不可向战后推宕。"② 民盟认

---

① 《中国民主同盟历史文献》，第 60 页。
② 《中国民主同盟历史文献》，第 18 页。

为战后中国迫切需要的是实行民主："中国如不实行民主，任何政治问题，党派问题，经济问题，物价问题，抗战问题，军事问题以及一切社会教育文化问题，必都不能圆满解决。"① 张澜指出："只有民主是中国唯一的出路，只有实行民主才是国家人民之福。"② 故解决中国一切问题的关键在于实行民主，民盟的唯一责任是实现中国的民主，把中国建成一个十足道地的民主国家。其经典表述是："从国际的及国内的形势来说，中国目前迫切的需要是民主。我们了解当前国际的及国内的形势，因此我们中国民主同盟就认定我们当前惟一的责任是：实现中国的民主，是把中国造成一个十足道地的民主国家。"③

要把中国建成一个"十足道地的民主国家"，首先要搞清民主的内涵。什么是民主？中国需要什么样的民主？这是解决中国政治、经济及社会上一切现实问题的前提，故民盟着力对民主的内涵作了深入阐释。民主原是"民众统治"之意，指一种政治制度。民盟在民主的这层含义基础，对民主作了更为广泛的阐释，将民主的意义从政治、经济推广到社会生活乃至家庭生活的各个领域，提出政治民主、经济民主、社会民主、教育民主、家庭民主及国际民主等理念，并把民主与人权宪政联系起来。"人"成为民盟"民主"理论的出发点和归宿。它指出："民主是人类生活的一种方式，是人类做人的一种道理。这种道理认定人是目的，社会一切政治经济的组织，只是人类达到做人目的的工具，人是一切组织一切制度的主人。"④

正是因为"人是目的"，那么许多"做人的必要条件"，即通常所说的人身保障、思想、信仰、言论、出版、集会、结社等自

---

①　《中国民主同盟历史文献》，第 53 页。

②　张澜：《关于当前政治问题的谈话》，《张澜文集》，四川教育出版社 1991 年版，第 202 页。

③　《中国民主同盟历史文献》，第 74—75 页。

④　《中国民主同盟历史文献》，第 74 页。

由，自然就成为神圣不可侵犯的东西。民主承认人是自己的主人，承认人的尊严和价值是平等的，根据这个道理，人人做人的机会也应该是平等的："人人有了自由平等这些权利，人人做了自己的主人，人人能够达到做人的目的，使人人得到最大的发展，这就是民主。在一个社会里，人人做人，人人做自己的主人，一切政治经济的组织都成了这个目标的工具，这就是民主。"① 如此看来，民盟不仅将民主视为一种政治制度，而且是一种生活方式、一种做人的道理，民主就是承认人是目的而不是手段。正因人是目的，故人民自然成为国家的主人，国家必须最大限度地实现人的发展，为人民谋福利。它强调："根据这个道理，所以人民是国家的主人，人民组织国家惟一的目的，只在谋全体人民的福利。根据这个道理，所以在一个国家，倘政治是一人或一部分人的专制独裁，经济是一人或一部分人的独享独占，这就失去了民主的意义。"民主的政治经济必定是："全体人民的政治，全体人民的经济。"② 人是目的而非手段，一切为人服务，显然是西方"天赋人权"思想的集中反映。

　　在人类历史上出现过多种多样的民主，存在真民主与假民主之分。民盟认为有必要分清真假民主。它将"人民是否有机会做人，人人是否是自己的主人，人民是否是国家的主人"作为判断真民主的唯一尺度。真正的民主，意味着人民真正当家作主，人民真正成为国家的主人，故民主政治必定是"民意政治"，即由"民意领导政治，民意指挥政治，民意支配政治"。这种"民意政治"表现在具体的政治制度上，必须注意三个方面的问题。

　　第一，实现民主的起码条件。民盟认为实现民主的起码条件，在于无保留无犹豫地给予人民以各项基本的自由。"假定一个国家，其国民不能自由发表负责的言论与主张，不能合理的批评政治的措施与人事，其新闻的记载只能限于好的一面，而绝不许暴露坏

---

① 《中国民主同盟历史文献》，第 75 页。
② 《中国民主同盟历史文献》，第 75 页。

的一面，这个国家便不是民主国家。又假定一个国家，除掉一个在朝的执政党而外，绝对不许其他在野的党派合法的存在，公开的组织，甚至不仅从政治的活动上限制着他们，乃至从事社会事业或其他的正当职业，也要因党派的关系受着显然的歧视，这便更不是民主国家。更假定一个国家，其人民的身体自由毫无切实保障，可以由若干秘密的或来历不明的机关非法拘捕，非法幽禁，非法处死，甚至不知拘捕于何地，幽禁于何所，处死于何时，被害者的家属无从接见，其亲友亦无从援救，这便不仅不是一个民主国家，而且是一个十足的反民主的国家！"① 它还指出："任何政治制度，倘不具备这些起码的条件，那么所标榜的民主就是假的民主而不是真的民主。"②

第二，设立议会机构，监督政府的行为，切实行使人民作为国家主人的权力，人民真正成为国家和政府的主人。真正的民主制度，应该保障人民能决定政府的政策，管理政府的财政，监督政府的行动。它强调："假使有一种制度，拥有一个民权的空名，实际上人民决定不了政府的政策，管理不了政府的财政，监督不了政府的行动，就成了假的民主，却不是真的民主。"③

第三，实行选举制度。民盟认为"民主试验史上最大的一个发明是选举"，选举是民主制度的基础。但是选举也最容易出现流弊。为了使选举制度能正确运用，首先必须保障人民在政治、法律及社会生活上享有一律平等的权利，"没有了这些权利，选举必定成为儿戏，失却了他的真实意义"。同时，选举要体现民意，民意存在不一致性，就由不同的政党代表它，把民意发挥成舆论。"倘各种民意只是自由发挥，却没有政党这类机构代表它组织它，在选举的运用上，必发生许多缺点。"④ 因此，体现民意的选举制度与

---

① 《中国民主同盟历史文献》，第 18 页。
② 《中国民主同盟历史文献》，第 76 页。
③ 《中国民主同盟历史文献》，第 76 页。
④ 《中国民主同盟历史文献》，第 77 页。

政党制度之间具有内在的关联性，两者都是民主的具体的表现形式。

民盟认为，要实现真正的民主，除了按照上述三方面实施外，还应该考虑中国具体的国情，解决"当前中国需要的是什么样的民主制度"问题。民盟经过充分论证，提出了关于建国的指导原则："树立适合中国国情的民主制度"，"创造一种中国型的民主"，这个中国型民主的总目标，就是"把中国造成一个十足道地的民主国家"。

（三）创造一种中国型的民主

民盟主张中国所建立的民主制度，绝对不是并且绝对不能全盘抄袭英美或苏联式的民主，而是要借鉴英、美、苏的经验，建立适合中国国情的民主制度。《民盟临时全国代表大会政治报告》指出：英美的"民意政治"已有了长期斗争的历史，个人权利包括思想、言论、信仰、出版、结社等自由的保障就是这些奋斗的产物。英美人民通过选举制、政党政治和议会制，决定政府的政策，管理政府的财政，监督政府的行动，在民主制度的运用上有了良好的成绩和丰富的经验。这些成绩和经验，是中国建立民主制度"宝贵的参考材料"。但英美的民主政治与政党政治也有他们的缺点。民盟对英美的议会政治存在的缺点作了分析，认为英美的议会政治缺点不是"从那制度本身发出的，而在其社会经济制度缺乏调整"，致使社会上贫富悬殊差别太大。结果，导致人民在政治上"那些自由平等权利，在许多方面就落了空，就成了有名无实"。[1]所以，英美在形式上很民主，而实际上并不民主，是一种"假民主"。[2]"整个的资本主义制度，都偏重在政治自由，而缺少经济平

---

[1]　《中国民主同盟历史文献》，第 77 页。

[2]　周鲸文：《论中国多数人的政治路线》，蔡尚思主编：《中国现代思想史资料简编》第 5 卷，浙江人民出版社 1983 年版，第 554 页。

等，所以没有能够解决人类的全部问题。"① 要使中国成为一个名副其实的民主国家，必须在经济制度上另觅新径。

既然英美因社会贫富悬殊导致人民自由平等权利打了折扣，那么就必须在经济上予以弥补。弥补之法，是要调整社会经济制度，从政治上的自由平等扩展到经济上的自由平等，实行苏联式的"经济民主"。它指出："调整社会经济制度，从政治上的自由平等扩展到经济上的自由平等，这就是所谓经济的民主。"1917 年后建立的苏联经济体制是实行以生产资料公有制为基础的以国家的行政干预为控制手段的计划经济，这种体制在最初一个时期显示了独特的优越性，使苏联经济出现了快速恢复和迅速增长。正因如此，它成为民盟构思中国民主制度的蓝本，称赞苏联经济民主方面"成绩特别多"，并认定："苏联三十年来的试验，又是中国建立民主制度的极好的参考材料。"② 这样，民盟通过引入苏联经济中的计划性即国家的强制干预政策，从理论上消除了自由经济制度下因过度放任而产生的种种弊端，实现了社会经济制度的调整，"从政治上的自由平等扩张到经济上的自由平等"。

苏联式的经济民主虽很有成绩，但缺乏英美式的政治民主，仍然存在较大弊端。对此，张君劢指出："假定英美没有经济民主，但人民能投票，有政治民主，很容易过渡到经济民主。像苏联虽有经济民主，但不允许反对党存在，不允许人民自由表示其意见，实难于实现政治民主。"在他看来："由政治民主到经济民主很容易，由经济民主到政治民主则很困难。"③ 民盟考察了英美几百年的民主历史，看到了他们在民主的试验和运用上都取得了相当良好的成绩，如民意政治、人民基本民主自由权利、选举制度和议会制度，

---

① 周缓章：《政治自由与经济平等——新社会主义路线的提出》，蔡尚思主编：《中国现代思想史资料简编》第 5 卷，第 514 页。

② 《中国民主同盟历史文献》，第 77 页。

③ 张君劢：《民主社会党的任务》，《中国民主社会党》，档案出版社 1988 年版，第 204 页。

都获得了相当成功。但也清醒地察觉了英美民主的弊端，即对社会经济制度缺乏调整，结果"人民那些自由平等权利在许多方面就落了空，成为了有名无实"。于是民盟考察苏联30年来的民主，看到了它经济民主的精华，也看到了其政治民主的缺失。既然传统的英美政治民主与苏联新兴的经济民主都存在弊端，那么中国所要建构的民主制度，必然是博采众长而创造出来的"中国型的民主"。其经典表述是："拿苏联的经济民主来充实英美的政治民主，拿各种民主生活中最优良的传统及其可能发展的趋势，来创造一种中国型的民主，这就是中国目前需要的一种民主制度。"①

民盟政治报告反复强调，中国型的民主是符合中国国情的进化的民主。"中国民主同盟在中国所要建立的民主制度，绝对不是，而且绝对不能，把英美或苏联式的民主全盘抄袭。我们要依据英、美、苏的经验，树立适合中国国情的民主制度，在我们所需要为中国树立的民主制度上，我们没有所谓偏左偏右的成见，我们亦没有资本主义民主、社会主义民主的成见。我们对别人已经试验过的制度，都愿平心静气的取其所长，弃其所短，以创造一种中国的民主。"② 正因如此，民盟强调自己提出的"中国型的民主"，不是调和的民主，也不是折中的民主，更不是抄袭模仿的民主，"这是从民主发展历史上演变而来的一种进化的进步的民主"。③

在民盟看来，中国型民主是包括政治民主、经济民主和社会民主在内的一种适合中国国情的民主制度，是根据"国家当前的状况"提出来的。所谓"国家当前的状况"，就是"今日中国政治上、经济上以及社会上还没有民主"，因此在确定建立中国型的民主时，必须着眼于"解决当前国家政治上、经济上及社会上一切的现实问题"。也就是说，必须使中国不仅在政治上，而且在经济

---

① 《中国民主同盟历史文献》，第77页。
② 《中国民主同盟历史文献》，第75—76页。
③ 《中国民主同盟历史文献》，第77页。

上、社会上都要走上民主的轨道，使中国问题求得一个"全盘彻底的总解决"。①

民盟在关注政治民主的同时，特别关注经济民主。它指出："民主经济之目的，在平均财富，消灭贫富阶级以及保障人民经济上之平等。"② "从民主的立场来说，20 世纪的民主，经济的自由平等较政治的自由平等更为重要。对一个职业与生活都没有保障的人民，政治上的自由平等只是一句空话。"③ 它还强调："20 世纪的民主，只在消极方面解除对政治自由权利的束缚，不能在积极方面充实人民在经济上的自由权利，自由依然是空泛的名词。因此我们又认定今日人民的自由，应经济的自由与政治的自由并重。"④故其主张以民主的政治来建设民主的经济，以经济的民主来充实政治的民主。正是从这样的角度，"中国型的民主"是一种跟随时代演变的"进化的进步的民主"。

民盟对"中国型民主"的阐述及提出的"把中国造成一个十足道地的民主国家"的总目标，显然受到拉斯基的费边主义影响。拉斯基力图把社会主义的平等公正原则和自由主义的基本原则相调和，具有鲜明的社会民主主义色彩。民盟在政治上实行英美式的议会民主政治，在经济上参照苏联的经济民主即社会主义原则，维护个人的自由民主权利，主张政府应该是一个有限的同时还应是一个有效的负责任的国家机构，主张实行政党政治等，其指导思想就是拉斯基的社会民主主义。民盟提出的这套方案在政协会议上被国共双方所接受，成为政协会议五项协议的蓝本。

（四）民主建国的实施纲领

政治民主化是解决中国一切现存问题的关键。政治民主化所要

---

① 《中国民主同盟历史文献》，第 89 页。
② 《中国民主同盟历史文献》，第 67 页。
③ 《中国民主同盟历史文献》，第 83 页。
④ 《中国民主同盟历史文献》，第 91 页。

达到的目标："是实行主权在民的民治，天下为公，选贤举能，以期建设一个政治自由、经济平等的新民主国家，而走上安全繁荣之路。"① 为了实现"中国型的民主"，"把中国造成一个十足道地的民主国家"，民盟不仅在《临时全国代表大会政治报告》《临时全国代表大会宣言》中阐述了"中国型民主"方案，而且还在临时全国大会通过的《中国民主同盟纲领》（以下简称《纲领》）中专门阐述了民盟的民主建国纲领。这个纲领涉及政治、经济、军事、外交、内政、教育、社会、妇女等方面。其中以政治、经济和军事方面的规定为重点。

第一，关于政治方面。基于对民主最起码条件的认识，民盟在《纲领》中首先规定了人民享受身体、行动、居住、迁徙、思想、信仰、言论、出版、通信、集会、结社等基本自由："一、民主国家以人民为主人，人民组织国家之目的在谋人民公共之福利，其主权永远属于人民全体。二、国家保障人民身体、行动、居住、迁徙、思想、信仰、言论、出版、通讯、集会、结社之基本自由。"② 在此基础上，制定宪法，实行宪政，厉行法治。民盟主张：一个国家应有其根本大法，即早日颁行其有关人民权利义务与政府权责的民主宪法，宪法之制成应由国民代表推举若干人参加议定，再开国民大会决定颁布，全国上下共同遵守。《纲领》明确规定："国家实行宪政，厉行法治，任何人或任何政党不得处于超法律之地位。"③ 这就从根本上解决了一党专政问题，任何人或任何政党都必须按照宪法和法律的规定行事，不得以命令改变或违背法律。这种规定实际上确定了国家的性质，即新的国家应该是实行宪政的民主国家。

民盟主张按照分权原则和议会制原理，建构民主国家的基本政

---

① 张澜：《中国民主同盟的缘起主张与目的》，《张澜文集》，第208页。
② 《中国民主同盟历史文献》，第66页。
③ 《中国民主同盟历史文献》，第66页。

权形式。任何权力都有自我扩张的倾向，拥有最高权力的全国性政府，其权力膨胀的可能性最大。宪政体制的一个重要制度安排是控制国家或政府的权力，实现"有限政府"，即责权明确的政府。这些安排就是立法、司法和行政权力的分立与制衡。一是实行议会制度和普选制度。中央设立国会、总统副总统、行政院、大理院、文官院，分别行使管理国家的职权。国会为代表人民行使主权的最高机关，由参议院和众议院构成；国会有制定法律，通过预算、宣战、媾和、弹劾罢免官吏及宪法上赋予的其他职权；参议院是由各省省议会及各少数民族自治机构选举的代表组成，众议院由全国人民直接选举的代表组成。国家设总统、副总统各一人，由国会、省议会及各少数民族自治机构共同选举产生。为了保障国会制度的正常运行，必须厉行普选制度；为了保障选举真正代表民意并体现其广泛性，《纲领》规定："国家实行普选制度，人民之选举权，被选举权绝对不受财产、教育、信仰、性别、种族之限制。"二是国家行政机构实行责任内阁制，"国家最高行政机构采内阁制，对众议院负其责任"。国家设行政院，为行政最高机关，行政院设院长一人，由总统提出人选，委以组院之权，对众议院负其责任。三是实行司法独立，《纲领》规定：司法绝对独立，不受行政及军事之干涉。国家设大理院，为最高的司法机关。大理院设院长一人，院长及全国法官皆为终身职；国家应建立健全文官制度，设立文官机关，掌管文官之考试、任用、铨叙、考绩、薪给、升迁、奖惩、迟休、养老等事务，文官选拔实行公开竞争之考试制度，非经考试及格者不得任用，文官机关之长官及全国事务官应超然于党派之外。这样，在中央确立以国会为最高权力机关、内阁为最高行政机关、司法独立的三权分立体制。①

　　为了限制中央政府的权限，民盟主张地方自治，实行地方分权。地方自治是民主政治的基础，实行地方自治对于培养人民行使

---

　　①　《中国民主同盟历史文献》，第66—67页。

管理国家的职权，培养人权意识有着积极意义。针对中国当时的权力集中状况，民盟主张县以下应行使直接民权以实行自治，由人民普选的代表直接行使管理地方的权利，而县以上则由代表人民的主权机构行使管理的权利。"县设县议会，省设省议会，中央设国会为代表人民行使主权之机关"，使权力不要过分集中于中央，杜绝独裁专政。为求地方自治之充分发展，中央与省、省与县之权限应按宪法规定而采取分权制度，其办法是："省于国宪颁布后，应召集省宪会议，制定省宪，其内容不得与国宪抵触，并应明白规定省长县长民选。"① 民盟还主张国内各民族一律平等，并得组织自治单位，制定宪法，实行自治，但其宪法不得与国宪抵触，国家对于少数民族利益应加以维护，并发扬其固有语言、文字及文化。

第二，关于经济方面。民盟首先对于国家经济的性质和任务作了明确规定，认为国家经济应是"民主经济"。《纲领》规定："民主经济之目的，在平均财富，消灭贫富阶级以保障人民经济上之平等。"为求人民经济上之繁荣与安定，提高人民生活水准，应力求发展社会生产力，保障人民有不虞匮乏之自由："国家保障人民之生存权、劳动权及休息权，并担负老弱残废者之扶养。"民盟对于国家所有权结构作了规定。"国家确认人民私有财产，并确立公有及私有财产，全国经济之生产与分配由国家制定统一经济计划，为有系统之发展。"附属于土地上之矿业，水利，在经济上可供公用者，均属国有；银行、交通、矿业、森林、水利、动力、公用事业及具有独占性之企业，概以公营为原则；至其他一切企业均可由私人经营。土地区分所有权与使用权，力求使之趋于合理化："国家在农业上应先实施减租，切实保障贫农的土地使用权，以达到土地使用权与所有权的合理化与合一化，并规定最高限度之土地私有额，凡超额之私有土地，国家于必要时，得依法定程序征购之，而

---

① 《中国民主同盟历史文献》，第66页。

以渐进方式完成土地国有之最高原则。"①

民盟的经济政策是试图在美国式自由市场经济与苏联式社会主义计划经济之间求以折中，主张计划经济与自由经济必须"两者兼顾"，取其长而去其短。具体而言就是："它应该做到在计划经济下的有系统的发展，但同时又需鼓励奖助私营企业，使一切私人企业家得到自由竞争的平等机会。"在战后经济建设更加迫切的情况下，民盟主张实施国家干预政策。这种干预主要体现在七个方面。一是政府要切实负责救济流离失所的难民、救济残疾退伍的士兵，先使他们有业可就，有家可归，而后才有安定和平的社会秩序。二是政府更应采取有效方法，救济已陷崩溃破产的工商业。三是要有合理的现代化的财政金融政策。四是国家应立即吸收外资及国外专门人才，以促进国家的工业化。五是在发展工业上，中国的经济政策必力求计划经济与自由经济相配合。六是中国今后应力求经济制度与政治制度相配合，应该以民主的政治建设民主的经济，以经济的民主充实政治的民主。七是战后的农业政策，应先做到退伍复员的士兵有田可耕有家可归，随后力求实施农村救济、农业贷款及减租减息等，以安定农民生活，保障农村秩序。②

第三，关于军事方面，主张实现军队国家化。民盟认为，军队国家化、军权的统一是现代民主国家的重要特征之一，也是保证国家和平稳定的关键。军队一旦脱离国家掌控，就会导致中央权威地位动摇，政治整合弱化，政权分崩离析。对于国共两党所依凭的军队，民盟极力主张实行国家化："即谓军队须属于国家，军人只能效忠于国家，非任何个人所得而私有！亦非任何党派所得而私有！"③《纲领》明确规定："军权及军队属于国家，按国防需要设置最低额之常备军，非国防必要不得调用军队，国家并应以法律禁

---

① 《中国民主同盟历史文献》，第 68 页。
② 《中国民主同盟历史文献》，第 84—85 页。
③ 《中国民主同盟历史文献》，第 38—39 页。

止军队中之党团组织。"军队国家化后，国家实行征兵制，人民有依法服兵役之义务。现役军人绝对不得干预政治，并不得兼任行政官吏，并提出："提高军人待遇及其文化水准，对退伍及残废军人之生活政府应切实予以保障。"①

第四，外交、内政、教育、社会、妇女政策等方面。在外交方面，民盟主张国家的外交方针以保障国家之领土主权，民族之自由平等，与各国和平相处为原则；积极参加世界和平机构与联合国切实合作，以奠定国际上之民主基础，并保障人类之永久和平；与美、苏、英与太平洋利益有关各国切实合作，以谋东亚之和平与安定；提倡国民外交及国际文化合作。

在内政方面，民盟主张精简行政机构，提高政府效能。这主要体现在："消极方面肃清贪污；积极方面提高效率。"② 对于肃清贪污，民盟反对空谈政治道德。他们主张提高公务员待遇，保障公务员生活，并遵守中国的古训，做到俭以养廉，提高效率。同时又要厉行裁汰冗员，杜绝人浮于事；简化政治机构，分明权责；整顿吏治，严惩贪污。为适应今后民主的轨道，还必须打破"做官必须入党，入党才能做官"的传统，发挥天下为公的精神，实行选贤与能，并与革新行政技术，二者并重；坚决杜绝由党部操纵官吏包办的选举，政府要制定缜密周详的选举法，杜绝舞弊，使选举真正能出于民意；必须废除弊端百出的保甲制度，使地方自治真正名副其实，落到实处；建议在全国建立完善的纠察制度，对各地官员起到警示作用；官员应该树立严格的法律观念，以作民之垂范。

在教育方面，民盟反对统制性的党化教育，要求树立民主的教育政策，强调教育之目的"在养成独立人格，训练人民团体生活，发扬民主精神"。国家应保障学术研究之绝对自由。国家确保人民享受教育之平等权利，初等教育应一律强迫入学，中高等教育应健

---

① 《中国民主同盟历史文献》，第69页。

② 《中国民主同盟历史文献》，第85页。

全充实及推广，对于贫苦之优秀青年应保障其受高等教育。国家切实制定计划，于限定期间，彻底消灭文盲，并积极推展各式补充教育。国家应普遍设立职业学校，以适应国家建设之需要。大学教育应特别注重学术研究，以推进国家文化之发展。为此，政府要切实保障学术研究的自由，做到真正的教育大众化、普遍化，限于一定时间内消除文盲，改善从教人员待遇，增加青年求学机会，切实提倡践履笃实的学风。

在社会方面，民盟主张国家应适应社会环境的需要，尽量为人民服务；应确立适当的人口政策，倡导优生，增进儿童福利，竭力推广公共卫生事业，建立医疗制度，负担人民医疗及休养的设备；国家应办理社会一切保险事业，推行疾病、死亡、衰老、残疾、失业、妊娠、孕育等保险政策，以保障人民生活的安全。国家应制定劳工福利政策，对于最低工资和八小时工作时间，应分别规定。

在妇女政策方面，民盟希望国家保障妇女在经济上、政治上、法律上、社会上的绝对平等；对于妇女的参政权、教育权、工作权及休息权，应特别予以保障；对于职业妇女在妊孕生育时期的生活给予保障；希望政府多设托儿所、幼儿园及公共食堂，以减轻妇女的家庭责任，并增强其经济上的独立自由地位。①

民盟提出的民主建国纲领，显然是效仿西方现代民主制度而提出的，是符合中国国情的"中国型民主"制度架构。这些主张反映了战后广大人民要求民主、和平、统一的迫切愿望，是对国民党一党专政和个人独裁制度的根本否定。同时，其关于经济、军事、外交、内政、教育、社会、妇女等方面的主张也有不少新的进步因素，是值得肯定的。

（五）扫除实现民主的障碍

为了要把中国建成一个十足道地的民主国家，一定要首先扫除

---

① 《中国民主同盟历史文献》，第69—70页。

民主的障碍。在民盟看来，中国未能实现民主的原因在于"外来的压迫和内在的阻碍"，抗战取得胜利，外来的压迫推翻了，但"内在的阻碍"仍然存在，其表现就是"一党专政的党治"、"内战的危机"和普遍贫穷匮乏的社会经济。故中国当务之急是消除这些阻碍，结束国民党一党专政的党治，彻底清除内战的危机，改进普遍贫穷匮乏并且已经陷于破产崩溃的社会经济。为此，民盟提出了解决战后阻碍、实现民主的三大政治问题（政治会议、联合政府、国民大会）的基本主张。这三大政治问题，是民盟促使中国步入民主建国进程的三个具体步骤，其实质是用民主政治的原则替代武力原则，在中国确立现代意义的民主政体。

第一，召开政治会议。所谓政治会议，就是"召集全国各党派以及无党派的代表人士共同举行圆桌会议，用和平协商的方式，对当前国家的一切问题逐步地积渐地求得全盘彻底的解决，这是中国民主同盟最近一年来始终不变的主张"。① 他们指出，自重庆谈判以后，政治会议已提上议事日程。召开政治会议是奠定中国和平团结的基础，为了使会议开得有意义并取得成效，它应该做到：一是使国共两党真能以桌面上的谈判代替战场上的胜负，解除老百姓最担心的内战危机；二是切实解决国家当前一些重要的具体问题，而不是党派间的敷衍和应酬，不能像抗战初期国防参议会那样，只是一个交换情报的座谈会，使参加会议的人士乘兴而来，败兴而返；三是政治会议的谈判与解决问题，应以国家与人民利害为重，不能以党派利害为目标，对一切问题应得到全盘彻底的解决，不能做"只顾眼前"的打算，为人民留隐忧，为国家留后患；四是政治会议的内容尽量公开，以便得到民意的批评和监督。"无论如何，我们不希望政治会议只是掩盖人民耳目，粉饰国际视听的一种装饰品。最低限度，政治会议，应该真能解决几个问题，永久消弭

---

① 《中国民主同盟历史文献》，第78页。

中国的内战。"① 政治会议的形式符合民主自由的精神，也是以和平方式解决党争和避免内战的最现实的办法，故民盟对此寄予厚望。

第二，建立联合政府。联合政府是民盟高度关注的重要政治问题，被视为中国实现民主政治的关键环节。抗战胜利前后，中共首先提出了联合政府的口号，这是国共实力消长变化在政治上的反映。民盟随后发表的政治主张郑重表示："立即结束一党专政，建立各党派之联合政权，实行民主政治。"② 此后民盟发表的政治主张和宣言中，均视建立联合政府为解决时局问题的关键。其《政治报告》明确指出，"直到目前为止，中国民主同盟依然坚决相信，联合政府实行是中国和平、团结、统一的惟一途径"，是实现军队国家化，彻底消弭内战，平息党争的唯一枢轴。其《大会宣言》重申，联合政府"是当前国家和平、统一、团结的惟一途径，同时亦是全国通力合作、群策群力共同建国的惟一途径"。建立联合政府后与国民党党治的法统并不冲突，"法统"应作广泛的解释和灵活的运用，不可拘文牵义，因为一个名词而失掉国家和平、统一、团结的机会。因将国民党的法统仅仅视为一个名词，并且是可作广泛解释的名词，实际上就是对法统的否定。民盟确信举国一致的联合政府是解决一切困难的"总匙"，是战后中国可以选择的最佳建国方式，故希望早日成为事实。

第三，召开国民大会。民盟在临时全国代表大会上指出，国民大会应是结束党治、制定宪法的机关，国民大会通过的宪法是真正民主的并具有法定效应的国家大法。为此，国民大会的举行必须遵循以下几个原则。一是国民大会必须是名副其实的全民代表大会。就是说，国民大会必须是真正的民意机关，而不是任何党派包办操纵的机关。二是必须由人民普选产生的代表组织国民大会。要使国

① 《中国民主同盟历史文献》，第80页。
② 《中国民主同盟历史文献》，第32页。

民大会真正具有民意，最重要的是国民大会代表需要经过全民的重新普选，而不是沿用十年前一党专政时期选举的代表，否则"其结果必定影响到宪法与政府的尊严，阻碍国家的和平、团结、统一"。为此，国民大会的组织法、选举法和宪草必须经过审慎周详的修改。三是国民大会应尽快召开，从而尽早结束国民党一党专政："召开国民大会是制定宪法，结束党治的必经手续。因为这个缘故，国民大会的缓开就成了党治时间的延长。国民大会开的愈迟，党治时间延的愈久。这不是人民的希望。"①

政治会议、联合政府和国民大会，是民盟针对战后实际问题提出的最基本的解决方案，也是其对解决时局问题的最基本主张。按照民盟的设想，中国走上民主宪政的实施步骤，是先召集中国国民党、中国共产党及中国民主同盟三大政团的圆桌会议（政治会议），由三大政团推定国内无党派的代表人士共同参加会议，在圆桌会议上产生举国一致的联合政府；由联合政府重新起草国民大会组织法与选举法，重新选举真正代表民意的国民大会；由联合政府召集新选出的国民大会代表制定宪法、实施宪法，并实行真正的还政于民。② 这些方案和主张始终遵循的原则是：在国家和平、统一和团结的基础上，国家走上民主的正轨，把中国建成一个十足道地的民主国家。这三大主张实际上将矛头指向国民党"法统"，现实目标是结束国民党一党专政的政治制度。这一点与中共在战后拒绝时局的主张有共同之处，故成为战后民盟与中共合作的政治基础。

全面抗战结束后，中华民国表面上成为独立自主的国家，中华民族表面上也成为自由平等的民族，这是中国历史上的一个新局面，但同时距离和平、统一、团结的目标还相当遥远，距离实现民主的目标更为遥远；18 年的国民党党治还未结束，国家不但没有宪政，并且还谈不到法治。在此历史背景下，民盟以独立中立的立

---

① 《中国民主同盟历史文献》，第81页。
② 《中国民主同盟历史文献》，第46页。

场，认定这是中国走上民主道路、实现民主的千载良机，对国家的和平、统一、团结问题表明了自己的态度，阐述了"把中国造成一个十足道地的民主国家"思想，提出了民主建国的基本纲领和解决时局的政治主张，要求迅速召开政治协商会议，成立民主的联合政府，迅速结束国民党一党专政，使中国走上民主宪政的轨道。

民盟战后关于中国前途的政治构想，是根据当时中国社会实际情况作出的较为客观的选择，也是国共双方易于接受的唯一选择。战后建立一个独立自由、和平民主的新中国，已是大势所趋、民心所向。但在如何争取民主上，国共双方存在严重分歧。中共提出新民主主义纲领并将废除国民党的专制独裁作为革命发展的最低纲领，就当时情形来看不可能为各方所接受；国民党力图维护一党专政，是违背战后和平民主潮流的，显然也不被中共和民盟为代表的各方势力接受。在这种情况下，民盟关于"把中国造成一个十足道地的民主国家"思想及配套的纲领政策，就成为国共双方所能接受的最佳方案。民盟阐述的战后民主建国思想，基本上被1946年初召开的政治协商会议所通过的各项协议所接受。

二　政协决议及其思想实质

全面抗战结束后，和平与民主成为世界发展的主流，中国各界人士渴望和平与民主并为此而努力。国共两党进行重庆谈判并签订《国共谈判纪要》，表示要在和平与民主的前提下通过协商方式解决战后问题，建立联合政府。重庆谈判在军队、国民大会等关键问题上虽未有实质性进展，但国民党答应结束训政，实行宪政，"召开政治协商会议，邀集各党派代表及社会贤达协商国是，讨论和平建国方案及召开国民大会各项问题"。这样，1945年下半年，中国各种政治势力把注意力集中在推动政治协商会议的召开上。

政协会议是国共双方、中间党派和美国四个方面合力促成的。

以民盟为代表的中间党派对召开政协会议的要求最为强烈。民盟力主早日召开政协会议的动因有二：一是本身无武装力量作后盾，在当时中国的政治博弈中人微言轻，无法凭借实力与国民党在政治上进行谈判，只有借助公开的政治讲坛最大限度地发挥其影响力；二是重庆谈判对民盟及中间党派刺激很大，意识到参与党派协商的迫切性。因重庆谈判是国共两党的秘密谈判，民盟只能在场外施加有限的影响。他们对国共双方争执的焦点不在政治民主与宪政模式上而是在"军队和地盘"上颇为不满，力促政协会议早日召开以解决联合政府和政治民主化问题。曾琦在接受《新民报》记者浦熙修采访时说："在毛泽东来重庆之前，他们要求成立联合政府，这是对的。但自毛氏来渝，开始谈判后，变为争军事不争政治，争地方不争中枢，这是错误的。"他表示："他对于国共双方发表的《会谈纪要》颇不满意。他希望在政治协商中，共产党能纠正这种错误，大家还是商量联合政府问题。"①

1945 年 11 月 2 日，民盟发言人公开发表谈话，提出了四项主张。一是政府应该在十天以内正式召集政治协商会议。二是在政治协商会议开幕以前，国共双方应立即分别明令前方的部队停止前进，并停止冲突。三是由政治协商会议组织视察团，由各党派代表及公正人士参加，立即分赴各可能冲突地点视察，就地调解纠纷，并将当地实际情况公诸社会。四是政治协商会议，再依据全国人民公意及国家利益对军队的编遣及地方政治的调整，实现全盘彻底的合理解决。民盟向国共两党发出呼吁："我们民主同盟今日愿为四万万五千万老百姓请命，当前中国第一件事是停止内战，避免内战，消弭内战。国家一切的问题，都应该用和平的方式解决。谁要用武力来解决党争的问题，谁就负内战的责任，谁要发动内战，谁就是全国的公敌。今日国家的一切党派，应以国家的利益人民的利

---

① 重庆市政协文史资料研究委员会、中共重庆市委党校编：《政治协商会议纪实》上卷，重庆出版社 1989 年版，第 147 页。

益摆在第一，党派的利益摆在第二。我们民主同盟必谨守此最高原则，以与国人相见，决不有所偏袒，决不有所姑息。"①

政治协商会议实际上是民盟一直所主张的"政治会议"，是中间党派说服国共两党接受其民主建国主张的难得机会。关于政协会议的性质，周恩来分析道："'政协'被规定为政府以外的机构，实质上便是党派会议，各党派均保有否决权，一致通过的议案，政府须负责实施。这样，'政协'本身并不能约束各党派，只有在各党派自己同意的决议上，方得约束自己。所以，'政协'较之在政府以下（如国民参政会），或在政府以内（如过去拟议之政务会议）的机构要好得多，但也还不是政府以上的机构，因为它本身并非党治的代替物，而是可以讨论和决定取消党治和改组政府问题。"② 政治协商会议是战后各党派以协商方式探讨"国是"的第一次正式会议，会议的目标和任务"主要是由各党派协商如何结束国民党的一党统治，如何实行宪政"。③

1946 年 1 月 10 日，政治协商会议在重庆国府礼堂隆重开幕。这次会议由中国国民党、中国共产党、中国民主同盟、社会贤达，以及从民盟当中分化出来的中国青年党五方面共同召开（正式代表 38 人）。蒋介石以会议主席的身份致开幕词："本会议召集的目的，是邀集各党派代表和社会贤达来共商国是。……今后政治上和社会上一切的设施，都要尽量纳之于正常的轨辙，加强法治的精神，以立宪政的基础。"他提出三点希望："一是要真诚坦白，树立民主的楷模。在巩固国本的共同认识之下，都能充分坦白地提出主张，不必有所隐讳或保留。……唯有坦白，才见得真诚。也唯有牺牲成见，择善而从，才能成立合理而有益的决议。二要大公无

①　《中国民主同盟历史文献》，第 101—102 页。

②　周恩来：《关于国共谈判》，《周恩来一九四六年谈判文选》，中央文献出版社 1996 年版，第 11 页。

③　梁漱溟：《抗战胜利后我奔走国共和谈的经过》，《梁漱溟自述》，广西师范大学出版社 2005 年版，第 193 页。

私，顾全国家的利益。在国家民族整个利益之前，所有党派或个人部分的成见，应无不可以牺牲，无不可以让步。为了成立有效的决议，有时候撤销我们的提案，比之坚持我们的主张，更有伟大的价值。三要高瞻远瞩，正视国家的前途。要开辟建国的前途，促使我们国家的进步，而决不可以使国家停滞在百事落后的地位，甚而至于造成国家的退步。"蒋介石郑重宣布国民政府的四项政治诺言：第一，人民享有各项自由，司法、警察以外机关不得拘捕、审讯人民；第二，全国各地依法实行自下而上的普选；第三，各政党在法律面前一律平等，并允许在法律范围内公开活动；第四，政治犯除汉奸及确有危害民国之行为者外，分别予以释放。①

周恩来代表中共致词："政治协商会议，就要请各党代表及社会贤达，一起来订出如何实现政治民主化、军队国家化及党派平等合法的方案，并在此过渡期中，我们提议要在共同纲领的基础之上，实现各党派，无党派代表人士合作的举国一致的政府。"他表示愿以极大的诚意和容忍，与各党代表和社会贤达共商国是。民盟主席张澜在致词中强调民主与和平的重大意义：政协会议是以党派的代表占多数，但他相信这次会议的目的不是党派的利益，而是全体人民的共同利益，"这个会议的目的是：怎样谋求国家自身的和平，以保障远东及全世界的和平；怎样建立中国国内的民主，以奠定远东及全世界的民主"；"和平与民主是相辅而行相依为命的两件事，但在步骤上，一定先有和平而后才能有民主"。② 他提出了三点意见：第一，不能违反人民的普遍愿望；第二，不可辜负盟友的好意；第三，方案实行的时候，必出之以至诚，守之以自信。

政治协商会议分大会和小组两种方式进行。鉴于这次会议主要讨论改组政府、整编军队、制定和平建国纲领、召开国民大会和修

---

① 四川大学马列主义教研室中共党史科研组选编：《政治协商会议资料》，四川人民出版社 1981 年版，第 133 页。

② 《中国民主同盟历史文献》，第 119 页。

改宪法草案问题，故会议分成改组政府组、军事组、施政纲领组、国民大会组和宪法草案组。关于政协五个议题的确立及五个议题之间的关系，梁漱溟作了说明：政治协商会议的目标与任务既在实行宪政，那就必须先起草宪法，然后提交国民大会通过，所以设宪草小组和国民大会小组。而国民大会之召集不能由国民党一党包办，须由各方面共同召集，因此就须改组国民政府，容纳各党派参加政府，这样就设立了政府组织小组，协商政府改组事宜。政府改组后、宪政实施前，这一段时间如何施政，需要有一个共同纲领，所以又设立了施政纲领小组。此外，由停战会议而产生的停战执行小组，只管调处停战，而两党军队如何变成国家的军队，如何实现军队国家化，如何裁军整军，还需要协商解决，所以又设立了军事小组。政治协商会议五个小组的来历大略如此。还有，在此五个小组之外，还设了一个综合小组。综合小组的决议，等于政治协商会议全体大会的决定，所以在综合小组会上是什么都可以提出讨论商决的。①

参加政协会议五方代表围绕着政府改组、和平建国纲领、军队国家化、国民大会、宪法修改原则进行了激烈的争辩。在参加政协的五方面代表中，民盟和部分无党派人士信奉西方民主政治理念，与国民党"党治"理念距离甚远，故在要求政治参与的问题上与中共意见一致。民盟组成了包括张澜、沈钧儒、黄炎培、张东荪、章伯钧、罗隆基、梁漱溟、张君劢、张申府等9人在内的政协会议代表团。民盟代表团按照临时全国代表大会确定的民主建国方案，提出了自己的一系列主张。

政协会议的第一个任务是改组政府。改组政府的关键，在于是否把国民党一党专政的政府改组为民主的联合政府，再由这个改组后的过渡性民主联合政府召开国民大会，制定宪法，为实行宪政奠

---

① 梁漱溟：《我生有涯愿无尽——梁漱溟自述文录》，中国人民大学出版社2004年版，第201页。

定基础。国民党代表王世杰提出《扩大政府组织方案》并对该方案作了说明，主要补充说明之点如下。第一，国府委员就原有名额增加 1/3，现有委员 36 名，再增加 1/3，共为 48 名。第二，国府委员得由主席提请国民党外人士充任之，由中国国民党中央执行委员会通过。第三，国民政府委员会的职权是议决立法原则、施政方针、军政大计、财政计划及预算和主席交议事项，但是没有任用各部会长官的权力。国民党只提"扩大"，讳言"改组"，企图吸收几个国民党外人士，参加无事可做、无权可行的国民政府委员会，以使国民党的独裁统治在"联合政府"的外衣下继续保留下来。

中共代表不同意王世杰提出的这个提案。中共代表董必武针对国民党的方案提出了四条反对意见。一是改组政府应有一个共同纲领。二是结束训政。国府委员会既成为最高决策机关，如果委员会无权用人，那么政策决定了，仍交一党专政下的官僚去执行，结果还是和以前一样。三是在国府委员会中，最好是政府主要职员大党所占的地位不要超过 1/3。四是国府委员会人选由主席提交国民党中执会或中常会通过，这还是国民党一党专政的形式。国民党中央直接干预国家最高决策机关的人选，不知由结束训政到实行宪政这一过渡时间与训政时国民党对国家的地位，究竟有何区别？

中共代表的主张，得到了各民主党派代表的支持。罗隆基代表民盟提出要改组政府并申述了理由：第一，大家既期望宪政实施，在这过渡时期总希望由一人集权制过渡到民主集权制；第二，结束训政，实现宪政，希望各党派都能参加政府；第三，目前政府行政效率低，应该提高现代化。因此国民党政府不能只搞所谓的"扩大"，而必须进行改组。至于如何改组，民盟认为有三条原则必须遵循：一是必须有"共同纲领"为施政之共同准绳；二是设立"共同决策机关"，并且真能决策；三是各方面人士参加执行机关，并且使政府真能执行。民盟指出，这三条原则缺一不可，"要是没有共同纲领，这样大的国家这样多的事，要一个委员会来解决，这是很危险的"；要是政府改组后"既不能决策，又不能执行，那就违背了我们主张改组政府的原意了"。① 民盟主张的中心思想，就是否定国民党一党专政，使各党派的领导人都能参加到政府中去。

为了避免会议讨论陷入僵局，民盟与中共决定接受国民党提出的"扩大国民政府委员会"建议，并由民盟代表引用英、美政治制度对它进行修正。罗隆基代表民盟提出：国民政府委员会必须是实际政治权力的最高国务机关，用委员制的集体政府来代替总统制；规定行政官员包括各部、会长官，由这个委员会任免；立法委员、监察委员的人选，应由这个委员会同意；国家的预算决算，应经这个委员会通过；立法原则、施政方案和军政大计，须由这个委员会讨论决定。

接下来争论的问题，一是国民政府委员的名额分配问题。国民党要求占有特定多数以保证其不愿放弃的对国家的"领导作用"；中共提出在结束训政筹备宪政之过渡期中必须立即扩大现有国民政府的基础；多数党在政府主要职位中所占的名额不得超过三分之一；改组后的政府应脱离国民党的直接领导，任何一党经费不得由国库开支；政府所发布的一切命令，应经由会议通过及主管机关连署；改组后的政府施政方针，应以本纲领为根据。国共双方的差距很大的关键在于，国民党仍想维护其一党专政，象征性地让出一些名额给中共及其他党派、无党派人士，而中共则坚持废除国民党的一党专政。

经过激烈的争论，会议通过的《关于政府组织问题的协议》规定：第一，改组后国民政府委员会为最高国务机关，不但有对方针、大计的决策之权，还有对高级官员的任免之权；第二，国民政府委员共 40 人，国民党和非国民党人各占半数，否定了国民党"特定多数"的主张，同时，各党派的国民政府委员人选，亦由各党派自行提名；第三，在议事程序上，提案性质涉及施政纲领变更者，须有出席人数 2/3 的赞成，始得决议；第四，取消了主席的紧

---

① 《中国民主同盟历史文献》，第 122 页。

急处置权，并缩小了主席的相对否决权，即提交复议的案件，如有3/5 以上人数坚持原案时，原案即应执行。

二是关于军事的问题，即所谓"军队国家化"问题。这个问题是政协会议争论的焦点问题。国民党要求先军队国家化，后政治民主化，用蒋介石的话就是："对共条件应着重在军队统一与统辖于中央，而对政治方面尽量开放为主。"① 中共则坚持先政治民主化，后军队国家化，即国民党只有先改组政府，容许各党派参政，中共才能考虑改编其军队成为国家军队的问题。这种争论的实质在于，共产党的军队究竟应该交给国民党政府，还是交给真正的联合政府？

在国共双方的争论中，民盟采取了中间立场，其提出的《实现军队国家化并大量裁兵案》主张，"军队国家化"与"政治民主化"双管齐下、相提并进。以政治民主化保证军队国家化之实施，同时由军队国家化之实施更稳固政治民主化之基础。而在军队国家化之实施方面，必须确立两大原则，一是全国所有军队应脱离任何党派关系而归属于国家，达到军令政令之完全统一；二是大量裁减常备军额，而积极从事科学研究、工业建设。为了实现上列原则，应立即成立整军计划委员会，委员会由国共两党之军事人员、非两党之军事人员、非军事人员共 5—7 人组成，并聘请美国军事专家1—3 人充作顾问。委员会要限期在一个月内制订切实可行之具体计划，此计划"一面要达成军队统一于国家之目标，一面要裁减常备军额至可能最少限度，但无妨于两年内分期完成"。② 对于这个提案，民盟代表梁漱溟作了特别说明，指出"军队国家化"即是军队不属于任何私人、任何地方、任何党派所有。"任何党派的军队都要整编，不是只要一个党交出军队，也不应把其他军队都看成就是国家的军队。"民盟的主张，实际上就是要求国共双方都把

---

① 秦孝仪主编：《总统蒋公大事长编初稿》卷五（下），台北，中国国民党中央委员会党史委员会 1978 年版，第 910 页。

② 《中国民主同盟历史文献》，第 123 页。

各自的军队统统交给民主联合政府，以实现国内和平和"军队国家化"的宗旨。

政协会议最后通过的《关于军事问题的协议》，规定军队属于国家，军人责任在于卫国爱民。它确定了两项整军原则。首先，实行"军党分立"，禁止一切党派在军队内有公开的或秘密的党团活动，军队内所有个人派系之组织与地方性质之系统，亦一并禁止；任何党派及个人不得利用军队为政争之工具；军队内部的任何特殊组织与活动即任何党派或个人不得利用军队作为政治斗争的工具。其次，实行"军民分治"，凡在军队中任职之现役军人，不得兼任行政官吏；实行划分军区，其区域之范围，应尽量使之与行政区不同，严禁军队干涉政治。此外，还规定了具体的实行以政治军办法和实施整编办法。

三是关于国民大会的问题。由于国民党长期一党"训政"招致的社会反弹，各界普遍对于政治民主化的呼声很高，政协对于各项问题的讨论，也以政治民主化问题为最多、最激烈。国民党主张保留 1936 年由国民党一手包办选出的国大代表，坚持 1936 年选出的国大代表仍然有效，同时提出另外合理增加代表 490 名，而其中又须由国民党指定 240 名。在《五五宪草》的基础上起草宪法，改组后的国民政府仍由国民党保留用人决策权和主席紧急处置权，目的是维持一党"训政"的实质内容。中共联合民盟则坚持国大代表应由重新举行的普选产生，宪法应在民主基础上重新起草，改组后的政府应成为各党派共同参加的最高权力机构，目的在于否定国民党的一党"训政"，与其分享政权。

民盟强调国民大会是政治问题而不是法统问题，必须以政治方式来解决。他们重申其一贯的主张，即"对旧代表问题，同盟坚定主张不能承认，要依新的组织法选举法重新选举"；"不能以维持十年前的旧代表有效，来剥夺人民的自由权利"。[1] 民盟坚持要求重

---

[1] 《中国民主同盟历史文献》，第 132 页。

新选举，旧国大代表无效；国民党代表不肯让步，会上形成了僵局。民盟代表随后提出了三项具体办法：一是由政治协商会成立一个委员会，公平举办民意测验，测验旧代表应否有效，若全民测验不易办，可先从有知识人士方面测验；二是旧代表复决，一律提名为国民大会代表候选人，举行重选；三是不用国民大会，由专家制宪，以公民投票表决。总之，无论如何，必须打破国民党对国民大会的包办和控制。会议最后通过的《关于国民大会问题的协议》规定，国大代表 2050 名，除原来旧代表 1200 名外，增加各党派和社会贤达代表 700 名，台湾和东北的代表 150 名；并规定宪法之通过必须经出席代表 3/4 的同意。这显然是各方代表争论、商讨与妥协的结果。

四是关于宪法草案修改的问题。全面抗战之前，国民党已经制定了旨在确立总统独裁制的宪法草案，即《五五宪草》。国民党代表在政协会议上提出以《五五宪草》为依据进行修宪，实际上是要继续维持总统独裁制。各党派对宪法草案所提的意见分为两种：一是国民党主张维护总统集权制的《五五宪草》大体不变；二是民盟和中共主张参照英美民主国家的经验，对《五五宪草》进行修正，使之成为一部真正民主的宪法。国民党认为《五五宪草》符合五权宪法遗教，主张把它作为今后宪法的蓝本；民盟认为《五五宪草》把地方权力集中于中央，又把中央权力集中于一人，使总统权力过大，这种情况必须改变；中共深知苏联式宪法尚不适合于当时中国现实，亦希望战后中国实行英美式宪政，以打破国民党垄断政权之格局。因此，当时的宪法之争本质上是五权宪法与西式宪法之争。正当政协宪草小组为如何折中五权宪法和西式宪法而陷入僵局时，张君劢提出一个颇具创意的方案——"无形国大"。他说：中山先生不满意西方的代议政治，主张直接民权，但中国领土辽阔、人口众多，客观事实和条件皆不允许，不得已采取间接民权的国民大会方式。根据孙中山的直接民权学说，《五五宪草》的国民大会制度只是间接民权而非直接民权，并主张："把国民大会化有形为无形，公民投票运用四权（选举、罢免、创制、复决）就是国民大会，不必另开国民大会。"国民大会有任期倒不如无任期，有形的也不如无形的，无形的可随时召集，这正好以直接民权来补救代议政治。新的制宪原则以立法院为国家最高立法机关，行政院为国家最高行政机关，行政院只对立法院负责，而不对总统负责，立法院有权对行政院投不信任票，行政院有解散立法院、重新进行大选之权；限制总统权力，使他仅仅成为一个名义上的国家元首而不负实际政治责任。张君劢这套方案的实质，是要把立法院变成英国的众议院，行政院形成英国式内阁，总统相当于英国女王，行政院长相当于英国首相。

张君劢这个方案提出后，"在野各方面莫不欣然色喜，一致赞成"。《五五宪草》主持人孙科竟也点头默许，国民党其他代表不明言反对。宪草小组以张君劢的提议为蓝本，达成了宪草修改12条原则，即《宪法草案》。它确定了议会制、责任内阁制、中央与地方均权及人权保障等原则，这是对《五五宪草》的否定，是各党派斗争、协商与妥协的结果。它为中国绘制了一幅宪政政府和法治国家的精美图画。对于孙中山修正西方三权分立制所独创的五权宪法，以民盟为代表的中间党派对之修正，意欲使之能向西方的宪政常轨靠近。正如梁漱溟所言，《宪法草案》是"保全五权宪法之名，运入英法宪政之实"。①

五是关于共同纲领的问题。国民党则坚持以《抗战建国纲领》和《建国大纲》以及国民党"六全"大会政纲为制定共同纲领的依据。中共代表则根据《双十协定》的精神，提出了《和平建国纲领（草案）》。民盟事先未起草纲领，但它赞成以《和平建国纲领》为名称成立起草委员会，并多征求人民意见。民盟代表提出，和平建国纲领的内容，应包括两个部分：一是民主改革及实施步

---

① 梁漱溟：《我参加国共和谈的经过》，《梁漱溟全集》第6卷，山东人民出版社1993年版，第916页。

骤；二是一般施政纲领。"应把国民党第一次全国代表大会宣言、约法作为订定纲领的根据。同时也要把中共及其他政党的政纲及各地各界人士的意见都拿来参考。"①

经过反复的讨论协商，政协会议最后通过了《和平建国纲领》作为宪政实施前的施政方针。在建国原则方面，各方同意遵奉三民主义为建国之最高指导原则，并以政治民主化、军队国家化及党派平等合法为达到和平建国必由之途径，确定了和平、民主、团结的方针并规定了人民应享有的各种基本权利。

尽管政协五项决议案又与中共的新民主主义宪政思想有一定距离，但它是对国民党一党专政的根本否定，它符合国内的客观形势和各派政治力量对比的现实，是能为全国绝大多数人所接受的建国方案。1946 年 1 月 27 日，周恩来飞返延安报告政协商谈情况。中共认为政协谈判成绩很大，授权代表团在各项决议上签字。政协会议的闭幕及其所达成的协议，得到了社会舆论的高度评价。《大公报》发表题为《政治协商会议的成就》的社评，认为："政治协商会议得以终获成就，各党派态度的妥协，都值得赞美。共产党是第二大党，对若干问题能不固执己见，甚为难得。国民党能着眼时代，着眼国家，值得赞扬。政治民主化与军队国家化，如鸟之双翼，车之双轮。现在这两项具备，以后施政建军有轨辙可循，其前进之路，则归纳于政府改组，以过渡到宪政实施。"②

《新华日报》连续发表题为《和平建国的起点》《中国历史的新方向——庆祝政协会议成功》《从协议到实施》等社论，认为这次政治协商会议确实发挥了和平协商的伟大作用。《中央日报》也认为，此次协商会议，即在政府的重大让步之中与参加各

---

① 《中国民主同盟历史文献》，第 127 页。
② 四川大学马列主义教研室中共党史科研组选编：《政治协商会议资料》，第 341—343 页。

方的开诚讨论之余，获有全面的协议，仅就会议的本身而言，已有其难能可贵的成功。政治协商会议的成功召开及其所取得的协议，为中国描绘了一个建立民主宪政国家的前途。马叙伦用生动的语言写下了人们的期待："风雨如晦，鸡鸣不已，现在是被鸡唱出了曙光，怎样不叫人们对这个曙光发生欣慰，和希望他不要被阴霾来笼罩了。"①

政治协商会议的主要任务，是讨论和解决迫在眉睫的和平建国、组织民主联合政府、军队国家化、国民大会代表人选和制宪等诸多重大问题。这是各党派平等参加、具有高度代表性的一次盛会，标志着执政的国民党公开承认各在野党派的合法地位。政协会议是多党决策体制，会议由国民党、共产党、民盟、青年党和无党无派的社会贤达五方面的代表所组成，代表人数不等，但议案以五方面同意为通过，非取决于多数，五方各有一票权。政治协商会议的召开，体现了一种实实在在的民主精神。政治协商会议的召开和《关于政府组织问题的协议》《和平建国纲领》《关于国民大会问题的协议》《关于宪法草案问题的协议》《关于军事问题的协议》等五项协议的通过，是参加政协会议的五方代表本着平等协商、求同存异的精神，在斗争中相互容忍妥协而结出的硕果。它是中国历史上第一次包括全国范围的多党派和社会贤达的政治协商，它的实现已经表征到民主宪政的重要特点：多元政治力量的存在，以及用和平方式在多元政治利益中谋求妥协和平衡。政协决议的达成离不开各方的互谅互让，特别是国共两党能够适应时代潮流和响应人民呼声，择善而从。

在建国原则方面，各方同意遵奉三民主义为建国之最高指导原则，并以政治民主化、军队国家化及党派平等合法为达到和平建国必由之途径。国民党在宪草原则和改组政府方面作出了让步，同意

---

① 中国民主促进会中央宣传部编：《马叙伦政论文选》，文史资料出版社 1985 年版，第 86 页。

实行国会制、责任内阁制和省自治的政治制度，使中国成为采用西方资产阶级民主政体的共和国。中共在政协会议上也作出很大让步，政协决议与中共的主张明显"存在着距离"。但从国家民族利益而言，政治协商会议通过的诸项决议，为中国初步打开了民主化进程的门户，为国人展现了建立一个基于民主制度的统一国家，各党派合作建国，并在此基础上和平建设发展的美好图景。在讨论政协决议的过程中，参加各方互有让步，国民党承诺放弃原本独家垄断的权力，中共承认三民主义、国民党和蒋介石的领导地位，并因此可以合法登上全国政治舞台。

　　政协会议的目标与任务，主要是由各党派协商如何结束国民党的一党统治，以及如何实行宪政。政治协商会议通过的五项协议，从根本上否定了国民党的"训政"法统，否定了国民党的内战政策和专制独裁的政治制度，确认了有利于人民民主的和平建国基本方针。政协五项决议案既是对国民党一党专政的否定，又与中共的新民主主义宪政思想有一定距离，几乎是民盟政治纲领的翻版。《宪法草案》规定立法院为相当于议会的最高国家立法机关，由选民直接选举产生；行政院为最高行政机关，并对立法院负责；立法院对行政院全体不信任时，行政院或辞职或提请总统解散立法院。关于地方制度，"确定省为地方自治之最高单位"，"省与中央权限之划分依照均权主义规定"，"省长民选"，"省得制定省宪"。这实际上是要在中国实行西方的议会制和内阁制，与民盟关于"建立十足道地的民主国家"的主张基本一致。故在民盟看来，政协会议五大协议的通过，表明民盟的政治设想为国共双方所接受。所以政协会议的成功召开，被视为民主力量取得的一次巨大胜利，是实现民主共和国而奋斗中所取得的一次巨大成功。正因如此，张君劢在政协会议闭幕式上致辞时说，此次政协会议给人们无上安慰，就是中国已走上和平统一之路，以后不至有内乱，不至有内战。"有了和平以后，自然可以民主，不用武力，自然能采用法律解决或政治解决途径"，这是中国最光明的一条大道。① 罗隆基与马歇尔在评估政协五项决议案时分析道："共产党的让步多，蒋介石的苦恼大，民盟的前途好。"②

　　中共对政协会议的决议作出了让步，但从整体上实现了自己想要实现的大部分政治目标。中共在民主政治上有两个目标：一是在宪政实施之前的过渡时期，能够打破国民党的一党专政，改组国民党的一党政府成为各党派组成的民主的联合政府。政协会议通过的政府改组方案，实现了中国共产党的党派联合政府主张。二是在过渡时期之后希望建立一个民主宪政国家。在政协会议的五方谈判中悉数实现，而且超过了最初的预期。1946 年 2 月 1日，中共中央发出由刘少奇主持起草、毛泽东修改审定的《关于目前形势与任务的指示》指出："由于这些决议的成立及其实施，国民党一党独裁制即将破坏，在全国范围内开始了国家民主化，这就将巩固国内和平，使我党及我党所创立之军队和解放区走向合法化，这是中国民主革命的一次伟大胜利。从此，中国即走上了和平民主建设的新阶段。虽然一定还要经过许多曲折的道路，但是这一新阶段是已经到来了。"③ 刘少奇对当时国际国内形势作了全新估计，认为中国从此走上了"和平民主新阶段"，全党的一切工作都要以此为转移。因此，中共对政协决议是持积极态度的。周恩来明确指出："照政协决议做下去，则是向新民主主义的方向发展，这个决议实际上也就是毛泽东同志的路线，我们对此要有个深刻的认识。"④

---

　　① 重庆市政协文史资料研究委员会、中共重庆市委党校编：《政治协商会议纪实》上卷，第 466—467 页。

　　② 罗隆基：《从参加旧政协到参加南京和谈的一些回忆》，《文史资料选辑》第20 辑，中华书局 1961 年版，第 198 页。

　　③ 中央档案馆编：《中共中央文件选集》第 16 册，中共中央党校出版社 1992 年版，第 62—67 页。

　　④ 《周恩来选集》上卷，人民出版社 1980 年版，第 258 页。

政协会议的结果将使中国走向多党民主道路，势必动摇国民党及蒋介石个人的独尊地位。政协宪草原则决定采用责任内阁制，"而这样一个宪法是最不利于蒋介石的。因为蒋介石只能摆在最高地位，只能作总统而不能作行政院长，没有实权了。就是降格作行政院长吧，也随时有倒阁的危险"。① 3月1日开幕的国民党六届二中全会对战后国民党施政方针进行了全面检讨，尤其是围绕政协以及由此产生的对共关系、宪草修改等问题展开激烈争论。全会通过的《对于政治协商会议之决议案》虽对政协决议并未明确表示赞成或反对，但将政治民主化的责任完全诿之于中共，要求中共"使政治民主化之原则不致因任何障碍而不能普遍实现"，而对自身责任只字不提。更重要的是，决议提出"所有对于五五宪草之任何修改意见，皆应依照建国大纲与五权宪法之基本原则而拟订，提由国民大会讨论决定"，从而在实际上否定了政协宪草国会制、责任内阁制与省自治的原则。

政协决议之所以会轻易被国民党全会突破，其深层原因是政协本身的合法性受到质疑，政协决议缺乏主要的实施保障与约束机制所致。政协决议既不能约束国民党，也不能约束共产党，关键在于各党派自觉遵守。政协决议的维护仅仅依靠"蒋介石与国民党的诺言"，并无其他保证措施。政协会议未召开前，张澜就意识到："该会议本无法律约束力，假使此次会议能由各方面参加，则协议事项，今后也可能由社会力量、舆论力量去监督实行。"② 民盟将舆论力量作为约束政协决议实施的唯一武器，显然是苍白无力的。蒋介石面对政协会议后国民党内的强大反弹，并未遵守政协决议而是迁怒于民盟与中共，从而导致政协决议如同一纸空文。国民党六届二中全会对政协决议实际的否定，使刚刚开始的民主化进程面临停顿以至夭折的现实可能，同时为寄希望于民主化

---

① 梁漱溟：《我参加国共和谈的经过》，《梁漱溟全集》第6卷，第916页。
② 《张澜文集》，第231页。

的社会各界心中抹上了重重阴影，国共分裂与内战的前景再次摆在国人面前。

三　中间路线的政治主张

全面抗战胜利后，中国所面临的最突出问题是关于中国前途及出路的选择。无论是政治、经济或是思想文化领域，中国各阶级、各阶层、各政派的人们都在为处在十字路口的中国谋划着未来的出路。国共两党对此问题有自己的设想，以民盟为代表的中间势力也有自己乐观的估计。1945 年秋，民盟一大通过的政治报告及其纲领，提出"把中国造成一个十足道地的民主国家"。其要旨为：战后中国应该仿效英国工党所施行的"中间道路"，在政治上实行英美式的议会民主政治，在经济上参照苏联的社会主义平等原则，就是所谓的"拿苏联的经济民主来充实英美的政治民主"。① 民盟纲领提出的这项方案，在 1946 年初召开的政协会议上被国共双方所接受，成为政协五项决议的蓝本。政协会议是一次采取合法形式的斗争，在当时特殊的环境和条件下，国民党和共产党都作出了较大让步。政协决议基本上反映了以民盟为代表的所谓中间派的政治要求。政协决议的签订，使他们认为中国有希望走上一条既不同于欧美资本主义又异于苏联社会主义的"中间道路"。

1946 年初，民主建国会的领导人施复亮发表《论中间派》一文，对中间派以及中间派的政治主张、社会基础等有关基本问题进行了初步的阐述，提出了"中间派的政治路线"这个概念。1946 年 5 月，民盟中央常委张东荪在天津青年会作了题为《一个中间性的政治路线》的演讲，将中间路线的主张作了集中表述："在政治方面比较多采取英美式的自由主义与民主主义；同时在经济方面

---

① 《中国民主同盟历史文献》，第 77 页。

比较多采取苏联式的计划经济与社会主义。从消极方面来说，即采取民主主义而不要资本主义，同时采取社会主义而不要无产专政的革命。我们要自由而不要放任，要合作而不要斗争。"①

张东荪提出"中间性的政治路线"后，立即引起人们的广泛关注。1946 年 7 月，施复亮便发表《何谓中间派》，赞同张东荪提出的"中间路线"主张，主张中间派的政治路线应是实现英美式的民主政治和发展民族资本主义。他说："在政治上反对任何形式的一党独裁或阶级独裁"，"在行动上的态度应当是和平的、改良的，不赞成暴力革命的行动"。

1947 年春，国共关系破裂，和平之门关闭，以民盟为代表的第三方面人士普遍认为，国共双方谁都无法在短期内击败对方，中国的出路在于国共之外的中间道路。1947 年 3 月 14 日，施复亮在《时与文》创刊号上又发表《中间派的政治主张》一文，将张东荪提出的"中间性的政治路线"发展成"中间派的政治路线"，简称"中间路线"。这条政治路线，就是"一条企图用和平合作的方式来实现政治民主化、军队国家化和经济工业化的政治路线"。具体地说，一是要建设的新民主主义的政治，在形式上是英美式的民主政治，但决不许它成为少数特权阶级所独占的民主政治，必须把它变成为多数政治。二是要建设的新资本主义经济，在发展生产力方面，主张尽量利用资本主义生产方式的各种优点以促进整个国民经济的迅速工业化，在调整生产关系方面，主张尽量对各处资本主义生产方式的公众弊端，采用进步的社会政策以保障劳动大众的职业和生活。同时，为了提高农业的生产力和农民的购买力，主张立即实施进步的土地改革。三是在阶级关系上，主张跟工人、贫农合作，共同反抗官僚买办资本家和大地主的压迫；在党派关系上，主张跟左翼党派合作，共同制止右翼党派的反动政策，但需保持独立的政治立场。

---

① 张东荪：《一个中间性的政治路线》，《再生》第 118 期，1946 年 6 月 22 日。

　　施复亮等人的文章发表后，张东荪连续写了《追述我们努力建立"联合政府"的用意》《和平何以会死了》《美国对华与中国自处》三文；随后，他又发表了《我对于当前和平运动的意见》《为中国问题忠告美国》《南行见闻杂感》等文章，逐渐将"中间路线"系统化。随后，施复亮又发表了《中间派在政治上的地位与作用》《中间路线与挽救危局》等文章，在当时舆论界掀起了一股鼓吹"中间路线"的政治思潮。张东荪、施复亮、傅雷等人成为当时舆论关注的焦点人物。

　　1947年5月2日，施复亮发表了《中间路线与挽救危局》一文，完整地提出并界定了中间路线的内涵。他说："我们所说的'中间路线'，简单说，对内主张'调和国共'，对外主张'并亲美苏'。政协就是这样的一条'中间路线'。在今天的中国，也只有这样的路线才是真正的民主路线。"① 梁崇辅在《什么是中间路线》中对"中间路线"的内涵作了进一步解释，他认为：中间路线是在资本主义与共产主义都走不通的情形下产生出来的，它反对资产阶级操纵政权，造成少数人享乐、多数人痛苦的垄断统治，它也反对一党专政的寡头政治、一阶级专政的独裁政府，主张多党的、各阶层综合的全民政治，所以，"中间路线是把握中层，争取上层，携提下层，各层之利益互相调协退让，而谋合理的解决"。② 孙宝毅在《何谓中间路线》中对中间路线进行了补充："所谓中间路线，简单说来，是不追随两极化的世界潮流，而积极企图在美苏之间，兼收并蓄长处，而去掉与修正其短处，而创立一个民主主义与社会主义融合而成的新制度。"他们认为由现在的社会过渡到理想的社会，应该尽量避免重大的流血牺牲，应该以渗透与渐进的方法，换句话说，希望以改造和革命并重，以温和与民主的手段，很自然地、很公平地很彻底地达到理想的社会。

---

① 施复亮：《中间路线与挽救危局》，《时与文》第1卷第8期，1947年5月2日。
② 梁崇辅：《什么是中间路线》，《再生》第204期，1948年2月29日。

"中间路线"的基本主张,是"调和国共,兼亲苏美"。其实质是要说明,中国既不能走欧美资本主义的道路,又不能走社会主义的道路,只能走中间的、和平的、改良的道路。它可以概括为三个方面。

第一,建立一种"中间性的政制",调和资本主义与共产主义两大社会制度。在以张东荪、施复亮为代表的中间派看来,以美国为代表的资本主义国家只有政治民主和思想自由,根本没有经济平等,正是经济的不平等、私有财产和剥削关系的存在,使民主政治变成美丽的外表和虚伪的幌子,政治权力实际上被资本家阶级所操纵,广大民众无法获得真正的自由。以苏联为代表的社会主义国家采取一党专政,所以要"统制思想,统制舆论,排除异己,思想的自由被剥削殆尽","虽然他们也高唱民主,然而他们的民主是阶级的民主,而非全体的民主,一部分人的民主,当然不能认为是真正的民主"。① 故其只有经济平等,而没有政治民主和思想自由。

如果以美国和苏联分别代表资本主义制度和社会主义制度的话,那么美苏两国的社会制度刚好印证了上述的结论。美国主张个人政治自由,但经济以资本主义为基础的,法理上民众在政治上是应该享有自由的,但社会经济生活中显著的不平等的存在,使"富有阶级得以通过经济操纵政治,所谓人民政治上自由,在此情况下,究有多少,实是一个疑问"。苏联虽然做到经济平等,人们的衣食住行基本上没有太大的差距,但苏联的政治统治是"以共产党独裁做根据的",所以人民的政治民主和思想自由根本没有保障。

中间派历来反对中国走苏联式的社会主义道路,但又敏感地意识到,中国走英美式的资本主义老路也是非常困难的。不仅经济上出现的国民党官僚资本阻碍了通向自由资本主义的道路,而且从欧美引进的资产阶级政治制度也百弊丛生,完全走样。因此,中国应

————————

① 李素心:《新自由论》,《新自由》第 2 卷第 2 期,1948 年 9 月 1 日。

当折中"资本主义与共产主义"，建立"一个资本主义与共产主义中间的政治制度"，即"中间性的政制"，做到熊掌与鱼兼得。这种中间性的政治制度的要点是："在政治方面比较上采取英美式的自由主义和民主主义，同时在经济方面比较上都采取苏联式的计划经济与社会主义。"这样的政治制度，可以兼采双方之长而避免各自的弊端。他说："采取民主主义而不要资本主义，同时采取社会主义而不要无产阶级专政的革命，我们要自由而不要放任，要合作而不要斗争，不要放任故不要资本家垄断，不要斗争故不要阶级斗争。"① 这条所谓中间路线，就是要"去掉与修正美苏两者制度的偏废之处，而兼收并蓄其长处，以求得一个政治自由与经济平等兼而有之的完全的真正的民主"。②

第二，调和国共，建立联合政府，改变两党性质，使中国走上民主之路。从 1927 年国共两党合作破裂以后，两党进行了残酷的武装斗争。中间派认为，在国际形势没有发生根本的变化之前，在短期内国民党固然不能消灭共产党，共产党也不能打倒国民党，结果只有兵连祸结。摆脱这种悲惨命运的途径，"只有立即而且永远停止两党的武装冲突，重新团结合作，共同走改良的道路"。中间派对国共两党采取的态度，应该根据自身的利益，决不可作无原则的反对或追随，"中间派要有独立的立场和主张，不做任何一方的尾巴或附庸"。③ 为此，他们明确提出了"调和国共"的主张，在中国两大政治势力——国民党与共产党之间谋求调和，建立一种两者都能接受的民主政体，调解国共双方的争执，缩小矛盾和分歧，使他们放弃武力解决政争的歧路，由对抗走向合作，最终一同走上一条中间性的政治路线。张东荪说："姑假定国民党为右，共产党为左，我们决不是主张不要他们，只由中间者来主持，乃是要把他

① 张东荪：《一个中间性的政治路线》，《再生》第 118 期，1946 年 6 月 22 日。
② 孙宝毅：《何谓中间路线》，《现实文摘》第 1 卷第 12 期，1948 年 3 月 6 日。
③ 施复亮：《论中间派》，《国讯》第 405 期，1946 年 1 月 1 日。

们中偏右者稍稍拉到左转，偏左者稍稍拉到右转，在这样右派向左、左派向右的情形下，使中国得到一个和谐与团结，并由团结得到统一。"为此，他既反对国民党的一党专政和官僚资本，又不赞同中共用革命方式推翻国民党统治及剥夺地主土地重新分配的做法。他公开声明："我们主张应有一个全国适用的土地改革办法，使耕者有其田之理想由平和方法得以实现。我们同时根本铲除官僚资本，务使工商业依国家所定的全盘计划得由个人努力发展之。"[①]

中间派对国共两党的性质作了分析，认为可以用民主的方式迫使两党改变性质。他们认为，国民党是代表"豪门资本与官僚资本"利益的政党，是一个充满了专制与独裁的政治特权集团，根本不合乎近代政党的要求；它所建立的政府，是历史上中国"绝对政权"的延续和发展，仍是一个高度专制的政府，是一个"坏人集团的坏政府"，根本就不是近代民主的"职司政权"。所以，国民党的性质决定了它不可能真正理解近代民主的含义，更不会真心地召开政协会议，成立联合政府，与其他政党真诚合作。它错误地认为，"有了宪法，去办选举，这就是民主"。[②] 殊不知国民党独裁专制的性质不改变，宪法只是一纸空文，选举只是形式，中国永远也没有实现民主的希望。他们同时认为，共产党代表了"农工无产阶级的利益"，是一个按苏联共产党的模式建立的革命政党。正是由于革命环境的熏陶，他们的心理"不免于失常，总是疑心人家要来谋我，对任何人很难办到完全相信到底"。"他们的猜疑往往超过所应顾虑的程度。"[③] 其自身的严密组织性、权力的高度集中、革命斗争的坚决性，使它"走上唯武力是信"的道路。这也同样不适合近代民主性政党原则，更不适合中国实行民主主义的要求。

---

① 张东荪：《一个中间性的政治路线》，《再生》第 118 期，1946 年 6 月 22 日。
② 张东荪：《和平何以会死了》，《时与文》第 3 期，1947 年 3 月 28 日。
③ 张东荪：《和平何以会死了》，《时与文》第 3 期，1947 年 3 月 28 日。

　　通过对国共两党性质的分析，他们断定："其实中国今天一切的困难无不是归根于有这样的两个党。论党团的本身性质，我们可以大胆说，中国如果要真正变为民主国家，则决不能容许有这样的不适于国家的政治集团在国内为所欲为。当前最切要的一个问题就是必须把国民党由特别政党变为普通政党。换言之，即由民主国家所不能容许的组织变为民主国家所能容许的组织。"①

　　如何改变两党的性质？中共提出的联合政府主张是可行的选择。在他们看来，必须建立联合政府，对两党实行"平衡与钳制"。他们认为："我们因此遂主张各党共存，都能发展，这就是民主。除了各党并存合作以外，另求民主，这不是曲解民主，便是有意造成假民主。总之，各党协商，由共同而得一致，由不同而互相钳制，这乃真是民主。"② 他又说："国民党是代表豪门资本与官僚资本的；共产党是代表农工无产阶级的利益的；民主同盟是代表所有中间阶层，例如大学教授，中学教员，律师，会计师，医生，新闻记者，民营厂家与中产商人等等。社会利益亦只能这样的区分，用不着细分为数百数千的种类。如果把这些党派都能调和在一起，便亦可说所有的人民的社会利益都包括在内了。所以各党协商在表面上好像只是党派的事，而实际上却正是实现民主。"③ 中国要实行真正的民主，必须要通过各党协商的方式。

　　各党协商，成立联合政府，便造成了一个迫使国民党与共产党改变性质的"平衡与钳制"机制与环境。在他们看来，变更国民党性质的方法有两种：一是由国民党自动，一是由环境来逼迫。"国民党的恶化、腐化、失民心、无能力，已为国内国外所共知的事

---

　　① 张东荪：《追述我们努力建立联合政府的用意》，《观察》第 2 卷第 6 期，1947 年 4 月 5 日。

　　② 张东荪：《追述我们努力建立联合政府的用意》，《观察》第 2 卷第 6 期，1947 年 4 月 5 日。

　　③ 张东荪：《追述我们努力建立联合政府的用意》，《观察》第 2 卷第 6 期，1947 年 4 月 5 日。

实",期望它自己能够改变性质,无异于与虎谋皮。张东荪说:"其实国民党并不怕骂,同时亦决不接受祈祷。它未尝不想改,不过只是在表面上想改头换面,而实质上仍要维持其特殊地位。"在这种情况下,要改变其性质,"必须先创造一个环境,在这个境况中四面有监督与压力,乃逼迫其不得不自己改行向善"。这个环境就是"平衡与钳制","而这个平衡与钳制亦唯由联合政府方能实现"。①

这样看来,联合政府是改变国共两党性质的最好方式。一方面迫使国民党民主化,另一方面又可以使共产党改变其革命的偏激性,使两者逐渐演变为近代真正的民主政党。对此,他坦白地说:"须知苟无各党一致参加政府,则国民党一辈子亦不会民主化。不把共产党拉到大都会大城市来,则其性质不会改变,把它留在外边终究不会得到平安。"所以,张东荪强调,"今天的问题其核心就在于使国共两党同时变化其性质与作风,使国民党改去其法西斯的独霸质,使共产党改去其过激党的革命性,则莫妙于创造一个环境,这个环境对于他们双方都有相当的压力,以逼迫其不得不自行改变。环境一天不变,自由分子绝对不会能抬起头来,在国民党高压下固然自由分子失了能力,而在国共战争中自由分子尤无法施展;这个环境就是政协所定的联合政府"。② 正因如此,张东荪沉痛地指出:"政协的可贵处,就在于那个时候尚能把共产党回来。政协的失败,在这一方面可以说是中国国运上的顶大损失。"③ 为国家前途计,必须把共产党这种"猜疑"的心理消除,使它放弃武装斗争,走上和平协商的轨道,在和平的环境中逐步改变其性质。

同时,联合政府是改造中国旧式政府、建立民主政治的基础和开端。如果国民党、中共、民盟等各党派参加联合政府,联合政府

---

① 张东荪:《追述我们努力建立联合政府的用意》,《观察》第 2 卷第 6 期,1947 年 4 月 5 日。

② 张东荪:《美国对华与中国自处》,上海《文汇报》1947 年 3 月 30 日。

③ 张东荪:《和平何以会死了》,《时与文》第 3 期,1947 年 3 月 28 日。

便成为各阶级各阶层人们的共同政府。用它来代替国民党一党政府，便无形中转变了中国传统的政权更迭方式，即政权由靠武力抢来，一下子变成和平演化而来。这样，也会在无形中改变了中国旧式政府的性质，标志着中国真正走上民主政治的第一步。

正因为联合政府是"一石击三鸟"的法宝（改变国民党独霸性质、消弭共产党隐患、转变政权更迭方式），张东荪才会说："我们的用意虽有这样许多，而其方法只是联合政府一点。所以联合政府是解决一切困难的总匙。"他才会在国共和谈破裂之际仍然强调："联合政府这一药方还不失为一剂永久有价值的起死回生汤。"①

这样的联合政府应该靠谁来建立？他们寄望于"第三种势力"：在国内就是以民盟为首的中间力量，在国际上就是美国为代表的调解力量。中间派认为，在国共以外的第三种势力，就是民盟。民盟是代表"所有中间阶层，例如大学教授，中学教员，律师，会计师，医生，新闻记者，民营厂家与中产商人等等"利益的。在联合政府中对国共两党实施"平衡与钳制"的力量，自然是以民盟为代表的第三种势力。"在国共的中间倘使有个势力，十分强大，完全独立，却与平和有决定的作用。"② 所以，以民盟为代表的中国第三种势力，应该认清自己的使命，"以广大与强盛并富有独立性的第三者人们作为国共的桥梁。将国共两党各迫使其趋于正轨，同时把他们拉拢起来，得到大合作"。③ 这是中国在内政方面最理想的出路。

在国际上，有能力调解国共冲突并迫使国民党改变性质的，也只有美国。他们认为，在国共之间，"则必须有中人保人夹在中

---

① 张东荪：《追述我们努力建立联合政府的用意》，《观察》第 2 卷第 6 期，1947 年 4 月 5 日。

② 张东荪：《和平何以会死了》，《时与文》第 3 期，1947 年 3 月 28 日。

③ 张东荪：《追述我们努力建立联合政府的用意》，《观察》第 2 卷第 6 期，1947 年 4 月 5 日。

间。彼此虽不相信而对于中间的保人却是相信的。具有这样的中人保人的资格的，自然是在国际为盟邦，在国内为第三者。最理想的办法是：（一）国际的中保与国内的中保完全配合在一起，形成一个力量；（二）国际的中保亦不限于一国，凡能为国共双方为信任的都可邀约；（三）国内的中保即第三而又务必尽量把国共以外的各方面都包括在内"。① 而要使美国来充当调和国共的"保人""调人"，必须在国际上调和美苏关系。所以，中国的内政与世界的局势又是密不可分的。

第三，在国际上调和苏联与美国关系，以谋世界的安定与中国的和平。中间派认为，国共两党冲突的调和，及中国问题的解决离不开美苏关系的调和。因为在他看来，"今天中国国共冲突已经是不得了了，而其背后却又伏着一个美苏对立，更是不可开交的"。② 战后是美苏争霸，中国夹在两者之间，如果美苏发生战争，牺牲的只能是中国。所以，他坚决反对国共两党采取极端的方式，激化美苏矛盾："本来国民党已趋极端；共产党亦跟着趋了极端；倘再加上一个美国的趋极端与苏联的趋极端，则这个世界便非人所能住的了，中国便成为一大悲剧的导演场所，而人类的末日与文化的沦亡或将从此开始。"③ 他们断定，中国在国际上最理想的出路是："以整个儿的中国作为美苏的桥梁。在亚东方面把美苏冲突调和下来，藉以谋世界的安定。"在国际上美国与苏联处于"冷战"状态，中国是它们在远东争夺的焦点。美国与苏联在中国问题上有没有调和的可能？他们根据自己的分析，断定只要中国内政上建立了联合政府，执行了中立的外交方针，双方完全有可能妥协。其分析说："我揣测苏联的动机决不是要干涉中国，乃只是要干涉美国的片面援华。"而美国则是惧怕苏联，怀疑它会支持中共，担心中国也成

① 张东荪：《和平何以会死了》，《时与文》第 3 期，1947 年 3 月 28 日。
② 张东荪：《美国对华与中国自处》，上海《文汇报》1947 年 3 月 30 日。
③ 张东荪：《美国对华与中国自处》，上海《文汇报》1947 年 3 月 30 日。

为苏联式的社会主义国家，所以，对苏联抱有戒心，想利用中国作为反苏的基地。如果设法使美国打消这种疑虑，则美苏便自然会调和。

如何打消美国的疑虑？关键还在于中国必须建立一个折中资本主义与社会主义的中间性政治制度，建立令美苏放心的联合政府。故联合政府是调和国际上美国与苏联冲突的理想方式。张东荪分析说："盖我们有见于要使中国成为中和性的国家以介乎美苏之间，则必定先把中国的政府变为联合政府。换言之，即用联合政府以表现中国在国际上的中间性。否则如果不幸竟演为一党政府，我们可料定国民党全胜时，苏联必感不安；而共产党执政了，美国亦决不放心。可见联合政府的反面无不引起国际间纠纷与烦闷。"[1] 他忠告美国说，把共产党拉入联合政府使中国统一而不亲苏，不仅对国民党有利，而且更有利于美国，美国不必再为国民党从事于长期内战而来作无底的供给。[2] 他警告美国，援助国民党就等于支持国民党打内战，"无论那一国苟对于中国作战的任何一方有所援助，便是使中国内战延长与扩大。凡使中国内战延长的外国都是中国敌人，到现在为止，据确实调查，苏联并没有以军火供给共产党。而作战的中央军却都是美国装备。所以美国现行的对华政策是助长中国内战，已有事实证明了，中国人民全数是反对的，当然对于助长战争的不能不愤恨。"[3]

自从政协决议被国民党撕毁后，联合政府已经是"明日黄花"，政协路线也已经被堵死，如何恢复政协路线、建立联合政府？中间派认为，关键的问题是美国对华政策的转变。而要促使美国政策的转变，就要求中国第三种势力肩负起时代的使命，劝说美

---

① 张东荪：《追述我们努力建立联合政府的用意》，《观察》第 2 卷第 6 期，1947 年 4 月 5 日。

② 张东荪：《美国对华与中国自处》，上海《文汇报》1947 年 3 月 30 日。

③ 张东荪：《为中国问题忠告美国》，《现代文摘》第 1 卷第 5、6 期，1947 年 7 月 20 日。

国放弃以中国为反苏基地的企图，放弃对国民党的援助，使他们明白，只有政协路线和联合政府才是对美国最有利的。张东荪在《美国对华政策与中国应有之反应》中建议，中国所有的民主人士，应该以广大的人数、坚决的态度，向美国明白表示：我们只反对美国以中国作反苏基地这一点；倘使美国变更了态度，我们对于美国的任何援助都愿欢迎。为此，他提议组织一个包括中共在内的以民主团体为主的访美团，访问美国的朝野，在美国煽起一个"重新认识中国"的运动，必须让美国朝野人士大多数都知道下列两件事。第一，中国的反动派想利用美国的恐苏心理，加紧制造美苏关系的尖锐化，自己在东亚替美国担任反苏先锋队，这件事不仅于美国有大害，并且亦是无济于事的。这些反动派既腐化又无能，只能替美国在太平洋沿岸闯下大祸，使美国受害，而决没有丝毫能力替美国在亚洲作为对苏联的屏障。第二，中国的民主人士愿意以至诚至恳的态度向美国保证：绝对担保中国于和平成立以后不会偏向苏联，即无论如何不会投入苏联的怀抱。①

张东荪、施复亮等人倡导的中间路线，追求的有三大目标：一是政治民主。其基本要求是："每一个公民都有说话的自由，并要有容忍别人说话的自由；每一个公民都有选择生活的机会，并获得生活安全的保障；每一个国民都有选举政府决定政策的权力，并保有批评政府及政策的权力。"② 二是经济平等，力求计划经济与自由经济相配合，"由政府站在全民福利的立场，对经济操有计划的干涉主义"。马寅初说道："我们不完全采用英美资本主义自由竞争的制度，亦不完全采用苏联社会主义一切国营的制度，乃提出一种混合经济的制度，国营企业与民营企业同时并进。"③ 三是思想自由。杨人楩说："自由主义始终是这演化关系中的重要份子，决

---

① 张东荪：《美国对华与中国自处》，上海《文汇报》1947 年 3 月 30 日。
② 李澈庐：《以民主缔造统一》，《观察》第 1 卷第 12 期，1946 年 11 月 16 日。
③ 马寅初：《中国经济之路》，《经济评论》第 1 卷第 4 期，1947 年 4 月 26 日。

不因遭受左右夹攻而被消灭。自由主义者也能了解其他力量所能具有的历史使命，决不因所见不同而企图消灭其他力量。在历史演进中，各个力量都有其历史功能，当其功能完全丧失之时，即此力量不复存在之时，这一切只有让历史来决定。"①

"中间路线"所要解决的问题实质上是：在战后世界和平与民主的潮流中，如何使中国不失时机地走上"社会主义的民主主义"道路。中间派猛烈抨击国民党一党专政，揭露其实行假民主真独裁的实质，提出要彻底改变国民党独霸地位和法西斯性质，表现了其坚定的民主主义立场和对大地主大资产阶级反动统治的愤慨。他们提出应该建立各党派参加的联合政府、实行阶级合作、铲除官僚资本、保护民族工商业等主张，无疑是正确的，与中共"新民主主义"有相似和相通之处。这正是其"中间性政治路线"的合理性所在。

但是，"中间路线"的政治主张，是一套调和资本主义与社会主义、化解国共冲突和美苏冲突的资产阶级改良思想。它的真正目的，是在调和国内外各种政治势力的矛盾冲突中，建立一个多党合作的联合政府，建立一个既区别于英美，又不同于苏联的资产阶级民主共和国。近代中国的国情决定了中国不可能走英美式的民主主义道路，也不具备立即踏上苏联式的社会主义道路的客观条件，只能首先完成反帝反封建的任务，实现多党合作，建立联合政府，发展经济。这条道路，实际上就是中共提出的"新民主主义"道路。倡导"中间路线"主张，正是看到了这种国情，正是对中国出路问题的一种探索，应该说在思路上与中共并无二致。

然而，张东荪、施复亮等人始终坚持调和折中态度、社会改良立场，试图通过和平的方式，利用调和国内和国际两大政治势力的冲突，建立资产阶级的民主共和国，这显然是一种幻想。因为这一设想根本否定了国民党统治的合理性，国民党政权的独占性固然决

---

① 杨人楩：《再论自由主义的途径》，《观察》第 5 卷第 8 期，1947 年 10 月 16 日。

定了它会拼死阻挠建立联合政府，分化、破坏甚至镇压中间势力，决不允许这样一股力量存在，更不允许走这条中间路线。1947 年民盟被强令解散，正说明了这一点。美国表面上站在"调停"国共冲突的中立立场，实际上偏袒国民党，援助国民党打内战，它根本就不可能听从中间派的忠告改变对华政策，更不会支持民盟恢复政协路线，成立联合政府。1947 年夏，魏德迈来华，不仅没有听从中间派的劝告停止援助国民党，反而作出了相反的决策：加大援助国民党内战的力度。这最典型地表明，美国是不会同意走中间路线的。"中间路线"主张虽然在理论上与中共的"新民主主义"有相似之处，但在政治、经济等方面却有着根本的差别。中间派提出的改变中共性质、消除"猜疑"心理的主张，必然遭到批判；在国共和谈彻底破裂、双方展开血战的情况下，还鼓吹和谈、调和等，中共不可能再接受；中共所实行的新民主主义，是中共领导的、以社会主义为前途的，决不允许中国再建立一个资产阶级共和国，也不会赞同走所谓"中间路线"，并且对中间路线不断进行批评。这样，"中间路线"的政治主张，一开始便受到了国民党与共产党的两面夹击。

中间派将建立联合政府、实现"中间路线"的希望寄托给他们所虚构的"广大与强盛并富有独立性的第三者人们"，即资产阶级及知识分子，这既反映了"中间路线"的阶级实质，也说明其根本没有找到实现其政治主张的社会力量。以民盟为代表的中国中间势力虽然在抗战胜利后势力有所增强，并一度在政治舞台上扮演了重要角色，但从总体上看，不仅没有想象得那么"广大与强盛"，而且由于自身的软弱性也根本没有其预料的那样"富有独立性"。相反，他们并"不了解中国国运所降下的神圣使命"，并无与国民党抗衡的独立性和力量。[①] 在国民党"处心积虑务使中间势力化左右两分，不使其存在"的情况下，民盟迅速分化，青年党、

---

① 张东荪：《和平何以会死了》，《时与文》第 3 期，1947 年 3 月 28 日。

民社党从民盟中分裂出来，充当了国民党独裁统治的政治帮凶。这样软弱的"中间派"是难以承担起建立"中间性政制"重任的。

国民党的分化打击、共产党的批评、第三种势力的软弱、美国"自毁其调人资格"，决定了"中间路线"破产的命运。中间势力无论怎样摇舌鼓唇，无论如何奔走呼号，其近乎祈求的和平改良方式根本无法使其"百分之百的美满高尚"的政治理想在中国大地上实现一分。这样，"中间路线"主张虽一度声势浩大，在当时政治上、思想界和社会上影响广泛，但终究不过是一种无法真正付诸实施的思潮而已。1947 年 10 月，国民党下令解散中国民主同盟，抗战后逐步形成的第三种势力瓦解，自由主义知识分子面临着严重的分化，说明资产阶级的民主共和国在中国行不通。

四　中国出路与自由主义的讨论

1948 年初，伴随国共内战烽火的是飞涨的物价和前途未卜的国家命运。处于国共两大势力之间的中国自由主义知识分子，"被挤在夹缝里，左右做人难。在朝党嫌他太左，在野党嫌他太右"。1948 年 1 月 8 日，《大公报》刊出了《自由主义者的信念——辟妥协·骑墙·中间路线》的社评。这篇带有宣言性质的文章，出自曾留学英国的萧乾之手，萧乾颇受拉斯基的费边主义影响。该文鲜明地提出："自由主义者对外并不拥护 19 世纪以富欺贫的自由贸易，对内也不支持作为资本主义精髓的自由企业。在政治文化上自由主义尊重个人，因而也可说带了颇浓的个人主义色彩；在经济上，鉴于贫富悬殊的必然结果，自由主义者赞成合理的统制，因而社会主义的色彩也不淡。自由主义不过是爱用的代名词。"[1] 该文

---

[1]　社评：《自由主义者的信念——辟妥协·骑墙·中间路线》，《大公报》1948年1月8日。

接着列举了自由主义的五点基本信念：第一，政治自由与经济平等并重；第二，相信理性与公平，也即是反对意气、霸气与武器；第三，我们以大多数的幸福为前提；第四，赞成民主的多党竞争制，也就是反对任何一党专政；第五，我们认为任何革命必须与改造并驾齐驱。

这篇文章所反映的不仅是萧乾的个人主张，而且代表了当时中国部分自由主义知识分子的政治立场和政治理念。《大公报》这篇社评刊出后，当时思想文化界有影响力的报刊，如《观察》《正论》《时与文》等，接连刊载了施复亮、杨人楩等人的文章，中国思想界立刻掀起了一场关于"自由主义"的热烈讨论。

1948 年 1 月 23 日，《时与文》第 2 卷第 16 期，刊载了署名"程桯"的《自由主义者与中国现局》，提出中国现代自由主义者也可以有他们的施政纲领，产生自己的共同组织，不仅是宣传自由主义理念，而且应该参与自由主义运动。1 月 31 日，《时与文》第 2 卷第 17 期发表了杜明的《评大公报对于自由主义的看法》一文；2 月 1 日，《正论》新 2 期发表了《自由主义者的道路》一文，响应《大公报》社评，指出该社评"为自由主义者长了不少气势"，但也提出"希望自由主义者，不要为任何个人自由的念头所支配，也不要为任何带有全体集权的自由意识所运用"，但其所争取的应当是真正的自由——大众自由。

同时，储安平主编的《观察》周刊积极响应《大公报》关于自由主义的讨论，集中发表了一系列关于自由主义的讨论。杨人楩在《观察》周刊上发表《再论自由主义的途径》《自由主义者往何处去？》《关于"中共往何处去？"》等文，施复亮发表了《论自由主义者的道路》等文，明确表示支持《大公报》关于自由主义的基本理念及政治立场。2 月 7 日，《大公报》又发表《政党、和平、填土工作——论自由主义者的时代使命》的补充社评。3 月初，酝酿已久的中国社会经济研究会正式在北平成立，公布了 32 条国是纲领，并创办《新路》周刊，提出了"政治制度化、制度民主化、民主社会化"的主张。

随后，《时与文》第 2 卷第 18 期发表了冯契的《论自由主义的本质与方向》、孟坚的《施复亮先生的"自由主义者的道路"是什么》等文，对《大公报》及施复亮等人的自由主义观点进行了批评，对其鼓吹的所谓自由主义道路进行了质疑。5 月 1 日，《正论》新 5 期发表了署名"成方"的《是"新路"还是旧路》的文章，对《大公报》主张的自由主义道路进行了更为猛烈的批判，对在北平成立的中国社会经济研究会提出了严厉批评。该文认为，从中国社会经济研究会发表的政治经济纲领看，它显然是受英国费边主义学说影响的产物，名为"新路"，实则是一条国家资本主义的旧路。范承祥也在《时代》第 8 卷第 6 期上发表《亟待澄清的几个问题——总评最近几篇论自由主义的文章》，杜微在《中国建设》第 5 卷第 5 期上发表《论一种自由主义》，胡绳发表题为《为谁"填土"？为谁工作？——斥〈大公报〉关于所谓"自由主义"的言论》，对《大公报》发起的这场自由主义讨论进行正面批评。这些左翼人士的言论发表后，立即受到坚持自由主义立场的知识分子的反驳。一时间，处于困顿中的中国自由主义在思想界形成了讨论高潮。

这场关于自由主义的讨论从 1948 年初开始发起，到 1948 年秋随着国内战局的明朗化而逐渐消寂。这场关于自由主义问题的讨论，反映了中国自由主义知识分子在国共两党决战之时的矛盾心态：当中国面临着大变革的时候，他们对国民党"厌"，对共产党"怕"，而"怕"又多于"厌"；两种情绪杂糅在一起，于是形成一种恐慌、迟钝和沮丧的失败主义心理。在这种情形之下，"自由主义"这块招牌被抬了出来，作为号召团结中国"第三方面"自由主义者的思想旗帜。对此，有人明确指出：《大公报》所提倡的"自由主义"，实际就是抓住了中国知识分子的讨厌国民党但又怕共产党的苦闷心理，企图在理论上用"自由主义"的旗帜来号召他们；而"中国社会经济研究会"的成立，则是用行动来团结起这批苦闷的知识分子继续走中间道路。①

在这场关于自由主义的讨论中，因参加讨论者之立场不同，观点也针锋相对。左翼人士庞欣在《总结关于"自由主义"的论争》中，对此作了集中阐述。他认为，《大公报》所代表的一批"自由主义者"是不承认政治的阶级性的，而左翼人士则是明白肯定政治的阶级性的。前者不承认政治有阶级性，所以认为可以在不推翻现政权的原则下，慢慢地进行社会改良；后者则认为历史上从来没有实现过特权阶级自动让步的神话，所以主张如果特权阶级不让步，那便只有推翻它。因为是基本承认现状并希冀以现状为基础徐图社会改良，所以《大公报》上所刊载的"自由主义者"的文章，都特别强调"反对意气、霸气与武器，相信理性与公平"，都提出"和平第一、自由第二"的口号，都忠心耿耿忧心如焚地希望执政者对"自由份子"予以较开明的待遇。②

杜微批评《大公报》所声称的"自由主义本质上不崇信武力"的主张时说："我所知道的历史上的自由主义者并不如此，他们是勇敢地参加正义的。譬如法国第三阶级革命，罗梭的信徒们都参加斗争。……当时革命即是为自由而战，自由主义者并不逃避历史任务，该流血时硬是慷慨悲歌地流尽最后一滴血"。③ 程程也说："一个真正的自由主义者应把自由放在第一，把和平放在第二：也可以说，自由主义者不到最后关头决不放弃和平，一到最后关头就必定毅然决然放弃了它。"因为是一面讨厌旧秩序，一面又惧怕大变革；一面厌恶国民党的现实统治，一面又惧怕共产党的革命成功，

---

① 范承祥：《亟待澄清的几个问题——总评最近几篇论自由主义的文章》，《时代》第 8 卷第 6 期，1948 年。

② 庞欣：《总结关于"自由主义"的论争》，《读书与出版》第 3 卷第 4 期，1948 年 4 月 15 日。

③ 杜微：《论一种自由主义》，《中国建设》第 5 卷第 5 期，1948 年。

所以像杨人楩、施复亮先生等那样的"自由主义者"，才提出"向两边统治者和革命者同时要自由"的说法。[1]

在这场关于自由主义的讨论中，以《大公报》为阵地的自由主义者与左翼人士之间争论的问题，主要集中于以下四个方面。

第一，关于自由主义的内涵。以《大公报》为阵地的自由主义者认为，"自由主义是一种政治哲学，是一种对人生的基本态度"。《大公报》社评指出："自由主义是一种理想，一种抱负，信奉此理想抱负的，坐在沙发上与挺立在断头台上，信念得一般坚定。自由主义不是迎合时势的一个口号，它代表的是一种根本上的人生态度。这种态度而且不是消极的。不左也不右的，政府与共党，美国与苏联一起骂的未必即是自由主义者。尤其应该弄清的是自由主义与英国自由党的主张距离很远很远。自由主义者对外并不拥护十九世纪以富欺贫的自由贸易，对内也不支持作为资本主义精髓的自由企业。在政治在文化上自由主义者尊重个人，因而也可说带了颇浓的个人主义色彩；在经济上，鉴于贫富悬殊的必然恶果，自由主义者赞成合理的统制，因而社会主义的色彩也不淡。自由主义不过是个通用的代名词。它可以换成进步主义，可以换为民主社会主义。"[2] 它还指出："自由主义不止是一种政治哲学，它是一种对人生的基本态度：公平，理性，尊重大众，容纳异己。因为崇信自由的天赋性，也即是反对个性的压迫，它与任何方式的独裁都不相容。又因为它经济生活的平衡发展需要制度上的规划，它也不能同意造成贫富悬殊的自由企业。"所谓"中间路线"绝对不是两边倒，"而是左右的长处兼收并蓄，左右的弊病都想掉除。正因为自由主义尊重个性，他们之间的意见也容有参差；同时，自由主义者既无意夺取政权，所以也谈不到施政纲领。但对人生既具有了坚定

---

① 庞欣：《总结关于"自由主义"的论争》，《读书与出版》第 3 卷第 4 期，1948年 4 月 15 日。

② 社评：《自由主义者的信念——辟妥协·骑墙·中间路线》，《大公报》1948年 1 月 8 日。

而鲜明的态度，对事情自然便有了观点"。[1] 杨人楩也指出："自由主义是个创造的力量，因创造而求进步，要进步必须反静态，反静态即反现状，反现状必须反干涉，反干涉必有待于斗争，斗争的持续有待于教育，斗争可能暂时失败而教育不会失败，惟不妥协的精神始可发挥斗争之教育意义，而达到所当追求的进步。"[2]

但自由主义知识分子对自由主义内涵的解释，并不为参加论争的左翼人士所承认。范承祥、杜微等人则认为，自由主义"由现实政治退到政治哲学，再退入人生态度"，这样把早期自由主义的革命性抽光。针对施复亮所说的"自由主义者可能不是革命主义者，但必然是民主主义者"的提法，范承祥反驳道："当新兴资产阶级向封建领主要求自由的时候，作为新兴资产阶级的先锋和代言人的自由主义者是赞成革命的。在那个时候，政治民主（自由主义的民主）与社会经济民主（阶级平等或根本消灭阶级）是一个东西，而革命则是达到这个目的的手段。换句话就是说，自由主义、民主主义、社会主义与革命是一家，并未绝缘。是在法国革命成功，新兴资产阶级推翻了封建领主，自己爬上了既得权益者的宝座的时候，新的既得权益者对于人民大众的潜在革命要求深感恐惧，这才硬把政治民主与社会民主隔离，把革命与自由主义分离。"庞欣也认为，今天谈自由主义，就必须继续过去的革命光荣传统，而不能学法国大革命后的既得权益阶级那样，把"自由主义"这个名词歪曲了来背叛革命。自由主义本质上就是战斗的，与现实政治血肉关联的，决不仅仅是一种政治哲学和人生态度而已。[3] 因此，自由主义派与左翼知识分子关于"自由主义"之内涵存在重大分歧。

---

[1]　社评：《自由主义者的信念——辟妥协·骑墙·中间路线》，《大公报》1948年1月8日。

[2]　杨人楩：《自由主义者往何处去?》，《观察》第2卷第11期。

[3]　庞欣：《总结关于"自由主义"的论争》，《读书与出版》第3卷第4期，1948年4月15日。

第二，关于政治民主与经济平等的关系。以《大公报》为阵地的自由主义知识分子强调"政治自由与经济平等并重"，实际上是把政治自由（民主）与经济自由（社会主义）分开来看，认为英美等国有前者而无后者，苏联则是有后者而无前者，从而主张中国应采取两者之长，兼容并收。这种观点是反对《大公报》主张的左翼人士所不能接受的。他们认为，把经济与政治割裂开来，撇开经济问题来谈政治民主问题的思路，实际上是受了英美"伪装自由主义者"的流毒，是需要加以纠正的。范承祥指出："现代的民主政治制度是从现代的资本主义经济制度取得其存在基本的。事实上，人类历史清清楚楚地告诉我们，经济制度是基础，政治制度是保育和代表这种基础的存在的东西。封建的经济制度必然产生封建王朝的政治制度；资本主义的经济制度虽然也容许帝王的存在（如英国），但却决不能容许封建王朝的存在。同样，建筑在资本主义经济制度上的民主政治形态，与建筑在社会主义经济制度上的政治形态，基本上是属于两个历史范畴，在逻辑上是不能拿来相提并论的。尤其不能把政治形态与经济形态割裂孤立起来比较，因为这两者制度（资本主义的政治经济制度与社会主义的政治经济制度）各自成一整体，各有其具体的内容体系，各属于一个历史阶级。"[1] 因此，现代民主政治与资本主义经济制度是密切相连的。杜微也认为，"每个革命都有其政治经济等内容，是一体系的；问题要看政权落在谁人手里，谁浮起来，谁沉下去，实行的是什么社会制度。……离开政权的性质，而空谈理想，支解社会构造，美化为独立的抽象原则。这样'中间'一下，挂着渺茫的空想"，是不对的。[2] 因此，他坚决反对自由主义者坚持和鼓吹的英美式的政治民主。

---

① 范承祥：《亟待澄清的几个问题——总评最近几篇论自由主义的文章》，《时代》第 8 卷第 6 期，1948 年。

② 杜微：《论一种自由主义》，《中国建设》第 5 卷第 5 期，1948 年。

第三，关于中国能否实行欧美式的多党制。以《大公报》为代表的自由主义者认为，"民主的多党竞争制"值得中国仿效。《自由主义者的信念——辟妥协·骑墙·中间路线》公开申明："赞成民主的多党竞争制，也即是反对任何一党专政。"其根据有三。其一，自由主义与英雄崇拜是不相容的。自由主义坚持每个人的天赋自由，也即是承认每个人起码的平等。田纳西流域的农夫闻罗斯福之死而淌泪是由衷的爱戴，希特勒的党徒悬其领袖的照片令人举臂示敬是被迫的崇拜。我们反对那种崇拜，因为它是"君权神赋"的继续，因为迟早那位"超人"的威权必侵及手无寸铁的个人。其二，在多党制下，人民与统治者间是由招标而发生合同关系的。人民这个标主还保留检选货真价实的应征者之权，一旦条件不符也还可以更换。应征者间因为有了竞争作用，货色价码上一定得分外老实克己。如果这个作用不存在，标主的利益当然毫无保障。其三，就这个幅员广大、现代化基础几乎为零的中国来说，事实上由一党专政统治全国有其根本的不可能处。其强调说："我们必须承认政治理想是种籽，社会环境乃是土壤，单换种籽，不改良土壤，还是无裨于事的。尤其中国这个社会是特别富于吞噬作用的。"①

杜微对《大公报》主张的多党制进行了严厉批判。他说："英美社会有阶级，人民利益不同，所以产生了多党。多党并存，形式民主，内容并不一定民主。五个人五个意见是民主，五个人的意见相同行动一致，也是民主。英美式的民主论客，不了解剥削消灭以后，人民的利益根本相同，已不可能也不必要有多党。他们是形式的民主论。拥护英美式的多党，既拥护资本家的多党轮流去管理国家，置大多数幸福于不顾。"② 范承祥也说："十九世纪后半叶迄今

①　社评：《自由主义者的信念——辟妥协·骑墙·中间路线》，《大公报》1948年1月8日。

②　杜微：《论一种自由主义》，《中国建设》第5卷第5期，1948年。

的历史告诉我们，各资本主义国家的政党，无论如何多法，总是代表资产阶级的利益的；至于所谓代议政治，无非是说一切有关工商利益的法案都必须由资产阶级代言人占据大多数议席的议会予以通过。政党与议会都有一个特定的社会阶层所把持，这哪里谈得上什么民主不民主。在这种制度之下的政治与经济自由，是资产阶级的政治与经济自由；绝大多数的劳苦大众是根本上既无政治自由，也无经济自由的。至于在社会主义的制度下，由于政权掌握在劳苦大众的手中，所以劳苦大众是有政治与经济自由的。"① 庞欣赞同杜、范的观点："仅凭形式上的多党制与议会政治就认为英美民主是了不得的好，是非常浅薄皮相的说法。"②

　　第四，中国能否效法英国工党实行混合经济。以《大公报》为阵地的自由主义者提倡所谓"混合经济制度"，其蓝本为英国工党所正在实行的所谓"选择性社会主义"。实际上就是拉斯基的社会民主主义。这种主张，在张东荪、张君劢成立国家社会党的政纲《我们所要说的话》中已经有了初步阐述。到 1948 年，张东荪借鉴战后东欧的经验，再次明确提出：在经济上是"容纳混合的方式"，即"混合经济"，既有私人资本，又有国家资本，还有合作社经营。对于土地问题，"实行合理的再分配"。③ 但自由主义者的这种"混合经济"主张，仍然受到了左翼人士的批评。范承祥对英国工党经济政治政策加以批判后，特别指出两个理论上的要点。其一，当作一种社会制度来看的经济制度，在它本身制度上，在它的基本结构上，都无形中设定了一个限界，是一种经济制度与另一种经济制度的分水岭。本质上实行某种经济制度的国家不能同时又

---

① 范承祥：《亟待澄清的几个问题——总评最近几篇论自由主义的文章》，《时代》第 8 卷第 6 期，1948 年。

② 庞欣：《总结关于"自由主义"的论争》，《读书与出版》第 3 卷第 4 期，1948 年 4 月 15 日。

③ 张东荪：《关于中国出路的看法——再答樊弘先生》，《观察》第 3 卷第 23 期，1948 年 1 月 31 日。

采行他种社会制度。以私人企业为中心的经济制度，即使我们已明白理解它那自由竞争的弊病，但却显然无法依据采行社会主义经济的计划经济设计。其二，生产上采取资本主义技术上的优点，分配上采取社会主义公平的优点，那是将近一百年前曾经由英国经济学家弥尔的玄想。社会财富的分配形态取决于社会财富的生产形态。在资本主义条件下生产出来，再依社会主义的方式来分配，在今日稍有经济学常识的人，都知道那是根本办不到的。根据这两个标准，范氏认为："英国的现行社会条件和社会基础既然始终没有发生过基本上的变化，所以它的现行经济制度仍然是资本主义的，其所以要故意提出混合经济制度之类的名词，不过是意图一新劳苦大众的耳目，缓和一下战后劳苦大众要求公平的情绪而已"①，实在不值得中国去仿效。

从《大公报》自由主义者与左翼人士争论的这些分歧中可以看出："这次关于自由主义的论争，代表着两种不同的立场和两种不同的方法论，一方面是有意无意地为了维护旧秩序的，另一方面则是站在革命的人民的一边的。"左翼人士认为，问题提出的方式和背景，反映出中国的内部斗争已经濒临决定的关头，尖锐严重，超越过去任何一个时期。这次论争的展开，对于当前彷徨怀疑中的知识分子，当有极良好的影响：那些真心为人民为自由但在思想上含糊不清的知识分子，会因这次论争而明白了许多问题，更加坚定他们的奋斗；那些假冒伪善帮闲帮凶的伪自由主义分子，也将因这次论争而显现出本来的面目。所以，这次论争对于中国的革命建设有很大的益处。②

政协决议的破坏、中间路线的破产及民盟的解散，标志着中国自由主义者政治运作的失败。《大公报》发起的关于自由主义的讨

---

① 范承祥：《亟待澄清的几个问题——总评最近几篇论自由主义的文章》，《时代》第 8 卷第 6 期，1948 年。

② 庞欣：《总结关于"自由主义"的论争》，《读书与出版》第 3 卷第 4 期，1948 年 4 月 15 日。

论，是中国现代自由主义者在现实层面的政治运作失败后，从学理层面所作的理论反思和思想总结。如果说上述关于自由主义的讨论是自由主义者与左翼人士之间产生分歧的话，那么在这场自由主义讨论中，以《大公报》为阵地的自由主义者对自由主义思想作了积极探索，并根据中国自由主义运动的实践，修正了一些观点，深化了对一些问题的认识，提出了一些值得重视的思想。这主要体现在四个方面。

第一，关于个人自由与大众民主关系的新认识。《大公报》社评公开申明："我们以大多数的幸福为前提。如果人类依然逗留在游牧时代，则自由主义与个人主义无妨或成为同义字。人们既集居一处，且分为国家省郡，个人自由与集体安全间必须求到和谐。个人根本是集体的成员，一人患贫穷或愚盲之影响全村正如其患麻疯一样。放下道义，即单从利己主义出发，资本主义所支持的自由企业——既是自由剥削，也是死路一条。本此，在经济上我们赞成公用事业国有，也希望生产工具尽量不属于个人。中山先生节制资本平均地权的主张迟早兑现。在文化上，我们拥护至少以初中为标准的义务教育。为了培植民主真基础，除坚持学校育才之外，不兼营政党斗争。在政治上，我们绝对赞成普选，但普选的真实基础在义务教育，否则普选永远是一种幻术。在财政上，我们拥护课富的赋税政策。"[1] 在这场自由主义讨论中，人们对自由的内涵、自由主义的理念有了较为深刻的认识。张申府指出，今日讲自由至少应注意三点。其一必须是人人自由。人人自由，乃无侵略自由，压迫自由，剥削自由。其二是要积极自由，不要消极自由，要有生存自由、学习自由、工作自由、免于匮乏的自由和免于恐惧的自由，这些都要积极的自由。其三要切认自由与组织相反相成。无自由，组织不能充实健旺；无组织，自由不得充分发展。要自由的组织，即

---

[1] 《大公报》社评：《自由主义者的信念——辟妥协·骑墙·中间路线》，《大公报》1948 年 1 月 8 日。

有自由的组织；也要组织的自由，即有组织的自由。组织正予自由以机会，自由才使组织有"灵魂"。自由在组织之中，成自觉的自由；组织于自由之下，乃是自觉的组织。他强调："中国今日唯一可能路线，自也要前进的，革命的；人民的，民主的；科学的，即也要利用科学，发展科学，更使科学服务于人民。"[1] 施复亮亦指出："自由主义者始终要求进步，不断从变革现状中求取进步。进步是自由主义的基本精神；没有进步，就没有自由主义。因为自由主义者所要求的'自由'，只有在进步的环境中才能实现。所谓'进步'，就是更多的人民获得更多的'自由'。……团结进步的力量联合进步的力量，推动中国走上进步的道路，这应该是今天中国自由主义者责无旁贷的责任。"[2]

第二，关于计划经济与思想自由关系的新认识。以《大公报》为阵地的自由主义者主张"混合经济"，主张经济民主，效法苏联计划经济模式。他们认为，以计划经济增加生产，并使社会主义制度确立下来，是苏联对于人类的一个贡献。张东荪说："计划经济是社会主义的救命汤。换言之，即社会主义与计划经济相结合乃得到新的生路。"他认为，计划经济是一个中性的名词。资本主义、法西斯都可采用计划经济。只有"用社会主义为原则以作计划方能为进步的计划经济"。所以，中国今后必须采用社会主义的计划经济，"因为只有这样方能大量增产"。[3] 中国为了发展生产必须采取计划经济，尤其必须采取进步的计划经济，但如何处理经济方面的"计划"与思想方面的"自由"的关系？张东荪主张，在采纳社会主义计划经济时，同时保留思想文化上的自由；既要促进生产，又不能损害"自由"。他强调："文化上没有自由主义，在政

---

① 张申府：《论中国的出路——对于自由主义、中间路线、知识分子的探究》，《中国建设》第 6 卷第 4 期，1948 年 7 月 1 日。

② 施复亮：《论自由主义者的道路》，《观察》第 3 卷第 22 期，1948 年 1 月 24 日。

③ 张东荪：《政治上的自由主义与文化上的自由主义》，《观察》第 4 卷第 1 期，1948 年 2 月 28 日。

治上决无法建立自由主义，中国今后在文化上依然要抱着这个自由精神的大统。文化上的自由存在一天，即使种子未断，将来总可发芽。所以使这二者（即计划的社会与文化的自由）相配合，便不患将来没有更进步的制度出现。"① 为了生产既然要用计划经济，则势必影响到政治、教育等方面的自由，如何处理社会的计划性与思想方面的自由的关系？张东荪提出了一个基本原则："计划是以增加生产，使全体人民生活水准提高为目的的，则凡自由之足以妨害生产提高，凡平等之足以使生产降低，则都应该在限制之列。"② 在经济等方面采用社会主义计划方式，在思想文化方面保持思想自由，是多数自由主义者的主张。

第三，关于革命与改良问题的新认识。中国现代自由主义者多主张和平渐进的改良，不赞同暴烈的武装革命。但在 1948 年的讨论中，自由主义者对革命与改良关系的认识有了较大变化。《大公报》社评指出："我们认为任何革命必须与改造并驾齐驱；否则一定无济于事。"开始承认革命的合理性。施复亮也指出："统治者剥削或侵害人民的自由，自由主义者便要毅然决然地站起来反对统治者，为人民争取自由，所以在人民的政权不曾建立起来或人民的自由不曾获得切实保障以前，自由主义者必然要跟广大人民站在一条阵线上去反对统治者。自由主义者多半希望采用渐进的改良的方法去求得政治、经济和社会各方面的进步，但当他发现了统治者顽固反动，绝无改良希望的时候，他也会毅然决然走上革命的道路。"③ 在 1946 年出版的《理性与民主》中，张东荪对革命是持反对态度的。他直言不讳地批评中共把革命当作目的，当作一种长期

① 张东荪：《政治上的自由主义与文化上的自由主义》，《观察》第 4 卷第 1 期，1948 年 2 月 28 日。

② 张东荪：《政治上的自由主义与文化上的自由主义》，《观察》第 4 卷第 1 期，1948 年 2 月 28 日。

③ 施复亮：《论自由主义者的道路》，《观察》第 3 卷第 22 期，1948 年 1 月 24 日。

的过程的做法："我敢正告社会主义者中对于民主有感情的人们：我们在马克斯与恩格斯的文献上不是寻着建立共产社会如果万一竟有不由革命亦未尝不可的一类话么？可见他们……始终把革命当作手段。手段之使用与否须看目的之达到如何而定。只须达到目的即不限定必用这种手段，而把革命当作过程，且当作必然的过程。一切弊病即出于此。"① 在 1947 年 10 月所作的《论政治斗争》中，他却说："但我现在来讨论斗争，却亦十二分承认斗争是一个铁样的事实。斗争的由来是由于有个斗争的对象。人类社会所以不能达到理想境界就是由于有人或一些人甘心作斗争的对象，来和全社会的福利挑战。"② 这显然是一个重大变化。

1948 年 7 月 20 日，张东荪在《北大半月刊》第 8 期上发表《纪念闻李二先生——民主与革命之关系》，他将革命与民主结合起来考察，认为民主主义与革命是密不可分的，表示了对革命斗争的同情。他指出，"须知民主与革命分开这不是民主的原义，乃只是后来的态度"。他劝告那些反对革命的知识分子说："须知历史上所有革命期前都有平和改革的尝试，只是因为不能成功，所以才迫得不能不走革命的路，并不是开始即主张革命。民主不易由平和而得，历史早告诉人们了。"他断定，"历史上所有民主的实现没有不是由于流血所换的。不流血的革命只是革命的例外，而不是常规"。③ 他公开承认革命有其客观性，并强调革命的爆发不是一个理论问题，而是与实际境况密切相关的问题；革命是否使用暴力，是否使用无产阶级专政，乃由革命的实际境况决定。他说："一个国家的政治到了非革命不可的时候也就只有革命这一条路。"④

第四，关于自由获得方式的认识。施复亮指出，自由主义者所

① 张东荪：《理性与民主》，商务印书馆 1946 年版，第 146 页。
② 张东荪：《论政治斗争》，《国讯》第 1 卷第 1 期，1947 年 10 月 10 日。
③ 张东荪：《纪念闻李二先生——民主与革命之关系》，《北大半月刊》第 8 期，1948 年 7 月 20 日。
④ 张东荪：《论真革命与假革命》，《展望》第 2 卷第 24 期，1948 年 10 月 30 日。

走的道路，不但不排斥别人同路，而且极欢迎别人同路。自由主义者必须认清自己所走的道路，只有获得广大人民中间的一部分或一分子，以广大人民的利害为自己的利害，以广大人民的要求为自己的要求。这样，自由主义者的目光才会看到多数人的自由，不只是看到少数人的自由。自由主义者必须以自由的性质、种类、范围，以及获得自由的人数的多寡，来衡量一个社会或国家的自由程度。"在国共两党统治之下，哪一个区域自由比较多些或者更不自由些，也要拿这种标准来衡量。自由主义者不但不能满意国民党统治之下应当努力争取'自由'，在共产党统治之下也要有勇气争取'自由'；但他所争取的应当是多数人的自由，不应当是少数人的自由。只有这样，'自由主义者的道路'才是正确的道路。"①

施复亮对中国民主自由之获得方式作了认真研究，认为自由和民主是要人民自己用力量去争取的，不是任何人所能恩赐的。他说："不仅国民党不能赐给人民以自由和民主，就是共产党也不能赐给人民以自由和民主。只有到了一国的政权真正被掌握在多数人民的手里，由多数人民的意志来决定一国的政策，才算真正实现了民主，才能切实保障人民的自由。一个进步的政治集团，永远跟人民站在一道，也就能够跟人民一同争取并保障自由和民主。自由主义者倘若能够跟广大人民共同争取自由和民主，能够在民主运动中表现自己的力量和作用，也就必然能够保障自己和广大人民的自由。我以为保障人民的自由要靠人民自己，保障自由主义者的自由也要靠自由主义者自己。而且自由主义者的自由，主要是用来保障广大人民的自由的，不仅是用来保障自己的自由的。"②

有人说：在国民党统治之下，人民固然没有自由；在共产党统治之下，人民也不见得有自由，甚至更不自由。还有人说：国民党

---

① 施复亮：《论自由主义者的道路》，《观察》第3卷第22期，1948年1月24日。
② 施复亮：《论自由主义者的道路》，《观察》第3卷第22期，1948年1月24日。

固然不肯给我们自由，共产党也不见得肯给我们自由。对于这两种议论，施复亮强调指出："第一、中国国民党不等于欧美各国的资产阶级政党，中国共产党也不等于苏联或其他国家的共产党，我们不可用完全欧美政党的眼光和标准来衡量这两个政党；无论好坏，都应当根据当前的实事。第二、在内战时期，尤其在战争区域，为了军事的目的，是不会有真正的自由的，也不会真正的实现民主。在这时期，希望国民党统治区域实现真正的民主，固然是一种空想，要在中共统治区域实现广泛的民主恐怕也是一种奢望。要实现真正的广泛的民主，切实保障人民的各种自由，只有在内战彻底停止，和平真正恢复以后。"① 施复亮强调"保障人民的自由要靠人民自己，保障自由主义者的自由也要靠自由主义者自己。而且自由主义者的自由，主要是用来保障广大人民的自由的……倘使自由主义者能够这样来利用自己的自由，那就一定能够获得广大人民的支持"。他认为"这是今天中国自由主义者争取自由的正确道路"，因为"决定中国前途的力量，不仅是国共两党，还有自由主义者和国共两党以外的广大人民。这是第三种力量，也是一种民主力量。这一力量的动向，对于中国前途的决定，具有举足轻重的作用"。施复亮将获得自由的重任托付于中国的自由主义者。他指出："自由主义者，可能不是革命主义者，但必然是民主主义者。中国民主政治的实现，必然有待于自由主义者的努力。只有自由主义者，才能自由批评'异见'，同时充分尊重'异见'。只有自由主义者，才能始终坚持民主的原则和民主的精神来从事民主运动，解决政治问题。"②

中国现代自由主义运动遭受严重挫折乃至失败的现实，使不少自由主义者更冷静地看待自由主义在中国的处境及未来的命运。张东荪回顾中国现代自由主义思潮与运动的发展演变历史之后，把自

---

① 施复亮：《论自由主义者的道路》，《观察》第 3 卷第 22 期，1948 年 1 月 24 日。
② 施复亮：《论自由主义者的道路》，《观察》第 3 卷第 22 期，1948 年 1 月 24 日。

由主义分为两种：政治的自由主义与文化的自由主义。所谓政治的自由主义就是旧式的自由主义，具体而言就是民国初期的宪政论，如制定宪法、进行选举等。这样的自由主义，在经济方面的放任政策，使资本主义得以发展，从而形成了"贫富不均""对外愈趋于侵略"等弊端。世界的资本主义已经到了推车撞壁之时，中国焉能如西方18世纪那样实行政治的自由主义？所以，张东荪认为，这种民国初年的宪政主义"决不足为今天战后立国与建设之方针"。他承认："政治上的自由主义在今天二十世纪已是过去了。"①所谓文化的自由主义，在张东荪看来，只是一个批评的精神与一个容忍的态度，而不是具体的主张。他说："所谓文化上的自由主义却和政治上的自由主义很有不同。政治上的自由主义可以形成一个党，或名为自由党，或名为民主党。而文化上的自由主义并不须有固定的内容。只是一种'态度'，而不是具体的主张。无论何种学说或思想，只要由严格的逻辑推出，有充分的实事为证据，换言之，是由于科学方法而成，则都可为文化的自由主义者所承认。"他认为，政治上的自由主义，即旧的民主主义已经过时，而文化思想上的自由主义，是"人类文化发展上学术思想的生命线。中国今后要吸收西方文化，进一步要对于全世界文化有所贡献，更不能不特别注重这个自由"。②

《大公报》发起的这场关于自由主义的讨论，是在抗战结束后中间路线即将彻底破产、自由主义运动遭到严重挫折之时发起的。在中国自由主义知识分子面临抉择之时，《大公报》树起了"自由主义"的旗帜，显示了他们难得的道德勇气和批判精神，堪称中国自由主义的"绝唱"。《大公报》公开进行的自由主义讨论，实际上可以看作中间路线的继续，是在自由主义政治运动受到挫折后

---

① 张东荪：《政治上的自由主义与文化上的自由主义》，《观察》第4卷第1期，1948年2月28日。

② 张东荪：《政治上的自由主义与文化上的自由主义》，《观察》第4卷第1期，1948年2月28日。

的一次思想抗争。然而，这种来自欧美的自由主义思想，在国共两党那里都被当作可怕的妖魔，遭到空前未有的挤压。对此，《大公报》社评回顾说："本报那篇论《自由主义者的信念》的社评刊出后，全国由平津以至京沪港粤都发生了迥然不同的种种反响。……单就驳责我们的文章看，来路大约不出三个方向，论调可概括为五。所谓三个方面，即是代表集团的左与右，及代表个人的'中间'。在左右阵垒里，又各有'迎'与'拒'两种论调。右方面'迎'我们的，说你们主张'三民齐重'，岂不刚好志同道合？'拒'我们的则很少正面驳斥。有的比我们作黄老墨家，有的责备该文未以戡乱作结论，因而还不免'民族失败主义'的嫌疑。左方面'迎'的方面说：'自由主义不应当反对社会主义及共产主义，因而即不应当反对苏联，尤其不可反对共产党。''拒'的方面论点也不一。其中责备我们最严苛的是'此非时也'。因而怪自由主义者'早不喊，迟不喊，却在此时喊了自由平等'。"①

在国民党政府的严厉打压下，不仅参与这场讨论的众多刊物受到严重摧残，而且中国所谓的自由主义者也受到了程度不同的迫害。而共产党领导和影响的左翼势力对自由主义者进行了严厉的批判。他们指责道："当《大公报》的老板胡政之早已放下了第三方面的假面具的时候，《大公报》却要来宣传什么'自由主义'的'中间路线'，当英法工党和社会党上层右翼分子已完全向国内外反动力量投降的时候，《大公报》却要来宣传什么'第三方面势力的抬头'，这当中的阴谋还不洞如观火吗？"② 应该看到，中共对自由主义者坚持和宣传的中间路线思想进行了严厉的批判。这种批判在国共内战爆发后实际上已经开始，而在《大公报》发起自由主义讨论后更是直接和严厉。1948 年 3 月《大众文艺丛刊》的第一

---

① 社评：《政党·和平·填土工作——论自由主义者的时代使命》，《大公报》1948 年 2 月 7 日。

② 于怀：《追击中间路线》，《自由丛刊》第 11 种，1948 年 1 月 28 日。

辑上，身为当时左翼文坛领袖的郭沫若发表了《斥反动文艺》一文，毫不留情地把《大公报》和萧乾一起扣上了一顶"反动"的帽子："御用、御用、第三个还是御用，今天你的元勋就是政学系的大公！鸦片、鸦片、第三个还是鸦片，今天你的贡献就是《大公报》的萧乾！"①言辞相当激烈。胡绳发表题为《为谁"填土"？为谁工作？——斥〈大公报〉关于所谓"自由主义"的言论》的文章，潘汉年主持的《华商报》上刊登了一幅名为《两"胡"于"途"》的讽刺漫画，画的是胡适背着自由主义的红十字药箱，挽着《大公报》社长胡政之，胡政之一手举着《大公报》，一手拉着蒋介石的无头僵尸。

民盟解散后，中国第三方面势力开始分化。1948年初，民盟内部左翼势力在沈钧儒、章伯钧主持下在香港召开三中会议。这次会议检讨了过去的政纲政策，对当时的政治形势重新作了估计，确定以后应走的政治路线和新的工作方针。按照这一宗旨，全会首先通过了《三中全会紧急声明》，决定恢复民盟的领导机构，"为彻底摧毁南京反动政府，为彻底实现民主、和平、独立、统一的新中国而奋斗到底"。随后民盟响应中共召开新政协的号召，走上了与共产党合作的道路。而此时参加《大公报》关于自由主义讨论的民盟成员，多为政治上中性或偏右的所谓自由主义者。他们尽管赞同自由主义，坚持中间路线的主张，但在国共决战的胜负已有定局，中国的出路已经明晰的情况下，也程度不同地发生剧烈分化：或者倾向中共，或者继续保持中立。1948年秋以后，在国民党的政治高压和其生活现状日益恶化的严峻情况下，自由主义知识分子面临着更剧烈的分化和抉择，不仅自由主义的实际政治运作难以进行，而且自由主义的精神诉求也难以为继。在国共两种势力的打压之下，知识分子本身面临着生存和出路问题，针对自由主义的讨论更是由此消寂。

---

① 钱理群：《1948：天地玄黄》，山东教育出版社1998年版，第31页。

　　自由主义运动在中国的失败，显然有着深刻的社会原因。中国的自由主义者过高地估计了"第三方面"的力量，以为中国社会是中间大、两头小，国共分别代表两头小的，而自己代表那占人口大多数的中间阶层。实际上，中国社会恰恰是两头大而中间小的结构，中间阶层不仅人数少，而且因松散而缺乏力量。在国共两强之间，没有掌握武力与群众的中间势力，难以有所作为。美国学者格里德对中国自由主义失败的分析，是颇值得重视的："自由主义在中国的失败并不是因为自由主义者本身没有抓住为他们提供的机会，而是因为他们不能创造他们所需要的机会。自由主义之所以失败，是因为中国那时正处于混乱之中，而自由主义所需要的是秩序。自由主义的失败是因为，自由主义所假定应当存在的共同价值标准在中国却不存在，而自由主义又不能提供任何可以产生这类价值准则的手段。它的失败是因为中国人的生活是由武力来塑造的，而自由主义的要求是，人应靠理性来生活。简言之，自由主义之所以在中国失败，乃因为中国人的生活是淹没在暴力和革命之中的，而自由主义则不能为暴力与革命的重大问题提供什么答案。"①

　　1948年9月4日，当《大公报》发起的这场自由主义讨论即将拉下帷幕时，中国自由主义的代表人物胡适，在北平电台作了一场《自由主义》的演讲。他说："我做驻美大使的时期，有一天我到费城去看我的一个史学老师白尔教授，他平生最注意人类争自由的历史，这时候他已八十岁了。他对我说：我年纪越大，越觉得容忍比自由还更重要。这句话我至今不忘记。为什么容忍比自由还更紧要呢？因为容忍就是自由的根据，没有容忍，就没有自由可说了。至少在现代，自由的保障全靠一种互相容忍的精神，无论是东风压了西风，还是西风压了东风，都是不容忍，都是摧残自由。多数人若不能容忍少数人的思想信仰，少数人当然不会有思想的自

---

① 〔美〕格里德：《胡适与中国的文艺复兴》，江苏人民出版社1989年版，第368页。

由，反对来说，少数人也得容忍多数人的思想信仰，因为少数人若时常怀着有朝一日权在手，杀尽异教方罢休的心理，多数人也就不能不打'斩草除根'的算计了。"① "容忍比自由还更重要"，中国自由主义的先驱这样教导后继者。

① 胡适：《自由主义》，《创进》第 1 卷第 13 期，1948 年 10 月 9 日。

第 十 章

战后国民党宪政理念及独裁思想

    抗战胜利前夕中共召开的七大和国民党召开的六大，立即成为人们关注的焦点。这两个大会，确定了国共两党战后的基本方针政策。国民党顽固坚持一党专政，不愿开放政权，企图仍然走独裁内战的老路；中共则提出了建立联合政府的主张，提出将中国建设成一个独立民主富强的新中国。战后的中国面临着两个前途的抉择：是让中国人民走上独立富强民主的新中国，还是让中国继续走半殖民地半封建的老路？决定中国政局的重要方面是中国国民党，实行专制统治、扩大官僚资本是它一贯的方针。在战后时代潮流推动下，尽管国民党不得不打出和平建国、实行民主政治的旗号，但根本不容许改变其一党独裁的国家实质，反而玩弄宪政把戏，通过召开制宪国大来强化专制统治和特务政治，在"反共戡乱"名义下顽固坚持个人独裁和一党专政，维护官僚资本的根本利益的，最后遭到中国人民的唾弃。

一 以和谈方式解决中共问题的政治方略

    抗战后期，中共希望联合各方力量压迫国民党放弃一党专政，而国民党由于战时自身实力的消耗以及社会各界的强大压力，不能不赞同"宪政"，希望通过国大制宪体现政权合法性。国民党对中共的态度，逐渐从军事武力解决方式转变为政治方式解决为主，国共之间开始进行政治谈判。1942 年 11 月发布的五届十中全会宣言及 1943 年 9 月五届十一中全会上蒋介石对中共问题之指示，均认为中共问题是政治问题，应用政治方法加以解决。1944 年 5 月以后，国民党与中共多次商谈，企求得到解决方法。1945 年 3 月 1 日，蒋介石在宪政实施协进会致词说："凡我国人，莫不关心四万万五千万同胞未来之前途，亦莫不深明其本人对于其后世继起者应尽的责任，决不愿重视国家发生内战，亦必能深悉政府历年来委曲求全的事实，准备随时与共产党商筹一个根本解决的办法。"①

1945 年 5 月，国民党第六次全国代表大会重申了政治方式解决中共问题的方针。大会通过的《对中共问题决议案》一面指责中共"仍坚持其武装割据之局，不奉中央之军令、政令"；一面表示："在不妨碍抗战，不危害国家之范围内，一切问题可以商谈解决。"其云："为巩固国家之统一，确保胜利之果实，中央自应秉此一贯方针，继续努力，寻求政治解决之道。所愿中共党员，亦能懔于民国缔造原非易事，抗战胜利犹待争取，共体时艰，实践宿诺，在不妨碍抗战、危害国家之范围内，一切问题可以商谈解决。"国民党"六大"内部通过的《本党同志对中共问题之工作方针》，污蔑中共"最近更变本加厉，提出联合政府口号，并阴谋制造其所谓'解放区人民代表会议'，企图颠覆政府，危害国家"，明确表示反对中共建立联合政府的主张，要求国民党全体党员提高警惕，以便贯彻政治解决之方针："凡我同志均应提高警觉，发挥革命精神，努力奋斗，整军肃政，加强力量，使本党政治解决之方针得以贯彻。"

抗战胜利后，国民党对中共的态度经历了从政治和谈到武力解

---

① 蒋介石：《在宪政促进会上的讲话》，中国人民解放军政治学院党史教研室编印：《中共党史参考资料》第 9 册，第 488—489 页。

决的重大变化。作为执政党的国民党，战后不仅面临着恢复重建的工作，而且面临着怎样对待共产党的问题。国民党内部各派系反共立场是一致的，但在具体做法上有分歧。究竟是采用内战方式还是实施和平方式，国民党内存在各种不同的思路。国民党内顽固派主张对中共采取军事解决的办法，而国民党内政学系担心战后国共关系恶化，积极主张用政治方式解决中共问题，故建议蒋介石邀请毛泽东到重庆谈判。《中央日报》总主笔陶希圣说："谈判的办法是政学系想出来的。政学系想用软的一套手法把共产党吃掉，谈何容易！可是现在动大手术也不是时候，国内有厌战情绪，国际形势也不允许中国打内战，一打起来我们更被动。"① 政学系策划国共重庆谈判，其目的在于以谈判方式迫使中共就范，从而维持国民党的执政地位。

　　由于国民党军事准备不足，蒋介石不能不考虑全国人民要求和平建国的愿望，也不能不重视国内外舆论反对内战的倾向，故企图通过和平谈判迫使中共妥协，用政治方法削弱或彻底瓦解中共。因此，蒋介石接受了政学系邀请毛泽东到重庆谈判的建议，并确定了战后初期所谓"和平建国"方针：一方面积极恢复战后社会秩序，加速进行复员工作；另一方面提出"军队国家化""政治民主化"两大要求，政治解决中共武装和解放区问题。蒋介石解释说：关于军队国家化，"则为全国军队统属于国家，在我国领土之内，不再有私人的军队，亦不再有任何一党的军队，务使全国军队皆受国家的编组，尊重军令与政令的统一"。关于政治民主化，"则为国民大会的及早召开，社会贤达与各党领袖分子的参加政府，人民自由的保障，政党合法地位的承认"。② 蒋介石后来解释说，战后国民党内"多主张用武力扫除革命的障碍，开辟建国的道路"，但考察

---

　　① 中共重庆市委党史工作委员会等：《重庆谈判纪实》，重庆出版社1983年版，第419页。

　　② 蒋介石：《第六届中央第二次全会开幕词》，《中国国民党第六届中央执行委员会第二次全体会议记录》，中国国民党中央执行委员会秘书处1946年3月编印。

国际形势的变化、社会经济的穷困与人民生活的痛苦，认为"武力压倒一切的计划决不能采用"。因此在抗战胜利之初，国民党确定了对中共和平谈判政策："我们认定惟有和平才能达到建设的目的，惟有不轻用力量才能保持真正的力量。"①

在战后初期复杂的国际背景和国共对垒的政治局势下，国共双方一面寻求近期政治上、军事上的妥协，一面为下一步的斗争积极准备，遂于1945年8月下旬进行了重庆谈判。抗战结束后，美苏分别确认了国民党的唯一合法地位，并决定原日本占领区由国民党接收，这在政治上，打乱了国共关系的原有结构，造成中共试图打破国民党法统的政治进程骤然中断；在军事上，因日占区大部变为国统区，极大增强了国民党的实力。因此，重庆谈判是在对蒋有利而对中共不利的基本条件下进行的。在重庆谈判过程中，国共双方在军队问题、解放区问题、政治问题和国民大会问题上各自提出了自己的条件，但因双方条件与对方的期望相距甚远，故很难短期取得成效。国民党和谈的预期为：对中共或以和平方式"统一"之，或以武力消灭之，利用一切可能的机会削弱乃至消灭共产党，至少要将其变为没有武装、不掌握根据地、在政治上无足轻重的小党派。中共在谈判中一方面采取迂回方针，以收回"联合政府"口号和承认国民党法统作为谈判基础，另一方面在解放区问题上则寸步不让，最终以维持现状而结束谈判。国共双方经过反复商谈，虽然在军队改编和解放区政权问题上始终未能获得一致意见，但在和平建国的基本方针、保证人民自由、承认党派合法、召开政治协商会议等问题上达成了一致意见，签署了《政府与中共代表会谈纪要》，史称《双十协定》。重庆谈判使国民党蒋介石被迫"承认了和平团结的方针和人民的某些民主权利，承认了避免内战，两党和平合作建设新中国"。

---

① 《总统蒋公思想言论总集》卷21，台北，中国国民党中央委员会党史委员会1984年编印本，第278—279页。

"边打边谈"是战后初期国共关系的基本格局。国共重庆谈判争执的焦点是国家统一问题，即如何处理两党的军队以及"法统"和解放区政权关系问题。在这两个问题上，中共的基本立场是：强调国家—政府处于国民党党治之下，因此一党不能统一另一党。其核心政治理念是：将国家（政府）与国民党分开，从而将国共双方关系确立为政党与政党的关系，而不是政府与政党的关系。而国民党的核心政治理念则是：强调中华民国为国民党所创造，故国民党有权治理人民，国民党代表政府和国家。其目的是将国家（政府）与国民党合为一体，从而将国共双方关系确立为政府与被统治的政党（民众）的关系。最能代表国民党这种政治理念的是张治中与中共代表王若飞的对话。王若飞质疑国民党说："你们国民党作了些什么？"张治中回答："国民党领导国民革命，推翻满清专制，创造中华民国，彼时中国共产党尚不知在何地方。一个国家必有政府，有了政府，必须承认政府与人民的关系，你们既承认国民政府，即须将一切问题，在政府法令规章所能允可的范围之内求得解决。"① 在张治中看来，中华民国既然由国民党创建，那么国民党行使国家权力便是天经地义。张治中显然是把国民党与国家（政府）看成一个整体，而人民（指中共）必须服从国家（指国民党）领导。从理论上讲，"武装力量的国家化"是现代民族国家的基本要求，但在国民党一党专政的中国，控制着国家政权的国民党要将中共的武装力量纳入其治下和取消解放区政权，显然是国民党吞并和消灭中共的方式和借口，不可能被中共接受。在中共看来，把军队和政权交给一个民主政府是可以接受的，但要交给并不是建立在民主宪政基础上的国民党政府，等于自毁生存权利。因此，中共提出军队国家化的前提是政治民主化，首先建立民主宪政的政府，然后才能将中共掌握的军队交给这个民主宪政的国家，这是有充分政治依据和现实考量的。

---

① 参见邓野：《论国共重庆谈判的政治性质》，《近代史研究》2005 年第 1 期。

抗战胜利初期，国民党抢占抗战胜利果实，企图垄断受降权，遭到中共及其所领导的武装力量的坚决抵制，双方在一些地区发生激烈冲突。重庆谈判之后，国共双方仍处于激烈的政治对抗与军事冲突中，并以占领更多地盘、尽最大可能争取并确立未来优势地位为双方的基本战略方针。蒋介石下达"剿匪"密令，命令国民党将领遵照其所订《剿匪手本》，"督励所属，努力进剿，迅速完成任务"。但国民党军队在华北接连受到中共军队重创，迫使国民党不得不回到用政治方式解决中共问题之和谈轨道上。

军事上的胜败，是蒋介石观察政治问题并决定政策的出发点。鉴于重庆谈判后国民党在华北的军事屡遭失利，再加上受国民党内政学系积极主张停止军事冲突的影响，蒋介石认识到与中共进行全面武力对抗的时机尚不成熟，故表示愿意与中共在内的各党派通过政治协商方式解决冲突。这样，当国内中间党派要求国共双方应即分别明令前方部队停止前进、停止武力冲突、早日召开政治协商会议的呼声日渐高涨之际，尤其是美国总统特使马歇尔为"调停国共争端"来华进行斡旋时，国共便开始谋划恢复政治谈判。1945年12月27日，由美国居中调停的国共谈判正式开始，并很快达成《关于停止国内军事冲突办法》。其要点为：停止国内各地一切军事冲突，恢复一切交通，国共两党各派出代表1人，会同马歇尔迅即商定实施办法等。接着，国共双方代表张群、周恩来会同马歇尔组成三人小组，就有关停止冲突、恢复交通等问题，讨论具体解决办法。1月10日，张群和周恩来分别代表国共双方在停战协定上签字；蒋介石、毛泽东分别对各自所属部队下达停战命令，除东北以外，全国基本实现停战，国共之间力谋通过政协会议的方式解决问题。

在重庆谈判会谈纪要中，国民党同意召开政治协商会议，邀集各党派代表及社会贤达，协商国是，讨论和平建国方案及召开国民大会各项问题。1946年1月10日，国共签署关于停止冲突及恢复交通的命令和声明的同时，政治协商会议在重庆召开。如果说重庆谈判时以军队国家化为主题，那么政协会议则变为以政治民主化为主题。政协会议的实质是要求国民党政府改组，与之相关的是如何对待一党训政的法统。国民党内部在这个问题上发生了严重分化。强硬派如陈诚等认为，须先军队国家化，然后始能政治民主化，否则，中央政权公开了，而共产党军队仍不交出，将为国家无穷之害。① 温和派如孙科、王世杰等则主张"亲苏和共"。国民政府为什么要召开政治协商会议？孙科认为："因为我国要完成抗战建国的工作，必须团结统一。尤其是建国工作，必须在和平、民主之条件下，方能开始进行。故军队国家化为当前必须解决的问题。而军队国家化又必须用政治方法来完成。"他强调："政协会议召集的目的，是邀集各党派代表和社会贤达来共商国是。我们所要商讨的是国家由战时渡到平时，由抗战进到建国的基本方案，也就是怎样集中一切力量，增强一切力量，以开始建国工作的问题。国民党建国工作，必须实行三民主义。所以，我们一方面努力促成国民大会如期召集，民主宪政之及早实施，同时我们要在国民大会召开以前，集思广益，群策群力，求消除一切足以妨碍意志统一、影响秩序和延迟复兴建设的因素，以充实我们建国的力量，加速我们建国的进行。政府召集本会议的旨趣，就在于此。"②

　　鉴于战后初期复杂的国内外环境，蒋介石企图以政协这个"协商"或"咨询"机构，作为获取国内社会舆论和美国支持的手段，争取政治上的主动。蒋介石在军事复员会议上专门解释召开政协会议之原因为：军队疲劳与空虚；官兵精神松懈，志气消沉，士气不振，纪律废弛，漠视命令；民众痛苦，经济凋零，社会困苦，大家希望安定，厌倦战争；国际上美国希望中国统一，希望现政府成为强有力政府，但不希望一党专政，如果先动武，国际舆论必有不利

---

① 公安部档案馆编注：《在蒋介石身边八年——侍从室高级幕僚唐纵日记》，群众出版社 1991 年版，第 582 页。

② 孙科：《有关政治协商会议之报告》，《中央日报》1946 年 3 月 8 日。

反响。故本会议可说是一种政策，希望大家忍耐，在自己岗位上埋头苦干，克服困难。蒋介石对政协会议的态度根本上是为了应付国内外环境的压力。然而政协会议的结果将使中国走向多党民主道路，势必动摇国民党和蒋介石个人的独尊地位，使其感到了危险。

1946 年 1 月 10 日，政治协商会议在重庆开幕。政协所要解决的关键问题是如何在中国实现政治民主化与军队国家化。国民党要求先军队国家化，后政治民主化，用蒋介石的话就是："对共条件应着重在军队统一与统辖于中央，而对政治方面尽量开放为主。"①而中共则坚持先政治民主化，后军队国家化，即国民党只有先改组专制政府，允许各党派参政，中共才能考虑改编其军队成为国家军队问题。

政协会议关于军事问题的决议案共分四项：建军原则、整军原则（实行军党分立，实行军民分治）、实行以政治军办法、实行整编办法。孙科认为："这些原则和办法，都是达到军队国家化所必由的途径，与纲领中的军事部分亦相符合。"在他看来，政协会议后军事三人小组会议协议、完成之关于军队整编及统编中共军队之基本方案，"就是根据这个方案的实施，希望军队整理能如期完成，使一切军队属于国家，军人责任在于卫国爱民"。②国民党试图通过和平方式将中共军队纳入国民党一党专政的国民政府控制下，中共则坚持军事独立，并通过和平方式实现国家政治民主化。

1946 年 2 月，在马歇尔的调停下，国共两党在政协会议后达成整军协定。由于中共与国民党长期的对立，双方缺少基本的信任，所以，即使中共在政协前后一段时间里对中国前途较为乐观，但仍保持着一定的警惕，尤其是对于军队整编问题相当慎重。由于军队是中共在国民党压迫下赖以生存和发展的主要基础，故政协会

①　秦孝仪主编：《总统蒋公大事长编初稿》卷五（下），台北，中国国民党中央委员会党史委员会 1978 年印，第 910 页。

②　孙科：《有关政治协商会议之报告》，《中央日报》1946 年 3 月 8 日。

议后中共党内反应较为强烈的也是军队问题。整军谈判开始后，马歇尔提出国共军队混编方案，引起中共的疑虑。2 月 12 日，中共中央在讨论整军方案时，决定与国民党合作，但毛泽东特别强调中共的独立性。根据政协决议军党分立、军民分治、以政治军的原则，国共经过谈判达成了《关于军队整编及统编中共部队为国军之基本方案》，规定在 18 个月内政府军缩编为 50 个师，中共军缩编为 10 个师，合编为 20 个军，并规定各军的配置地点。军队问题就始终是国共之间争执不下、最难妥协的关键问题之一。整军协议的达成是继政协决议之后，中国民主化进程的又一大步。此次整编国民党军队减员数量更大，人心浮动，军队战斗力下降。国防部所标榜的"平均裁减"原则并未落实，整编绕开了敏感的军队派系问题，国民党方面被裁减最多的是它统辖的各地方军事集团，中央嫡系集团则通过新建军队达到了扩充目的，并通过更换地方军队军师主官、调换编制等方式，加大了中央对地方军事集团的控制。从蒋介石对地方军事集团所采取的不同整编力度可以看出，整编工作同时在为国共内战进行积极准备。

　　蒋介石在政协会议后警告国民党要学会用政治方式，而不单纯使用武力方式解决中共问题："我们今后建设国家，必须摒除武力斗争的方式，而以政治的精神和道德感召全国人民，促使建国的成功。万一我们本着这种和平忍让为国的精神，还不能避免反动势力的叛变，我们自然可以采取有效的对策。"他批评党内强硬派说："总以为政权和武力既然操于我们的手中，我们何妨用宪兵、警察来做后盾，用枪杆来做斗争的工具。结果完全依赖政权和武力，不去深入群众，组织群众，不能打入社会的基层，发生领导的作用。这种斗争的方式，一定要归于失败。完全依赖既得的政权和武力来解决一切问题，是最卑劣的手段，一个伟大的革命政党，决不愿采取这种手段的。"①

----

① 《总统蒋公思想言论总集》卷 21，第 278—279 页。

蒋介石在国民党六届二中全会期间讲话说："政府对于军队整编问题，早经有所决定，已在着手实施，将来还要按照纲领与方案的规定，继续推进。至于中共方面的军队整编，自然也要依照纲领与方案切实整编。本来军政、军令的统一，为立国必需的基本条件，这不仅是全国饱经痛苦的同胞所一致要求，也是各党各派一再声明，认为不可否认的原则。现在协商会议已有结果，纲领方案均经商定，我们当前最为急要的任务，就是要使全国所有军队，不分党派，不分地区，都能听命于政府，一律受政府的指挥，以达到纲领（与方案）所定军令、军政和军制统一的标准。"[①]

但随着国民党六届二中全会对政协会议决议的反弹，两党关于军队整编问题的实施出现了较大问题。国民党六届二中全会《对于政治协商会议报告之决议案》强调"军队国家化乃和平建国之先决条件"，并以强硬态度要求"中国共产党务须切实履行"政协会议军事小组所订之《军队整编及统编中共部队为国军之基本方案》，"尤其目前一切停止冲突，恢复交通之成议，必须迅确实现，封锁、围城、征兵、扩军及军队之调动，必须即刻停止，裨全国秩序得以恢复，人民痛苦得以苏解"，唯有如此，方能扫除"军队国家化之障碍"。国民党六届二中全会通过的《宣言》，坚持国民党"军队国家化"的原则："要贯彻军队国家化，以立和平统一的基础。军队国家化是政治民主化的主要条件。惟有军队国家化，军令能够贯切，国家获得了名实相符的统一，才可以真正实现民主。"对中共拥有军队予以责难并督促中共遵守停战及整编协定："武力割据是反民主的，任何国家都不应该有这种现象。如果军令、政令不能统一，地方秩序到处扰乱，人民最基本的安居乐业尚无保障，更何从实施建设。政府所颁布的停止军事冲突，恢复交通的命令，以及最近军事三人小组所议定的整军和统编方案，必须全国一律遵守，全部贯彻，才不负我们为国忍让，以求和平团结的苦心，才可

---

① 转引自孙科：《有关政治协商会议之报告》，《中央日报》1946 年 3 月 8 日。

使饱经痛苦的同胞获得一个休养生息的机会。本会检讨当前的事实，不能不坚决要求中共部队即速停止继续攻袭和妨碍统一的行动，使和平建国的工作得以顺利进行，而实行民主才不致徒托空言。"蒋介石在会议闭幕词中说："我还要切望中国共产党能与我们政府一样的真诚，对于议定的方案忠实履行，勿作轨外的行动，勿生意外的枝节。"①

国民党六届二中全会所表现出的对共强硬态度，意味着国民党战后对中共政策的重要转折，主导战后对共缓和政策的温和派失势，强硬派全面反攻，在蒋介石的默认与支持下，实际推翻了政协决议，开始对中共采取强硬政策。国民党六届二中全会的逆转，使中共改变了原先对于形势的估计。国民党反对政协决议的立场已经明朗化，中共对国民党和蒋介石的态度随之发生重大变化。国民党二中全会的逆转导致了国共关系的恶化，国民党从和平解决中共武装转向以武力根本解决中共问题，挑起了规模空前的国共内战。

1946年6月，国民党挟其实力优势，向中共发起军事进攻，全面内战爆发。国民党军在战场上屡遭败绩，开战不过一年便由攻转守，其统治后方更是陷入政治、经济、社会的全面动荡之中，由此引致国民党不得不实行所谓"戡乱动员"，企图集中全力与中共一搏。

国共内战爆发之初，蒋介石和国民党高级将领多数认为，战争将很快以国民党胜利及中共失败而告终，故悍然召开没有中共和民盟参加的制宪国大，继之于1947年3月断然破裂国共关系，表现出政治与军事的强势。然而，国民党军很快在战场上屡遭败绩，由攻转守。军事失利而招致国民党统治的重大危机。政治方面，未能整合社会各阶层的支持，反而疏远了部分中间力量；经济方面，未能控制通货膨胀的恶性发展，经济重建步履蹒跚；社会方面，未能有效因应各种矛盾，致使学潮频起、社会动荡、民众不满；外交方

① 《总统蒋公思想言论总集》卷21，第278—279页。

面，对美对苏外交均无重大突破，国际支援未达其预期；其党内重重矛盾与派系纷争不断激化。国民党统治陷入政治、经济、社会的全面动荡之中。①

全面内战开始后，国民党迟迟未能进行公开的战争总动员。战争之初，为了对外维持"和平"表象，国民党动武的名义是"恢复交通""难民还乡"等。随着军事失利而导致的社会动荡，蒋介石深感有实行总动员、加强统治之必要。1947 年 3 月，国民党举行六届三中全会，如何集中力量"讨伐"中共成为会议的主题之一。张继领衔提出《请对共产党问题重行决定态度以维统一而保民生并利宪政之实行案》，要求对中共采取强硬态度。全会公开宣示，对中共"军事叛乱自不能不采取坚决迅速之措置，而予以遏止"。会议通过的《宣言》将内战的责任嫁祸于中共，并污蔑说："共产党迷信武力，背弃信义，于政府屡次忍让之际，在其割据区域内，竟实行全体总动员，最后又拒绝政府所下现地停战之命令，拒绝参加国民大会，要求取消国民大会所通过之宪法，更乘国军遵令停战之时，发动全面军事攻势，致使政府政治解决之方针无法实现。共产党武力侵占之所及，人民非被迫流亡，即惨遭劫杀，受祸之酷，非言语之所可形容。而国家统一、社会秩序备受破坏，经济之建设与复兴，亦因其彻底破坏交通，而遭受无穷之阻碍。"会议宣称"政治解决的途径已经绝望"，同中共的关系彻底决裂，要"戡定内乱，消灭中共"。《宣言》还说："为维护国家民族之生存，为拯救水深火热中之人民，本会议认为，国民政府对此武装暴力集团之军事叛乱，自不能不采取坚决迅速之措置，而予以遏止。……但使共产党觉悟于祖国之不可背叛，人民之不可欺骗，武力之不可终恃，幡然变计，诚意悔祸，放弃武力迷梦，停止破坏工作，由非法的武装集团变为合法的普通政党，

_____

① 参见汪朝光：《简论国共内战时期国民党的"戡乱动员"》，《上海大学学报》2005 年第 3 期。

从事合法的政治活动，则吾人深信，当共产党以事实表示使国家的统一、民主与建设获得确实有效保障之日，即为全国人民与共产党和平共处之时。"①

随着国民党在山东和东北战场接连失利及各大城市发生大规模学潮，国民党后方的社会经济陷入全面动荡。为挽救统治危机，国民党酝酿实施"戡乱动员"，企图集中全力与共产党一搏。白崇禧上书蒋介石，建议政府应变成战时体制，才能担任全国总动员之任务，以全面之力量，攻击全面叛乱之敌人。徐永昌等人向蒋介石提出："现在我方是以经常应付非常，应以非常应付非常，一切以灭共为目标。吾人应承认，今日之中国，可能成为共党之中国，吾人应利用一切人力物力以灭共。"7月4日，国民政府国务会议通过《厉行全国总动员以贯彻和平建国方针案》，训令行政院执行。该案攻击中共"早已以武装叛乱集团自居，而自外于政党之林，不惜与国家民族为敌"，决定实行全国总动员，"以戡平共匪叛乱"。②行政院奉令后特别组织检讨时局小组会，对于实施总动员时期应采取的加强军事计划、革新政治、田粮政策以及其他有关的事项，均分别详加检讨，拟定了一般原则。同时将1942年所颁的《国家总动员法》与现在的新方案以及各种有关的法规配合研究，由政务会议决议制定了《动员戡乱完成宪政实施纲要》。7月18日，国民政府公布《动员戡乱完成宪政实施纲要》（此案与4日国民政府通过的"全国总动员案"，一般并称为"戡乱动员令"），规定在"戡乱动员"时期，应积极动员兵役、工役及各项资财，凡有规避妨碍之行为均应依法惩处；怠工、罢工、停业、关厂及其他妨碍生产及社会秩序之行为均应依法惩处；对于日用品价格、工薪及物资、资金、金融业务，加以限制或管理；对于煽动叛乱之集合及其

---

① 《第六届中央执行委员会第三次全体会议宣言》，《中国国民党第六届中央执行委员会第三次全体会议记录》，中国国民党中央执行委员会秘书处1947年3月编印。

② 《驻华大使（司徒雷登）致马歇尔国务卿》，《中美关系资料汇编》第1辑，世界知识出版社1957年版，第755页。

言论行动，应依法惩处。

根据这个纲要，国民政府随后出台了一系列有关实行"戡乱动员"的具体政策措施。7 月 27 日，国防部命令各地警备司令部：对游行、请愿、罢工、罢课之处理，除出动警察外，必要时可出动宪兵、警备部队协助；如发生暴动抗乱情事时，警备部队可在请示当地最高军事长官后出动镇压。8 月 20 日，国民党中常会通过《戡乱建国动员方案》，强调"使用一切力量，支援前线，争取胜利，在此过程中，绝不容有任何和平之幻想"；要求加强国民党各级组织，大力组训民众，协助征兵征粮，确立国民党对各级政府和民意机关的领导地位，发起"戡乱建国"总动员运动。① 行政院随后公布《动员戡乱期间劳资纠纷处理办法》，规定禁止罢工怠工，遇有劳资纠纷，由县市政府设立劳资纠纷委员会裁决，并得强制执行。12 月 6 日，教育部公布《学生自治会规则》，规定学生自治会不得参加校外团体活动或校际联系组织，校方可审核撤换其负责人，并可在其违反规定时撤销解散之。12 月 9 日，行政院公布《动员戡乱完成宪政国防军事实施办法》，规定实行征兵征粮；征调、征用或租用企事业单位员工和民间运输工具器材；必要时得停止或酌减客货运输；国营工厂生产应优先供应军用；民营工厂生产应以军需为要求，可以征用改造等。②

国民党实行"戡乱动员"，首先是为了对付中共。"戡乱动员令"发布前后，国民党发布了一系列严厉镇压中共尤其是中共在国统区地下活动的通令，其中以 1947 年 9 月 5 日行政院公布的《后方共产党处置办法》为典型代表。该办法令后方中共党员应限期申请登记，脱离党籍，并得施以感训或劳役；不登记者一律予以逮捕，移送有关机关审判惩处；中共在各地组设之机关团体一律予

① 秦孝仪：《中华民国重要史料初编》第 7 编第 2 册，台北，中国国民党中央委员会党史委员会 1981 年版，第 922—927 页。

② 中国第二历史档案馆：《中华民国史档案资料汇编》第五辑第三编政治（一），江苏古籍出版社 1998 年版，第 132—145 页。

以封闭，其房屋及一切财物，除属于他人所有经查明得发还外，悉交当地政府依法处理。该办法颁布后，国民党在其后方各地加强了对中共地下活动的严厉镇压。但中共地下活动并不因"戡乱动员"而中止，而是转变斗争策略，在国民党后方尤其是各大城市积极活动，并已渗透国民党赖以维持统治的主要力量——军警宪特部门，直接动摇和威胁着国民党统治的稳定。这种情况表明，国民党实行"戡乱动员"的成效是有限的。

"戡乱动员令"发布后，国民党除了动员各种社会资源支持战争之外，其最大影响在于对人民各项自由权利之限制。抗战胜利后，国民党在社会舆论压力下曾废除若干限制人民自由权利的法令法规，制宪国大通过的《中华民国宪法》对于人民自由权利也有较为宽松之规定。但"戡乱动员令"为国民政府限制和取消人民自由权利提供了法律依据。1947 年 12 月 25 日，在《中华民国宪法》施行当天，国民政府公布《戡乱时期危害国家紧急治罪条例》，规定如有将军队、军事要塞、军械及一切军需品交付"匪徒"者，投降"匪徒"者，煽惑军人叛逃者，泄露军事秘密者，为"匪徒"间谍及招募兵工、募集钱财、供给军用品及其他物资者，意图妨害"戡乱"、扰乱治安及金融者，可处死刑或十年以上有期徒刑；以文字、图画、演说为"匪徒"宣传者处三年以上七年以下有期徒刑。该条例的施行区域，起初只限于所谓"匪区"或"绥靖区"，后施行于全国。① 此后，国民党的反动统治日趋严酷，对舆论的钳制空前加强，国统区呈现出一派肃杀之气。在国民党的严厉镇压之下，中共及在国共对立中仍试图保持中立的各民主党派及进步舆论受到严重摧残，民盟被国民党政府宣布为"非法"而停止活动。实行"戡乱动员"是国民党面对其统治重大危机时的应变之举，表明国民党的统治正在无可挽回的急速衰颓中。国民

---

①　中国第二历史档案馆：《国民党政府政治制度档案史料选编》下册，安徽教育出版社 1994 年版，第 742—743 页。

党以严刑峻法为表征的"戡乱动员令"，非但未能实现国统区的社会稳定，反而凝聚了社会各界对国民党统治的不满之心，加速了国民党统治的败亡。

二　以宪政之名行独裁之实的政治理念

全面抗战后期，国民党面临着迅速制定宪法、实施宪政、结束其一党专政的巨大压力。为了把宪政的主导权掌握在国民党手里，推行国民党所理解的"宪政"，蒋介石对宪政的态度开始向积极方向演化，以主动姿态酝酿召开国民大会。其基本策略是以宪政为政治工具，应付日益高涨的民主呼声，与中共进行政治竞争，并实现国民党执政的合法化。国共重庆谈判互相承认对方的地位，决定召开政治协商会议，讨论中国的出路问题。

由于国民党长期一党"训政"招致的社会反弹，战后各界普遍对于政治民主化的呼声很高。政协对于各项问题的讨论，以政治民主化问题为最激烈。国民党主张保留1936年选出的国大代表，在《五五宪草》的基础上起草宪法，改组后的国民政府仍由国民党保留用人决策权和主席紧急处置权，目的是维持一党"训政"的实质内容。中共联合民盟则坚持国大代表应由重新举行的普选产生，宪法应在民主基础上重新起草，改组后的政府应成为各党派共同参加的最高权力机构，目的在于否定国民党的一党"训政"，与其分享政权。政治协商会议的主旨是联合政府、多党宪政。在政协会议上，包括中共在内的非国民党代表结成同盟，反对国民党的一党独大，主张建立联合政府和实现西式民主。政协通过的《国民大会案》《宪法草案》《政府组织案》《军事问题案》《和平建国纲领》等五项决议中，有四项直接关乎即将实行的宪政。政学系通过与蒋介石沟通，迫使国民党作了一些政治让步，保证了政治协商会议关于政府组织案、国民大会案、和平建国纲领、军事问题案和宪法草案等五项决议案的通过。政协五项决议的达成，是国内外各方政治势力协商互让的结果。

首先，关于和平建国纲领，规定了国民政府改组后的施政纲要。纲领内容分九章五十三条：总则、人民权利、政治、军事、外交、财政经济、教育文化、善后救济、侨务。而纲领第一条即说明："遵奉三民主义为建国之最高指导原则"。第二条说明："全国力量在蒋主席领导之下，团结一致，建设统一自由民主之新中国。"第三条说明："确认蒋主席所倡导之'政治民主化'、'军队国家化'及党派平等合法，为达到和平建国必由之途径。"第四条说明："用政治方法解决政治纠纷，以保持国家之和平发展。"① 孙科称赞说："故和平建国纲领，实在是过渡到宪政时最适宜的纲领，也就是此次各种方案的基本之中心。"②

其次，政府改组问题。这实质上是要不要彻底改变国民党一党专政和蒋介石独裁专制的问题。1945 年 12 月 23 日，蒋介石召集国民党高级干部研讨对内对外形势，决定"对共方针"："若准其成立地方政权，不如准其参加中央政府。只要共军受编与恢复交通，则其政治上之要求，决尽量容纳也。"③ 这个方针虽然仍是要取消中共领导的政权及军队，但表示要扩大国民政府，以和平代替战争。在这种背景下，王世杰方案既提到政府必须改组以容纳党外人士，同时为维护国民党的法统，把"改组政府"变成"扩大政府"，企图用"请客"方式装潢门面，继续坚持国民党一党专政。中共和民盟代表对国民党方案提出了修改意见，主张可以改组或扩大国府委员会，但它必须成为最高国务机关，不仅有决策权，而且有任免政府各主管官员的权力，必须取消国民政府主席的紧急处置权等。1946 年 1 月 14 日，王世杰代表国民党代表团提出"扩大政

---

① 《政协会通过和平建国纲领等案》，《解放日报》1946 年 2 月 2 日。
② 孙科：《有关政治协商会议之报告》，《中央日报》1946 年 3 月 8 日。
③ 〔日〕古屋奎二：《蒋总统秘录》第 14 册，台北，中央日报社 1977 年版，第 32 页。

府组织方案"并作了说明。国民党的方案可以概括为：国民政府委员比原有名额增加 1/3，即由 36 名增至 48 名，由国民政府主席提请党外人士担任；国民政府委员会为政治最高指导机关，权力限于议决立法原则、施政方针、军政大计、财政计划及预算和主席交议事项，但没有对各部会长官的任免权；政府主席遇有紧急情形时，有紧急处置权，但事后应报告国民政府委员会；行政院设置若干政务委员，得兼任各部会长官。王世杰强调"国民党是立于领导地位的大党"，如国府委员中国民党委员的名额"不具某特定程度多数，国民党便不能履行领导的责任"。①

随后，王世杰就各方所提的修改意见作了八点答复，说明国府委员名额和人选都要商议，国府委员权限不是"虚而不实"；国府主席有紧急处置权，但处置后要报告，委员若有建议，已发出的紧急命令可以终止；过渡时期是否实行地方制度、省长民选都有讨论余地等。② 国民党代表有条件让出部分重要的政治权力，如同意使国民政府委员会成为负有实际政治权力的最高国务机关，有决策权和用人权；国府委员 40 名，国民党由原来提出的占"特定程度多数"，退至占半数；取消国府主席（蒋介石）的紧急处置权，并限制其否决权等，使政府改组问题得以达成协议。政协关于政府组织的决议规定：国民政府委员会方面：国民政府委员会名额为 40 人；国民政府委员由主席就国民党内外人士选任；国民政府为最高国务机关；国民政府委员会议决立法原则、施政方针、军政大计、财政预算、各部会长官任免及立法、监察委员之任用等事项；主席对委员会之决议如认为执行困难，得提交复议，如有 3/5 以上委员同意，该案应予执行；委员会一般议案以出席委员过半数同意通过，如有涉及施宪纲领之变更者，须有出席委员 2/3 之赞成；委员会每两周开会一次。行政院方面：各部会长官均为政务委员，并设不管

---

① 王世杰：《关于扩大国府组织案》，重庆《中央日报》1946 年 1 月 15 日。
② 蒋匀田：《中国近代史转折点》，香港友联出版社 1976 年版，第 23—24 页。

部会之政务委员 3—5 人；政务委员及部会长官，均可由各党派及无党派人士参加。其他方面：国民政府主席提请选任各党派人士为国民政府委员者，由各党派自行提名，但主席不同意时各该党派另提人选；国民政府主席提请选任无党派人士出任国民政府委员时，如有为各被选人 1/3 所反对者，主席须另行选任；国民政府委员半数由国民党人员充任，其余半数由其他党派及社会贤达充任，分配另行商定；行政院政务委员总额中将以 7—8 席约请国民党外人士充任；国民党外人士担任部会数目，会后继续磋商。孙科评价说："此项决议系在保持原有法统之下，扩大政府组织，选任党外人士参加，以实现全国精诚团结，并使政治中枢成更充实而有力的机构。"①

再次，关于国民大会问题。1936 年 5 月 5 日，国民党政府为准备次年召开国大，公布了一部宪法草案，俗称《五五宪草》，同时选出国民大会代表。后因抗战全面爆发，国大未开，宪法亦未颁布。在政协会议讨论国民大会问题时，国民党坚持旧国大代表仍然有效，并同意在此基础上"合理增加"部分代表。中共和各民主党派反对 10 年前国民党一党包办选举的代表资格有效，主张重新选举。双方在此问题上各不相让。为了打开僵局，政学系成员王云五提出折中办法，由国民党将原规定的当然和指定的国民政府和国民党中委代表 700 名让出，另行分配给各党派及无党派人士。中共和民盟同意以王云五折中办法为协议基础。按照最初的协商，国民党 230 名，中共 200 名，民盟及青年党各 100 名，无党派人士 70名。中共提出国共各让出 10 名代表给民盟，国民党表示同意，遂使这个难题得到解决。决议规定在 1946 年 5 月 5 日召开国民大会，国民大会的主要任务是制定宪法，宪法的通过要有 3/4 的代表同意；宪法颁布六个月之内施行宪政。关于代表名额问题，其中规定国民党原来的 1200 名代表依旧有效，增加台湾、东北代表 150 名，

---

① 孙科：《有关政治协商会议之报告》，《中央日报》1946 年 3 月 8 日。

增加其他党派及无党派人士代表 700 人。孙科对此评价说："关于
国民大会一案，对依照选举法选出之代表，争论最久，最后协商结
果，承认已选出之代表。"①

最后，关于宪法草案修改问题。政协讨论宪法草案问题时，首
先由孙科代表国民党对 1936 年公布的《五五宪草》要点作说明。
孙科强调"五五宪草是根据五权宪法精神而拟订"的，坚持实行
总统制和中央集权制，同时他也说明《五五宪草》"有许多疑问和
缺点"，也可以修改，但"三民主义的最高原则"和"五权制度"
则不能变更。《五五宪草》是国民党打着执行"总理遗教"的幌
子，根据孙中山所说的"人民有权，政府有能"的"五权宪法"
精神，企图使国民党一党专政和蒋介石独裁专制合法化的宪法草
案。国民党把这样一部"人民无权，总统万能"的宪草作为政协
讨论宪法的蓝本，遭到中共和民盟反对。各党派围绕中国应采取什
么样的宪法问题展开了激烈争论。当时有三种宪法蓝本可供人们选
择：一是孙中山的五权宪法，二是英美式宪法，三是苏联式宪法。
国民党主张采取孙中山的五权宪法，要求以《五五宪草》为宪法
的蓝本。民盟、青年党和无党派人士则多倾向于英美式宪法。中共
根据当时的情况，也希望有一个英美式宪政，以期打破国民党垄断
政权之局。当时的宪法之争，实质上也就是五权宪法与英美式宪法
之争，而解决争论的关键，是如何使这两种宪法得到折中调和。张
君劢根据孙中山直接民权的学说批评《五五宪草》的国民大会制度
是间接民权，而非直接民权，故他主张把国民大会从有形改为无
形，公民投票运用四权（即选举、罢免、创制和复决）就是国民
大会，不必另设国民大会；同时，以立法院为国家最高立法机关，
行政院为国家最高行政机关，行政院只对立法院负责，而不对总统
负责，立法院有权对行政院投不信任票，行政院有解散立法院、重
新进行大选之权；限制总统权力，使他仅仅成为一个名义上的国家

----

① 孙科：《有关政治协商会议之报告》，《中央日报》1946 年 3 月 8 日。

元首，而不负实际政治责任。

张君劢的这套以五权宪法之名行英美式宪法之实的方案提出后，在野各方面一致赞成，国民党代表孙科表示支持，其他国民党代表也表示赞同。这样，各方以张君劢提出的方案为基础，结合其他方面意见，达成了宪草修改十二条原则。这些原则包括：全国选民行使四权，称为国民大会，总统普选之前由县省及中央各级选举机关选举或罢免；立法院为国家最高立法机关，由选民直接选举，职权相当于民主国家的议会；监察院为国家最高监察机关，由各省及民族自治区议会选举，职权为行使同意、弹劾及监察权，相当于上院或参议院；司法院为最高法院，大法官由总统提名，经监察院同意，任命无党派人士任职；考试院委员由总统提名，经监察院同意，任命无党派人士任职；行政院为国家最高行政机关，院长由总统提名，经立法院同意任命，对立法院负责，如立法院对行政院全体不信任时，行政院或辞职或提请总统解散立法院；总统经行政院决议，得依法颁布紧急命令，但须于一个月内报告立法院；省为地方自治的最高单位，省与中央的权限划分采取均权主义，省长民选，省制定省宪；人民自由权利受宪法保障，如用法律规定，须出于保障自由之精神，非以限制为目的。

张君劢五五宪草修正案十二条原则，意义非常重大。第一，确立了近代民主的国会制度。原则规定取消大而无用且易于一党操纵的有形国大，代之以全国选民行使四权的无形国大（第1条）；立法院为国家最高立法机关，由选民直接选举产生，其职权相当于各民主国家的众议院或下院（第2条）；监察院为国家最高监察机关，由各省级议会及各民族自治区议会选举产生，其职权相当于各民主国家的参议院或上院（第3条）；司法院为超党派的最高法院（第4条）；考试院为超党派的考选机关（第5条）。第二，确立了中央政体的责任内阁制。原则规定行政院为国家最高行政机关，行政院院长由总统提名，经立法院同意任命之，行政院对立法院负责，立法院对行政院有不信任投票之权，行政院有提请总统解散立法院之权（第 6 条）；总统不负实际政治责任，如果需要依法颁布紧急命令，必须经行政院决议，并于一个月内报告立法院（第 7 条）。第三，确立了省自治的原则。原则规定省为地方自治之最高单位，省与中央权限的划分依照均权主义原则，省长民选，省得自制省宪（第 8 条）。另外，这十二条原则还对人民的权利义务（第 9 条），选民的法定年龄（第 10 条），包括国防、外交、国民经济、文化教育等内容在内的基本国策（第 11 条）以及宪法修改权（第 12 条）都作了明确规定。

孙科对政治协商会议宪法草案讨论问题解释说："这次政治协商会议在讨论宪法草案的大会中，各方面发言的多能表示尊重五权宪法的精神，这也可说是本党最大的成功。其后宪草小组协商的结果，除决定组织宪草审议委员会外，并就五五宪草内容拟定修正原则十二项，提请大会通过后，交宪草审议委员会，根据此项修正原则作条文之修正。宪草审议委员会设委员二十五人，由五方面各推五人，另外公推会外专家十人，根据本会议拟定之修改原则，并参酌宪政期成会修正案、宪政实施协进会研讨结果，及各方面所提出之意见，汇总整理，制成五五宪草修正案，提供国民大会采纳。"①

国民党原来设计的五权宪法，本质是实行大权独揽的总统制，五院在总统之下，另由一个大而无当的国大行使选举、罢免、创制、复决四权，以体现所谓"主权在民"的原则，并便于总统个人专断。而政协宪草十二条原则所作的相关规定，由选民直接投票行使四权，使国大由有形化为无形；以监察院作为上院，立法院作为下院，行政院负实际政治责任，对立法院负责，从而有五院之名而无五院之实。政协宪法草案决议政治协商会议通过的宪法草案十二条原则，将国民大会虚置，行政院与立法院的关系变成相当于西方内阁和议会的关系，而总统则成为无实权的虚位元首。因此，显然是对五五宪草作出了重大修正，是对国民党宪政

---

① 孙科：《有关政治协商会议之报告》，《中央日报》1946 年 3 月 8 日。

设计的重大改变。

政治协商会议通过的诸项决议，为中国初步打开了民主化进程的门户。在讨论政协决议的过程中，参加各方互有让步，国民党承诺放弃原本垄断的权力，中共承认三民主义、国民党和蒋介石的领导地位，并因此可以合法登上全国政治舞台。正因如此，孙科认为尽管国民党对中共在政治上作了让步，但在政协会议协议之中，"总理的三民主义、蒋主席的领导建国，已获得全体一致的遵奉与拥护。所有的协议，都在不违背革命主义与不动摇国家法统之下，来容纳各方面的可行的意见。我们要变更建国程序，在召开国民大会以前，容纳本党以外人士参加政府，是为了求得和平建国的机会"。孙科总体评价说："我们今后唯有保持胜利之成果，更为和平努力，以促进全国的统一民主建设。"① 故对政协通过的各项决议赞同并说服蒋介石同意。蒋介石在随后的国民党六届二中全会上强调说："在这些协议之中，最主要的精神就是我们总理的三民主义获得了全体一致的拥护与遵奉，而我们政府在协商会议之时，更是推诚相与，在不违背革命主义，不动摇国家法统之下，不惜变通总理关于建国程序的遗教，以求得和平建国的机会。"②

国民党本来对政协会议并不重视，既未就此进行深入讨论，又无全党统一方针，其政协代表中主张对共缓和的温和派较为活跃。他们通过与蒋介石的个人沟通，决定了国民党的有限让步，进而保障了政协决议的通过。蒋介石因缺乏关于宪政的基本知识，故并不甚清楚宪法原则修改意味着什么，对协议决议文本不加理睬，对宪法原则修改不感兴趣。因此，蒋介石同意政协决议之原因，是"因为国际关系复杂，我们政府不能不委曲求全，以谋国内和平统一"，"我们为使友邦明了共产党的毒计阴谋及其虚伪的宣传，所以不能不忍受一时的委曲，求得谅解"。蒋介石与国民党元老谈话

---

① 孙科：《有关政治协商会议之报告》，《中央日报》1946 年 3 月 8 日。
② 孙科：《有关政治协商会议之报告》，《中央日报》1946 年 3 月 8 日。

说："此次政治协商会议中，宪草所决定之原则与总理遗教出入处颇多。余事前未能详阅条文，在协议决定以前，不及向本党代表贡献意见，以相商榷。"正因蒋介石根本就没有认真看过政协决议中关于宪法的内容，故他才不重视如此重要的文件。他后来解释说："本人对于法律无暇研究，惟知以总理遗教为依归。"①正因蒋介石不懂且不在乎宪政，故对于政协决议和即将到来的与以往国民党设计方案截然不同的宪政并不清楚。正因他不清楚，故听从政学系劝说而对宪草原则作出让步，同意实行国会制、责任内阁制和省自治的政治制度，使中国成为采用西方资产阶级民主政体的共和国，没有意识到这些决议实施后将给国民党政体带来多大的冲击。

政治协商会议通过了一系列有利于中国民主化进程的决议，这些决议之付诸实施，就意味着根本改变国民党的所谓"训政"体制。但长期占据一党独尊地位的国民党，既无与其他党派分享政权的心理准备，其军政官员更不愿意放弃种种特殊利益。政学系以和平方式解决中共问题的策略，对中共和中间势力作出重大让步，尤其是对国民党宪政设计的重大更改，以及政协决议对国民党统治作了许多实际约束，不可避免地遭到国民党内以 CC 系（中统）为主的强硬派反对。政协通过的五项决议中，最为国民党所不满的是关于宪法草案和改组政府决议。前者否定了国民党《五五宪草》中设计的总统制，而改行随时可以倒阁的责任内阁制；后者则要求国民党改组政府，容纳中共及各民主党派，使长期由国民党一党把持的政权转变为民主联合政府。

因此，国民党内强硬派对宪草决议表示了强烈反对。蒋介石在政协闭幕式的演说强调，宪草修改原则并不因此影响国大权限。《中央日报》在政协开幕当天发表社论称："政权之归还于国民，乃以国民大会为唯一的枢纽，而以五权宪法为正常的轨道。因此，

---

① 《总统蒋公思想言论总集》卷 37，台北，中国国民党中央委员会党史委员会 1984 年编印本，第 333—335 页。

召开国民大会才是宪政的成功。至于政治协商会议乃是国民政府在国民大会召开之前的一种权宜的重大措施，并不是民主政治完成和其完成所必经的步骤。"① 透露出国民党对政协宪草决议的实际态度。

国民党内部关于政协的争论，实际上反映了战后国民党党内对内外环境和国共关系的不同看法。以 CC 系、黄埔系及若干坚持反共立场之高级官员为主力的强硬派，视政协为应付时局之举，所谓以和待；以政学系、英美系及若干与蒋介石接近之高级官员为中坚的温和派，主张考虑国内外大势，与中共谋和：如决心在政协彻底解决中共问题，则应抱最大之忍耐，定最后之让步，持与各方融洽协商。然而政协的结果将使中国走向多党民主道路，势必动摇国民党和蒋介石个人的独尊地位，国民党将由无竞争的一党垄断执政权退而为通过民主竞争而取得执政权，相当部分的党员失去执政时的既得利益，故国民党内很多人对政协会议表示不满。唐纵在日记中写道："在政治协商会，政府好似在受裁判，其屈辱难堪，令人难受已极。"②

政协会议闭幕之后，蒋介石多次发表演讲，向国民党内解释他对政协会议的两个基本考虑。一是美国的态度。他说："美国人民固然希望中国强盛，但决不希望中国政府成为德、义、或苏联式的政府，而希望中国政府能采取英美民主的形式。""美国是一个舆论支配着议会而议会决定政策的国家，所以美国政府不能不顺应舆情，希望我们中国结束一党训政，改变政府的形式。"③ 蒋介石在国家体制上采取了迎合美国要求的方针，以此争取美援。二是军事的弱点。他说："因为军事上之弱点，所以政治协商会议有此失败，所以我们不得不忍耐，不得不避战！"他强调："我们何以有

---

① 《政治协商会议开会》，《中央日报》1946 年 1 月 10 日。

② 公安部档案馆编注：《在蒋介石身边八年——侍从室高级幕僚唐纵日记》，第580 页。

③ 《总统蒋公思想言论总集》卷 21，第 240—243 页。

此次政治协商会议之失败，都因为军队无力量。"① 军队力量是蒋介石观察政治问题的基本出发点。正是根据这两种基本考虑，蒋介石主张对政协会议采取忍耐的方针。

但政协会议决议改变国民党一党训政体制，在国民党内引起了强烈的政治危机感，以 CC 系为代表的国民党右翼势力向政协协议发起反攻。政协会议五项决议案，最为引人注目的是政府改组案，因为该案直接关系到训政体制的废除。国民党右翼势力选择的突破口，是政协宪草修改原则。政协宪草原则引起争议的主要有三点。一是由全国选民直接行使选举、罢免等数项权利，此即为国民大会，而不必由国大代表在专门召集的国民大会上代替选民行使权利。实际上就是不开国大，选民直接投票。由于既保留了国大这一名称，而实际上又不开国大，故当时称为"无形国大"。二是行政院向立法院负责，立法院可以要求行政院辞职，行政院也可以要求解散立法院，重新选举立法委员。也就是行政院相当于内阁，立法院相当于国会。三是省可以制定省宪。前两项为张君劢的创意，在保留五院制的形式下，引入英国式内阁制，这样，蒋介石如欲当总统，地位较稳，但无实权；如欲当行政院长，较有实权，但地位不稳，有倒阁的危险。因此，国民党声称，政协宪草原则中关于省制定省宪的条款，违反了孙中山《建国大纲》有关规定。《建国大纲》规定县为自治单位，省为中央与县之间的联络机构，因此省不是自治单位，省不能制定省宪。另外，行政院与立法院的关系的条款，违反了孙中山的五权宪法学说，五权宪法与三民主义是一个整体，违反五权宪法就是违反三民主义。于是，国民党右翼以三民主义卫道士姿态，以捍卫国父遗教之名，向政协宪草原则发动政治攻势，并以此发泄对整个政协会议的不满。

蒋介石主张维持政协会议通过的各项协议。鉴于国民党内不满

---

① 公安部档案馆编注：《在蒋介石身边八年——侍从室高级幕僚唐纵日记》，第591页。

情绪及宪草原则对其今后地位的确不利，蒋介石采取了平衡手段：只对宪草原则做部分修改，其他协议则维持不变。蒋介石表示三点意见："（一）国民大会必须为有形之组织；（二）中央政制，应照国父遗教，保持五权宪法精神（或参照美国制）；（三）地方政制，应照建国大纲以县为自治单位。"① 所谓美国制，是指美国总统制。在蒋介石看来，美式总统制较之英式内阁制更有利。其实，美式总统制与孙中山的五权制也是有区别的。可见，国民党所捍卫的并非国父遗教，而是既得政治利益。政协会议闭幕后，蒋介石显然是以政协会议宪草修改原则违背孙中山的五权宪法和建国大纲为名，反对以责任内阁制取代总统制。但蒋介石此时并未明确提出要推翻政协决议，其对宪政态度是受国民党内强硬势力影响下逐步转变的。

　　1946 年 3 月召开的国民党六届二中全会，对战后国民党施政方针进行全面检讨，围绕着政协会议及由此产生的对共关系、宪草修改等问题展开激烈争论。政协问题核心是宪草原则问题，故政协宪草决议尤为强硬派反对之焦点。孙科在国民党六届二中全会所作的政协会议报告表示，政协协议是各党派郑重表决通过的，故不赞成改动宪草原则；但鉴于党内压力，他对宪草原则中有争议的问题作了含糊表态："国民大会应否为有形之国民大会，立法院对行政院不信任，及地方制度上之省宪等问题，各党派方面虽有表示仍愿维持协商决定之修正原则，但并非认为绝对不能讨论。"②

　　蒋介石在国民党六届二中全会前后的讲演中，一方面声称宪草协议违反总理遗教，并鼓励自由发言，纵容强硬派反对政协宪草原则；另一方面则希望大家忍辱负重，认清环境，作适当让步。这实际上反映了蒋介石希望在这两者之间寻求适当平衡的复杂心态。他

---

①　公安部档案馆编注：《在蒋介石身边八年——侍从室高级幕僚唐纵日记》，第596 页。

②　孙科：《有关政治协商会议之报告》，《中央日报》1946 年 3 月 8 日。

在开幕词中虽然表示将实行"和平建国"方针，但也为国民党推翻政协决议预留伏笔。他强调：第一，国民党是"在不违背革命主义，不动摇国家法统之下，不惜变通总理关于建国程序的遗教"而得到有关宪政的协议。第二，国民党"还负有捍卫主义、保障民国的特殊义务"，"在宪政实施以前，我们在法理上与事实上，还不能诿卸我们对于国家所负的责任"。这仍然是将国民党凌驾于其他各党之上。

1946年3月4日，蒋介石发表讲话说："政治协商会议对五五宪草的修改原则，许多同志认为违背三民主义。这个看法当然是很有理由，我个人也有同样的感觉。但是这件事情是否即已不能挽回呢？我认为这是不会没有挽救的办法的。宪草正在审议之中，而且将来要提到国民大会去采纳，国民大会的权限，自不受任何的拘束，所以我们尽有讨论的余地，各党派如有真诚合作的诚意，也不能漠视本党的立场。"推倒政协宪草原则，主要根据就是所谓五权宪法，而要使五权宪法具有神圣性，便必须与三民主义联系起来，故蒋介石着重谈了五权宪法与三民主义的关系："我们由训政而渡到宪政，所提出于国民大会的宪草，自不能离开我们总理重要的遗教。三民主义和五权宪法绝对不能分离，我们总理一说到三民主义时，就常常提到五权宪法。因为主义的实行，须要方法和工具，五权宪法就是实行三民主义的方法和工具。……我们信奉总理遗教，怎么能放弃五权宪法？要是三民主义离开了五权宪法，三民主义怎么还能具体实现呢？离开了五权宪法而谈三民主义，那就不是真正的三民主义了。但是政治协商会议是本席负责召集的，我们在政治协商会议中关于宪草一点，已经过表决程序而成立了协议，这必须由我负责，而不必责备本党的代表。我希望各位都相信我，我决不会不忠于党、不忠于主义，而且绝不肯违反了总理的遗教的。所以我绝对不会抛弃五权宪法而不顾的。全会各同志对此问题，自可根据总理遗教来检讨，我们要把握住重要之点，多方设法来补救，务使宪草内容能够不违背五权宪法和建国大纲的要旨，而适合于我们中国的国情。"①　3 月 11 日，蒋介石在演讲中表示："这次政治协商会议的召集，完全由我负责，你们不能责备负责政协的八位代表，你们如果一定要责备他们，就不如直接来责备我。至于政治协商会议对'五五'宪草修正的原则，违反三民主义五权宪法与党纲的地方，我们自然不能接受，我个人将来到国民大会里面，也一定要负责力争，总要依据三民主义五权宪法和党纲来加以修正。"蒋介石的上述讲话一方面为政协代表开脱责任，也为自己召开政协的决策作了辩解，以使全会不至于通过正面反对政协的决议；另一方面，也在宪草问题上支持了党内反对意见，以平息反对派的不满声浪，同时在实际上否认政协决议。②

在蒋介石的授意下，国民党六届二中全会对政协宪草原则问题意见较为统一，形成更改政协宪草原则的局面。其对政协宪草决议"挽回"之策，就是将宪法草案纳入五权宪法中加以限制。会议通过《对于政治协商会议报告之决议案》表示，"在协商进程中，凡属国家民族利益所在，本党均不惜以最大之容忍为多方之退让，委曲求全，裨底于成"；对于政协决议，"自当竭诚信守，努力实践"。然而，对于政协决议所要解决的中心问题"政治民主化"与"军队国家化"，该案独责中共。该案提出要求中国共产党"在其所占领区域内首须停止一切暴行，实行民主"，"使政治民主化之原则不致因任何障碍而不能普遍实现"。对于整军协议，提出要求中共"务须切实履行。尤其目前一切停止冲突，恢复交通之成议，必须迅确实现；封锁、围城、征兵、扩军及军队之调动，必须即刻停止"，而对自身责任只字不提。更重要的是，该决议案对于宪草问题明确提出："五权宪法乃三民主义之具体实行方法，实有不可分离之关系"，"绝不容有所违背"，"所有对于五五宪草之任何修

① 《总统蒋公思想言论总集》卷 21，第 278—279 页。
② 参见汪朝光：《战后国民党对共政策的重要转折——国民党六届二中全会再研究》，《历史研究》2001 年第 4 期。

正意见，皆应依照建国大纲与五权宪法之基本原则而拟定，提由国民大会讨论决定"。针对政协十二原则，通过修改宪草原则之决议："一、制定宪法，应以建国大纲为最基本之依据。二、国民大会应为有形之组织，用集中开会之方式行使建国大纲所规定之职权。其召集之次数应酌予增加。三、立法院对行政院不应有同意权及不信任权，行政院亦不应有提请解散立法院之权；四、监察院不应有同意权；五、省无须制定省宪。"① 这五点更改，否定了政协宪草关于国会制、责任内阁制和地方自治等原则，企图继续维护国民党主导的一党政府并实行一党宪政。

国民党六届二中全会通过的《宣言》虽然标榜"愿以最大的诚意，与各党派及社会人士精诚相与，协力一致，以促其实行"，但特别强调："我们必须坚持的，就是宪法草案的修正，必须符合于五权宪法的遗教。这因为三民主义与五权宪法是不可分割的，放弃了五权宪法，则三民主义便不能完全实现。总理在政治制度上这一个伟大精深的发明，是借鉴于欧美的宪法，斟酌我们的国情，为国家立长治久安的根本。今后我们国家政治组织的健全与巩固，需要一部完善可行的宪法，如果宪法的内容违背了五权宪法，在实际施行的时候，扞格难通，必致陷国家于不利。所以本党对于五权宪法必当遵奉保持，终始无间，这实在是为着国家久远的利害，希望各党派和社会人士明了我们的立场，了解我们的主张。"这样，政协宪草原则必须符合五权宪法。不仅如此，《宣言》公开声明："今后实施宪政，本党虽退处于普通政党之地位，但仍负有维护国家基础，保障实行主义之重大责任。"② 仍然将国民党作为超然于其他党派之上的政治领导者。

蒋介石随即表示要继续推行宪政，要如期召开国民大会，但却

---

① 《国民党六届二中全会对于政治协商会议报告之决议》，《大公报》1946 年 3 月 17 日。

② 《第六届中央执行委员会第二次全体会议宣言》，《中国国民党党务发展史料——中央常务委员会党务报告》，第 664 页。

在四届二次国民参政会政治报告中称：第一，宪法是国家根本大法，而宪法的最后决定权，应属于国民大会；第二，《训政时期约法》是1931年国民会议制定的国家组织法，在宪法未颁行以前应根本有效；第三，国民政府与二中全会均尊重政治协商会议，但政协会议在本质上不是制宪会议，唯有国民大会制定的宪法，方能代替《训政时期约法》；第四，扩充政府组织，是在国民政府现在的基础上，要求各党派人士及社会贤达共同参加，共商建国方案，准备国民大会的召集。① 蒋介石讲话的核心是"政治协商会议在本质上不是制宪会议"。既然政协会议不是制宪会议，那么政协宪草原则就是可以修改的。至此，蒋介石完成了对政协决议态度之转变：虽没有明确表示撕毁政协决议，但"政协会议在本质上不是制宪会议"说法已经包含着否定意味。此后，蒋介石继续力推国民党主导下的宪政方案，先制定宪法，后改组政府，试图造成有利于己的局面，推行国民党一党操控下的宪政。

国民党六届二中全会召开期间，国民党代表王宠惠根据蒋介石指令，在3月8日宪草审议委员会协商小组首次会议上，正式提出修改十二条原则的三点要求：国大为有形国大；采取总统制，反对责任内阁制；省不能自制省宪，只能制定地方自治法规。周恩来与张君劢商量后，决定对国民党的要求作出让步。周恩来此时沿用政协讨论国大代表问题时的策略，希望以此形式上的让步，而保留政协宪草国会制、内阁制和省自治的实质精神，同时使国民党强硬派失去反对政协宪草的借口，以实行政协决议，稳定宪政大局。故表示：第一，同意国民大会为有形之国民大会；第二，政治协商会议关于宪草修改原则之第六项第二条，即"如立法院对行政院全体不信任时，行政院或辞职，或提请总统解散立法院，但同一行政院长不得再提请解散法院"之条文取消；第三，省宪改为省自治法，并就此与国民党方面达成协议。这三点协议达成后，张君劢根

---

① 《总统蒋公思想言论总集》卷21，第286页。

据宪草修改原则起草宪法条文并坚持三要点："（一）欧美民主政治与三民五权原则之折衷；（二）国民党与共产党利害之协调；（三）其他各党主张之顾到。"

张君劢起草的宪草共 14 章 149 条。宪草审议委员会和政协综合小组在审议这部宪草时又发生了激烈的争论。争论最久也最激烈的是行政院对立法院负责的问题。根据政协通过的宪草修改之十二条原则，张君劢起草的宪草规定："行政院为国家最高行政机关，对立法院负责"；"立法院对行政院重要政策不赞同时，得以决议移请行政院变更之，行政院对于立法院之决议得移请其复议，复议时，如经出席立法委员三分之二维持原决议，行政院院长应予接受或辞职"；"行政院对于立法院通过之法律案、预算案、条约案应予执行，但行政院如有异议，得于该案送达后十日内具备理由移请立法院复议，复议时，如立法院仍维持原案，行政院院长应予执行或辞职"。

1946 年 4 月 13 日讨论会上，国民党代表吴铁城表示，国民党要实行《五五宪草》的总统制，反对行政院对立法院负责，而主张行政院应向总统负责。吴氏的意见立即遭到中共代表和民盟代表的坚决反对。国民党要求取消行政院对立法院负责的条款没有实现，又由王世杰提出行政院对立法院负责要有一定的前提条件，并要求对张君劢所拟条款作如下修改：行政院依下列规定，对立法院负责：第一，行政院有向立法院提出施政方针及施政报告之责，立法委员在开会时，有向行政院院长及行政院各部会首长质询之权；第二，立法院对于行政院之重要政策不赞同时，得以决议移请行政院变更之，行政院对于立法院之决议得经总统之核可，移请立法院复议，复议时，如经出席立法委员三分之二维持原议，行政院院长应即接受该决议或辞职；第三，行政院对于立法院决议之法律案、预算案、条约案，如认为有窒碍难行时，得经总统之核可，于该决议案送达行政院十日内，移请立法院复议，复议时，如经出席立法委员三分之二维持原案，行政院院长应即接受该决议或辞职。王世杰所提出的修改条文，在于加强总统的"核可"权，使立法院受到限制，行政院不能自立，从而失其责任内阁制的基本精神，故它遭到了中共方面的坚决反对而未获协议。

这样，国民党六届二中全会之后，蒋介石虽未公开撕毁政协决议，但政协决议事实上已不能为国民党所执行。中共态度随之强硬，最终国共两党在宪政问题上分道扬镳。1946 年 6 月，国共武装冲突全面升级，内战从东北蔓延至全国。

国共内战初期，国民党军队战场上处于攻势，蒋介石持高度的军事自信并宣称："有人认为中共问题军事不足以解决，此乃大谬不然，过去军事不能解决的原因，由于日本掩护中共捣乱，今日人已经投降，军事解决为极容易之事。"10 月 11 日，国民党军攻占张家口，蒋介石认为消灭共产党只是时间问题，"国大"召开已无同中共商量之必要，遂定于同年 11 月 12 日召开国民大会，会议中心内容是制定宪法。由于国民党单方面擅自召开国民大会，故中共和民盟拒绝参加。蒋介石极力争取青年党和民社党出席，国民党单方面召开了制宪国大。以张君劢为党魁的民社党提出：参加国民大会的条件是国民党必须遵守政协协议和政协宪草。蒋介石为诱使中间党派和社会贤达参会，同时为了避免国民党"一党制宪"授人以口实，决定在宪法问题上作出让步，尽力满足民社党的要求。宪草审议委员会以张君劢起草的《中华民国宪法草案》为基础进行修改，完成《中华民国宪法草案修正案》。该修正案经过国防最高委员会通过之后，由国民政府送交立法院审议。立法院对该修正案没有作出讨论和修改，只是将该修正案送呈国民政府，转送国民大会，以完成立法程序。

1946 年 11 月 15 日，制宪国民大会在南京召开。国民党代表企图将五五宪草所规定的国大职权完全恢复，立法委员和监察委员改由国大选举罢免，并将国大会改为每两年召开一次。民社、青年两党坚决反对变更政协原则，并以退出制宪国大相要挟。蒋介石策略性地"屈就"张君劢草拟的宪法草案，而该草案大部分内容符合政协会议通过的宪草修改十二条原则。在蒋介石的操作下，国民大会遂通过《中华民国宪法》。可见，国民党通过宪法时并非心甘情愿，只是将其作为权益之计而已。

1946 年 12 月 25 日，国民大会正式通过了由张君劢起草，经王宠惠、吴经熊等人修改的《中华民国宪法》。它除前言外，共 14 章 175 条文，依次是总则、人民之权利义务、国民大会、总统、行政、立法、司法、考试、监察、中央与地方之权限、地方制度、选举、罢免、创制、复决、基本国策和宪法之施行及修改，共 175 条。总纲第一条：中华民国基于三民主义，为民有民治民享之民主共和国。宪法以三民主义为最高的基本国策，以五院制的分工和它们之间的互相制衡为体系，规定了人民民主权利的具体内容。《中华民国宪法》是以西方民主国家宪法为摹本的，其主要特色就是体现了主权在民的理念。首先，从总纲有关国体的规定看，张君劢起草宪法将《五五宪草》总纲第一条"中华民国为三民主义共和国"，改为"中华民国基于三民主义，为民有、民治、民享之民主共和国"，也就否定了国民党的"一党独裁"。其次，就"人民的自由权利"看，政协会议期间，共产党和民盟代表坚持宪法应以保障人民的自由权利为目的，而不应以限制为目的。张君劢在起草宪法时，对人民的自由权利采取宪法保障主义，不附条件。他在条列了人民所应享有的人身、居住、迁徙、言论、讲学、著作、出版、通信、信仰、集会、结社等自由权，以及生产、生存、工作、诉讼、选举、罢免、创制、复决和考服公职等权利后，又规定："以上各条列举之自由权利，除为防止妨碍他人自由，避免紧急危难，维持社会秩序，或增进公共利益所必要者外，不得以法律限制之。"再次，从中央政制看，经王宠惠、吴经熊修改后的《中华民国宪法》，形式上采用的是责任内阁制，但实际上确立的是一种既非总统制，又非内阁责任制的中央政体，用张君劢的话说，是"英（责任内阁制）美（总统制）混合制"。这种"英美混合制"或"修正的总统制"与《五五宪草》确立的总统独裁制有所不同，极大缩小了总统权力。最后，从国民大会的职权看，1946 年《中华民国宪法》中的国民大会职权比《五五宪草》中的国民大会职权要小得多，不利于国民党利用大而无当的国民大会来垄断国家政权。

《中华民国宪法》与 1936 年的《五五宪草》相比，总统权力较为有限，且相关条文均用"依法"两字对总统权力加以限制，行政院和立法院权力则相应扩大。《中华民国宪法》实际上采纳了政协会议关于宪草修改原则的大部分内容。若该宪法付诸实行，蒋介石将再不能如训政时期那样乾纲独断，个人意志势必受到宪政体制的束缚。从表面上看，蒋介石为拉住民、青两党甚至不惜牺牲未来总统的部分权力，但他对此是不甘心的。国大会前，蒋介石在国民党内表示："我们此次制宪，倒不如适应环境，尽可能的容忍退让，以期制定大法，奠立宪政的初步基础。如果还有不尽完美，未能符合主义或者施行有窒碍的条文，则在颁布以后，我们仍有机会，提出修正。"这就为随后国民党修改宪法埋下了伏笔。

正因张君劢起草的《中华民国宪法》与国民党制定的《五五宪草》存在一些根本性差异，故国民党单方面召开的制宪国大对它进行审议时，遭到国民党内守旧势力的激烈反对。只是在蒋介石的弹压下，国民大会最后表决通过了《中华民国宪法》。但国民党只将其作为权宜之计，并未打算将其付诸实施。该宪法公布不久，国民党便相继制定通过了《维持社会秩序临时办法》、《戡乱动员令》和《动员戡乱时期临时条款》，将宪法所规定的人民种种自由权利剥夺殆尽，同时赋予总统蒋介石以不受立法机关限制之紧急处置权，从而使宪法所确立的"英美混合制"成了"总统独裁制"，其权力比之《五五宪草》中的总统权力还有过之无不及。

为了拉拢民青两党而在制宪国大上通过《中华民国宪法》，毕竟触动了国民党政权之"国本"，故蒋介石和国民党筹备行宪国大过程中极力加以修补，酝酿对该宪法进行修改和限定，力谋维持宪政体制下国民党之统治权。

　　1947 年 3 月召开的国民党六届三中全会中心议题，为讨论结束训政，促进行宪。蒋介石在开幕词中称："自去年年底宪法颁布以后，政府正在依照国民大会的决议，着手于实施宪政准备程序的推进。同时依照政治协商会议的成案，扩大我们国民政府的基础。"他要求全会"对于行宪准备时期本党的地位和职责，应该特别有一个详尽的检讨和明确的决议"。会议通过《宪政实施准备案》，就政府改组问题形成决议："本党之政治设施，应以从速扩大政府基础，准备实施宪法为中心"；国民党"与国内其他和平合法之政党，应切实合作，共同完成宪法实施的准备程序"。会议提出"以党透政"方针来处理党政关系，并在改组政府时力行此方针：国民党"必须加强政治指导，管理从政党员"，"党员之作政务官及民意机关代表者，如系选举产生，应先从党取得候选人之地位；如系派充，应由党推定。政务官之重大用人，必须取得党的同意"。国民党"对于民意机关，尤须通过党团，将党的政策化为民意机关的决议，交由政府施行"。全会通过的《现阶段的党务方针案》说："结束训政，不是训政成功而自然结束，乃训政失败而不得不结束。正因为训政失败，才应迅速补救。"国民党训政虽能一党专权，但国民党要真正巩固其法统，仍要落实其政治理念中的"宪政"。训政时期国民党是"以党建国"，而即将到来的宪政时期，国民党仍要"以党治国"，力谋其在战时所获党内独裁权力延至党外并制度化，实际上仍然坚持国民党一党专政："今日党派虽多，舍本党而外，实更无任何一党担负得起建设三民主义新中国的责任。还可以说，中国盛衰兴亡的关键，不操于任何一党之手，而实操于本党之手。"①

　　1947 年 4 月 17 日，蒋介石主持召开国民党中常委、国防最高委员会联席会议，决定修改《国民政府组织法》，以国民政府委员

　　① 《现阶段的党务方针案》，《中国国民党第六届中央执行委员会第三次全体会议记录》，中国国民党中央执行委员会秘书处 1947 年 3 月编印。

会为最高国务机关。次日，蒋介石正式宣布改组国民政府委员会：国民党 12 席，民社党 3 席，青年党 4 席，社会贤达 4 席，五院院长为当然委员，另外占 5 席。由于五院院长皆为国民党党员，因此在总共 28 个席位中国民党席位超过半数。国民党凭多数席位控制着国民政府委员会，加之该委员会主席是蒋介石，此次改组政府实权部门皆为国民党掌握。从形式上看，国民政府委员会和行政院的组成有多党性质，但国民政府委员会国民党占据多数席位，行政院的实权部门均由国民党人担任，蒋介石以国民政府主席的身份，仍然通过国民党控制着大权。《国民政府组织法》规定：国民政府主席、副主席由国民党中央执行委员会选任；国民政府委员由国民政府主席就中国国民党内外人士选任之；国民政府主席、副主席对国民党中执委负责，五院院长对国民政府主席负责。国民党同时通过的《中央政治委员会组织条例》规定，中政会为国民党对于政治之最高指导机关，对国民党中央执行委员会负责，中政会主席团主席由国民党总裁担任。这样，国民党中央执行委员会成为一切政务真正拥有决策权的部门，而蒋介石通过国民党总裁、国民政府主席和中政会主席三个职位牢固而严密地控制着改组后的政府，国民党一党专政的本质并未改变。

正因如此，国民党改组政府的结果引发了广泛批评。中国共产党抨击说，"蒋介石这一次改组政府的把戏，不过是继承袁世凯旧筹安会的一个新筹安会"，"所不同的只是名称，袁世凯是由总统改称皇帝，蒋介石将由主席改称总统，名称尽管不同，实质还是一样"。① 民盟则斥责道："改组的政府不是实现民主的政府。实现民主，必先结束党治。今国民政府组织法第一条虽已修改，但依然明文规定以训政时期约法为根据，只须约法继续有效，中国即仍为训

---

① 《新筹安会——评蒋政府改组》，晋冀鲁豫解放区《人民日报》1947 年 4 月 25 日。

政局面。故无论为一党训政或三党训政，既是训政，即未民主。"①
因此，改组后的国民政府仍是"训政的政府"和"一党政府"。国
民政府的实际权力仍然牢牢地控制在国民党手中。

　　1948年3月29日，第一届"行宪国民大会"在南京召开。国
民大会召开之初，便围绕着《国民大会议事规则》草案与《中华
民国宪法》条款展开争论，并逐渐形成了要求修改宪法之倾向。
之所以会出现这种状况，主要原因为：一是国民党籍的国大代表以
为根据宪法，立法院的权太大，将来行政院难以做事，总统也无能
为力，企图通过修改"宪法"回归五五宪草，扩大行政院和总统
权力；二是部分国大代表感觉国大职权太小，尤其六年开一次会，
不啻专为选举总统而设，故要修改宪法，以便扩充职权。这样，
"行宪国大"将宪法修改案提到议事日程。国民党中常会决定在
"非常时期"赋予总统紧急处置权，规定国家在战乱时期总统权力
可以不受立法机关和监察机关限制，并在宪法外另订条款，即
《动员戡乱时期临时条款》。其主要内容为："总统在动员戡乱时
期，为避免国家或人民通过紧急危难，或应付财政经济上重大变
故，得经行政院会议之决议，为紧急处分，不受宪法第三十九条或
第四十三条所规定程序限制。前项紧急处分，立法院得依宪法第五
十七条第二款规定之程序变更或废止之。动员戡乱时期之终止，由
总统宣告，或由立法院咨请总统宣告之。第一届国民大会应由总统
至迟于民国三十九年十二月二十五日以前，召集临时会，讨论有关
修改宪法各案。如届时动员戡乱时期尚未依前项规定宣告终止，国
民大会临时会应决定临时条款应否延长或废止。"② 王世杰对该条
款作了四点说明。第一，临时条款有限，不必修宪，且比较方便，
盼大会能依照修宪程序通过。第二，在各国亦不乏先例。第三，受
国民大会之节制，保障民权。第四，该条款原意为应付戡乱需要，

---

① 《中国民主同盟历史文献》，文史资料出版社1983年版，第321页。
② 《动员戡乱时期临时条款》，《大公报》1948年4月19日。

对任何可以领导戡乱者，应予以信任。这样，总统权力扩大了，立法院部分权力被冻结了，而"行宪国大"也增加会期了。由于"行宪国大"上国民党籍代表占绝对多数，民社党和青年党并无实际决策权，故这项提案很快获得通过。

国民大会通过的扩大总统和行政院权力的《动员戡乱时期临时条款》，专门为蒋介石和国民党继续独裁提供了法理依据，它相当于国民党"戡乱剿匪"时期的"临时宪法"。这个条款根本修改了《中华民国宪法》之核心民主政治理念，使《中华民国宪法》表面强调的"民有、民治、民享"面具被彻底撕毁，国民党主导下的宪政变成蒋介石赤裸裸的个人独裁。该条款的颁布实施，同样标志着资产阶级民主制度被冻结，国民党仍然顽固地继续其一党专政。因此，"行宪国大"是以民主之名行一党专政之实，暴露了国民党独裁专制的伪宪政本质。

三　以国家资本之名行官僚资本之实的经济政策

"官僚资本"的概念，早在20世纪20年代就已出现。南京国民政府自建立后，打着实行孙中山民生主义旗号，在经济上创立由国家控制的经济体系，企图经由中央集权的经济体制和政策而达成其"建国"目标。全面抗战爆发后，因战时集中资源支持战争的需要，国民党经济统制政策的实施明显加速，以"四行二局"为中心的国家金融资本和以资源委员会为中心的国家工业资本，逐渐在当时中国经济中占据垄断地位。而国民党"训政"体制下监督不力的状况，使负责管理、运作这些国家资本的各级官员贪污腐败，国民党控制的国家资本逐渐转变为国民党各级官员控制的所谓"官僚资本"。

全面抗战胜利后，国民党因其执政地位而基本垄断了战后对日伪的接收，从日伪手中获得了巨额经济、文化、教育和社会资源，并几乎全部转入官方控制。正是因为战后接收，多数日伪产业以自营、转让、标售、拍卖等方式转移到国民党当局手中，从而使国民党控制的国家资本急速膨胀，建立了由国家政权掌控的、可以左右中国经济发展的、集中在官僚经营下的经济体系，国民党控制的国家资本力量达到其历史最高峰。战后国家资本的膨胀，一方面体现为"四行二局"、资源委员会等原有单位规模之扩大；另一方面则表现为新建了若干垄断性大公司，如中国纺织建设公司、中国蚕丝公司、中国盐业公司等。国家将接收的日伪纺织业交政府垄断经营，从而使国家资本在整个国民经济中确立了垄断性地位。

国民党政权控制下的国家资本，有多种表现形式。王亚南将国民党控制之下的国家资本分为三类：一是官僚所有资本，即由官僚自己参股或经营的企业；二是官僚使用或运用资本，即名为国营企业但由官僚处置；三是官僚支配资本，即既非自己经营也非通过国营形式运用，但却因种种因素在多方面受官僚资本支配的私人资本。[①] 第一种形式可以定义为官僚的个人资本，也就是纯粹意义上的官僚资本，典型代表为宋氏家族的孚中公司以及孔氏家族的扬子公司；而通常所说的国家资本多以第二种形式出现，即名义上为国营公司，由国家政权控制及支配，但实则操纵在企业负责人即官僚个人之手。由于这些官僚派系与人际关系及其个人素质等因素，企业运营往往成为部门、集团甚或个人谋利的工具。因为这些企业具有国有而又由官僚控制的特性，国民党内大批权贵、官僚、豪门、世家，利用权势寻租，以国家资源为自己谋私利，从而成为社会众矢之的。政治腐败和监管无力等原因造成的以权谋私、假公济私等现象频发，严重威胁大后方民族经济发展，必然激起全国民众愤怒。

马寅初在《提议对发国难财者开办临时财产税以充战后之复

---

① 王亚南：《官僚资本之理论的分析》，《文汇报》1947 年 3 月 25 日。

兴经费》中揭露说："几位大官，乘国家之危急，挟政治上之势力，勾结一家或几家大银行，大做其生意，或大买其外汇，其做生意之时以统制贸易为名，以大发其财为实，故所谓统制者是一种公私不分之统制。"随着官僚资本的膨胀，马寅初对其抨击愈加严厉："所谓国营，实即官办……假公济私为通病，由来已久，莫可究诘……近来变本加厉，由暗偷私窃变为公开劫夺……所谓'窃钩者诛，窃国者侯'的局面已呈现于吾人眼前。"傅斯年抨击说，中国的国家资本"糟的很多，效能两字谈不到的更多。推其原因，各种恶势力支配着（自然不以孔宋为限），豪门把持着，于是乎大体上在紊乱着、荒唐着、僵冻着、腐败着。恶势力支配，便更滋养恶势力，豪门把持，便是发展豪门"①。国民参政员痛斥说："官僚资本往往假借发达国家资本，提高民生福利等似是而非之理论为掩护，欺骗社会。社会虽加攻击，彼等似亦有恃无恐。盖官与资本家已结成既得利益集团，声势浩大，肆无忌惮也。"要求公务员及公营事业人员，应宣誓不兼营工商业，如有兼营者应在两者间作出选择，否则任何人得告发之；如有利用职权经商图利者，应依法加重处罚。②

国民党六届二中全会召开前后，由 CC 系控制的《中央日报》发表社论抨击说："官僚资本操纵整个的经济命脉，且官僚资本更可利用其特殊权力，垄断一切，以妨碍新兴企业的进展。所以代表官僚利益的官僚资本，如果不从此清算，非仅人民的利益，备受损害，抑且工业化的前途，也将受严重的影响。"③战后国家资本转变为官僚资本的情况，不仅引起社会各界的愤怒和抨击，而且引起了国民党内部的激烈争执。

---

① 傅斯年：《论豪门资本之必须铲除》，陈昭桐主编：《中国财政历史资料选编》第 12 辑（下），中国财政经济出版社 1990 年版，第 123 页。

② 《国民参政会关于严厉清除官僚资本的建议》，彭明主编：《中国现代史资料选辑》第 6 册，中国人民大学出版社 1989 年版，第 402 页。

③ 《中国国民党第六届二中全会辑要》，重庆 1946 年版，第 114 页。

　　1946 年 3 月 4 日，财政部长俞鸿钧、经济部长翁文灏分别向六届二中全会报告财政及经济工作，对政府经济政策进行解释，但对与会者关心的如何解决收支平衡、稳定物价、公平接收、惩治贪腐、发展生产、改善民生等问题并未提及，遂引起与会者强烈不满，成为全会讨论热点。国民党 CC 系对"官僚资本"严厉抨击，认为"官僚资本"的谋利情形不符合民生主义节制资本的要求。据唐纵日记载："发言者多系愤激语，痛骂官僚主义，并强调党政革新，党内民主要求。"唐纵写道："打倒官僚主义，要求清算责任，要求辞职，这是党开新纪录壮烈的检讨！"萧铮直接表达了对经济报告的不满，抨击经济统治失败，认为经济问题在于忽视民生主义，没有实行平均地权、节制资本，反而培养了官僚资本，统制经济亦全失败，派遣接收人员不廉，社会指责甚多。任卓宣指出财政、经济两部均未能按照六中全会代表决议，登记并限制各级官吏及公营事业从业人员的资产，彻底实行各级官吏不得经营商业的规定。吴铸人提出最难解决的问题是官僚资本，经济部应宣布官僚资本姓名，列为革命的对象。赖琏将不能实行民生主义原因归于官僚资本作祟，认为凡是利用政治地位，运用公家资金及其他力量，操纵物价，把持国营事业，破坏国家信用，就是官僚资本。他要求必须实行官商分开，实行官吏财产登记，绝对不许官吏经商，以消灭官僚资本。刘健群强烈批判财政和经济报告既没有看到整个"官僚主义"问题的严重性，又没有提出解决的办法，认为当前"官僚主义"问题严重，必须拿出解决办法。

　　尽管蒋介石对国民党内抨击"官僚资本"的言论加以压制，但"官僚资本"实际成为严重的政治问题而备受国民党内外人士的抨击。国民党六届二中全会通过的《党务革新方案》将"官僚资本主义"视作"为全国所痛恨，亦为全党所痛恨"的政治危机。陈立夫在汇编此案时甚至说："党无社会基础，既不代表农民，亦不代表工人，又不代表正常之工商，甚至不代表全体官吏，而只代表少数人之利益。"国民党内部印发的《中国国民党第六届二中全会辑要》抨击道："官僚资本操纵整个的经济命脉，且官僚资本更可利用其特殊权力，垄断一切，以妨碍新兴企业的进展。所以代表官僚利益的官僚资本如不从此清算，非仅人民的利益，备受损害，亦且工业化的前途，也将受到严重影响。"故提出："我们应该查一查党内的官僚资本家究竟有若干？他们的财产从何而来？是国难财的积累，还是胜利财的结晶？是化公为私的赃物，还是榨取于民间的民脂民膏？并且应该追究一下，这些年中间把节制资本平均地权的一切政策和方案搁在一旁的究竟是谁？把财政经济弄到今日不可收拾的田地的又是谁？然后实行一次大扫荡运动……正式宣告官僚资本的死刑。"①

1946 年 5 月，综合出版社编辑出版《论官僚资本》一书，对战后国民党官僚资本及其统治情况作了全面讨论。该书编者指出："战后中国官僚资本……更是猖獗起来，一方面他们在购置敌产，计划国营等名义下，控制了国民经济命脉。另一方面为维护他们特权，保卫他们的政治堡垒，出尽死力来反对民主政治；因此，官僚资本不但是经济民主的障碍物，同样也就是反动政治的支持者。"②马寅初的《论官僚资本》坚定地指出："今天要快快打倒官僚资本，发展民族事业。如果太迟了，要反对，也不可能。"他在《官僚资本操纵下的中国经济建设》中指出："二千年来都是官僚主义，升官必发财……到现在呢，官僚资本控制了一切。"他在题为《要挽救中国经济危机非打倒官僚资本不可》中说："中国目前的经济危机情形是工厂关门，工人失业，物价高涨，灾荒遍地，这种情形造成的原因虽然很多，但是官僚资本的作祟，却是主要的，所以官僚资本必须打倒。"吴大琨认为，中国官僚资本与买办资本并不是全部对立的，中国部分官僚资本同时也就是大买办、大银行家、大地主的资本。中国的官僚资本与买办资本的不同，只是后者

---

① 《中国国民党第六届二中全会辑要》，重庆 1946 年版，第 123 页。
② 《论官僚资本》，广州，综合出版社 1946 年版。

谋求的主要是帝国主义者的利益，获利的方法主要是依靠特殊洋人的势力；前者谋求的主要是这些官僚们本身的利益，获利的方法主要是依靠官僚特权，在某些落后地区甚至是非常封建性的特权。官僚资本差不多垄断了整个国家的经济命脉，使整个国家经济都只为这些少数的官僚利益服务，而置全国人民的生死存亡于不顾。他总结说："只要这种凭借'特权'而在从事着非法经济活动的'官僚资本集团'存在一天，中国就一天不能真正的走上民生主义经济建设或工业化的道路。"①

郑振铎的《论官僚资本》指出："要中国实现经济的民主，要中国发展国家工业和民族工业，要中国经济生活现代化，都非打倒官僚资本不可。"② 官僚资本并不投资于生产事业和与抗战有关的工业上，做着种种投机取巧的牟利行为。"所以，要导中国工商业于正途，要经济民主化，要扶植民族资本的发展，必须首先扑灭那些疯狂似的投机的官僚资本和一切官僚资本家！"陶大镛的《论官僚资本》分析中国官僚资本的特点，指出它不但有封建性，而且具有买办性："严格说来，它是中国所特有的独占资本。它没有现代的托辣（拉）斯或卡特尔一类的独占组织，它并不是银行资本与工业资本所结合的独占资本。中国的独占资本，是通过官僚的政治机构，利用特殊的政治地位，来为所欲为的。"官僚资本是一切政治权力的结晶。他呼吁：我们要用最大的努力和全民的力量，来宣判它的死刑。赵元浩的《中国官僚资本的特点》指出，抗战胜利以后，中国官僚资本无孔不入地渗透进了金融、工业、商业、交通等每一经济部门。他认为："如果不根本打倒官僚资本，则无从巩固中国将来的民主政治底基础，也无从发展国民经济，使中国走上工业化、现代化的道路。"他分析了官僚资本的三个一般特点和三个中国特殊之点。一般特点如下。一是和官僚政治密切结合，血

---

① 吴大琨：《论官僚资本》，《经济周报》第 2 卷第 5 期，1946 年 1 月 31 日。

② 郑振铎：《论官僚资本》，《民主》第 19 期，1946 年 2 月 23 日。

肉相连，依靠官僚政治来保障其存在和发展。二是官僚资本的独占性与包办性，如战时卷烟，在禁止进口时，官僚资本可以用"官办"的招牌大量进口，在准许进口而要征重税时，官僚资本又可用特许证免税进口。三是官僚资本的投机性，没有一定的经营方针，何种事业有利，就鹜趋这种事业。特殊之点如下。一是有浓厚的封建性。由于官僚资本和封建地主深深勾结，它对经济独占与包办的特权就掌握得更牢固，对中国经济改革也就采取更顽固的态度。二是有严重的落后性。官僚资本的经营不是为一种经济事业的发展，不讲求人才，不讲究科学化，用人唯私，经营随便，很难获长期安定的发展。三是具有买办性。全面抗战期间，官僚资本在国内代替了买办资本的地位。全面抗战胜利后可能两者无法分家，而成为连体的畸形儿。其结论为："要中国民族资本获得发展，要国民经济走欣欣向荣的路，要中国人民生活获得逐步的改善，就必须打倒官僚资本，就必须争取经济的民主！"①

邓洛夫的《官僚资本在经济阵营中斗争》，从国营民营上的斗争、货币问题上的斗争等方面，分析了官僚资本、中小民族资本及民族财阀之间复杂斗争情况，得出了这样的结论："胜利以来反映于中国内部经济战争上的现象，乃是官僚资本的独立运动，官僚资本与金融资本的结合运动，官僚资本与民族产业资本的斗争，及上层势力对平民大众的经济榨取运动。"陈方塱的《论官僚资本》对"官僚资本"进行深入研讨，考察了官僚资本的意义、官僚资本的发生、官僚资本的特质、官僚资本的流毒，等等。他指出：官僚资本是中国转型期中的特殊产物，有买办性和封建性。官僚资本为了保全它本身的利益而出卖民族利益，走上买办化的路程，替帝国主义推销商品和搜集原料。银行资本与商业资本结合，是中国经济的特征。官僚资本是民生主义的反对物，也就是三民主义的反对物，消灭官僚资本不能靠官僚政治下的财政经济政策来解决，必须彻底

---

① 赵元浩：《中国官僚资本的特点》，《论官僚资本》，第 29 页。

清算官僚主义政治，然后才能运用合理进步的财政经济政策，达到消灭官僚资本的目的。因此，打倒官僚资本，是扫除实现民生主义障碍所必要的清道工作。民生主义的实现，须以民族、民权主义的实行为条件："只要承认三民主义是建国的最高指导原则，那末对于我们的结论——消灭官僚资本必须首先实行民主政治，便不能不认为是恰当的了。"①

叶青在《打倒官僚资本》中提出官僚资本的三个意义。第一，官僚资本是官僚与资本家合一，即官僚即资本家，亦官僚亦资本家。第二，官僚资本是官僚的资本，即官僚自己的资本，所以是一种私人资本。第三，官僚资本是官僚利用其地位、职权、势力，而违法舞弊和借公营私所造成或发展的。他分析官僚资本的害处有七：一是阻碍民间资本，使资本主义发展不起来；二是腐蚀国家资本，使社会主义发展不起来；三是破坏经济政策，使经济秩序不能保持，经济建设感到困难；四是妨害财政政策，使国家财政受其影响；五是败坏政治风气，使国家政治黑暗腐败，没有效率；六是腐化社会风气，使人民道德堕落，风俗变坏；七是阻碍三民主义，使革命建国不能完成。因此，"我们要下打倒官僚资本底决心，叫出'打倒官僚资本'底口号"。他强调三民主义是消除官僚资本毒害的对症良药，提出了解决官僚资本的四种方法：一是政治的方法，厉行法治；二是法律的方法，惩治违法者；三是经济的方法，改革公营实业；四是财政的方法，对官僚资本征重税。从以上可见，叶青的文章是以"打倒官僚资本"之名而行反对"打倒官僚资本"之实。②

1946 年 10 月，陈伯达出版《中国四大家族》，对中国官僚资本进行集中批判。四大家族指蒋介石、宋子文、孔祥熙、陈果夫陈

---

①　陈方堃：《论官僚资本》，《国立河南大学学术丛刊》复刊第 1 期，1946 年 5 月。

②　叶青：《打倒官僚资本》，《革新周刊》第 1 卷第 15 期，1946 年 11 月 2 日。

立夫四家。该书说："十九年来四大家族用'官''商'形式，在金融、商业、工业、农业、地产、新闻、出版事业等等各方面所独占的财产，以及他们在外国的存款和产业，根据粗略计算，至少当在两百万万美元左右。"① 该书出版后，"四大家族"成为关于国民党官僚资本之流行语。

　　总之，战后国民党官僚豪门利用垄断接收之机，控制国营企业，以国家的经济资源为一己谋私利。这样，所有国家资本无论其运作形式如何，有无官僚豪门插手，均被社会舆论指责为"官僚资本"而遭到社会各界的猛烈抨击。官僚资本是国民党统治的经济基础，而社会各界对官僚资本的抨击，根本动摇了国民党统治的经济基础。国民党始终不能痛下决心，采取合适的方法解决官僚资本问题，只能听任其发展而招致人们越来越大的不满，遂成为导致其统治失败的重要因素。

---

① 陈伯达：《中国四大家族》，人民出版社 1955 年版，第 1 页。

第 十 一 章
中共政治思想的调整及建国路线的确定

    抗战胜利后，中国历史上出现了短暂的和平发展时期，出现了一次通过和平方式步入现代政治轨道的有利机会。根据国共双方《双十协定》的约定，召开了包括所有党派参加的政治协商会议，讨论重新组建政府，讨论建国问题，并制定新宪法。中共真心诚意地为实现国内和平和民主，推进国家经济建设和政治改革而奋斗。但坚持独裁内战的国民党强硬派推翻了政协决议，发动了全面内战，中共中央被迫作出了用战争方式彻底战胜蒋介石的决策，放弃了和平民主新阶段的设想和努力。中共在与国民党进行军事较量之时，积极探索建立新民主主义共和国问题，并于 1948 年 4 月 30 日通过了纪念"五一节"口号，提出召开政治协商会议、成立民主联合政府的号召，得到民主党派和民主人士的热烈响应。1949 年 9 月 21 日，中国人民政治协商会议第一届全体会议通过的《共同纲领》，用国家根本大法的方式，确立了人民民主专政是新中国的根本国家制度，选举了以毛泽东为主席的中央人民政府，正式完成了新中国的建构使命。

一　和平民主新阶段的方略

    全面抗战胜利后，中日民族矛盾暂时解决了，国内阶级矛盾遂成为主要矛盾。这个矛盾就是蒋介石统治集团与人民大众的矛盾。但在抗战刚刚结束时，由于国际国内各种条件的促使作用，中国历史上出现了短暂的和平发展时期，出现了一次通过和平方式步入现代政治轨道的有利机会。

中共的战后政策及其方针，在毛泽东为中共七大所作的政治报告《论联合政府》中已经表达得非常明确。这就是坚持民主与和平方针，反对独裁与内战，建立联合政府，为建设一个独立、民主、富强的新中国而奋斗。而中共在抗战时期军事力量和政治影响的扩大，为中国走上和平民主道路提供了可靠保证。

日本投降前夕，毛泽东敏锐地看到："从整个形势看，抗日战争的阶段过去了，新的情况和任务是国内斗争。蒋介石说要'建国'，今后就是建什么国的斗争。"① 战后和平、民主和建国问题便历史性地提到了议事日程。因此，抗战结束后相当长时间里，中共确定的基本方针是争取和平民主，期望通过与国民党谈判，实现中共七大提出的"废止国民党一党专政，建立民主的联合政府"目标，建立民主联合政府。毛泽东把这种"资产阶级领导而有无产阶级参加"的联合政府，称为"独裁加若干民主"的政权形式。他形象地解释说："蒋介石是共产党的敌人，但我们又不得不和他搭伙。"② 中共参加这样的政府，就是"进去是给蒋介石'洗脸'，而不是'砍头'"。他强调："走这个弯路将使我们党在各方面达到更成熟，中国人民更觉悟，然后建立新民主主义的中国。"③

1945 年 8 月 14 日，蒋介石致电毛泽东："倭寇投降，世界永久和平局面，可期实现，举凡国际国内各种重要问题，亟待解决，特请先生克日惠临陪都，共同商讨，事关国家大计，幸勿吝驾，临电不胜迫切悬盼之至。"④ 蒋介石摆出了一副渴望和平、共商国是

① 《毛泽东选集》第 4 卷，人民出版社 1991 年版，第 1130 页。
② 《毛泽东文集》第 4 卷，人民出版社 1996 年版，第 16 页。
③ 《毛泽东文集》第 4 卷，第 7 页。
④ 重庆《中央日报》，1945 年 8 月 16 日。

的姿态，发起了和平攻势。他电邀毛泽东赴重庆进行谈判，是由几
种因素促成的。一是国际潮流和国际压力使然。战后世界发展的潮
流是和平与民主，不仅一切爱好和平的人们反对战争，要求民主，
而且一贯支持国民政府的美国政府也不希望蒋介石立即发动内战，
迫使蒋介石接受政治谈判解决国共两党争端的方式。二是国内各派
政治势力和广大民众渴望和平而反对内战。三是蒋介石内战准备远
远没有完成。因此，蒋介石的目的很明确：一方面，利用国共谈判
为国民党准备内战赢得时间，并通过谈判方式压迫中共让步；另一
方面，如果毛泽东不来重庆谈判，则将破坏和平、发动内战的罪名
强加在中共头上，名正言顺地以武力消灭中共及其武装。

　　面对国民党的和谈邀请，毛泽东和中共中央考虑接受蒋介石邀
请前往重庆谈判。8 月 23 日，中共中央政治局召开扩大会议，着
重讨论重庆谈判的决策问题，毛泽东分析了抗战结束后国内外形
势，认为中国已经进入和平建设新阶段，自己应该亲自赴重庆谈
判，不能拖。毛泽东决定赴重庆进行谈判，有几个因素促成：一是
为了扩大自己的政治影响，争取舆论支持；二是为了赢得时间，部
署军事；三是苏联和国内舆论压力。战后和平建国方针，是中共七
大确定的。毛泽东在《论联合政府》中指出："需要在广泛的民主
基础之上，召开国民代表大会，成立包括更广大范围的各党各派和
无党无派代表人物在内的同样是联合性质的民主的正式的政府，领
导解放后的全国人民，将中国建设成为一个独立、自由、民主、统
一和富强的新国家。"① 因为当时国际和国内都存在和平潮流，共
产党在国共力量对比中处于较弱地位，考虑到民主革命长期性，中
共确定的战后方针，是争取"和"准备"打"的方针。如果国民
党发动内战，就坚决反击；如果国民党想用和谈方式发起政治进
攻，中共也针锋相对地与之谈判。与此同时，中共决定赴重庆谈
判，还受到一些国际因素的影响。美国政府从自身利益出发，希望

---

① 《毛泽东选集》第 3 卷，人民出版社 1991 年版，第 1029—1030 页。

战后远东保持和平局面，故美国驻华大使赫尔利奉命奔走于国共两党之间，撮合"和平"，并信誓旦旦地担保毛泽东赴渝安全。斯大林致电中共中央，提出中国应该走和平发展道路，要毛泽东赴重庆与蒋介石谈判，寻求维持国内和平的途径。斯大林认为，如果打内战，中华民族就有毁灭的危险。这显然是对中国人民革命力量估计不足。这样，战后中共有不放弃通过和平道路改革中国政治的想法；蒋介石虽确定内战方针但仍有用和平方式收编中共的意图。这种情况，就是国共双方进行重庆谈判的基础。国民党和中共各有自己的政治考虑，是促成国共最高级谈判实现的重要原因。

1945 年 8 月 25 日，毛泽东在赴渝前夕，中共中央发表了《中共中央对目前时局的宣言》，指出："在这个新的历史时期中，我全民族面前的重大任务是：巩固国内团结，保证国内和平，实现民主，改善民生，以便在和平民主团结的基础上，实现全国的统一，建设独立自由与富强的新中国。"为了奠定今后和平建设的基础，宣言要求国民党立即实施包括以下内容的措施：承认解放区的民选政府和抗日军队；实现和平，避免内战；公平合理地整编军队，办理复员，救济难胞，减轻赋税，以纾民困；承认各党派合法地位，取消一切妨碍人民集会结社言论出版自由的法令，取消特务机关，释放爱国政治犯；立即召开各党派和无党派代表人物的会议，商讨抗战结束后的各项重大问题，制定民主的施政纲领，结束训政，成立举国一致的民主的联合政府，并筹备自由无拘束的普选的国民大会。中国共产党声明："愿意与中国国民党及其他民主党派，努力求得协议，以期各项紧急问题得到迅速的解决，并长期团结一致，彻底实现孙中山先生的三民主义。"[①] 同时，中共准备在武装斗争之外与国民党进行合法斗争，要学会合法斗争，学会利用国会讲

---

① 中央档案馆编：《中共中央文件选集》第 15 册，中共中央党校出版社 1991 版，第 249 页。

坛，学会做城市工作。①

为了把国共和平谈判与毛泽东赴重庆的重大决策告知全党，使党内有统一的认识和充分的精神准备，8月26日，毛泽东为中共中央起草了《关于同国民党进行和平谈判的通知》（以下简称《通知》）。在这份重要文件中，毛泽东对当时的政治形势、和谈前景及应注意事项，均作了原则说明。第一，《通知》指出，现在苏美英三国均不赞成中国内战，我党又提出和平、民主、团结三大口号，并派毛泽东、周恩来、王若飞三同志赴渝和蒋介石商量团结建国大计，中国反动派的内战阴谋，可能被挫折下去。国民党在取得沪宁等地、接通海洋和收缴敌械、收编伪军之后，较之过去加强了它的地位，但是仍然百孔千疮，内部矛盾甚多，困难甚大。在内外压力下，可能在谈判后，有条件地承认我党地位，我党亦有条件地承认国民党的地位，造成两党合作（加上民主同盟等）、和平发展的新阶段。第二，中共为表示和谈诚意，准备在不伤害人民根本利益的前提下，对国民党作出必要的让步，并强调："无此让步，不能击破国民党的内战阴谋，不能取得政治上的主动地位，不能取得国际舆论和国内中间派的同情，不能换得我党的合法地位和和平局面。"第三，指出中共作出这样的让步后，"如果国民党还要发动内战，它就在全国全世界面前输了理，我党就有理由采取自卫战争，击破其进攻"。② 第四，毛泽东告诫全党，绝对不要因为谈判而放松对蒋介石的警惕和斗争，对于国民党军事上的进攻必须针锋相对，坚决回击。

8月28日，在赫尔利及国民党代表张治中的陪同下，毛泽东、周恩来等飞往重庆。一时间，剑拔弩张的国共两党关系开始有了缓和迹象。9月3日，周恩来、王若飞以"谈话要点"方式，正式向国民党代表提出中共方案，向国民党提出了自己的谈判条件，其要

---

① 胡乔木：《胡乔木回忆毛泽东》，人民出版社1994年版，第400页。
② 《毛泽东选集》第4卷，第1154页。

点为：第一，确定和平建国方针，以和平、团结、民主为统一的基础，实行三民主义［以民国十三年（国民党）第一次全国代表大会之宣言为标准］；第二，拥护蒋主席之领导地位；第三，承认各党派合法平等地位并长期合作和平建国；第四，承认解放区政权及抗日部队；第五，严惩汉奸，解散伪军；第六，重划受降地区，参加受降工作；第七，停止一切武装冲突，令各部队暂留原地待命；第八，结束党治过程中，迅速采取各项必要措施，实行政治民主化、军队国家化，党派平等合作；第九，政治民主化之必要办法；第十，军队国家化之必要办法；第十一，党派平等合作之必要办法。①

这 11 项提案，是中共经过长时间酝酿和准备形成的，其主旨是主张以和平、民主、团结为统一之基础，各党派以平等地位长期合作、和平建国。中共在不损害人民根本利益的前提下，也作出了一些让步：一是承认蒋介石在全国的领导地位，不提建立联合政府，只要求各党派参加政府；二是不提党派会议，只提政治会议，因为国民党对召开党派会议产生联合政府之方式，认为有推翻国民政府之顾虑。但总体上说，中共谈判条件出乎国民党预料，尤其是承认各党派平等合法地位、政治民主化、军队国家化等方面内容，实际上就是要求结束一党专政、承认中共及其领导武装的合法地位，这是国民党无论如何不能同意的。因此，蒋介石看过提案后召集王世杰、张群、张治中等人说："中共代表昨日提出之方案，实无一驳之价值。倘该方案之第一、二条，具有诚意，则其以下各条在内容上与精神上与此完全相矛盾者，即不应提出。我方可根据日前余与毛泽东谈话之要点，作成方案，对中共提出。必要时可将双方所提方案，一部发表，随时将两方谈话情形，作成记录，通知美国与苏联大使。"② 随后，蒋介石亲自拟定《对中共谈判要点》，作

---

① 　中国第二历史档案馆编：《抗战胜利后国共谈判记录》（复制本），1978 年 11 月。

② 　秦孝仪主编：《中华民国重要史料初编》第七编（二），中国国民党中央委员会党史委员会 1981 年版，第 44 页。

为与中共谈判的基调和准则。

对于蒋介石和谈的真实意图，中共有着清醒的认识："蒋表面上对毛周王招待很好，在社会上造成政府力求团结的气象。实际上对一切问题不放松削弱以致消弱〔灭〕我的方针，并利用全国人民害怕与反对内战心理，利用其合法地位与美国的支持与加强他（保障美国在远东对苏联的有利地位），使用强大压力，企图迫我就范，特别抓紧军队国家化问题。因此在谈话态度上只要求我们认识与承认他的法统及军令政令的统一，而对我方则取一概否认的态度。"① 中共中央判断："彼方方针是拖延谈判时间，积极准备内战，利用敌伪及美国帮助，控制华北、华中及东北大城要道，建都北平，强迫中共接受其反动条件，否则，以武力解决。"②

毛泽东在重庆广泛接触社会各界人士，阐述中共和平民主之主张。他与《大公报》重庆版总编辑王芸生关于战后民主建国问题有过这样的谈话。王芸生问："共产党不要另起炉灶？"毛泽东回答："不是我们要另起炉灶，而是国民党灶里不许我们造饭。"③ 还说："我们对国民党，只是有所批评，留有余地，并无另起炉灶之意。"④ 因此，战后初期毛泽东和中共中央所力争的是自己"造饭"的权利，而不是要抛弃国民党这个"炉灶"。

1945 年 10 月 10 日，经过 43 天的艰苦谈判，中共代表周恩来、王若飞与国民党代表王世杰、张群、张治中、邵力子在重庆桂园正式签订《政府与中共代表会谈纪要》，简称《双十协定》。《双十协定》确定了"和平、民主、团结"的原则和战后"和平建国"的必要性，并提出一些民主改革目标，受到各界人士的欢迎。重庆谈

① 中央档案馆编：《中共中央文件选集》第 15 册，第 277 页。
② 中央档案馆编：《中共中央文件选集》第 15 册，第 293 页。
③ 王芸生、曹谷冰：《重庆谈判期间的〈大公报〉》，《重庆谈判纪实》，重庆出版社 1984 年版，第 415 页。
④ 中共中央文献研究室编：《毛泽东年谱（1893—1949）》下卷，人民出版社、中央文献出版社 1993 年版，第 33—34 页。

判及签订的《双十协定》，给全国人民带来了和平民主的希望。西安《秦风日报·工商日报联合版》发表社论说："重庆谈判，终于在和谐的空气中，获得了初步的成功。分裂内战的阴霾可望由此扫清，和平建国的时代可望于兹开始，因而八年抗战的鲜血也将不至于白流，这是中国民族的福音！这是中国人民的胜利！"

毛泽东的重庆之行，基本上收到了预期效果，争取了舆论的支持和同情，在政治上取得了主动。毛泽东回到延安报告谈判情况时说，谈判收获就是："国民党承认了和平团结的方针和人民的某些民主权利，承认了避免内战，两党和平合作建设新中国。这是达成了协议的。还有没有达成协议的。解放区的问题没有解决，军队的问题实际上也没有解决。已经达成的协议，还只是纸上的东西。"他评论这次谈判的意义说："谈判的结果，国民党承认了和平团结的方针。这样很好。国民党再发动内战，他们就在全国和全世界面前输了理，我们就更有理由采取自卫战争，粉碎他们的进攻。"①同时，他明确警告："我们的方针，既要确定同蒋介石谈判，同时准备蒋一定要打。蒋采取两面策略，我们就学他，也实行两手。"②为了顺应战后全国人民对于国内和平的强烈期盼，促成民主联合政府的尽早实现，中共在随后的政治协商会议和马歇尔参与的军事"调处"中，向国民党作了许多重大让步，以期早日实现国内和平，促成联合政府的建立。毛泽东公开表示，如果联合政府成立，中共将"尽心尽力"与蒋介石合作，彻底实行孙中山的三民主义。③

重庆谈判后，国际国内形势继续朝着有利于和平民主的方向发展。国共双方在《双十协定》达成的基本原则有：民主化，军事力量统一化，承认共产党和所有政党在法律面前平等；政府同意进

---

① 《毛泽东选集》第 4 卷，第 1156、1159 页。
② 《毛泽东文集》第 4 卷，第 76 页。
③ 《毛泽东文集》第 4 卷，第 26 页。

一步保障人身、宗教、言论、出版和集会自由，同意释放政治犯，同意只让警察和法庭拘捕犯人、进行审判和实施处罚。这样的协定，是有利于推进战后中国国内和平民主气象趋向发展的。根据《双十协定》的约定，将尽快召开包括所有党派参加的政治协商会议，来讨论重新组建政府，讨论建国问题，并制定新宪法。1945年12月下旬，美、英、苏三国外长会议重申不干涉中国内部事务的政策，赞成中国停止内战，实现团结民主。中共利用有利的国际和国内条件，联合民盟为代表的中间势力，迫使国民党答应召开政治协商会议，讨论建国问题。美国总统杜鲁门不仅发表对华声明赞成中国和平民主，而且派马歇尔来华调停国共冲突，推进中国的和平民主。

1946年1月10日，国共双方达成了《停战协议》，毛泽东在签署的停战令中指出："中国和平民主新阶段即将从此开始。望我全党同志与全国人民密切合作，继续努力，为巩固国内和平，实现民主改革，建立独立、自由、和平、富强的新中国而奋斗！"① 周恩来也宣布："不仅在今天下令停战，而且要永远使中国不再发生内战。"② 中共中央指示各中央局及各区党委，应遵守停战命令，停止一切进攻及破坏交通的行动，不给国民党以借口。③ 同时，必须坚守阵地，严防对方背信之突然袭击。④ 中共中央宣传部发出通知，提出要教育全党全军与各界人民，不要幻想蒋介石会真的变成民主派，不要幻想他会改变消灭解放区、八路军、新四军与共产党的企图。⑤

1946年1月11—31日，政治协商会议在重庆召开。这次会议

---

① 《国共谈判文献资料》，江苏人民出版社1980年版，第30页。
② 《国共谈判文献资料》，第36页。
③ 中央档案馆编：《中共中央文件选集》第16册，中共中央党校出版社1992版，第19页。
④ 中央档案馆编：《中共中央文件选集》第16册，第22页。
⑤ 中央档案馆编：《中共中央文件选集》第16册，第24页。

围绕着国共两党之间所有悬而未决的政治问题和军事问题进行激烈
讨论。这些问题包括：重组国民政府；拟定结束国民党训政、建立
宪政的政治纲领；修订1936年的宪法草案；根据修订后的宪法审
定国民议会的代表资格；改组政府，和把共产党的军队置于统一的
领导之下；等等。

第一，关于改组政府问题，国民党主张扩大政府组织，不同意
改组政府；共产党则承认蒋介石的领袖地位和国民党的第一大党地
位，但政府必须改组；民盟则提出了改组政府的三项要地，支持中
共意见。这样，经过激烈的辩论，会议最后通过了《政府组织
案》，规定国民政府委员会为政府最高国务机关，40名委员中国民
党占一半，但重要议案必须经2/3的委员通过方有效。这基本上否
定了国民党的主张，体现了共产党和民主人士的要求。

第二，关于军队问题，国民党坚持"军令政令统一"的既定
方针，一定要军队国家化；共产党则主张要使军队国家化，必须首
先作到国家民主化，使军队成为人民的军队。经过争论勉强达成的
协议规定了"军队属于国家""军党分立"等原则。

第三，关于国民大会问题，国民党坚持1936年选出的国大代
表仍有效，另外增加一些名额，增加的名额一半由国民党指定。这
种意见遭到中共和民主、进步人士的强烈反对。最后达成的协议规
定，宪法必须经3/4的出席代表通过方有效，这基本打破了国民党
控制国民大会的企图。

第四，关于宪法草案问题，国民党坚持1936年制定的《五五
宪草》仍然有效，多数代表反对，主张对它进行修改。经过讨论，
会议通过了对《五五宪草》修改原则。原则规定：立法院为国家
最高立法机关，其职权与各民主国家的议会相当；行政院为国家最
高行政机关，对立法院负责；省为地方自治的最高单位，省长民
选。这就规定了国会制、内阁制和省自制的政治制度，否定了国民
党一党专政的政治制度。

第五，关于施政纲领问题，基本上按照中共提出的《和平建

国纲领草案》，正式通过了一个《和平建国纲领》，作为宪政实施前施政的准绳。

经过中共、民主党派的共同斗争及国民党内民主分子的不懈努力，政协会议通过了有利于和平民主、有利于人民的五大协议。中共提出的建立民主联合政府的主张得到人们广泛拥护，并在政协会议上得到承认。政协会议通过的关于政府组织问题、和平建国问题、关于宪法和国民大会问题等五项决议，确立了国会制、内阁制和省自治的政治制度。这样的政治制度，虽不完全是中共主张的新民主主义政治制度，却是对国民党一党专政和蒋介石独裁的根本否定；它还不是无产阶级领导的民主联合政府，却是包括中国社会各个阶级和政党在内的联合政府。这个联合政府有利于冲破蒋介石独裁统治和实行民主政治，有利于和平建国，有利于将中国引上和平民主的新轨道。很显然，为了将中国引上和平民主的新轨道，中共在政治上作了很大让步。

政协会议的成功召开，使中共中央一度乐观地判断，中国"即走上了和平民主建设的新阶段"，并真诚地要实施政协通过的五大决议。对于和平的政治竞选方式与国民党竞争，中共是充满信心的，也是真心要付诸行动的。在政协会议闭幕会上，周恩来代表中共指出：政协通过的各项决议，解决了许多具有长期性的问题，而这些问题的解决为中国政治开辟了一条民主建设的康庄大道，而这种解决方式也替民主政治树立了楷模。他强调："和平建国纲领和宪草原则，是使中国走上政治民主化的准绳，军事协议，是使中国军队走上国家化的根据。中国共产党愿意追随各党派和社会贤达之后，共同努力，长期合作，为独立、自由、民主、统一的中国奋斗到底。"①

政协会议闭幕后第二天，中共中央发出的党内指示就指出："由于这些决议的成立及其实施，国民党一党专政即开始破坏，在全

---

① 《国共谈判文献资料》，第89—90页。

国范围内开始了国家民主化。这就将巩固国内和平，使我们党及我
党创立的军队和解放区走上合法化。这是中国民主革命一次伟大的
胜利，从此中国即走上了和平民主建设的新阶段。"指示还说：
"中国革命的主要斗争形式，目前已由武装斗争转变到非武装的群
众的与议会的斗争，国内问题由政治方式来解决。党的全部工作，
必须适应这一新形势。"并强调："我党即将参加政府，各党派亦
将到解放区进行各种社会活动，以至参加解放区政权，我们的军队
即将整编为正式国军及地方保安队、自卫队等。"①

　　中共真心诚意地为实现国内和平和民主，推进国家经济建设和
政治改革而奋斗。同时，中共已经准备参加中央政府的工作，确定
以毛泽东、林伯渠、董必武、刘少奇等 8 人为国民政府委员人选，
以周恩来、林伯渠、董必武、王若飞分别出任行政院副院长和部长
职务，并且准备允许各党派到解放区进行社会活动，参加解放区政
权。② 为方便尔后开展工作，中共中央机关也有南迁至淮阴的设想。③

　　然而，坚持独裁内战的国民党强硬派很快推翻了政协决议，
中共中央被迫改变关于和平民主建设新阶段已经到来的估计，逐
步把主要注意力放在准备对付全面内战方面。3 月 14 日，中共中
央电示各大战略区领导人："我们反对分裂、反对内战，但我们
不怕分裂、不怕内战，我们在精神上必须有这种准备，才能使我
们在一切问题上立于主动地位。"④ 中共中央判断，大打半年后，
如我军大胜，必可议和。再次明确中共方针是争取长期和平，应全
力战胜蒋军进攻，争取和平前途。⑤ 全面内战爆发三个月后，毛泽
东在同美国记者斯蒂尔谈话中仍然表示：如果蒋介石能回到依照停
战协定和政协决议解决国内问题的轨道上来，"我们是仍然愿意和

---

①　中央档案馆编：《中共中央文件选集》第 16 册，第 63—64 页。
②　胡乔木：《胡乔木回忆毛泽东》，第 428 页。
③　中共中央文献研究室编：《毛泽东年谱（1893—1949）》下卷，第 56 页。
④　中央档案馆编：《中共中央文件选集》第 16 册，第 98 页。
⑤　中共中央文献研究室编：《毛泽东年谱（1893—1949）》下卷，第 93、97 页。

他共事的"。① 但蒋介石一面指挥国民党军大举进攻解放区，一面指使国民党召开一党包办的国民大会，彻底关闭了和谈大门。中共中央判定，只有打倒蒋介石，才有真正实现国内和平之可能。1946年11月21日，中共中央作出了用战争方式彻底战胜蒋介石的决策，彻底放弃了和平民主新阶段的设想和努力。

二　平分土地思想及对农业社会主义的批判

全面抗战时期，中共将抗日放在首位，改变了土地革命战争时期实行的没收地主土地政策，实行减租减息政策。抗战结束后，随着阶级矛盾的尖锐及国共内战威胁的日趋严重，解放区农民要求根本解决土地问题的愿望日益迫切，没收地主土地以根本解决农民土地问题的时机，亦日渐成熟。

1946 年 5 月 4 日，刘少奇代中共中央起草了《关于土地问题的指示》（简称《五四指示》），决定把减租减息政策改为通过反奸清算、减租减息等手段从地主手中获得土地的政策，明确提出："解决解放区的土地问题是我党目前最基本的历史任务，是目前一切工作的最基本的环节。必须以最大的决心和努力，放手发动与领导群众来完成这一历史任务。"② 《五四指示》要求各地坚决拥护群众在反奸、清算、减租减息、退租退息等斗争中，从地主手中取得土地，使各解放区的土地改革，依据群众运动发展的规模和程度，迅速求其实现。

该指示强调，要在不损害多数农民根本利益的前提下，照顾统一战线内各阶级的经济利益，规定了十八条具体政策。主要内容

---

① 《毛泽东选集》第 4 卷，第 1203 页。
② 《中共中央关于土地问题的指示》，《中国土地改革史料选编》，国防大学出版社 1988 年版，第 248—249 页。

是：决不侵犯中农利益，坚决用一切方法吸收中农参加运动，并使其获得利益，"整个运动必须取得全体中农的真正同意或满意，包括富裕中农在内"；一般不变动富农土地，如果"由于广大群众的要求，不能不有所侵犯时，亦不要打击得太重，应使富农和地主有所区别，对富农应着重减租而保存其自耕部分"；区别对待大中小地主，反对乱打乱杀，对于抗日军人及抗日干部的家属中属于地主成分者，对于抗日时期的开明绅士等一般采取调解仲裁方式。一方面，说服他们不应该拒绝群众的合理要求，自动采取开明态度；另一方面，应教育农民念及这些人抗日有功，或是抗属，给他们多留下一些土地，及替他们保留面子；保护工商业，除罪大恶极的汉奸分子的矿山、工厂、商店应当没收外，凡富农及地主开设的商店、作坊、工厂、矿山不要侵犯，应予以保全；团结知识分子和党外人士；自己勤勉节俭，善于经营，因而发财者，均应保障其财产不受侵犯。① 中央要求，解决土地问题必须完全执行群众路线，真正发动群众，由群众自己动手来解决问题，绝对禁止命令主义、包办代替和恩赐等办法。

1947 年 2 月 1 日，毛泽东在为中共中央起草的《迎接中国革命的新高潮》的党内指示中，充分肯定了实施新土地政策所取得的成就，同时指出："还有约三分之一的地方，必须于今后继续努力，放手发动群众，实现耕者有其田。在已实现耕者有其田的地方，还有解决不彻底的地方存在，主要是因为没有放手发动群众，以致没收和分配土地都不彻底，引起群众不满意。在这种地方，必须认真检查，实行填平补齐，务使无地和少地的农民都能得到土地，而豪绅恶霸分子则必须受到惩罚。在这种耕者有其田的全部过程中，必须坚决联合中农，绝对不许侵犯中农利益（包括富裕中农在内），如有侵犯中农利益的事，必须赔偿道歉。此外，对于一般的富农和中小地主，在土地改革中和土地改革后，应有适当的出

① 《刘少奇选集》上卷，人民出版社 1981 年版，第 381 页。

于群众意愿的照顾之处，都照《五四指示》办理。总之，在农村土地改革运动中，务须团结赞成土地改革的百分之九十以上的群众，孤立反对土地改革的少数封建反动分子，以期迅速完成耕者有其田的任务。"中共中央的这些指示是正确的，但也存在比较大政策偏向：由于强调"填平补齐"，赞同了农民在土地问题上的绝对平均主义诉求，穷怕了的农民为了获得梦寐以求的土地，强烈主张没收一切土地进行平分，结果各地普遍实行土地"大推平"，严重侵犯了中农利益，过重打击了富农阶层。

为了发动农民参加土改运动，各解放区在某种程度上赞同农民的绝对平均主义诉求，并过分强调了"贫雇农路线"，反对所谓"中农路线"，强调让贫雇农分到足够的土地，甚至提出了"群众要怎么办就怎么办"的口号，造成划阶级的标准紊乱。这种对农民要求不加分析的一味赞同，公开提出"群众要怎么办就怎么办"口号，显然是犯了尾巴主义的严重偏差，是带有民粹主义色彩的错误口号。土改运动中的尾巴主义偏向，强调党和政府一切要听从农民群众的意见，实际上是放弃了无产阶级政党对于农民群众必需的领导和必要的教育，完全满足了农民绝对平均主义的要求。绝对平均主义在土改运动初期具有动员农民起来斗争的积极意义，但如果听任这种要求而犯有尾巴主义错误，不仅严重歪曲了中共一贯强调的群众路线，而且集中体现了反动的农业社会主义思想。对此，艾思奇深刻分析说："农民要求平分土地及封建财产，推翻封建地主阶级，这种要求是有革命的进步作用的，是我们应该赞成的。但农民中间，又有一种绝对平均主义的分配思想；这种绝对平均主义，不但要破坏封建的土地和财产关系，而且要用平均主义的方法破坏中农、新式富农的土地和财产关系，并要用平均主义的方法破坏城乡资本主义的工商业。这就是一种农业社会主义的思想，是一种落后的反动的思想，是我们所必须反对的。"[①]

---

① 《艾思奇文集》第 1 卷，人民出版社 1981 年版，第 712—713 页。

　　康生、陈伯达等人在晋绥解放区土改运动中提出了"贫雇农打天下坐天下""群众要怎么办就怎么办"的"左"倾口号，认为"真正要满足贫雇农要求，绝对不动中农是不可能的"，他们甚至提出："在平分土地中，中农发生动摇时，为了全村利益，不得不向他斗争。"这些带有绝对平均主义思想的提法，一度作为土改运动的成功经验在各解放区加以推广。有些地方用查历史、比苦难等方式在贫农中划分等级，造成少数积极分子和多数农民群众脱离，甚至把一些游民或流氓分子当成贫雇农积极分子拉上领导岗位，不仅孤立了贫雇农本身，而且助长了土改运动中的野蛮破坏行为，给解放区农村社会带来了较大动荡。

　　刘少奇从陕北前往华北途中听取陈伯达、康生关于土改工作汇报时，对晋绥土改运动中所谓右倾问题看得过于严重，为了动员农民起来支援革命战争，也赞同并鼓励土改运动中群众的自发运动。他在《给晋绥同志的信》中提出，"土地问题的普遍解决，必须而且主要的是依靠群众的自发运动"，"我们不应害怕这样的自发运动，我们正需要这样的自发运动，应加以鼓励促成"。① 随后，刘少奇在晋察冀干部会上作的《关于土地改革问题的讲话》中说："我劝告同志们不要怕群众犯错误，群众犯了错误并不可怕。只要是百分之九十的人主张这样办，那就这样办。即使是错了，可怕不可怕呢？不可怕的，而且有好处。……如果群众犯错误，我们去阻止他们，不服从他们，咒骂他们，那就要伤害群众情绪。"毛泽东在土改运动初期赞同刘少奇领导的中央工委提出的"平分一切土地"做法，并有条件地赞同绝对平均主义。他认为："推平平均分配一次不要紧。农民的平均主义，在分配土地以前是革命的，不要反对，但要反对分配土地以后的平均主义。"② 这种态度对动员农

---

　　① 中共中央文献研究室、中央档案馆编：《建党以来重要文献选编（1921—1949）》第24册，中央文献出版社2011年版，第138页。

　　② 中共中央文献研究室编：《毛泽东年谱（1893—1949）》下卷，第78页。

民参加土改运动起到了积极作用，但也助长了"左"倾错误。

1947年8月29日，新华社在陕北发表的《学习晋绥日报的自我批评》社论提出："我党的土地政策改变到彻底平分土地，使无地少地的农民得到土地、农具、牲畜、种子、粮食、衣服和住所，同时又照顾地主的生活，让地主和农民同样分得一部分土地乃是绝对必要的。"① 这是中共中央第一次公开宣布要将《五四指示》规定的土地政策转变为"彻底平分土地"政策。正在晋察冀解放区主持全国土地会议的刘少奇立即代中央工委起草电文请示：经会议讨论，"多数意见赞成彻底平分，认为办法简单，进行迅速，地主从党内、党外进行抵抗可能减少，坏干部钻空子、怠工、多占果实的可能亦减少"。② 9月6日，毛泽东代中共中央给中央工委起草复电："平分土地，利益极多，办法简单，群众拥护，外界亦很难找出理由反对此种公平办法，中农大多数获得利益，少数分出部分土地，但同时得了其他利益（政治及一般经济利益）可以补偿。因此，土地会议应该采取彻底平分土地的方针，将农村中全部土地、山林、水利，平地以乡为单位，山地以村为单位，除少数重要反动分子本身外，不分男女老少，在数量上（抽多补少）质量上（抽肥补瘦）平均分配。"③ 中共中央批准了中央工委提出的"彻底平分土地"方针。刘少奇主持制定了《中国土地法大纲》并对"彻底平分土地"的办法作出明确规定："乡村中一切地主的土地及公地，由乡村农会收受，连同乡村中其它一切土地，按乡村全部人口，不分男女老幼，统一平均分配，在土地数量上抽多补少，质量上抽肥补瘦，使全乡村人民均获得同等的土地，并归各人所有。"④

尽管中央工委规定的土地平分的对象首先是地主、富农，但在

---

① 《学习〈晋绥日报〉的自我批评》，《人民日报》1947年9月1日。
② 中共中央文献研究室编，刘崇文、陈绍畴主编：《刘少奇年谱（1898—1969）》下卷，中共中央文献研究室1996年版，第91页。
③ 《毛泽东文集》第4卷，第300页。
④ 《中国土地法大纲》，《中国土地改革史料选编》，第422页。

具体实施时为了迁就贫雇农的绝对平均主义要求，不可避免地要损害中农的利益。陕北土改运动中片面地强调"依靠贫农"和"平分土地"，在反对右倾时对防止"左"倾注意不够，因此造成了边区一度出现"村村点火，户户冒烟"，翻底财，"搬石头"，侵犯中农利益，破坏工商业，对地主富农和基层干部乱斗乱杀等过左的做法。如米脂县"分土地时，有很多中农的土地都要动，有的地方要动到百分之六十到八十中农的土地，甚至还有所有中农土地都要或多或少抽出一些来"。"大推平"政策在全国土地会议上得到确认，并以《中国土地法大纲》的形式在各解放区推行后，使很多民众产生一种错觉，认为"共产党喜欢贫困"，"穷有理"，劳动致富危险，严重挫伤了中农群众的积极性，带来了很大的负面影响。如在山东解放区，"渤海阳信九个村大推平之下，拿出地者八十四户，得地者九十五户，哪个庄大推平哪个庄，群众情绪不安，大卖牲口，大吃大喝，某庄原有牲口四十三头，推平后只剩四头了"。[1]嫩江省"在平分土地运动中，各县的打击面占农村户口的 15% 至 20%，人口占 25% 至 30%"。[2] 在运动中有些干部认为，贫雇农对中农应先"专政"一时，然后再去团结；有的认为为了满足贫雇农要求，不妨侵犯中农利益；还有的存在"拉平线"的均产思想；还有些地方，不把中农看作必须坚决团结的对象，对中农与富农无明确的界限，甚至认为"凡有剥削都算富农"，把全部富裕中农都划到富农圈子里去。由此可见，土改运动中的绝对平均主义，主要表现为贫雇农对中农利益的严重侵犯。

当土改运动中的绝对平均主义和"左"的偏激做法在各解放区泛滥之后，毛泽东和中共中央逐步发现了问题并开始采取一系列纠偏措施，对这种带有农业社会主义色彩的民粹主义倾向进行严厉批判。

---

[1]　《华东局关于山东减租减息土地改革运动的总结》，《山东革命历史档案资料选编》第 19 辑，山东人民出版社 1985 年版，第 267 页。

[2]　《中共嫩江省委关于纠偏工作给东北局的报告》，《土地改革运动》上册，1983 年内部出版，第 345 页。

1947 年 12 月 25 日，毛泽东在中共中央十二月会议上所作的《目前形势和我们的任务》报告中，强调土改运动不要损害中农利益。他说，"我们的方针是依靠贫农，巩固地联合中农，消灭地主阶级和旧式富农的封建的和半封建的剥削制度"，在土改中"必须注意两条基本原则"，其中第二条就是"必须坚决地团结中农，不要损害中农的利益"。如何团结中农呢？各地在平分土地时，"须注意中农的意见，如果中农不同意，则应向中农让步。在没收分配封建阶级的土地财产时应当注意某些中农的需要。在划分阶级成分时，必须注意不要把本来是中农成分的人，错误地划到富农圈子里去。在农会委员会中，在政府中，必须吸收中农积极分子参加工作。在土地税和支援战争的负担上，必须采取公平合理的原则。这些，就是我党在执行巩固地联合中农这一战略任务时所必须采取的具体政策"。① 毛泽东在报告中强调了平分旧式富农多余的土地及一部分财产的必要性，指出对富农和地主一般地应当有所区别。所有这些都是正确的，对于纠正当时的"左"倾错误起了重要的作用。

但毛泽东在报告中仍然肯定了"平分土地"原则，断定平分土地不会侵犯中农的利益。他说，按人口平均分配土地，"这是最彻底地消灭封建制度的一种方法，这是完全适合于中国广大农民群众的要求的"。还说："土地改革中，中农表现赞成平分，这是因为平分并不损害中农利益。在平分时，中农中一部分土地不变动，一部分增加了土地，只有一部分富裕中农有少数多余的土地，他们也愿意拿出来平分，这是因为在平分后他们的土地税的负担也减轻了。"② 这种判断实际上是有很大偏颇的。当时侵犯中农利益的"左"倾错误，正是由平分土地引起的。实际上，中农并不愿意分出自己的土地，他们之所以赞成平分土地并愿意拿出土地，在很大程度上是外部政治形势逼迫的结果，并非出于自愿。

---

① 《毛泽东选集》第 4 卷，第 1250—1252 页。
② 《毛泽东选集》第 4 卷，第 1250、1251 页。

1948 年 1 月，任弼时在西北野战军前线委员会扩大会议上所作的《土地改革中的几个问题》中，发现了土改中绝对平均主义的危害。他严厉地指出，如果侵犯了中农的利益，甚至与他们对立起来，那就要使我们在战争中失败。对一般工商业是应当保护的，就是对地主富农所经营的工商业，同样应当受到民主政府的保护。毛泽东收到该报告后批示道：由新华社转播全国各地，立即在一切报纸上公布发表，并印成小册子，争取两天或三天发完。

接着，毛泽东在为中共中央起草的《关于目前党的政策中的几个重要问题》文件中，提出了 12 条具体政策：必须将贫雇农的利益和贫农团的作用放在第一位，但并不是单独贫雇农打江山坐江山；必须避免对中农采取任何冒险政策；必须避免对中小工商业者采取任何冒险政策，地主富农的工商业应当保护；对于学生、教员、教授、科学工作者、艺术工作者和一般知识分子，必须避免采取任何冒险政策；对于开明绅士，在不妨碍土地改革的条件下，必须分别情况，予以照顾；必须将新富农和旧富农加以区别；地主转入劳动满 5 年以上、富农降为中贫农满 3 年以上者，如果表现良好，即可依其现在状况改变成分；不应过分强调斗地财，尤其不应在斗地财上耗费很长时间，妨碍主要工作；对待地主和富农必须加以区别；对大、中、小地主，对地主富农中的恶霸和非恶霸，在平分土地的原则下也应有所区别；必须坚持少杀，严禁乱杀，消灭地主之为阶级，而不是消灭地主个人；对于某些犯有重大错误的干部和党员，在批评和斗争时应当采取正确的方法和方式，避免粗暴行动。其中关于中农的一条明确规定：对中农和其他阶层定错了成分的，应一律改正，分了的东西应尽可能退还。在农民代表中、农民委员会中排斥中农的倾向和在土地改革斗争中将贫雇农同中农对立起来的倾向，必须纠正。[①]

---

① 参见中共中央文献研究室、中央档案馆编：《建党以来重要文献选编（1921—1949）》第 25 册，中央文献出版社 2011 年版，第 55—58 页。

　　与此同时，在解放区具体指导土改运动的刘少奇也在观察和总结土改运动的发展。他在《老区土改方针》中虽然还提出"老区挤封建好比挤柠檬水，手里还有空子，没有挤干净"，"老区平分土地，事实上是分富农和富裕中农的地"等，但已经意识到土改运动的"左"倾偏向并正确地指出："大家现在的思想上主要是'左'了；特别是在老区，如提高成份，打击面广，采取吊、打、扫地出门等斗争方式都是'左'的。"① 他在致毛泽东的电报中强调："现在运动中所表现的偏向，主要已不是右倾，向地主富农妥协，而是'左'倾……领导方式上的偏向，强迫命令虽仍存在，但主要也已不是强迫命令，而是尾巴主义，放弃领导"，因此现在应"着重批评'左'倾与尾巴主义"②，并分析了老区、半老区、新区的不同情况，提出应分别实行不同的政策。这些都说明刘少奇已经开始意识到绝对平均主义和尾巴主义的危害。

　　1948 年 2 月 8 日，西北局书记习仲勋致电毛泽东，就分三类地区进行土改问题向中共中央提出了自己的意见。他建议：由于陕甘宁边区中农占有土地多，如果平分，必然会动摇农民对土地所有权的信心，挫伤他们的生产积极性，故不宜平分土地；老解放区不能搞贫农团领导一切，因为贫农团内有由于地坏、地远、人口多而致贫的，有因灾祸生活下降的，也有不务正业（吃喝嫖赌）而变坏变穷的。这种贫农团一组织起来，就必然向中农身上打主意，"左"的偏向也就由此而来；要把发扬民主与土改生产相结合，反对干部强迫命令作风；解决中农负担过重的问题，"这一倾向，十分危险，有压倒中农破坏农村经济繁荣之势"。③ 习仲勋的意见受

---

　　① 刘少奇：《老区土改方针（摘录）》，1948 年 1 月 13 日，北京师范大学中共党史系：《中共党史教学参考资料·新民主主义革命时期》第 4 册，1975 年 10 月，第398—399 页。

　　② 中共中央文献研究室编，刘崇文、陈绍畴主编：《刘少奇年谱（1898—1969）》下卷，第 118—119 页。

　　③ 《习仲勋文选》，中央文献出版社 1995 年版，第 48 页。

到毛泽东和中共中央的高度重视。毛泽东亲笔修改校订了习仲勋发来的电报稿并转发各地，对土改中的"左"倾做法加以纠正。2月11日，毛泽东为中共中央起草的《纠正土地改革宣传中的"左"倾错误》指出，孤立地宣传贫雇农路线；在整党问题上宣传唯成分论；在土改问题上赞扬急性病的问题，强调所谓"群众要怎样办就怎样办"，助长尾巴主义；在工商业和工人运动的方针上，对"左"的倾向或加以赞扬，或熟视无睹等都是错误的，应该对过去几个月的宣传工作加以检查，发扬成绩，纠正错误。

1948年2月，中共中央在《关于在老区半老区进行土地改革工作与整党工作的指示》中规定："在一切封建制度已被推翻的老区半老区，不再平分土地，而只在必要时采取抽多补少、抽肥补瘦的办法，调剂一部分土地和其他生产资料给尚未彻底翻身的贫雇农，并容许中农保有比较一般贫农所得土地的平均水平为高的土地数量。在封建制度还存在的地方，平分的重点，也限于地主的土地财产和旧式富农的多余的土地财产方面。无论在哪一种地方，对于中农和新式富农的多余的土地，只有在确有调剂必要和本人确实同意的条件下，才允许抽出调剂。在新解放区的土地改革中，对一切中农的土地都不再抽动。"① 这样，《中国土地法大纲》所规定的按人口平均分配一切土地的做法开始改变了。

1948年4月1日，毛泽东在晋绥干部会议上的讲话中，系统地论述了土地改革的问题，并提出了土地改革的总路线。他指出：土地制度的改革，是中国新民主主义革命的主要内容。土地改革的总路线，是依靠贫农，团结中农，有步骤地、有分别地消灭封建剥削制度，发展农业生产。土地改革所依靠的基本力量，只能和必须是贫农。这个贫农阶层，和雇农在一起，占了中国农村人口的70%左右。土地改革必须团结中农，贫雇农必须和占农村人口20%左右的中农结成巩固的统一战线。不这样做，贫雇农就会陷于

---

① 《毛泽东选集》第4卷，第1262页。

孤立，土地改革就会失败。土地改革的一个任务，是满足某些中农的要求。必须允许一部分中农保有比较一般贫农所得土地的平均水平为高的土地量。毛泽东再次提出划清马克思主义与民粹主义、科学社会主义与农业社会主义的界限问题，对土改运动中的绝对平均主义给予严厉批判。他指出："我们赞助农民平分土地的要求，是为了便于发动广大的农民群众迅速地消灭封建地主阶级土地所有制度，并非提倡绝对的平均主义。谁要是提倡绝对的平均主义，那就是错误的。现在农村中流行的一种破坏工商业、在分配土地问题上主张绝对平均主义的思想，它的性质是反动的、落后的、倒退的。我们必须批判这种思想。土地改革的对象，只是和必须是地主阶级和旧式富农的封建剥削制度，不能侵犯民族资产阶级，也不要侵犯地主富农所经营的工商业，特别注意不要侵犯没有剥削或者只有轻微剥削的中农、独立劳动者、自由职业者和新式富农。土地改革的目的是消灭封建剥削制度，即消灭封建地主之为阶级，而不是消灭地主个人。因此，对地主必须分给和农民同样的土地财产，并使他们学会劳动生产，参加国民经济生活的行列。除了可以和应当惩办那些为广大人民群众所痛恨的查有实据的罪大恶极的反革命分子和恶霸分子以外，必须实行对一切人的宽大政策，禁止任何的乱打乱杀。"[1]

1948 年 5 月 25 日，毛泽东代中共中央起草了《一九四八年的土地改革和整党工作》的党内指示，明确提出："凡属封建制度已经根本消灭，贫雇农已经得到大体上相当于平均数的土地，他们同中农所有的土地虽有差别（这种差别是许可的），但是相差不多者，即应认为土地问题已经解决，不要再提土地改革问题。在这类地区的中心任务，是恢复和发展生产，完成整党建政工作和支援前线的工作。"[2] 这实质上是对《中国土地法大纲》关于平分一切土

---

[1]　《毛泽东选集》第 4 卷，第 1314 页。
[2]　《毛泽东选集》第 4 卷，第 1331 页。

地原则的修改，即不再要求绝对平均土地，而允许中农所有的土地同贫雇农的土地有所差别。毛泽东指出："凡属已经平分土地，地主富农的封建经济基础已经消灭，只是尚不十分彻底，尚须酌量调剂土地的地区，例如绥德黄家川那样的地区，即不应再去平分土地，只应采取合理的抽补办法，满足一部分农民土地尚感不足的要求。在这样的地区再去平分土地是错误的……在这种贫农占少数，新老中农占多数的地区去组织贫农团，硬要指挥一切，这就是冒险的命令主义。"① 这个指示，对于纠正各地土地分配上侵犯中农利益的"左"倾错误是非常有利的。

1948 年 7 月 10 日，彭真在华北局扩大会议上的报告中，严厉批评了土改运动中满足农民绝对平均主义要求的错误做法："所谓满足贫雇农要求，只能用所没收的封建土地财产来满足，所谓认真的满足，也只能是在这种客观条件限度内的满足。离开这种条件，抽象的谈满足贫雇农的要求，或者把它绝对化，是错误的。其结果势必引导到侵犯中农利益，或者走向绝对平均主义，陷入落后的反动的倒退的'农业社会主义'的泥坑。"② 中共中央逐步改变了"平分一切土地"的做法，在理论上明确提出要批判绝对平均主义思想。

1949 年 8 月，中共中央在给河南省委的指示中明确提出以"中间不动两头平"的做法取代"平分土地"政策。"到这时，中国共产党才通过反复的实践，达到认识上的飞跃，做到了对平均主义的革命性、反封建性和落后性及其错误严格而明确的区分，从土地改革的政策和做法中最终消除和克服了农民平均主义思想的影响。"③ 克服农民根深蒂固的平均主义观念，是纠正和警惕民粹主

---

① 《毛泽东同志对李井泉同志关于老区贫农中农领导地位问题的报告的批示》，《晋绥边区财政经济史资料选编·农业编》，山西人民出版社 1986 年版，第 468 页。

② 郭德宏：《探寻历史的真相：郭德宏史论集》，中共党史出版社 2010 年版，第 417 页。

③ 郭德宏：《"平分土地"论析》，《中国经济史研究》1989 年第 3 期。

义的重要途径。

中国近代私营工商业多与土地剥削有密切联系，很多地主富农除了在农村靠土地进行剥削之外，还在城市经营民族工商业。故他们兼具地主和资本家两种身份，必须慎重地对待。随着中国革命从乡村向城市的发展，中共党内在如何接管城市、如何利用资本主义工商业的积极作用等方面，也流行起一种破坏民族工商业的农业社会主义思想。在接管城市过程中，一些地方乱抢物资和机器的现象较为严重，并在城市管理上搬用农村工作的经验，混淆封建主义和资本主义的界限，严重损害了民族资本主义工商业的发展。

1947 年 2 月的莱芜战役中，部分解放军把城里电灯、洗澡盆砸坏；1947 年秋，西北野战军进攻榆林时，在高家堡再次发生破坏纪律问题：没收商店，向商人派款，查抄敌军军官家属的财产。毛泽东对此严厉批示："应追究责任，并向全军施行政策教育与纪律教育。"1947 年 11 月，解放军收复石家庄，虽然进行了事前教育，但仍然出现了较为严重的问题。一方面，士兵的流寇行为。不少士兵照过去的经验拿取东西，并鼓动城市贫民去夺取物资，先是搬取公用物资，后来抢劫私人财物。"大批煤粮及其他公物被抢，许多公共建筑的门窗杂物亦被破坏或取去"。另一方面，根据地各党政机关蜂拥入城抢购，"他们不顾一切，破坏各种财产，例如运输队人员就拆走好汽车的轮子，工厂人员就搬走某些机器或零件，机关商店人员就抢购大批货物"。① 占领城市后出现的这些问题，显然是农业社会主义的集中表现。

为了保护城市秩序及城市工商业发展，中共中央制定了相关的接管城市和管理城市政策。1948 年 2 月 19 日，刘少奇代表中央工委将收复石家庄过程中出现的问题和处理的经验通报各地及中共中

---

① 中共中央文献研究室、中央档案馆编：《建党以来重要文献选编（1921—1949）》第 25 册，第 160—161 页。

央，引起高度重视。2 月 25 日，毛泽东代中共中央起草《中共中央关于注意总结城市工作经验的指示》，指示各地应当认真讨论中央工委的通报，今后收复城市应以石家庄的"方针及方法为基本的方针及方法"，责成各地尽快将所占领城市之"凡有人口五万以上者，逐一作出简明扼要的工作总结"。① 6 月 10 日，中共中央东北局制定的《关于保护新收复城市的指示》，分析了违反城市工商业政策的各种情形及其严重危害，规定了接收城市和保护新收复城市的基本政策。

1948 年 8 月，中共中央东北局召开东北城市工作会议。张闻天代表东北局所作的总结报告，实际上已经提出了党的城市工作方针。张闻天认为，在胜利的条件下，城乡关系的性质已经改变，由城市剥削乡村和城乡对立变为城乡互助。正确认识城市地位，应强调城市对乡村的领导作用。城市领导乡村的实质，就是工业与农业并重，工业领导农业；工农联盟，工人阶级领导农民。因为"城市代表更高的生产力，代表工业、技术、科学与文化。城市代表最先进的工人阶级"。东北地区在新解放城市实行军事管制的方法，成为中共接管城市的统一方法。毛泽东在 1949 年初的七届二中全会报告上明确指出，1927 年以来一直贯彻的以乡村包围城市的工作方式已经变化，党的工作重心应当转移，必须用极大的努力去学会管理城市和建设城市，既要防止资产阶级糖衣炮弹的袭击，也要防止对城市民族资产阶级的"左"倾冒险。

在解放战争时期土改运动中，农民将地主富农在乡村的土地财产分配之后，往往产生进城没收和分配地主富农财产的激进行动，从而造成城市资本主义工商业被破坏和城市经济发展停滞的严重后果。地主富农兼营的工商业普遍被没收分配，许多民族资本主义工商业者被斗，甚至被打死或扫地出门。如土改复查期间，山东周村

---

① 中共中央文献研究室、中央档案馆编：《建党以来重要文献选编（1921—1949）》第 25 册，第 183—184 页。

200 多家商店店主被斗，财产被没收，20 多人被殴打致死。[①] 各地除了村干部办的合作社以外，私营工商业几乎全部倒闭。薄一波在给中央的报告中说："有些人认为工商业均带有封建性。不斗工商业，不能肃清封建，满足群众要求。"毛泽东批注："这类思想是一种农业社会主义思想，其性质是反动的，落后的，倒退的，必须坚决反对。"[②] 侵犯和破坏民族工商业，这是中国革命进程中出现的新问题，是如何处理资本主义与社会主义关系问题在新的历史条件下的体现。

在解放区进行"平分一切土地"的土地改革浪潮中，许多农村集镇与一些县城的工商业者被斗争，其财产被没收分配。当时之所以会出现将反对封建土地的斗争触动到城镇工商业者，主要出于两种错误认识：一是用绝对平均主义的观点看待这场斗争，对农村和城镇不加区分。认为地主是财主，工商业者也是财主，地主该斗，工商业者也该斗；贫苦农民是穷人，城市贫民、店员、工人也是穷人，农民该翻身，贫民、店员、工人也该翻身，所以工商业者非斗不可；在斗工商业者的过程中，群众虽然分到一些果实，但却引起了资金外流，造成工商业的萧条。二是在土改运动中提出了反对"化形地主"口号，即将减租减息期间按照党的政策转营工商业的地主说成是"化形地主"，反对地主富农向民族工商业转化，没收他们在集镇上开办的工商业。在全面抗日战争时期和解放战争初期，根据地、解放区的政策均鼓励地主、富农投资工商业，转化为工商业者，这样做既有利于农民获得土地，又能够繁荣经济。但在"平分土地"热潮中，部分地区否认这种转化是正当的，认为地主兼营工商业者转化为工商业者，必须对他的工商业财产加以没收清算，否则难以彻底消灭地主在农村的封建剥削经济基础。

农民进城破坏资本主义工商业的激进举动，是农民绝对平均主

---

① 《山东革命历史档案资料选编》第 20 辑，山东人民出版社 1986 年版，第 166 页。
② 中共中央文献研究室编：《毛泽东年谱（1893—1949）》下卷，第 306 页。

义的集中体现，必须予以坚决抵制和严厉批判。对此，毛泽东和中共中央对土改运动中的农业社会主义抱有清醒的认识。毛泽东在修改《1947 年 12 月中央扩大会议简报》中明确指出：必须避免对中小工商业采取任何冒险政策。"地主富农的工商业一般应保护，仅官僚资本与真正的反革命恶霸分子的工商业，可以收归国家或人民所有，但在国家或人民接受过来后必须使其继续营业，不得分散或停开。对一切有益于国民经济的工商业征收营业税必须以不妨碍工商业的发展为限度。"①

1948 年 1 月，毛泽东在前委扩大会议上发表讲话时强调，要保护民族工商业，要与民族资产阶级合作，不能侵犯中等资产阶级的利益，并重申："必须避免对中小工商业采取任何冒险政策。各解放区过去保护并奖励一切于国民经济有益的私人工商业发展的政策是正确的，今后仍应继续。地主富农的工商业一般应当保护，只有官僚资本和真正的恶霸反革命分子的工商业，才可以没收。工人生活必须酌量改善，但是必须避免过高的待遇。"②

1948 年 2 月 27 日和 3 月 1 日，毛泽东分别写了《关于工商业政策》《关于民族资产阶级和开明绅士问题》的党内指示，强调保护工商业，团结开明绅士。

毛泽东在薄一波关于平津两市接管请示中特别叮嘱：对民族工商业要好好保护，接收工作要"原封原样、原封不动"，让他们开工，恢复生产，以后再慢慢来。他在晋绥干部会议上，明确反对土改中的绝对平均主义，并将这种军队平均主义视为民粹主义加以批判。

1948 年 2 月，中共中央东北局发出了《关于平分土地运动中的几个问题的指示》，并转发了中共中央重新发布的《怎样分析阶级》《关于土地斗争中一些问题的决定》等文件，要求切实纠正

---

① 顾龙生：《毛泽东经济年谱》，中共中央党校出版社 1993 年版，第 223—224 页。
② 顾龙生：《毛泽东经济年谱》，第 229 页。

"左"的偏差，依靠贫雇农，团结中农，不得侵犯中农利益，要保护城市工商业，同时要缩小打击面。3 月 28 日，中共东北局《关于平分土地运动的基本总结》总结了成绩和不足，并着重对"左"的错误及其根源进行了剖析，指出："这次运动发生的错误，就其社会根源而言，是反映在我们党内的小资产阶级的片面的思想方法、急性病、疯狂性与自发性。这就说明在我们党内必须坚持不懈地进行政策教育和理论教育。"要求各地坚决纠正偏向，要打通干部思想，进行具体政策教育；要依靠贫雇农，通过群众自己的觉悟认识来纠正；要与当前的生产运动密切结合；要有步骤，有轻重缓急。①

1948 年 7 月，经中共中央审定新华社发表的《关于农业社会主义问答》中，引用了毛泽东讲话，并把帝俄时代的民粹派和中国的太平天国农民革命都称为农业社会主义思想的代表，对这种农业社会主义产生的根源及危害作了进一步阐述："毛主席在这里所说的农业社会主义思想，是指在小农经济的基础上产生出来的一种平均主义思想。抱有这种思想的人民，企图用小农经济的标准，来认识和改造全世界，认为把整个社会经济都改造为划一的'平均的'小农经济，就是实行社会主义，而可以避免资本主义的发展。过去历史上代表小生产者的原始社会主义的空想家和实行家，例如帝俄时代的民粹派和中国的太平天国的人们，大都抱有这一类思想的。"农民通过土改分得土地是作为小私有主而存在的，有些生产条件比较有利、努力生产而又善于经营者将富裕起来，还可能进行剥削而成为新富农；相反，有些则会贫困下来甚至变为新的贫农或雇农。"这种竞争与新的阶级分化，即在新民主主义社会里，也是不可避免的，而且是被允许的，不是可怕的。因为在一定历史的条件之下，只有允许这种竞争，才能发动广大农民的生产积极性，把农业经济广大地发展起来；所以这种私有经济基础上的竞争，有其一定的进步性。抱有农业社会主义思想的人们……否认或者反对这

---

① 东北局：《关于平分土地运动的基本总结》，《土地改革运动》上册，第 334 页。

种竞争和分化，结果就是阻碍生产力的发展，而成为一种反动的空想。"①

中国工人阶级领导农民进行土地改革，发展新民主主义经济，是农民解放的第一步；经过另一个阶段的历史斗争，实现社会主义，这是农民解放的第二步。只有社会主义才能消灭贫困和阶级。故新华社解释道："社会主义不是依靠小生产可以建设起来的，而是必须依靠社会化的大生产，首先是工业的大生产来从事建设。"它再次申明："要达到社会主义，实现社会主义的工业和农业，必须经过新民主主义经济一个时期的发展，在新民主主义社会中大量地发展公私近代化工业，制造大批供给农民使用的农业机器，并因此将农民的个体经济逐步地转变为集体农场经济之后，才有可能。没有工业的大量发展，没有大量的成千成万的农业机器供给农民使用，并使农民有可能团结于集体农场之中，而要实行社会主义的农业，那只能是反动的思想。带有农业社会主义思想的人们，想在孤立的单个小生产经济的基础上，采取绝对平均主义的办法，来企图实现社会主义，就正是这样一种反动的思想。其结果，决不是什么社会主义的农业，而将是社会生产力的破坏与倒退。"②

新华社发表的《关于农业社会主义的问答》先后经过刘少奇、毛泽东、周恩来等人阅改，由刘少奇签发，代表了中共中央领导集体批判农业社会主义的思想。毛泽东在 1948 年 9 月召开的中央政治局会议上强调说："我们反对农业社会主义，所指的是脱离工业、只要农业来搞什么社会主义，这是破坏生产、阻碍生产发展的，是反动的。但不能由此产生误解，将来在社会主义体系中农业也要社会化。"

中国革命实质上是一场农民革命，农民是中国革命的主力军，而革命的领导者必须是无产阶级及其政党。是否坚持无产阶级对农民革命的领导，是马克思主义的农民观区别于民粹主义农民观的根

---

① 新华社：《关于农业社会主义的问答》，《人民日报》1948 年 8 月 7 日。
② 新华社：《关于农业社会主义的问答》，《人民日报》1948 年 8 月 7 日。

本所在。斯图尔特·R. 施拉姆指出："尽管农民是一种重要的革命力量，但必须由无产阶级或资产阶级来领导，他们本身不能单独发挥政治作用，这是马克思主义最基本的政治原则之一，可以追溯到马克思本人那里。在这以后的半个世纪中，毛的理论贡献不在于用与它相对立的东西来取替这个基本原则，而在于把无产阶级领导的原则和他所坚持的中国革命的胜利最终要依靠乡村的坚定信念有机地结合起来。"① 中共在重视农民和肯定农民革命性的同时，必须警惕过分重视农民的倾向，批评其绝对平均主义诉求，加强对农民的领导和教育。1949 年 6 月，毛泽东在《论人民民主专政》中明确提出了"教育农民"的问题，将马克思主义的农民观与民粹主义的农民观作了更清晰的界定。他指出："严重的问题是教育农民。农民的经济是分散的，根据苏联的经验，需要很长的时间和细心的工作，才能做到农业社会化。没有农业社会化，就没有全部的巩固的社会主义。农业社会化的步骤，必须和以国有企业为主体的强大的工业发展相适应。人民民主专政的国家，必须有步骤地解决国家工业化的问题。"② 毛泽东和中共中央对农业社会主义进行的严厉批判，初步阐述了绝对平均主义、农业社会主义与马克思主义的根本区别，对遏制一度在土改运动中泛滥的农业社会主义思想起了积极作用。

三　工作重心转移及主要矛盾转化的思想

　　自 1921 年成立到 1927 年底，中国共产党的工作重心主要在城市。中共一大决定以领导工人运动为中心任务，从那时起，中共领

---

　　① 〔美〕斯图尔特·R. 施拉姆：《毛泽东的思想》，田松年、杨德等译，中国人民大学出版社 2005 年版，第 36 页。
　　② 《毛泽东选集》第 4 卷，第 1477 页。

导了第一次工人运动的高潮，促成了第一次国共合作，参加国民革命，均以城市为革命活动中心。1927 年中共领导的三大武装起义，揭开了中国革命从城市转入农村、建立农村革命根据地的序幕。由于中国是帝国主义间接统治的半殖民地国家，中国革命的敌人异常强大，中国政治、经济发展又极不平衡，所以中国革命只能走在农村建立革命根据地、以农村包围城市，最后夺取政权的道路。这是中共认真总结国民革命失败的教训和武装斗争成功经验的选择，是毛泽东把马克思主义普遍真理与中国革命具体实践相结合的产物。中国革命走的是农村包围城市、武装夺取政权的道路。所以，从1927 年国民革命失败到 1949 年中共七届二中全会召开，中国共产党工作重心始终在广大农村。

中共建立农村革命根据地之目的，是"以农村包围城市，最后夺取政权"。这样，以农村为工作重心只能是暂时的，仅仅是夺取全国政权的手段而已。作为国家政治、经济和文化中心，近代城市具有极强的吸附辐射功能。因此，中共工作重心不会一直停留在乡村，必然会适时地转向城市。1949 年初，随着三大战役的胜利，中国人民解放军解放了长江以北的大片土地，占领了北方许多大中城市。在新民主主义革命胜利在望之际，中国共产党开始构思在全国范围内建立人民民主政权，同时也开始考虑将工作重心由乡村转移到城市问题。中共从乡村走进城市，就必须接管城市并学会管理城市。早在 1948 年，中共中央电示各地："为了将党的注意力不偏重于战争与农村工作，而引导到注意城市工作，为了使现已取得的城市的工作在我们手里迅速做好，为了对今后取得的城市的工作事先有充分的精神准备与组织准备，中央责成各中央局、分局、前委对于自己占领的城市，凡有人口五万以上者，逐一作出简明扼要的工作总结，并限三至四个月内完成此项总结，电告我们。"①

---

① 《毛泽东文集》第 5 卷，人民出版社 1996 年版，第 72 页。

1949 年 2 月，在河北平山西柏坡召开的中共七届二中全会上，中共中央正式作出了实现党的工作重心转移的决议。中共七届二中全会决议指出："从一九二七年到现在，我们的工作重点是在乡村，在乡村聚集力量，用乡村包围城市，然后取得城市。采取这样一种工作方式的时期现在已经完结。从现在起，开始了由城市到乡村并由城市领导乡村的时期。党的工作重心由乡村移到了城市。在南方各地，人民解放军将是先占城市，后占乡村。城乡必须兼顾，必须使城市工作和乡村工作，使工人和农民，使工业和农业，紧密地联系起来。决不可以丢掉乡村，仅顾城市，如果这样想，那是完全错误的。但是党的工作重心必须放在城市，必须用极大的努力去学会管理城市和建设城市。"①

任何一个革命政党在夺取全国政权后，最紧迫的任务都是恢复和发展社会生产力。因此，实现党的工作重心从农村向城市的转移，同时包含着工作重点从革命战争向经济建设的转变。与党的工作重心从农村转移到城市相适应，中共开始着力于从领导革命战争到领导经济文化建设的转变，逐步将恢复和发展生产确定为党的中心任务。1949 年 1 月底，毛泽东在与米高扬谈话时指出：战争一旦结束，我们不但要恢复生产，而且要建设崭新的、现代化的、强大的国民经济。他在中共七届二中全会报告中明确提出："在革命胜利以后，迅速地恢复和发展生产，对付国外的帝国主义，使中国稳步地由农业国转变为工业国，把中国建设成一个伟大的社会主义国家。"② 他指出，在城市工作中不是依靠贫民，更不是依靠资产阶级，"我们必须全心全意地依靠工人阶级，团结其他劳动群众，争取知识分子，争取尽可能多的能够同我们合作的民族资产阶级分子及其代表人物站在我们方面，或者使他们保持中立，以便向帝国主义者、国民党、官僚资产阶级作坚决的斗争，一步一步地去战胜

---

① 《毛泽东选集》第 4 卷，第 1426—1427 页。
② 《毛泽东选集》第 4 卷，第 1437 页。

这些敌人。同时即开始着手我们的建设事业，一步一步地学会管理城市，恢复和发展城市中的生产事业"。他强调说："从我们接管城市的第一天起，我们的眼睛就要向着这个城市的生产事业的恢复和发展。务须避免盲目地乱抓乱碰，把中心任务忘记了"。城市所有其他工作"都是围绕着生产建设这一个中心工作并为这个中心工作服务的"。在根本上解决了农村土地问题以后，党的中心任务"是动员一切力量恢复和发展生产事业，这是一切工作的重点所在"。① 因此，党的总任务就是要把中国由农业国转变为工业国、由新民主主义社会转变为社会主义社会。"我们不但善于破坏一个旧世界，我们还将善于建设一个新世界。"这就是说，三大战役胜利后，新民主主义革命的胜利已成定局，党的主要任务由革命战争转变为经济建设，而经济建设必须是以城市为中心的。中共七届二中全会决议指出，北方地区"已经推翻了国民党的统治，建立了人民的统治，并且根本上解决了土地问题。党在这里的中心任务，是动员一切力量恢复和发展生产事业，这是一切工作的重点所在"。②

把"恢复与发展生产事业"作为中共夺取政权后的中心任务，是毛泽东在七届二中全会上向全党提出的。随着全国新民主主义革命胜利的到来，中国共产党人更加认真地思考经济建设问题，更为务实地谋划恢复和发展国民经济的方针路线，也更加重视发展生产，强调经济工作的重要意义。1949 年 4 月，刘少奇在天津干部会议上说，"在城市里发展生产，第一是发展公营企业的生产，第二是发展私营企业的生产，第三是发展手工业生产"。③ 5 月 2 日，刘少奇在天津市工商业座谈会上指出："目前的主要问题，便是恢

---

① 《毛泽东选集》第 4 卷，第 1428、1429 页。

② 《毛泽东选集》第 4 卷，第 1429 页。

③ 中共中央文献研究室编：《刘少奇论新中国经济建设》，中央文献出版社 1993 年版，第 93 页。

复与发展生产。""我们的主要目的是发展生产"。① 5 月 5 日，他在华北职工代表会议上指出："发展生产，是全体人民的要求，是国家的要求，也是我们工人的要求。"② 6 月，刘少奇在一份党内报告提纲中明确指出："解放战争快要结束，一部分地区已结束。没收官僚资本及改革土地制度一部分已完结，其余亦将完结。今后的中心问题，是如何恢复与发展中国的经济。"③ 7 月 5 日，刘少奇在对马列学院第一班学员所作报告中进一步指出："我们以经济建设为中心，除了必要的国防建设外，其他各项都要配合经济建设……国防建设也是围绕经济建设进行。"④ 他对中央党校学员讲话时强调：新中国的成立使我们在政治上取得了独立，但我们在经济上还没有独立，"而真正的最后的独立，就需要经济独立。这需要许多年，需要进行经济建设"。正是从这个意义上，他提出"以经济建设为中心"及"经济建设作为党的总任务"的目标："只要第三次世界大战不爆发，我们的任务就一直是经济建设，使中国工业化。"⑤

除了毛泽东、刘少奇外，周恩来、李富春、高岗等中共其他领导人也提出了类似观点。1949 年 7 月 1 日，李富春在东北"七一"干部纪念会上指出："全国已进入一个新的建设时期，我们全党将面临一个更伟大更光荣的任务，在经济文化上建设新中国的任务。"⑥ 高岗也指出："发展生产乃是做好一切工作的关键。"⑦ 邓子恢在中南局军政委员会第四次会议报告中明确指出，土地改革

---

① 中共中央文献研究室编：《刘少奇论新中国经济建设》，第 96、97 页。
② 中共中央文献研究室编：《刘少奇论新中国经济建设》，第 118 页。
③ 《刘少奇选集》上卷，第 426 页。
④ 中共中央文献研究室编：《刘少奇论新中国经济建设》，第 205 页。
⑤ 中共中央文献研究室编，刘崇文、陈绍畴主编：《刘少奇年谱（1898—1969）》下卷，第 222 页。
⑥ 《贯彻二中全会的路线，贯彻由乡村到城市的转变》，《人民日报》1949 年 7 月 19 日。
⑦ 高岗：《巩固国防，发展经济》，《人民日报》1951 年 3 月 9 日。

后，发展农业生产是"农村压倒一切的中心任务"。① 周恩来指出，"现在，全国的工作已经开始从军事方面转向建设方面"，"生产是我们新中国的基本任务"。② 中共中央在恢复和发展生产问题上达成了共识。

中国共产党从领导革命向经济建设、发展生产转变的思想，为进而确立新中国经济建设的方针提供了理论基础。将"发展生产、繁荣经济"作为新中国经济建设的方针，既是党和国家领导人的共识，也是全国人民的迫切心愿。1949 年 9 月，中国人民政治协商会议通过的《共同纲领》，接受了中共中央"发展经济"思想，并规定了新中国建设方针。其中第 26 条明确规定："中华人民共和国经济建设的根本方针，是以公私兼顾、劳资两利、城乡互助、内外交流的政策，达到发展生产、繁荣经济之目的。国家应在经营范围、原料供给、销售市场、劳动条件、技术设备、财政政策、金融政策等方面，调剂国营经济、合作社经济、农民和手工业者的个体经济、私人资本主义经济和国家资本主义经济，使各种社会经济成份在国营经济领导之下，分工合作，各得其所，以促进整个社会经济的发展。"③ 这条经济建设的根本方针，体现了中共中央以"发展生产"为杠杆、以"繁荣经济"为目的的经济建设思想。

此外，与党的工作重心从农村转移到城市及从领导革命转向经济建设、发展生产相适应，中共开始注意在组织形式、工作方式、工作作风和思想观念上进行转变，以适应城市工作和经济建设的需要。毛泽东及中共中央反复批评解放区土改运动中的农业社会主义思想，批评"贫雇农打江山坐江山"的错误思潮及攻占城市后"开仓济贫"的错误做法。1949 年 7 月 1 日，李富春在东北干部纪念会上的演说，从理论与实践结合上对克服旧作风、建立新作风作

---

① 邓子恢：《中南区工作情况与今后的工作任务和方针》，《长江日报》1951 年12 月 13 日。

② 《周恩来选集》下卷，人民出版社 1984 年版，第 2、4 页。

③ 《中国人民政治协商会议共同纲领》，《人民日报》1949 年 9 月 30 日。

了比较透彻的分析。他指出：第一，过去是农村分散，相对自主，今天则是国家规模，集中统一。因此，就要加强党内的无产阶级集体主义思想与整体观念，认真克服小生产者的个人主义和本位主义思想。第二，过去是环境单纯，要"一揽子"；现在则是情况复杂，要"弹钢琴"。由此就要求工作分工负责，有计划性、准确性及制度和秩序，克服"单打一"的手工业式的工作方法，以提高工作效率。第三，过去的工作可以大刀阔斧，面的推广；现在的工作要求精雕细刻，钻研业务。因此要提倡深思熟虑、深入具体的工作作风；要提倡自我批评与批评去深入研究发现问题，改进工作，反对自满自足、停顿不前的保守思想。第四，过去习惯于供给制不打算盘，现在要经济建设经济核算。由此要建立经济核算制、定额制，个人生活上也要克服供给制产生的平均主义观点，坚持实行"不劳动不得食"的原则，以及"各尽所能，按劳取酬"的原则，克服"干不干、一斤半"的观点。[①]

中共工作重心从农村转移到城市，使党的中心任务和方针政策有了重大转变。中共面临着更为复杂的城市工作环境和经济建设任务，这无疑是对即将夺取全国政权的革命政党的重大考验。在决定党的工作重心转移之际，毛泽东及时向全党发出"两个务必"的警告："夺取全国胜利，这只是万里长征走完了第一步。如果这一步也值得骄傲，那是比较渺小的，更值得骄傲的还在后头……中国的革命是伟大的，但革命以后的路程更长，工作更伟大，更艰苦。这一点现在就必须向党内讲明白，务必使同志们继续地保持谦虚、谨慎、不骄、不躁的作风，务必使同志们继续地保持艰苦奋斗的作风。"[②] 为此，中共七届二中全会相应地作出决议：禁止给党的领导者祝寿，禁止用党的领导者的名字作地名、街名和企业的名字，

---

①　《贯彻二中全会的路线，贯彻由乡村到城市的转变》，《人民日报》1949 年 7 月 19 日。

②　《毛泽东选集》第 4 卷，第 1438—1439 页。

保持艰苦奋斗作风，制止歌功颂德现象。毛泽东反复告诫全党要防止骄傲自满、功臣自居、不求进步、贪图享乐的情绪，警惕资产阶级"糖衣炮弹"的袭击，为新中国成立初期城市工作及经济建设的艰巨性作了一定的思想准备。

中共领导的新民主主义革命所要建立的，是人民民主专政的新民主主义国家和新民主主义社会。新民主主义国家和新民主主义社会与未来的社会主义社会有何区别和联系？中共夺取全国政权后，中国社会主要矛盾将发生怎样的变化？新民主主义社会主要矛盾如何影响中共在此历史阶段的总任务？这是新中国成立前夕摆在中国共产党面前的重大课题。以毛泽东、刘少奇、张闻天等为代表的中国共产党人在新中国成立前后对此作了认真思索，形成了一些基本看法。在中国共产党人看来，新民主主义革命胜利之后所创立的新国家与新社会，是半殖民地半封建社会和社会主义社会之间的一种过渡性社会——新民主主义社会。新民主主义社会的主要矛盾，既不同于半殖民地半封建社会，也不同于社会主义社会。

依据社会主要矛盾确定党的主要任务，是中国共产党进行新民主主义革命和新民主主义社会建设的基本思路。当新民主主义革命即将在全国胜利、新民主主义社会即将在全国确立之时，如何分析这个社会的主要矛盾成为中共中央思考的重要问题。刘少奇是最早提出并论证新民主主义社会主要矛盾问题的中央领导人之一。1948年9月，他在《论新民主主义的经济与合作社》一文中指出，在推翻帝国主义、封建主义及官僚资本主义统治以后，逐渐发展起来的新社会中的基本的和主要的矛盾，"就是新民主主义与旧民主主义或旧资本主义的矛盾，就是资产阶级和富农与无产阶级及其他劳动人民的矛盾"。[①] 9月13日，刘少奇在中央政治局会议上进一步分析了新民主主义经济的构成，明确指出："整个国民经济，包含着自然经济、小生产经济、资本主义经济、半社会主义经济、国家

---

① 中共中央文献研究室编：《刘少奇论新中国经济建设》，第14—15页。

资本主义经济以及国营的社会主义经济。国民经济的总体就叫做新民主主义经济。新民主主义经济包含着上述各种成份，并以国营的社会主义经济为其领导成份。"① "其目的在于发现社会经济中的矛盾。在新民主主义经济中，基本矛盾就是资本主义（资本家和富农）与社会主义的矛盾。在反帝反封建的革命胜利以后，这就是新社会的主要矛盾"。② 毛泽东在同日所作的会议结论中指出："资产阶级民主革命完成之后，中国内部的主要矛盾就是无产阶级和资产阶级之间的矛盾，外部就是同帝国主义的矛盾。"③

随后，张闻天负责起草并经中共中央东北局通过的《关于东北经济构成及经济建设基本方针的提纲》，比较系统地分析了新民主主义经济结构，涉及新民主主义社会基本矛盾问题。中共中央对这份文件极为重视，并作了认真修改。刘少奇在修改东北局的这个提纲时，特别加写了下述内容："无产阶级与资产阶级的矛盾，是在彻底消灭帝国主义、封建主义与官僚资本主义的压迫以后，新民主主义社会中的基本矛盾。"④ 这就使东北局这份文件关于新民主主义基本矛盾的表述更为明确："无产阶级领导的新民主主义国家所经营的这种社会主义性质的经济，和私人资本主义的经济是处于对立地位的，它和私人资本主义发生经济竞争是不可避免的。这种矛盾，即无产阶级与资产阶级的矛盾，是在彻底消灭帝国主义、封建主义与官僚资本主义的压迫以后，新民主主义社会中的基本矛盾。在这个矛盾上的斗争，特别是在这个矛盾上的长期的经济竞争，将要决定新民主主义社会将来的发展前途，到底是过渡到社会主义社会，抑或过渡到普通资本主义社会。"⑤

1948 年 10 月 30 日，中共中央对东北局《在高干会上关于政

① 中共中央文献研究室编：《刘少奇论新中国经济建设》，第 3—4 页。
② 中共中央文献研究室编：《刘少奇论新中国经济建设》，第 4 页。
③ 《毛泽东文集》第 5 卷，第 145—146 页。
④ 中共中央文献研究室编：《刘少奇论新中国经济建设》，第 30 页。
⑤ 《张闻天文集》第 4 卷，中共党史出版社 1995 年版，第 30 页。

权建设发言提纲》提出修改意见时，也特别加上这样的内容："在新民主主义的革命彻底胜利以后，在土地改革完成以后，无产阶级与资产阶级的矛盾，即成为中国社会的主要矛盾。这种矛盾，在今后社会发展中，将逐渐明显和激烈起来。"这样，中共中央逐渐形成了新民主主义社会主要矛盾问题的规范提法。中共七届二中全会决议接受了上述文件对新民主主义社会主要矛盾分析的观点，明确指出："中国革命在全国胜利，并且解决了土地问题以后，中国还存在着两种基本的矛盾。第一种是国内的，即工人阶级和资产阶级的矛盾。第二种是国外的，即中国和帝国主义国家的矛盾。因为这样，无产阶级领导的人民共和国的国家政权，在人民民主革命胜利以后，不是可以削弱，而是必须强化。对内的节制资本和对外的统制贸易，是这个国家在经济斗争中的两个基本政策。"[①]

党的七届二中全会之后，中共中央对该问题继续进行探索，刘少奇在新民主主义社会主要矛盾的提法上有较大变化。1949 年 4 月，刘少奇在天津干部会上指出："在中国目前的条件下，私人资本主义经济的若干发展是进步的，对于国民经济是有利的，对于中国是有利的，对于工人也是有利的。"[②] 似乎不主张立即将无产阶级与资产阶级的矛盾定为主要矛盾。他还指出，今天的资产阶级不是斗争的对象，而是争取团结的对象。今天的中国不是资本主义太发展，而是太不发展。在英、美、法等国家，资本主义已经发展了几百年，而我们中国资本主义发展才几十年。所以在新民主主义的经济条件下，在劳资两利的条件下，还让资本主义存在和发展几十年。5 月，刘少奇又指出：政府要发展国营生产，也要发展私营生产，"从原料到市场，由国营私营共同商量，共同分配。这叫'有饭大家吃，有钱大家赚'，就是贯彻公私兼顾的政策"，"现在有好些人怕说剥削，但剥削是一个事实……今天在我国资本主义的剥削

---

① 《毛泽东选集》第 4 卷，第 1433 页。
② 中共中央文献研究室编：《刘少奇论新中国经济建设》，第 90 页。

不但没有罪恶，而且有功劳。封建剥削除去以后，资本主义剥削是有进步性的。"①

1949 年 7 月 4 日，刘少奇给斯大林的书面报告解释道，"有人说：'在推翻国民党政权之后，或者说在实行土地改革之后，中国无产阶级与资产阶级的矛盾，便立即成为主要矛盾，工人与资本家的斗争，便立即成为主要斗争。'这种说法，我们认为是不正确的；因为一个政权如果以主要的火力去反对资产阶级，那便是或开始变成无产阶级专政了。这将把目前尚能与我们合作的民族资产阶级赶到帝国主义那一边去。这在目前的中国实行起来，将是一种危险的冒险主义的政策"。他明确表示不主张将无产阶级与资产阶级的矛盾立即定为主要矛盾，他认为，在推翻国民党政权以后一个相当长的时期内，主要的矛盾和斗争仍然是"外部矛盾与外部斗争"，即与帝国主义、封建主义、官僚资本主义及国民党残余势力的矛盾与斗争。实行一般民族资本国有化，需要一段相当长的时间，估计还需 10 年到 15 年。在这段时间内，"工人阶级要向资产阶级进行必要的和适当的斗争"，但"还要和民族资产阶级实行必要的和适当的妥协与联合，以便集中力量去对付外部敌人和克服中国的落后现象"。②

刘少奇提出的这些观点，似乎与中共七届二中全会确定的主要矛盾的提法有较大出入。这实际上是他根据新中国成立前后民族资本家所具有的一定进步性而作出的新探索，是他为了纠正当时对待民族资本家问题上"左"的倾向而提出的。早在 1949 年 5 月 31 日，刘少奇为中央起草关于对民族资产阶级政策问题的指示中，就要求对"实际工作中的'左'倾冒险主义的错误路线"，"立即加以检讨并纠正"。③ 毛泽东将该指示批转全党时强调："认真克服对

---

① 中共中央文献研究室编：《刘少奇论新中国经济建设》，第 98、107 页。

② 《建国以来刘少奇文稿》第 1 册，中央文献出版社 2005 年版，第 7 页。

③ 中共中央文献研究室编，刘崇文、陈绍畴主编：《刘少奇年谱（1898—1969）》下卷，第 212 页。

待民族资产阶级的'左'倾机会主义错误。如果不克服此种错误，就是犯了路线错误。"① 毛泽东、刘少奇这种对待新中国成立前后民族资产阶级的态度，表明尽管党的七届二中全会将无产阶级与资产阶级的矛盾确定为新民主主义的主要矛盾，但中共中央并没有立即采取消灭资产阶级的措施，而是根据当时具体的实践，纠正了"左"的错误偏向，并没有将无产阶级与资产阶级的矛盾当作当时社会的主要矛盾。

　　不把无产阶级与资产阶级的矛盾当作刚刚确立的新民主主义社会主要矛盾，表明中共中央并没有教条式地理解新民主主义主要任务，而是根据当时的客观实际，不断矫正和调整对该问题的认识。允许私人资本主义存在和某种程度上发展，是提高整个国民经济水平所必需的，也是新民主主义社会的主要特征之一。推翻国民党反动派统治和完成土改运动，只是表明新民主主义社会刚刚确立，这时立即把无产阶级与资产阶级的矛盾当作社会主要矛盾，必然导致对资产阶级的提前消灭和新民主主义社会的提前结束。正因如此，刘少奇在 1949 年 9 月 3 日召开的中央政治局会议上强调说："在新民主主义经济中，基本矛盾就是资本主义（资本家和富农）与社会主义的矛盾。在反帝反封建的革命胜利以后，这就是新社会的主要矛盾……自然，就全国来说，帝国主义、封建势力和官僚资本主义今天还未打倒，今天主要的矛盾还是人民与帝国主义、封建势力和官僚资本的矛盾，资产阶级与无产阶级的矛盾，是被这第一个矛盾掩盖着。"等到我们取得全国政权，民主革命的任务完成之后，"封建势力没有了，帝国主义势力被赶走了，官僚资本也没有了，人民与这些东西的对立和矛盾也就没有了，这时候，主要的矛盾就是无产阶级劳动人民与私人资本家的矛盾"。② 这就是说，在新民主主义革命尚未彻底完成之前，主要任务仍然是中国人民与帝国主

---

① 中共中央文献研究室编：《毛泽东年谱（1893—1949）》下卷，第 513 页。
② 中共中央文献研究室编：《刘少奇论新中国经济建设》，第 4 页。

义、封建势力和官僚资本的矛盾；只有当新民主主义革命完成并完全进入新民主主义社会之后，无产阶级与资产阶级的矛盾才真正成为社会主要矛盾。

中共中央一方面认识到新民主主义主要矛盾是无产阶级与资产阶级的矛盾，另一方面又规定党在新民主主义社会的主要任务是经济建设，如刘少奇反复强调，全国军事时期结束以后，"中国就要进入建设时期，特别是经济建设"。① 以后中国革命斗争中心在城市，主要任务就是发展生产，繁荣经济，"今后的中心问题，是如何恢复与发展中国的经济"。② 把经济建设作为新民主主义社会的主要任务，同时又将无产阶级与资产阶级的矛盾视为新民主主义社会的主要矛盾，在逻辑上与主要任务一般由主要矛盾所决定的原理并不一致。这种情况表明，中共中央对新民主主义主要矛盾及主要任务的探索还是初步的，认识还未能统一，并且主要是从阶级斗争的角度来考虑社会主要矛盾问题的，还没有把解决经济落后、生产力低下的问题，放在主要矛盾的视野之内。这样，就必然出现主要矛盾与主要任务之矛盾性与双重性。只是到了1952年6月，当土地改革及国民经济恢复任务基本完成之时，毛泽东重申"在打倒地主阶级和官僚资产阶级以后，中国内部的主要矛盾即是工人阶级与民族资产阶级的矛盾"③，中共全党的认识才重新统一到毛泽东在七届二中全会上对新民主主义社会主要矛盾表述的观点上来。

四　新民主主义经济成分的构想

中共中央对新民主主义社会主要矛盾及主要任务认识上的矛盾

---

① 中共中央文献研究室编：《刘少奇论新中国经济建设》，第112页。
② 《刘少奇选集》上卷，第426页。
③ 《毛泽东文集》第6卷，人民出版社1999年版，第231页。

性与双重性，表明新民主主义社会是非常复杂的社会，其基本经济结构同样是相当复杂的。1947年12月，毛泽东在《目前形势和我们的任务》中，首次提出"新中国的经济构成"概念。他指出，"新中国的经济构成是：（1）国营经济，这是领导的成分；（2）由个体逐步地向着集体方向发展的农业经济；（3）独立小工商业者的经济和小的、中等的私人资本经济。这些，就是新民主主义的全部国民经济。"同时还明确规定："新民主主义国民经济的指导方针，必须紧紧地追随着发展生产、繁荣经济、公私兼顾、劳资两利这个总目标。"①

随着新民主主义革命即将取得全国胜利，经济建设的任务很快提到中国共产党的议事日程。刘少奇和张闻天较早开始对新民主主义经济构成问题进行系统研究，并分别提出了比较接近的看法。1948年7月18日，张闻天在东北局召开的县委组织部长、宣传部长联席会议上的讲话中指出，"新民主主义的经济形式"有六种：国家经济，或叫公营经济；国家资本主义经济；私人资本主义经济；小商品经济，主要是农民经济，包括城市小手工业经济；合作经济；游牧经济。此外还有原始的自然经济。②

1948年9月13日，刘少奇在中央政治局会议上也讲到"中国新民主主义的经济构成"，并列举了国家经济、国家资本主义经济、合作社经济、私营经济（内分资本家的资本主义经济和小生产者经济）等五种经济成分：自然经济、小生产经济、资本主义经济、半社会主义经济、国家资本主义经济以及国营的社会主义经济。

"五种经济成分"概念，是中共中央在修改张闻天起草的《关于东北经济构成及经济建设基本方针的提纲》过程中正式提出的。

---

① 《毛泽东选集》第4卷，第1255—1256页。
② 陈伯村等编：《张闻天东北文选》，黑龙江人民出版社1990年版，第185—187页。

中央政治局会议后，张闻天把对新民主主义经济理论和经济政策的研究向前推进了一大步。张闻天负责起草并经中共中央东北局通过的《关于东北经济构成及经济建设基本方针的提纲》，根据较早解放的东北地区的实际情况和初步开展经济建设的经验，第一次提出新民主主义经济"基本上是由五种经济成份所构成，这就是国营经济、合作社经济、国家资本主义经济、私人资本主义经济、小商品经济"。张闻天起草的提纲原稿，沿用他在 1948 年 7 月 18 日讲话中"六种"经济成分的提法，但把"国家经济"改为"国营经济"，去掉"游牧经济"，增加"秋林式的社会主义经济"（指在东北的苏联国家企业，名称均为"秋林公司"），并把排序改为：国营经济、合作社经济、国家资本主义经济、私人资本主义经济、小商品经济、秋林式的社会主义经济。① 经中共中央修改后的提纲第一次正式使用了"五种经济成分"提法："东北经济在彻底消灭封建主义、官僚资本主义及取消帝国主义在东北的经济特权以后，基本上是由五种经济成份所构成，这就是国营经济、合作社经济、国家资本主义经济、私人资本主义经济、小商品经济（尚有小部分自然经济，因意义不大，故略）。"②

张闻天的《关于东北经济构成及经济建设基本方针的提纲》指出：由无产阶级领导的新民主主义国家直接经营的国营经济，"已经是社会主义性质的经济"，"这种国营经济，是当前支援人民革命战争，争取胜利的最主要的物质力量；是城市无产阶级同乡村农民在经济上结成联盟的依据；是新民主主义政治的主要经济基础；是新民主主义经济的支柱；是无产阶级在经济战线上反对投机操纵，和资本主义进行经济竞争的最有力的武器。……因此，我们对它必须特别关心，使它获得一切可能的发展，把它放在国民经济建设最主要的地位"，"无产阶级领导的新民主主义的国家，如果

---

① 《张闻天文集》第 4 卷，第 17 页。
② 《张闻天文集》第 4 卷，第 29 页。

不去有意识地掌握这一国家经济的命脉，不去用一切可能的和正当的方法并在一切方面强化这一经济力量，它将会遭受不可补偿的损失，以至最后的失败。"①

合作社经济是"带有社会主义性质的经济，是国营经济的最可靠的有力的助手。国营经济没有合作社的帮助，它在经济战线上就会孤立无援的。国营经济只有与合作社经济结合起来，并领导和帮助合作社经济，才能有可靠的经济上的同盟军"，"才能把千千万万的小生产者吸引到自己一方面，去和各种私人的投机操纵的行为作斗争，同无政府无组织的经济破坏活动作斗争"，并且使"组织在合作社中的小生产者免除商业资本家的中间剥削，而大家富裕起来……才能使他们不走资本主义的道路，而是经过新民主主义走上社会主义的道路"。② 国家资本主义经济则是："从国家需要出发，吸引私人资本来为国家服务，并把私人资本置于国家的管理与监督之下，使之成为国民经济建设计划的有机的一部分。"③

张闻天在分析五种经济成分的基础上，明确提出了无产阶级领导新民主主义经济建设的路线："以发展国营经济为主体，普遍地发展并紧紧地依靠群众的合作社经济，扶助与改造小商品经济，容许与鼓励有利于国计民生的私人资本主义经济，尤其是国家资本主义经济，防止与反对商品的资本主义经济所固有的投机性与破坏性，禁止与打击一切有害于国计民生的投机操纵的经营。"并且强调："只有实行这条路线，才能顺利地发展新民主主义社会的经济，加强新民主主义经济中的社会主义成份，并为整个国民经济的发展开辟道路，以便将来能够顺利地不流血地过渡到社会主义。"④

---

① 《张闻天文集》第 4 卷，第 30 页。
② 《张闻天文集》第 4 卷，第 36—37 页。
③ 《张闻天文集》第 4 卷，第 38 页。
④ 《张闻天文集》第 4 卷，第 45 页。

　　张闻天起草的这个提纲，是中国共产党历史上最早全面论述新民主主义社会经济结构和经济建设指导路线的文献。其中关于以国营经济为领导的多种经济成分协调发展的思想，对新中国的经济发展道路具有深远的理论指导意义。该提纲经中共中央东北局常委会通过后上报中共中央，中央予以充分肯定，并作了若干修改。毛泽东在修改这个提纲时，强调了以下五点：第一，实行国民经济组织性与计划性必须严格限制在可能和必要的限度内，国营经济首先要适应这种组织性与计划性；第二，除了国家总的计划外，必须特别重视地方性的国民经济计划；第三，使合作社成为普遍的社会制度，必须经过长时期的艰苦工作，才能一处一处和一步一步地做到；第四，在批判小资产阶级或资产阶级路线时，又必须严格防止任何"左"倾冒险主义；第五，由于有了多种经济成分，而且有了私人资本主义经济，特别是商人资本主义这一切情形，这使我们必须有无产阶级明确而周密的经济政策、经济计划与整套的经济组织去指导国民经济建设，决不容许有任何的模糊和混乱。

　　1949年1月8日，毛泽东在中共中央政治局会议上论及新中国经济建设方针时指出："今后对经济构成是应有一个通盘的认识。国营经济是带社会主义性质，合作经济也是带社会主义性质并向社会主义前进的，国家资本主义经济、私人资本主义经济和个体经济，那个东西基本上（是）对的，但要注意两条战线斗争。一方面不要以为新民主主义经济不是计划经济，不是向社会主义发展，而认为是自由贸易、自由竞争，向资本主义发展，那是极端错误的。""另一方面，必须注意，必须谨慎，不要急于社会主义化。"毛泽东随后代表中共中央在党的七届二中全会上所作的报告，肯定了新民主主义社会五种经济成分，但与张闻天起草的上述提纲略有不同，把小商品经济改为个体经济，更切合我国的小生产自给自足为主、商品性不强的实际情况。对其他经济成分的性质和特征，在提法上也有些变化。例如，把合作社经济称为半社会主义性质的经济，称国家资本主义经济是国家和私人合作的经济。毛泽东指出，中国的工业和农业在国民经济中的比重，就全国范围来看，在全面抗日战争以前，大约是现代性的工业占 10% 左右；农业和手工业占 90% 左右。这是一个最基本的国情，"这是帝国主义制度和封建制度压迫中国的结果，这是旧中国半殖民地和半封建社会性质在经济上的表现，这也是在中国革命的时期内和在革命胜利以后一个相当长的时期内一切问题的基本出发点。从这一点出发，产生了我党一系列的战略上、策略上和政策上的问题"。[①]

毛泽东明确指出，新民主主义革命胜利后，我们建立的是新民主主义社会，新民主主义社会是过渡性质的，五种经济成分并存是新民主主义社会经济形态：社会主义性质的国营经济、半社会主义性质的合作社经济、私人资本主义经济、个体经济以及国家和私人合作的国家资本主义经济。他说："国营经济是社会主义性质的，合作社经济是半社会主义性质的，加上私人资本主义，加上个体经济，加上国家和私人合作的国家资本主义经济，这些就是人民共和国的几种主要的经济成分，这些就构成新民主主义的经济形态。"[②]这不仅指出新民主主义经济结构的五种经济成分，还提纲挈领地分析了各种经济成分的性质。毛泽东关于新民主主义经济结构的分析，被中共七届二中全会接受，写入全会决议中。从此，这种观点被广泛接受，同时共产党人还对各种经济成分及其互相关系作了大量的具体的分析。

强化国营经济，掌握国家经济命脉。中国现代性的工业经济是进步的，是无产阶级和资产阶级及其正当产生的经济基础，虽然它的产值只占国民经济总产值的 10% 左右，但它极为集中，最大的和最主要的资本集中在帝国主义及官僚资产阶级手中。没收这些资

---

① 《毛泽东选集》第 4 卷，第 1430 页。
② 《毛泽东选集》第 4 卷，第 1433 页。

本归无产阶级领导的人民共和国所有，就使人民共和国掌握了国家的经济命脉，使国营经济成为整个国民经济的领导成分。

毛泽东在中共七届二中全会报告中指出，国营经济是新民主主义的国家所经营的经济。它主要是在中华人民共和国成立前后通过没收官僚资本而建立起来的，也包括各解放区原有的公营经济。国营经济在国民经济中"量"上"虽还未占有绝对大的比重，但已占有很大的比重，并掌握了社会经济的命脉，居于国民经济的领导地位"。"无产阶级领导下的新民主主义国家所经营"的国营经济，"已经是社会主义性质的经济"。① 一般说来，国营经济的性质"是由国家政权性质来决定"的。"劳动者所创造的'剩余价值'，最大部分也是直接或间接用于保障劳动者自身的利益上……基本上已无剥削可言"。"国营经济组织里面任何人也不能私有生产工具，也不能依靠生产工具的私有而发财。""生产手段的劳动人民公共所有和没有劳资对立，正是社会主义经济的基本特征。"②

合作社经济是"由广大的小生产者及广大的消费者在国家领导之下"③，按照自愿原则组织起来的经济形式。合作社经济在新民主主义制度下是半社会主义性质的经济，或者说是在各种不同程度上有社会主义性质的经济。这主要是因为，合作社经济接受国营经济的领导，并有了集体经济或集体劳动的因素，有的还取消"资本分工制"，但"仍保留社员的股金和生产手段的私有权"。④合作社经济是："无产阶级领导下的新民主主义国家用以帮助、领导和逐步改造广大小生产者的主要工具。"⑤

私人资本主义经济，是以生产资料的资本家所有制为基础、以

---

① 《张闻天文集》第 4 卷，第 30 页。
② 沈志远：《新民主主义的国营经济》，《学习》第 1 卷第 2 期。
③ 中共中央文献研究室编：《刘少奇论新中国经济建设》，第 10 页。
④ 狄超白：《新民主主义的合作经济》，《学习》第 1 卷第 3 期。
⑤ 中共中央文献研究室编：《刘少奇论新中国经济建设》，第 10 页。

追求利润为目的的私营经济，在国民经济中占有相当重要的地位。私人资本主义经济具有两面性，既有有利于国计民生的积极的一面，又有不利于国计民生的消极的一面。

个体经济，是指分散的个体的农业和手工业经济，或者称作小商品经济、小生产经济，占国民经济总量的80%以上。"它是站在资本主义和社会主义间的十字路口的经济。它既可以向资本主义方面发展……也可以向社会主义方面发展"，"在无产阶级领导的新民主主义的国家制度下，也是会要发展到社会主义方面去的"。① 团结、领导小生产者的"主要形式就是合作社"，"单是给小生产者以土地，只是建立了领导权，还须进一步使他们成为小康之家，否则，领导权仍不能巩固"。② 共产党人还认为，无产阶级要把中国引向社会主义，资产阶级则"要把国家引导走资本主义的道路"，在无产阶级与资产阶级的这种斗争中，"决定的东西是小生产者的向背，所以对小生产者必须采取最谨慎的政策"。③

国家资本主义经济，是"无产阶级领导的国家，在适当条件下监督资本家，使资本家为国家服务的一种制度"④，即国家经济同私人资本合作的经济成分，它是"十分接近于社会主义的经济"。⑤ 其特点是国家为了经济上的需要，给私人资本家以进行生产或交换的一定的必要条件，而私人资本家利用这些条件，从生产与交换活动中获得一定的利润；是国家根据同资本家依自愿和两利的原则所订立的合同对资本家的活动进行必要的管理与监督，其形式主要有"出租制""加工制""定货制""代卖制"等。"这种国家资本主义经济的发展方向，对于新民主主义经济的发展是有利的"，

---

① 《张闻天文集》第4卷，第41页。

② 中共中央文献研究室编：《刘少奇论新中国经济建设》，第5—6页。

③ 中共中央文献研究室编：《刘少奇论新中国经济建设》，第5页。

④ 中共中央文献研究室编：《刘少奇论新中国经济建设》，第52页。

⑤ 《刘少奇选集》上卷，第427—428页。

"是私人资本主义经济中最有利于新民主主义经济发展的一种形式"①，将成为改造私人资本主义工商业的必由之路。

这五种经济成分构成的国民经济，中共称之为"新民主主义经济"，并认为在其内部"是存在着矛盾和斗争的，这就是社会主义的因素和趋势与资本主义的因素和趋势之间的斗争，就是无产阶级与资产阶级的斗争"。在这一矛盾和斗争中，"合作社经济是国营经济的同盟者和带有决定意义的助手"。② 同时，"合作社经济也只有与无产阶级领导的国营经济结合起来，并取得国家经济机关的领导和帮助……才能使组织在合作社中的小生产者免除商业资本家的中间剥削……才能使他们不走资本主义的道路，而是经过新民主主义走上社会主义的道路"。③ "国家资本主义经济也可在一定程度上成为国营经济的助手"。④ 它可以"促使小资本向大资本集中，小生产向大生产发展，使国家的管理监督更为便利"⑤。"私人资本主义经济则是资本主义发展趋势的基础"。⑥ 无产阶级领导的具有社会主义性质的国营经济，"和私人资本主义的经济是处于对立地位的，它和私人资本主义发生经济竞争是不可避免的"。⑦ 这种经济竞争是长期的，"是贯串在各方面的，是和平的竞争"。⑧ 但私人资本主义是分散的中小资本家居多，"任何一个资本家不能同国有经济相对抗"，"如果无产阶级领导了国家，则无产阶级就能领导国家经济走向社会主义"。⑨ 个体经济"则是一种动摇的力量"，一方面它可以接受各种不同程度的合作社形式，另一方面它又是

---

① 《张闻天文集》第 4 卷，第 37—38 页。
② 《刘少奇选集》上卷，第 427 页。
③ 《张闻天文集》第 4 卷，第 37 页。
④ 《刘少奇选集》上卷，第 427 页。
⑤ 《张闻天文集》第 4 卷，第 38 页。
⑥ 《刘少奇选集》上卷，第 428 页。
⑦ 《张闻天文集》第 4 卷，第 30 页。
⑧ 中共中央文献研究室编：《刘少奇论新中国经济建设》，第 4 页。
⑨ 中共中央文献研究室编：《刘少奇论新中国经济建设》，第 49 页。

"经常地、每日每时地、自发地和大批地产生着资本主义和资产阶级的"。① 无产阶级要在与资产阶级的矛盾和斗争中取得胜利，关键是争取小生产者；要巩固国营经济的领导地位，实现国民经济的社会主义发展前途，就必须积极地、稳妥地引导小生产经济走上合作社经济。

总之，新民主主义经济主要由五种经济成分构成，即国营经济、合作社经济、国家资本主义经济、私人资本主义经济、个体经济，这五种经济成分在人民民主政权的国家里都应得到相应的保护和发展。其中，国营经济是整个国民经济的领导成分，虽然比重较小，但控制着国家的经济命脉，并且由于国家在资金、人力、物力上的集中支援，国营经济和合作社经济会发展得很快，在社会经济中的比重会越来越大；合作社经济基本是资本主义性质的，但已有社会主义的萌芽，要系统地建设合作社经济，"在新民主主义的国家中，合作社应该成为广大劳动人民所宜于接受和了解的一种经济组织和一种普遍的社会制度"；私人资本主义经济是国民经济中"最大量的""不可缺少的部分"，在新民主主义阶段中也会得到发展，但发展速度相对要慢一些，比重相反会减少；以农民和小手工业者为主体的个体经济也会发展，国家将以商业（主要是供销合作社）的形式对其进行积极引导。

中国共产党既分析了新中国国民经济结构中的各种经济成分，以及居于领导地位的国营经济与各种经济成分的关系，还对多种经济成分共存的国民经济即为新民主主义经济达成共识。那么，新民主主义经济到底是什么性质的经济？中国共产党对此作过比较深入的探讨。1948 年 12 月，刘少奇明确指出："新民主主义经济是资本主义的呢？还是社会主义的呢？都不是。它有社会主义成分，也有资本主义成分。这是一种特殊的历史形态，它的特点是过渡时期的经济，可以过渡到资本主义，也可以过渡到社会主义。这是一个没有解决的

---

① 《列宁选集》第 4 卷，人民出版社 1995 年版，第 135 页。

问题。过渡性质不能长久存在，但有一个相当长的时期。"①

刘少奇认为，新民主主义经济特点是过渡时期的经济，可以过渡到资本主义，也可以过渡到社会主义，是一个尚未解决和需要长时期逐步解决的问题。他指出新中国的经济建设"必须反对以下两种错误倾向：一种是资本主义的倾向。就是把中国今后经济发展方针，看作是发展普通的资本主义经济，把一切希望寄托于私人资本主义经济的发展……自觉或不自觉地要把中国建设成为资本主义共和国。……另一种是冒险主义的倾向。就是在我们的经济计划和措施上超出实际的可能性，过早地、过多地、没有准备地去采取社会主义的步骤"。②

1949 年 9 月召开的中国人民政治协商会议通过的《共同纲领》，将中华人民共和国经济建设的根本方针明确规定为："以公私兼顾、劳资两利、城乡互助、内外交流的政策，达到发展生产、繁荣经济之目的。国家应在经营范围、原料供给、销售市场、劳动条件、技术设备、财政政策、金融政策等方面，调剂国营经济、合作社经济、农民和手工业者的个体经济、私人资本主义经济和国家资本主义经济，使各种社会经济成分在国营经济领导之下，分工合作，各得其所，共同促进整个社会经济的发展。"因此，新中国的经济建设方针，必须以发展国营经济为主体，普遍建立合作社经济，扶助独立的小生产者并使之逐渐地向合作社方向发展，组织国家资本主义经济，允许私人资本主义在有利于国计民生的范围内发展，以便逐步地稳当地过渡到社会主义。对此，刘少奇明确指出，在五种经济成分中，"必须以发展国营经济为主体。普遍建立合作社经济，并使合作社经济与国营经济密切地结合起来。扶助独立的小生产者并使之逐渐地向合作社方向发展。组织国家资本主义经济，在有利于新民主主义的国计民生的范围以内，容许私人资本主

---

① 中共中央文献研究室编：《刘少奇论新中国经济建设》，第 47 页。
② 《刘少奇选集》上卷，第 430 页。

义经济的发展，而对于带有垄断性质的经济，则逐步地收归国家经营，或在国家监督之下采用国家资本主义的方式经营。对于一切投机操纵及有害国计民生的经营，则用法律禁止之"。① 这样，五种经济发展的结果，工业比重逐渐增大，农业比重相对缩小。社会主义性质与半社会主义性质的经济，比重要逐步增大，私人资本主义经济和个体经济的比重要相对缩小，就为从新民主主义经济过渡到社会主义经济提供了基本条件。

由此可见，中国共产党关于新中国经济建设的理论准备和基本政策制定，是经过较长时期的探讨和酝酿的，是符合马克思主义基本原理和1949年前后中国的客观实际情况的。

五　新民主主义建国路线的确立

中共在与国民党进行军事较量之时，也在探索建立新民主主义共和国问题，并开始研究和草拟新型宪法。早在土地革命战争时期，毛泽东领导制定中国历史上第一部真正属于劳动群众的宪法性文件《中华苏维埃共和国宪法大纲》，为建立新型政治制度积累了宝贵经验。1947年初，周恩来代表中央指示中央法律问题研究委员会起草全国性的宪法草案，供计划召开的解放区人民代表大会之用。毛泽东致信新到解放区的法学家陈瑾昆说："从新的观点出发研究法律，甚为必要。新民主主义的法律，一方面，与社会主义的法律相区别，另方面，又与欧美日本一切资本主义的法律相区别，请本此旨加以研究。"② 他随后致函吴玉章和陈瑾昆说：宪草"内容亦宜从长斟酌，以工农民主专政为基本原则"③，也就是《新民主主义论》《论联合政府》等文所阐明的原则。

---

① 《刘少奇选集》上卷，第428页。
② 《毛泽东文集》第4卷，第217页。
③ 《毛泽东书信选集》，人民出版社1983年版，第288、290页。

1947 年 4—10 月，中央法律问题研究委员会先后完成了两个宪草初稿。负责宪法起草工作的王明在十二月会议发言中指出，起草宪法的指导思想是新民主主义，并且报告了宪法的基本框架和内容。毛泽东提出："关于宪法，近期内不会颁布，过早颁布也是不利的，但目前应该着手研究。关于组织革命的中央政府，现在暂不考虑，要等到蒋介石更困难，我们取得更大的胜利的时候，至少在平绥路打通以后再考虑这个问题。"①

1947 年 10 月 10 日，中共中央发布《中国人民解放军宣言》，公开提出"打倒蒋介石，解放全中国"的口号，并明确提出要"联合工农兵学商各被压迫阶级、各人民团体、各民主党派、各少数民族、各地华侨和其他爱国分子，组成民族统一战线，打倒蒋介石独裁政府，成立民主联合政府"。② 这样，中共中央逐渐将建立新中国的任务提上日程。

1947 年 12 月，中共中央在陕北米脂县杨家沟召开扩大会议，毛泽东在分析国内形势后判断，中国革命到了一个历史转折点："这是蒋介石的二十年反革命统治由发展到消灭的转折点。这是一百多年以来帝国主义在中国的统治由发展到消灭的转折点。"③ 他对彻底打败蒋介石、夺取全国胜利的方针政策作了系统阐述，重申了联合工农兵学商各被压迫阶级、各人民团体、各民主党派、各少数民族、各地华侨和其他爱国分子，组成民族统一战线，打倒蒋介石独裁，成立民主联合政府的主张，将其称为"人民解放军的、也是中国共产党的最基本的政治纲领"，并宣布了没收封建阶级的土地归农民所有，没收垄断资本归新民主主义的国家所有，保护民族工商业的新民主主义三大经济纲领。这次会议尽管提出建立民主联合政府，但认为组织革命的中央政府的时机目前尚未成熟，须待我军

---

① 《毛泽东文集》第 4 卷，第 335—336 页。
② 《毛泽东选集》第 4 卷，第 1237 页。
③ 《毛泽东选集》第 4 卷，第 1244 页。

取得更大胜利，然后考虑此项问题，颁布宪法更是将来的问题。①

随着国共军事力量对比的变化，筹建新中国的时机逐渐成熟。1948 年 4 月 27 日，毛泽东致信北平市委书记刘仁，要他邀请北平民主人士张东荪、符定一、许德珩、吴晗等来解放区参加各民主党派各人民团体代表会议。这个会议将讨论召开人民代表大会成立民主联合政府、加强各民主党派各人民团体的合作及纲领政策等问题："会议名称拟称为政治协商会议，开会地点在哈尔滨，开会时间在今年秋季。"② 4 月 30 日，中共中央书记处在河北阜平县城南庄召开扩大会议，讨论通过了纪念五一节口号，提出："各民主党派、各人民团体、各社会贤达迅速召开政治协商会议，讨论并实现召集人民代表大会，成立民主联合政府。"③

5 月 1 日，毛泽东致信在香港的李济深、沈钧儒，指出召集人民代表大会、成立民主联合政府，"业已成为必要，时机亦已成熟"，而"欲实现这一步骤，必须先邀集各民主党派、各人民团体的代表开一个会议"，即政治协商会议。他在信中还提出了参加政协会议人员的条件，即"一切反美帝反蒋党的民主党派、人民团体，均可派代表参加。不属于各民主党派、各人民团体的反美帝反蒋党的某些社会贤达，亦可被邀参加此项会议"。④

5 月 2 日，中共中央电示上海局，准备邀请各民主党派及重要人民团体的代表来解放区，商讨召开政治协商会议，会议拟由国民党革命委员会、民主同盟和中共联名发起，会议决议必须参加的每一单位自愿同意，不得强制。⑤ 接着，中共中央致电上海局和香港

---

① 胡乔木：《胡乔木回忆毛泽东》，第 511 页。

② 中共中央文献研究室编：《毛泽东年谱（1893—1949）》下卷，第 305 页。

③ 中央档案馆编：《中共中央文件选集》第 17 册，中共中央党校出版社 1992 年版，第 146 页。

④ 《毛泽东文集》第 5 卷，第 90 页。

⑤ 《中共中央解放战争时期统一战线文件选编》，中国档案出版社 1988 年版，第 197—198 页。

分局：召开政治协商会议在目前尚是宣传和交换意见时期，尚未到正式决定和实行时期，可"用非正式交换意见的态度"，与在港的民主党派、人民团体及社会知名人士交换意见。①

中共中央的五一口号得到民主党派和民主人士的热烈响应。自5月5日起，国民党革命委员会、民主同盟、民主促进会、致公党、农工民主党等民主党派和民主人士，相继发表声明、宣言和通电，拥护召开新政协。民主促进会的创始人马叙伦称五一口号是"转捩时局的曙钟"。"全国一致在企望着卖国殃民的反动的独裁政权早一日消灭，新中国的人民自己的民主政权早一日成立；在企望着真正的人民革命的领导者——中国共产党，给一个鼓励和安慰的启示。现在是得到了。"② 毛泽东复电李济深等说："现在革命形势日益开展，一切民主力量亟宜加强团结，共同奋斗，以期早日消灭中国反动势力，制止美帝国主义的侵略，建立独立、自由、富强和统一的中华人民民主共和国。为此目的，实有召集各民主党派、各人民团体及无党派民主人士的代表们共同协商的必要。"并就召开会议的时机、地点、召集人、参加会议者的范围及会议应讨论的问题等，正式征询他们的意见。③ 同日，中共中央指示上海局和香港分局，将毛泽东电文即送各民主党派征询意见，并将征询推广到上海、南洋的民主人士中，欢迎他们到解放区来。④

从1948年8月起，各民主党派、各民主阶层的代表人士从全国各地和海外陆续进入东北和华北解放区，进行新政协筹备工作。毛泽东在中央政治局九月会议上提出"五年左右根本上打倒国民党"的战略任务，并专门阐述中央政府问题：政协今年下半年或

---

① 中共中央文献研究室编：《毛泽东年谱（1893—1949）》下卷，第308页。

② 马叙伦：《读了中共五一口号以后》，香港群众周刊社发行《群众》第20期，1948年5月27日。

③ 《毛泽东文集》第5卷，第114页。

④ 中共中央文献研究室编：《周恩来年谱（1898—1949）》，第801页。

明年上半年要开一次会议，现在开始准备，战争第四年将要成立中央政府。毛泽东指出，未来国家政权的性质，是无产阶级领导的，以工农联盟为基础，但不是仅仅工农，还有资产阶级民主分子参加的人民民主专政。"我们是人民民主专政，各级政府都要加上'人民'二字，各种政权机关都要加上'人民'二字，如法院叫人民法院，军队叫人民解放军，以示和蒋介石政权不同。我们有广大的统一战线，我们政权的任务是打倒帝国主义、封建主义和官僚资本主义，要打倒它们，就要打倒它们的国家，建立人民民主专政的国家。"对于未来国家的政权制度，毛泽东明确表示，要实行民主集中制的人民代表大会制度，"现在我们就用'人民代表大会'这一名词。我们采用民主集中制，而不采用资产阶级议会制"，"我看我们可以这样决定，不必搞资产阶级的议会制和三权鼎立等"。①这是毛泽东正式提出"人民民主专政"概念，来代替原来的"工农民主专政"提法。

1948 年 10 月 10 日，中共中央通报全党，准备在 1949 年召集中国一切民主党派、人民团体和无党派民主人士的代表们开会，成立中华人民共和国临时中央政府。②11 月，毛泽东提出："中国共产党的任务，是在全国范围内团结一切革命力量，驱逐美国帝国主义的侵略势力，打倒国民党的反动统治，建立统一的民主的人民共和国。"③随后，中共中央政治局通过的《目前形势和党在一九四九年的任务》指出："一九四九年必须召集没有反动派代表参加的以完成中国人民革命任务为目标的各民主党派各人民团体的政治协商会议，宣告中华人民民主共和国的成立，组成共和国的中央政府，并通过共同纲领。"④

---

① 《毛泽东文集》第 5 卷，第 135—136 页。
② 《毛泽东选集》第 4 卷，第 1347 页。
③ 《毛泽东选集》第 4 卷，第 1359 页。
④ 中央档案馆编：《中共中央文件选集》第 18 册，中共中央党校出版社 1992 年版，第 21 页。

为迅速商定政治协商会议的程序问题，周恩来代表中共中央起草了《关于召开新的政治协商会议诸问题（草案）》，包括应成立一个筹备会负责新政协的筹备和召集，以及新政协成立的时间和地点、应讨论的事项、新政协的参加单位等内容。章伯钧和蔡廷锴提出，新政协即等于临时人民代表会议，即可产生临时中央政府。这个重要意见为中共中央所采纳："依据目前形势的发展，临时中央人民政府有很大可能不需经全国临时人民代表会议即径由新政协会议产生。"并特别强调："应多邀请一些尚能与我们合作的中间人士，甚至个别的中间偏右乃至本来与统治阶级有联系而现在可能影响他拥护联合政府的分子，以扩大统战面。"①

1948 年 11 月 25 日，中共代表高岗、李富春与在哈尔滨的民主人士就新政协问题达成如下协议：新政协筹备会由 23 个单位的代表组成；筹备会的任务为负责邀请参加新政协的各方代表人物、起草文件和召集新政协正式会议；筹备会组织条例由中共起草，俟筹备会开会时正式通过；筹备会会址预定为哈尔滨。关于新政协参加范围及任务，决定：第一，新政协的参加范围，由反对帝国主义侵略、反对国民党反动统治、反对封建主义和官僚资本主义压迫的各民主党派、各人民团体及无党派民主人士的代表组成，南京反动政府系统下的一切反动党派及反动分子必须排除，不许参加；第二，新政协举行时间在 1949 年，具体时间及地点由筹备会决定；第三，新政协应讨论和实现的问题是共同纲领的制定和中华人民共和国中央人民政府的建立。②

1949 年元旦，蒋介石发表文告，宣称愿意与中共进行和平谈判并提出了保存宪法、法统、军队等条件。毛泽东在为新华社撰写

① 《中央关于新政协代表中应多邀请中间人士给高岗、李富春的指示》，《中共中央解放战争时期统一战线文件选编》，第 219 页。

② 童小鹏：《风雨四十年》第 2 部，华文出版社 2006 年版，第 9 页。

的新年献词中指出，必须"用革命的方法，坚决彻底干净全部地消灭一切反动势力，不动摇地坚持打倒帝国主义，打倒封建主义，打倒官僚资本主义，在全国范围内推翻国民党的反动统治，在全国范围内建立无产阶级领导的以工农联盟为主体的人民民主专政的共和国"。① 1 月 14 日，毛泽东发表声明，提出与国民党进行和谈的八项条件，得到了各民主党派的拥护。

中共中央关于构建新中国的设想，得到了苏共中央和斯大林的支持。毛泽东曾于 1947 年初和 1948 年 4 月两次提出准备访问苏联，斯大林出于对战争发展和毛泽东途中安全的考虑，建议毛泽东推迟访苏，表示将派一名政治局委员作为全权代表来听取毛泽东的意见。斯大林与毛泽东还在电报中讨论了成立民主联合政府的时机问题。斯大林提出，中共一俟北平解放，应立即召开政治协商会议和建立民主联合政府，时间当在 1949 年夏季之前。毛泽东基本同意斯大林的意见，但认为在占领南京、武汉、上海等城市后更为适宜，表示有把握在秋天或冬季完成此事。②

1949 年 1 月 31 日至 2 月 7 日，苏共政治局委员米高扬受斯大林委托访问西柏坡，毛泽东围绕夺取全国胜利和建立新中国问题，向他系统阐述了中共的立场和看法。第一，新政权的性质，是在工农联盟基础上的人民民主专政，它的实质就是无产阶级专政。对中国来说，称人民民主专政更合适。它是由各党各派、社会知名人士参加的民主联合政府，但名义上不这样叫。国家政权的领导权是掌握在中国共产党的手里，这是确定不移的。新政权建立后，中国共产党是核心，同时要不断加强和扩展统一战线。第二，国家一解放，接踵而来的任务就是恢复生产和经济建设。战争一旦结束，我们不但要恢复生产，而且要建设崭新的、现代

---

① 《毛泽东选集》第 4 卷，第 1375 页。

② 《俄罗斯公布的一九四九年一月毛泽东与斯大林的一组往来函电》，王福增译，《党的文献》2013 年第 5 期。

化的、强大的国民经济。为此，必须要有正确的政策。当前的迫切任务是解决人民的衣食住问题和安排生产建设问题。国家建设的课题对于我们来说是生疏的，但是可以学会的。苏联走过的道路可资借鉴。第三，目前我们的军事力量发展得很快，青年们踊跃参军，加上大批大批地收容和改造俘虏，缴获的武器、物资也不少。解放军本身也需要逐步现代化。将来中国无须维持过于庞大的兵力，而应实行寓兵于民的方针。第四，我们这个国家，它的屋内太脏了，解放后必须好好加以整顿。等屋内打扫清洁，有了秩序，再请客人进来。我们的真正朋友可以早点进来，也可以帮助我们做点清理工作，但别的客人得等一等，暂时还不能让他们进门。第五，中国是多民族的国家，我们提倡各民族互相团结、互相友爱、互相合作，共同建国。目前主要是反对大汉族主义，同时也要反对地方民族主义，这两者是妨碍破坏民族团结、共同发展的祸根子。①

　　1949 年 3 月，中共在河北平山县西柏坡召开七届二中全会。这次会议的任务包括：分析目前形势和规定党的任务，通过准备提交政治协商会议的共同纲领草案，通过组成中央政府的主要成分的草案，批准军事计划，决定经济建设方针，决定外交政策等。毛泽东的报告提出了消灭国民党残余部队、迅速夺取民主革命在全国胜利的方针，要求在全国胜利的局面下必须把党的工作重心由乡村移到城市，还阐述了新中国在政治、经济、外交等方面的基本政策，指出由新民主主义社会转变为社会主义社会的总的任务和主要途径，提醒全党要警惕糖衣炮弹的攻击，自觉抵制资产阶级思想的腐蚀。他郑重宣布："召集政治协商会议和成立民主联合政府的一切条件，均已成熟。一切民主党派、人民团体和无党派民主人士都站在我们方面。""我们希望四月或五月占领南京，然后在北平召集

---

① 李海文整理：《在历史巨人身边：师哲回忆录》（修订本），中央文献出版社1995 年版，第 376—383 页。

政治协商会议，成立联合政府，并定都北平。"①

即将诞生的新中国是什么性质的国家？各阶级各党派在新的国家政权中的地位、作用及其相互关系如何？这个国家的基本政纲是怎样的？这些都是全国人民最为关注的大事。毛泽东和中共中央对即将成立的新中国国体和政体作了认真探索，逐步形成了人民民主专政理论。

所谓国体，指国家性质，或国家的阶级本质，即社会各阶级在国家生活中的地位和作用。所谓政体，指的是政权构成的形式问题："指的是一定的社会阶级取何种形式去组织那反对敌人保护自己的政权机关。没有适当形式的政权机关，就不能代表国家。"②国体与政体是相互联系和相互区别的统一体。国体是国家的性质即国家的阶级属性，它是根本性的、决定性的；政体是具体的政权组织形式，必须与国体相适应，从属于国体并为国体服务。在经济生活领域中居于主导地位的阶级，总是控制或者掌握着国家政权，处于统治者或者领导者地位；而社会中的其他阶级，或处于被统治者或被领导者地位。在中国革命的不同阶段，受国内主要矛盾、政治形势和革命任务及对中国革命特点和规律认识水平的制约，中共的建国构想被赋予了不同内涵，并且突出地表现在对于国家政权性质的主张和要求上。

中共成立前后，早期共产党人主张建立无产阶级专政和苏俄式的苏维埃国家政权，中共二大认识到中国并不具备建立无产阶级专政的条件后，提出了自己在民主革命阶段的最低纲领，就是要通过国民革命建立资产阶级性质的民主共和国。在土地革命战争中，中共在根据地创建起工农民主专政的政权，完全搬用了俄国苏维埃的组织模式。全面抗战时期，中共提出了民主共和国口号，逐渐形成了新民主主义共和国方案。中共所要创建的新中国，既不是旧的资

---

① 《毛泽东选集》第 4 卷，第 1435、1436 页。
② 《毛泽东选集》第 2 卷，人民出版社 1991 年版，第 677 页。

产阶级共和国，也不是苏联式的社会主义共和国，而是新民主主义共和国。这种思想，毛泽东在 1940 年 1 月发表的《新民主主义论》中已经作了阐述。他指出："这个国体问题，从前清末年起，闹了几十年还没有闹清楚。其实，它只是指的一个问题，就是社会各阶级在国家中的地位。资产阶级总是隐瞒这种阶级地位，而用'国民'的名词达到其一阶级专政的实际。这种隐瞒，对于革命的人民，毫无利益，应该为之清楚地指明。'国民'这个名词是可用的，但是国民不包括反革命分子，不包括汉奸。一切革命的阶级对于反革命汉奸们的专政，这就是我们现在所要的国家。"他还指出："国体——各革命阶级联合专政。政体——民主集中制。这就是新民主主义的政治，这就是新民主主义的共和国，这就是抗日统一战线的共和国，这就是三大政策的新三民主义的共和国，这就是名副其实的中华民国。"①

1947 年 2 月，毛泽东在《迎接中国革命的新高潮》中谈到人民民主统一战线的构成，"包括工人、农民、城市小资产阶级、民族资产阶级、开明绅士、其他爱国分子、少数民族和海外华侨在内"。② 他已经明白无误地将地主阶级、大资产阶级从民主统一战线中剔除出去，地主阶级、大资产阶级已经从抗战时期同盟者成了目前的革命对象。

1948 年 1 月 18 日，中共中央发布《关于目前党的政策中的几个重要问题》的决定，对新民主主义国家的政权性质和组织形式问题作出原则性规定。该决定中有关国体的表述是"新民主主义的政权是工人阶级领导的人民大众的反帝反封建的政权"。有关政体的表述是"中华人民共和国的权力机关是各级人民代表大会及其选出的各级政府"。决定特别说明，所谓人民大众，包括工人阶级、农民阶级、城市小资产阶级、官僚资产阶级和民族资产阶级，

① 《毛泽东选集》第 2 卷，第 676、677 页。
② 《毛泽东选集》第 4 卷，第 1213 页。

而以工人、农民和其他劳动人民为主体。这个人民大众组成自己的国家并建立代表国家的政府，工人阶级经过自己的先锋队中国共产党实现对于国家及其政府的领导。① 这是中共中央第一次在正式文件中对未来的国体和政体作出定义，尔后围绕国体、政体问题所作的解释和阐发，都是循着这个思路进行的。

1948 年 2 月 15 日，中共中央制定的《关于土地改革中各社会阶级的划分及其待遇的规定（草案）》完稿，毛泽东作了重要的修改。文件依据与生产资料关系的不同，将中国社会的阶级分为五个主要的部分，即无产阶级，农民，农民以外的独立劳动者如手工业劳动者、自由职业者、小商贩等，自由资产阶级，地主阶级、官僚资产阶级和旧式富农，并逐一分析了他们在新民主主义革命中的历史角色及其在未来国家的地位。在新民主主义的国家中，无产阶级、农民、独立劳动者构成了人民的主体，无产阶级处于领导阶级的地位，自由资产阶级也属于人民的一部分，而地主阶级、官僚资产阶级和旧式富农，则是应该被消灭的阶级。

1948 年 6 月 1 日，中宣部为重印《共产主义运动中的"左派"幼稚病》第二章所写的前言中，提出了"人民民主专政"概念："今天在我们中国，则不是建立无产阶级专政，而是建立人民民主专政。这种人民民主专政的内容和无产阶级专政的内容的历史区别，就是：我们的人民民主专政是无产阶级领导的、人民大众的、反帝反封建反官僚资本的新民主主义革命，这种革命的社会性质，不是推翻一般资本主义，乃是建立新民主主义的社会，建立各个革命阶级联合专政的国家；而无产阶级专政则是推翻资本主义，建设社会主义。"② 这段文字强调了人民民主专政与无产阶级专政的区别，认定它们属于不同社会发展阶段。

毛泽东在随后召开的中央政治局九月会议上明确肯定了这个新

---

① 《毛泽东选集》第 4 卷，第 1272 页。
② 中央档案馆编《中共中央文件选集》第 17 册，第 190 页。

提法。他在讲话中指出，新中国将是"无产阶级领导的以工农联盟为基础的人民民主专政"。"我们政权的阶级性是这样：无产阶级领导的，以工农联盟为基础，但不是仅仅工农，还有资产阶级民主分子参加的人民民主专政。"①

1948 年 9 月，毛泽东在中共中央政治局会议上的报告中提出了"人民民主专政"概念，并对其作了初步阐述。他认为"'中间路线'、'第三方面'的主张行不通"，但可以与他们合作。他强调："我们采用民主集中制，而不采用资产阶级议会制。议会制，袁世凯、曹锟都搞过，已经臭了。在中国采取民主集中制是很合适的。"② 同年 12 月，毛泽东在《将革命进行到底》一文中，再次公开使用"人民民主专政"概念。他说：如果要使革命进行到底，那就是用革命的方法，坚决彻底干净全部地消灭一切反动势力，"在全国范围内推翻国民党的反动统治，在全国范围内建立无产阶级领导的以工农联盟为主体的人民民主专政的共和国"。③

1949 年 1 月，毛泽东与米高扬谈及新中国政权性质时说，"未来政府的性质，是无产阶级领导的以工农联盟为基础的人民专政"；"无产阶级通过共产党实施领导。人民专政的基础是工农联盟，因为工农占中国民众的 90%。这个专政反对帝国主义和官僚资本主义，反对中国人民的一切敌人"。④ "这样的制度能保证对人民民主和对地主、官僚资本和帝国主义者的专政。我们把这种制度叫作无产阶级通过其先锋队共产党领导的以工农联盟为基础的新民主主义的制度。"⑤ 在工农联盟基础上的人民民主专政，"究其实质

　　① 《毛泽东文集》第 5 卷，第 135 页。
　　② 《毛泽东文集》第 5 卷，第 135—136 页。
　　③ 《毛泽东选集》第 4 卷，第 1375 页。
　　④ 《俄罗斯公布的一九四九年初毛泽东与米高扬的会谈记录》（上），王福增译，《党的文献》2014 年第 2 期。
　　⑤ 《俄罗斯公布的一九四九年初毛泽东与米高扬的会谈记录》（下），王福增译，《党的文献》2014 年第 3 期。

就是无产阶级专政"，不过对我们这个国家来说，称为人民民主专政更为合适，更为合情合理。虽然政府的组织形式与苏联、东欧国家有所不同，但其性质与宗旨仍然是在共产党领导下的，将来的目标是实现社会主义和共产主义。①

1949年3月，毛泽东在中共七届二中全会上明确提出，要建立和巩固无产阶级领导的以工农联盟为基础的人民民主专政，"无产阶级领导的以工农联盟为基础的人民民主专政，要求我们党去认真地团结全体工人阶级、全体农民阶级和广大的革命知识分子，这些是这个专政的领导力量和基础力量……同时也要求我们党去团结尽可能多的能够同我们合作的城市小资产阶级和民族资产阶级的代表人物，它们的知识分子和政治派别，以便在革命时期使反革命势力陷于孤立，彻底地打倒国内的反革命势力和帝国主义势力"。②

中共党内一直负责立法工作的董必武，则较早地论述了人民民主专政条件下民主与专政的关系。1948年10月，董必武在人民政权研究会上作了《论新民主主义政权问题》讲话，称新民主主义的国家政权，"实质就是无产阶级领导的，工农联盟为基础的人民民主专政"。他说，很多人总不喜欢专政这个名词，而在革命时期，反革命不镇压下去，革命秩序就建立不起来，就难以发扬人民民主。对什么人专政？对反动阶级专政，对反人民的反动派专政。对什么人民主？对工人阶级、农民阶级、民主爱国人士实行民主。有很多人对民主与专政这两个名词弄不清，以为有民主即不能专政，有专政就不能民主。他们不懂得专政与民主的关系，机械地了解民主，也机械地了解专政。③

毛泽东在1949年1月的中央政治局会议上就人民民主专政的专政职能表达了相同的看法：人民民主专政也是独裁，人民民主独

---

① 《在历史巨人身边：师哲回忆录》（修订本），第376—377页。
② 《毛泽东选集》第4卷，第1436—1437页。
③ 《董必武选集》，人民出版社1985年版，第214—215页。

裁，即以其人之道还治其人之身。人民内部是民主，对敌人是独
裁。他特别指出，对这个问题宣传得不够，甚至党内也有人弄不
清，一听独裁就脸红，其实独裁是对敌人，对一切反革命分子阶
层、集团、党派。这是基本问题，必须讲清。讲清就有主动权，否
则就没有主动权，没有道理好讲。① 这个观点在毛泽东所写的《论
人民民主专政》中，得到了更为透彻的说明。

　　1949 年 6 月 30 日，毛泽东发表《论人民民主专政》一文。毛
泽东运用辩证唯物主义观点，根据马克思列宁主义的国家学说，总
结了近代以来中国革命的历史经验，阐明了建立人民民主专政国家
的历史必然性，论述了人民民主专政的一系列根本问题。他指出，
中国新民主主义革命胜利后建立起来的国家，只能是工人阶级领导
的以工农联盟为基础的人民民主专政的国家，而不能是资产阶级共
和国。这是因为，1840 年鸦片战争失败以后，先进的中国人经过
千辛万苦，向西方寻找救国救民的真理，但不管是提倡"废科举，
兴新学"的康有为、严复，还是致力于建立资产阶级共和国的孙
中山，"一切别的东西都试过了，都失败了"，"西方资产阶级的文
明，资产阶级的民主主义，资产阶级共和国的方案，在中国人民的
心目中，一齐破了产"。中国革命是工人阶级领导的新民主主义革
命，新民主主义革命的胜利，必然是"资产阶级的民主主义让位
给工人阶级领导的人民民主主义，资产阶级共和国让位给人民共和
国"。② 因此，毛泽东明确强调："总结我们的经验，集中到一点，
就是工人阶级（经过共产党）领导的以工农联盟为基础的人民民
主专政。这个专政必须和国际革命力量团结一致。这就是我们的公
式，这就是我们的主要经验，这就是我们的主要纲领。"③

　　什么是人民民主专政？人民民主专政是人民民主和人民对极少

---

① 胡乔木：《胡乔木回忆毛泽东》，第 542 页。
② 《毛泽东选集》第 4 卷，第 1471 页。
③ 《毛泽东选集》第 4 卷，第 1480 页。

数敌对分子进行专政的统一，是新型民主和新型专政的结合。在人民内部实行民主是实现对敌人专政的前提和基础；对敌人实行专政是人民民主的有力保障。人民民主的实质就是社会上绝大多数人享有管理国家和社会的一切权力，就是人民当家作主。毛泽东指出："中国人民在几十年中积累起来的一切经验，都叫我们实行人民民主专政，或曰人民民主独裁，总之是一样，就是剥夺反动派的发言权，只让人民有发言权。"①

在毛泽东的人民民主专政理论中，"人民""民主""专政"是三个关键性概念，必须进行科学界定。既然未来的新民主主义国家是工人阶级领导的人民大众的国家，人民大众将是新中国的主人，那么"人民"概念的内涵就具有了重要的意义。对此，毛泽东多次加以解释和厘清。他在为中共中央起草的一个党内指示中指出："中国现阶段革命的性质，是无产阶级领导的、人民大众的、反对帝国主义、反对封建主义和反对官僚资本主义的革命。所谓人民大众，是指一切被帝国主义、封建主义、官僚资本主义所压迫、损害或限制的人们，也即是一九四七年十月中国人民解放军宣言上明确地指出的工、农、兵、学、商和其他一切爱国人士。在宣言上所说的'学'，即是指一切受迫害、受限制的知识分子。所说的'商'，即是指一切受迫害、受限制的民族资产阶级，即中小资产阶级。所说的'其他爱国人士'，则主要地是指的开明绅士。现阶段的中国革命，即是由这些人们团结起来，组成反帝、反封建、反官僚资本主义的统一战线，而又以劳动人民为主体的革命。所谓劳动人民，是指一切体力劳动者（如工人、农民、手工业者等）以及和体力劳动者相近的、不剥削人而又受人剥削的脑力劳动者。中国现阶段革命的目的，是在推翻帝国主义、封建主义、官僚资本主义的统治，建立一个以劳动者为主体的、人民大众的新民主主义共

---

① 《毛泽东选集》第 4 卷，第 1475 页。

和国，不是一般地消灭资本主义。"①

由此可见，"人民大众"与"劳动人民"是两个层次不同的概念。其中的差别在于：对外看，受帝国主义、封建主义、官僚资本主义压迫、损害、限制的程度不同；在人民内部，对其他阶级是否存在剥削关系。"劳动人民"主要指工人、农民、手工业者和知识分子，"劳动人民"加上中小资产阶级即构成了"人民大众"。毛泽东在晋绥干部会议上的讲话中指出，由无产阶级领导的新民主主义革命，"参加这个革命的人们所组成的统一战线是十分广大的，这里包括了工人、农民、独立劳动者、自由职业者、知识分子、民族资产阶级以及从地主阶级分裂出来的一部分开明绅士，这就是我们所说的人民大众。由这个人民大众所建立的国家和政府，就是中华人民共和国和无产阶级领导的各民主阶级联盟的民主联合政府"。②"人民大众"的范围又有所扩大，把从地主阶级分裂出来的开明绅士包括了进来，这个概念在可能的条件下已经具有了最大的包容性。至此，"人民"的概念已经逐渐清晰。

毛泽东在《论人民民主专政》对"人民"概念作了明确界定："在中国，在现阶段，是工人阶级，农民阶级，城市小资产阶级和民族资产阶级。这些阶级在工人阶级和共产党的领导之下，团结起来，组成自己的国家，选举自己的政府，向着帝国主义的走狗即地主阶级和官僚资产阶级以及代表这些阶级的国民党反动派及其帮凶们实行专政，实行独裁，压迫这些人，只许他们规规矩矩，不许他们乱说乱动。如要乱说乱动，立即取缔，予以制裁。对于人民内部，则实行民主制度，人民有言论集会结社等项的自由权。选举权，只给人民，不给反动派。这两方面，对人民内部的民主方面和对反动派的专政方面，互相结合起来，就是人民民主专政。"③

---

① 《毛泽东选集》第4卷，第1287—1288页。
② 《毛泽东选集》第4卷，第1313页。
③ 《毛泽东选集》第4卷，第1475页。

人民民主专政的基础是工人阶级、农民阶级和城市小资产阶级的联盟，而主要是工人阶级和农民阶级的联盟，因为这两个阶级占了中国人口的 80%—90%。人民民主专政需要工人阶级的领导，因为只有工人阶级最有远见，大公无私，最富有革命的彻底性。民族资产阶级不能充当革命的领导者，也不应当在国家政权中占主要地位，但是中共团结和争取的对象。毛泽东特别阐明在新民主主义共和国里，团结民族资产阶级的必要性。他指出："为了对付帝国主义的压迫，为了使落后的经济地位提高一步，中国必须利用一切于国计民生有利而不是有害的城乡资本主义因素，团结民族资产阶级，共同奋斗。我们现在的方针是节制资本主义，而不是消灭资本主义。"①

那么，即将建立的民主联合政府与人民民主专政是什么关系，两者是不是矛盾的？《群众》周刊上的文章回答："有人不了解为什么一定要建立人民民主革命专政，才能彻底扫灭封建地主官僚资产阶级反革命专政。他们居然这样设问：你们中共不是一向主张建立民主联合政府吗？为什么现在忽然又建立人民民主专政了？意思之间，好像有了人民民主专政，就不能再有民主联合政府。这显然是把人民民主专政与民主联合政府，看成是两个互不相容的矛盾体。这完全是一个误解，因为在实际上，人民民主专政与民主联合政府，只是一个东西的两面，或者只是一个政府的两种说法。当我们说民主联合政府的时候，指的是这个政府并不是一个党与一个阶级的政府，而是各民主党派、各人民团体、各界民主人士、国内少数民族和海外华侨，在共同纲领的基础上，根据民主原则，所组织起来的联合政府，亦即民主统一战线政府。当我们说人民民主专政的时候，指的是这个民主联合政府，包含有两方面意义，即是对人民内部的民主方面和对反动派的专政方面，而这两方面意义，决非互不相容，而是可以并且必须互相结合起来的。因为只有这两者互

---

① 《毛泽东选集》第 4 卷，第 1479 页。

相结合起来，建成人民民主专政，才能有效战胜敌人和建设成新民主中国。"①

人民民主专政既与资产阶级专政有着根本区别，也不完全与无产阶级专政相同。人民民主专政理论的确立，是以毛泽东为代表的中国共产党人对创建新中国作出的重大贡献。作为体现"人民是新社会新国家的主人"的一种民主形式，它带有鲜明的中国特色，堪称马克思主义国家学说与中国具体国情相结合的产物。

毛泽东的《论人民民主专政》一文，全面总结了中国革命斗争的历史经验，集中地反映了中国共产党关于建立新中国的政治主张。毛泽东根据中国革命的经验和情况，创造性地运用和发展了马克思列宁主义的国家学说，奠定了人民民主专政的理论基础和政策基础，为中华人民共和国的建立作了理论上和政策上的准备。该文的发表，标志着中国共产党"人民民主专政理论"正式形成，也表明新中国的国体问题得到了根本解决，为起草《共同纲领》提供了理论和政策上的指导。

1949 年 6 月 15 日，新政协筹备会在北平成立。由周恩来担任组长的第三小组负责共同纲领的起草，并将《新民主主义的共同纲领》改名为《中国人民政治协商会议共同纲领》。8 月 13 日，黄绍竑等 44 位民主人士联名发表《我们对于现阶段中国革命的认识与主张》，表示拥护中国共产党的领导，赞同建立工人阶级领导的以工农联盟为基础的人民民主专政的国家。② 9 月 29 日，《大公报》发表社论说："中国人民所要建立的新的国家制度，必须是以工人阶级为领导的，以工农联盟为基础的，团结各民主阶级和国内各民族的人民民主专政的国家制度。有了这个国家制度，我们就能够保障中国人民民主革命胜利的伟大成果；有了这个国家制度，我们就

---

① 华岗：《从封建地主官僚资产阶级专政到人民民主专政》，《群众》第 3 卷第 29 期，1949 年 7 月 14 日。

② 黄绍竑等：《我们对于现阶段中国革命的认识与主张》，《中华人民共和国开国文选》，中央文献出版社 1999 年版，第 154 页。

有力量随时击碎帝国主义、封建主义、官僚资本主义及一切反动势力在中国企图复辟的阴谋。"①

1949 年 9 月，经过充分的讨论、协商，中国人民政治协商会议第一届全体会议通过的《共同纲领》规定："中国人民民主专政是中国工人阶级、农民阶级、小资产阶级、民族资产阶级及其他爱国民主分子的人民民主统一战线的政权"。"中华人民共和国为新民主主义即人民民主主义的国家，实行工人阶级领导的，以工农联盟为基础的、团结各民主阶级和国内各民族的人民民主专政。"②这就用国家根本大法的方式，确立了人民民主专政是中国的根本国家制度，是新中国的国体。《共同纲领》是全国人民意志和利益的集中体现，是革命斗争经验的总结，也是新中国在相当长时期内的施政准则。它得到了全国人民的拥护，"是目前时期全国人民的大宪章"。③

1949 年 9 月 21 日，中国人民政治协商会议第一届全体会议在中南海怀仁堂开幕。毛泽东在开幕词中特别提到了三年前召开的旧政协："那次会议的结果是被蒋介石国民党及其帮凶们破坏了，但是已在人民中留下了不可磨灭的印象。那次会议证明，和帝国主义的走狗蒋介石国民党及其帮凶们一道，是不能解决任何有利于人民的任务的。即使勉强地做了决议也是无益的，一待时机成熟他们就要撕毁一切决议，并以残酷的战争反对人民。"他强调说："现在的中国人民政治协商会议是在完全新的基础之上召开的，它具有代表全国人民的性质，它获得全国人民的信任和拥护。因此，中国人民政治协商会议宣布自己执行全国人民代表大会的职权。"④ 会议通过了《中国人民政治协商会议共同纲领》、《中国人民政治协商

---

① 社论：《旧中国灭亡了，新中国诞生了》，《大公报》1949 年 9 月 29 日。
② 《中国人民政治协商会议共同纲领》，《人民日报》1949 年 9 月 30 日，第 2 版。
③ 中共中央文献研究室编，刘崇文、陈绍畴主编：《刘少奇年谱（1898—1969）》下卷，第 225 页。
④ 《毛泽东文集》第 5 卷，第 342—343 页。

会议组织法》和《中华人民共和国中央人民政府组织法》等重要文件，选举了以毛泽东为主席的中央人民政府。10 月 1 日，毛泽东向全世界宣告中华人民共和国中央人民政府成立，并"接受中国人民政治协商会议共同纲领为本政府的施政方针"。中华人民共和国中央人民政府的成立，标志着中国共产党正式完成了新中国的建构使命，中国新民主主义革命取得了最后胜利，中国历史进入了崭新的历史时期。

主要参考文献

一　主要征引文献

艾思奇：《艾思奇文集》，人民出版社 1981 年版。

蔡鸿源主编：《民国法规集成》，黄山书社 1999 年版。

蔡尚思主编：《中国现代思想史资料简编》，浙江人民出版社 1982 年版。

陈序经：《中国文化的出路》，商务印书馆 1934 年版。

陈学恂主编：《中国近代教育史教学参考资料》，人民教育出版社 1986 年版。

重庆市政协文史资料研究委员会、中共重庆市委党校编：《政治协商会议纪实》上下卷，重庆出版社 1989 年版。

丁守和主编：《中国近代启蒙思潮》，社会科学文献出版社 1999 年版。

杜元载主编：《革命文献》第 53、55、56、58、60 辑，（台北）中国国民党中央党史史料编撰委员会 1970 年版。

冯友兰：《三松堂自序》，生活·读书·新知三联书店 1984 年版。

傅斯年：《傅斯年全集》，台北，联经出版事业公司 1980 年版。

高平叔主编：《蔡元培年谱长编》，人民教育出版社 1999 年版。

葛懋春等编：《胡适哲学思想资料选》，华东师范大学出版社1981年版。

耿云志等编：《胡适书信集（1907—1933）》，北京大学出版社1996年版。

耿云志主编：《胡适遗稿及秘藏书信》，黄山书社1994年版。

公安部档案馆编注：《在蒋介石身边八年——侍从室高级幕僚唐纵日记》，群众出版社1991年版。

顾颉刚：《古史辨》第1册，北京朴社1926年版。

郭湛波：《近五十年中国思想史》，北平人文出版社1935年版。

何廉：《何廉回忆录》，中国文史出版社1988年版。

贺麟：《文化与人生》，商务印书馆1947年版。

蒋梦麟：《西潮·新潮》，岳麓书社1991年版。

金毓黻：《静晤室日记》，辽沈书社1993年版。

李维武编：《徐复观文集》，湖北人民出版社2002年版。

梁漱溟：《梁漱溟全集》，山东人民出版社1989年版。

梁漱溟：《中国文化要义》，三联书店香港分店1987年版。

罗荣渠主编：《从西化到现代化》，北京大学出版社1990年版。

马寅初：《论官僚资本》，（广州）综合出版社1946年版。

彭明主编：《中国现代史资料选辑》，中国人民大学出版社1987—1990年版。

钱穆：《八十忆双亲·师友杂忆》，生活·读书·新知三联书店1998年版。

钱玄同：《钱玄同文集》，中国人民大学出版社1999年版。

秦孝仪主编：《中华民国经济发展史》，台北，近代中国出版社1983年版。

秦孝仪主编：《总统蒋公思想言论总集》，台北，中国国民党中央委员会党史委员会1984年编印本。

荣孟源主编：《中国国民党历次全国代表大会及中央全会资料》，光明日报出版社1985年版。

沈志华编：《苏联历史档案选编》，社会科学文献出版社 2002 年版。

沈志华、杨奎松编：《美国对华情报解密档案（1948—1976）》，东方出版中心 2009 年版。

师哲：《在历史巨人身边——师哲回忆录》，中央文献出版社 1995 年版。

四川大学马列主义教研室编：《重庆谈判资料》，四川人民出版社 1980 年版。

四川大学马列主义教研室中共党史科研组选编：《政治协商会议资料》，四川人民出版社 1981 年版。

王世杰：《王世杰日记》，台北，中研院近代史研究所 1990 年影印本。

吴宓：《吴宓日记》，生活・读书・新知三联书店 1998 年版。

熊十力：《十力语要》，中华书局 1996 年版。

杨深编：《走出东方——陈序经文化论著辑要》，中国广播电视出版社 1995 年版。

俞仲久编，吴经熊校：《宪法文选》，上海法学编译社 1936 年版。

张东荪：《思想与社会》，上海商务印书馆 1946 年版。

张东荪：《知识与文化》，上海商务印书馆 1946 年版。

张静庐辑：《中国近代出版史料初编》，《中国近代出版史料二编》，中华书局 1957 年版。

张其昀主编：《先总统蒋公全集》，台北，中国文化大学华学术院 1986 年编印。

张奚若：《张奚若文集》，清华大学出版社 1989 年版。

章太炎：《章太炎全集》，上海人民出版社 1982—1986 年版。

《中共党史教学参考资料》，人民出版社 1979 年版。

中共中央书记处编：《六大以来》，人民出版社 1980 年版。

中共中央文献研究室编：《刘少奇论新中国经济建设》，中央文献出版社 1993 年版。

中共中央文献研究室、中央档案馆编：《建党以来重要文献选编(1921—1949)》，中央文献出版社 2011 年版。

中共重庆市委党史工作委员会编：《重庆谈判纪实》，重庆出版社 1983 年版。

中国蔡元培研究会编：《蔡元培全集》，浙江教育出版社 1997 年版。

中国第二历史档案馆：《中国民主社会党》，档案出版社 1988 年版。

中国民主建国会中央委员会宣传部编：《中国民主建国会历史文献选编》，书目文献出版社 1992 年版。

中国民主同盟文史委员会编：《我与民盟：中国民主同盟成立 50 周年纪念文集》，群言出版社 1991 年版。

中国民主政团同盟中央文史资料委员会编：《中国民主同盟历史文献》，文史资料出版社 1983 年版。

中国社会科学院近代史研究所编：《胡适来往书信选》，中华书局 1979 年版。

中国文化建设协会编：《十年来的中国》，商务印书馆 1937 年版。

中央档案馆编：《中共中央文件选集》，中共中央党校出版社 1989—1992 年版。

中央统战部、中央档案馆编：《中共中央解放战争时期统一战线文件选编》，档案出版社 1988 年版。

中央统战部、中央档案馆编：《中共中央抗日民族统一战线文件选编》，档案出版社 1986 年版。

二 相关论著举要

曹聚仁：《中国学术思想史随笔》，生活·读书·新知三联书店 1986 年版。

曹锡仁：《中西文化比较导论》，中国青年出版社 1992 年版。

陈来：《现代中国哲学的追寻》，人民出版社 2001 年版。

陈平原：《北大精神及其他》，上海文艺出版社 2000 年版。

陈启天：《近代中国教育史》，中华书局 1930 年版。

陈茹玄：《增订中国宪法史》，世界书局 1947 年版。

陈少明：《汉宋学术与现代思潮》，广东人民出版社 1995 年版。

陈先初：《精神自由与民族复兴——张君劢思想综论》，湖南教育出版社 1999 年版。

陈旭麓：《近代中国的新陈代谢》，上海人民出版社 1992 年版。

陈祖武：《中国学案史》，台北，文津出版社 1994 年版。

邓野：《联合政府与一党训政：1944—1946 年间的国共政争》，社会科学文献出版社 2003 年版。

丁伟志、陈菘：《中西体用之间》，中国社会科学出版社 1995 年版。

杜维明：《儒家传统的现代转化》，中国广播电视出版社 1993 年版。

方汉奇：《中国近代报刊史》，山西人民出版社 1981 年版。

方克立：《现代新儒家与中国现代化》，天津人民出版社 1997 年版。

方庆秋：《中国民主社会党》，档案出版社 1988 年版。

冯友兰：《三松堂全集》，河南人民出版社 2000 年版。

冯友兰：《中国哲学史》（上下册），中华书局 1963 年版。

耿云志：《近代思想文化论集》，中国社会科学出版社 2013 年版。

耿云志：《近代中国文化转型研究导论》，四川人民出版社 2008 年版。

耿云志主编：《西方民主在近代中国》，中国青年出版社 2003 年版。

龚书铎：《近代中国与文化抉择》，北京师范大学出版社 1993 年版。

〔日〕沟口雄三：《中国前近代思想之曲折与展开》，陈耀文译，上海人民出版社 1997 年版。

〔美〕郭颖颐：《中国现代思想中的唯科学主义（1900—1950)》，雷颐译，江苏人民出版社 1995 年版。

贺麟：《近代唯心论简释》，重庆独立出版社 1943 年版。

贺麟：《文化与人生》，商务印书馆 1947 年版。

胡逢祥：《社会变革与文化传统》，上海人民出版社 2000 年版。

胡佛、周阳山等：《中华民国宪法与立国精神》，台北，三民书局 2000 年版。

黄见德等：《西方哲学东渐史》，武汉出版社 1991 年版。

黄文山：《文化学体系》，台北，中华书局 1986 年版。

黄兴涛：《重塑中华：近代中国的中华民族观念研究》，北京师范大学出版社 2017 年版。

江沛：《战国策派思潮研究》，天津人民出版社 2001 年版。

姜平：《中国民主党派史》，武汉大学出版社 1987 年版。

蒋匀田：《中国近代史转折点》，香港友联出版社 1976 年版。

金冲及：《转折年代——中国的 1947 年》，生活·读书·新知三联书店 2002 年版。

金耀基：《从传统到现代》，中国人民大学出版社 1999 年版。

金耀基：《中国现代化与知识分子》，台北，时报文化出版事业有限公司 1977 年版。

〔日〕菊池贵晴：《中国第三势力史论》，天津人民出版社 1991 年版。

李家驹：《商务印书馆与近代知识文化的传播》，商务印书馆 2005 年版。

李起民：《中国民主党派史稿》，四川人民出版社 1988 年版。

李仁渊：《晚清的新式传播媒体与知识分子》，台北，稻乡出版社 2005 年版。

李申：《中国儒教史》，上海人民出版社 2000 年版。

李双碧：《从经世到启蒙——近代变革思想的历史考察》，中国展望出版社 1992 年版。

李喜所等：《近代中国的留美教育》，天津古籍出版社 2000 年版。

李泽厚：《中国近代思想史论》，人民出版社 1979 年版。

李泽厚：《中国现代思想史论》，东方出版社 1986 年版。

李仲明：《抗日战争时期的中国文化》，团结出版社 2015 年版。

林毓生：《中国传统的创造性转化》，生活·读书·新知三联书店 1996 年版。

林毓生：《中国意识的危机》，贵州人民出版社 1988 年版。

刘大椿：《新学苦旅——科学·社会·文化的大撞击》，江西高校出版社 1995 年版。

刘统：《中国的 1948 年：两种命运的决战》，生活·读书·新知三联书店 2006 年版。

刘增杰：《中国现代文学思潮研究》，河南大学出版社 1996 年版。

柳诒徵：《中国文化史》，正中书局 1947 年版。

罗荣渠等编：《中国现代化历程的探索》，北京大学出版社 1992 年版。

罗志田：《国家与学术：清季民初关于"国学"的思想论争》，生活·读书·新知三联书店 2003 年版。

罗志田：《权势转移——近代中国的思想、社会与学术》，湖北人民出版社 1999 年版。

〔德〕马克斯·韦伯：《儒教与道教》，洪天富译，江苏人民出版社 1995 年版。

马嘶：《百年冷暖——20 世纪中国知识分子生活状况》，北京图书馆出版社 2003 年版。

潘公展主编：《五十年来的中国》，重庆胜利出版社 1945 年版。

庞朴：《文化的民族性与时代性》，中国和平出版社 1988

年版。

彭明、程歗主编：《近代中国的思想历程》，中国人民大学出版社 1999 年版。

钱基博：《近百年湖南学风·湘学略》，岳麓书店 1985 年版。

钱理群：《1948：天地玄黄》，中华书局 2008 年版。

钱穆：《国史新论》，生活·读书·新知三联书店 2001 年版。

钱穆：《现代中国学术论衡》，（台北）东大图书公司 1984 年版。

钱穆：《中国文化史导论》，商务印书馆 1994 年版。

邱钱牧：《中国民主党派史》，浙江教育出版社 1987 年版。

桑兵：《晚清民国的国学研究》，上海古籍出版社 2001 年版。

沈渭滨：《近代中国科学家》，上海人民出版社 1988 年版。

史全生主编：《中华民国文化史》，吉林文史出版社 1990 年版。

宋亚文：《施复亮政治思想研究》，人民出版社 2006 年版。

宋仲福等：《儒学在现代中国》，中州古籍出版社 1991 年版。

苏永钦：《走向宪政主义》，台北，联经出版事业公司 1994 年版。

田亮：《抗战时期史学研究》，人民出版社 2005 年版。

汪朝光：《国共政争与中国命运（1945—1949）》，社会科学文献出版社 2010 年版。

王伯祥、周振甫：《中国学术思想演进史》，上海亚细书局 1935 年版。

王东杰：《国中的“异乡”：近代四川的文化、社会与地方认同》，北京师范大学出版社 2016 年版。

王尔敏：《中国近代思想史论》，台北，华世出版社 1977 年版。

王汎森：《中国近代思想与学术的系谱》，河北教育出版社 2001 年版。

卫春回：《理想与现实的抉择：中国自由主义学人与“中间道路”研究》，中国社会科学出版社 2010 年版。

魏光奇：《选择与重构——近代中国精英的历史文化观》，中国社会科学出版社 2015 年版。

文天行主编：《20 世纪中国抗战文化编年》，四川辞书出版社 2015 年版。

吴雁南等主编：《中国近代社会思潮》，湖南教育出版社 1998 年版。

希尔斯：《传统论》，上海人民出版社 1991 年版。

谢政道：《中华民国修宪史》，台北，扬智文化事业有限公司 2001 年版。

徐复观等：《知识分子与中国》，台北，时报文化出版事业有限公司 1980 年版。

徐矛：《中华民国政治制度史》，上海人民出版社 1992 年版。

徐宗勉主编：《近代中国对民主的追求》，安徽人民出版社 1996 年版。

许涤新、吴承明主编：《中国资本主义发展史》，人民出版社 1993 年版。

许纪霖：《家国天下：现代中国的个人、国家与世界认同》，上海人民出版社 2017 年版。

许纪霖：《中国知识分子十论》，复旦大学出版社 2003 年版。

颜炳罡：《当代新儒学引论》，北京图书馆出版社 1998 年版。

杨培新：《旧中国的通货膨胀》，生活·读书·新知三联书店 1963 年版。

叶文心：《民国时期大学校园文化》，中国人民大学出版社 2012 年版。

易劳逸：《毁灭的种子：战争与革命中的国民党中国》，江苏人民出版社 2009 年版。

殷海光：《中国文化的展望》，上海三联书店 2002 年版。

殷海光：《中国文化的展望》，上海三联书店 2002 年版。

于化民等：《裂变与重构：人民共和国的创世纪》，社会科学文献出版社 2016 年版。

余英时：《钱穆与中国文化》，上海远东出版社 1994 年版。

余英时：《现代儒学论》，上海人民出版社 1998 年版。

余英时：《中国思想传统的现代诠释》，江苏人民出版社 1989 年版。

张岱年：《张岱年全集》，河北人民出版社 1996 年版。

张公权：《中国通货膨胀史》，文史资料出版社 1986 年版。

张灏等：《近代中国思想人物论——晚清思想》，台北，时报文化出版事业有限公司 1980 年版。

张灏：《梁启超与中国思想的过渡》，江苏人民出版社 1997 年版。

张朋园：《知识分子与近代中国的现代化》，百花洲文艺出版社 2002 年版。

张岂之主编：《中国思想史》，西北大学出版社 1989 年版。

张世保：《西化思潮的源流与评价》，华东师范大学出版社 2005 年版。

张锡勤：《中国近代思想史》，台北，万卷楼图书有限公司 1993 年版。

赵立彬：《民族立场与现代追求》，生活·读书·新知三联书店 2005 年版。

郑大华：《民国思想史论》，社会科学文献出版社 2006 年版。

郑大华：《张君劢传》，中华书局 1997 年版。

郑大华：《中国近代民族复兴思潮研究》，中国社会科学出版社 2017 年版。

郑师渠、史革新：《近代中西文化论争的反思》，高等教育出版社 1991 年版。

左玉河：《张东荪学术思想研究》，北京图书馆出版社 1999 年版。

人名索引

（以姓氏笔画为序）

卜式　471

习仲勋　716，717

马丁路德　502

马克思（马克斯）　47，54，64，168，230，293，294，308，342，343，346，348，354，355，357，359，363，369，377，379，381～385，387，388，402，404，405，411，414～416，419，421～423，425，427，430～435，447，457，461，462，553，558，718，725～727，749，762，766

马君武　80，81

马宗荣　468

马叙伦　610，752

马寅初　625，688，689，691

马歇尔　612，654，656，657，703，704

子贡　525

王夫之　531

王心斋　520

王世杰　603，655，665，666，680，686，701，702

王亚南　433，461，688

王安石　463

王阳明（阳明）　309，545，548

王芸生　702

王若飞　76，395，653，700，702，707

王明（陈绍禹）　3，6，7，10，51～53，186，213，252，255，279，342，375，378，750

王造时　75，222，228，257

王敬斋　462，463

王稼祥　52，53，346，349

王赣愚　505

天羽英二　33

木兰　471

贝特兰　168，194，217

毛泽东　13，15，16，19，22，23，26，47～51，53～67，80，103，157，160～163，166～170，173～180，182～190，192～194，197～201，211～219，230，232，252，294，322，342，343，346，348，349，351～376，378～389，392，394，397～402，414～416，418，419，421，422，432，434，435，438，578，599，612，651，654，657，696～704，707，709，

711～734，736～739，742～744，749～768

勾践 37，471

文天祥 463，472，476，477，537

文种 471

方孝孺 537

以群 437

邓小平 203，204

邓子恢 730

邓初民 581

邓洛夫 693

邓锡侯 72

孔子 304，311，434，435，518，520，522，523，525，527～529，549

孔祥熙 266，694

艾芜 437

艾思奇 309，324，325，346，350，405，406，408，414，415，420，423，431～435，710

左权 182

左舜生 81，229，234，243～245，253，257，263，264，346，581

石敬瑭 463

龙云 72，75

卡莱尔 500

卢汉 72

卢梭（罗梭） 549

叶青 346，349，421～423，694

叶剑英 27，170，171

田汉 436

史可法 463，472，476，477，537

史良 75，228，269，581

白尔 647

白寿彝 443

白崇禧 72，75，111，122，123，128，129，661

汉武帝 472

冯友兰 96，435，506，517，519，535，548～556，558～563，565～570

冯契 630

尼采 489，500，501，503，504

老子 434

老舍 436，437

成吉思汗 471

吕思勉 451

吕振羽 324，420，452，453，457～459，461

年羹尧 471

朱德 27，144，157，170，171，178，181，182，186，189，207

任弼时 47，52，53，172，715

华岗 460，461

向林冰 438，439

全谢山 450

刘王立明 581

刘少奇 24，50，170，172，174，182，186，195，197，201～203，208，323，612，707，708，711，712，716，720，725，729，730，733～739，747，748

刘仁 751

刘亚生 434

刘伯承 186

刘宗周 476

刘健群 690

刘湘 72，75

刘豫 477

米高扬　728，755，760

安格罗　502

许立群　455

许涤新　504

许崇清　420

许崇智　237

许德珩　751

牟宗三　520

孙中山　26，27，91，100，101，158，
　　164，166，168，218，229，260，261，
　　288，293～296，308，310，311，314，
　　319，324，326，327，330，332，333，
　　335，337，338，342～345，347，348，
　　350，352～354，358，359，365，369，
　　373，383，393，399，400，414，421，
　　422，433，509，559，607，608，668，
　　674，675，687，699，703，762

孙宝毅　616

孙科　80，257，259，263，268，608，
　　655，656，665，667～671，675

孙晓村　504

严复　762

苏沉简　486

苏武　471，476

杜国庠　559

杜微　630，631，633～635

杨人楩　625，629，632，633

杨松　419，422，423，425，430

杨虎城　22，40，72

杨赓陶　81

李公朴　75，228

李立三　342，378

李达　420，461

李纲　476

李季谷　469

李宗仁　72，75，111，113，123，
　　126～128

李实　147

李济深　72，228，266，294，751，752

李根源　75

李鸿藻　515

李富春　730，731，754

李璜　80，81，234，242，257，263

李德全　269

吴大琨　691

吴玉章　375，455，749

吴泽　456，459，461

吴承仕（吴检斋）　408，453

吴铁城　43，44，266，680

吴晗　751

吴清友　408

吴铸人　690

吴黎平（吴亮平）　346，349，434

利玛窦　515

邱哲　234

何干之　405，408，409

何士能　487

何永佶　505

何应钦　61，120，142

何思敬　433

何香凝　236

余汉谋　237

余家菊　106

狄克逊　72

邹鲁　118

邹韬奋　75，81，225，234，255，260

汪精卫　32，72，80，82，173，229，
　　230，236，237，294，343，344，347，
　　348，350，453，496

沙千里　75，228

沙汀　437

沈从文　502，503

沈有鼎　556

沈志远　420

沈钧儒　75，80，81，225，228，234，
　　255，257，258，263，264，268，581，
　　602，646，751

宋子文　18，694

宋云彬　479，480

宋庆龄　18，72，81，294

宋哲元　69，70

张一麟　75，236

张之洞　560

张子华　18

张天翼　437

张友渔　270

张厉生　266

张东荪　223～225，406，602，614～
　　618，621，622，624　～　626，636，
　　639～641，643，644，751

张申府　228，234，257，263，270～
　　275，406～408，416～418，435，561，
　　562，602，638

张邦昌　469，477

张轨　450

张志让　263，266

张伯苓　80

张君劢　58，80，81，229，230，234，
　　236，243～245，253，256，257，259，

260，263，264，267，268，270，346，
　　519，527～530，554，586，602，607，
　　608，611，636，668，669，674，
　　679～683

张其昀　488，509

张知本　107，257

张学良　22，40，72

张治中　321，332，393，653，700～702

张闻天（洛甫）　5，13，48，53，162，
　　170，172，346，349，350，371，372，
　　379，389，390，414～416，432，435，
　　721，733，734，739～742

张健甫　484

张浩　13

张继　660

张维华　443

张謇　471，476

张群　654，701，702

张澜　234，237，244，245，247，248，
　　252，256，257，263，264，270，
　　580～582，601，602，613

张耀曾　80

陆秀夫　463，472

陆游　477

陈方垫　693

陈布雷　33

陈立夫　146，307～310，435，464，
　　465，477，504，690，694

陈礼江　147

陈伯达　321～324，346，349，403～
　　406，408　～　414，418，434，435，
　　694，711

陈序经　412，558，561～565

陈启天　221

陈果夫　694

陈诚　103，105，111～113，119，120，
　　126，134～136，302～307，655

陈垣　448～450

陈独秀　75，76

陈济棠　237

陈家康　553，559，560

陈唯实　433

陈铨　489，499，501～503

陈铭枢　228

陈寅恪　450

陈瑾昆　749

耶稣　549

苻坚　463，471

范文澜　324，329，359，433，454，455

范承祥　630，633～636

范蠡　471

茅盾　437，439

林同济　489，491，492，494～497，
　　499，570～575

林则徐　471

林伯渠　27，250，268，393～395，707

林良桐　500

林彪　157

欧阳山　437

拔都　471

叔本华　500，501，504，521

罗文干　81，252

罗克汀　461

罗荪　439

罗家伦　146

罗隆基　222，234，243，244，263，

270，275，581，602～604，612

凯丰　433

季米特洛夫　10，53，61

岳飞（岳武穆）　472，476，477

岳钟琪　471

周佛海　72，173

周谷城　560

周览　251，257

周炳琳　256

周宪文　107

周恩来　22，27，50，61，77，81，
　　170～173，184，186，250，268，279，
　　295，348，349，393～396，504，600，
　　601，609，612，654，679，700，702，
　　704，706，707，725，730，731，749，
　　754，766

周鲸文　275

庞欣　631，633，636

郑成功　469，476

郑和　471

郑振铎　692

郑鹤声　467，474，477，478

宗泽　476

居正　125

屈原　452，476

弦高　471

赵元浩　692

赵心人　475

赵纪彬　560

赵景深　437

胡风　436

胡乔木　408

胡政之　645，646

胡适　80，412，646，647

胡绳　309，408，431，435，503，509，
　　513，553，558~560，630，646

胡景伊　236

柯仲平　436

柯伯年　433

柏格森　519，520，522，527，528，
　　531，554

柳湜　420，424~426，429

秋泽修二　456~461

侯外庐　420，427，504

俞鸿钧　690

施拉姆　726

施复亮　614~617，625，626，629，
　　630，632，633，639~643

施宾格勒　489，504

祖冲之　473

费孝通　444，445，447

贺龙　157

贺麟　96，435，506，518，519，535~
　　548，554，557，558，560，561，
　　563~566

秦邦宪（博古）　381

秦始皇　328，330，444，472，473

秦桧　477

班超　471，476

袁世凯　328，557，685，760

莎士比亚　502

格里德　647

贾似道　477

夏完淳　452

顾岳中　148

顾炎武　531

顾维钧　30，131，132

晏阳初　80，235，242

钱俊瑞　420

钱端升　500

钱穆　435，506~518，558，559，566

倭铿　527，528

徐永昌　661

徐光启　515

徐向前　157

徐特立　434

徐道邻　33

翁文灏　690

高岗　730，754

高宗武　72

郭力文　106

郭子仪　471

郭化若　433

郭沫若　75，77，420，438，439，451，
　　507，646

席勒　504

唐太宗　472

唐纵　673，690

浦熙修　599

宰我　525

诸葛亮　288，473

陶大镛　692

陶行知　225，228，236，581

陶希圣　72，80，98，99，106，107，
　　222，314，321，333，412，651

陶铸　76

陶德曼　72~74

黄炎培　80，81，234，237，242，243，
　　256，257，260，263，265，266，268，

581, 602

黄绍竑 766

黄觉民 154, 481

黄琪翔 233

萧乾 628, 629, 646

萧铮 690

萨孟武 509

戚继光 452, 471, 477

符定一 751

康生 10, 711

康有为 762

康伯 474, 487

康德 502, 543, 544

章乃器 58, 75, 78, 222, 223, 225,
228, 234

章太炎 531

章汉夫 220, 504

章伯钧 232～234, 243～245, 253,
257, 263, 264, 581, 602, 646, 754

阎锡山 60, 72, 435

梁启超 451, 557

梁欧第 147

梁崇辅 616

梁漱溟 80, 81, 234, 237, 242, 243,
263, 519～527, 554, 558, 566, 602,
605, 608

尉素秋 106

隋炀帝 473

彭真 719

彭德怀 157, 170, 172, 186, 190

斯大林 51, 52, 384, 433, 699,
736, 755

斯坦因 380, 385

斯特朗 386

斯诺 170, 214, 215, 219, 373

斯蒂尔 707

葛一虹 438

董必武 230, 252, 322, 394, 395,
603, 707, 761

董健吾 18, 19

蒋介石 11, 12, 14, 16～24, 26～41,
45～47, 57, 61, 62, 65, 67, 69～
77, 80, 81, 83, 86, 87, 91, 93,
98～101, 106, 109～127, 130～132,
134～144, 150～153, 157, 162, 173,
213, 225, 227～230, 232, 233, 236,
237, 240, 245, 252, 255, 256,
259～262, 266, 269, 270, 276～281,
286, 287, 289, 292～298, 300～305,
307, 309～336, 342, 344, 345, 382,
387, 392, 394, 399, 412, 435, 453,
464, 466～468, 477, 504, 566, 600,
601, 605, 611～613, 646, 650～652,
654～661, 664～666, 668, 671～679,
681～685, 687, 690, 694, 696～708,
750, 753, 754, 767

蒋百里 80, 108, 109

蒋光鼐 228

蒋梦麟 80

黑格尔 427, 433, 506, 519, 536,
545, 554

嵇文甫 419, 420, 424, 426

程桯 629, 631

程颐 536, 537

傅斯年 80, 440, 689

傅雷 616

储安平　629

曾养甫　18

曾琦　80，234，238，239，599

温代荣　268

谢幼伟　566

谢伟思　394

谢安　463

谢国勋　464

谢觉哉　389，391

蒙恬　471

楚图南　439

赖琏　690

雷海宗　489～494，498，504

赫尔利　699，700

蔡元培　531

蔡廷锴　8，228，754

蔡尚思　560

歌德　504

管仲　476

廖世承　153

熊十力　519，531～535，554

熊式辉　266

墨子　434，435

黎东方　468

翦伯赞　445～447，453，454

潘公展　44

潘汉年　19，646

潘光旦　581

潘菽　420，424，426～428

潘梓年　420，421，425～428，439

潘湛钧　478

穆木天　437

魏孝文帝　473

魏德迈　627

瞿秋白　342，378

图书在版编目（CIP）数据

中国近代思想通史. 第八卷／左玉河著. －－北京：
社会科学文献出版社，2022.7
ISBN 978 － 7 － 5201 － 8489 － 2

Ⅰ. ①中…　　Ⅱ. ①左…　　Ⅲ. ①思想史 － 中国 － 近代
Ⅳ. ①B25

中国版本图书馆 CIP 数据核字（2021）第 105315 号

中国近代思想通史（第八卷）

主　　编／耿云志
著　　者／左玉河

出 版 人／王利民
组稿编辑／宋月华
责任编辑／周志静
责任印制／王京美

出　　版／社会科学文献出版社·人文分社（010）59367215
　　　　　　地址：北京市北三环中路甲 29 号院华龙大厦　邮编：100029
　　　　　　网址：www.ssap.com.cn
发　　行／社会科学文献出版社（010）59367028
印　　装／三河市东方印刷有限公司

规　　格／开　本：787mm × 1092mm　1/16
　　　　　　印　张：49.5　字　数：689 千字
版　　次／2022 年 7 月第 1 版　2022 年 7 月第 1 次印刷
书　　号／ISBN 978 － 7 － 5201 － 8489 － 2
定　　价／1480.00 元（全八卷）

读者服务电话：4008918866